Lachgemeinschaften

Trends in Medieval Philology

Edited by
Ingrid Kasten · Niklaus Largier
Mireille Schnyder

Volume 4

Walter de Gruyter · Berlin · New York

Lachgemeinschaften

Kulturelle Inszenierungen und soziale Wirkungen von Gelächter im Mittelalter und in der Frühen Neuzeit

Herausgegeben von
Werner Röcke · Hans Rudolf Velten

Walter de Gruyter · Berlin · New York

∞ Gedruckt auf säurefreiem Papier,
das die US-ANSI-Norm über Haltbarkeit erfüllt.

ISSN 1612-443X
ISBN 3-11-018236-X

Bibliografische Information Der Deutschen Bibliothek

Die Deutsche Bibliothek verzeichnet diese Publikation in der Deutschen Nationalbibliografie; detaillierte bibliografische Daten sind im Internet über http://dnb.ddb.de abrufbar.

Printed in Germany
Einbandgestaltung: Christopher Schneider, Berlin
Druck und buchbinderische Verarbeitung: Hubert & Co., Göttingen

Vorwort

Dieser Band geht auf eine internationale Tagung zurück, die vom Teilprojekt A3 (Lachkultur des Mittelalters und der Frühen Neuzeit) des Sonderforschungsbereichs 447: *Kulturen des Performativen* vom 3.-5. April 2003 an der Humboldt-Universität zu Berlin veranstaltet wurde. Ihre inhaltliche Konzeption erwuchs aus intensiven Diskussionen im Projekt zum Thema der Sozialität des Lachens in Literatur und Kultur der Vormoderne (Katja Gvozdeva, Werner Röcke, Hans Rudolf Velten, Frank Wittchow). Die Vorträge sind für den Druck zum Teil umfangreich überarbeitet worden, damit auch die Diskussionsergebnisse in die Schriftfassungen einfließen konnten. Wir danken allen Vortragenden sehr herzlich, dass sie dazu ohne weiteres bereit waren.

Für finanzielle Unterstützung gilt unser Dank dem Sonderforschungsbereich 447 und seiner Sprecherin Erika Fischer-Lichte sowie dem Stifterverband für die Deutsche Wissenschaft, für die Aufnahme in die Reihe „Trends in Medieval Philology“ den Herausgebern Ingrid Kasten, Niklaus Largier und Mireille Schnyder. Ganz besonders aber danken wir Manuela K. Schulz (M. A.) für die Redaktion des Bandes und die Erstellung der Druckvorlage, Axel Frank, Björn Menrath, Sabine Meurer, Dorothee Riemer und Tobias Rissmann für die Einrichtung des Literaturverzeichnisses und des Registers. Ohne ihre Hilfe hätte das Buch nicht so zügig fertig gestellt werden können.

Werner Röcke und Hans Rudolf Velten
Berlin, im März 2005

Inhaltsverzeichnis

V. Soziale Stilisierungen in der Karikatur

VI. Anhang

WERNER RÖCKE / HANS RUDOLF VELTEN

Einleitung

Eine Lachgemeinschaft der Götter

Eine der Urszenen des Lachens ist im griechischen Götterhimmel angesiedelt: Nachdem der schiffbrüchige Odysseus sich zu den Phaiaken gerettet hat, ehren diese ihn mit Kampfspielen und einem Reigentanz, zu dessen Beginn Demodokos von der ehebrecherischen Liebe Aphrodites, der Göttin der Liebe und Gattin des hässlich-verkrüppelten Hephaistos, mit Ares, dem Kriegsgott, singt: Hephaistos, der Gott des Feuers und der technischen Künste, habe seine Rache – so heißt es – höchst kunstvoll in Szene gesetzt und ein Netz geschmiedet, in dem sich das Liebespaar so verfangen habe, dass es kein Glied mehr rühren konnte. Daraufhin habe er Zeus und die anderen Götter herbeigerufen, die – so heißt es bei Homer – ein „unauslöschliches Gelächter" (*asbestos gelôs*) angestimmt hätten, „als sie die Künste des vielverständigen Hephaistos sahen".[1]

Dieses wohl erst im Frankreich des 18. Jahrhunderts sprichwörtlich gewordene „homerische Gelächter" (*rire homérique*)[2] ist weniger aus dem Grund bemerkenswert, dass es Homer verschiedentlich von Göttern und Menschen erzählt,[3] sondern dass er es als „unauslöschlich" oder „unvergänglich" (*asbestos*) bezeichnet. Doch warum ist dieses Gelächter „unauslöschlich", und wie kann einem flüchtigen Phänomen wie dem Lachen eine solche Beständigkeit und Dauer zukommen?[4] Demodokos belässt es nicht bei der Verwendung dieser Formel, sondern singt auch von ihrem praktischen Vollzug. Denn das Gelächter der Götter geht damit einher, dass sie sich über das Gesehene verständigen, es in die ihnen vertrauten moralischen und geschlechtsspezifischen Standards einord-

---

1 Homer. *Die Odyssee* 8. Übs. in deutsche Prosa v. Wolfgang Schadewaldt (= Rowohlts Klassiker der Literatur und der Wissenschaft. Griechische Literatur 2). Hamburg 1960, v. 266-366.

2 Röhrich, Lutz. *Lexikon der sprichwörtlichen Redensarten*. Bd. 3. Freiburg 1992, S. 734 im Anschluss an die *Mémoires de la Baronne d'Oberkirch*. Paris 1853, Kap. 29.

3 Vgl. auch Homer. *Odyssee* 20, v. 346 und ders. *Ilias* 1, v. 599.

4 Bisherige Interpretationen hatten die Unvergänglichkeit der einzigartigen Überlegenheit der Götter über alles Begrenzte ihrer Freiheit zu sorglosem Lachen zugeschrieben. Vgl. dazu Meier, Christian. „Homerisches Gelächter, Spaß, Brot und Spiele". *Lachen. Über westliche Zivilisation*. Sonderheft. *Merkur* 56 (2002), H. 9/10, S. 789-800, hier S. 793.

nen und gerade mit Hilfe ihrer Schadenfreude über Ares, „den schnellsten unter den Göttern", der ausgerechnet von dem hinkenden Hephaistos zur Bewegungslosigkeit gezwungen ist, ihr Einverständnis herstellen: „Bös Ding gedeiht nicht, es ereilt der Langsame den Schnellen, wie jetzt Hephaistos auch, der Langsame, den Ares gehascht hat, ob er auch der Schnellste unter den Göttern ist, die den Olympos innehaben – er, der Lahme, mit Künsten". Und dann, so die Götter, „steht [darauf] auch noch Ehebruchsbuße!"[5]

Dass die Schadenfreude zu den schönsten Freuden gehört, gilt offensichtlich auch für Götter. Sie schafft Distanz, aber auch ein weitgehendes Einverständnis der Lachenden, hat also exklusive und inklusive, d. h. gemeinschaftsbildende Wirkung. Denn sie erscheint hier als Kennzeichen der männlichen Götterwelt, was dieser Lachgemeinschaft einen geschlechtsspezifischen Unterschied beimisst, der dem spezifischen Anlass des Lachens geschuldet ist.[6] Ein Weiteres kommt hinzu: Denn durch ihr gemeinsames Gelächter werden die Götter dazu angeregt, das Gesehene weiterzudenken, auf sich zu übertragen und dies dann wiederum mit Gelächter zu quittieren. So z. B. fragt Apollon den Hermes, ob er sich denn vorstellen könne, „gezwängt in starke Bande [...] bei der goldenen Aphrodite" zu schlafen, was dieser damit beantwortet, dass ihn sogar noch dreimal so viele Bande fesseln und Götter zuschauen könnten: „gleichviel, ich schliefe bei der goldenen Aphrodite". Und wiederum, so endet die Erzählung, „erhob sich ein Gelächter unter den unsterblichen Göttern".[7]

Dieses zweite Gelächter über Hermes' spielerischen Einwurf ist jedoch nicht mehr „unauslöschlich", da ihm keine soziale Vollzugskraft eignet. Denn das Entscheidende an der Bezeichnung „unauslöschlich" scheint doch die anhaltende und wirklichkeitsverändernde Wirkung[8] dieses performativen Gelächters zu sein: Nicht nur schreibt es Ares und Aphrodite durch die Bloßstellung einen Makel und Ehrverlust zu, es hat dergestalt auch soziale Folgen, dass die dem öffentlichen Blick ausgesetzten Liebenden nach ihrer Befreiung aus dem Netz durch Poseidon sich klammheimlich hinwegstehlen müssen: Ares geht nach Thrakien, Aphrodite nach Zypern zu den keuschen Anmutsgöttinnen.[9] Das Gelächter hat soziale Positionen verändert.

Diese Wirkung ist durchaus beabsichtigt: Beide Sequenzen sind von vornherein arrangiert und folgen einer intentionalen Planung: Das Lachen ist gewis-

---

5 Homer. *Odyssee* 8, v. 329-332.

6 Die Tatsache, dass nur die männlichen Götter bei der transgressiven Szene anwesend sind („Aber die Göttinnen blieben vor Scham in ihren Gemächern"; Homer. *Odyssee* 8, v. 324), gibt deutliche Hinweise auf die Bedeutung der Geschlechterdifferenz bei der Konstitution von Lachgemeinschaften.

7 Homer. *Odyssee* 8, v. 343.

8 Vgl. dazu Bohle, Ulrike u. Ekkehard König. „Zum Begriff des Performativen in der Sprachwissenschaft". *Theorien des Performativen*. Hg. v. Erika Fischer-Lichte u. Christoph Wulf (*Paragrana* 10). Berlin 2001, S. 13-34.

9 Homer. *Odyssee* 8, v. 361-366.

sermaßen der Sieg des zornigen Hephaistos über seine untreue Frau und deren Liebhaber, wenn er Zeus und die anderen mit den Worten herbeiruft, „dass ihr Dinge seht, zum Lachen und nicht auszustehen“.[10] Auch Apollon schließt sich mit seiner schlüpfrigen Frage daran an, ein Gelächter ‚anzurichten', d. h. das Lachen erneut zu provozieren.

Gemeinsames Gelächter: Performative Aktualisierung von Gemeinschaft

Das Gelächter der Götter also, so verstehen wir diese Erzählung, schafft Gemeinsamkeit und damit auch Gemeinschaft. Es eröffnet die Möglichkeit, sich miteinander der gleichen moralischen Standards und Aggressionsmuster zu versichern,[11] sich aber auch anregen zu lassen, die Situation in anderen Kontexten zu imaginieren und damit unter den Anwesenden wiederum Gelächter hervorzurufen. Denn das gemeinsame Lachen hat einen ganz bestimmten Fokus, es schafft bleibende Verhältnisse: Das Bild des gefangenen Liebespaares erlischt nicht so schnell im Gedächtnis der Lacher, und der Verlust an Ehre für Ares und Aphrodite sowie die Rache des hässlichen Hephaistos sind bleibende Faktoren, die das Bild und den Charakter dieser Figuren weithin bestimmen.[12]

Dass Lachen ansteckend wirkt und sich auf immer mehr Zuhörer, z. B. eines Witzes, oder auf immer mehr Zuschauer, z. B. einer komischen Inszenierung, übertragen und auf diese Weise Gemeinschaft stiften kann, ist schon aus lebensweltlichen Zusammenhängen geläufig. Der Sozialpsychologe Phillip Glenn zeigt in seiner jüngst erschienenen Studie *Laughter in Interaction* (2003), dass Gelächter ein wichtiges soziales Kennzeichen der gemeinschaftlichen Verbindung mit anderen ist.[13] Diese affiliative Funktion des Lachens beinhaltet nicht nur das Zeigen gegenseitigen Verstehens, sondern auch gemeinsame Nähe oder Affinität. Denn über die soziale Zugehörigkeit hinaus machte in Glenns Feld-

---

[10] Das Motiv für Hephaistos' Handeln ist nicht nur Eifersucht, sondern auch gekränkte Ehre: Homer macht ihn in der ersten Szene seines Göttergelächters (*Ilias* 1, v.591) nämlich selbst zum Verlachten, wenn der versammelte Olymp sich über den hinkenden Schmied amüsiert, der „in emsiger Eil umherging“, um allen Nektar einzuschenken.

[11] Umgekehrt ist die Unfähigkeit, miteinander zu lachen, ein Hinweis auf differente Wertvorstellungen und Überzeugungen.

[12] Glenn hat in Feldstudien unter Studierenden gezeigt, dass gemeinsames Gelächter als denkwürdiges Ereignis gespeichert wird, das in der Erinnerung noch in der Lage ist, Gemeinschaftsgefühl zu erzeugen: „Extended laughings together become memorable, reportable and storyable events. They offer relationally potent moments which may contribute to group solidarity“. Glenn, Phillip. *Laughter in Interaction*. Cambridge 2003, S. 53.

[13] „Laughter proves important socially as a means to show affiliation with others“; „One of laughter's most important features lies in its shared nature: that it is produced primarily in the presence of and for the benefit of other persons“, so die Hauptthesen des Buches von Glenn (Anm. 12), S. 29 u. 30.

studien das gemeinsame Lachen meist auch ähnliche Orientierungen der Teilnehmer deutlich, näherte sie einander auf der affektiven Ebene durch den Abbau interaktionaler Hemmungen an und konnte somit Intimität und Gemeinschaftsgefühl stiften.[14]

Beiden Fällen, dem lebensweltlichen und dem ‚homerischen' Gelächter, ist gemeinsam, dass sie einen „sozialen Vorgang" (Freud) beschreiben, der – und sei es auch nur für die kurze Zeit des gemeinsamen Gelächters – eine „Lachgemeinschaft" hervorbringt. In der Komik- und Lachforschung ist dieser soziale Aspekt des Gelächters lange nicht gesehen worden. Noch Peter L. Berger beschränkt sich in seinem Versuch einer umfassenden „Anatomie des Komischen" auf „komische Erfahrungen"[15] des Einzelnen, die zwar auf eine bestimmte „Lebenswirklichkeit" reagieren,[16] dabei aber auf das Subjekt konzentriert bleiben, wohingegen er die gesellschaftliche Dimension von Komik und Lachen darauf reduziert, „dass man die tiefe Affinität des Komischen zu Religion und Magie begreift". Bergers Buch mündet denn auch in eine „Theologie des Komischen", in der Narrheit als „Erlösung"[17] und das Komische „als Signal der Transzendenz" verstanden werden.[18]

Im Gegensatz dazu – und im Anschluss an theoretische Vorgaben Sigmund Freuds, aber auch Henri Bergsons und Helmut Plessners, die das Lachen als sozialen und kollektiven Vorgang beschrieben haben[19] – stellen wir die Frage in den Mittelpunkt, welche sozialen Prozesse durch gemeinsames Gelächter hervorgerufen und gesteuert werden, wie diese Formen von Vergesellschaftung zu beschreiben sind und welche Typen von Gemeinschaft dabei entstehen; welche Dauer ihnen zukommt; auf welche Weise die Lachenden vorgehen; welche sozialen Bindungen zwischen den gemeinsam Lachenden anzunehmen sind; ob und inwieweit dabei Formen sozialer Abhängigkeit oder gar Herrschaft bestätigt oder aber – im Gegenteil – in Frage gestellt werden.

---

14 „Shared laughter can display co-orientation or alignment of laughers, remedy interactional offenses, and provide a sequential basis for displays of conversational intimacy. Extended shared laughter marks an episode of celebration in talk." Glenn (Anm. 12), S. 84.

15 Berger, Peter L. *Erlösendes Lachen. Das Komische in der menschlichen Erfahrung*. Berlin 1997, S. XVI.

16 Berger (Anm. 15), S. 4.

17 Berger (Anm. 15), S. 221.

18 Berger (Anm. 15), S. 241.

19 Freud bezeichnet das Lachen als „sozialen Vorgang" und sieht das Komische als einen „unbeabsichtigten Fund aus den sozialen Beziehungen des Menschen". Freud, Sigmund. „Der Witz und seine Beziehung zum Unbewussten". *Gesammelte Werke 6*. Frankfurt a. M. 1999 (Originalausg. London 1940), S. 156 ff., S. 201. Bergson gibt dem interaktiven Aspekt („le rire est un rire d'un groupe") große Bedeutung; Bergson, Henri. *Le rire. Essais sur la signification du comique* (1900). Dt. *Das Lachen. Ein Essay über die Bedeutung des Komischen*. Zürich 1972, S. 13 ff.; Plessner beschreibt die Sozialität des Lachens nur am Rande, aber dennoch so: „Volle Entfaltung des Lachens gedeiht nur in Gemeinschaft mit Mitlachenden." Plessner, Helmuth. *Lachen und Weinen. Eine Untersuchung nach den Grenzen menschlichen Verhaltens*. München 1950, S. 201.

Wir sind der Überzeugung, dass Lachen weit mehr als ein subjektiver Gefühlsausdruck (nervöses Lachen, höfliches Lachen, spöttisches oder frohes Lachen usw.) bzw. ein individuelles Verhalten ist, sondern vornehmlich eine Form der (sozialen) Kommunikation. Deshalb erscheinen uns ontologische und essentialistische Versuche, das Lachen vornehmlich als eine Funktion komischer Vorgänge zu beschreiben (wie sie vor allem in der Philosophie und der Psychologie, aber auch der Linguistik anzutreffen sind), als unzureichend, um die komplexen sozialen Funktions- und Wirkungsweisen des Phänomens zu erfassen. Voraussetzung für die Annahme von „Lachgemeinschaften“ ist die Auffassung, dass fast alles Lachen gemeinsames Lachen – oder, um mit Mary Douglas zu sprechen, „social response“ ist, während „private laughing“ den Status eines Sonderfalls haben dürfte.[20] Der erste, der dies in überzeugender Klarheit herausgearbeitet hat, ist der belgische Sozialphilosoph Eugène Dupreel in seinem 1928 erschienenen Essay *Le problème sociologique du rire*.[21] In Auseinandersetzung mit den Theorien Bergsons und Sullys untersucht er die Einbettung des Lachens in soziale Kommunikationsvorgänge und die daraus entstehenden Wirkungen, mit dem Ergebnis, dass Lachen generell Ausdruck eines Gemeinschaftsgefühls innerhalb einer Gruppe ist: „Le rire est donc, en général, la manifestation d'une communion dans un groupe.“[22] Dupreel unterscheidet inklusive (Zusammengehörigkeit) von exklusiven (Ab- und Ausgrenzung) Wirkungen des Lachens einer Gruppe. Seine daran anschließende Typologie des Lachens in *rire d'acceuil* und *rire d'exclusion*[23] erscheint zwar sinnvoll, wird aber doch den komplexen Interaktionsformen von Gelächter nicht ganz gerecht. Für unsere Zwecke wichtig ist jedoch seine Annahme, das Lachen beruhe auf der Befriedigung in der Zusammenkunft, der Vereinigung in einer Gruppe, und es geschehe im Hinblick auf ein Ereignis, das die Formation oder Neuformation einer sozialen Gruppe durch den Ausschluss eines oder mehrerer Individuen markiere.[24]

Die Gemeinschaft spielt auch bei Mary Douglas in ihrem Witz-Essay eine nicht unwichtige Rolle: Für die britische Anthropologin ist es plausibel, den Turnerschen Begriff der *communitas* für ein undifferenziertes Feld von Freundschaft und Bekanntschaft als sozialem Ort für das Lachen zu verwenden. Im Unterschied zur ‚Struktur' (*structure*), die ein differenziertes Beschreibungssystem für soziale Unterschiede und Herrschaftsverhältnisse biete und diese kanalisiere, erschienen in der ‚Gemeinschaft' (*community*) persönliche Beziehungen zwischen Frauen und Männern in einem speziellen Licht: Hier, so Douglas, sind

[20] Douglas, Mary. „The social control of cognition: some factors in joke perception“. *Man* 3 (1968), S. 365-381.

[21] Dupreel, Etienne. „Le problème sociologique du rire“. *Revue philosophique de la France et de l'Étranger* 106 (1928), S. 213-260.

[22] Dupreel (Anm. 21), S. 234.

[23] „Notre thèse personnelle sera que ces réactions son de deux sortes: il y a deux rires, le rire d'acceuil et le rire d'exclusion“. Dupreel (Anm. 21), S. 228.

[24] Dupreel (Anm. 21), S. 234.

Rollen ambivalent, es fehlen organisierende und hierarchische Mechanismen: „Laughter and jokes, since they attack classification and hierarchy, are obviously apt symbols for expressing community in this sense of unhierarchised, undifferentiated social relations".[25]

Schließlich ist noch auf Norbert Elias hinzuweisen, der in einem Entwurf zu einem *Essay on Laughter* Lachen und Lächeln als „Überreste des älteren, mehr angeborenen und endogenen Codes von Zeichensignalen" bezeichnet. Während das Lächeln im Wesentlichen ein auf die Zweiergruppe bezogenes visuelles Signal darstelle, sei das Lachen komplexer und variabler: „Seine Funktion entfaltet sich nicht nur in einer Zweiergruppe. Es hilft, größere Gruppen in Einklang zu bringen und zu integrieren, und die Gehörskomponente hat daran ihren besonderen Anteil."[26]

Folgt man Dupreel, Douglas und Elias, stiftet Lachen nicht nur Gemeinschaft, sondern das gemeinsame Lachen kann als komplexes Zeichensystem innerhalb einer Gruppe versöhnen und Frieden stiften, Identität sichern, mithin unterliegende Konflikte performativ ausspielen und somit lösen (dass dies schon bei Homer der Fall ist, zeigt anschaulich die erste Episode des homerischen Lachens, wo der Spott über den hinkenden Hephaistos dazu beiträgt, den Streit, der zwischen Zeus und Hera schwelte, zu beenden und die Kontrahenten zu versöhnen). Das gemeinsame Lachen stiftet ferner durch die freiwillige Teilhabe am Gelächter mithilfe einer akustisch erfahrenen, psychophysischen Zugehörigkeit ein Gemeinschafts*gefühl*, in dem bleibende Überzeugungen verortet werden, Gegner und normferne Verhaltensweisen ausgegrenzt und soziale Positionen bestimmt werden können.

Lachgemeinschaften als Arbeitsbegriff

Der Begriff ‚Lachgemeinschaften' eröffnet unserer Ansicht nach ein bisher noch kaum erforschtes Feld der Interaktions- und Wirkungsformen des Gelächters von Gruppen. Er erscheint uns als wirkungsvolles Instrument, dieses Gelächter in seinem Verlauf, seinen Codes, seinen Funktionsformen und Wirkungsweisen

---

[25] Douglas (Anm. 20), S. 370. Douglas zeigt dies anhand der Untersuchungen von Rigby, der das Konzept der Gemeinschaft braucht, um die verschiedenen Scherzverhältnisse bei den Gogo zu beschreiben. Vgl. auch ihre Unterscheidung von Erfahrung der Nicht-Struktur im Gegensatz zur Struktur („experience of the non-structure in contrast to the structure"). Douglas, Mary. *Purity and Danger: an analysis of concepts of pollution and taboo.* London 1966, S. 102.

[26] Aus den Vorstudien zu einem „Essay on Laughter", zit. n. Schröter, Michael. „Wer lacht, kann nicht beißen. Ein unveröffentlichter ‚Essay on Laughter' von Norbert Elias". *Lachen. Über westliche Zivilisation.* Sonderheft. *Merkur* 56 (2002), H. 9/10, S. 860-874, hier S. 870.

produktiv untersuchen zu können.[27] Im Unterschied zur hohen Bedeutungsvarianz des ‚Lachens' bezeichnet das Kollektivsubstantiv ‚Gelächter' präziser die Prozessualität und Dynamik eines lauten, körperlich bestimmten Lachens einer Gruppe von Personen, das sich innerhalb einer sozialen Interaktion vollzieht.[28] Dieses Gelächter ist, selbst wenn es Ergebnis planvoller Inszenierung sein sollte, zunächst immer spontan, es ist kein Lachen, das sich unisono, auf einen Wink hin, vollzieht, sondern jeder der Anwesenden kann mitlachen, sobald ein anderer lacht; es gibt keinen Einsatz, keinen Rhythmus, keine Abstimmung untereinander, das Gelächter ist in seinem Verlauf unvorhersehbar und unkontrollierbar. Nichtsdestotrotz ist es in vielen Fällen an Regeln und Konventionen gebunden: Regeln von Ehre und Schande, der gesellschaftlichen Standards und Normen, des ethisch Akzeptablen oder Unakzeptablen. Dieses Verhältnis von ‚Ungeplantem' und Orientierung an Regeln im Gelächter ist für unsere Frage nach der Logik von Lachgemeinschaften von zentraler Bedeutung.

Somit erscheinen uns Lachgemeinschaften zunächst als offene, labile und performative soziale Gebilde, die aus gemeinsamem Gelächter entstehen. Sie sind nicht auf Dauer angelegt, können sich rasch wieder auflösen, sie sind nicht auf eine bestimmte Teilnehmerzahl (mindestens zwei) fixiert und haben keine festen Orte. Sie schaffen keine verlässlichen Strukturen, sondern verändern sich fortwährend und enden ebenso spontan, wie sie entstanden sind. Gleichwohl sind mit ihnen größte Wirkungen verbunden: Lachgemeinschaften können über soziale Exklusion oder Inklusion, Reputation oder Verachtung entscheiden. Sie vermögen Machtpositionen durchzusetzen, ermöglichen aber auch Transgressionen der gewohnten Dispositionen des Verhaltens oder aber bestätigen den moralischen oder rechtlichen Konsens einer Gesellschaft, der in der Lachgemeinschaft mit ihrer Hilfe vollzogen und durchgesetzt wird.[29]

Die Ausgangsfragen des vorliegenden Bandes beziehen sich demnach auf Tragfähigkeit und Anwendbarkeit des Begriffs „Lachgemeinschaften", vor allem im Verhältnis von Institutionalisierung und Spontaneität. Wie ist die Konstitution von Gemeinschaften durch Lachen zu denken? Durch welche Anlässe und Inszenierungstechniken werden sie hervorgerufen? Welche Dauer kommt

---

[27] Vgl. dazu unsere Vorüberlegungen in Bachorski, Hans-Jürgen, Werner Röcke u. a. „Performativität und Lachkultur in Mittelalter und Früher Neuzeit". *Theorien des Performativen*. Hg. v. Erika Fischer-Lichte u. Christoph Wulf (*Paragrana* 10). Berlin 2001, S. 157-190.

[28] Nhd. „Gelächter" wird in Mittelalter und Früher Neuzeit wesentlich häufiger verwendet (mhd. „gelehter", Kollektivsubst. zum einfachen „lahter", wobei „gelehter" ein mit der Vorsilbe „ge-" verstärktes „lahter" der Verspottung ist). Sinngemäß ist Gelächter für gewöhnlich das laute Lachen, doch während es heute stärker reflexiv gebraucht wird („es erhob sich ein Gelächter"), wurde es in früherer Zeit jedoch meist aktivisch benutzt: „ein Gelächter aufschlagen" bzw. „ausheben", „ein Gelächter anrichten", „ein gelechter machen" (Fischart) oder „führen" (Luther). Vgl. Grimm, Jacob u. Wilhelm. *Deutsches Wörterbuch*. Bd. 5, Sp. 2842 ff.

[29] Vgl. zur Konstitution höfischer Lachgemeinschaften durch Hofnarren Velten, Hans Rudolf. „Komische Körper. Zur Funktion von Hofnarren und zur Dramaturgie des Lachens im Spätmittelalter". *Zeitschrift für Germanistik* N.F. XI (2001) H. 2, S. 292-317.

ihnen zu, welche Arten der Beendigung können wir beobachten? Kommt es dabei zu Formen der festeren Etablierung, etwa vor dem Hintergrund von bestimmten Situationen und Okkasionen, an denen soziale Gruppen mit ähnlichem Erwartungshorizont beteiligt sind?

In jedem Fall sind Lachgemeinschaften von gesellschaftlichen Formationen zu unterscheiden, die aufgrund materieller und sozialer Voraussetzungen sehr viel starrer und institutioneller zu denken sind. Deshalb fallen Lachgemeinschaften nicht in jene Gruppe von Gemeinschaften, die Max Weber im Zusammenhang mit ‚Gemeinschaft' und ‚Vergemeinschaftung'[30] nennt, da er Gemeinschaften an stabile Formen der subjektiv gefühlten, affektiven oder traditionellen Zusammengehörigkeit ihrer Mitglieder bindet. Demgegenüber gehen wir bei unserem Begriff von Lachgemeinschaft im Anschluss an das Konzept der performativen Gemeinschaftsbildung[31] stärker von ihrem kontingenten, nicht kalkulierbaren und fluiden Charakter aus.

Dies bedeutet aber nicht, dass bei der Untersuchung der Lachgemeinschaften anders verortete feste Gemeinschaftstypen und deren Voraussetzungen außer Acht gelassen werden, denn sie können sowohl eine Grundlage für die Entstehung einer Lachgemeinschaft bilden als auch zu ihrer Beendigung beitragen. So ist auch dann von Lachgemeinschaften zu sprechen, wenn eine stärker vergemeinschaftete Gruppe sich, etwa in regelmäßigen Treffen, im gemeinsamen Lachen vereint sieht. Dabei kann das Gelächter sowohl im Zentrum der Vereinigung stehen (wie bei den *sociétés joyeuses* des Spätmittelalters[32]) oder als ihr eigener, besonderer und identitätsstiftender Effekt fungieren, der sich erst auf der Basis anderer sozialer Bindungen, in bestimmten Situationen und okkasionell ergibt (z. B. die Fazetien austauschende humanistische *sodalitas*). Erkennbar ist jedoch auch bei jenen festeren Typen der Lachgemeinschaft als eine ihrer sozialen Voraussetzungen, dass ihre kollektive Identität ständig durch Gelächter performativ erneuert werden muss: Die Institution repräsentiert eine Kompetenzebene, die im Moment der Performanz von Gelächter aktualisiert wird und auf diese Weise Geltung gewinnt. Dabei ist es möglich, dass nicht nur die institutionalisierte Lachgemeinschaft durch die spontane bestätigt wird, sondern um-

---

30 Weber, Max. *Wirtschaft und Gesellschaft. Grundriss der verstehenden Soziologie*. Tübingen 1985 (Erstausg. 1922). S. auch Weber, Max. *Gemeinschaften*. Hg. v. Wolfgang J. Mommsen. Tübingen 2001.

31 Vgl. Wulf, Christoph u. Jörg Zirfas. „Die performative Bildung von Gemeinschaften". *Theorien des Performativen*. Hg. v. Erika Fischer-Lichte u. Christoph Wulf (= Paragrana 10). Berlin 2001, S. 93-116; Gebauer, Günter u. Christoph Wulf. *Spiel – Ritual – Geste. Mimetisches Handeln in der sozialen Welt*. Reinbek 1998.

32 Vgl. dazu Gvozdeva, Katja. „Double sots / sauts / sons / sens de Rhétorique. Rhetorik und Rebus-Spiel in den Narrenperformances im spätmittelalterlichen Frankreich". *Zeitschrift für Germanistik* N.F. XI (2001) H. 2, S. 361-381.

gekehrt kann auch die spontane Lachgemeinschaft sich des institutionellen Modells bedienen.

Grundsätzlich gilt für die verschiedenen Formen von Lachgemeinschaften, dass sie allein mit den Begriffen der Inszenierung und der rituellen Fixierung eines geplanten Ablaufs nicht greifbar sind. Sie sind im Gegenteil ‚unverfügbar', denn sie entstehen aus den unterschiedlichsten Anlässen und haben die unterschiedlichsten Konsequenzen, lassen sich aber nicht als Ausdruck eines ‚vorgegebenen Sinns begreifen'. In ihnen ist nicht so sehr die Realisierung eines geplanten und inszenierten ‚Skripts' interessant, vielmehr ist für sie der Aspekt des je neuen und höchst variablen Hervorbringens und Erzeugens von Macht, Herrschaft und Einfluss von zentraler Bedeutung. Sie schaffen keine verlässlichen Strukturen, sondern verändern sich, entstehen und enden fortwährend und binden somit Emergenz und Verschwinden von Vergemeinschaftung aneinander.

Historische Lachgemeinschaften: Mittelalter und Frühe Neuzeit

Dieses Modell von Vergemeinschaftung ist für Gesellschaften wie die feudalhöfischen und städtischen des europäischen Mittelalters aus dem Grunde besonders attraktiv, da sie erst ein geringes Maß der Zentralisierung von Gewalt und Herrschaft, der Verrechtlichung des Alltags, des Ausgleichs politischer Interessen und der Durchsetzung moralischer Normen erreicht hatten und somit Konflikte unabhängig von institutionellen Verfahrensweisen regelten. Schon Marc Bloch hat keinen Zweifel daran gelassen, dass die Gewalt als entscheidendes Kennzeichen der feudalen Gesellschaft des Mittelalters anzusehen ist und „tief in der Gesellschaftsstruktur und der Mentalität", im Rechtsleben und in nahezu allen Lebensformen verankert war.[33] Umso wichtiger war es deshalb, dass Kommunikationsformen und – in der Regel ungeschriebene – Normen entwickelt wurden, die einen gesellschaftlichen Austausch und ein praktikables Miteinander ermöglichten.

Gerd Althoff hat verschiedene Versuche dieser Art im Einzelnen dargestellt[34] und dabei auch Ausdrucksmuster menschlicher Gefühle wie Weinen[35] oder – in seinem Beitrag im vorliegenden Band – Lachen berücksichtigt. Weinen und Lachen – so die These – sind nicht Ausdruck unmittelbarer Gefühlsäußerungen, sondern wohl kalkuliert. Im Anschluss daran sehen auch wir ihren Zweck darin, Interessen zu artikulieren und durchzusetzen; Herrschaftsansprü-

---

[33] Bloch, Marc. *Die Feudalgesellschaft.* Frankfurt a. M./Wien/Berlin 1982, S. 492.

[34] Althoff, Gerd. *Spielregeln der Politik im Mittelalter. Kommunikation in Frieden und Fehde.* Darmstadt 1997.

[35] Althoff, Gerd. „Der König weint. Rituelle Tränen in öffentlicher Kommunikation". *‚Aufführung' und ‚Schrift' in Mittelalter und Früher Neuzeit.* Hg. v. Jan-Dirk Müller. Stuttgart/Weimar 1996, S. 239-252.

che festzuschreiben bzw. konkurrierende Herrschaftsansprüche abzuwehren; Freunde an sich zu binden und Feinde zu isolieren oder gar auszugrenzen; moralische oder habituelle Standards zu vergegenwärtigen und performativ abzusichern.

Neben der politischen Bedeutung von Gelächter als Zeichenhandlung erscheint uns auch die affektive Wirkung gemeinsamen Lachens besonders bedenkenswert. In der Erforschung mittelalterlicher Gruppen und Verbände dominieren diejenigen Aspekte, die sich mit den Formen der Institutionalisierung, mit Regeln und Statuten von ständischen und religiösen Gemeinschaften beschäftigen, seien es Mönchsorden oder Adelsgesellschaften, Gilden oder Zünfte, Bruderschaften, kommunale Schwurgenossenschaften oder die Pfarrkirchengemeinde usw. Weniger Aufmerksamkeit erhielten bisher die affektiven und performativen Aspekte dieser Gemeinschaften, deren Zusammenhalt sich über emotionale Bindungen immer wieder erneuert und welche die Historikerin Barbara Rosenwein als *emotional communities* bezeichnet hat.[36] Rosenwein geht von affektiv orientierten Vergemeinschaftungsstrukturen in Mittelalter und Früher Neuzeit aus, die soziale Relevanz besitzen und sich teilweise gegen Normen und Regeln durchsetzen bzw. dort wirksam werden, wo diese fehlen. Sie sind der Definition nach breiter angelegt als etwa die *textual communities*[37] von Brian Stock (der mit diesem Terminus die soziale Praxis der Textorientierung in monastischen Gemeinschaften beschrieben hat[38]) und beziehen sich generell auf affektive Aspekte von Vergemeinschaftung. Leider gibt Rosenwein nur wenige Beispiele von *emotional communities*, und auch der Begriff selbst bleibt in ihrer knappen Darstellung sehr unscharf.

Im Gegensatz zu Rosenwein betrachten wir nicht bestehende Gemeinschaften in ihrem Umgang und ihrer Inszenierung von Gefühlen, sondern es geht uns um die Gemeinschaftsbildung durch einen gemeinsamen Affekt – das Gelächter. Gelächter entsteht dort, wo für einen bestimmten Bereich der Lebenswelt keine allgemein gültige Norm vorhanden ist, so dass Normalität kommunikativ ausgehandelt werden muss (vgl. den Beitrag von Helga Kotthoff in diesem Band).

---

[36] Rosenwein, Barbara H. „Worrying about Emotions in History". *American Historical Review* 107 (2002) H. 3, S. 821-845, S. 842: „People lived – and live – in what I propose to call ‚emotional communities'. These are precisely the same as social communities – families, neighborhoods, parliaments, guilds, monasteries, parish church memberships – but the researcher looking at them seeks above all to uncover systems of feeling: what these communities (and the individuals within them) define and assess as valuable or harmful to them; the evaluations that they make about other's emotions; the nature of the affective bonds between people that they recognize; and the modes of emotional expression that they expect, encourage, tolerate, and deplore."

[37] Stock, Brian. *The Implications of Literacy: Written Language and Models of Interpretation in the Eleventh and Twelfth Centuries*. Princeton 1983.

[38] Vgl. dazu auch Staubach, Nikolaus. „Die Devotio moderna als Textgemeinschaft". *Schnittpunkte. Deutsch-niederländische Literaturbeziehungen im späten Mittelalter*. Hg. v. Angelika Lehmann-Benz, Ulrike Zellmann u. Urban Küsters. Münster u. a. 2003, S. 19-40.

Allerdings gibt es dafür bestimmte soziale Voraussetzungen, was auch für die Verhältnisse in der Vormoderne gelten dürfte. So haben wir bereits erwähnt, dass sich Lachgemeinschaften auf der Basis bereits bestehender Gemeinschaften bilden können, die nicht primär durch Lachen, sondern durch Familie, Stand, Glauben, berufliche oder gesellige Aktivitäten, durch den gemeinsamen Status oder gemeinsame Wertvorstellungen miteinander verbunden sind. Gemeinsames Lachen wäre dann die performative Aktualisierung bzw. der Vollzug einer gemeinschaftlichen Verbundenheit, die auch nach außen hin kenntlich gemacht wird.[39]

Dass die Konstitution von Lachgemeinschaften durch Konflikt und Konkurrenz bestimmt sein kann, wird an der Funktion des Lachens für die Zuweisung sozialer Positionen durch Ehre besonders deutlich. Durch die bessere Quellenlage in der Frühen Neuzeit sind wir genauer als im Mittelalter über die Bedeutung von Beleidigungen und Ehrverletzungen für die soziale Position von Individuen und Familien in einer konfliktreichen Gesellschaft informiert. Die Ehre kann als Schlüssel für die vormoderne Interaktion und Kommunikation angesehen werden, sie durchzieht die Gesellschaft vertikal und spielt bei Stand, Geschlecht und Beruf eine eminent wichtige Rolle.[40] Sie ist als „symbolisches Kapital“ (Bourdieu) von der öffentlichen Bestimmung der jeweiligen Gemeinschaft abhängig, wird als Wertschätzung zugeteilt oder als Verachtung entzogen.

Im späten Mittelalter nimmt die Verrechtlichung von Ehrkonflikten stark zu, die die Formen gewalttätiger Ehrhändel langsam verdrängen. Dem Lachen als Form der Sanktion (Retorsion) oder als Aggression wird nun eine immer wichtigere Rolle im Kampf um Ehre zuteil, wenn bei verbalen Konflikten (Schelten, Beschimpfungen, Beleidigungen) der Unterlegene verlacht werden darf und das Ausgelacht-Werden markantes Zeichen der Ehrminderung ist.[41] Interessant ist hier, welche Stellung öffentliches Auslachen im „vorbestimmten Eskalationsschema“[42] innehatte und nach welchen Regeln es funktionierte.

---

[39] Vgl. dazu das Lachen monastischer Gemeinschaften, wie es Jacques LeGoff beschreibt: „Lachen und Ordensregeln im Hochmittelalter“. *Das Lachen im Mittelalter*. Stuttgart 2004 (Orig. 1990). LeGoff geht zwar auch von der grundsätzlichen kulturellen und sozialen Verfaßtheit des Lachens aus, seine Untersuchung des Gruppenlachens bleibt allerdings sehr verkürzt (S. 35-36).

[40] Vgl. dazu Frank, Michael. „Ehre und Gewalt im Dorf der Frühen Neuzeit. Das Beispiel Heiden (Grafschaft Lippe) im 17. und 18. Jahrhundert“. *Verletzte Ehre. Ehrkonflikte in Gesellschaften des Mittelalters und der Frühen Neuzeit*. Hg. v. Schreiner, Klaus u. Gert Schwerhoff. Köln/ Weimar/Wien 1995, S. 320-338; Dinges, Martin. „Ehre und Geschlecht in der Frühen Neuzeit“. *Das Konzept der Ehre in der Frühen Neuzeit. Identitäten und Abgrenzungen*. Hg. v. Backmann, Sibylle u. Hans-Jörg Künast (= Kolloquia Augustana 8). Berlin 1997, S. 123-147; Lachen fungierte auch als Bestätigung für soziale Positionen, wenn Müller oder Narren frei verlacht werden dürfen.

[41] Zu literarisierten Verbalinjurien als „gebändigten aggressiven Sprechakten“ und ihrem Zusammenhang mit Gelächter vgl. Wittchow, Frank. „Eine Frage der Ehre. Das Problem des aggressiven Sprechakts in den Facetien Bebels, Mulings, Frischlins und Melanders“. *Zeitschrift für Germanistik* N.F. XI (2001) H. 2, S. 336-360.

[42] Frank (Anm. 40), S. 336.

Auch gibt es in Mittelalter und Früher Neuzeit bestimmte Anlässe und Orte für Lachgemeinschaften, wo Gruppen zusammentreffen, die entweder einen Rahmen für Gelächter mitführen, der meist an Geselligkeit gebunden ist (Fest, gemeinsames Essen und Trinken, Spiel, Aufführung, Reise, Bad), oder allgemeiner jede Gelegenheit, bei welcher die Bildung einer temporär begrenzten Lachgemeinschaft möglich ist: politische Beratungen von Gemeindeversammlungen bis zu Reichstagen, regelmäßige Zusammenkünfte in Wirtshäusern (Männer), Waschplätzen und Spinnstuben (Frauen, Jugendliche), religiöse oder populäre Rituale.

Gerade letztere sind in der Mediävistik bislang vor allem an den ‚Rügebräuchen' oder ‚Charivari' des Mittelalters untersucht worden. Dabei handelt es sich um lärmende und meist auch närrische Umzüge, die – im Kontext des Fastnachtvergnügens – den rituell-komischen Vollzug von Rüge und Strafe in Szene setzen und auf diese Weise die durch den Übeltäter beschädigte Ordnung des Gemeinwesens wiederherstellen.[43] Das Gelächter, das sie hervorrufen, wirkt exklusiv und inklusiv zugleich. Es ist ein aggressives Verlachen der Übeltäter, die den moralischen oder rechtlichen Konsens der Gesellschaft gefährden, eröffnet damit aber auch die Möglichkeit, sich dieses Konsenses zu versichern und auf diese Weise den gesellschaftlichen Verband erneut abzusichern. Um Lachgemeinschaften handelt es sich dabei insofern, als die Lachenden die Übeltäter nicht nur verurteilen, sondern in ihrem Gelächter deren Bestrafung oder sogar Ausgrenzung selbst vollziehen und gerade damit die erneute Konsolidierung ihres Gemeinwesens erreichen.

In Mittelalter und Früher Neuzeit sind ganz unterschiedliche Formen derartiger Lachgemeinschaften realisiert oder auch literarisch imaginiert worden. Einige von ihnen werden in dem vorliegenden Band vorgestellt und in ihren Funktionsweisen beschrieben. Bemerkenswert ist in diesem Zusammenhang, dass viele von ihnen gewaltförmig angelegt sind, sie also einen jeweils unterschiedlichen Umgang mit der Gewalt eröffnen: sei es nun, dass sie Gewalt einsetzen, um Randgruppen zu verfolgen, um die je eigenen Privilegien zu sichern, Konflikte zu lösen oder um Möglichkeiten der Gewaltvermeidung zu erproben. Natürlich sind das nicht die einzigen Formen, in denen Lachgemeinschaften des Mittelalters ausgebildet worden sind. Gleichwohl sehen wir in dieser häufig belegten Gewaltförmigkeit von Lachgemeinschaften im Mittelalter *einen* Hinweis auf die Besonderheit einer Gesellschaft, die auf Gewalt fußt und deren politische und rechtliche Ordnung maßgeblich von der Mechanik von Ehrverletzung und Rache, Gewalt und Gegengewalt geprägt ist.

---

[43] Röcke, Werner. „Text und Ritual. Spielformen des Performativen in der Fastnachtkultur des späten Mittelalters". *Das Mittelalter* 5 (2000) H. 1, S. 83-100, hier S. 90. Vgl. auch Davis, Natalie Zemon. *Humanismus, Narrenherrschaft und Gewalt. Gesellschaft und Kultur im frühneuzeitlichen Frankreich*. Frankfurt a. M. 1987, S. 106-135.

Umso interessanter ist dann allerdings die Frage, wie Lachgemeinschaften in anderen Epochen angelegt sind; ob auch hier von einer zentralen Rolle der Gewalt oder aber von einem anderen Fokus auszugehen ist; worin der bestehen könnte etc. Aufgrund dieser und anderer Fragen haben wir uns entschlossen, den Epochenrahmen nicht auf Mittelalter und Frühe Neuzeit zu beschränken, sondern unsere Befunde und Diskussionen von der Perspektive anderer Epochen her (Antike, Moderne) kontrastiv zu rahmen.

Lachgemeinschaften in Literatur und Theater

Die Untersuchung der Funktion und Typologie historischer Lachgemeinschaften wird allerdings noch komplexer, wenn es um deren Konstitution und Stilisierung in Texten und theatralen Aufführungen geht. Lachen und Gelächter in der Literatur erfordern andere methodische Vorgehensweisen, denn sie haben einerseits textimmanente Funktionen, sind aber andererseits in vielfacher Weise in Face-to-face-Interaktionen, Aufführungen und körperliches Handeln eingebunden, worauf Interferenzen zwischen Text, Bild und Körper in der literarischen Präsentation hinweisen.[44] Dabei ist die Inszenierung und Re-Inszenierung von Lachgemeinschaften in und durch Literatur von verschiedenen Faktoren abhängig. So ist für die Beurteilung von Leistung und Funktion einer textuellen Lachgemeinschaft zunächst die literarische Gattung entscheidend, in der sie vergegenwärtigt wird; eine theatrale Inszenierung von Lachgemeinschaften etwa folgt ganz anderen Bedingungen als eine narrative, wie Fazetie, Märe oder Roman.[45]

Darüberhinaus ist von größter Bedeutung, welche Strategien in Texten benutzt werden, um einen Lachanlass in einer bestimmten sozialen Situation zu imaginieren bzw. um außertextuelle Wirkungen wie Lachen zu erzeugen. Dabei geht es um die Fähigkeit von Texten, Rezipienten zu affizieren, das Publikum zum Lachen (oder Weinen) zu bringen bzw. spöttische oder hämische Reaktionen zu provozieren, kurz, um die Strategien von Texten, Wirklichkeit zu konstituieren: „Adressaten zu modellieren, Diskurse, Emotionen, soziale Zusammenhänge und ähnliches zu konstituieren oder zu verändern".[46] Indem Texte Lach-

---

[44] Hier geht es um die Interdependenz von „situationsgebundener Aufführung und schriftgebundener Gestalt". Vgl. Müller, Jan-Dirk (Hg.). „Vorbemerkung". *‚Aufführung' und ‚Schrift' in Mittelalter und früher Neuzeit.* Stuttgart 1996, S. XI-XVIII, hier S. XII.

[45] Vgl. zur Eigenschaft von Gattungen, Lachen ‚vorzuschreiben', die Beiträge von Nichols zur Farce, von Grubmüller zum Märe und von Teuber zum Sirventès in diesem Band.

[46] Velten, Hans Rudolf. „Performativität. Ältere deutsche Literatur". *Germanistik als Kulturwissenschaft.* Hg. v. Claudia Benthien u. Hans Rudolf Velten. Reinbek 2002, S. 217-242, hier S. 228. Dieser Fragestellung geht auch das Teilprojekt A3 „Lachkulturen des Mittelalters und der Frühen Neuzeit" im Sfb 447: „Kulturen des Performativen" nach: Dabei ist die These leitend, dass die Perspektive des Performativen als zunächst anthropologisch und sozial bestimmtes Modell die Voraussetzungen schafft, um die Relation zwischen kulturellen Aufführungen und Handlungen auf der einen Seite und sprachlichen Beschreibungen und imaginären Entwürfen,

gemeinschaften fiktional entwerfen, Lachanlässe inszenieren und Rezeptionsverhalten steuern, können sie Gelächter sozusagen zirkulieren lassen: Sie sind Modelle für tatsächliche Rezeptionsgruppen von Erzählungen, die gemeinschaftliches Lachen zum Ziel haben (höfische Gruppen, Reisegruppen, humanistische Leser usw.).

Ein bekanntes Beispiel der literarischen Inszenierung einer Lachgemeinschaft ist G. Poggio Bracciolinis Lästerstübchen (*bugiale*) im Vatikan, aus dem nach den Angaben des Autors der größte Teil der berühmten Fazetiensammlung stammen soll.[47] Hier wird der literarische Text auf einen sozialen Ort verwiesen (unabhängig davon, ob es ihn tatsächlich gab oder nicht), an dem sich der für das Lachen wichtige mündliche Kommunikationszusammenhang sozusagen modellhaft konstituieren lässt: Erst das gemeinsame Gelächter der Kleriker über ihre abwesenden Opfer bestätigt die Wirkung der Fazetie und somit die Lizenz zur schriftlichen Überlieferung.[48] Der Text evoziert dabei eine Gemeinschaft von humanistisch gebildeten Spöttern, die in den schriftlichen Text hineingeholt wird, damit der Leser an ihr teilhaben kann. Damit erreicht Poggio sein Ziel, den Text selbst zum Lachanlass zu machen, ihn im Hinblick auf ‚fazete' Konversationen auszustatten, und kalkuliert somit wiederum mit neuen, ähnlichen Lachgemeinschaften.[49]

Noch ist aber nicht geklärt, wie Fazetiensammlungen und andere auf das Lachen gerichtete Texte Präsenz erzeugen können, wenn das Gelächter als *feedback* ihrer Wirkung fehlt.[50] Die Probleme der literarischen Stilisierung von

---

die uns in Texten überliefert sind, auf der anderen Seite genauer untersuchen zu können. Vgl. Bachorski u. Röcke (Anm. 27), S. 162-170;

47 „Visum est mihi eum quoque nostris confabulationibus locum adiicere, in quo plures earum, tanquam in scena, recitatae sunt. Is [sic!] est ‚Bugiale' nostrum, hoc est mendaciorum veluti officina quaedam, olim a secretariis institutum iocandi gratia." (Zum Abschluss möchte ich den Ort unserer Gespräche anzeigen, an dem, wie auf einer Bühne, viele dieser Fazetien vorgetragen worden sind. Es handelt sich um unser ‚Bugiale', eine Art Lügenschmiede, die von päpstlichen Sekretären einst zur Kurzweil gegründet wurde.) Poggio Bracciolini, Gianfrancesco. *Facezie.* Hg., eingel. u. übs. v. Stefano Pittaluga. Milano 1995, S. 296; Übs. der Hgg.

48 Bachorski hat die performativen Aspekte mündlicher und schriftlicher Kommunikationsformen von Fazetien bei Poggio herausgearbeitet: Bachorski, Hans-Jürgen. „Poggios Facetien und das Problem der Performativität des toten Witzes". *Zeitschrift für Germanistik* N.F. XI (2001) H. 2, S. 318-335.

49 Poggios Urbild der Lachgemeinschaft besteht aus einem Zusammenschluss konkurrierender Individuen, die „sich regelmäßig versammelten und einander mit komischen Geschichten verspotteten und unterhielten". Bachorski (Anm. 48), S. 324. Vgl. zum sozialen Aspekt von Poggios Lachgemeinschaft ausführlicher den Beitrag von Gerhard Wolf in diesem Band.

50 Schon Jauss hatte betont, dass die groteske Komik „den Abstand zwischen dem Leser oder Betrachter und dem Helden in einem lachenden Einvernehmen aufgehen läßt, das von der ‚Lachgemeinde' als […] Triumph über Gewalten der normativen Welt und […] als Sich-Durchsetzen des Lustprinzips erfahren werden kann." Jauss, Hans-Robert. „Über den Grund des Vergnügens am komischen Helden". *Das Komische.* Hg. v. Preisendanz, Wolfgang u. Rainer Warning. München 1976, S. 103-132, hier S. 107.

Lachgruppen und ihre Funktionen erscheinen an diesem Punkt zahlreich und komplex: Auf welche Art und Weise werden Lachgemeinschaften in Texten inszeniert, welche Wirkungen rufen sie hervor, und mit welchen Mitteln stiften diese Texte ihr Publikum zum Mitlachen an? Was sind die sozialen und kulturellen Voraussetzungen für die Zirkulation des Lachens, und welche Rolle spielen dabei professionelle Spaßmacher, um die sich Lachgemeinschaften gruppieren? Insgesamt ist das Gruppenlachen in mittelalterlichen und frühneuzeitlichen Texten von der Forschung wesentlich weniger beachtet worden als das zeichenhafte Lachen Einzelner, das ganz anderen Stilisierungen und Funktionsweisen unterliegt.

Im Unterschied zu den politischen, sozialen und rituellen Lachgemeinschaften gilt für ihre literarischen Gegenstücke, dass sie ganz und gar konstruiert sind; dies hat zur Folge, dass die kontingenten und unvorhersehbaren Aspekte des Gelächters entweder stark reduziert oder sogar beseitigt werden, seine Planung und Durchführung, aber auch seine soziale Wirkung umso genauer beschrieben und ausgestaltet werden können. Dies ist etwa der Fall bei der Figur des Seneschalls Keie in der Artusepik, dessen Rolle als notorischer Nörgler nicht nur Lachgemeinschaften provoziert, sondern auch zum Auslöser von dynamischen Gruppeninteraktionen und somit von Veränderung wird.[51] Zu überprüfen wäre hierbei die Vermutung, dass literarische Lachgemeinschaften meist von höherer Dauer und Stabilität gekennzeichnet sind.

Auch nutzen literarische Erzählstrategien rituelle Lachgemeinschaften, etwa um Hohn und Spott aus dem einen in den anderen Kontext zu versetzen, und erzeugen dabei überraschende Wendungen: In Eilharts Tristanroman zum Beispiel verwandelt der Erzähler in der Wolfeisenepisode die dem König Artus treue Rittergemeinschaft in eine Bande lärmender Halbwüchsiger, die ihren Gastgeber König Marke als Hahnrei verlachen, gerade darin aber exklusiv die Regeln und das Selbstverständnis der arthurischen Gemeinschaft unter Beweis stellen.

Anders scheint es sich wiederum mit Lachgemeinschaften bei theatralen Aufführungen zu verhalten, die im Spätmittelalter immer zahlreicher und bedeutender werden (Fastnachtspiele, Farcen und Sottien, Mysterienspiele, aber auch geistliche Spiele, bei denen über Höllenszenen, Teufel und Juden gelacht wird). Bei diesen Formen muss zunächst zwischen dem Bühnengeschehen und den Zuschauern unterschieden werden bzw. zwischen beiden und den jeweils Abwesenden, auf deren Kosten Schauspieler und Publikum lachen können. Auch hier unterliegt das gemeinsame Gelächter einerseits Inszenierungsmaßnahmen, also

---

51 Vgl. Röcke, Werner. „Provokation und Ritual. Das Spiel mit der Gewalt und die soziale Funktion des Seneschall Keie im arthurischen Roman". *Der Fehltritt. Vergehen und Versehen in der Vormoderne.* Hg. v. Peter von Moos. Köln 2001, S. 343-361.

Regeln der Komik, andererseits seiner Unvorhersehbarkeit und Emergenz. Lachgruppen können sich im Drama schnell verändern, sie können Resultat wechselnder Allianzen sein. Allerdings hat das gemeinsame Gelächter den stärksten Einfluss auf die Formierung des jeweiligen Publikums.

Dabei spielt die historische Entwicklung der Bühne eine wichtige Rolle: So konnten die Zuschauer bestimmter Farcen durch das radikale Verlachen gemeinsamer politischer Gegner zu gewalttätiger Auseinandersetzung aufgestachelt werden; das Publikum von Passionsspielen mochte beim Erfahren des gemeinsamen Gelächters von Juden und Spöttern über Jesus von Nazareth zum Lachen gereizt, das Lachen aber gegen diese selbst oder sogar gegen jüdische Mitbürger gewendet werden. Das Publikum etwa von Folz' antijüdischen Fastnachtspielen wird so über die Aufführung hinaus durch das gemeinsame Gelächter zu einer Gemeinschaft von Handelnden.

Dagegen kann ein Theaterpublikum des späten 20. Jahrhunderts gemeinschaftliches Lachen zur Mitgestaltung der Aufführung nutzen, da die Gemeinschaft im Theater Voraussetzung der Illusionsbildung ist. Andererseits fördert auch schon das frühneuzeitliche Theater sowohl die Komplizenschaft des Publikums mit den Darstellern als auch Distanzierungsleistungen vom Bühnengeschehen, die wiederum im Gelächter bestätigt werden kann.

Aufbau des Bandes

Gemessen an diesen verschiedenen Fragekomplexen haben wir den Band in fünf strukturell unterschiedliche Abschnitte gegliedert: Im ersten Abschnitt *Soziale Grenzziehungen und Funktionen gemeinschaftlichen Gelächters* sollen Inklusions- und Exklusionsmechanismen an Material untersucht werden, das in Kontexte der Gewalt eingebettet ist und diese nicht nur verschärft oder entschärft, sondern auch modifiziert. Dieser Abschnitt mit Beiträgen von Althoff, Scharff, Keller und Röcke betrachtet allgemeine Aspekte des Gruppenlachens, die das ganze Mittelalter und die Frühe Neuzeit betreffen. Der zweite Abschnitt *Konstruktionen textueller Lachgemeinschaften* fragt nach Funktionen und Wirkungen von unterschiedlichen, literarisch stilisierten Lachgemeinschaften spätmittelalterlicher Textgattungen wie der Märenliteratur (Grubmüller), der Schwankliteratur (Velten) und der Hauschronik (Wolf); vorangestellt ist ein Beitrag zu Satire und Gemeinschaftsbildung bei Horaz und Vergil (Wittchow). Der dritte Abschnitt (*Public Staging of Laughter / Theatrale Inszenierungen des Lachens*) beschäftigt sich mit der Formation und Auflösung von Lachgemeinschaften bei Aufführungen in verschiedenen Kontexten: in der Troubadourlyrik (Teuber), der französischen Farce (Nichols und Koopmans) sowie kontrastiv in einem Beispiel aus dem Gegenwartstheater (Roselt).

Danach folgen in Teil IV (*Institutionalized Laughter / Institutionalisierte Lachgemeinschaften*) zwei Beiträge (Pleij, Gvozdeva) zu Fragen der Iterabilität des Lachens als Kern der Vergemeinschaftung von ‚närrischen' Vereinigungen, wohingegen sich der letzte Abschnitt dem Problem der *Sozialen Stilisierungen in der Karikatur* widmet, das einmal in Text-Bild-Bezügen des 17. Jahrhunderts (Jones) und einmal in Alltagsgesprächen der Gegenwart (Kotthoff) – demnach aus zwei den gesamten Band rahmenden Blickwinkeln – erörtert wird.

I. Soziale Grenzziehungen und Funktionen gemeinschaftlichen Gelächters

Gerd Althoff (Münster) untersucht die Inszenierungsformen des Lachens in der politischen Geschichte des Mittelalters an ausgewählten Beispielen (*Vom Lächeln zum Verlachen*). Für Althoff haben Emotionen soziale Funktionen und folgen sozialen Codes. So ist auch das in den historischen Quellen verzeichnete Lachen eben meist kein Affekt, sondern bewusst eingesetztes (politisches) Zeichen, das inszeniert werden konnte und wurde. Wie andere Emotionen auch ist dieser performative Gebrauch von Gelächter ein Medium, durch das Macht ausgedrückt, verstanden und manipuliert wurde. Althoff erkennt zwei wichtige Funktionen von Gelächter: erstens die Konstitution und Festigung von Gruppenzugehörigkeit (etwa im gemeinsamen Lachen vor dem Kampf) und zweitens die Möglichkeit der Bloßstellung eines Gegners in den vielfältigen Beratungssituationen des Mittelalters, wo verschiedene Interessen aufeinander prallten. In diesem Fall war das Lachen weniger inszeniert als spontan hervorgerufen, hatte jedoch denselben Effekt wie eine Inszenierung.

Komplementär zu Althoffs Analysen betrachtet der Historiker Thomas Scharff (Braunschweig) das Lachen in Situationen, wo es nicht nur um die Durchsetzung von Herrschaftsansprüchen geht, sondern um Leben und Tod: jenen des inquisitorischen Verhörs (*Lachen über die Ketzer. Religiöse Devianz und Gelächter im Hochmittelalter*). Er kann zeigen, dass sich die Inquisitoren im gemeinsamen Lachen über naive oder ungebildete Frauen und Männer, die aus Angst Fehler machen, nicht nur bestens unterhalten, sondern sich dadurch in ihrer Funktion ganz besonders bestätigt sehen. Die Wirkungen dieses gemeinsamen Gelächters der Mächtigen sind für die Ausgelachten und somit als Häretiker Ausgegrenzten desaströs, wie im Falle Eons von Stella und der Waldenser: Es beschließt das Verhör und macht die Schuld der Angeklagten eindeutig. Scharff führt dieses aggressive, der Exklusion dienende Lachen auf die agonalen Formen der Auseinandersetzung in der Disputationskultur der hohen Schulen zurück, wenn der Sieg im Augenblick des gemeinsamen Lachens über den Besiegten augenfällig wurde. Andererseits zeigt der Beitrag auch literarische Reaktionen darauf, wenn in Novellen Giovanni Boccaccios und Francesco Sacchettis die Inquisitoren ihrerseits zum Gespött des Volkes oder gar der Ketzer selbst werden.

Dass der Versuch, im Gelächter Gemeinschaft zu konstituieren und andere auszugrenzen, auch scheitern und sich gegen den Initiator des Spottes richten kann, macht Hildegard E. Keller (Zürich) in ihrem Beitrag *Lachen und Lachresistenz. Noahs Söhne in der Genesisepik, der ,Biblia Pauperum' und dem ,Donaueschinger Passionsspiel'* anschaulich. Anhand der Bilder und Texte der mittelhochdeutschen Bibelepik zum Noah-Komplex geht sie der Frage nach Lizenzen und Verboten des gemeinschaftlichen Lachens im Mittelalter und der Entstehung und Wirkung von „Lachresistenzen" nach. Dabei kann sie die Ambivalenz und den labilen Status von Lachgemeinschaften bereits für das Mittelalter zeigen, wenn der Reiz zum Verlachen dessen, was nicht verlacht werden darf, sich im Verlachen der Spötter entladen kann: Im geistlichen Spiel dürfen (und sollen) gerade die lachenden Spötter Christi vom Publikum verlacht werden. Als *Surplus* liefert der Beitrag eine Neuinterpretation der Ausgrenzung und Verstoßung Hams in der mittelhochdeutschen Bibelepik vor dem Hintergrund seines ,falschen' Lachens.

Werner Röcke (Berlin) schließlich arbeitet ebenfalls mit historischen und literarischen Quellen (*Die getäuschten Blinden. Gelächter und Gewalt gegen Randgruppen in der Literatur des Mittelalters*). Seine Analyse des ,Blinden-Schweine-Spiels' in spätmittelalterlichen rituellen *performances* und der literarischen Inszenierung der ,getäuschten Blinden' macht verschiedene Kriterien der Konstitution und Funktion von Lachgemeinschaften im Mittelalter sichtbar: Während bei den gewalttätigen Spielen die rituelle Abwehr und Denunziation von potentiell bedrohlichen Randgruppen der Gesellschaft Kern des gemeinsamen, ausgrenzenden Lachens ist, kommt es im Textspiel mit den Blinden in der Literatur des 16. Jahrhunderts zu einer Verschiebung: Die Gemeinschaft von Lesern/Hörern konstituiert sich mit dem Medienwechsel nicht mehr über gemeinsames aggressives Lachen, sondern über eine gemeinsame distanzierte Haltung der sozialen Bedrohung gegenüber, die mit dem Vergnügen an der kalkulatorischen Perfektion des Schwankhelden und mit der Vergewisserung gemeinsamer sozialer Normen im Lachen einhergeht.

II. Konstruktionen textueller Lachgemeinschaften

Markiert Röckes Beitrag bereits die Differenzen zwischen rituellen und literarisch inszenierten Lachgemeinschaften, so fragen die Beiträge in der zweiten Sektion nach den Inszenierungs- und Funktionsformen gemeinschaftlichen Gelächters in literarischen Texten. Dabei macht ein Beitrag zur römischen Literatur den Anfang, der das Thema der dichterischen Stilisierung sozialer Effekte von Gelächter aus der Perspektive des Altertums in den Blick nimmt und in Relation zum Humanismus der Frühen Neuzeit setzt: *Prekäre Gemeinschaften: Inklusives und exklusives Lachen bei Horaz und Vergil.* Frank Wittchow (Berlin) zeigt anhand der Epoden des Horaz und der bislang kaum auf das Lachen hin untersuchten Eklogen des Vergil die komplexen Wirkungsmechanismen von literarischen Lachgemeinschaften, die (teilweise im Prisma der Selbstentlarvung) zwischen herabsetzend-ausgrenzenden und heiter-spöttischen Funktionen oszillieren (Horaz) oder eine utopische Gemeinschaft der Hirten auf der Grundlage einenden Gelächters beschwören (Vergil). Beide Dichter konstruieren die Lachgemeinschaft als prekäre Gemeinschaft im jambischen Sprechgestus performativ und können durch die Imagination der zugehörigen sozialen Situation eminent politisch wirken. Demgegenüber vertrauen die Humanisten der Frühen Neuzeit auf die Kraft der Fazetie als performative, hoch professionalisierte Gattung, um ein auf Bildung gegründetes Gruppenethos zu vermitteln.

Drei Beiträge untersuchen die literarischen Strategien des Gruppenlachens an Texten der Übergangszeit zwischen Spätmittelalter und Früher Neuzeit. In seinem Beitrag *Wer lacht im Märe – und wozu?* weist Klaus Grubmüller (Göttingen) auf die historische und kulturelle Gebundenheit des Lachens hin und diskutiert die Kasuistik des Lachens innerhalb der Gattung (gelungene Streiche, Torheit bzw. Naivität, verhohlene Vorfreude, Erkenntnis aus Distanz) im Zusammenhang mit seinen Funktionen. Dem häufiger auftretenden Lachen Einzelner stellt er das Lachen kleiner Gruppen gegenüber, das er als „öffentliches Lachen“ bezeichnet, welches mit Spott und Verachtung und somit mit einem Urteil verbunden ist. Dagegen wird anhand des heimlichen Lachens im Märe seine kritische Funktion sichtbar, was im Rückgriff auf Ritters These vom Lachen als einem Spiel von Lebensordnung und Ausgegrenztem, von Dasein und Nichtigem diskutiert wird. Der Aufsatz zeigt, wie im gemeinsamen Lachen die Funktionen des Lachens aufgespalten werden können (Betrüger und Betrogene lachen gemeinsam, aber aus verschiedenen Gründen), sich überlagern und so die Komik der Situation konstituieren.

Hans Rudolf Velten (Berlin) untersucht in seinem Beitrag *Text und Lachgemeinschaft. Zur Funktion des Gruppenlachens bei Hofe in der Schwankliteratur* die Relation von textinternem und textexternem Lachen. Nach einer eingehenden forschungs- und begriffsgeschichtlichen Bestimmung von „Lachgemeinschaft“ als performativer Interaktionsform eines sozial und kulturell verankerten Gruppengefüges werden drei Modelle literarisch stilisierter Lachgemeinschaften aus unterschiedlichen sozialen Kontexten (städtischer Adel, Spinnstube, Humanismus) vorgestellt und ihre Besonderheiten erläutert. Im Hauptteil geht es um die Frage, wie Schwanktexte ihre Rezeption über das Gruppengelächter durch die Re-Inszenierung der Aktionsschemata von Hofnarren modellieren und steuern: Anhand einiger Beispiele aus den Schwankromanen *Die geschicht des pfarrers vom Kalenberg* und *Neithart Fuchs* erscheint die höfische Lachgemeinschaft als episodenübergreifendes Strukturmerkmal, das im gemeinsamen Gelächter weniger soziale Bindungen sanktioniert und Konflikte bewältigt als eine ideale Rezeptionsgemeinschaft vorzeichnet.

Den Abschluss bildet die Untersuchung literarischer Lachgemeinschaften in der *Zimmerischen Chronik* im Beitrag Gerhard Wolfs (Bayreuth): *„das die herren was zu lachen hetten“. Lachgemeinschaften im südwestdeutschen Adel?* Wolf arbeitet die Differenzen zwischen Poggio Bracciolinis *bugiale* als institutionalem Modell einer Lachgemeinschaft, welche über inklusives Gelächter das soziale Prestige ihrer Mitglieder aushandelt, und der Chronik Frobens von Zimmern heraus, in der das gemeinsame Gelächter zum integrativen, aber auch labilen Identitätsmerkmal der adligen Gesellschaft wird. Er legt ausführlich die Mechanismen und semantischen Möglichkeiten der Konstruktion des Lachens im Text offen und unterscheidet zwischen rituell-inszenierten und okkasionellen Lachgemeinschaften, die in ihrer Funktion unterschiedlich sind: Während beim ersten Typ Ritualstörungen narrativ ausgestaltet werden und dadurch Gelächter gezielt inszeniert werden kann, ist der zweite Typ offener und demonstriert die Ambivalenz eines Gelächters, das gleichzeitig erwünscht (Heiterkeit, Gruppenkohäsion) und bedrohlich (Ehr- bzw. Statusverlust) erscheint.

III. Public Staging of Laughter / Theatrale Inszenierungen des Lachens

Dass literarische Texte des Mittelalters bei ihrer Aufführung die Gemeinschaft der Zuhörer sowohl zu unterhaltsamen als auch zu politischen und moralischen Zwecken in eine ständeübergreifende Lachgemeinschaft transformieren können, zeigt Bernhard Teuber (München) in seinem Beitrag *Das Lachen der Troubadours. Zur performativen Kraft satirischer Dichtung im mittelalterlichen Occitanien*. Anhand der burlesken Dichtungen (Sirventès, Tenzone) der altoccitanischen Troubadourlyrik geht der Beitrag der Produktion und Aufrechterhaltung von Gelächter als performativer Dimension dieser Dichtung nach. Im Mittelpunkt steht die Untersuchung eines satirischen Schmähgedichts Peire Cardenals, in dem gemeinsames Lachen als Bestrafung („cum rident, iudicant“) der abwesenden Gegner (Dominikaner) vollzogen wird. Teuber fragt nach den literarischen Mitteln der Inszenierung von *ingroup* und *outgroup* in der Aufführungssituation und ihrer Durchlässigkeit sowie nach der spezifischen Relation von Komik und Satire in der performativen Konstitution einer höfisch bestimmten Lachgemeinschaft.

Die folgenden beiden Beiträge widmen sich den französischen Farcen des 15. und 16. Jahrhunderts aus unterschiedlichen Perspektiven: Stephen S. Nichols (Baltimore) zeichnet in seinem Beitrag *Four Principles of Laughter in Medieval Farce* eine Anthropologie des Lachens für die frühneuzeitlichen Farcen nach, worin er vier Prinzipien oder Mechanismen vorschlägt, nach denen die Farce das gemeinschaftliche Lachen des Publikums wie einen performativen Modus (*actio*) benutzt: (1) Lachen über Sprache als Bild, (2) Lachen über den Körper, (3) Lachen über unmotivierte Handlungen und (4) Lachen über unmotivierten Terror. Dadurch kommt es zu einem sozialen Pakt zwischen Darstellern und

Publikum, der beide Gruppen über das Lachen verbindet und dadurch das Publikum als solches erst ‚herstellt'.

Dagegen widmet sich Jelle Koopmans (Amsterdam) der Rekonstruktion der historischen und sozialen Kontexte einzelner Aufführungen von Farcen. In seinem Beitrag *Le rire grinçant de la farce: factions et exclusions dans le monde du théâtre profane français (1450-1550)* geht er von der These aus, dass das Lachen der Farce ein verbindendes Lachen ist (*rire partagé*), das soziale Wirkungen hervorbringt. Dies belegt er an zwei Aufführungen in Paris und Caen, bei denen das Lachen als der Motor einer Verbrüderung erscheint und als Waffe gegen eine gegnerische Partei (die ihrerseits das Lachen durch Aufführungsverbote unterdrücken will) eingesetzt wird, was in beiden Fällen zur Anstiftung von Gewalt führt und in politischer Konfrontation endet („le contexte fait éclater le texte").

Das Aufführungskapitel beschließt Jens Roselt (Berlin) mit seinem Beitrag *Chips und Schiller. Lachgemeinschaften im zeitgenössischen Theater und ihre historischen Voraussetzungen*, der das Thema theatergeschichtlich anhand von Adam Müller (Ironie als Distanzleistung) und Max Herrmann (Theater als „soziales Spiel") wie auch strukturell aus der Perspektive des Gegenwartstheaters angeht. Lachgemeinschaften, so die These des Beitrags, bilden sich im Theater in unterschiedlichster Weise kurzfristig, spontan oder dramaturgisch kontrolliert, meist transversal zwischen Darstellern und Publikum als interaktives, medial vermitteltes Phänomen. Das Publikum konstituiert sich erst im Laufe der Aufführung (als wie auch immer labile Gemeinschaft), wobei das Gelächter eine zentrale Rolle spielt. Durch die Verschränkung von Illusion und Ent-Täuschung können Lachgemeinschaften somit die Aufführung mitbestimmen, und mit diesem Vermögen kann dramaturgisch kalkuliert werden.

IV. Institutionalized Laughter / Institutionalisierte Lachgemeinschaften

Das epochenspezifische kulturelle Phänomen von „fröhlichen Gesellschaften" in der Frühen Neuzeit, also fester hierarchisierter Organisationen, deren Verfasstheit und Logik geradezu auf das gemeinsame Gelächter ausgerichtet ist, stellt auf den ersten Blick einen Gegentyp zu den okkasionellen, ephemeren Lachgemeinschaften dar. Allerdings besteht auch hier die Notwendigkeit ständiger performativer Erneuerung der kollektiven Identität durch Gelächter; so geht das feste institutionelle Modell der Lachgemeinschaft komplexe Relationen mit dem performativen fluiden Modell ein. Die Institution stellt eine Art Kompetenzebene dar, die erst im Moment der Performanz von Gelächter, also der Emergenz der kontingenten Lachgemeinschaft, Geltung erlangt. Zwei Beiträge befassen sich mit den Fragen des institutionalisierten Lachens: Herman Pleijs (Amsterdam) *Institutionalized Laughter in Dutch Literature and Society during the late Middle Ages and the Early Modern Period* und Katja Gvozdevas (Berlin)

Narrenabtei. Rituelle und literarische Inszenierungen einer Lachinstitution. Bei beiden Themen ist es unmöglich, historisches von literarischem Text- und Quellenmaterial zu trennen, gerade hier ist die doppelte Perspektive auf rituelle und literarische Funktionen des Gelächters und ihre Austauschbeziehungen unabdingbar.

Pleij konzentriert sich auf die Aktivitäten der niederländischen Reederijker-Vereinigungen, die als stabile Lachgemeinschaften par excellence angesehen werden können, denn sie erneuern Gelächter kontinuierlich in ihren verschiedenen komischen Spiel-, Vortrags- und Theateraufführungen. Bei diesen *performances* steht, wie Pleij an Narren-, Teufels- und Hungertexten zeigt, die Ausrichtung auf das Publikum über Sprache, Gesten und Handlungen sowie dessen aktive Einbeziehung im Mittelpunkt. Das Gelächter wird zum vielfunktionalen Katalysator von Gemeinschaft als ritueller Verbindung zwischen Schauspielern und Publikum, indem es ursächliche soziale Bedrohungen wie Dummheit, Armut, Hunger, Sündhaftigkeit oder Ehrverlust thematisiert.

Demgegenüber verfolgt Gvozdeva das Thema anhand eines literarischen Textes, der Abtei von Thelème (Kapitel 52-58 aus Francois Rabelais' *Gargantua und Pantagruel*). Ausgehend von den Zeugnissen einer burlesken Sakralisierung von Rabelais' Vorlage in rituellen, institutionalisierten Lachgemeinschaften („Thelemiten"), fragt der Beitrag nach dem Verhältnis von literarischem Text und den zeitgenössischen „Narrenabteien". Anhand des Begriffs der Lachgemeinschaft und einer vergleichenden Lektüre des Textes mit burlesken Zeugnissen wie Privilegien, Regeln und Statuten, Aufrufen und Edikten von *sociétés joyeuses* (Abbaye de Conards u. a.) schlägt sie eine Neuinterpretation der Abtei von Thelème als Jugendabtei vor: Der literarische Text rekurriert auf das rituelle Gelächter der Jungmännergesellschaften und dekonstruiert deren geschlechtsspezifische Lachgemeinschaft, die sich auf die burleske Rhetorik des kollektiven Prahlens und des aggressiven, ausgrenzenden Spottes gründet. Dadurch wird eine neue Art der Lachgemeinschaft inszeniert (Pantagruelisten), die zugleich das soziale Modell evoziert und es über textuelle Verschiebungsstrategien verändert und reflektiert.

V. Soziale Stilisierungen in der Karikatur

Um soziale Zuweisungsstrategien von stilisierten Karikaturen als Anlässe für gemeinsames Lachen geht es im letzten Abschnitt, der zwei Beiträge aus medial unterschiedlichen Themenbereichen nebeneinander stellt: Malcolm Jones (Sheffield) untersucht karikaturale Themen und Motive auf frühneuzeitlichen Flugblättern (*No laughing matter? Die Wiederentdeckung der komischen Flugblätter aus dem England des 17. Jahrhunderts*), während sich die Freiburger Linguistin Helga Kotthoff in ihrem Beitrag *Konversationelle Karikaturen. Über Selbst-*

und Fremdstilisierungen in Alltagsgesprächen der Analyse von sprachlichen Karikaturen und ihren sozialen Voraussetzungen und Wirkungen widmet.

Jones zeigt an 27 Abbildungen von englischen Flugblättern des 16. und 17. Jahrhunderts, wie sich historische Lachgemeinschaften an visuellem Material bilden können. In Anlehnung an Keith Thomas' Einschätzung, dass in der Frühen Neuzeit Spott und Verlachen als aggressive Mittel der Verurteilung normfremden Verhaltens und somit der Gruppenkohäsion dienten, sieht Jones in den Rezipienten der komischen Flugblätter Gemeinschaften national eingestellter, protestantischer Männer aus dem Bürgertum, die das Bild als Anlass zum Lachen im Rahmen des geselligen Amüsements gebrauchen. Interessant ist, dass die vorherrschenden Bildmotive (Hahnrei, Virago, Putzsucht der Frauen, Papstsatire, Nonnenturnier, Narren usw.) ihre Vorbilder in populären Texten und Bildern hatten, so dass eine interaktionale Bearbeitung der komischen Drucke im gemeinsamen Gespräch und Gelächter nahe liegt.

Dass sich Lachgemeinschaften in geselligen Gesprächen zur Erzeugung und Durchsetzung von karikaturalen Zuweisungen durch dialogische Verfahren wie Übertreibungen, Parodie, Dramatisierungen fremder Rede, Gestik und Prosodie bilden, veranschaulicht Helga Kotthoff von der linguistischen Gesprächsforschung her. In ihrem den Band abschließenden Beitrag werden noch einmal wichtige strukturelle Merkmale des Gruppenlachens fokussiert. Kotthoff sieht Lachgemeinschaften als Orte der Aushandlung von Selbst- und Fremdstilisierungen, wo durch performative Animation und die Erzeugung kleiner szenischer Dramen („konversationelle Aufbereitung") Karikaturen des ‚Anderen' und des ‚Selbst' entworfen werden. Die Teilnehmer an einer Lachgemeinschaft vereinbaren damit eine geteilte Haltung zur Welt, wobei sich die Ausgrenzung der Anderen im Lachen nicht – wie in der älteren Forschung angenommen – auf diese selbst, sondern auf ihre Stilisierungen beziehen. Die noch in der Frühen Neuzeit für Lachgemeinschaften bestimmende Lust an der (körperlichen und rhetorischen) Gewalt der *ingroup* gegen Außenstehende wird hier zugunsten einer Theatralisierung der Verlachten zurückgenommen, um über die spielerische Selbstreferentialität der Karikaturen affektive Bindungen der Gruppe zu bestätigen.

I. Soziale Grenzziehungen und Funktionen gemeinschaftlichen Gelächters

GERD ALTHOFF

Vom Lächeln zum Verlachen

Dieser Beitrag ist ein später Versuch, ein deutliches Defizit meiner früheren Äußerungen zu dem Thema ‚Emotionen in der öffentlich-politischen Kommunikation des Mittelalters' ein wenig auszugleichen.[1] In meinen bisherigen Arbeiten habe ich nämlich zumeist das Lachen ausgelassen und mich auf die emotionalen Ausdrucksformen für Trauer, Empörung oder auch Zerknirschung konzentriert. An öffentlich gezeigten Emotionen dieser Art habe ich die grundsätzliche Einschätzung entwickelt, dass Emotionen im Mittelalter festen Codes verpflichtet sein konnten, man kann auch sagen: inszeniert wurden, und dass es ein modernes Missverständnis beinhaltet, wenn man sie Echtheits- oder Authentizitätsansprüchen unterwirft.

Zumindest in der öffentlichen Kommunikation des Mittelalters benutzten die Menschen Emotionen wie vieles andere als Zeichen, um ihren verbalen wie nonverbalen Äußerungen Nachdruck und Eindeutigkeit zu verleihen. Wer scheinbar außer sich ein königliches Schreiben auf den Boden warf und das Siegel zertrampelte, den Boten dann wüst beschimpfte, ihn mit Kot und Pferdemist bewerfen ließ, so dass dieser um sein Leben rannte, der hatte in der nötigen Eindeutigkeit klar gemacht, dass er mit dem Inhalt des Schreibens nicht einverstanden war. Mittels derartig gezeigter Emotionen konnte man eine gezielte Drohkulisse aufbauen, aber auch Reue und Zerknirschung über eigenes Verhalten in unüberbietbarer Deutlichkeit zum Ausdruck bringen. Ob die benutzten emotionalen Zeichen der echten und wahren Gesinnung entsprachen, hat man dagegen nicht gefragt: Die Zeichen erfüllten ihren Zweck auch ohne die Klärung dieser Frage.

---

[1] Vgl. dazu Althoff, Gerd. „Der König weint. Rituelle Tränen in öffentlicher Kommunikation". *‚Aufführung' und ‚Schrift' in Mittelalter und Früher Neuzeit*. Hg. v. Jan-Dirk Müller. Stuttgart 1996, S. 239-252; ders. „Empörung, Tränen, Zerknirschung. ‚Emotionen' in der öffentlichen Kommunikation des Mittelalters". *Frühmittelalterliche Studien* 30 (1996), S. 60-79; wieder in: ders. *Spielregeln der Politik im Mittelalter. Kommunikation in Frieden und Fehde*. Darmstadt 1997, S. 258-281; ders. „Ira Regis. Prolegomena to a History of Royal Anger". *Anger's Past. The Social Uses of an Emotion in the Middle Ages*. Hg. v. Barbara H. Rosenwein. Ithaca/London 1998, S. 59-74.

Wir haben mit dem Verständnis solcher Szenen unsere Schwierigkeiten, da wir den Anspruch erheben, dass unser Verhalten der Windstärke unserer Gefühle angepasst sein sollte – im Positiven wie im Negativen. Klaffen diese erkennbar auseinander, sagen wir: „Sei nicht so theatralisch" oder „Führ dich nicht so auf" und mahnen damit den Gleichklang von emotionalen Zeichen und den wirklichen Gefühlen an. Das aber war im Mittelalter noch nicht der Fall.

Hierdurch könnte bei Johan Huizinga, Norbert Elias und anderen der Eindruck entstehen, als hätten die Menschen des Mittelalters ihren Emotionen noch ungebremst freien Lauf gelassen und erst komplexe Prozesse der Zivilisation hätten hier zur Affektkontrolle geführt.[2] Der Vergleich mit dem Verhalten von Kindern, der in diesen Zivilisationstheorien begegnet, vermag das Gemeinte zu verdeutlichen: Kinder benutzen noch heute Emotionen als Zeichen, wenn sie wie am Spieße kreischend ihren Willen durchsetzen wollen und im Erfolgsfall sofort zu strahlendem Lächeln fähig sind. Hinter solchem Verhalten stehen Emotionen, die eine moderne Echtheitsprüfung wohl kaum bestehen dürften. Mit der Problematik der Authentizität, die wir geäußerten Emotionen abverlangen, kann ich mich jedoch aus verschiedenen Gründen im Folgenden nicht beschäftigen.[3]

Ich möchte vielmehr zunächst am Beispiel verschiedener Formen des Lachens zeigen, dass die zitierten Einschätzungen der Zivilisationstheorie den mittelalterlichen Gebrauch emotionaler Äußerungen gründlich missverstehen. Auch Formen des Lächelns, Lachens und Verlachens wurden in den unterschiedlichsten Situationen als Codes benutzt, die bestimmte Botschaften transportierten und mit emotionalen Äußerungen authentischen Charakters wenig gemein hatten. In diesem Teil meines Beitrags bin ich denn auch sehr einverstanden mit dem von den Herausgebern gesetzten Akzent, dass es in diesem Band „um Formen der Inszenierung von Gelächter als Mittel zur Konstitution von Gemeinschaften" gehe.[4] Konstitution verstehe ich hier in dem weiten Sinne, dass mittels Lächeln, Lachen und Gelächter Gemeinschaften begründet, aber auch die bereits bestehende und fortdauernde Existenz von Gemeinschaft evoziert, gestärkt oder beschworen werden kann.

---

[2] Vgl. Elias, Norbert. *Über den Prozeß der Zivilisation. Soziogenetische und psychogenetische Untersuchungen*. 2 Bde. Frankfurt a. M. 1977, der in diesen Fragen vor allem Vorarbeiten von Huizinga, Johan. *Herbst des Mittelalters. Studien über Lebens- und Geistesformen des 14. und 15. Jahrhunderts in Frankreich und in den Niederlanden*. 11. Aufl. Stuttgart 1975 verarbeitete. Zum komplexen Prozess der Elias-Rezeption und -Kritik in den modernen Kulturwissenschaften s. nur Schwerhoff, Gerd. „Zivilisationsprozeß und Geschichtswissenschaft. Norbert Elias, Forschungsparadigma in historischer Sicht". *Historische Zeitschrift* 266 (1998), S 561-605; sowie Duerr, Hans-Peter. *Der Mythos vom Zivilisationsprozeß*. 3 Bde. Frankfurt a. M. 1988-1993.

[3] Die Vorstellung, dass auf dem Gebiete der Emotionen die Menschen des Mittelalters wie die heutigen Kinder gewesen seien, entwickelte schon Huizinga (Anm. 2), S. 8. Zur Problematik der Authentizität von Emotionen s. zuletzt Benthien, Claudia, Anne Fleig u. Ingrid Kasten (Hgg.). *Emotionalität. Zur Geschichte der Gefühle*. Köln 2000.

[4] Vgl. die Einleitung zu diesem Band, S. XV.

In einem zweiten Teil, der mir der wichtigere ist, möchte ich ein Phänomen vorstellen, das mit der Formel von der ‚Inszenierung von Gelächter' wohl nicht adäquat erfasst wird, wenn man den Inszenierungsbegriff nicht sehr verwässern will. Es geht um das Phänomen, das wir auch heute noch kennen und umgangssprachlich mit Formulierungen ansprechen wie ‚die Lacher auf seiner Seite haben' und, damit zusammenhängend, ‚den anderen mundtot machen'. Die damit angesprochene Situation beobachten wir auch im Mittelalter nicht selten; wahrscheinlich kam sie häufiger vor, als es uns überliefert ist. Es geht um die Technik, in einer Situation der Entscheidungsfindung, in der durchaus unterschiedliche Meinungen und Interessen im Raum stehen und aufeinanderprallen, durch eine gelungene ironische oder scherzhafte Formulierung das Problem so auf den Punkt zu bringen, dass man ‚die Lacher auf seiner Seite hatte' und potentielle Gegner dadurch ausmanövriert, ‚mundtot' gemacht wurden.

Eine solche Situation scheint mir grundsätzlich verschieden von denjenigen, in denen Gelächter innerhalb von Gruppen inszeniert wird, weil ein bestimmter Code es so vorsieht. Im Gegensatz dazu erzeugt ein Protagonist mit Kunst und Witz spontanes Gelächter. Dieses signalisiert Zustimmung und Unterstützung. Wenn man so will, vollzieht sich mit dem Gelächter eine Gruppenbildung, die Andersdenkende ausgrenzt und vereinzelt. Durch den Witz und die Komik werden die Lachenden aber in eine Gruppe hineingezogen, ohne dass sie lange Zeit zu überlegen hatten, ob sie zu dieser Gruppe gehören wollten. In bestimmten Fällen war gegen eine solche Gruppe der Lachenden kein Kraut gewachsen.

Diese Situationen waren vor allem dann gegeben, wenn im Mittelalter durch Beratung Konsens hergestellt wurde, und das war bei vielen Gelegenheiten der Fall: Der Lehns- und Herrschaftsverband beriet alle seine Aktivitäten; Gleiches taten aber auch genossenschaftlich und verwandtschaftlich strukturierte Gruppen.[5] In Situationen, in denen sehr unterschiedliche Interessen aufeinander prallen konnten, war es von einiger Bedeutung, die Lacher auf seine Seite zu bringen, es war aber auch gewiss nicht einfach. Doch davon später. Zunächst zu einigen Codes des Lächelns und Lachens und zu den Situationen, in denen sie angewandt wurden.

---

5 Vgl. dazu nur Hannig, Jürgen. *Consensus fidelium. Frühfeudale Interpretationen des Verhältnisses von Königtum und Adel am Beispiel des Frankenreiches*. Stuttgart 1982; Althoff, Gerd. „Colloquium familiare – colloquium secretum – colloquium publicum. Beratung im politischen Leben des früheren Mittelalters". *Frühmittelalterliche Studien* 24 (1990), S. 145-167; wieder in: Althoff, *Spielregeln der Politik im Mittelalter* (Anm. 1), S. 157-184; Schneidmüller, Bernd. „Konsensuale Herrschaft. Ein Essay über Formen und Konzepte politischer Ordnung im Mittelalter". *Reich, Regionen und Europa in Mittelalter und Neuzeit. Festschrift für Peter Moraw*. Hg. v. Paul-Joachim Heinig u. a. Berlin 2000, S. 53-87, jeweils mit weiteren Hinweisen.

Angesichts der hohen Wertschätzung, die *iocunditas* und *hilaritas*, jene frohgemute Heiterkeit als Herren- und Herrschertugend, genoss,[6] ist es fast ein wenig überraschend, wie selten etwa Herrscher von der Geschichtsschreibung in konkreten Situationen als lächelnd dargestellt werden. Wenn dies aber der Fall ist, signalisiert dieses Lächeln demjenigen die besondere Huld des Herrschers, dem es zugewandt wird; hierin ganz sicher dem Gruß oder dem Lächeln der Dame vergleichbar, nach denen sich Ritter der höfischen Literatur so intensiv und meist erfolglos sehnten.[7]

Es wird vereinzelt aber auch erkennbar, warum der Herrscher seine Heiterkeit gegenüber seinen Vasallen nur sehr zögerlich und dosiert zum Ausdruck brachte: Sie veranlasste seine Krieger leicht zu Disziplinlosigkeit. Diese Gefahr wird bei der Charakterisierung König Heinrichs I. so beschrieben:

> Und obgleich er bei Gelagen (convivia) sehr heiter war, vergab er dennoch der königlichen Würde nichts; denn er flößte seinen Kriegern gleichzeitig ein solches Wohlwollen und eine solche Furcht ein, daß sie, selbst wenn er scherzte, sich nicht getrauten, sich irgendwelche Freiheiten herauszunehmen.[8]

Wenn der Herrscher aber jemanden anlächelte, war dies ein untrügliches Zeichen besonderer Huld. Es kündigte etwa bald folgende Hulderweise sicher an. So in jener Geschichte Notkers von St. Gallen, als Karl der Große einem seiner Hofkleriker ein Bistum übertragen hatte und der sich daraufhin mit Freunden so betrank, dass er die nächtlichen Vigilien versäumte, obwohl er ein Responsorium anzustimmen übernommen hatte. Ein Kleriker niedrigen Standes sprang daraufhin ein und mühte sich mehr recht als schlecht, die Lücke zu füllen. Nach der Feier befragte Karl diesen Kleriker zunächst streng, warum ausgerechnet er eingesprungen sei. Als er eine einfache, aber ehrliche Antwort erhielt,

> gab der besonnene Kaiser, indem er ihm allmählich zulächelte, in Gegenwart seiner Fürsten bekannt: ‚Jener Hoffärtige [...] soll nach Gottes und meinem Spruche des Bistums verlustig gehen, und du sollst es nach Gottes Fügung und mit meiner Zustimmung verwalten nach kanonischer und apostolischer Weisung.[9]

---

[6] Vgl. dazu bereits Kallfelz, Hatto. *Das Standesethos des Adels im 10. und 11. Jahrhundert.* Würzburg 1961, S. 68 f.; Fichtenau, Heinrich. *Lebensordnungen des 10. Jahrhunderts. Studien über Denkart und Existenz im einstigen Karolingerreich.* München 1992, S. 88.

[7] S. hierzu Bumke, Joachim. *Höfische Kultur. Literatur und Gesellschaft im hohen Mittelalter.* 2 Bde. München 1986.

[8] Vgl. Widukinds „Sachsengeschichte". *Quellen zur Geschichte der sächsischen Kaiserzeit.* Neu bearb. v. Albrecht Bauer u. Reinhold Rau (= Ausgewählte Quellen zur deutschen Geschichte des Mittelalters, Freiherr-vom-Stein-Gedächtnisausgabe 8). Darmstadt 1971, S. 16-183, Buch I, Cap. 39, S. 78: „Et licet in conviviis satis iocundus esset, tamen nichil regalis disciplinae minuebat. Tantum enim favoriter pariter et timorem militibus infundebat, ut etiam ludenti non crederent ad aliquam lasciviam se dissolvendum."

[9] Vgl. Notker von St. Gallen. „Taten Karls". *Quellen zur karolingischen Reichsgeschichte.* Bd. III. Neu bearb. v. Reinhold Rau (= Ausgewählte Quellen zur deutschen Geschichte des Mittelalters, Freiherr-vom-Stein-Gedächtnisausgabe 7). Darmstadt 1960, S. 322-427, Cap. 5, S. 330: „Tunc moderatissimus imperator, sensim arridens illi, pronuntiavit coram principibus suis:

Nichts anderes bedeutete das Lächeln Ottos des Großen, als ihn seine Frau, sein Sohn und der St. Galler Mönch Ekkehard, der ständig am Hofe weilte, mit allen Mitteln dazu bringen wollten, die Wünsche einer Delegation St. Galler Mönche zu erfüllen. Otto war hierzu zunächst wenig bereit gewesen und erste Unterredungen waren trotz der hochrangigen Fürsprecher ergebnislos abgebrochen worden. Am nächsten Morgen sollte die Delegation vom Herrscher angehört werden, der bereits frühmorgens den Lobgesängen lauschte:

> Während aber Balzo, der Bischof der Stadt, das Gebet sprach, öffnete Ekkehard die Tür, um zu sehen, ob sie da seien. Und als er sie erblickte, verharrte er eine Weile und gab dann Otto (dem Königssohn) ein Zeichen. Der Vater (Otto der Große) aber hielt den Sohn, als er hinausgehen wollte, am Mantel fest und lächelte ein bisschen.[10]

Dieses Lächeln signalisierte: Ich durchschaue alle Eure Machenschaften durchaus, aber keine Angst, ich bin Euch wohlgesonnen und werde Eure Wünsche nicht abschlagen. Der Sohn reagierte denn auch im Sinne dieses durch das Lächeln signalisierten Einverständnisses: „Nie gab es schärfere Augen, mein Löwe, als die Deinigen“, war sein Kommentar zur Verhaltensweise des Vaters.

Ich muss die Geschichte gar nicht zu Ende erzählen. Das Lächeln trog nicht, der Herrscher hatte sich in der Tat entschlossen, den St. Galler Wünschen zu folgen. Das Verlangen wurde ihm formgerecht vorgetragen, er prüfte genau und entsprach ihm dann. Umgekehrt machte Kaiser Heinrich II. bei seiner Versöhnung mit dem Kölner Erzbischof Heribert zunächst ein bewusst finsteres Gesicht und verlangte als Genugtuung eine große Geldsumme. Erst auf dessen Klagen über die ungerechte Behandlung wurde er zum gnädigen Herrscher, stand von seinem Thron auf, umarmte und küsste den früheren Gegner.[11] So wie für die Ungnade gab es für die Huld feste Codes. Hulderweise, darauf hat man in der Forschung bereits aufmerksam gemacht, aber erwies man *hilari vultu*.[12]

‚Superbus ille [...] divino et meo iudicio careat episcopatu; et tu illum, Deo donante et me concedente, iuxta canonicam et apostolicam auctoritatem regere curato.'“

[10] Vgl. Ekkehard IV. *St. Galler Klostergeschichten*. Übs. v. Hans Haefele (= Ausgewählte Quellen zur deutschen Geschichte des Mittelalters, Freiherr-vom-Stein-Gedächtnisausgabe 10). Darmstadt 1980, Cap. 131, S. 254: „At Palzone, loci episcopo, preces recitante Ekkehardus hostium pandit, ut videat, si assint. Cumque eos conspiceret, restans paulisper Ottoni significavit. Pater autem eum egredi volentem clamide retinuit parumque subrisit.“

[11] Vgl. „Vita Heriberti archiepiscopi Coloniensis auctore Lantberto“. Hg. v. Georg Heinrich Pertz (= MGH SS 4). Hannover 1841, S. 739-753, Cap. 10, S. 749: „Eadem nocte expletis matutinorum vigiliis, viva Dei hostia solus pernoctabat in psalmorum et orationum excubiis; cum imperator clerico uno comite oratorii ostium pulsat, et aperto sibi, silenter solus subintrat. Duobus in unum ita positis, imperator clamidem abicit, remotis arbitris pedibus sancti advolvitur, se peccasse, se reum prosequitur: erroris memoriam remittat, serio sciens, quod neque in eum deinceps aliquam suspicionem habeat, neque alicuius accusationem admittat. Erigit perpropere praesul a terra dominum, stupet humilitatis eius animum et habitum, protestans, hesternam reconciliationem suffecisse, vestigia in se praeteritae offensionis nulla resedisse. Addit etiam, post discessionem ab invicem ulterius se non visuros, ut in eo adverteres prophetiae oculos futurorum scios. Haec ut acta vere credantur, ab eodem relata sunt, ut vere dicantur.“

[12] Vgl. Kallfelz (Anm. 6); Fichtenau (Anm. 6).

Als feste Codes waren Lachen und Gelächter auch etabliert, wenn sich Gruppen zu gemeinschaftsstiftenden oder -stärkenden Gelagen, den *convivia*, trafen. Hierdurch vergewisserte man sich der wechselseitigen Überzeugung, dass man zu harmonischen Beziehungen willens und in der Lage war. Wie könnte dies besser zum Ausdruck kommen als in gemeinsamem Scherzen und Lachen?[13] Prekär wurden solche Veranstaltungen im Mittelalter vor allem dann, wenn sich zuvor verfeindete Gruppen auf diese Weise wechselseitig ihren Friedenswillen bekundeten oder wenn unterschiedliche Lachkulturen aufeinander trafen, wie sie etwa Laien auf der einen und Kleriker oder Mönche auf der anderen Seite praktizierten.

Bewusst provokativ waren die Scherze, die Bischof Salomo von Konstanz mit den schwäbischen Grafen Erchanger und Berthold trieb, als diese mit solchen *convivia* ihren brüchigen Frieden mit dem Bischof – übrigens im Beisein des Königs – festigen wollten und mussten:

> Er sagte ihnen nämlich, in durchaus unbesonnenem Spott, er habe in St. Gallen einen Ofen, der ihnen beiden Brote für ein ganzes Jahr in einem Backgang backen würde [...] und er habe Hirten, vor denen sie sogar die Hüte vom Kopf ziehen würden, wenn sie diese sähen.[14]

Das waren in einer rangbewussten Adelsgesellschaft keine wirklich guten Scherze, sondern schlichte Provokationen, die allenfalls diejenigen zum Lachen reizten, die solche Provokationen unterstützen wollten. Die beiden Grafen rächten sich denn auch auf ihre Weise, nachdem sie die Provokationen auch schon verbal zurückgewiesen hatten: Als sie am Ende des Mahles von Bischof Salomo zwei wunderschöne Gefäße aus Glas, die sie zuvor bewundert hatten, zum Geschenk erhielten, ließen sie diese auf ein Zeichen hin zu Boden fallen und lachten über die Scherben.

Ein wirklich guter Scherz aber war auch das nicht, denn es ließ wiederum den Bischof nicht ruhen, der beim nächsten *convivium* den Grafen von St. Galler Hirten einen Bären und einen Hirschen als Geschenk präsentieren ließ und diese als Nachbarn und freie Leute vorstellte. „Daraufhin standen die beiden Brüder auf, zogen die Hüte, verneigten sich ehrerbietig und dankten den Jägern". So wurden sie zum Gespött der Tafelnden, so dass der anwesende König eingreifen musste:

[13] Vgl. Althoff, Gerd. „Zur Bedeutung symbolischer Kommunikation für das Verständnis des Mittelalters". *Frühmittelalterliche Studien* 31 (1997), S. 370-389, bes. S. 380 ff.

[14] Vgl. Ekkehard IV. (Anm. 10), Cap. 13, S. 38: „Dixerat enim illis ipse utique indiscrete ludens, habere se apud sanctum Gallum clibanum, qui uno calore ambobus illis panes coqueret in annum; [...] pastores gregum se habere adiunxit, quibus etiam ipsi, si viros viderent, pilleis capitibus inclinarent detractis."

> Wir sind ja doch zur Fröhlichkeit zusammengekommen, sagte er, und so ist es meine Befugnis, alle harmlosen Späße zu decken und, sofern sie zu Streit führen, durch königlichen Entscheid für null und nichtig zu erklären. Deshalb will ich, dass ihr beide ruhiges Blut bewahrt und euch mit dem Bischof wieder vertragt.[15]

Für Verfechter monastischer Disziplin kaum weniger provokativ aber waren die Scherze, die König Konrad zu gleicher Gelegenheit mit den St. Gallern trieb. Seine Verbrüderung mit den St. Galler Mönchen, die ihn zu einem *frater conscriptus*, einem eingeschriebenen Bruder machte, fand nämlich gleichfalls ihren symbolischen Ausdruck in geselligem Beisammensein, bei dem der König durch in seinem Verständnis harmlose Scherze bewies, welch harmonische Gemeinschaft er mit den St. Gallern pflegen wollte. Schon seine sehr ernsten Schenkungen und Privilegierungen des Konvents würzte er mit scherzhaften Einlagen, über die man aus monastischer Perspektive durchaus geteilter Meinung sein konnte: So ließ er während liturgischer Feiern Äpfel auf dem Boden der Kirche ausschütten, um die Disziplin der St. Galler Klosterschüler zu testen, die natürlich nicht einmal ein Auge auf die ausgeschütteten Köstlichkeiten warfen. Auch legte er jedem der Knaben, die beim gemeinsamen Mahl als Vorleser gedient hatten, persönlich ein Goldstück auf die Zunge, was einer schreiend wieder ausspie, worauf der König kommentierte: „Der wird mal ein guter Mönch!“

Als Höhepunkt seiner Zuwendungen aber verkündete er lächelnd: „Heute will ich als eingetragener Mitbruder mit den Brüdern speisen und unsere Bohnen aus meinem Sacke pfeffern.“[16] Und dann bot er den Brüdern ein Mahl, wie es St. Gallen noch nie erlebt hatte, wie es die Benediktsregel aber auch ganz gewiss nicht erlaubte. Es gab Wild und Fleisch, der Vorleser brachte keinen einzigen Satz hervor, stattdessen tanzten und sprangen Gaukler, und Musikanten spielten auf. „Der König, unter dem Klang der Lieder, schaute auf die gesetzteren Brüder und lachte über einige von ihnen, denn da ihnen alles neu war, verzogen sie ihre Mienen.“

Einigermaßen sophistisch ist der Kommentar, mit dem der spätere Berichterstatter Ekkehard diesen Bruch aller monastischen Disziplin rechtfertigt: „Die

---

[15] Zitate in Ekkehard IV. (Anm. 10), Cap. 15, S. 42: „Quibus talibus aspectis assurgunt germani, pilleis detractis regratiant venatores reverenter inclinati.“; „Quod rex sapiens prudenti leniit consilio: ‚Quoniam ad gaudia quidem convenimus, mei iuris est‘, inquit, ‚omnia nullius periculi ludicra defendere et, si in rixas venerint, imperiali decreto adnullare. Quapropter sedato animo, iudices mei, ambos vos esse volo et in gratiam redire cum episcopo.‘“

[16] Ekkehard IV. (Anm. 10), Cap. 16, S. 44: „Et subridens: ‚Nam et ego hodie frater conscriptus volo prandere cum fratribus et fabas nostras de meo piperare.‘“; s. dazu auch: Schmid, Karl. „Persönliche Züge in den Zeugnissen des Abtbischofs Salomon? (890-920)“. *Frühmittelalterliche Studien* 26 (1992), S. 230-238.

Liebe (caritas), die kein Unrecht kann begehen, sie durfte die Zucht mit Fug verschmähen".[17]

Dass es in der Tat prekär war, wenn durchaus derbe weltliche Lachkulturen im *convivium* mit Vertretern der monastisch-klerikalen Welt zusammentrafen, sei noch mit einem Beispiel aus dem 11. Jahrhundert belegt, als sich in Hamburg Bischof Adalbert und seine Domkleriker mit Vasallen des sächsischen Herzogs zu einem *convivium* trafen, das allerdings seine friedenstiftende Funktion wohl kaum erfüllte:

> Als an einem Geburtsfest des Herrn Herzog Magnus erschienen war und eine große Menge Gäste sich versammelt hatte, da brachen die vergnügt Tafelnden (hylares convivae) wie üblich nach dem Essen in lauten Beifall aus; doch das behagte dem Erzbischof schlecht. Er gab den anwesenden Brüdern einen Wink und befahl dem Vorsänger die Antiphon anzustimmen: ‚Singt uns den Hymnus.' Als jedoch die Laien weiter lärmten, ließ er einsetzen mit: ‚Wir harrten auf den Frieden, doch er kam nicht.' Und als sie beim Bechern immer noch schrien, [...] rief er zum dritten Mal mit lauter Stimme: ‚Herr, wende unsere Gefangenschaft.' [...] Damit zog er sich, von uns gefolgt, in die Kapelle zurück und vergoss bittere Tränen.[18]

Die Beispiele mögen und müssen ausreichen, um die Technik der Inszenierung von Gelächter und ihre Bedeutung bei der Konstitution von Gruppen anschaulich zu machen, aber auch die Probleme anzudeuten, die der Zwang zu Fröhlichkeit und Lachen mit sich bringen konnte.

Eine dritte Form codierten Lachens findet sich im Hohn- und Spottgelächter, mit dem Gegner verächtlich gemacht oder gereizt wurden. Es begegnet häufiger vor Beginn bewaffneter Auseinandersetzungen und hat die Funktion, die Konfliktbereitschaft der eigenen Gruppe zu unterstreichen und die Gegner zur Eröffnung des Konflikts oder auch zu unüberlegten Handlungen, wie dem Verlassen einer Burg oder geschützten Stellung, zu veranlassen. Auch bei solchen Anlässen kann man gewiss von inszeniertem Gelächter sprechen, mit dem eine Gruppe bei einer anderen unbesonnene Reaktionen hervorzurufen versucht. Von einer solchen Situation erzählt Bruno in seinem Buch vom Sachsenkrieg:

---

[17] Zitate bei Ekkehard IV. (Anm. 10), Cap. 16, S. 44: „Graviores fratrum rex spectat inter strepitum, ridet quorundam vultus contractos propter rerum talium insolentiam."; „Caritas, que non agit perperam, licenter sprevit disciplinam."

[18] Vgl. Adam von Bremen. „Hamburgische Kirchengeschichte". *Quellen des 9. und 11. Jahrhunderts zur Geschichte der hamburgischen Kirche und des Reiches.* Neu übs. v. Werner Trillmich (= Ausgewählte Quellen zur deutschen Geschichte des Mittelalters, Freiherr-vom-Stein-Gedächtnisausgabe 11). Darmstadt 1961, S. 160-499, Buch III, Cap. 70, S. 420/422: „In die festo natalis Domini, cum Magnus dux adesset presens itemque magna coesset recumbentium multitudo, tunc hylares convivae pro sua consuetudine finitis epulis plausum cum voce levaverunt, quod tamen non parum displicuit archiepisopo. Itaque innuens fratribus nostris, qui simul aderant, percepit cantori, ut imponeret antiphonam: ‚Hymnum cantate nobis'. At vero laicis denuo perstrepentibus inchoari fecit: ‚Sustinuimus pacem et non venit'. Tercio vero cum adhuc in posculis ulularent [...] magna voce pronuncians: ‚Converte', inquit, ‚Domine, captivitatem nostram'[...] Ita ille nobis pone sequentibus in oratorium reclusus flevit amare."

> So kamen denn beide Heere zusammen bei einem Sumpf, der Grona genannt wird, und da dieser nicht zu durchwaten war, machten beide unschlüssig Halt. Und gegenseitig forderten sie einander mit Spott und Schmähungen auf, zuerst den Übergang zu wagen, aber beide blieben unbeweglich an den beiden Ufern des Sumpfes stehen.[19]

Nicht anders verhielt es sich in den Auseinandersetzungen zwischen Franken und Normannen in der endenden Karolingerzeit, von denen Regino von Prüm erzählt:

> Als jene (die Normannen) seine Scharen (das Heer König Arnulfs) herankommen sahen, befestigen sie an dem Flusse, der Thilia heißt, ihr Lager in gewohnter Weise durch aufgeworfene Schanzen von Holzwerk und Erde und reizen die gegnerischen Mannschaften durch Hohngelächter und Schimpfreden, indem sie ihnen als Spott und Verhöhnung wiederholt zurufen, sie möchten der Gulia gedenken, der schmählichen Flucht und des von ihnen vollbrachten Blutbades, da sie in kurzem Ähnliches erdulden würden.[20]

So sollten die Franken zum Angriff gereizt werden, wodurch die Normannen militärische Vorteile bekommen hätten.

Doch nicht nur vor der Schlacht setzte man Spott und Gelächter als Waffe ein: Als 1076 König Heinrich IV. in Goslar einer großen Kölner Abordnung einen Erzbischof zur Wahl vorschlug, der dieser nicht passte, reagierten die Kölner nicht nur ablehnend, sondern „alle setzten ihm, sobald er (der Kandidat) sich in der Öffentlichkeit zeigte, wie einem antiken Ungeheuer mit schmähenden Zurufen und Spottliedern zu und bewarfen ihn mit Steinen und Schmutz oder was den Wütenden sonst gerade in die Hände kam."[21] Hier ging es um den Nachweis der Entschlossenheit, diesen Kandidaten niemals zu wählen, durch die die Gegenpartei beeindruckt und beeinflusst werden sollte. Man könnte ähnliche Beispiele vom Früh- bis zum Spätmittelalter beibringen, in denen allerdings mehr die Tatsache des Spottens, aber nur selten der Inhalt von Hohn und Spott überliefert wird.

---

[19] Vgl. Bruno. „Buch vom Sachsenkrieg". *Quellen zur Geschichte Kaiser Heinrichs IV.* Neu übs. v. Franz-Josef Schmale (= Ausgewählte Quellen zur deutschen Geschichte des Mittelalters, Freiherr-vom-Stein-Gedächtnisausgabe 12). Darmstadt 1963, S. 191-405, Cap. 122, S. 388: „Exercitus autem uterque ad paludem, quae vocatur Grona, convenerunt, et quia sine vado palus erat, exercitus ambo dubitantes ibi substiterunt et alteros alteri, ut priores ad se transeant, opprobriis increpantes, utrique suam ripam immoti tenuerunt."

[20] Vgl. Regino von Prüm. „Chronik". *Quellen zur karolingischen Reichsgeschichte.* Bd. III. Neu bearb. v. Reinhold Rau (= Ausgewählte Quellen zur deutschen Geschichte des Mittelalters, Freiherr-vom-Stein-Gedächtnisausgabe 7). Darmstadt 1960, ann. 891, S. 294: „Illi cernentes acies appropinquare super fluvium, qui Thilia dicitur, ligno et terrae congerie more solito se communiunt et cachinnis et exprobationibus agmina lacessunt, ingeminantes cum insultatione et derisu, ut memorarentur Guliae turpisque fugae caedisque patratae, post modicum similia passuri."

[21] Vgl. Lampert von Hersfeld. *Annalen.* Neu übs. v. Adolf Schmidt (= Ausgewählte Quellen zur deutschen Geschichte des Mittelalters, Freiherr-vom-Stein-Gedächtnisausgabe 13). Darmstadt 1957, ann. 1076, S. 342: „[...] ut, sicubi in publico apparuisset, omnes eum tamquam aliquod antiquitatis monstrum inconditis clamoribus et canticis perurgerent lapidesque in eum et pulverem, vel quodcumque aliud furentibus casus optulisset, iactarent."

Ich belasse es auch hier bei wenigen Beispielen und komme nun zu dem angekündigten Aspekt, der von den bisher behandelten doch deutlich verschieden ist. Bei den folgenden Fällen handelt es sich m. E. nicht um die Inszenierung von Gelächter, sondern um die Erzeugung spontanen Gelächters, das als Zustimmung und Unterstützung aufgefasst wurde und demjenigen einige Vorteile verschaffte, der es zu erzeugen vermochte. Besonders gefragt war diese Fähigkeit ganz gewiss in den unzähligen Situationen der Beratung, in denen es darum ging, den eigenen Standpunkt möglichst wirkungsvoll zu vertreten, ohne dabei allerdings andere zu verletzen und zu beleidigen. Hier waren Witz und Schlagfertigkeit gefragt, mit denen man die spontanen Lacher auf seine Seite brachte.

Diese Fähigkeit machte gefürchtet und berühmt, sie bildete eine wichtige Basis für politisches Wirken, wie etwa eine Charakteristik Erzbischof Alberos von Trier (12. Jahrhundert) in seiner Vita verdeutlicht, die genau diese Akzente setzt:

> Wenn er an den Hof des Königs kam, galt er allen als spectaculum (heute würde man sagen, er war ein Medienereignis). [...] Mit seinem großartigen Gefolge und Aufwand stellte er alle anderen Fürsten in den Schatten. Mit seinen scherzhaften Reden und seinen höchst amüsant eingeworfenen Sprichwörtern pflegte er den König und die Fürsten zu ergötzen. Als letzter und lang erwarteter erschien er zur Beratung oder zu sonstigen Sitzungen und als letzter ging er dort weg. Niemals ließ er bei Zusammenkünften seinen Rat hören, bevor die anderen gehört worden waren.[22]

Man muss sich die angesprochenen Beratungen so vorstellen, dass der Herr oder König das Problem skizzierte und die Frage stellte, was man ihm zu tun rate. Dann waren die Fürsten am Zuge und gaben Ratschläge. So etwas war alles andere als ein herrschaftsfreier Diskurs, es war Interessenvertretung mit allen zu Gebote stehenden Mitteln, bei deren Anwendung man allerdings den Rang und die Ehre der Anwesenden zu achten hatte. Ein wichtiges Mittel war offensichtlich eine Pointierung der Stellungnahme, die zumindest bei einem Teil der Gruppe – am besten natürlich bei allen – zustimmende Heiterkeit auslöste.

Genau dies gelang um die Mitte des 12. Jahrhunderts einem anderen Erzbischof, Konrad von Salzburg, in einer höchst prekären Situation, die seine Vita ausführlich schildert. Es ging um die Frage, ob dieser Erzbischof dem neuen König Konrad III. Handgang und Vasalleneid leisten müsse, was einige Bischöfe seit dem 11. Jahrhundert mit dem Argument verweigerten, sie könnten ihre geweihten Hände nicht in die blutbefleckten eines weltlichen Fürsten legen.

---

[22] Vgl. „Die Taten Erzbischof Alberos von Trier, verfasst von Balderich". *Lebensbeschreibungen einiger Bischöfe des 10.-12. Jahrhunderts.* Übs. v. Hatto Kallfelz (= Ausgewählte Quellen zur deutschen Geschichte des Mittelalters, Freiherr-vom-Stein-Gedächtnisausgabe 22). Darmstadt 1973, S. 550-617, Cap. 26, S. 604: „Ad regales curias quando veniebat, spectaculum omnibus erat; [...] comitatus et expensae magnificentia omnes alios principes obscurabat; ioconda loquutione et hylarissima proverbiorum suorum interpositione tam regem quam principes letificare solebat. Novissimus et diu exspectatus ad curiam vel ad quelibet veniebat colloquia, ultimusque recedebat; nunquam in singulis conventibus, nisi auditis aliis, suum aperiebat consilium."

Dieser Meinung war auch Konrad von Salzburg. In der Beratung der Großen vertrat nun der Herzog Berthold von Zähringen vehement die Meinung, der Erzbischof habe dem König diesen Eid zu leisten, und zwar ohne Wenn und Aber. Dem habe der Erzbischof unerschrocken entgegengehalten (,intrepide' übersetzt man wahrscheinlich nicht falsch mit ,ganz cool'): „Herr Herzog, wenn ihr ein Wagen wäret, so würdet ihr wohl vor den Ochsen herlaufen".[23]

Damit hatte er ein Bild geschaffen oder genutzt, das auf äußerst treffende Weise das Verhalten des Herzogs in dieser Beratung karikierte und ganz gewiss spontanes Gelächter auslöste. Dies wird in der Vita zwar nicht expressis verbis gesagt, lässt sich aber aus dem Verhalten des Königs mit einiger Wahrscheinlichkeit ableiten. Der schob nämlich dem Herzog, der aufbrausend noch einmal Stellung beziehen wollte, die Hand in den Mund und beeilte sich zu versichern, ihm reiche das einfache Wort des Erzbischofs, er brauche keinen Eid.[24] Ihm war klar geworden, wie unklug es nach diesem Geniestreich des Erzbischofs gewesen wäre, noch auf der ursprünglichen Position zu beharren.

Die Lacher auf seine Seite brachte im Jahre 1209 auch der Askanier Herzog Bernhard auf dem Pfingstfest in Braunschweig, als König Otto IV. nach der Ermordung König Philipps von Schwaben zum ersten Mal die Fürsten in großer Zahl versammelte – unter ihnen auch viele frühere Anhänger Philipps wie diesen Herzog Bernhard. Auf dem Fest war es schon zu einer Art Eklat gekommen, als der Erzbischof von Magdeburg trotz Ottos Intervention darauf bestand, dass der gebannte Markgraf von Meißen die Kirche verließ, worauf König Otto demonstrativ mit diesem abgezogen war. Man muss nicht betonen, dass dieser Zwischenfall der friedensstiftenden Funktion des Festes äußerst abträglich war.[25] Direkt anschließend erzählt Arnold von Lübeck aber folgende Geschichte:

> Als alle voller Freude waren, sagte Herzog Bernhard, indem er den aus Erz gegossenen Löwen, welchen Herzog Heinrich (der Löwe) dahin gestellt hatte, ansah: ,Wie lange kehrst du deinen Rachen dem Osten zu? Lass das jetzt, du hast, was du gewollt hast, jetzt wende dich gen Norden.' Durch diese Worte brachte er alle zum Lachen,

[23] Vgl. „Vita Chuonradi archiepiscopi Salisburgensis". Hg. v. Georg Heinrich Pertz (= MGH SS 11). Hannover 1854, S. 62-77, Cap. 5, S. 66: „[...] cum regi Ratisponae occurisset, duci de Zaringen viro clarissimo dicenti sibi coram rege cunctisque principibus, quod hominium domino suo regi facere deberet, intrepide respondit: ,Video, domine dux, quia si plaustrum essetis, boves precurrere non dubitaretis [...]'."

[24] Vgl. Pertz (Anm. 23), Cap. 5, S. 66: „Unde rex, ne archiepiscopus indignatione motus in verbum asperum amplius erumperet et negotium omne turbaret, aversa manu os ducis compressit, et ab omni responsione compescuit, dicens, se ab archiepiscopo nichil prorsus expetere, nisi bonam voluntatem ipsius."

[25] Vgl. dazu zuletzt Althoff, Gerd. *Die Macht der Rituale. Symbolik und Herrschaft im Mittelalter.* Darmstadt 2003, S. 165 ff.

jedoch nicht ohne dass manche, welche dieses Wort tiefer deuteten, sich darüber verwunderten.[26]

Ihnen blieb gewissermaßen das Lachen im Halse stecken, denn der Ausspruch enthielt eine deutliche Warnung des Askaniers an den welfischen König, ihn und seine Interessensphäre im Osten zu respektieren und eigene Aktivitäten in den Norden zu verlegen. Sie thematisierte zentrale Fragen des welfisch-askanischen Gegensatzes in Sachsen.[27] Diese Warnung war nur sehr geschickt in das Zwiegespräch mit dem Braunschweiger Löwen verpackt. Durch das Gelächter, das sie spontan erregte, war dem König gewiss die Möglichkeit genommen, humorlos auf den Scherz zu reagieren. Er hatte wohl schweigend hinzunehmen, dass der Askanier mit dieser scherzhaften Provokation obsiegte.

Nicht ganz so kultiviert ging es in einem Fall der Merowingerzeit zu, von dem Gregor von Tours sehr ausführlich erzählt. Eine Gesandtschaft König Childeberts wurde zu König Gunthram geschickt, die diesem harte Forderungen vorlegte und sehr kontrovers mit ihm diskutierte. Im Zuge dieser Auseinandersetzung sagte der König unter anderem:

> ‚Es muss allen nichts mehr am Herzen liegen, als dass dieser Fremdling aus unserem Reich verjagt werde, dessen Vater ein Mühlwerk trieb, ja sein Vater saß, um die Wahrheit zu gestehen, bei den Wollkämmen und bearbeitete die Wolle'. Und obgleich es ja sehr wohl möglich ist, daß ein Mensch dieses doppelte Handwerk betreibt, antwortete doch einer der Gesandten dem König zum Hohn: ‚Also hatte dieser Mensch, wie du sagst, zwei Väter, einen Müller und einen Wollarbeiter. Hüte dich, o König, so ungereimt zu reden. Denn unerhört ist es, daß ein Mensch zugleich zwei Väter habe, es sei denn in geistlichen Dingen'. Darauf brachen viele in ein Gelächter aus.[28]

Diesen Erfolg nutzte ein anderer Gesandter, um mit einer brutalen Drohung das Gespräch zu beenden: „‚Wir sagen dir Lebewohl, König, aber wir wissen, noch ist die Axt vorhanden, die deiner Brüder Köpfe spaltete, und bald wird sie dir im

---

[26] Vgl. Arnoldi. „Chronica Slavorum". Hg. v. Georg Heinrich Pertz (= MGH SSrG in us. schol. 14). Hannover 1868, Buch VII, Cap. 16, S. 288 f.: „Cum igitur omnium letitia abundaret, Bernardus dux intuitus leonem fusilem, qui a duce Heinrico ibi sublimatus est, ait: ‚Quousque hiatum vertis ad orientem? Desine, iam habes quod voluisti, convertere nunc ad aquilonem.' His verbis omnes in risum convertit, non sine admiratione multorum, qui hoc dictum altius intelligebant."

[27] Vgl. dazu Hucker, Bernd Ulrich. *Kaiser Otto IV.* Hannover 1990, S. 586 ff.

[28] Vgl. Gregor von Tours. *Zehn Bücher Geschichten.* Neu bearb. v. Rudolf Buchner (= Ausgewählte Quellen zur deutschen Geschichte des Mittelalters, Freiherr-vom-Stein-Gedächtnisausgabe 3). Darmstadt 1970, Buch VII, Cap. 14, S. 108: „‚Omnibus autem haec causa animus accendere debet, ut repellatur a finibus nostris advena, cuius pater molinas gobernavit, et ut vere dicam, pater eius pectinibus insedit lanasque conposuit. ‚Et quamquam possit fieri, ut unus homo utriusque artificii magisterio subderetur, ad increpationem tamen regis quidam ex ipsis respondit: ‚Ergo duos, ut adseris, patres hic homo habuit, lanarium simul molinariumque. Absit a te, o rex, ut tam inculte loquaris. Non enim auditum est, unum hominem praeter spiritalem causam duos habere posse pariter genitores'. Dehinc, cum multi solverentur in risu […]".

Schädel sitzen und auch dir das Gehirn spalten.' So gingen sie mit Ärgernis fort." König Gunthram blieb lediglich, die Niederlage in der verbalen Konfrontation, die aus dem gegen ihn gerichteten spontanen Gelächter resultierte, auf andere Weise auszugleichen: „Beim Weggehen ließ der König, durch diese Worte zur Wut entflammt, ihnen Pferdemist, faule Holzspäne, Spreu und vermodertes Heu, ja sogar stinkenden Straßenkot auf den Kopf werfen."[29]

Auch hier will ich es bei den wenigen Beispielen belassen und nur noch darauf hinweisen, wie viele Bonmots, geflügelte Worte, Sentenzen und ähnliches aus dem Munde von Mächtigen überliefert sind, die erkennbar darauf angelegt sind, spontanes Gelächter auszulösen.[30] Auch wenn wir selten davon hören, in welchen konkreten Situationen sie benutzt wurden, dürfte davon unbenommen sein, welche Wirkung sie hatten: Solches Gelächter konstituierte ad hoc eine Lachgemeinschaft, die den Witz, die Pointierung, den Sarkasmus positiv aufnahm und so demjenigen Unterstützung signalisierte, der diese Leistung vollbracht hatte. Es war und ist auch heute gewiss nicht einfach, gegen eine solche Lachgemeinschaft zu bestehen, selbst wenn der Zusammenhalt dieser Gruppe nur durch das momentane Vergnügen hergestellt wurde. In der formalisierten Situation mittelalterlicher Beratung jedenfalls war ein solcher Geniestreich wohl von durchschlagender Wirkung, wer so etwas konnte, war „groß und gefürchtet im Rat".

Insgesamt also bestätige ich als Historiker, der sich vorrangig mit den Kommunikationsgewohnheiten der Führungsschichten beschäftigt, die These vom Lachen als Code, der in ganz bestimmten Situationen benutzt wird, um Gruppenzugehörigkeiten zu markieren. Das Spektrum reicht vom Lächeln als Zeichen für Huld und Gewogenheit bis zum hämischen Verlachen und Verspotten in Konfliktsituationen, mit dem eine Gruppe die andere reizt.

Davon absetzen würde ich jedoch die Erscheinungsformen von Lachen und Gelächter, die dadurch ausgelöst werden, dass jemandem eine Bemerkung gelingt, die in pointiert witziger Weise zu Problemen Stellung bezieht. Das so ausgelöste Gelächter kann man wohl nicht als inszeniert, sondern nur als spontan bezeichnen. Seine Wirkung entfaltete es dadurch, dass die so signalisierte Zustimmung den Gegner isolierte und ihn mundtot machte. Es sei denn, ihm fiele sofort etwas noch Besseres ein, das quasi ein Gegengelächter auslöste.

---

[29] Vgl. Gregor von Tours (Anm. 28), Buch VII, Cap. 14, S. 108: „Tunc rex his verbis succensus, iussit super capita euntium proici aequorum stercora, putrefactas astulas, paleas ac faenum putridine dissolutum ipsumque foetidum urbis lutum."

[30] Systematisch gesammelt und untersucht wurden sie noch nie, Ansätze etwa bei Althoff, Gerd. „Gloria et nomen perpetuum. Wodurch wurde man im Mittelalter berühmt?" *Person und Gemeinschaft im Mittelalter*. FS Karl Schmid. Hg. v. Gerd Althoff, Otto Gerhard Oexle u. Joachim Wollasch. Sigmaringen 1988, S. 297-313; Kortüm, Hans-Henning. „Zur Typologie der Herrscheranekdote in der mittelalterlichen Geschichtsschreibung". *Mitteilungen des Instituts für Österreichische Geschichtsforschung* 105 (1997), S. 1-29.

Einige Anekdoten über Herrscher behandeln genau diese Situation. Doch im Regelfall ist niemand so schlagfertig, so dass die erste gut gesetzte Pointe den in Vorteil bringt, dem sie gelingt.

THOMAS SCHARFF

Lachen über die Ketzer

Religiöse Devianz und Gelächter im Hochmittelalter

1. Das Lachen des Inquisitors

Der heutzutage bekannteste Inquisitor des Mittelalters, der Südfranzose Bernard Gui, hatte vermutlich nicht immer viel zu lachen. Seit der Verfilmung von Umberto Ecos Roman *Der Name der Rose* sehen die meisten wahrscheinlich bei der Nennung dieses Inquisitors die finstere Gestalt F. Murray Abrahams vor ihrem geistigen Auge, der Gui darin mit viel Askese, Unnachgiebigkeit und Fanatismus verkörpert.[1] In der kollektiven Vorstellung davon, wie ein Inquisitor aussieht, dürfte dieser Bernard Gui Vorbilder wie El Grecos „Großinquisitor“ längst abgelöst haben. Aber auch letzterer wirkt auf den Betrachter nicht gerade heiter und gelassen.[2]

In diesen Bildern ‚des' Inquisitors ist mit Sicherheit viel Wahres enthalten. Der Glaubenseifer (*zelus rectitudinis*), den der historische Bernard Gui selbst in seinem Inquisitorenhandbuch, der *Practica inquisitionis heretice pravitatis*, von den Inquisitoren verlangt, deutet nicht zuerst auf ein fröhliches, unbeschwertes Wesen als Grundvoraussetzung für das Inquisitorenamt. Vor allem aber deuten die Worte Guis darauf hin, dass die Inquisitoren sich nicht auf eine solche Weise nach außen präsentieren und so wahrgenommen werden wollten.[3] Die selbst

---

[1] Eco, Umberto. *Il nome della rosa*. Milano 1980. Verfilmt Deutschland 1986; Regie: Jean-Jacques Annaud; mit F. Murray Abrahams, Sean Connery, Michael Lonsdale, Christian Slater u. a.

[2] Eine Abbildung des Portraits des Kardinals Fernando Niño de Guevara (um 1600), das heute im Metropolitan Museum of Art in New York hängt, findet sich zum Beispiel in dem für die Ikonographie der frühneuzeitlichen Inquisition wichtigen Buch von Hroch, Miroslav u. Anna Skýbová. *Die Inquisition im Zeitalter der Gegenreformation*. Stuttgart u. a. 1985, S. 35, Abb. 23.

[3] Zum Selbstbild der Inquisitoren s. Scharff, Thomas. „Die Inquisitoren und die Macht der Zeichen. Symbolische Kommunikation in der Praxis der mittelalterlichen dominikanischen Inquisition“. *Praedicatores, Inquisitores. 1: The Dominicans and the Medieval Inquisition.* Acts of the 1st International Seminar on the Dominicans and the Inquisition. I frati domenicani e l'inquisizione medievale. Atti del 1° seminario sui domenicani e l'inquisizione. 23.-25.2.2002. Hg. v. Istituto Storico Domenicano. Roma 2004, S. 111-143.

aufgeladene Verantwortung, die Christenheit vor der *familia diaboli* – Ketzern, Schismatikern, Juden, Nigromanten u. a. – zu beschützen,[4] aber auch die Pflicht, die Seelen der Angeklagten vor der ewigen Verdammnis zu retten, und letztlich die Vorstellung, selbst ständig Opfer häretischer Machenschaften zu sein – all dies brachte die Inquisitoren auch in der Realität sicher nicht häufig zum Lachen. So legte Bernard Gui den Inquisitoren in seinem Handbuch nahe, einen, der inneren Einstellung entsprechenden, ernsten Gesichtsausdruck zu zeigen, um sich als strenge, aber gerechte Richter kenntlich zu machen, denen die Härte des Gesetzes bewusst war. Dabei sollten sie aber auch mit ihrer Mimik und Gestik (*forma seu species*) verdeutlichen, dass sie Mitleid empfanden und nicht aus Zorn oder – bei der Verhängung von Geldstrafen – aus Habgier handelten.[5]

Sehr viel überraschender als diese Anweisungen aus dem Handbuch des Inquisitors ist dagegen, dass in einer Vita Bernard Guis vom Lachen die Rede ist.[6] Der relativ kurze Text wurde vermutlich von seinem Neffen Pierre Gui mit der Absicht verfasst, die Heiligsprechung des Onkels zu betreiben. Dazu sollte es allerdings nie kommen – nicht etwa, weil der Protagonist neben vielen anderen Funktionen auch die des Inquisitors innehatte und das für die kirchliche Hierarchie ein Hinderungsgrund gewesen wäre. Die Inquisition hatte mehrere Heilige und Märtyrer in ihren Reihen, von denen einige auch in der allgemeinen Verehrung eine größere Bedeutung erlangten.[7] Vielmehr war es mit den Wunderberichten, die sein Hagiograph zu bieten hatte, nicht allzu weit her: Heilung von Schlaflosigkeit, Fieber und Durchfall sind sicherlich nicht das, was in erster Linie von einem wirkkräftigen Heiligen im Spätmittelalter erwartet wurde.[8]

Über das Lachen aber heißt es im Text, dass Bernard Gui allabendlich nach den Mühen der Studien und sonstigen Geschäfte seine *familiares* um sich zu einem lockeren Gesprächskreis versammelte. Dort habe dann einer von diesen etwas Erheiterndes zum Besten gegeben. Denn, so soll der Inquisitor und spätere Bischof von Lodève stets gesagt haben, nur derjenige sei ein rechtschaffener Mann (*probus vir*), der, bevor er zu Bett gehe, wenigstens einmal am Tag ge-

---

4 Zur Begrifflichkeit s. Merlo, Grado G. „‚Membra diaboli'. Demoni ed eretici medievali". *Nuova Rivista storica* 72 (1988), S. 583-598; Patschovsky, Alexander. „Der Ketzer als Teufelsdiener". *Papsttum, Kirche und Recht im Mittelalter.* FS Horst Fuhrmann. Hg. v. Hubert Mordek. Tübingen 1991, S. 317-334.

5 Bernardus Guidonis. *Practica inquisitionis heretice pravitatis.* Hg. v. Célestin Douais. Paris 1886, S. 233; vgl. Scharff (Anm. 3), S. 83.

6 Der kurze Text ist am leichtesten zugänglich in Amargier, Paul. „Éléments pour un portrait de Bernard Gui". *Bernard Gui et son monde.* Toulouse 1981, S. 19-37.

7 Zum ersten heiligen Inquisitor s. Merlo, Giovanni G. „Pietro di Verona – S. Pietro martire. Difficoltà e proposte per lo studio di un inquisitore beatificato". *Culto dei santi, istituzioni e classi sociali in età preindustriale.* Hg. v. Sofia Boesch Gajano u. Lucia Sebastiani. Roma 1984, S. 471-488.

8 Schimmelpfennig, Bernhard. „Bernard Gui: Hagiograph und verhinderter Heiliger". *Hagiographie im Kontext. Wirkungsweisen und Möglichkeiten historischer Auswertung.* Hg. v. Dieter R. Bauer u. Klaus Herbers. Stuttgart 2000, S. 257-265.

scherzt habe. Wenn ich diese Stelle richtig interpretiere, erwies sich für Bernard Gui also die Qualität eines „rechtschaffenen" Mannes daran, dass er Humor besaß oder dass für ihn ein Tag ohne Lachen letztlich gar ein verlorener Tag war.[9]

Angesichts dieser Erzählung drängt sich die Frage auf, worüber sich ein Inquisitor wie Bernard Gui amüsierte, wenn er wenigstens einmal täglich seiner eigenen Maxime gerecht wurde. Man möchte nicht hoffen, dass es seine Arbeit und die damit verbundenen Erlebnisse waren. Es gibt allerdings durchaus Geschichten, in denen uns Inquisitoren als diejenigen begegnen, die Spaß mit ihren Delinquenten treiben und am Ende auf deren Kosten lachen. Allerdings handelt es sich dabei eindeutig um Kritik an den Inquisitoren. Ein schönes Beispiel dafür ist eine Erzählung des Florentiners Franco Sacchetti aus seiner „Trecentonovelle", die er in den neunziger Jahren des 14. Jahrhunderts schrieb – also ein halbes Jahrhundert nach Bernard Guis Tod.[10]

Der von Sacchetti nicht namentlich genannte Inquisitor plant bereits am Beginn der Novelle, sich einen Spaß daraus zu machen, irgendjemanden vor die Inquisition zu laden und ihm eine beliebige Häresie vorzuwerfen. Mit einem Freund aus der Florentiner Führungsschicht, Guccio Tolomei, verabredet er, einen gewissen Alberto einzubestellen. Die beiden gehen davon aus, dass das für sie recht unterhaltsam würde. Der genannte Alberto nimmt diese Vorladung selbstredend nicht sehr fröhlich auf, sondern ist zu Tode erschrocken. Da er aber Guccio kennt und weiß, dass dieser ein Freund des Inquisitors ist, geht er vorher zu ihm und versichert sich seiner Fürsprache, die ihm auch angeblich gerne gewährt wird. Vor dem Inquisitor ist Alberto dann aber trotzdem zu keiner zusammenhängenden Aussage mehr fähig, stottert und wird sofort in die Enge getrieben. Um seine Rechtgläubigkeit zu beweisen, verlangt der Inquisitor schließlich von ihm, das Paternoster herzusagen. Alberto verhaspelt sich auch hier – offensichtlich hat er auch mit dem Latein seine Probleme –, und zwar an der Stelle, wo es bei der Bitte um das tägliche Brot heißen müßte: *Da nobis hodie* – bei ihm wird daraus eine *Donna Bisodia*. Diesen Versprecher wertet der Inquisitor als Beleg dafür, dass Alberto ein Häretiker sei und lädt ihn für den kommenden Tag vor, damit ihm der Prozess gemacht werde.

---

[9] Amargier (Anm. 6), S. 31: „Hic dominus Bernardus, mente devotus et sermone jocundus, solitus erat dicere suis familiaribus, quos post pressuram studii ac negociorum circa horam noctis interdum ad se advocabat, ut proponeret aliquis eorum aliquod verbum honesti et jocundi solacii, asserens non esse probum virum qui vadit ad dormiendum nisi semel in die fuerit jocundatus, sed sic sobrie illo solatio utebatur ut tandem verbis edificatoriis, quibus mirabiliter affluebat in devotione, hujusmodi solacium terminaret."

[10] Sacchetti, Franco. *Il Trecentonovelle* I, 11. Hg. v. Emilio Faccioli. Torino 1970, S. 30-33. Zum folgenden Beispiel im Kontext s. Scharff, Thomas. „Die Inquisition in der italienischen Historiographie im 13. und frühen 14. Jahrhundert". *Bene vivere in communitate. Beiträge zum italienischen und deutschen Mittelalter.* FS Hagen Keller. Hg. v. Thomas Scharff u. Thomas Behrmann. Münster u. a. 1997, S. 255-277.

Vollkommen verzweifelt kehrt Alberto nach Hause zurück und trifft auf dem Heimweg den ihm angeblich wohlgesonnenen Guccio. Diesem klagt er sein Leid mit dem *Da nobis hodie* und sagt: Wegen dieser Hure mit dem Namen „Donna Bisodia“ aus dem Paternoster werde er nun zum Tode verurteilt. Guccio bemüht sich, das Lachen zurückzuhalten und verspricht wiederum, sich noch einmal für Alberto einzusetzen. Er geht auch tatsächlich zum Inquisitor, aber nur, um sich mit ihm über Alberto und den gelungenen ‚Scherz' zu freuen.

Am nächsten Tag schickt der Inquisitor den vor ihm erschienenen Alberto großmütig ohne Strafe nach Hause – angeblich auf die Fürsprache Guccios hin. Er steigert den ‚Spaß' aber noch, indem er sagt, dass er ihn ohne diese Intervention am liebsten hätte verbrennen lassen. Denn es sei ihm noch zusätzlich zu Ohren gekommen, dass Alberto außer seiner Unfähigkeit, das Paternoster zu sprechen, auch noch jene heilige Frau Donna Bisodia, ohne die man niemals eine Messe singen könne, als Hure beschimpft habe. Noch lange Zeit, so Sacchetti, habe sich vor allem Guccio – auch im Beisein Albertos – über diese Geschichte amüsiert.

2. Das Verlachen der Häretiker

In der berichteten Novelle wird nicht über einen wirklichen, sondern nur über einen angeblichen Häretiker gelacht. In ihr wird ein armer, einfältiger Tropf durch einen ihm an Sozialprestige und Bildung Überlegenen zum Objekt eines recht derben Scherzes gemacht. Diese soziale Konnotation stellt Sacchetti selbst her, indem er am Ende der Novelle eine den meisten seiner Texte angehängte – teilweise erbauliche, teilweise ironische – Betrachtung anschließt, die hier von den Späßen der Adligen mit den einfachen Menschen handelt, die er keineswegs grundsätzlich kritisiert. Sacchetti schließt allerdings am Ende nicht aus, dass auch ein reicher Mann in die Lage Albertos kommen könnte; ein solcher würde sich aber wohl, so Sacchetti, loskaufen müssen, um nicht gefoltert oder verbrannt zu werden.[11] Der Autor nimmt damit im Prinzip die soziale Komponente, die er gerade vorher selbst betont hat, wieder zurück und betrachtet die Erzählung aus der Perspektive des Machtgefälles zwischen Inquisition und kommunaler Bevölkerung insgesamt. Er setzt hier mit seiner Kritik an, indem er die Habgier und die Willkür der Inquisition anprangert. Damit steht Sacchetti keineswegs allein da, denn gerade in Florenz wurden Inquisitoren im 14. Jahrhundert auch in der Historiographie aufgrund solcher Handlungen, die sich zum Teil auch verifizieren lassen, kritisiert.[12]

---

[11] Sacchetti (Anm. 10), S. 33.
[12] Vgl. Scharff (Anm. 10), S. 264-266.

In Sacchettis Novelle lacht der Inquisitor also nur in Gemeinschaft seines Freundes Guccio über einen ‚Unschuldigen'. Die Texte dagegen, in denen wir das Lachen über die ‚echten' Ketzer fassen können, zeigen für gewöhnlich dieses Lachen nicht als Ausdruck des persönlichen Vergnügens der Inquisitoren oder sonstiger Vertreter der Orthodoxie. Es hat dort andere Funktionen. Welche das sind, gilt es im Folgenden zu klären.

Dabei ist voranzuschicken, dass es sich bei dem religiös motivierten Gelächter über den jeweils Anderen um ein Verhaltensmuster handelt, das sich vermutlich in allen Kulturen zeigen lässt. Das Mittelalter ist dabei zeitlich eingebettet in das Lachen der Heiden über die frühen Christen sowie anschließend umgekehrt das der Christen über die Anhänger der Mysterienreligionen auf der einen Seite und das Lachen der verschiedenen Parteien in den Glaubensstreitigkeiten der Reformation, deren Protagonisten nahezu sprichwörtlich für ihren derben Humor auf Kosten ihrer Gegner sind, auf der anderen Seite. Die in diesem Beitrag betrachteten Quellen stammen in erster Linie aus hochmittelalterlichen historiographischen Texten vor allem des 11. bis 13. Jahrhunderts. Sie kennzeichnen somit die wichtigste Phase der Ausprägung des Ketzerbildes im Mittelalter sowie die Hauptphase der Ketzerverfolgung. Wie und worüber berichten nun die Historiographen, dass hinsichtlich religiöser Devianz im Mittelalter gelacht wurde? Dazu zunächst zwei Beispiele.

2.1. Lachen und Exklusion

Das erste Beispiel handelt von Eon (oder Eudo) von Stella, einem verarmten bretonischen Adligen, der in der ersten Hälfte des 12. Jahrhunderts als Wanderprediger eine Anhängerschaft um sich sammelte. Die Gruppe unter Leitung Eons überfiel mehrfach Kirchen und Klöster, wobei man nicht sagen kann, ob diese Aktionen in erster Linie ihre Kirchenkritik zum Ausdruck brachten oder auch – vielleicht auch vor allem – schlichtweg Raubzüge waren. Die Stellung, die Eon für sich beanspruchte, geht aus der Begründung für seinen Namen hervor. Er behauptete, dass mit dem *eum* aus der liturgischen Formel „Per eum, qui venturus est iudicare vivos et mortuos", kein anderer als er, Eon, gemeint sei. Er sah sich also, so stellen es jedenfalls die Quellen dar, als Gottessohn.[13] Schließ-

[13] Die wichtigsten Quellen sind: William of Newburgh. *Historia rerum Anglicarum* I, 19. Hg. v. Richard Howlett. London 1884, S. 60-64; Otto von Freising u. Rahewin. *Gesta Frederici seu rectius Cronica – Die Taten Friedrichs oder richtiger Cronica* I, 57 f. Übs. v. Adolf Schmidt. Hg. v. Franz-Josef Schmale. Darmstadt 1965, S. 248/250; „Continuatio Sigeberti Gamblacensis". A. 1146 u. 1148. Hg. v. Georg Heinrich Pertz (= MGH SS 6). Hannover 1844, S. 389 u. 454.

lich wurde Eon vom Erzbischof von Reims gefangen genommen und der von Papst Eugen III. präsidierten Synode von Reims im Jahr 1148 vorgeführt.[14]

Auf dieser Synode kam es zu einem bemerkenswerten Verhör: Zuerst bezeichnete der Vorgeladene sich noch einmal als Eon, der da kommen werde, zu richten die Lebenden und die Toten. Auf die Frage, was es bedeute, dass er einen Y-förmigen Stab in der Hand halte, antwortete Eon, dass dies eine sehr geheimnisvolle Sache sei. Solange der Stab, wie im Moment, mit zwei Enden nach oben weise, besitze Gott zwei Drittel des Weltalls und überlasse ihm, Eon, das letzte Drittel. Sobald Eon ihn umdrehe und die zwei Enden zur Erde zeigten, überlasse er Gott nur noch ein Drittel. Diese Aussage quittierten die Konzilsväter mit Lachen und verspotteten den Mann.[15] Mehr zu berichten, ist für die Historiographen nicht notwendig. Bei William von Newburgh, der die Geschichte am ausführlichsten wiedergibt, folgt direkt an das Verlachen des Ketzers durch die Konzilsväter deren Beschluss, ihn in Klosterhaft zu stecken, in der er wohl auch bald danach gestorben ist.

Dreißig Jahre später ereignete sich eine Begebenheit auf dem 3. Laterankonzil, die uns der Kleriker und Angehörige der englischen Delegation Walter Map in seiner Version überliefert hat.[16] Es handelt sich um den Auftritt zweier Waldenser (nach anderen Berichten müsste einer davon Waldes selbst gewesen sein) vor Papst Alexander III. Die Schilderung Walter Maps ist auch deshalb interessant, weil der Autor selbst Teil der Geschichte ist. Diese wird gleichsam von Lachern eingerahmt. Zu Beginn sagt Walter, dass er selbst über die Waldenser gelacht habe und ebenso darüber, dass man sich auf dem Konzil überhaupt Gedanken darüber gemacht habe, ihren Wunsch nach Predigterlaubnis auch nur zu erwägen. Durch diese offensichtlich etwas voreilige Missfallenskundgebung brachte der Kleriker sich zunächst selbst in eine prekäre Situation. Denn ein höherer Prälat forderte ihn auf, vor einer Gruppe von Juristen und Gelehrten mit den zwei Waldensern zu disputieren, nicht – wie Walter Map betont – um der Wahrheit willen, sondern um ihn mundtot zu machen und damit zurechtzuweisen.[17]

---

[14] Zu Eudo von Stella s. Russell, Jeffrey B. *Dissent and Reform in the Early Middle Ages*. Berkeley/Los Angeles 1965, S. 118-124; Lambert, Malcolm D. *Ketzerei im Mittelalter. Häresien von Bogomil bis Hus*. München 1981, S. 96 f.

[15] William of Newburgh (Anm. 13), S. 64: „Ad hæc risit universa synodus, derisitque hominem tam profunde datum in reprobum sensum."

[16] Walter Map. *De nugis curialium – Courtiers' Trifles* I, 31. Hg. u. übs. v. Montague R. James. Oxford 1983, S. 124/126. Zu den Ereignissen vgl. Selge, Kurt-Victor. *Die ersten Waldenser. Mit Edition des Liber Antiheresis des Durandus von Osca 1*. Berlin 1967, S. 21-35.

[17] Walter Map (Anm. 16), S. 126: „Ego multorum milium qui uocati fuerunt minimus, deridebam eos, quod super eorum peticione tractatus fieret uel dubitacio, uocatusque a quodam magno pontifice, qui eciam ille maximus papa confessionum curam iniunxerat, consedi signum ad sagittam, multisque legis peritis et prudentibus ascitis, deducti sunt ad me duo Valdesii, quia sua uidebantur in secta precipui, disputaturi mecum de fide, non amore ueritatis inquirende, sed ut me conuicto clauderetur os meum quasi loquentis iniqua."

Map beschreibt selbst, wie ihm in dieser Situation ziemlich mulmig wird, als man ihn auffordert, Fragen an die Waldenser zu formulieren. Er beginnt mit ganz einfachen Dingen: „Glaubt ihr an Gott den Vater?“ Sie antworten: „Wir glauben.“ „Und an den Sohn?“ Wiederum: „Wir glauben.“ „Und an den Heiligen Geist?“ Die Antwort lautet erneut: „Wir glauben.“ Jetzt stellt er ihnen die Falle, in die sie auch hineintappen, indem er weiterfragt: „Und an die Mutter Christi?“ Auf ihr ohne Umschweife erfolgendes „Wir glauben“ erhebt sich nun schallendes Gelächter aller Anwesenden. Die Waldenser können nur noch verwirrt von der Bühne abtreten. Damit ist Walter Map vollständig rehabilitiert. Denn wo er selbst nur gelacht hat (*deridebam*), reagiert nun die versammelte Gemeinschaft von Klerikern und hochrangigen Gelehrten mit tosendem Gelächter auf die Antworten der Waldenser (*sunt clamore derisi*). Daraufhin ist klar, dass man nicht weiter diskutieren muss, ob man diese Leute, die Maria mit der Trinität gleichzusetzen scheinen, ernst nimmt, da sie sich – so beschreibt es Map – wie Phaethon der Sonne zu sehr genähert haben, ohne auch nur die Namen ihrer Pferde zu kennen.[18]

In beiden Fällen lachen die Konzilsväter über die Dummheit und fehlende Bildung der vor ihnen stehenden Ketzer. In seiner Beschreibung Eons von Stella sagt Otto von Freising, dass dieser „fast ein Laie“ (*pene laicus*) gewesen sei, das heißt, dass er so gut wie gar nicht über Bildung verfügt habe. Und als ein solcher habe er „nach der Ehre eines Häretikers unter den Kälbern der Völker getrachtet“ (Ps. 67,31).[19] In gleicher Weise stellt Walter Map die Waldenser dar, die sich mit ihrem Wunsch zu predigen ganz gewaltig übernommen haben. In seinem Bericht erkennt das zunächst nur er selbst, dann aber merken es mit seiner Hilfe auch alle anderen gelehrten Anwesenden.

Lachen dient hier ganz deutlich der Exklusion. Bis zum gemeinsamen Gelächter aller Anwesenden (mit Ausnahme der Häretiker natürlich) wird zwischen den Parteien diskutiert, wenn auch nicht auf gleicher Ebene. In dem Moment, in dem sie sich selbst bloßstellen – wobei im Falle der Waldenser Walter Map etwas nachhilft –, zeigt sich, dass ein weiteres Gespräch unnötig und auch wohl unmöglich ist. Das Gelächter beendet die Szene, die Verlachten können sich nur noch unrühmlich davonschleichen, und es reicht jeweils ein einziger Nachsatz, der berichtet, was später mit ihnen geschehen ist. Es muss nicht begründet werden, warum die Erzählung hier zu Ende ist.

Dabei ist es wichtig, dass die Verspotteten zumindest in diesen beiden Fällen überhaupt nicht verstehen, warum hier eigentlich gelacht wird. Könnten sie es verstehen, hätten sie sich gar nicht erst lächerlich gemacht. Das erklärt ihre Konfusion, welche die Scham über das Verlachtwerden begleitet. Sie verstehen

---

18 Walter Map (Anm. 16), S. 126: „Et ab omnibus multiplici sunt clamore derisi, confusique recesserunt, et merito, quia a nullo regebantur et rectores appetebant fieri, Phaetonis instar, qui ‚nec nomina nouit equorum'.“

19 Otto von Freising (Anm. 13), I, 57, S. 248.

den Grund für das Gelächter nicht, weil sie eben ungebildete Leute sind. Dabei sind sie nicht etwa ‚Bauerntölpel', sondern kleine Landadlige bzw. Kaufleute aus dem städtischen Milieu. Es geht hier nicht wie bei Sacchetti um den Gegensatz arm – reich, sondern um gebildet gegen ungebildet, Kleriker versus Laien. Man hat es hier also, wenn man so will, mit einer anderen ‚Lachgemeinschaft' zu tun als in der italienischen Novelle, nämlich mit einer höfisch-klerikalen, nicht mit einer, die durch ihre Verankerung in der kommunalen Führungsschicht gekennzeichnet ist.

Es ist interessant, dass die Geschichte über Eon von Stella, diesen ‚Möchtegernhäretiker', die bei Otto von Freising vom Bericht über den Prozess gegen Gilbert von Poitiers eingerahmt wird, der wiederum auf die Erzählung über die Verurteilungen Abaelards folgt.[20] Bei diesen beiden Theologen geht es um ‚Häresie' auf allerhöchstem Niveau, auch wenn ihnen Otto durchaus mit Sympathie gegenübersteht. Während Gilbert zu seiner Verhandlung ganze Berge von Codices von seinen Mitstreitern anschleppen ließ, um aus diesen seine Standpunkte zu beweisen, hat Eon mit seinen Schriftchen, die er zur Synode mitbrachte, nicht einmal „den Namen eines Häretikers verdient".[21] Der Bericht über Eon hat hier ganz eindeutig die Aufgabe, Gilbert und Abaelard von solchen Formen der Häresie abzuheben und damit hervortreten zu lassen. Bei Otto von Freising hat das Lachen der Konzilsväter also auch für den Argumentationsgang der Erzählung eine klare Funktion. Ähnliches gilt auch für die Geschichte über die Waldenser bei Walter Map: Sie dient in seinem Werk „De nugis curialium" nicht nur der Erheiterung, sondern vor allem auch dazu, die Person des Verfassers gebührend herauszustellen, der mit seinem zunächst etwas vorlauten Lachen den Anfang gemacht, aber schließlich auch Recht behalten hat.

Es kann durchaus sein, dass gerade diese Funktionen innerhalb der Berichte dafür verantwortlich sind, dass solche ‚Lachgeschichten' überhaupt in den Quellen auftauchen. Denn wir verfügen über eine ganze Reihe von verschiedenen Texten, in denen Religionsgespräche zwischen Ketzern und Vertretern der Orthodoxie überliefert sind. Und dort wird argumentiert, widerlegt, angegriffen, aber nicht unbedingt gelacht.[22] Die Ungeheuerlichkeit der häretischen Positionen ist zwar immer wieder eine Klage wert, aber nicht immer einen Scherz, es

---

[20] Otto von Freising (Anm. 13), I, 49-62, S. 222-262.

[21] Otto von Freising (Anm. 13), I, 58, S. 248/250: „Productus fuit ibi, ut fingere liceat, cum scriptulis suis predictus Eum, vir rusticanus et illitteratus nec heretici nomine dignus." Dagegen ebd., I, 59, S. 250/252 und ders. „Epistola Gaufredi". *Migne*, PL 185, Sp. 590 f.; vgl. Fichtenau, Heinrich. *Ketzer und Professoren. Häresie und Vernunftglaube im Hochmittelalter.* München 1992, S. 200.

[22] Zu Religionsgesprächen zwischen Vertretern der katholischen Orthodoxie und Häretikern s. Fößel, Amalie. Art. „Religionsgespräche III: R. zwischen katholischer Kirche und Häretikern". *Lexikon des Mittelalters 7.* München 1995, Sp. 693 f.

sei denn, man parodiert das ganze Gespräch, indem man häretische Positionen ad absurdum führt.[23]

2.2. Lachen und agonale Diskurskultur

Das aggressive, der Exklusion dienende Lachen über die Ketzer steht nicht für sich allein, sondern muss als Teil der ausgesprochen agonalen Formen der Auseinandersetzung in den Disputationen an den Hohen Schulen und den entstehenden Universitäten im Hochmittelalter gesehen werden, die u. a. auch auf synodale Verhandlungen Einfluss ausübten. Dabei sollte der Gegner besiegt werden, es ging gar nicht darum, ihn zu überzeugen. Und der Sieg war vollkommen, wenn der Andere – verlacht von den Anwesenden – die Flucht antreten, das ‚Schlachtfeld' verlassen musste. Zwar ist natürlich immer von der ‚Wahrheit' die Rede, um die es gehen soll, aber Walter Map zeigt sehr schön, was wirklich im Vordergrund steht, nämlich die Ehre der Beteiligten. Er selbst soll sich, da er voreilig gelacht hat, blamieren; aber er dreht den Spieß um und fährt mit einer geschickten Taktik einen grandiosen Sieg ein. Bei Walter Map muss man allerdings, um im Bild zu bleiben, durchaus von ‚asymmetrischer Kriegführung' sprechen, da hier die Waffen ausgesprochen ungleich verteilt sind.

Das Vorbild für diese Art von agonalem Disput ist die adlige Kriegergesellschaft, an der man sich orientiert oder der man auch selbst entstammt. Ein sehr schönes Beispiel dafür ist der nach Jacques Le Goff „erste große neuzeitliche Intellektuelle"[24]: Abaelard. Michael Clanchy hat in seiner Biographie des bretonischen Gelehrten gezeigt, wie sehr der Sohn eines Ritters der ritterlich-höfischen Kultur und ihren kriegerischen Werten verhaftet war, obwohl ihm offensichtlich physische Gewalt zuwider war.[25] Dabei beschreibt Abaelard selbst sein Gelehrtentum als Ersatz für die militärische Ausbildung und Karriere, er kleidet gleichzeitig aber auch sein Tun in militärische Termini, die zeigen, wie sehr er wissenschaftliche Auseinandersetzung als Kampf begriff. Er entsagt zwar „dem Hof des Mars", um sich „im Schoße der Minerva erziehen zu lassen", da er aber „den Beweisen der Philosophie die Rüstkammer der Dialektik" vorzieht, legt er seine „bisherige Waffenrüstung" ab und „zieht dem Kriegsruhm die Kämpfe der Disputationen vor".[26]

---

[23] Ein schönes Beispiel dafür findet sich bei Wilhelm von Saint-Victor. „Contra quatuor labyrinthos Franciae". *Archives d'histoire doctrinale et littéraire du moyen age* 27 (1952), S. 187-335, hier S. 223, vgl. Fichtenau (Anm. 21), S. 224.

[24] Le Goff, Jacques. *Die Intellektuellen im Mittelalter*. 2. Aufl. Stuttgart 1987, S. 40.

[25] Clanchy, Michael. *Abaelard. Ein mittelalterliches Leben*. Darmstadt 2000, S. 176-199. Ähnliche Einschätzung auch bei Fichtenau (Anm. 21), S. 222 f.

[26] Abélard. *Historia calamitatum*. Hg. v. Jacques Monfrin. Paris 1962, S. 63 f.: „Martis curie penitus abdicarem ut Minerve gremio educarer; et quoniam dialecticarum rationum armaturam omnibus philosophie documentis pretuli, his armis alia commutavi et tropheis bellorum conflictus pretuli disputationum." Mit diesem Wechsel aus der Welt des ‚Kriegers' in die des ‚Wissen-

Wie ein Lehnsherr seine Ritter zusammenruft, so Clanchy, ließ Abaelard auf dem Konzil von Sens 1140 seine Anhänger zusammenkommen und forderte sie zur Unterstützung gegen Bernhard von Clairvaux auf.[27] Diese Position als ‚Lehnsherr' musste er sich aber erst erkämpfen, und das geschah in den Schlachten an den Schulen, deren Magister er mit Begeisterung und unglaublicher Arroganz herausforderte. Seine scholastischen Auseinandersetzungen schildert Abaelard selbst in seiner „Historia calamitatum" als Kriege. In der Auseinandersetzung mit seinem Lehrer Wilhelm von Champeaux etwa schlägt er sein „Feldlager" auf, „belagert" seinen Gegner und er gewinnt schließlich die Oberhand.[28] Sein Ruhm verbreitet sich immer mehr, während der seiner Gegner allmählich erlischt. Gelacht wird in der „Historia" nicht, wohl aber gibt Abaelard seine Gegner den Lesern gegenüber der Lächerlichkeit preis – auch das eine Form des Verlachens.[29]

Dass Abaelard mit seiner Auffassung der intellektuellen Auseinandersetzung als Kampf nicht allein dastand, zeigt sich allein schon darin, dass auch andere Zeitgenossen, wie etwa sein großer Widersacher Bernhard von Clairvaux, ganz ähnliche Bilder verwendeten.[30] Triumph auf der eigenen und Lächerlichkeit auf der gegnerischen Seite waren die prägenden Vorstellungen dieser Gelehrtenwelt. Dabei wurde allerdings anders als in der Welt des Kriegers niemand getötet. Das ist bei den Häretikern anders. Sie wurden nicht nur verlacht, sondern auch bis zur physischen Vernichtung verfolgt. Dabei gibt es keine Entwicklung ‚vom Verlachen zum Verbrennen', sondern beides war von Anfang an gegenwärtig. Wenn mit dem Entstehen der Inquisition Erzählungen über das Verlachen von Häretikern abnahmen, dann deshalb, weil nun nicht mehr diskutiert wurde. Die Positionen der Häretiker waren bekannt, sie mussten nicht mehr widerlegt, sondern nur noch im Verhör entdeckt werden. Die Polemik wurde durch die Systematik abgelöst, und in dieser gab es nichts zu lachen. Die neu entwickelte inquisitorische Fragetechnik führte dazu, dass meistens das gefun-

---

schaftlers' wandelt Abaelard ein Bild aus der Hagiographie ab, in welcher der Adelsheilige auch immer die weltlichen Waffen ablegt, um die geistliche Rüstung zu ergreifen und fortan innere Kämpfe zu bestehen, die in militärischen Termini geschildert werden. Für das Frühmittelalter vgl. dazu Scharff, Thomas. *Die Kämpfe der Herrscher und der Heiligen. Krieg und historische Erinnerung in der Karolingerzeit.* Darmstadt 2002, S. 32-52.

[27] Clanchy (Anm. 25), S. 369.

[28] Abélard (Anm. 26), S. 66 f.: „extra civitatem in monte Sancte Genovefe scolarum nostrarum castra posui, quasi eum obsessurus qui locum occupaverat nostrum."

[29] Interessant ist in diesem Zusammenhang, dass Abaelard in der „Historia calamitatum" nach seiner Kastration auch nur von Scham spricht, die ihn dann auch zur Flucht aus Paris treibt, nicht etwa von Schmerzen oder anderen Folgen des Überfalls. Was sich seiner Erinnerung eingeprägt hat, oder zumindest von ihm der schriftlichen Erinnerung anvertraut wird, ist die Angst davor, für sein Schicksal verlacht zu werden. Vgl. Clanchy (Anm. 25), S. 262.

[30] Zum Vergleich zwischen Abaelard und Bernhard s. Gurjewitsch, Aaron J. *Das Individuum im europäischen Mittelalter*. München 1994, S. 166.

den wurde, wonach die Inquisitoren suchten.[31] Wenn man in den Handbüchern der Inquisitoren das Lachen sucht, dann wird man in Bernard Guis *Practica* lediglich im negativen Sinne fündig. Dort gibt es den Aufruf an alle Rechtgläubigen, diejenigen nicht zu verlachen oder zu belästigen, die als reumütige Ketzer oder deren Anhänger mit dem gelben Kreuz auf der Kleidung für eine bestimmte Zeit Buße tun.[32] Denn die Bußauflagen der Inquisition zielten darauf, den Büßer in seinem Status kenntlich zu machen und damit bis zu seiner Reintegration auszugrenzen. Das heißt, das Lachen in der Wirklichkeit galt jetzt dem büßenden Ketzer. Es klingt allerdings fast wie Hohn, wenn Bernard Gui dazu aufruft, die gerade so Stigmatisierten nicht zu verspotten, denn die Markierung war ja ein Zeichen der, wenn auch temporären, Exklusion. Seine Aufforderung liegt aber in der inneren Logik des inquisitorischen Systems von Sanktionen, die sich ausdrücklich als Bußen, nicht als Strafen verstehen.

2.3. Lachen und Furcht

Es ist auffällig, dass die Berichte, in denen Häretiker verlacht und damit für die Leser als theologisch nicht ernst zu nehmende Gruppen kenntlich gemacht werden, zeitlich parallel zu anderen Erzählungen und Darstellungen entstanden, in denen sehr große Furcht der klerikalen Autoren vor den Ketzern zum Ausdruck kommt. Es ist in der Forschung mehrfach darauf verwiesen worden, dass im 12. Jahrhundert die Ausbreitung der Häresien noch als ungeheuer schnell und kaum einzudämmen angesehen wurde. Dabei griffen die mittelalterlichen Autoren verstärkt auf die bereits in der Spätantike verwendete Metapher der Lepra für die Häresie zurück, um mit ihr genau diese Form der Ausbreitung in der Art der Ansteckung durch eine tödliche Krankheit zu beschreiben.[33] Es ist hier nicht der Ort, darauf einzugehen, welche Bilder und Assoziationen aus dieser Metaphorik weiter entstanden sind.[34] Es scheint mir aber wichtig zu sein, diese beiden zeitgleichen Modelle der Beschreibung von Häresie und Häretikern nebeneinander zu sehen.

---

[31] Scharff, Thomas. „Auf der Suche nach der ‚Wahrheit'. Zur Befragung von verdächtigen Personen durch mittelalterliche Inquisitoren". *Eid und Wahrheitssuche. Studien zu rechtlichen Befragungspraktiken in Mittelalter und früher Neuzeit.* Hg. v. Stefan Esders u. dems. Frankfurt a. M. u. a. 1999, S. 139-162.

[32] Bernardus Guidonis (Anm. 5), S. 100: „Quo circa nos inquisitores prefati monemus semel, secundo ac tercio peremptorie ac precise et districtius inhibemus ne quis, cujuscumque conditionis aut status existat, irrisionem aliquam aut molestiam presumat inferre penitentibus quibus cruces pro crimine heresis sunt imposite et injuncte, seu penitentie disciplina, seu quecumque alia pro dicto crimine nomine penitentie sunt injuncta."

[33] Zuerst bei Moore, Robert Ian. „Heresy as Disease". *The Concept of Heresy in the Middle Ages (11th-13th C.).* Hg. v. Willem Lourdaux u. Daniel Verhelst. Leuven/Den Haag 1976, S. 1-11.

[34] Dazu ausführlicher Scharff, Thomas. „Die Körper der Ketzer im hochmittelalterlichen Häresiediskurs". *Körper mit Geschichte. Der menschliche Körper als Ort der Selbst- und Weltdeutung.* Hg. v. Clemens Wischermann u. Stefan Haas. Stuttgart 2000, S. 133-149.

Die Furcht vor den Ketzern und vor der hohen ‚Infektionsgefahr', die von ihnen ausgeht, scheint zunächst im Widerspruch zu dem lächerlichen Bild zu stehen, das die Häresiarchen in den oben wiedergegebenen Erzählungen bieten. Warum sollte man vor denen Angst haben, erscheinen sie doch in ihrer theologischen Unbedarftheit vollkommen harmlos? Man könnte aber das Vorgehen, die Ketzer literarisch der Lächerlichkeit preiszugeben, auch in erster Linie als eine Methode betrachten, die Furcht vor ihnen und vor der Verbreitung ihrer Ideen zu überwinden. Dass das Lachen immer auch dazu dienen kann, Ängste zu bewältigen, muss wohl nicht eigens herausgestellt werden. Das Lachen über die Ketzer in den Erzählungen wäre dann nichts anderes als eine weitere Form des Ausdrucks der Furcht vor ihnen, welche die Krankheitsmetaphorik auf einer anderen Ebene sehr anschaulich – und vielleicht für uns heute eher verständlich – zum Ausdruck bringt.

Eine solche Erklärung des Lachens über die Ketzer steht nicht im Gegensatz zu den oben angeführten Argumenten über das Lachen als Teil der mittelalterlichen Art, intellektuelle und andere Fehden auszutragen. Es ergänzt sie lediglich und deutet noch einmal auf einen anderen Aspekt, nämlich die Form der Darstellung der Häresie in den erzählenden Quellen. Auch die Spottnamen, als die einige der Benennungen mittelalterlicher Häretiker identifiziert werden können, oder die oftmals gebrauchte Fäkalmetaphorik im Reden über Häresie gehören in diesen Zusammenhang.[35]

3. Das Lachen der Ketzer

In manchen seltenen Fällen lachen auch die Ketzer, aber nicht zuletzt – mit Ausnahme von Beispielen wie dem jener Häretiker, die in Orléans 1022 den Berichten zufolge lachend in den Tod gegangen sind, als sie vom französischen König als erste Ketzer des Abendlandes zum Scheiterhaufen verurteilt wurden.[36] Dieses Lachen, das auch ihren Gegnern Respekt abverlangt hat, gehört aber nicht hierher. Anders das Lachen, von dem der Dominikaner Guillaume Pelhisson in seiner Chronik spricht, in der er die Frühgeschichte des Ordens in Toulouse, den Beginn der Inquisition und die Gründung der dortigen Universität beschreibt: Zuerst wurden Magister und Scholaren aus Paris geschickt, um den Lehrbetrieb dort aufzubauen. Das half aber nicht, um die Häresie zu bekämpfen, denn sie wurden von den Häretikern, die ihnen zuhörten, aufgrund ihrer ortho-

[35] Spottnamen bei Borst, Arno. *Die Katharer*. Stuttgart 1953, S. 246-251; vgl. auch Fichtenau (Anm. 21), S. 95. Zur Fäkalmetaphorik s. Hergemöller, Bernd-Ulrich. *Krötenkuss und schwarzer Kater. Ketzerei, Götzendienst und Unzucht in der inquisitorischen Phantasie des 13. Jahrhunderts*. Warendorf 1996.

[36] Adémar de Chabannes. *Chronique* III, 59. Hg. v. Jules Chavanon. Paris 1897, S. 185; Rodulfus Glaber. *Historiarum libri quinque* III, 8, 31. Hg. v. John France. Oxford 1989, S. 150.

doxen Lehren zur Eucharistie heftig verlacht.[37] Die Geschichte des Katharismus in Südfrankreich zeigt, dass den Häretikern dieses Lachen sehr bald vergehen sollte. In späteren Darstellungen war dieser Spott der Häretiker für das kollektive Gedächtnis der Dominikaner nur noch als eine der vielen Bedrängnisse des Ordens in seiner Frühzeit von Bedeutung.[38]

Ebenso wie Guillaume Pelhisson beschreibt Walter Map die Katharer seiner Zeit als Menschen, die sich über die orthodoxen Lehren lustig machen und die katholische Abendmahlslehre einfach nur verlachen.[39] Diese Beschreibung steht direkt im Kapitel vor dem oben erzählten Bericht über die Waldenser an der römischen Kurie. Auch hier geht, wie in der Geschichte des Dominikaners, der Angriff von den Häretikern aus; ihr Gelächter gilt den feststehenden Glaubenswahrheiten und fordert somit die rechtgläubigen Christen heraus. Die Ketzer lachen also zuerst, ihr Lachen kehrt sich aber letztlich gegen sie.

Um einen Häretiker, oder besser diejenigen, die zu Ketzern erklärt werden, am Ende lachen zu hören, muss man schon wiederum die Novellistik des Trecento bemühen. Bereits die eingangs wiedergegebene Geschichte über den armen Tropf Alberto, der zum Gegenstand inquisitorischen Gelächters wird, endet, wie gesehen, mit einer Spitze Sacchettis gegen den Inquisitor, der einen reichen Mann wohl nicht nur verspottet, sondern auch noch erpresst hätte. Mit diesem Ende der Novelle wendet sich das Lachen der Leser von Alberto, über dessen Einfalt sie sich zuvor amüsieren sollten, gegen den Inquisitor, der hier zu jener habgierigen Gestalt wird, die auch in anderen Erzählungen zum üblichen Personal der Novellen gehört.

Bei Giovanni Boccaccio wird der Spieß dann wirklich umgedreht und der Inquisitor lächerlich gemacht. In seiner Novelle tritt der Inquisitor von Beginn an als habgierig auf, trifft aber auf den Falschen.[40] Der Franziskanische Inquisitor, so sagt Boccaccio einleitend, habe die Fülle der Geldbeutel nicht minder sorgfältig aufgespürt als den Mangel an Glauben. So ist es nicht verwunderlich, dass er einmal einen reichen Mann anklagt, um an dessen Geld zu gelangen. Das Vergehen des Mannes hatte darin bestanden, dass er unvorsichtiger Weise zu Freunden gesagt hatte, er besäße einen Wein von solcher Güte, dass selbst Christus davon trinken würde.

---

[37] Guillaume Pelhisson. *Chronique (1229-1244) suivie du récit des troubles d'Albi (1234)*. Hg. u. übs. v. Jean Duvernoy. Paris 1994, S. 38. „Missi etiam fuerant Tholosam quamplurimi magistri de Parisius et scholares, ut Studium generale ibi fieret et fides doceretur ibidem, sicut et Scientie liberales. Nec hoc valebat ad heresim extirpandam, immo hereticales homines eos ex adverso audientes multipliciter deridebant." Siehe dazu Vicaire, Marie-Humbert (Hg.). *Les Universités du Languedoc au XIIIe siècles*. Toulouse 1970.

[38] Zum Selbstverständnis der mittelalterlichen Inquisitoren s. Scharff (Anm. 3); vgl. dazu auch: ders. „Wer waren die mittelalterlichen Inquisitoren?". *Historische Anthropologie* 11 (2003) H. 2, S. 159-175.

[39] Walter Map (Anm. 16), I, 30, S. 118: „de corpore Christi et sanguine, pane benedicto, nos dirident."

[40] Boccaccio, Giovanni. *Decameron* I, 6. Hg. v. Vittore Branca. Milano 1976, S. 67-70.

Der Inquisitor ergreift die Gelegenheit, lädt den Mann vor das Tribunal und droht ihm mit dem Scheiterhaufen, weil er aus Christus einen Säufer gemacht habe. Nur durch Bestechung – und das war ja der Sinn der Aktion – kann sich der Mann retten und seine Todesstrafe in das Tragen des Bußkreuzes umwandeln. Außerdem wird ihm auferlegt, noch einige Tage beim Inquisitor zu bleiben, dort zur Buße die Morgenmesse zu hören und sich ihm gegen Mittag vorzustellen, um den Rest des Tages tun zu können, was ihm beliebt.

Dieses mittägliche Erscheinen vor dem Inquisitor gibt dem Mann nun die Chance, sich zu rächen, indem er den Inquisitor vor seinen *familiares* der Lächerlichkeit preisgibt. Denn der Inquisitor fragt, während er an der Tafel sitzt, ob der Mann bei der Morgenmesse irgendetwas gehört habe, das ihm unverständlich erscheine oder das er erklärt haben möchte. Nun war der Text des Evangeliums jene Stelle, in der es heißt: „Ihr werdet es hundertfältig nehmen und das ewige Leben ererben". Dazu sagt der Mann, er bezweifle nichts von dem Gehörten, er fühle aber Bedauern über den Inquisitor und die anderen Mönche wegen des traurigen Zustands, in dem sie einst in die jenseitige Welt eingehen würden. Denn er habe gesehen, wie täglich den Armen vom Kloster ein oder zwei Kessel übrig gebliebene Suppe ausgeteilt würden. Wenn die Mönche nun, wie es das Evangelium sagt, hundertfältig nähmen, dann müssten sie zwangsläufig in all der Suppe, die dann auf sie zukäme, ersaufen.

Daraufhin wird der Inquisitor von der ganzen Tischgesellschaft ausgelacht. Er selbst wird zornig über die Demütigung und diesen Vorwurf der Heuchelei. Am liebsten würde er dem Mann einen zweiten Prozess machen, aber die Schande, die ihm der erste eingebracht hat, verhindert dies. So nimmt er Abstand davon und entlässt sein Opfer mit der Aufforderung, sich nicht mehr vor ihm blicken zu lassen.

In dieser Novelle geschieht das Unerwartete: Der vorgebliche Ketzer bringt durch seine Antwort den Inquisitor in Bedrängnis. Anders als die Häretiker des 12. Jahrhunderts weiß dieser allerdings sehr genau, warum über ihn gelacht wird. Er kann aber ebenso wenig dagegen tun und muss sich zumindest symbolisch zurückziehen. Das Komische in dieser Erzählung liegt für den Hörer vor allem darin, dass die Novelle die Rollen zwischen Inquisitor und Beschuldigtem vertauscht und eine Situation entstehen lässt, die eine Parodie der realen Situation darstellt.

Wenn allerdings Boccaccio und Sacchetti ihre Leser, Florentiner Bürger der Frührenaissance, mit diesen und anderen Novellen dazu brachten, gemeinsam über die Inquisitoren zu lachen, dann traf dieses Lachen Vertreter einer Institution, die schon lange in Misskredit gekommen war. Der sich bereichernde Inquisitor in Florenz könnte in Piero dell'Aquila ein reales Vorbild haben, und andernorts in Italien war die Inquisition wegen Korruption von den Franziskanern auf die Dominikaner übertragen worden.[41] Die von solchen Inquisitoren in ihrem Vermögen und ihrem Leben bedrohten Bürger konnten durch ihr Lachen ihre Haltung gegen die Inquisitoren auf ähnliche Weise – wenn auch mit anderem Ergebnis – zum Ausdruck bringen, so wie es zuvor kirchliche Autoren gegenüber den Häretikern getan hatten.

[41] Zur Inquisition in Florenz im 13. und 14. Jahrhundert s. Becker, Marvin B. „Florentine Politics and the Diffusion of Heresy in the Trecento: A Socioeconomic Inquiry". *Speculum* 34 (1959), S. 60-75; Stephens, John N. „Heresy in Medieval and Renaissance Florence". *Past and Present* 54 (1972), S. 25-60; Antichi, Vanna. „L'inquisizione a Firenze nel XIV secolo". *Eretici e ribelli del XIII e XIV sec. Saggi sullo spiritualismo francescano in Toscana.* Hg. v. Domenico Maselli. Pistoia 1974, S. 213-231.

Hildegard Elisabeth Keller

Lachen und Lachresistenz

Noahs Söhne in der Genesisepik, der *Biblia Pauperum* und dem *Donaueschinger Passionsspiel*

> Think of laughter as a stress deodorant.[1]
>
> Eins aber weiß ich, – von dir selber lernte ich's einst, oh Zarathustra: wer am gründlichsten tödten will, der lacht.[2]
>
> One way of penetrating the core of this society and its mentality is to ask how and where it established the borders of who was in and who was out, who was included in the great feast of life and who excluded.[3]

0. Alterität: laughter club vs. Lachgemeinschaft

Im Morgengrauen des 13. März 1995 durchfuhr den Arzt Madan Katarian aus Bombay, wie er selbst erzählt, ein Erkenntnisblitz: „Es gibt auf dieser Welt nicht genug zu lachen." Das war eine medizinische Diagnose, und diese Deutungsperspektive hat in der kulturphilosophischen Ergründung des Lachens durchaus Tradition.[4] Medizinisch war Katarians Diagnose insofern, als die gelologische Forschung seit längerer Zeit empirisch nachzuweisen sucht, wie genau das Lachen auf das Immunsystem einwirkt und wie es prophylaktisch einsetzbar ist. Dass Lachen therapeutisch wirkt, legen onkologische Erkenntnisse nahe, aus

---

[1] McGhee, Paul E. „Humor Your Tumor". www.laughterremedy.com/humor2.dir/humor12_99.html – Für die entscheidenden Fingerzeige danke ich herzlich Jeffrey Hamburger, für großzügiges Überlassen von Faksimiles Clausdieter Schott und Colette Brunschwig, für redaktionelle Disziplin und für Unterstützung überhaupt Freia Odermatt.

[2] Nietzsche, Friedrich. „Also sprach Zarathustra". *Sämtliche Werke. Kritische Studienausgabe.* Bd. 4. Hg. v. Giorgio Colli u. Mazzino Montinari. Berlin 1999, S. 392.

[3] Mellinkoff, Ruth. *Outcasts. Signs of Otherness in Northern European Art of the Late Middle Ages.* 2 Bde. Bd. 1. (= California Studies in the History of Art 32). Berkeley 1993, S. LI.

[4] Vgl. Weinrich, Harald. „Was heißt: ‚Lachen ist gesund'?" *Das Komische.* Hg. v. Wolfgang Preisendanz u. Rainer Warning (= Poetik und Hermeneutik 7). München 1976, S. 402-408.

deren Kontext das erste Beitragsmotto stammt.[5] Katarian setzte seine Erkenntnis in die Tat um. Bereits um sieben Uhr desselben Tages gründete er mit vier Passanten in einem Park Bombays einen *laughter club* – den ersten von mittlerweile unzähligen Lachclubs weltweit, die sich über Kasten- oder Religionsgrenzen ebenso hinwegsetzen wie über innerbetriebliche Hierarchien in Großkonzernen oder Parteifraktionen in Parlamenten.[6]

Das hier praktizierte Lachen und seine Alterität sind aufschlussreich im Horizont meines Beitrages zur mittelhochdeutschen Literatur, der die Relation zwischen Lachhandlungen und Vergemeinschaftung im Sinne des dritten Mottos zu ergründen sucht: Wie grenzt das Lachen bzw. der Verzicht darauf ein bzw. aus? Die Alterität des *laughter-club*-Lachens liegt nicht in der Ansteckungswirkung, auf die lange vor Katarian („giggling is contagious") schon andere vertrauten. Man denke nur an die „chatouilleurs" bzw. „Vorlacher", die Heinrich Heine im Lustspielpublikum der Pariser Boulevardtheater fasziniert beobachtete: „Das Lachen hat einen epidemischen Charakter wie das Gähnen, und ich empfehle Ihnen für die deutsche Bühne die Einführung eines Chatouilleurs, eines Vorlachers."[7] Oder man denke an die zeitgenössischen Sitcoms, die seit dem amerikanischen Fernsehtechnik-Pionier Charles Rolland Douglass auf die infektiöse Wirkung des „canned laughter" bauen; dieses simuliert die Präsenz eines Publikums und stimuliert das Lachen der Zuschauer vor dem Fernseher. Die Alterität liegt auch nicht in der Wellness- oder Therapiefunktion des Lachens, die ebenfalls nicht neu ist.[8] Wenn Johannes Kessler, St. Galler Chronist der Reformation, gegen das von den Bettelorden forcierte Osterlachen (*risus paschalis*) polemisiert, bezeugt er die therapeutische Wirkung des Lachens in der schwermütig stimmenden Fastenzeit; die katholische Lachtherapie sieht er indes als Teil eines kontraproduktiven emotionalen Erregungsprogramms.[9] Die Alterität muss vielmehr in der faszinierend komplexen Funktion des Lachens für die Vergemeinschaftung von Menschen, für die

---

[5] Die Exponenten der medizinischen, v. a. in den USA intensiven Lachforschung sind im Internet dokumentiert und über die entsprechenden Suchmaschinen eruierbar.

[6] www.laughteryoga.org/history.htm

[7] Heine, Heinrich. „Über die Französische Bühne. 8. Brief". *Historisch-kritische Gesamtausgabe der Werke*. Bd. 12/1. Hg. v. Manfred Windfuhr. Bearbeitet von Jean-René Derré u. Christiane Giesen. Hamburg 1980, S. 272.

[8] Vgl. Weinreich (Anm. 4).

[9] Kessler, Johannes. *Sabbata – mit kleineren Schriften und Briefen*. Hg. v. Emil Egli u. Rudolf Schoch. St. Gallen 1902; zit. n. Zehnder, Leo. *Volkskundliches in der älteren schweizerischen Chronistik*. Basel 1976, S. 192 f. Zu Kessler (um 1502/03 – 7. März 1574) siehe Gamper, Rudolf, Urs Leo Gantenbein u. Frank Jehle. *Johannes Kessler. Chronist der Reformation*. St. Gallen 2003. Zum Osterlachen, allgemeiner auch zum Lachen im liturgischen und kirchlichen Kontext, siehe Jacobelli, Maria Caterina. *Ostergelächter. Sexualität und Lust im Raum des Heiligen*. Regensburg 1992; Horowitz, Jeannine u. Sophie Menache. *L'humour en chaire. Le rire dans l'Eglise médiévale*. Genf 1994.

soziale Ordnung und für deren Stabilisierung oder Störung gesehen werden.[10] Im *laughter club* lacht keiner *über* einen anderen, und nie lacht jemand auf der ‚falschen' Seite, denn es gibt keine. Hier hängt das Lachen nicht von kognitiven Fähigkeiten ab, jedermann kann es.[11] Lachen bleibt sozial folgenlos, denn die schlichte ‚Lachgemeinde' ist keine ‚Lachgemeinschaft'.[12] So muss sich also – und dies wird für meine Argumentation zentral sein – niemand gegenüber der Vergemeinschaftung mit den ‚falschen' Lachenden als resistent erweisen, denn Katarians institutionalisiertes Gelächter ist kein Instrument gemeinschaftlichen Handelns, das in emotionaler, ideologischer oder sozialdynamischer Hinsicht an- oder erregen wollte. Es soll vielmehr ein grundloses Tun in einem sich herrschaftsfrei gebenden Sozialraum sein.[13] Es ist also – um Heines medizinische Metaphorik für die soziale Performanz im *laughter club* zu adoptieren – aseptisch.

Seine Harmlosigkeit prädestiniert es zum Vergleichsphänomen für die potenziell „epidemischen" Wirkungen von Lachhandlungen, die mitnichten selbstzwecklich sind. Es wird tatsächlich *mit* anderen *über* andere gelacht. Darin sind jene In- und Exklusionskräfte wirksam, welche die Performanz von Macht antreiben und die Plätze am „Bankett des Lebens" (Ruth Mellinkoff) je neu zuteilen. Auch wer das Mitlachen verweigert, ist ihnen gegenüber nicht immun. Genau diese Dynamik fokussiert eine bestimmte Konstellation von *Lachhandlungen,* mit denen die mittelalterliche Gesellschaft ihre soziale Stratifikation und Machtverteilung rechtfertigte. Mit dem Begriff Lachhandlung bezeichne ich sowohl das Ausagieren (Lachen bzw. Mitlachen) als auch den bewussten Widerstand gegen den Anreiz zum Lachen (verweigertes Lachen bzw. Mitlachen). Diese beiden Aspekte der Partizipation bzw. Nichtpartizipation konstituieren nicht allein jede Selbst- und Fremddefinition von

---

[10] Vgl. Moos, Peter von. „Fehltritt, Fauxpas und andere Transgressionen im Mittelalter". *Der Fehltritt. Vergehen und Versehen vor der Moderne.* Hg. v. dems. Köln 2001, S. 1-96 u. im Vorwort, S. XI-XXIV.

[11] Zum Begriff ‚Lachkompetenz' siehe Velten, Hans Rudolf. „Komische Körper. Hofnarren und die Dramaturgie des Lachens im späten Mittelalter". *Zeitschrift für Germanistik* N.F. 2 (2001), S. 292-317, hier S. 293; ferner Bachorski, Hans-Jürgen u. a. „Performativität und Lachkultur in Mittelalter und früher Neuzeit". *Theorien des Performativen.* Hg. v. Erika Fischer-Lichte u. Christoph Wulf (*Paragrana* 10). Berlin 2001, S. 157-190, hier S. 158.

[12] Der Begriff „Lachgemeinde" findet sich bei Jauß, Hans Robert. „Über den Grund des Vergnügens am komischen Helden". *Das Komische.* Hg. v. Wolfgang Preisendanz u. Rainer Warning (= Poetik und Hermeneutik 7). München 1976, S. 103-132, hier S. 106.

[13] „Grundloses Lachen" stellt mit Joachim Ritter einen „Grenzfall" des Lachens überhaupt dar, sein Normalfall gewiss das Lachen-über: Lachende werden immer gefragt, worüber sie lachen. Ritter deutet das „grundlose Lachen" entweder „als überquellenden Ausbruch gesteigerter Laune" oder „als Reflex und Zeichen etwa höchster Ermüdung und überreizter nervöser Abspannung". Ritter, Joachim. „Über das Lachen". *Subjektivität. Sechs Aufsätze.* Frankfurt a. M. 1974, S. 62-92, hier S. 64 f. Katarians *laughter club* lässt sich m. E. unter keiner der beiden Kategorien fassen.

Identität,[14] sondern sie definieren auch die mittelalterliche Semantik des Lachens. Dass ein Gelächter obszön ist, demonstrieren die Nicht-Mitlachenden. Die Negativreaktionen darauf, die von normativen Texten durchaus intendiert sein können, müssen also auf der Ebene von Texten oder Bildern sowie auf jener der Rezeption mitberücksichtigt werden. Diese methodische Prämisse gilt besonders für das Verlachen und Verspotten. Hams Versuch, seine Brüder zum Mitlachen zu verlocken, misslingt – eine unerwartete Wende, welche die Episode für das Mittelalter erst paradigmatisch macht. Dies gilt, wie zu zeigen sein wird, nicht nur in sozialtheoretischer, sondern auch in performativer Hinsicht. Teufel in niederländischen Theatertexten stellen die Lachbereitschaft ihres Publikum auf die Probe, wenn sie es mit lauten *ho-ho-hoo*-Rufen zum Lachen animieren. Unmissverständlich antwortet einer, der das Lachen verweigert: „Hörst du nicht, dass ich schweige?“

Vom prekären Gelingen bzw. Misslingen von Lachgemeinschaften handeln die hier präsentierten Quellen mit ungemilderter Schärfe. Lachen ist ein *gerichtetes* Tun, auch dort, wo es nicht instrumentell eingesetzt wird,[15] und am allermeisten dort, wo es nicht stattfindet, weil die Involvierten das Mitlachen bewusst verweigern. Von welcher Art von Lachen wird im Folgenden die Rede sein? Noah und seine Söhne Ham, Japhet und Sem verbindet eine Erfahrung des Lachens bzw. der Lachverweigerung, die paradigmatisch für die Sozialtheorie bis weit über das Mittelalter hinaus werden wird. Ich werde sie im ersten Abschnitt referieren. Vorweggenommen sei hier nur soviel: Das Spektrum von Reaktionen, das Ham, Japhet und Sem an den Tag legen, begründet die vertikale Stratifikation der menschlichen Gemeinschaft in Herren und Knechte und breitet sich dank typologischer Verknüpfungen rhizomartig in der medialen Repräsentation der Passionsgeschichte aus. Hams Lachen ist ein ‚hässliches‘ Lachen, eine Obszönität, und insofern eine „Fehlform des Lachens“.[16] Ham, der seine Brüder zum Mitlachen einladen will, wird sogleich zum prototypischen Spötter in der jüdisch-christlichen Kulturgeschichte. Dies soll anschließend gezeigt werden. Gleichzeitig aber gilt gerade dieses Lachen als der ebenso prototypische Anlass für die *Verweigerung* des Mitlachens und der Solidargemeinschaft der Spötter. Im weiteren Horizont von Hams Lachen ist das aus dieser Sicht sekundäre *karnevaleske* Lachen zu hören, von dem gesagt wurde, dass es vom Zwerchfell aus den ganzen „Gattungskörper der Menschheit“ erschüttere und die vertikale soziale Ordnung, zumindest temporär, invertiere.[17]

---

[14] Vgl. Hahn, Alois. *Konstruktionen des Selbst, der Welt und der Geschichte. Aufsätze zur Kultursoziologie* (= stw 1505). Frankfurt a. M. 2002, S. 13-16.

[15] Zum Lachen als politischem Instrument in Verhandlungssituationen vgl. den Beitrag von Gerd Althoff in diesem Band.

[16] Le Goff, Jacques. *Das Lachen im Mittelalter*. Stuttgart 2004, S. 22 (ohne Hinweis auf Ham und die Peiniger Christi).

[17] Vgl. Lachmann, Renate. *Gedächtnis und Literatur. Intertextualität in der russischen Moderne*. Frankfurt a. M. 1990, S. 228 (im Kontext ihrer Bachtin-Lektüre).

Hams Spottverhalten offenbart einen weiteren, zentralen Aspekt, nämlich die Beteiligung des Auges und der deiktischen Gestik. Der unerwartet auf das entblößte Geschlecht des Vaters fallende Blick löst bei Ham eine Reaktion aus, die Noah sanktionieren wird. Hams unverfrorenes Hinschauen und spöttisches Lachen begründen also jene Kippfigur, die ihn selbst zum verspotteten Spötter macht. Sie hat exemplarischen Wert, denn das menschliche Lachen scheint durch Kipp-Phänomene und unerwartete Umkehrungen bedingt zu sein, wie Wolfgang Iser im Rückgriff auf Sigmund Freud postuliert.[18] Noch wichtiger ist mir hier, dass ein Kippmoment den stets ambivalenten Blick des christlich geprägten Mittelalters auf das Lachen prägt. Ich verweise nicht allein auf den satirischen Umgang mit den Marginalien in Manuskripten,[19] sondern auch auf das Bewusstsein eines ‚guten' sowie eines ‚bösen' Lachens, das ideologisch besetzt ist,[20] sich zur spöttischen Gewalt der Häme zusammenballen kann und das einen deshalb vor die Entscheidung des Mitlachens oder der Lachverweigerung stellt: Lachen kann kompromittieren.

Ham und Häme müssen deshalb gemeinsam in den Blick genommen werden. Wie zu zeigen sein wird, kann man gerade in der Exegese von Ham ein christologisches Interpretament des Phänomens der Häme – und vielleicht auch der Etymologie des deutschsprachigen Ausdrucks dafür – erkennen. Lachen und Hässlichkeit sind ineinander verschränkt. Das ‚hässliche' Lachen, das Lachen der Hässlichen, auch das Verlachen des als unansehnlich, hässlich Geltenden sind in der christlichen Heilsgeschichte im doppelten Sinne aufgehoben, denn das Hässliche gehört zu ihrer Heilsästhetik.[21] Wenn der gemarterte Christus als

---

[18] Iser, Wolfgang. „Das Komische: ein Kipp-Phänomen". *Das Komische*. Hg. v. Wolfgang Preisendanz u. Rainer Warning (= Poetik und Hermeneutik 7). München 1976, S. 398-402. Iser stützt sich auf Sigmund Freuds *Der Witz und seine Beziehung zum Unbewussten* (1905).

[19] Camille, Michael. *Image on the Edge. The Margins of Medieval Art*. London 1992; Schmidt, Gerhard. „‚Belehrender' und ‚befreiender' Humor: Ein Versuch über die Funktionen des Komischen in der bildenden Kunst des Mittelalters". *Worüber lacht das Publikum im Theater. Spaß und Betroffenheit einst und heute*. Hg. v. Margret Dietrich. Wien 1984, S. 9-39; Caviness, Madeline H. „Obscenity and Alterity: Images that Shock and Offend Us/then, Now/then?" *Obscenity: Social Control and Artistic Creation in the European Middle Ages*. Hg. v. Jan Ziolkowski. Leiden 1988, S. 249-261; Taylor, Andrew. „Playing on the Margins: Bakhtin and the Smithfield Decretals". *Bakhtin and Medieval Voices*. Hg. v. Thomas J. Farrell. Gainesville 1995, S. 17-37.

[20] Siehe hierzu die lexikalischen Ausführungen in Le Goff (Anm. 16), S. 32 f.; ferner Menache, Sophia u. Jeannine Horowitz. „Quand le rire devient grinçant: La satire politique aux XIIIe et XIVe siècles". *Le Moyen Âge* 102 (1996), S. 437-473; Schindler, Norbert. „Karneval, Kirche und die verkehrte Welt. Zur Funktion der Lachkultur im 16. Jahrhundert". *Jahrbuch für Volkskunde* N.F. 7 (1984), S. 9-57; Ridder, Klaus. „Erlösendes Lachen. Götterkomik – Teufelskomik – Endzeitkomik". *Ritual und Inszenierung. Geistliches und weltliches Drama des Mittelalters und der Frühen Neuzeit*. Hg. v. Hans-Joachim Ziegeler. Tübingen 2004, S. 195-206, hier S. 200-203.

[21] Jauß, Hans Robert. „Die klassische und die christliche Rechtfertigung des Hässlichen in mittelalterlicher Literatur". *Alterität und Modernität der mittelalterlichen Literatur. Gesammelte Aufsätze 1956-1976*. München 1977, S. 385-410; weiterführend dann Haug, Walter. *Literaturtheorie im deutschen Mittelalter von den Anfängen bis zum Ende des 13. Jahrhunderts*.

ein Hässlicher verspottet und darin zum Antitypus des unansehnlich daliegenden, verspotteten Noah wird, wenn Ham und seine Antitypen, die jüdischen Folterknechte Christi, in der mittelalterlichen Ikonografie von augenfälliger Hässlichkeit gezeichnet sind, wenn das Verlachen den Verlachten sowie den Verlacher ästhetisch wie sozial erniedrigt, ja wenn die Verspottung gar die physische Tötung antizipiert,[22] dann manifestieren sich das Gewaltpotenzial, das in kollektivem Gelächter stecken kann, und der Partizipations- bzw. Resistenzdruck, den solche Gewaltrituale auf den Einzelnen ausüben. Nicht grundlos, so René Girard, vollzieht sich deshalb das letzte Kippen im Lachen der Verlacher selbst, das diesen im Halse stecken bleibt. Er sieht in der Entlarvung solcher Gewaltmechanismen den eigentlichen kulturanthropologischen Auftrag des Christentums.[23]

Die in diesem Beitrag analysierten Quellen zeigen die Wege, wie *über* oder *mit*, *gegen* oder *für* andere gelacht wurde und wie deren Repräsentation in Text und Bild selbstreflexiv sich an die Betrachter richtet und ihre Partizipationsmöglichkeiten ins Spiel bringt. Meine Überlegungen gliedern sich in drei Hauptabschnitte. Erstens stelle ich die alttestamentliche Episode von Noah und seinen drei Söhnen sowie deren Interpretament-Funktion für das Mittelalter dar. Der zweite Abschnitt beschäftigt sich mit ihrer narrativen Bearbeitung in der (teils in illustrierten Handschriften überlieferten) mittelhochdeutschen Genesisdichtung und der frühen *Biblia-Pauperum*-Tradition; Letztere erweitert den thematischen Gegenstand um eine passionsgeschichtliche Station, die Verspottung Christi. Um sie dreht sich auch der dritte Abschnitt, der zeigt, wie das geistliche Spiel die theatrale Repräsentation des Verlachens nun gattungsgemäß auf sein Publikum bezieht. Das *Donaueschinger Passionsspiel* appelliert an die Zuschauer, und zwar so, dass sie sich zu den auf der Bühne gezeigten Lachgemeinschaften – Schergen und Schurken – in irgendeiner mehr oder minder verantwortbaren Weise verhalten müssen. Wer hier mitlacht, kann es kaum naiv tun können, das heißt: ohne zu prüfen, mit wem er hier mitlacht und ob man ihn auf der ‚falschen Seite' lachend ertappen könnte. Mit anderen Worten: Der medial repräsentierten und ganz besonders der theatral inszenierten Lachgewalt

---

Darmstadt 1992, S. 7-24; mit Blick auf die mittelalterliche Komik Röcke, Werner. *Die Freude am Bösen. Studien zu einer Poetik des deutschen Schwankromans im Spätmittelalter.* München 1987, S. 11-18.

[22] Christi *deformitas* (nach Jes 53,2-3) ist in sich ambivalent: *Pendebat enim in cruce deformis, sed deformitas illius pulchritudo nostra erat.* Augustinus: Sermo XXVII,6, 131-132; zit. n. Aurelius Augustinus. *Sermones de Vetere Testamento I-L* (= CCSL 41). Turnhout 1961, S. 365. Sie kontrastiert mit der triumphalen Erscheinung des (schönen!) Auferstandenen. Vgl. Hamburger, Jeffrey F. „To Make Women Weep. Ugly Art as ‚Feminine' and the Origins of Modern Aesthetics". *Res* 31 (1997), S. 9-34. Zur Hässlichkeit der Verlacher siehe Mellinkoff (Anm. 3) und weiter unten, ferner Michel, Paul. *Formosa deformitas. Bewältigungsformen des Hässlichen in mittelalterlicher Literatur.* Bonn 1976.

[23] Girard, René. *Ich sah den Satan vom Himmel fallen wie einen Blitz. Eine kritische Apologie des Christentums.* München 2002; ders. *La voix méconnue du reel.* Paris 2002.

eignet eine Selbstreflexivität, welche die Zuschauer zumindest theoretisch in eine Beobachtung zweiter Ordnung zwingen.

1. Der alttestamentliche Prätext: Noahs Geschlecht und Hams Gelächter

Ein schlichtes Handlungsgerüst in Gen 9,18-29 vereint die männlichen Mitglieder einer Familie in einer für das Mittelalter überaus sinnhaften Schlüsselszene: Nach der Sintflut wird Noah zum Weinbauern und muss schon bald seinen ersten Rausch ausschlafen. Da rutscht ihm das Hemd über die Lenden und sein Geschlecht liegt entblößt da. Zuerst tritt der jüngste Sohn Ham zum Vater ins Zelt: „Und Ham, der Vater Kanaans, sah[24] die Blöße[25] seines Vaters und berichtete es seinen Brüdern draußen." Die danach ins Zelt tretenden Brüder Sem und Japhet aber verhalten sich ganz anders:

> Da nahmen Sem und Jafet das Obergewand und legten es beide auf ihre Schultern und gingen damit rückwärts und bedeckten so die Blöße ihres Vaters; ihre Gesichter aber hielten sie so rückwärts gewandt, dass sie die Blöße ihres Vaters nicht sahen.

Nach dem Aufwachen erkennt der Vater (wie das geschieht, wird nicht mitgeteilt), wie der Jüngste reagiert hat. Er verflucht Ham und seine Nachkommen zur Knechtschaft, und er preist die beiden Älteren, indem er sie, ohne weitere Differenzierung, in die Herrschaft über Ham einsetzt. Die Szene trennt also die familiär miteinander Verbundenen in nachhaltiger Weise durch Verhaltensweisen, die hier erst indirekt mit Spott bzw. dessen Verweigerung in Verbindung gebracht werden. Der schamhaft abgewandte Blick der Brüder kontrastiert mit dem unverschämten Blick von Hams „Auge, das den Vater verspottet" (Spr 30,17). Die von Ham intendierte Vergemeinschaftung der Brüder im Spott misslingt.

Welche Rolle spielt der alttestamentliche Vater-Sohn-Konflikt – insbesondere die misslungene Gemeinschaft der Brüder – in der Selbstdeutung der mittelalterlichen Gesellschaft? Kurz gesagt fasst man sie als ein kulturanthropologisches Interpretament von großer Tragweite auf. Gen 9,18-29 repräsentiert die alttestamentliche Urszene für innerfamiliäre Allianz einerseits und Segregation andererseits. Gemäß der von Noah vollzogenen Erweiterung des Geschicks seiner Söhne auf die Menschenfamilie liefert sie das gesellschaftstheoretische Kernargument, um die auf Herrschaft fußende soziale Ordnung zu rechtfertigen.

---

[24] Hebr. *rā'āh*: ‚sehen, wahrnehmen, sich sehen lassen, erscheinen, jmdn. etwas sehen lassen, zeigen' – und zwar im Sinne des physischen Sehens, genereller des Wahrnehmens und übertragen des geistigen Erkennens überhaupt (vgl. *Elberfelder Studienbibel mit Sprachschlüssel. Das Alte Testament.* Wuppertal 2001, S. 1519), lat. *vidēre*.

[25] Hebr. *'ārwāh*: ‚Schamgegend, etwas Schandbares, Anstößiges; vgl. *Eberfelder Studienbibel* (Anm. 24), S. 1457; lat. *pudenda*.

Zu diesem Zweck wird bereits im Frühmittelalter der Prätext exegetisch so zurechtgebogen, dass die drei Brüder als die drei Stände des feudalen *ordo* (Leibeigene – Ritter – Freie) identifizierbar werden.[26] Ihre Geschichte erzählt die mittelalterliche Literatur dann in einem denkbar umfassenden Sinn als den *grand récit* der sozialen, ethnischen, linguistischen[27] Differenz schlechthin. Die monastische Exegese spurt dies vor. Bereits Bedas *Hexaemeron* verknüpft die Geschlechterfolgen der Söhne Noahs (vgl. Gen 10) mit geografischen und ethnischen Daten: Sem wird Asien, Japhet Europa und Ham Afrika zugeordnet,[28] und die frühmittelalterliche Überlieferung von Isidors von Sevilla *De natura rerum* schreibt dies in den frühesten überlieferten T-O-Karten auch kartografisch fest.[29] Dieser Versuch einer ethnischen Nomenklatur für die drei Kontinente in den T-O-Karten und die zuvor erwähnte gesellschaftstheoretische Selbstthematisierung der Feudalgesellschaft werden später durch eine nachhaltig wirksame, an Fehlinterpretationen reiche Forschungsgeschichte zu einem Grundstein eines rassenästhetischen Projekts gemacht: Hams Fluch wird dann auf die Menschen mit schwarzer Haut bezogen.[30] Der Ausdruck „Neger“ meint in diesem wissenschaftskritischen Blick auf das Mittelalter weit mehr als ein nur sprachliches Stigma, das die Schwarzen selbst internalisierten und im Zuge ihrer eigenen Emanzipationsgeschichte von der „Pigmentokratie“ zu verarbeiten haben.[31] Denn Ham und seine Brüder verkörpern vielmehr „major cultural symbols used in the complex, long, and gradual process of constructing racism

---

26 Zur mittelalterlichen Exegese des Mythos und seinen Angleichungen an die soziale Realität des Mittelalters siehe Grubmüller, Klaus. „Noês Fluch. Zur Begründung von Herrschaft und Unfreiheit in mittelalterlicher Literatur“. *Medium Aevum deutsch*. FS Kurt Ruh. Hg. v. Dieter Huschenbett u. a. Tübingen 1979, S. 99-119, bes. S. 105-109. Zum Widerhall im wichtigsten deutschsprachigen Rechtsbuch siehe Kolb, Herbert. „Über den Ursprung der Unfreiheit. Eine Quaestio im Sachsenspiegel“. *ZfdA* (1974), S. 289-311.

27 Gen 18-29 sowie der unmittelbare Kontext enthalten Aussagen zur Sprachenvielfalt, die demzufolge nicht erst auf den Turmbau zu Babel zurückzuführen wäre; Eco, Umberto. *Die Suche nach der vollkommenen Sprache*. München 1997, S. 23.

28 Beda: Hexaemeron III, PL 91,115; zit. n. Grubmüller (Anm. 26), S. 103; siehe dort auch zu den Rezeptionswegen im Hochmittelalter. Vgl. auch Friedman, John Block. *The Monstrous Races in Medieval Art and Thought*. Cambridge, Mass./London 1981, S. 38 f., 101 f.

29 Im als *Africa* bezeichneten Kontinent sind die *filiicham* angesiedelt; Isidor von Sevilla. *De natura rerum*. Burgerbibliothek Bern, Cod. 417, fol. 88^{v}; spätes 9. Jh.; abgebildet in: Kline, Naomi Reed. *Maps of Medieval Thought: The Hereford Paradigm*. Rochester 2003, S. 12, fig. 1.2.

30 Diese Ätiologie der Dunkelhäutigkeit kam über die Vermittlung der jüdischen Literatur und die Literatur des Ostchristentums in den Westen; ebenfalls beteiligt war die Talmudtradition, die Hams Nichtbeachtung des Gebots zur sexuellen Enthaltsamkeit in der Arche tradierte (zu Petrus Comestors *Historia scholastica* und Peter von Riga siehe Lox, Harlinda. Art. „Noah“. *Enzyklopädie des Märchens* 10 (2002), Sp. 48-54, hier Sp. 52. Vgl. hierzu auch Groebner, Valentin. „Haben Hautfarben eine Geschichte? Personenbeschreibungen und ihre Kategorien zwischen dem 13. und dem 16. Jahrhundert“. *Zeitschrift für historische Forschung* 30 (2003), S. 1-17, bes. S. 9-11.

31 Vgl. Geider, Thomas. Art. „Neger“. *Enzyklopädie des Märchens* 9 (1999), Sp. 1307-1321, zur Ham-Rezeption Sp. 1309-1310.

in Western Society“ und dienen nach der verengten Lektüre ihrer Geschichte („a movement from medieval polyphony to modern monophony in the understanding of the Bible“) zur kausalen Verlinkung von Rassismus und Sklaverei in der Moderne.[32]

2. Volkssprachige Bibelepik und lateinische „Biblia Pauperum“

Wesentlich für den hier entwickelten Gedankengang ist, dass die mittelhochdeutsche Bibelepik des 11. und 12. Jahrhunderts die Noah-Episode neu erzählt. Sie erst bringt das Lachen ins Spiel. Sie differenziert Sems, Japhets und Hams Verhalten nicht nur hinsichtlich des Sehens und Zeigens, sondern auch in Bezug auf die Lachhandlungen. Die Episode wird neu um die (fatale) Funktion des Verlachens bzw. die (segenbringende) Funktion der Lachresistenz kreisen und sie, im skizzierten Sinne, direkt kausal mit der Freiheit bzw. Unfreiheit des sozialisierten Menschen verknoten. Diese neue Lesart bietet die mittelhochdeutsche Genesis-Überlieferung (*Wiener, Millstätter* und *Vorauer Genesis*). Der im Familienverband verfluchte Ham wird bereits dort zum Urahn der Spötter in der Heils- und insbesondere der Passions-Geschichte. Ein rundes Jahrhundert später finden wir das Konzept einer Spöttergemeinschaft über die Zeiten hinweg in der *Biblia-pauperum*-Tradition wieder. Dort wird Ham den Peinigern Christi gegenübergestellt.

2.1. Mittelhochdeutsche Genesisdichtung

Die frühmittelhochdeutsche Genesis, ganz bzw. teilweise in drei Sammelhandschriften überliefert, steht am Beginn der frühmittelhochdeutschen Literatur und somit auch des volkssprachlichen Erzählens von Noah und seinen Söhnen. Dazu gehört die sog. *Wiener Genesis* (zwischen 1060-1080 entstanden und in der ältesten Hs. W, ÖNB, Wien, Cod. 2721, 1^r-129^v, überliefert),[33] die *Vorauer*

---

[32] Braude, Benjamin. „The Sons of Noah and the Construction of Ethnic and Geographical Identities in the Medieval and Early Modern Periods“. *The William and Mary Quarterly* 54 (1997), S. 103-142, hier S. 142 u. S. 107. Braude weist nach, wie instabil die ethnischen Zuschreibungen der drei Söhne im Mittelalter waren und welche vereindeutigende Rolle das Aufkommen eines gedruckten, festeren Bibeltextes spielte; wird Ham zwar mit Afrika assoziiert, so zeige die Ikonografie doch keinen einzigen „black Ham“ in der westlichen Kunst – „until the nineteenth or twentieth century“ (ebd., S. 121). Vgl. ders. „Black Skin/White Skin in Ancient Greece and the Near East“. *La pelle/The Skin*. Paris/Turnhout 2005 (Micrologus 13; im Druck); ders. „Michelangelo and the Curse of Ham: From a Typology of Jew-Hatred to a Genealogy of Racism“. *Writing Race across the Atlantic World: Medieval to Modern*. Hg. v. Gary Taylor u. Phil Beidler. New York 2005, S. 79-92.

[33] Alle Textzitate nach der ältesten Hs. W gemäß der Ausgabe von Smits, Kathryn. *Die frühmittelhochdeutsche Genesis. Kritische Ausgabe mit einem einleitenden Kommentar zur Überlieferung*. Berlin 1972. Zur *Wiener Genesis* siehe Hennig, Ursula. „Altdeutsche Genesis“. ^{2}*VL* 1 (1981), Sp. 279-284; Kartschoke, Dieter. *Altdeutsche Bibeldichtung. Studien zur Geschichte der*

Genesis (Hs. V, Stiftsbibliothek Vorau, Steiermark, Cod. 276, vgl. unten) und die *Millstätter Genesis* (um 1200, Hs. M, Landesarchiv Kärnten, Klagenfurt, GV-Hs. 6/19, 1^r-84^v). Nur die *Millstätter Bilderhandschrift*[34] überliefert die Noah-Episode in zwei Federzeichnungen, die ich – parallel zur Wiener und Vorauer Fassung – präsentieren werde.

Zunächst zur ältesten Textfassung in der *Wiener Genesis*: Ihr anonymer Ich-Erzähler setzt durch narrative Erweiterungen, etwa jene vom Engelssturz, ganz eigene Akzente in seiner Nachdichtung. Dies gilt auch für seine Noah-Episode (v. 686-678). Was hier von den Vorgängen in Noahs Zelt erzählt wird, geht entscheidend über die biblische Vorlage hinaus. Die Figuren sind um mimische und gestische Elemente angereichert und ihr Verhalten ist ausführlicher motiviert; lexikalische und prosopische Elemente unterstreichen die Kernaussage:

> Noe begunde dô bûwen, sînen wîngarten phlanzen.
> des wînes wart er trunchen dô gieng er slâfen.
> ich weiz sîn sun Cham in allen gâhen dar chom.
> er sach in blekchen, er newolte in dekchen.
> er sach sîne scante, spottende er dane wante,
> sîne hende sluog er zesamine, sînes vater hônde hête er ze gamine.
> sînen bruoderen er sagete waz er gesehen habete:
> sînen vater likken, under den beinen blekchen. (v. 738-745)

Hams Hast scheint fast kausal mit seinem begierigen Blick verknüpft. Der Sohn sieht den schlafenden Vater *blekchen*, das heißt ‚sichtbar werden, entblößen, sich zeigen'. Das zweimal verwendete Verb *blekchen* reimt auf sein Antonym *dekchen* ‚(be)decken', auch ‚schützen, schirmen'. Es hängt etymologisch mit *blicken* ‚blicken, Licht ausstrahlen' und dem intensivierenden *bleczen* ‚blitzen' zusammen.[35] Das Wortfeld verdeutlicht konnotativ das Ungeheuerliche des Ereignisses – ein Ausdruck, der seinem visuellen Etymon gemäß ein ‚sich dem Auge Zeigendes' bezeichnet, etwas Bemerkenswertes, Unerwartetes oder Unbe-

---

epischen Bibelparaphrase von Juvencus bis Otfried von Weißenburg. München 1975; zur Überlieferungsgeschichte im Überblick siehe Gutfleisch-Ziche, Barbara. *Volkssprachliches und bildliches Erzählen biblischer Stoffe. Die illustrierten Handschriften der Altdeutschen Genesis und des Leben Jesu der Frau Ava*. Frankfurt a. M. 1997, S. 29-35.

[34] W war zwar, ebenso wie der vermutete Archetyp für W und M, als Bilderhs. konzipiert, doch sind nur bis fol. 6^v sieben Federzeichnungen ausgeführt. Die eng an W angelehnte Hs. M – sog. Millstätter Sammelhandschrift, vgl. den Art. von Rädle, Fidel. „Millstätter Handschrift". *VL* 6 (1987), Sp. 531-534 – ist reich ausgestattet: Sie enthält nicht nur rote Abschnittsinitialen, sondern auch etwas größer geschriebene Rubriken, von derselben Hand wie der übrige Text, und insgesamt 119 mehrfarbige Federzeichnungen. Zu M und dem Bildprogramm der frühmhd. Genesis-Überlieferung in den drei erhaltenen Hss. siehe Gutfleisch-Ziche (Anm. 33), S. 29-131, welche die ältere Arbeit von Voss, Hella. *Studien zur illustrierten Millstätter Genesis*. München 1962 in vielen Punkten revidiert.

[35] Zu *blecken, blicken, bleczen* und *bliczen* siehe die entsprechenden Einträge in BMZ, Bd. I, S. 206a-207b; Lexer, Matthias. *Mittelhochdeutsches Handwörterbuch*. Bd. I. Stuttgart 1992, Sp. 301 u. 306; zur Etymologie von *blecken, blicken* und *blitzen* siehe Kluge, Friedrich. *Etymologisches Wörterbuch der deutschen Sprache*. Bearb. v. Elmar Seebold. 23. Aufl. Berlin 1995, S. 117-120.

einflussbares, das sich dem Auge darbietet.[36] Hams Auge zögert nicht, es wahrzunehmen ohne sich abzuwenden. Genau dieses unbeirrte und unbeirrbare Sehen verkörpert Hams erstes Vergehen. Dies entspricht noch dem Prätext. Statt den Vater zuzudecken, betrachtet Ham dessen Nacktheit: „er sach sîne scante". Der zweite Halbvers indes führt nun das Lachen ein, ein anscheinend lautes, unverhohlenes Lachen. Ham klatscht vor schadenfroher Lust („gamen") in die Hände („sîne hende sluog er zesaminę, sînes vater hônde hête er ze gamine", v. 742), spottet über den Vater, zeigt (im Bild) auf sie und freut sich an dessen Bloßstellung. Genauso fasst die entsprechende Bildrubrik in der Millstätter Sammelhandschrift, dem frühesten deutschsprachigen reich illustrierten Codex, Hams Vergehen zusammen:

> Noe tranch win unde slief daz gewant er niden ŏf swief
> nachet sach in ligen cham er lachet unde zeiget in mit dem uingir an.[37]
>
> Sîne bruodere Sem und Japhet die newas sîn gamen nieht.
> si nâmen ein lachen hinten über ahsale,
> vorne burgen si sich vil geware, ruckelingen giengen si dare.
> daz lachen wurfen si in ubere unde chêrten vile balde widere.
> dane begunden si gâhen daz si die scante nesâhen,
> und in leit wâre ube iz ander ieman sâhe. (v. 746-751)

Ohne dass die Interaktion der drei Brüder zur Sprache käme, verdeutlichen die beiden älteren Brüder, inwiefern sie anders handeln. Sie wenden die Augen, das Gesicht, ja die ganze Vorderseite des Körpers ab, nähern sich vorlagengetreu „ruckelingen" dem Vater und werfen von hinten ein Tuch über ihn. Der Binnenreim „gâhen-sâhen" unterstreicht nicht nur ihre Besorgnis, dass die Schande des Vaters für ihre und anderer Augen sichtbar würde; die parallele Formel von „gâhen" im visuellen Kontext (v. 740b-741a; 750a-b) markiert Differenzen: Hams gierig blickendes Auge einerseits, der Brüder zurückhaltende Augen andererseits. Die bloße Parallelisierung der beiden Verhaltensweisen zeigt, dass den Mechanismen der Vergemeinschaftung durch Verlachen noch kaum ein Gewicht beigemessen wird.

---

[36] „Ereignis" leitet sich von ahd. *irougen* ‚zeigen, offenbaren' her. Es sind durchaus ältere nhd. Nebenformen des Verbs nachgewiesen, z. B. *eräugnen*, welche diese Verbindung zum Sehsinn noch sichtbar machen; vgl. Grimm, Jacob u. Wilhelm. *Deutsches Wörterbuch*. Neubearbeitung. Leipzig/Stuttgart 1983 ff., hier Bd. 8 (1999), Sp. 1691-1693. Zu ahd. *irougen, irougnissa, irougnessi, irougida*, alle im Bedeutungsfeld ‚(sich) zeigen, offenbaren, zu erkennen geben, ans Licht bringen, erweisen, beweisen', siehe Große, Rudolf. *Althochdeutsches Wörterbuch*. Bd. 4. Berlin 1997 ff., Sp. 1715, erster Hinweis auf das Grundwort; Schützeichel, Rudolf. *Althochdeutsches Wörterbuch*. 5. Aufl. Tübingen 1995, S. 231; zu mhd. *erougen / eröugen* ‚vor Augen stellen, zeigen, offenbaren' siehe BMZ, Bd. II, S. 453b; Lexer (Anm. 35), Bd. I, Sp. 662; zur Etymologie siehe Kluge (Anm. 35), S. 229; *Etymologisches Wörterbuch des Deutschen*. Erarbeitet unter der Leitung von Wolfgang Pfeifer. 5. Aufl. München 2000, S. 293. Der Eintrag in der Neubearbeitung von Grimms Wörterbuch hebt das Unerwartete im Ereignisgeschehen hervor.

[37] Landesarchiv Kärnten, Klagenfurt, Hs. 6/19, fol. 23r.

Die anschließenden Verse berichten, wie der erwachte Noah Hams Spott ,erkannte' (wie in der Vorlage ist auch hier unklar, wie er zu diesem Wissen gelangt) und ihn mit all seinen Nachkommen zur Knechtschaft verfluchte; er sollte zum „scalche" (v. 755) seiner Brüder werden. Das ist auch die von der Bildüberschrift resümierte Aussage: „Noe uluchot sinem sun Cham sin aftirchunft hiez er sinen brůderen werden undirtan."[38]

Die parallele Bildgebung der Hand- und Zeigefingergestik in den beiden Zeichnungen auf fol. 23^{r} unterstreicht die Kausalverknüpfung der Szenen auf Kosten der anatomischen Stimmigkeit: Praktisch identisch sind Hams auf den Vater zeigende Linke (Abb. 1) und Noahs strafend-verfluchend auf den Sohn zeigende Rechte (Abb. 2).

Ham bleibt weder isoliert noch allein, auch wenn sein Vergemeinschaftungsversuch im Familienverband gescheitert ist. Er ist nicht bloß der Stammvater aller Geknechteten, sondern auch der hasserfüllten Spötter. Die *Wiener Genesis* zeigt ihn in einer zeitenübergreifenden Gemeinschaft mit all jenen, die andere Menschen verhöhnen und prägt für sie sogar den Ausdruck „nîtspottâre" (v. 769-772). Dient Hams Verhalten hier als Archetyp der Häme? Zwar hieß Ham in mittelalterlicher Schreibung oft Cham, weshalb er aus paläografischen und genealogischen Gründen bisweilen auch mit Kain, dem Stammvater einer ebenfalls verfluchten Linie, verwechselt wurde.[39] Gleichwohl fällt allein schon die morphologische und phonetische Nähe des Eigennamens Ham zum nhd. Adjektiv ,hämisch' auf, das vermutlich aus mhd. *hemisch/ hamisch* ,boshaft, aufsässig, böswillig' entstanden ist.[40] Ebenfalls bekannt ist die Affinität besonders der biblischen Eigennamen, sog. Deonomastika zu

---

38 Landesarchiv Kärnten, Klagenfurt, Hs. 6/19, fol. 23^{r}.

39 Vgl. Friedman (Anm. 28), S. 99-105.

40 Die Etymologie ist umstritten. Der Ausdruck ,Häme' ist die substantivische Rückbildung aus dem 20. Jh. Zu mhd. *hemisch/hamisch* siehe BMZ I, S. 661a; Lexer (Anm. 35), Bd. I, Sp. 246; zur Etymologie siehe Kluge (Anm. 35), S. 352; Grimm und Pfeifer erwähnen den etymologischen Zusammenhang mit mhd. *ham(e)* ,Hülle, Kleid'; Grimm (Anm. 36), Sp. 308; Pfeifer (Anm. 36), S. 502. Alle bisherigen Erklärungen scheinen einen Pferdefuß zu haben. A priori, d. h. unter formalem Aspekt, liegt die Annahme einer Ableitung von ahd. *hamo* ,Hülle, Haut, Kleid' auf der Hand. Probleme bereitet jedoch die Semantik, denn der Weg von ahd. *hamo* zu *hem* ,aufsässig' und *hemisch* ,hinterhältig' ist nicht sehr geradlinig. Da das zugehörige Substantiv offenbar das Vorderglied von *Heimtücke* stellt, muss man eine Kontamination von *hemisch* und *heimlich* annehmen; solche Kontaminationen verfremden die Semantik teils sehr stark. Die Bildungsbasis kann mit der von *heimlich* sogar etymologisch identisch sein, nämlich dann, wenn das Wort aus dem Niederdeutschen entlehnt oder wenigstens im ndd.-hd. Kontaktsaum entstanden ist (hd. *heim* entspricht dem monophthongierten nd. *hem*); auf den letzten Punkt weisen die Handbücher nicht hin (ich danke herzlich Ludwig Rübekeil für seine Hilfe). Semantisch unproblematischer dürften die (für die Etymologie ebenfalls zu berücksichtigenden) Nebenbedeutungen sein: ahd. *hamo* ,sackförmiges Fangnetz für den Fischfang' bzw. ,Angelrute mit Haken'; dies sind Instrumente, die allegorisch mit dem Teufel assoziiert und somit wertnegativ konnotiert waren.

Abb. 1: Millstätter Genesis, GV 6/19, fol. 23r, Bildleiste 1
(Kärntner Landesarchiv, Klagenfurt)

Abb. 2: Millstätter Genesis, GV 6/19, fol. 23r, Bildleiste 2
(Kärntner Landesarchiv, Klagenfurt)

bilden, also Wörter, die sich mit Hilfe von Suffixen aus Eigennamen entwickeln.[41] Möglicherweise handelt es sich auch bei *hemisch/hamisch* um ein deonymisches, qualitatives Lexem, konkret um eine Adjektivbildung aus dem Eigennamen Ham und der Endung *-isc/-isch*, oder der Ausdruck weist zumindest eine deonymische Komponente auf.[42] Hams Geschichte wäre dann in einem zusätzlichen, linguistischen Sinne ätiologisch zu lesen: nicht allein als Entstehungsmythos der Knechtschaft und der ethnisch-rassischen Stigmatisierung, sondern auch der Häme.

2.2. Die *Vorauer Genesis*

Die *Vorauer Genesis* inszeniert den entscheidenden Augenblick auf eigenständige Weise neu und unterscheidet nun die drei Brüder hinsichtlich ihrer Lachhandlungen so, dass sich von ihnen direkt die drei mittelalterlichen Stände *edele – frige lůte – dinestman* bzw. *chnechte* ableiten und in ihrer Faktizität legitimieren lassen (15,1-9). Dieser Text – als Teil der *Vorauer Bücher Mosis* vermutlich im letzten Viertel des 12. Jahrhunderts ebenfalls im bairisch österreichischen Raum in die nicht illustrierte Vorauer Sammelhandschrift eingetragen[43] – gibt den ersten Teil der *Wiener Genesis* wieder, und zwar in einer stark abweichenden Bearbeitung von W, fol. 74ra-78rb. Der Text lässt die drei Söhne simultan ins Zelt treten. Der älteste Sohn, der wie der mittlere namenlos bleibt, erkennt, als er den Vater „intheccet und halber [...] nacchet" liegen sieht, sofort die Not der Situation, eilt hinzu, bedeckt ihn mit einem Mantel und empfindet „innecliche leit" (14,2-7). Vom Mittleren heißt es, er „ne wolde niht spoten, ime was daz lahter niht lib. doh ne sprah er dawidere niht" (14,8-11). Dieser ausdrückliche Hinweis auf die Resistenz gegenüber den Lachimpulsen kündigt bereits den dritten, Ham, an: „Der dritte begunde ze lahchen. sinen spot ze mahchen. uber den alten hêrren" (14,11-13). Hams Strafe folgt auf

---

[41] Zahlreiche ahd. und mhd. Belege in Hornbruch, Heike. *Deonomastika. Adjektivbildungen auf der Basis von Eigennamen in der älteren Überlieferung des Deutschen*. Göttingen 1996; vgl. auch Braude (Anm. 32).

[42] Zur Semantik der Deonomastika und zu ihrer (bereits in ahd. und mhd. Belegen nachweisbaren) qualifizierenden Bedeutung siehe Hornbruch (Anm. 41), S. 269-278 u. 347-349. Für eine genaue Prüfung meiner These wäre Hornbruchs Arbeit wegleitend; die morphologische Analyse der ahd. und mhd. Belege sowie Untersuchungen von Kontext und Kollokation des Belegmaterials ermöglichten eine nähere Bestimmung einer (insbesondere qualifikativen) Semantik; dabei wäre die mögliche breite Bildungsbasis von *hamisch/hemisch* (siehe Anm. 40) mitzubedenken.

[43] Stiftsbibliothek Vorau, Steiermark, Cod. 276; siehe dazu Gärtner, Kurt. „Vorauer Sammelhandschrift". [2]*VL* 10 (1999), Sp. 516-521. Diese Datierung nach Gutfleisch-Ziche (Anm. 33), S. 31; Hennig setzt die Eintragung der Vorauer Bücher Mosis in die Vorauer Hs. leicht später fest, gegen Ende des 12. Jh.s: Hennig, Ursula. „Vorauer Bücher Mosis". [2]*VL* 10 (1999), Sp. 513-516. – Ich zitiere unter Angabe der Seiten- und Zeilenzahl nach dem diplomatischen Abdruck in: Diemer, Joseph (Hg.). *Deutsche Gedichte des XI. und XII. Jahrhunderts*. Wien 1849. – Zur Frage, weshalb die Vorauer Hs. unillustriert geblieben ist, siehe Gutfleisch-Ziche (Anm. 33), S. 129-131.

den Fuß. In der *Vorauer Genesis* wird Noah durch Gott im Traum darüber unterrichtet, was Ham getan hat, worauf er erwacht: „Noe der gûte. got ime offenote. Wi sin sun cham. wider ime hete getan. Sinen slaf er uirlî" (14,13-16). Der Verspottete entbrennt in Zorn und verflucht den Jüngsten: „uil michel zorn in ane gî. Er sprah du min hast gelahchet. unde dinen spot gemahchet. uil sere inkiltest du sin. des must du immer scaleh sin. unde allez din geslahte. dir geshit al rechte. dev rache get ane dich. warumbe honst du mich?" (14,16-22). Die Profilierung der älteren Brüder – die *compassio* des einen und die Indifferenz des anderen – unterstreicht nicht allein den Spott des Jüngsten, sondern auch die Unempfindlichkeit der Brüder gegenüber Signalen, die zum Lachen anreizen könnten. Es sind ja gerade die Lachhandlungen, welche die mittelhochdeutschen Genesisdichtungen über den Prätext hinaus erzählen und gestisch-mimisch ausmalen. Japhets und Sems Resistenz scheint mir für die hier entwickelte Argumentation also ebenso aussagekräftig wie Hams Spott, weil sie eine negativ definierte Lachhandlung darstellt. Diese Verweigerung des Lachens ist zeichenhaft. Das zeigt sich deutlicher, sobald die Lachhandlungen neu kontextualisiert sind und, nun in einer christologischen Perspektive, ihr Gewaltpotential offen legen.

2.3. Die Wiener *Biblia Pauperum*

Dies geschieht in der Wiener *Biblia Pauperum* (Cod. Vind. 1198, um 1330), die zur ältesten Handschriftengruppe gehört.[44] Gattungsgemäß baut sie dafür auf eine typologische Struktur.[45] Diese ordnet innerhalb einer Bildgruppe nicht nur alt- und neutestamentliche Figuren in einer nicht leicht zu durchschauenden Text-Bild-Folge einander zu, sondern organisiert auch deren *mise en page*: Eine Bildgruppe des Wiener Codex (insgesamt 34 Bildgruppen) besteht aus einem eingemitteten neutestamentlichen Antitypos und den links und rechts beigesellten alttestamentlichen Typen; Brustbilder von Propheten mit Spruchbändern unterstützen die Typologie; je vier Bildgruppen sind auf acht einander gegen-

[44] *Die Wiener Biblia pauperum. Codex Vindobonensis 1198.* Teil I: Gerhard Schmidt: Kunstgeschichtliche Einführung. Teil II: Faksimile der Handschrift. Teil III: Franz Unterkircher: Geschichte der kodikologischen Beschreibung der Handschrift. Graz/Wien/Köln 1962. – Zur Datierung siehe Schmidt (ebd., S. 38), zur weitgehend im Dunkeln liegenden Frühgeschichte der Gattung (Schmidt setzt eine – nicht erhaltene – Urfassung um 1250 an, S. 26 ff.) und zur „österreichischen Familie" der Hss., zu der der Codex gehört, siehe ebd., S. 26-37; vgl. ferner Schmidt, Gerhard. *Die Armenbibeln des XIV. Jahrhunderts* (= Veröffentlichungen des Instituts für österreichische Geschichtsforschung 19). Graz/Köln 1959, S. 9-44.

[45] Zur Typologie der Verspottung Noahs siehe Molsdorf, Wilhelm. *Christliche Symbolik der mittelalterlichen Kunst*. Graz 1984 (Nachdruck der Ausgabe Leipzig ²1926), Nr. 342, 363, 372 u. 392; zu der in diesen Kontext gehörenden Entkleidung Christi siehe Büttner, Frank Olaf. „Das Christusbild auf niedrigster Stilhöhe: Ansichtigkeit und Körpersichtigkeit in narrativen Passionsdarstellungen der Jahrzehnte um 1300". *Wiener Jahrbuch für Kunstgeschichte* 46/47 (1993/1994), S. 99-130 u. 397-400.

überliegende Verso- und der Rectoseiten zusammengefügt.[46] In unserem Fall sind die Verspottungen Noahs und des Propheten Elisa der Verspottung des mit Dornen gekrönten Christus gegenüber gestellt (fol. 6^{v}, erste Bildgruppe) und somit gegenüber anderen, als typologisch interpretierten Bezügen favorisiert.[47] Die beiden alttestamentlichen Typen wurden hier im Sinne eines „Situationsreims" (äußere Ähnlichkeit der handelnden Figuren) assimiliert,[48] um sie gemeinsam auf den Antitypus hin zu projizieren und so eine Kontinuität zwischen dem Alten und dem Neuen Testament zu stiften. Ihr Verbindungsstück fand man ganz offensichtlich im Verlachen – in mimisch, gestisch und verbal ausagierten Lachhandlungen, in denen ja bereits die *Wiener Genesis* das genealogische Fundament aller Spötter dieser Welt erkannt hatte und deren Absenz nicht minder distinktiv ist.

Da die beiden alttestamentlichen Typen per definitionem das Christusleben präfigurieren, erscheint das Verdienst bzw. die Schuld der drei Söhne Noahs nun in einer neuen Optik. Sie erhalten in den Spotthandlungen an Christus – die Wiener Hs. zieht sie in der ersten Bildgruppe auf fol. 6^{v} zusammen[49] – plötzlich ihren interpretatorischen Bezugspunkt. Ham steht den hämischen Peinigern Christi zur Seite, die beiden andern Brüder implizit jenen, die ihre Teilnahme am spöttischen Spektakel versagen. Auch die Textelemente der Bildgruppe betonen die Handlungen des Lachens, Verlachens, Verspottens und Verhöhnens, so dass sie dem Thema ganz unterstellt ist. Über die ganze Bildgruppe läuft der lateinische Titulus: „Nuda verenda videt dum patris, cham male ridet" (Cham

---

46 Zum Bildprogramm in den ältesten Hss. und zur Auflösung desselben, insbesondere auch in den lat.-dt. und dt. Hss., siehe Ott, Norbert H. „Biblia pauperum". *Katalog der deutschsprachigen illustrierten Handschriften des Mittelalters.* Bd. 2. Begonnen von Hella Frühmorgen-Voss, fortgeführt v. Norbert H. Ott zus. mit Ulrike Bodemann. München 1996, S. 249-327; Wirth, Karl August. „Biblia pauperum". ^{2}*VL* 1 (1978), Sp. 843-852; zum Bildprogramm auch den Art. „Biblia pauperum". *Lexikon der christlichen Ikonographie.* Hg. v. Engelbert Kirschbaum u. Wolfgang Braunfels. 8 Bde. Bd. 1. Freiburg i. Br. 1994 (Nachdruck der Ausgabe 1968-1976), Sp. 293-298.

47 Elisa wird durch Knaben des Dorfes, die zur Strafe von Bärinnen zerrissen werden, verspottet (IV Kön 2). Für typologische Details siehe Wirth (Anm. 46), Sp. 846 f. – Es gab eine Vielzahl anderer Stellen im AT, die typologisch auf die Dornenkrönung und die Verspottung Christi bezogen wurden (Ps 2, 4; 44,13; 59,8; 79,4; Jer 20,7; 48,26; Ez 23,32).

48 Vgl. die Einführung von Schmidt zum Cod. Vindobonensis 1198: Schmidt (Anm. 44), S. 30-32. Die Assimilation wird als eine der möglichen Analogiebildungen zwischen AT und NT, zwischen Typus und Antitypus, genannt, neben der äußeren Ähnlichkeit der Situation oder exegetischen Gesichtspunkten; vgl. Wirth (Anm. 46), Sp. 848. Siehe auch Pippal, Martina. „Von der gewußten zur geschauten *similitudo.* Ein Beitrag zur Entwicklung der typologischen Darstellung bis 1181". *Der Kunsthistoriker. Mitteilungen des Österreichischen Kunsthistorikerverbandes* 3/4 (1987), S. 53-61; Hans Holländer. „,... inwendig voller Figur: Figurale und typologische Denkformen in der Malerei". *Typologie. Internationale Beiträge zur Poetik.* Hg. v. Volker Bohn. Frankfurt a. M. 1998, S. 166-205.

49 Dieser Zusammenzug – Verspottung nach dem Verhör durch Kaiphas (Mk 26,27, Mk 14,65, Lk 22,63-5), nach dem Verhör durch Pilatus und Dornenkrönung – ist die Regel in den ältesten, die Urfassung treuer bewahrenden *Biblia-Pauperum*-Hss.; vgl. Ott (Anm. 46), wo sich die Bildgruppe auf fol. 6^{v} oben findet. Die ganze Doppelseite fol. 6^{v}-7^{r} ist der Passion Christi gewidmet.

lacht boshaft, währenddem er die Nacktheit des Vaters sieht) – „Pro nobis triste probrium pateris, pie Christe“ (Uns zuliebe, o Christus, erleidest Du die infame Verhöhnung) – „Percutit ira derisores Helysei“ (Gottes Zorn vernichte, die Eliseus verhöhnten). Auf der Seite der Noah-Episode hält der Prophet David das sich ums Medaillon legende Schriftband: „Omnes videntes me deriserunt me“ (Alle, die mich sahen, verlachten mich; Ps 21,6) – „Factus sum in derisum omni populo meo“ (Dem ganzen Volke wurde ich zum Gespötte; Klgl 3,24). Auf der Seite von Elisa hält Salomon das Spruchband: „Parata sunt derisoribus iudicia“ (Bereit sind Schläge für die Spötter; Spr 19,29) – „Blasphema sanctum israel“ (Den Heiligen in Israel missachten sie; Is 1,4).

Die lexikalischen Elemente identifizieren die Gestik, Motorik und Physiognomik des Spottes, welche die drei heilsgeschichtlichen Szenen dieser Bildgruppe visualisieren. Das ist kein zufälliger Befund. Die Dornenkrönung Christi erweist sich als die eigentliche Schlüsselszene für die Gewalt des Lachens in seiner beißendsten Gestalt – der Häme und des Hohns. Ihre visuellen Repräsentationen in der spätmittelalterlichen Ikonografie zeigen dies mit äußerster Drastik und sich zuspitzender Judenfeindlichkeit. Wer Mellinkoffs Belegfülle daraufhin prüft, erkennt zudem, dass es diese Synopse passionsgeschichtlicher Akte ist, welche die Vielfalt der physischen, gestischen und mimischen Deformation durch Lachhandlungen wie in einem körpersemiotischen Brennpunkt einfängt. In der Verspottung Christi kulminiert die moralisch aufgeladene Ästhetik der Hässlichkeit, die an Hams Schicksal geknüpft ist.[50] Sie ist, wie dies die *Wiener Genesis* schon andeutet, ein Erkennungszeichen aller Spötter und kann – als ritualisiertes Zeichen – in anderen sozialen und literarischen Kommunikationszusammenhängen neu kontextualisiert werden.

Die Wolfenbütteler Bilderhandschrift des *Sachsenspiegels* führt in einer originellen Bildkomposition vor Augen, wie die Feinde des verschrifteten Rechts, die hässlich karikierten Buchstabenverdreher und Textmanipulatoren, das Buch mit dem darin eingeklemmten göttlichen *auctor* mit Füßen treten – nicht den daneben stehenden Verfasser Eike (Abb. 3).[51]

Die Text-Bild-Folgen der *Biblia Pauperum* verkörpern ein geheimnisvoll gebliebenes Medium, sowohl was ihre Entstehung als auch was ihre Rezeption betrifft. Abgesehen vom Befund, dass sämtliche ältesten Handschriften der *Biblia-Pauperum*-Tradition aus den bayrischen und österreichischen Benediktiner-

---

[50] Vgl. Mellinkoff (Anm. 3).

[51] Die Illumination bezieht sich auf Lehenrecht 78,3; siehe Repgow, Eike von. *Der Sachsenspiegel*. Hg. v. Claudieter Schott. Zürich ²1991, S. 352. Zu ikonografischen Übernahmen aus der *Biblia-pauperum*-Tradition in die *Sachsenspiegel*-Bilderhss. siehe Schott, Clausdieter. *Sachsenspiegel* und *Biblia pauperum. Text-Bild-Interpretation. Untersuchungen zu den Bilderhandschriften des Sachsenspiegels*. Hg. v. Ruth Schmidt-Wiegand. München 1986, S. 45-58; und Drescher, Ulrich. *Geistliche Denkformen in den Bilderhandschriften des Sachsenspiegels* (= Germanistische Arbeiten zu Sprache und Kulturgeschichte 12). Frankfurt a. M. 1989, passim.

Abb. 3: Eike von Repgow: *Sachsenspiegel*, Wolfenbüttel, HAB, fol. 85^{r}, Bildleiste 1

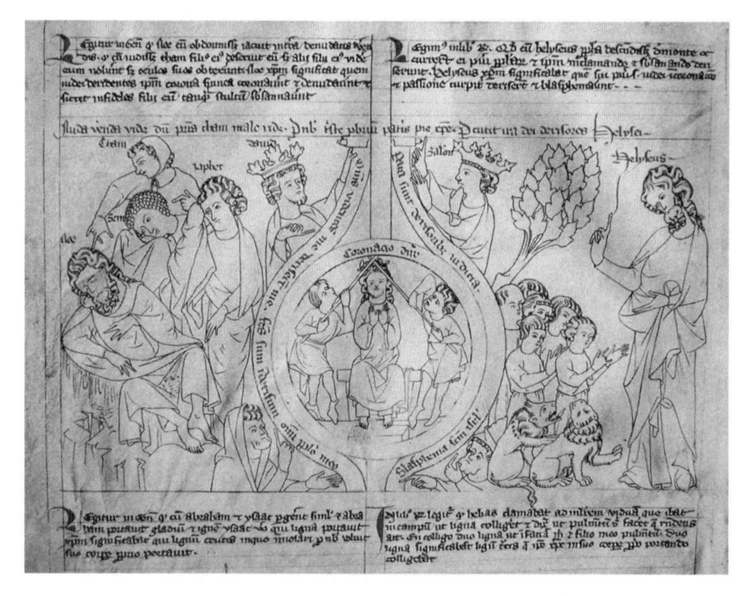

Abb. 4: *Biblia Pauperum*, Codex Vindobonensis 1198, fol. 6^{v}, erste Bildgruppe

klöstern und Augustinerchorherrenstiften stammen, lässt sich kaum etwas Gesichertes über die Quellenverhältnisse sagen. Das gilt auch für einen eventuellen Einfluss des Honorius Augustodunensis auf die *Wiener Genesis* bzw. die *Vorauer Bücher Mosis*.[52] Ein genauer Blick auf die hier diskutierte Bildgruppe aber zeigt ein Bild-Text-Medium, das in überraschender Weise an den Betrachter appelliert (Abb. 4).

Das Gesicht – im doppelten Sinne von Antlitz und Sehsinn – erscheint hier nicht nur als thematische, sondern auch als interpretatorische Grundlage der Noah-Szene. Der Wiener Codex zeigt die Gesichter aller vier Männer, und zwar mit ausgeprägter, differenzierter Physiognomik;[53] weitere Gesichter dienen als zusätzlicher, verblüffend visualisierter Kommentar der Szene. Der Illuminator hat zwei winzige Gesichter in die untere Bildhälfte gezeichnet: ein Gesicht mit offenen Augen in die Falten von Noahs Schoß, präzis über seinem Geschlecht – und eines mit geschlossenen Augen auf dem felsartigen Untergrund, als redupliziert sich in ihm der schlafende Noah auf dem Boden, auf dem er liegt (Abb. 5).

Die verborgenen Gesichter auf dem Fußboden und in Noahs Schoß scheinen der Aufmerksamkeit der Forscher bislang entgangen zu sein.[54] Es sind die einzigen im Wiener Codex, und auch auf der diagonal gegenüberliegenden Bildgruppe, welche noch einmal denselben felsigen Untergrund zeigt (fol. 7^r, zweite Bildgruppe: Typos Erschaffung Evas aus der Seite des schlafenden Adam, Antitypos Kreuzigung), findet sich keines mehr. Gleichwohl ist stilistisch kaum zu entscheiden, ob die Gesichter – vielleicht im Sinne eines spöttischen Scherzes – von einer späteren Hand hinzugefügt worden sind. Das Gesicht in den Falten über Noahs Geschlecht, dessen Position an die Gesichter auf Teufels- und Dämonenbäuchen gemahnt,[55] befindet sich im Schnittpunkt zwischen zwei Linien, die einerseits vom Mittelfinger von Noahs rechter Hand, andererseits vom Mittel- und Ringfinger von Japhets linker Hand ausgehen. Das verborgene Gesicht im Schoß und die gestische Deixis bringen den Betrachter dazu, gerade an jenen Ort zu blicken, der nicht geschaut werden darf. Führt ihn dieser winzige, in den Gewandfalten kaum sichtbare und deshalb umso unerwartetere Kommentar

---

[52] Siehe Wirth (Anm. 46), Sp. 848 f.

[53] Schmidt spricht von einem „eigenwillig-genialen Illuminator"; Schmidt (Anm. 44), Kunstgesch. Einf., S. 38; die Gesten und Gesichter „verraten ein ganz neues Interesse für die Vielfalt physiognomischer Ausdrucksmöglichkeiten" (ebd., S. 40), was das „verzerrte Lachen und die lebhafte Zeigegebärde" Hams offenbare (ebd., S. 47).

[54] Auch deshalb konnten diese Gesichter nicht als „hidden faces" im Sinne eines visuellen Kommentars zur Repräsentation wahrgenommen werden. Was dies meinen könnte, zeigt Koerner für verborgene Gesichter in Kopfkissenfalten auf (Albrecht Dürer: „Sechs Kissen", ca. 1493). Siehe Koerner, Joseph Leo. *The Moment of Self-Portraiture in German Renaissance Art*. Chicago/London 1993, S. 27-32.

[55] Zum ikonografisch verwandten Motiv des Höllenmundes siehe Schmidt, Gardy. *The Iconography of the Mouth of Hell. Eighth-Century Britain to the Fifteenth Century*. Cranburg, NJ 1995.

Abb. 5: *Biblia Pauperum*, Codex Vindobonensis 1198, fol. 6v, erste Bildgruppe, Detail

vielleicht prüfungshalber in dieselbe Versuchung, wie das entblößte Geschlecht Ham geführt hatte?

Der Wiener Codex ist koloriert, mit einer halb durchsichtigen Lavierung, die nur im Falle von dunklen Farben die Vorzeichnung unsichtbar gemacht hat. Der Codex ist auf den ersten Seiten ganz, dann partiell koloriert, bis gerade bei der Bildgruppe um Noah (und bis zum Ende) nur noch die Zeichnung ausgeführt ist. Gerhard Schmidt, der von einer einzigen Hand und somit von der Ursprünglichkeit der Lavierung ausgeht, vermutet, dass sich der Künstler einer neuen und vordringlichen Arbeit zuwenden musste.[56] Da die Farbwahl unsicher ist, kann kaum mit Sicherheit angenommen werden, dass die Lavierung die beiden Gesichtchen ausgewischt hätte und – mit dem sehenden Gesichtchen! – auch das, was nicht gesehen werden darf. Gleichwohl sind gerade (solche!) Gesichter ein prädestiniertes Objekt, die zu ‚Durchstreichungen' einluden:

> There are countless places in medieval manuscripts where images have been obliterated far more purposefully, in a negative reaction. These sites of censure have an obvious relation to the notion of the obscene. Clearly they have offended someone. Picturing things that should not be seen has resulted in a performative response, which makes them subsequently unseeable. The face is often the focus of iconoclasm. The French *effacer* derives from Old French *esfacier*, meaning to rub out the face. The power of the face to behold is linked to the widespread notion of the ‚evil eye', which lies behind the cultural phenomenon of erasure.[57]

Der handwerklichen Fertigstellung der Bildgruppe käme damit eine performative Funktion zu: Sie würde das Gesicht und seine Obszönität – Hams Blick, in dem sich, vermittelt über das Gesicht in den Schoßfalten, derjenige des Codexbetrachters spiegelt – auswischen. Die beiden Gesichtchen machen sichtbar, dass nicht nur Ham seine Brüder, sondern auch der Codex seine Betrachter zur Partizipation an der Szene einlädt bzw. damit spielt, ob sie sich von ihrem Reiz vereinnahmen lassen. Es dürfte sich also kaum um einen flüchtig hingeworfenen Scherz des Illuminators handeln, den er im nächsten Arbeitsschritt gänzlich unsichtbar machen wollte – übrigens wäre es der einzige im ganzen Codex.

Die beiden winzigen Gesichtchen lassen sich noch in einer zusätzlichen Weise als ein Kommentar zur Visualität deuten: Sie verweisen auf die doppelte Beschaffenheit von Noahs *visio*, die ja auch die betrachtete Erzählung der *Vo-*

---

[56] Schmidt (Anm. 44), Kunstgesch. Einf., S. 45; siehe auch ebd., S. 45-48 zur Illuminatorleistung und Lavierungstechnik.

[57] Camille, Michael. „Obscenity under Erasure. Censorship in Medieval Illuminated Manuscripts". *Obscenity. Social Control and Artistic Creation in the European Middle Ages*. Hg. v. Jan M. Ziolkowski (= Cultures, Beliefs and Traditions. Medieval and Early Modern Peoples 4). Leiden 1998, S. 139-154, hier S. 141 f. (behandelt zahlreiche Illuminationen mit ausradierten Gesichtern und Genitalien). Zur physischen Gewalt gegen das Gesicht und ihrer Bedeutung siehe Groebner, Valentin. *Ungestalten. Die visuelle Kultur der Gewalt im Mittelalter*. München/ Wien 2003, S. 71-93.

rauer Genesis bezeugt. Das Gesicht auf dem Boden sieht mit den physischen Augen ebenso wenig wie der schlafende Noah, denn die Augen beider sind geschlossen. Das andere Gesicht, gekritzelt in das die Genitalien verhüllende Tuch, begegnet dem Blick desjenigen, der dorthin blickt, wo er, zumindest nach der Logik des Repräsentierten, nicht hinschauen darf. Es enthüllt nicht nur die Obszönität des Blicks, sondern auch Noahs Status als Visionär, der im Schlaf Hams Tun ‚schaut' und gnadenhaft doch zur Erkenntnis gelangt. Dies zeigt, dass Visualität hier auch aus erkenntnistheoretischer Sicht kommentiert wird. Die mittelalterliche Anthropologie verankert in der Genesisexegese ihren Nachweis dafür, dass die postlapsarische menschliche Visualität korrupt sei. Der Sündenfall veränderte die menschlichen Möglichkeiten der visuellen Erkenntnis so grundlegend, dass Joseph L. Koerner von der „fallen vision" (der gefallenen Sehkraft des Menschen) spricht. Als Adam und Eva die Augen ‚aufgingen', erblickten sie ihre Nacktheit; das Sehen selbst ist seitdem affiziert und, als genetisch mit der Ursünde verknüpftes Vermögen, korrumpiert es das Gesehene.[58] Ereignet sich also im Auge des Betrachters der Sündenfall unweigerlich je neu?

Der bisher zurückgelegte Weg führte vom alttestamentlichen Prätext, der die Geschichte von Noahs Söhnen fokussiert, zu den mittelhochdeutschen narrativen Bearbeitungen in Text und Bild. Letztere bringen Lachhandlungen ins Spiel, denen große soziale Legitimationskraft mit einer Rezeptionsgeschichte bis in die Moderne zugeschrieben wurde. Die betrachteten Texte und Bilder vermitteln eine Semantik des Verlachens und des Spotts, die auf den spezifischen, äußerst ambivalenten Zeichencharakter von Lachhandlungen baut und ein ausgeprägtes historisches Bewusstsein auch ihrer Vergemeinschaftungsfunktion erkennen lässt. Die christologische Perspektive, durch die Denkform der Typologie propagiert, erweiterte die Bezüge von Hams Spott sowie der Lachverweigerung seiner Brüder in die Passion Christi hinein. Zwar ist die Noah-Episode meines Wissens in keinen mittelhochdeutschen Spieltext eingegangen und folglich nie auf einer mittelalterlichen Bühne zu sehen gewesen, sehr wohl aber ist dies für die antitypische Szene, die Verspottung und Dornenkrönung Christi, der Fall gewesen. Es gibt gute Gründe, die potenziellen Lachgemeinschaften, welche solche Repräsentationen geschaffen haben können, in die Analyse einzubeziehen.

3. Spötter auf der Bühne

Die theatralen Möglichkeiten, die Verspottung Christi auf der Bühne zu inszenieren, erhöhen die Sozialrelevanz von Lachgemeinschaften, denn das insze-

[58] Koerner (Anm. 54), S. 266 f. Der Ausgangspunkt ist Augustins Erkenntnistheorie, die Koerner im repräsentationskritischen Kontext seiner Baldung-Interpretation (Part 2: „The Mortification of the Image") zitiert.

nierte Verlachen (mitsamt seinem Gewaltpotenzial) wirkt als inkludierende bzw. exkludierende Kraft innerhalb der mitspielenden und zuschauenden Stadtbevölkerung. Das spätmittelalterliche *Donaueschinger Passionsspiel* baut auf eine Theatralisierung der Passionsgeschichte, die das Publikum zu Komplizen macht und potenziell Lachgemeinschaften über den Bühnengraben hinweg stiftet. Diese Dynamik allein lohnt einen abschließenden Blick auf diesen exemplarischen Aufführungstext. Überdies berechtigt die sorgfältige Analyse einzelner Szenen zur Annahme, dass die Ikonografie der Buchmalerei (Anthonius Touber erwähnt die *Biblia Pauperum*, die Historienbibeln und die *Specula humanae salvationis*) und die Inszenierung des Passionsspiels (soweit rekonstruierbar anhand der Bühnenanweisungen) genetisch zusammenhängen, und zwar im Blick auf die vermutete Prägung der Sehgewohnheiten von Regisseur, Spielern und Publikum; nachgewiesen ist dies für das letzte Abendmahl oder die Dornenkrönung.[59] Die Inszenierung muss aufs Publikum „als eine Folge von tableaux vivants ikonographischer Schemata" gewirkt haben und mit der spätmittelalterlichen Andachtskunst funktional vergleichbar sein: „Auf der Bühne sind die lebenden Bilder oft retardierende Momente der Verinnerlichung, die im Gedränge der Aufführung zum stillen Gebet anregen und den ernsten, religiösen Charakter des Spiels unterstreichen".[60] Diese Einschätzung, so angemessen sie der eigentlichen Intention der Aufführungen sein mag, ist für die spottgesättigten Szenen (Verhöre, Dornenkrönung, Kreuzigung) in deren performativer Dynamik zu differenzieren. Die Lachhandlungen sind dafür ein entscheidendes Analyseinstrument.

3.1. Lachgemeinschaft und Partizipation im *Donaueschinger Passionsspiel*

Die Rollen der ‚jüdischen' Folterknechte auf der Passionsspielbühne waren für Spiellustige spektakulär. Wer *Mosse* oder *Yesse* spielte, konnte den eigenen Mund ebenso breit aufreißen, das Gesicht im Hass ebenso verzerren und den Körper bei der Anstrengung des Tötens ebenso verdrehen, wie es die Pendants in der spätmittelalterlichen Ikonografie tun.[61] Zweifellos hat diese Körperperformanz, welche die Gewaltrituale sowohl des Verlachens als auch des körperlichen Folterns gleichermaßen karikiert, das Lachen des Publikums herausgefordert.

---

[59] Touber, Anthonius H. *Das Donaueschinger Passionsspiel* (= RUB 8046). Stuttgart 1985, S. 34-40, für die Abendmahlsszene S. 38 f. (mit weiterführender Bibliografie), für die Dornenkrönung siehe Kasten, Ingrid. „Ritual und Emotionalität. Zum Geistlichen Spiel des Mittelalters". *Literarische Leben. Rollenentwürfe in der Literatur des Hoch- und Spätmittelalters.* FS Volker Mertens. Hg. v. Matthias Meyer u. Hans Jochen Schiewer. Tübingen 2002, S. 335-360.

[60] Touber (Anm. 59), S. 40. Siehe auch Twycross, Meg. „Beyond the Picture Theory: Image and Activity in Medieval Drama". *Word and Image* 4 (1988) H. 3-4, S. 589-617.

[61] Reiches Anschauungsmaterial in Mellinkoff (Anm. 3), Bd. 2.

Das *Donaueschinger Passionsspiel* (nach 1470 vermutlich in Luzern entstanden) ist in einem Regiebuch überliefert (Badische Landesbibliothek, Karlsruhe, Hs. 137).[62] Dem Aufführungsbezug der Handschrift entsprechen seine performativen Strategien: Sie zielen auf eine emotionalisierte Darstellung der Passionsgeschichte, insbesondere der Geißelung und Dornenkrönung (v. 2836-2929), aber auch der Kreuzigung selbst (v. 3271-3631). Die Juden – rund ein Drittel der 142 Rollen – übertreffen einander an verbal und körperlich ausagierter Häme. Sie kommentieren fortlaufend ihr grausiges Tun und mokieren sich über das schwache Engagement einzelner Mitglieder ihrer Foltertruppe. Die überdeutliche verbale und körpersprachliche Kommunikation ihres Hohns schweißt sie vor den Augen eines karwöchentlich gestimmten Publikums als (feindliche) Gruppe zusammen.

Wer nun wird anlässlich solcher Szenen bei der Aufführung des *Donaueschinger Passionsspiels* gelacht haben? Beginnen wir bei den Spielfiguren: Erstens lachen die gespielten Juden selbst; nach Maßgabe der Regieanweisungen sequenziert das Gelächter und Gejohle der Judendarsteller sogar die verschiedenen Verhörszenen: „vnd mit dissem spotten vnd handlen komend sÿ für pilatus hoff" (nach v. 2557); „vnd mit disem gespött koment sÿ für herodem" (nach v. 2655); „Yesse loufft für den saluator spötlich vnd spricht" (nach v. 2919). Zweitens erklären sie sarkastisch, Christus das Lachen beibringen zu wollen: „hand still wir wend in [Christus] lachen leren" (v. 2892). Drittens wollen die Peiniger die spielintern adressierten Zuschauer (die in die Kreuzigung involvierte jüdische Bevölkerung) amüsieren. Die Juden, gleichzeitig Regisseure und Akteure, inszenieren also auf der Bühne ein Spiel im Spiel: die Verhöre Christi vor Annas, Kaiphas und Pilatus zählen dazu, ferner die auf Situationskomik bauenden Spottelemente, etwa die in den Regieanweisungen beschriebene Stuhlszene (nach v. 2262) aus der Trickkiste derberer Gaudi, und auch die Dornenkrönung Christi selbst ist als theatrales Ereignis konzipiert und, im Falle des Letzteren, als Lachanlass explizit angekündigt: „wir wend inn zů einem küng machen / das sin die iuden müssen lachen" (v. 2914 f.).

Wer lachte im Publikum? Inwiefern ist denkbar, dass sich die auf der Bühne repräsentierte Lachgemeinschaft über die räumlichen Grenzen der Simultanbühne ins Publikum erstreckt haben kann? Die Frage mag angesichts der Unmöglichkeit, Publikumsforschung zu betreiben, aporetisch anmuten. Dennoch scheint mir für die hier verfolgte Perspektive die Frage sinnvoll, inwiefern die spöttische Lachgemeinschaft der Juden auf der Bühne an die Zuschauer appelliert und sie zu einer Positionsnahme zwingt. Vielleicht nicht prinzipiell anders, als es die textinternen Betrachter Sem und Japhet angesichts von Ham tun – oder die Rezipienten der zuvor analysierten geistlichen Literatur? Von einer ers-

---

[62] Neumann, Bernd. „Donaueschinger Passionsspiel". ^{2}*VL* 2 (1979), Sp. 200-203; Touber (Anm. 59), S. 5-40 (alle Zitate unter Angabe der Verse). Aus Platzgründen müssen die Ausführungen hier skizzenhaft bleiben.

ten in Betracht zu ziehenden Gruppe – den realiter am Aufführungsort lebenden jüdischen Stadtbürgern – ist anzunehmen, dass sie sich kaum im Umkreis einer Passionsspiel-Aufführung aufgehalten haben. Aus Frankfurt ist ein Schutzerlass (27. April 1467) archivalisch belegt, welcher die in der Stadt ansässigen Juden anweist, während einer bestimmten Spielaufführung in ihren Häusern zu bleiben, also weder an der Aufführung teilzunehmen noch sich in der Öffentlichkeit aufzuhalten. Im Rahmen von Spielaufführungen war grundsätzlich mit einem höheren Gewaltpotenzial zu rechnen; so waren gewaltsame Übergriffe okkasionell nicht nur gegen jüdische Mitbürger, sondern auch gegen die Stadtbevölkerung überhaupt zu befürchten.[63] Doch das öffentlich aufgeführte, weite Teile einer Stadtbevölkerung involvierende Medium Passionsspiel macht die religiös begründeten In- bzw. Exklusionsmomente innerhalb der Gesellschaft in ganz anderer Weise sichtbar als beispielsweise privater Buchbesitz.[64]

Wie soll man sich die Lachbereitschaft auf Seiten der christlichen Stadtbevölkerung, die als Spielträger die aufwändige Inszenierung verantwortet hat, vorstellen? Die Frage erscheint auf den ersten Blick heikel angesichts der angemessenen emotionalen Partizipation, die der Anlass zweifellos erforderte: Trauer und *compassio* mit dem Opfer als karwöchentliche *memoria* seiner Sühne. Aus christlicher Sicht ist zunächst also nur sehr schwer denkbar, dass das inszenierte Gelächter der Juden nicht am Rand der Simultanbühne verebbt sein soll. Man wäre – im Blick auf die dargelegten typologischen Bezüge – sogar geneigt, in der dreckigen Schurkenkomik eine provokative Prüfung zu sehen, in der die zuschauenden Christen sich durch Lachresistenz beweisen sollten.

---

63 Der Disziplinaufruf (transkribiert in: Neumann, Bernd. *Geistliches Schauspiel im Zeugnis der Zeit. Zur Aufführung mittelalterlicher religiöser Dramen im deutschen Sprachgebiet.* 2 Bde. Bd. 1. München/Zürich 1987, hier Nr. 1500, S. 312) gilt antisemitischen Ausschreitungen, aber auch Übergriffen seitens verfeindeter Rittergruppen außerhalb der Stadt. Zum Gewaltpotential im Kontext von städtischen Spielaufführungen, die gerade in der Fastnachtszeit öfters zu einem Schauplatz politischer Zwiste in der Eidgenossenschaft wurden, siehe Greco-Kaufmann, Heidy. *‚Vor rechten lütten ist guot schimpfen'. Der Luzerner Marcolfus und das Schweizer Fastnachtspiel des 16. Jahrhunderts* (= Deutsche Literatur von den Anfängen bis 1700, Bd. 19). Bern 1994, S. 29-44.

64 Zentral ist hier natürlich die grundsätzliche Möglichkeit bzw. Unmöglichkeit zur religiösen Partizipation an den Passionsspielen und der durch sie geförderten christlichen Trauergemeinschaft (aus ihr waren die jüdischen Stadtbürger per se ausgeschlossen); zur emotionalen Partizipation siehe Kasten (Anm. 59), S. 345-357 und Müller, Jan-Dirk. „Kulturwissenschaft historisch. Zum Verhältnis von Ritual und Theater im späten Mittelalter". *Lesbarkeit der Kultur. Literaturwissenschaften zwischen Kulturtechnik und Ethnographie.* Hg. v. Gerhard Neumann u. Sigrid Weigel. München 2000, S. 53-77. Die Charakterisierung der Juden-Figuren in geistlichen Spieltexten ist ohne Exklusion aus dem Aufführungszusammenhang nicht zu verstehen. Vgl. Wenzel, Edith. *‚Do worden die Judden alle geschant'. Rolle und Funktion der Juden in spätmittelalterlichen Spielen* (= Forschungen zur Geschichte der Älteren deutschen Literatur 14). München 1992.

Es gibt allerdings auch Gründe, nicht von vornherein auszuschließen, dass Passionsspielbesucher lachen konnten – bessere Gründe als die Ansteckungswirkung von „canned laughter" oder „chatouilleurs". Erstens ist das eingangs erwähnte Kippmoment zu bedenken. Es charakterisiert die Selbstbezüglichkeit vor allem des ‚bösen' Lachens, das auf den Lachenden selbst zurückfällt. Die grotesk ausgestalteten Rollen der (von Christen gespielten) Juden entlarven die Dargestellten unweigerlich. Mit zur intendierten Wirkung dürfte deshalb die Verspottung der Juden gehört haben. Sie werden – in medial anderer Weise als Ham – als verspottete Spötter vor Augen geführt und zu Ende der Kreuzigungsszene nach einer zornigen Zwischenrede von *Iudea* (Synagoga) durch *Cristiana* (Ecclesia) verflucht (v. 3598-3631). Das Lachen des christlichen Publikums rückt somit in die Nähe des ideologischen Triumphes über den (*sub specie aeternitatis* immer schon unterlegenen) paganen Verspotter von christlichen Märtyrern und wäre folglich eine Art von Metalachen. Bereits im Frühmittelalter stehen performative Texte wie Legenden oder Heiligenkultlieder im Dienst einer solchen, auch als Erbauung verstandenen Wirkung.[65]

Auf den zweiten Blick scheint die Frage also kaum mehr so heikel. Und überhaupt: Wie lässt sich denn ermessen, ob die wissenschaftlichen Vorstellungen einer ‚christlich korrekten' Affektlage, für unseren Fall bei einer Passionsspielinszenierung, historisch sinnvoll sind? Vielleicht ist es historisch – und vor allem unseren heutigen Erkenntnismöglichkeiten in dieser Sache – eher angemessen, die Interpretationsmöglichkeiten mit Barbara Rosenweins Konzept einer „emotional community"[66] vielfältig und offen zu halten. Sie geht von affektiv orientierten Vergemeinschaftungsstrukturen aus, die auch widersprüchliche Stimmungslagen nebeneinander tolerieren. Aus dieser Sicht also vertrüge sich die ritualisierte und habitualisierte *compassio* durchaus mit dem zur Osterzeit und angesichts von Passionsspielen womöglich ebenfalls habitualisierten

---

[65] Siehe Keller, Hildegard Elisabeth. „Zorn gegen Gorio. Zeichenfunktion von *zorn* im althochdeutschen *Georgslied*". *Codierungen von Emotionen im Mittelalter / Emotions and Sensibilities in the Middle Ages*. Hg. v. Ingrid Kasten u. Stephen C. Jaeger (= Trends in Medieval Philology 1). Berlin/New York 2003, S. 115-142. – Dieses spezifisch christliche Verlachen muss im kulturhistorischen Kontext der Spätantike und ihrer Theatralitätsformen einerseits, der frühchristlichen Kritik am Theater (Tertullian: *De spectaculis*!) andererseits gesehen werden. Insofern ist das Verlachen der ‚erfolglosen' paganen Herrscher oder der Juden durch die Christen auch eine späte Replik auf die theatrale Rolle der frühen Christen; sie mussten bekanntlich in den spätrömischen Arenen die Lachnummer par excellence verkörpern – bevor sie von den Gladiatoren oder einem anderen Tier getötet wurden; vgl. Jürgens, Heiko. *Pompa diaboli. Die lateinischen Kirchenväter und das antike Theater* (= Tübinger Beiträge zur Altertumswissenschaft 46). Stuttgart 1972; Weismann, Werner. *Kirche und Schauspiele. Die Schauspiele im Urteil der lateinischen Kirchenväter, unter besonderer Berücksichtigung von Augustin* (= Cassiciacum 27). Würzburg 1972; Schnusenberg, Christine. *Das Verhältnis von Kirche und Theater. Dargestellt an ausgewählten Schriften der Kirchenväter und liturgischen Texten bis auf Amalarius von Metz (a. d. 775-851)*. Bern 1981.

[66] Rosenwein, Barbara H. „Worrying about Emotions in History". *American Historical Review* 107 (2002) H. 3, S. 821-845.

Gelächter. Und es läge ein Erkenntnisgewinn in einer dergestalt emotional ‚gemischten' Gestimmtheit: Das Passionsspielpublikum kann erfahren, wie es durch die grotesk-gewaltfreudige Repräsentation von Spöttern, die zum Lachen reizt, über die Bühnengrenze hinweg mit den städtischen Spielträgern vergemeinschaftet wird. Der theatrale Status der Ereignisse fördert indes nicht allein die Komplizenschaft mit den Darstellern, sondern auch eine zweite Beobachterebene in Bezug auf die Dargestellten: Wer das Lachen anderer Lacher beobachtet, lacht nicht mehr gleich. Und lacht vielleicht überhaupt nicht mehr, weil man sich einem solchen Lachen verweigert. Ein Besuch in einem *laughter-club* oder in einem Biergarten lehrt einen dies.

WERNER RÖCKE

Die getäuschten Blinden

Gelächter und Gewalt gegen Randgruppen in der Literatur des Mittelalters

Dass wir Blinde, Verkrüppelte oder anderweitig Behinderte auslachen könnten, ist uns eine eher befremdliche Vorstellung. Und auch Bettler oder Nichtsesshafte mögen uns wegen ihrer aggressiven Bitten um Unterstützung lästig fallen, doch reagieren wir darauf lieber mit Ignoranz als mit verächtlichem Gelächter. Vielmehr bedauern wir die – wie wir ja auch noch sagen – „armen Teufel"[1], geben mit dieser Wortwahl aber auch zu erkennen, dass Randgruppen wie Blinde, Bettler oder Nichtsesshafte keineswegs nur unser Mitleid verdienen, sondern auch Gefühle der Bedrohung, der Angst und der Abwehr wecken: Wer wollte schon mit dem Teufel in engeren Kontakt treten?

Michel Mollat hat in seiner großen Studie *Die Armen im Mittelalter* das Wortfeld *pauper/paupertas* weit angelegt und ihm die unterschiedlichsten Mangelsituationen zugewiesen: Neben dem Mangel an Geld, Nahrungsmitteln und Kleidung rechnet er dazu auch physische Mängel wie Blindheit, Krankheit überhaupt oder Verwundungen; soziale Notlagen wie den Verlust der Eltern, des Gatten, der Freiheit, z. B. in Gestalt von Verbannung und Exil u. a. Zugleich aber – und das scheint mir für die Akzeptanz von Randgruppen in Mittelalter und Neuzeit besonders wichtig zu sein – hat er darauf hingewiesen, dass die Beurteilung aller dieser *pauperes* keineswegs eindeutig und schon gar nicht eindeutig karitativ war, sondern im Gegenteil höchst kontrovers erfolgte. Während z. B. Armut und Bettel einerseits Mitleid oder gar Bewunderung für die Bescheidenheit des ‚verschämten Armen' (*pauper verecundus*), nicht zuletzt wohl auch in Erinnerung an die *paupertas Christi*, weckten, riefen sie andererseits auch heftigste Ablehnung, Abwehr, ja Verachtung hervor.[2] Und während körperliche Gebrechen wie z. B. Blindheit, Verwachsungen oder Verkrüppelungen

---

[1] Röhrich, Lutz. *Lexikon der sprichwörtlichen Redensarten 5*. 4. Aufl. Freiburg/Basel/Wien 1999, S. 1617.

[2] Mollat, Michel. *Die Armen im Mittelalter*. München 1984 (Les Pauvres au Moyen Age. Etude sociale. Paris 1978), S. 11.

– so fordert schon John of Salisbury in seinem „Policraticus"[3] – nicht verspottet oder verlacht werden dürfen, sind gerade Blinde in der spätmittelalterlichen Stadt zum Gegenstand aggressivsten Gelächters geworden; ich komme darauf zurück.

Offensichtlich – so verstehe ich diesen Befund – haben wir gegenüber Blinden, Bettlern oder Krüppeln mit positiven *und* negativen Reaktionen, mit *humilitas* und *abiectio* zu rechnen, wobei die Gewichtung von Mitleid oder Verachtung historisch variabel und von den unterschiedlichsten Faktoren abhängig ist. Für das Spätmittelalter unterstreicht Michel Mollat den demographischen Faktor, dass angesichts einer enormen Zunahme von Armen, Bettlern und Vagierenden zwischen 1350 und 1500 die soziale Toleranz gegenüber diesen Randgruppen nicht nur verringert, sondern in ein diffuses Gefühl der Bedrohung sowie in dementsprechende Formen der Abwehr, ja der Repression und Verachtung umgeschlagen sei.[4] Maßgeblich dafür war – so Mollat – die Zunahme an fremden Bettlern, Vagierenden, Blinden und Krüppeln, die aus den unterschiedlichsten Gründen in Bettel und Vagabundage getrieben worden waren und vor allem die Städte überschwemmten.[5] Während die ‚ehrbaren Armen', die inmitten der dörflichen oder städtischen Gemeinschaft lebten, deren Eltern man kannte und deren Anblick vertraut war, prinzipiell unverdächtig erschienen, waren die vagierenden Armen, Bettler und Blinden Unbekannte und Fremde, von denen gar nicht klar war, ob sie wirklich arm oder behindert sind; ob sie – ganz im Gegenteil – vielleicht Krankheiten einschleppen, kriminell sind oder anderweitig eine Gefahr für das Gemeinwesen darstellen. Denn Fremde – darauf hat Georg Simmel hingewiesen – sind nicht deswegen fremd, weil sie ganz woanders zu Hause sind – „die Bewohner des Sirius sind uns nicht eigentlich fremd" (Simmel) – oder weil sie nur an uns vorüberziehen, also heute kommen und morgen gehen, sondern sie sind fremd, weil sie heute gehen und morgen bleiben.[6] Für die *pauperes* des Spätmittelalters ist diese „Synthese von Nähe

---

[3] John of Salisbury. „Policraticus". *Joannis Saresberiensis episcopi Carnotensis Policratici sive de nugis curialium e vestigiis philosophorum libri VIII.* Bd. 2. Hg. v. Clemens C. J. Webb. Oxford 1909, S. 289, v. 5-28. Zum Verbot des Spotts über körperliche Gebrechen vgl. auch Cicero, Marcus Tullius. *De oratore/Über den Redner.* Lateinisch/Deutsch. Übs. und hg. v. Harald Merklin. 3. Aufl. Stuttgart 1997, S. 361, Nr. 239: „Auch Häßlichkeit und körperliche Mängel bieten genügend geeigneten Stoff für den Witz. Aber wir stellen wieder dieselbe Frage, die auch in den anderen Fällen zuerst zu stellen ist, wie weit man gehen darf. Dabei verbietet sich nicht nur eine geschmacklose Äußerung, vielmehr muss man als Redner auch bei einer besonders komischen Gelegenheit zweierlei vermeiden, nämlich dass der Witz possenhaft oder dass er übertrieben wirkt." Beide Belege verdanke ich Suchomski, Joachim. *‚Delectatio' und ‚utilitas'. Ein Beitrag zum Verständnis mittelalterlicher komischer Literatur.* Bern/München 1975, S. 47 f.

[4] Mollat (Anm. 2), S. 11, 15, 68 u. ö. Vgl. dazu auch ders. Art. „Bettlerwesen". *Lexikon des Mittelalters 2.* Hg. v. Robert-Henry Bautier. München 1983, S. 3.

[5] Mollat (Anm. 2), S. 211 ff. (= Kap. IX.3.: „‚Es sind zu viele.' Versuch einer Typologie").

[6] Simmel, Georg. „Exkurs über den Fremden". *Gesamtausgabe 11: Untersuchungen über die Formen der Vergesellschaftung.* Hg. v. Otthein Rammstedt. Frankfurt a. M. 1992, S. 764. Vgl.

und Ferne" charakteristisch; sie prägt auch die verschiedenen Formen der Abwehr, mittels derer man sich gegen die zunehmende Zahl von vagierenden Armen zu behaupten suchte.

Diese Formen der Abwehr sollen im Folgenden im Mittelpunkt stehen. Dabei unterscheide ich moralische Verdächtigungen und Denunziationen von juristisch-politischen Verfolgungen, bis hin zur Vertreibung, und – was mir im Kontext unserer Frage nach dem exklusiven Gelächter von Lachgemeinschaften im Spätmittelalter besonders interessant scheint – theatralen Inszenierungen, die – so meine These – der Abwehr und Denunziation der *pauperes* dienen. Zwar folgen sie keinem rechtsförmigen Verfahren, doch dienen sie der Bewahrung und dem Bestand des Gemeinwesens, das man durch die immer höhere Zahl fremder *pauperes* für gefährdet ansah. Inszenierungen dieser Art waren insbesondere zur Zeit der Fastnacht beliebt. Dabei ist die Funktion der ‚Rügebräuche' oder Charivari bereits bekannt. Sie dienen der Wiederherstellung von Recht, Moral und Ordnung eines Gemeinwesens, die man durch falsche Ehen, durch Eheverweigerung u. Ä. gefährdet sah und deren ‚Heilung' im Rügebrauch faktisch vollzogen wird.[7] Ganz in diesem Sinn verstehe ich auch theatrale Inszenierungen, die aus verschiedenen Städten berichtet werden und in deren Verlauf – im Rahmen des Fastnachtvergnügens – Blinde gegeneinandergehetzt werden, die sich verletzen sollen und unvermeidlich verletzen müssen, und dies nur, um einen vollen Magen zu bekommen. (Abb. 1)

Blinde – das ist nach den einschlägigen Verzeichnissen der Bettler, Vagierer und Betrüger im 15./16. Jahrhundert, wie dem „Bubenorden" oder dem „Liber Vagatorum", selbstverständlich[8] – sind der weiten Randgruppe der *pauperes* zu-

---

dazu auch die auf Simmel aufbauenden und ihn weiterdenkenden Überlegungen von Hahn, Alois. „Die soziale Konstruktion des Fremden". *Die Objektivität der Ordnungen und ihre kommunikative Konstruktion.* FS Thomas Luckmann. Hg. v. Walter Michael Sprondel. Frankfurt a. M. 1994, S. 140-163, vor allem S. 150 ff.; sowie ders. „‚Partizipative' Identitäten". *Konstruktionen des Selbst, der Welt und der Geschichte.* Frankfurt a. M. 2000, S. 42 (= Kap. 12: „Fremdheit als Fascinans und Tremendum").

7 Ausführlich dazu Davis, Natalie Zemon. *Humanismus. Narrenherrschaft und die Riten der Gewalt. Gesellschaft und Kultur im frühneuzeitlichen Frankreich.* Frankfurt a. M. 1987, S. 106-135; Kramer, Karl-Sigismund. Art. „Rügebräuche". *Lexikon des Mittelalters 7.* Hg. v. Robert-Henry Bautier. München 1995, Sp. 1090 f.; und zuletzt Rocke, Werner. „Text und Ritual. Spielformen des Performativen in der Fastnachtkultur des späten Mittelalters". *Das Mittelalter* 5 (2000) H. 1, S. 83-100, insbes. S. 89-95.

8 Die städtischen Bettlerordnungen des 15. Jahrhunderts, so z. B. die Wiener Bettlerordnung von 1443, die Kölner von 1446, die Nürnberger von 1478 u. a., beschränken sich in der Regel auf die gründliche Systematisierung, Beschreibung und moralische Verurteilung der Landfahrer und Bettler. Das gilt auch noch für den „Liber Vagatorum" (1510), die am weitesten verbreitete Schrift dieser Art in Spätmittelalter und Früher Neuzeit, die noch einmal die aus den früheren Bettlerordnungen bekannten Typen und Betrugsformen des Bettels zusammenstellt. „Der hochdeutsche Liber Vagatorum 1510". *Rotwelsch. Quellen und Wortschatz der Gaunersprache und der verwandten Geheimsprachen.* Bd. 1. Hg. v. Friedrich Kluge. Straßburg 1901, S. 37-55. Als

Abb. 1: Jan Verbeeck: Blinde, die das Schwein schlagen, Mechelen, 2. Hälfte des 16. bis Anfang des 17. Jh.s (Feder in Braun), Paris, École de Beaux Arts

zurechnen. Auch sie machen sich in dem Maße verdächtig, wie die Zahl der vagierenden Blinden rapide wächst und immer unklarer wird, ob ihre Blindheit nicht vorgegaukelt und ihre Mitleidsappelle erlogen sind.[9] Dieser Verdacht liegt im Falle von Blinden besonders nahe, da nach biblisch-kirchlicher Auffassung den Blinden ihre Laster und ihre Sünden ins Gesicht geschrieben sind.[10] Bekanntlich hat Gott schon die Bewohner Sodoms wegen ihrer Recht- und Gottlosigkeit „mit Blindheit geschlagen“ (Gen 19,11), und auch die Jünger Jesu fragen angesichts eines Blinden, der von Geburt an blind war: „Rabbi, wer hat gesündigt, dieser oder seine Eltern?“ (Joh 9,2). Blindheit also wird als Strafe und als Zeichen für Gottes Zorn verstanden. In Verbindung mit der zunehmenden Negativierung, ja Perhorreszierung von Armut und Bettel im Spätmittelalter führt das zu einer explosiven Mischung, die in theatralen Gewaltspielen des Spätmittelalters Gestalt annimmt.[11] (Abb. 2)

Redakteur und Herausgeber des „Liber vagatorum“ (‚Der Betlerorden') gilt Matthias Hüflin (VL^2 Bd. 4, 332-337). „Der bouen orden“ (‚Bubenorden', um 1505) ist als Vorläufer des „Liber Vagatorum“ anzusehen; vgl. Kluge, ebd., Bd. 1, S. 31-35.

9 Uther, Jörg. Art. „Blind, Blindheit“. *EM* 2 (1979), Sp. 455 f. verweist bereits für die Antike auf Fälle gezielter Blendung und „Blindenbettelei aus Gewinnsucht“, auf die „Simulation“ von Blindheit u. ä., die auch im Spätmittelalter immer wieder beklagt werden, da sie sich verschiedentlich zur „Landplage“ ausgewachsen hätten. Vgl. dazu auch die von Jacques de Vitry erzählte Geschichte (*EM* 2, 456) von einem Blinden und einem Lahmen, die nicht geheilt werden wollen, dann aber von einer Prozession des hl. Martin gegen ihren Willen geheilt werden; Wesselski, Albert. *Mönchslatein. Erzählungen aus geistlichen Schriften des XIII. Jahrhunderts*. Leipzig 1909, Nr. CXLI. Zur auch heute noch verbreiteten Angst, sich mit Blinden oder anderen Behinderten zu beschäftigen, vgl. die empirische Untersuchung von Lautmann, Rüdiger, Marta Schönhals-Abrahamsohn u. Michael Schönhals. „Zur Struktur von Stigmata. Das Bild der Blinden und Unehelichen“. *Kölner Zeitschrift für Soziologie und Sozialpsychologie* 24 (1972), 83-100.

10 Schleusener-Eichholz, Gudrun. *Das Auge im Mittelalter*. München 1985, S. 385 ff., insbesondere S. 388 f. Vgl. dazu auch die komische Deformation des Motivs „Blindheit als Zeichen der Sünde“ im Schwankroman des späten Mittelalters, insbesondere in Philipp Frankfurters „Geschicht des Pfarrers vom Kalenberg“; Dollmayr, Viktor (Hg.). *Die Geschichte des Pfarrers vom Kalenberg*. Kritische Ausgabe des Nürnberger Drucks von 1490 (= *NdL* 212-214). Halle 1906. Dazu vgl. auch Röcke, Werner. *Die Freude am Bösen. Studien zu einer Poetik des deutschen Schwankromans im Spätmittelalter*. München 1987, S. 179.

11 Vor allem aus den Städten des Spätmittelalters sind die unterschiedlichsten Formen der Verächtlichmachung, körperlichen Bestrafung oder sogar kollektiven Vertreibung von Blinden überliefert, mittels derer sich die Städte gegen die bedrohliche Masse der Bettler und der Blinden zu schützen versuchten; vgl. dazu die Beispiele in Schöffler, Max. *Der Blinde im Leben des Volkes. Eine Soziologie der Blindheit*. Leipzig/Jena 1956, S. 119 f. Ergänzend dazu auch Graus, Frantisek. „Randgruppen der städtischen Gesellschaft im Spätmittelalter“. *Zeitschrift für historische Forschung* 8 (1981), S. 385-437. Die ‚Blinden-Schweine-Spiele', um die es mir im Folgenden geht, erfahren ihren Sinn erst aus diesem Klima der Angst, der Denunziation und latenten oder manifesten Gewalt gegen blinde Bettler, die ab dem 15. Jahrhundert immer mehr eskalierte. Vgl. dazu den Überblick über die einschlägigen Belege für „den sogenannten Schweinkampf der Blinden, der zum Teil als Fastnachtsbrauch [...] stattgefunden haben soll“, in Uther, Hans-Jörg. *Behinderte in populären Erzählungen. Studien zur historischen und vergleichenden Erzählforschung*. Berlin/New York 1981, S. 82 f.; Bax, D. Als de Blende zwijn sloughen. Tijdschrift voor Nederlandse Taal en Letterkunde 63 (1944), S. 82-87; Vandenbroeck, Paul. Jheronomus Bosch: tussen volksleven en stadscultuur. Berchem 1987.

Abb. 2: Unbekannte Brüsseler Werkstatt: Ein Heiliger verlässt die Stadt, 1550-1570 (Tapisserie, Gold, Silber, Seide, Wolle, 300 x 369 cm), Madrid, Patrimonio Nacional, Palacio Real. (Nach einem verlorenen Werk Hieronymus Boschs. Der Heilige ist unklar. Entweder handelt es sich um den hlg. Antonius, Schutzpatron der Armen und Gerechten, oder um den hlg. Martin. In der linken hinteren Ecke sieht man Männer in Harnischen und Helmen, die auf ein Schwein einschlagen.)

Abb. 3: Buchillustration zum frz. Alexanderroman, 14. Jh.

Worum handelt es sich bei diesen Gewaltspielen? Was sind die Gründe für ihre extreme Gewaltförmigkeit und Aggressivität? Und welche Rolle kommt dem Gelächter zu, das hier provoziert werden soll und – nach Auskunft der Quellen – auch provoziert worden ist?

Für das Jahr 1386 berichtet Herman Korner in der Lübecker Chronik[12] von einem Fastnachtsbrauch, der in der Koelhoffschen Chronik für Köln in seinen wichtigsten Strukturelementen bestätigt[13] und von Rodericus Zamorensis (Rodrigo Sânchez de Arévalo) in seinem „Spiegel des menschlichen Lebens" (1475-78) für Nürnberg – wenn auch kritisch – aufgegriffen wird: „Wann was mag dir" – fragt er anklagend – „freude [aus dem] schwein spil zu Nürnberg der blinden entspringen, als ob sunst nicht genug bluts in kriegen vnnd sunst vergossen werde".[14] (Abb. 3)

Doch was haben Gewalt und Blutvergießen mit den Fastnachtvergnügen zu tun und welche Lachgemeinschaft wird hier im lachenden Vergnügen über das Blinden- und Schwein-Spiel konstituiert?

Korner berichtet, dass die *domicelli* (Jungherren) Lübecks zur Fastnacht zwölf Blinde ausgewählt hätten, die sie in alte Harnische und Panzer gesteckt und denen sie – wie Korner nicht zu erwähnen vergisst – die Helme verkehrt aufgesetzt hätten, damit sie, sofern sie ihre Blindheit nur vorgetäuscht hätten, tatsächlich nichts sehen können. Als Waffen erhielten sie Keulen. Anschließend wurden sie auf ein mit Brettern abgegrenztes Areal auf dem Marktplatz geführt, in das ein starkes Schwein getrieben wurde: Dieses sollten sie mit ihren Keulenhieben erlegen und dann verzehren dürfen. Natürlich führt dieser ungewöhnli-

---

12 Korner, Hermannus. *Die Chronica novella des Herman Korner*. Hg. v. Jakob Schwalm. Göttingen 1895, S. 83, 324 f. Vgl. dazu auch schon Waitz, Georg. *Über Herman Korner und die Lübecker Chroniken*. Göttingen 1851; Schultz, Alwin. *Deutsches Leben im XIV. und XV. Jahrhundert*. 2. Halbband. Prag/Leipzig 1892, S. 278 f.; und Deecke, Ernst. *Lübische Geschichten und Sagen. Mit Quellen und Literaturnachweisen versehen von Heinrich Wohlert*. 6. Aufl. Lübeck 1925, Nr. 84, S. 172 f.
Der Schweinekampf der Blinden ist für 1386 in Lübeck, 1415 in Stralsund, 1425 in Paris (vgl. dazu den Hinweis in Kretschmer, Reinhold. *Geschichte des Blindenwesens vom Altertum bis zum Beginn der allgemeinen Blindenbildung*. Ratibor 1925, S. 65 f.), 1498 in Köln und 1510 in Augsburg belegt.

13 *Die Chroniken der niederrheinischen Städte. Cöln: Bd. 3* (= Die Chroniken der deutschen Städte vom 14. bis ins 16. Jahrhundert 14). Göttingen 1968 (Ndr. Leipzig 1877), S. 905: „Die blinden sloigen ein verken up dem Aldenmart. In dem selven jair [1498, W. R.] up sent Mathis dach, do wart ein verken bracht up deme Aldemart in einen park mit bort umbmaicht, dairbinnen wart dat verken gebunden: dairzo wurden gestalt vunf blinde man mit iren harnisch ind ietlicher van in mit eime kluppel, die dat verken zo dode slain soulden, as ouch geschiede, mer ee si dat verken gevellen kunden, so wart mennich misselich slach van in geslagen: ir ein sloich den anderen, eindeils van in vielen over dat verken, dan sloigen die anderen up den gevallen. dat werde ein guede wile. intleste quamen si an dat verken ind sloigen dat doit, dat genuechlichen ind aventurlichen zo sien was."

14 Zamorensis, Rodericus. Speculum vitae humanae / Dieses büchlin genannt d'spiegel des menschlichen Lebens. Übs. aus dem Lateinischen v. Heinrich Steinhöwel. Augsburg 1478, Bl. 68.

che Akt praktizierter Nächstenliebe zunächst und vor allem zu einem Wirbel unkontrollierter Hiebe der Blinden gegeneinander. Inszeniert wird ein Schlagabtausch aller gegen alle, der durch das wild durch die Blinden um sein Leben rennende Schwein noch verstärkt, aber keineswegs kontrollierter wird. Zwar wirft es damit einige Blinde zu Boden, doch ernten diese nun um so mehr Keulenhiebe, da ihre „Gesellen" sie für das Schwein halten und um so kräftiger zuschlagen. Schließlich wird dem Schwein eine Glocke umgehängt, damit die Blinden es treffen können, doch

> schlugen die Armen nun um so heftiger und mehr als sonst aufeinander los, denn da das Schwein mit der Glocke klingelte, glaubte jeder, es sei dicht bei sich, und stürzten zuweilen drei oder vier auf einen mit ihren Keulen los und streckten ihn verwundet zu Boden. Endlich wird das Schwein mehr durch die Hetze als die Hiebe ermüdet, von den Blinden hingestreckt und getötet und so das Spiel beendet.[15]

Dieses Spiel auf Leben und Tod muss sehr beliebt gewesen sein. Und es muss, wie Korner berichtet, das städtische Publikum hellauf begeistert haben. Doch was ist der Sinn dieses Spiels und was sind die Regeln seiner Inszenierung?

Als Kern des Spiels um die „getäuschten Blinden"[16] sehe ich die Provokation *und* Verschiebung einer Gewalt an, die als bedrohlich empfunden, hier aber lachend bewältigt und abgeschwächt werden kann.[17] Denn die zunehmende Verachtung, ja Kriminalisierung der Armen, Bettler und Blinden, die immer mehr mit Betrügern, gewöhnlichen Kriminellen und sonstigem ‚Gesindel' gleichgesetzt wurden, ist ein Phänomen der Angst, nicht juristischer Eindeutigkeit. Zwar dürfte gerade wegen der im 14./15. Jahrhundert zu beobachtenden wachsenden Ausgrenzung der Randgruppen aus dem gesellschaftlichen Konsens der Übergang zwischen Bettel und Diebstahl, Mitleidsappell und organisiertem Betrug fließend gewesen sein. Gleichwohl war ein rechtsförmiges Verfahren gegen die *pauperes*, vor allem die vagierenden *pauperes*, nur in Ausnahmefällen möglich. Um so wichtiger waren rituelle Inszenierungen, die es ermöglichten,

---

15 Korner (Anm. 12), S. 325.

16 Im Anschluss an Breitkreuz, Hartmut. Art. „Blinde: Die getäuschten Blinden". *EM* 2 (1979), Sp. 462-467.

17 Dieses Spiel mit der Gewalt, die provoziert, zugleich aber „verschoben" und lachend abgeschwächt wird, habe ich bereits an den Darstellungsmustern des Truchseß Keie im arthurischen Roman, aber auch an der Narrendichtung des Mittelalters untersucht. Das ‚Blinden-Schweine-Spiel' folgt – so meine These – einer ähnlichen Logik, bleibt aber auf den rituellen Kern dieser Inszenierung von Provokation und Abfuhr der Gewalt beschränkt, wohingegen literarische Gebrauchsformen des Spiels dieses Grundmuster entschieden variieren (s. u.). Zum Provokationsspiel des Truchsessen Keie vgl. Röcke, Werner. „Provokation und Ritual. Das Spiel mit der Gewalt und die soziale Funktion des Seneschall Keie im arthurischen Roman". *Der Fehltritt. Vergehen und Versehen in der Vormoderne*. Hg. v. Peter von Moos. Köln/Weimar/Wien 2001, S. 343-361; zur Provokation des „follus" Markolf vgl. Röcke, Werner. „Die Gewalt des Narren. Rituale von Gewalt und Gewaltvermeidung in der Narrenkultur des späten Mittelalters". *Die Kultur des Rituals. Inszenierungen – Praktiken – Symbole*. Hg. v. Christoph Wulf u. Jörg Zirfas. München 2004, S. 110-128.

der Bedrohung des Gemeinwesens durch Diebstahl, Rechtsbruch und Betrug dadurch zu begegnen, dass man die Übeltäter aufeinander hetzte und sie zu eben der Gewalt, aber eben gegeneinander, provozierte, die man von ihnen und ihren Rechtsbrüchen befürchtete. Den Zusammenhang zwischen diesem Gewaltspiel und Rügebräuchen oder Charivari, wie z. B. den Partialwüstungen von Haus und Hof vermeintlicher Übeltäter,[18] sehe ich darin, dass auch im Spiel von den getäuschten Blinden die Abwehr des Bösen und die ‚Heilung' des Rechts faktisch in Szene gesetzt werden. Es ist die performative Durchsetzung des Rechts und des Schutzes des Gemeinwesens, die auch den Kern des Spiels von den getäuschten Blinden ausmacht und die je neu wiederholt werden muss, wenn die Abwehr des Bösen Erfolg haben soll. Dabei ist es wohl gerade der Kampf der Blinden gegeneinander, der Gelächter hervorruft. Es ist ein exklusives Gelächter der Abwehr und des Hasses, aber auch ein befreiendes Gelächter darüber, dass es gelungen ist, die sozialen Bindungen und die Solidarität der Bettler und Blinden zu zerstören, die bislang ihre Stärke ausgemacht hat. Es waren gerade die – häufig wohl nur vermuteten, nicht aber tatsächlich gewussten Vernetzungen und vielfältigen Bezüge der *pauperes* untereinander, die gefürchtet waren, weil sie damit als geheime und undurchsichtige „Gegengesellschaft" oder „Subkultur"[19] erschienen, deren „Geist der Solidarität"[20] man nur schwer begegnen konnte.

Im karnevalesken Spiel hingegen ist genau dies möglich: Es bietet den Empfang der milden Gabe nicht als gemeinsame Tötung und gemeinsamen Verzehr des Schweins durch die Blinden, sondern als Kampf aller gegen alle, der die Angst vor den Armen, Bettlern und Blinden im aggressiven Gelächter aufhebt. Dabei wirkt – wie bei den meisten Lachgemeinschaften – das exklusive Gelächter durchaus sozial integrativ. Denn die Abwehr und Verhöhnung der Randgruppen ermöglicht gerade den gesellschaftlichen Konsens der Lachenden, d. h. ein Einverständnis über die Regeln gesellschaftlicher Ordnung, aber auch über den sozialen Schaden jener Subkultur oder „Gegengesellschaft"[21] von Armen, Bettlern oder Blinden, die aus diesem Konsens ausgeschlossen werden.

Gunter Gebauer und Christoph Wulf haben in ihrer Untersuchung *Spiel – Ritual – Geste* die Ambivalenz ritueller Handlungen und Inszenierungen zwischen „Konflikt und Integration" betont:[22] In ihrer Inszenierung – so schreiben sie – werde „verborgenen oder manifesten Aggressionen Form gegeben", die allerdings in andere „Handlungskontexte" wie z. B. Spiele, Fastnachtvergnügungen u. Ä. überführt würden. Dadurch – und diese These scheint mir besonders wichtig – könnten „Aggressionen entschärft und Konflikte handhabbar ge-

---

18 Vgl. dazu die Literaturangaben in Anm. 7.
19 *Lexikon des Mittelalters 2* (Anm. 4), Sp. 3.
20 Mollat (Anm. 2), S. 163.
21 *Lexikon des Mittelalters 2* (Anm. 4), Sp. 3.
22 Gebauer, Gunter u. Christoph Wulf. *Spiel – Ritual – Geste. Mimetisches Handeln in der sozialen Welt.* Reinbek bei Hamburg 1998, S. 139.

macht“ oder zumindest „in einer die Kommunität nicht gefährdenden Weise“ geäußert werden.[23] Ich verstehe die Blinden-Schweine-Spiele als ein solches Spiel der Inszenierung, ja Provokation von Gewalt und ihrer Abschwächung, vielleicht sogar der Gewaltvermeidung. Dabei erfolgt ihre Entschärfung zum einen dadurch, dass die Gewalt der Bettler und Außenseiter zwar geweckt, aber gegeneinander gelenkt wird; zum anderen dadurch, dass dies in Form einer Turnierparodie[24] und einer grotesken Verschränkung von Mensch und Tier erfolgt, die zweifellos brüllendes Gelächter hervorgerufen hat. Denn die Ärmsten der Armen werden ja nicht nur zur Jagd auf das Schwein gehetzt, sondern zugleich auch als komische Ritter ausstaffiert, denen zwar die Helme verkehrt aufgesetzt werden und die sich mit Keulen statt mit ritterlichen Waffen traktieren, aber gleichwohl ein Ritterspektakel in Szene setzen und sich höhnischem Gelächter preisgeben. Dabei wird diese Komik parodistischer Gegenbildlichkeit[25] durch die Aufhebung der Grenzen zwischen Mensch und Tier ergänzt, die für groteske Komik charakteristisch ist. Denn im Chaos dieses ‚Turniers' ist nicht entscheidbar, ob Schwein oder Mensch angegriffen bzw. getroffen werden. Und in dem Maße, wie die – im Wortsinne – ‚blinde Gewalt' aller gegen alle explodiert, sind die Kämpfenden ihrer menschlichen Würde entkleidet und – entgegen der Grundüberzeugung christlicher Anthropologie von der Gottesebenbildlichkeit des Menschen[26] und seiner Überlegenheit über das Tier – den Tieren gleichgesetzt.

Das Gelächter, das dadurch geweckt wird, ist ein Gelächter der Exklusion, der Verachtung und des Hasses, das zugleich aber auch dazu befähigt, die Angst vor diesen ‚Tieren' abzuschwächen. Es ist Ausdruck der gemeinsamen Überzeugung, das Gemeinwohl (*bonum commune*)[27] und den moralischen Konsens des Gemeinwesens gegen Übeltäter und ‚schädliche Leute'[28] zu verteidigen und lachend vor Schaden zu bewahren. Insofern bietet auch das Blinden-Schweine-Spiel eben die Verbindung von Spiel und Ernst, närrischer Inszenierung und Durchsetzung des – wenn ich so formulieren darf – ‚gesunden Volksempfindens', die auch für andere Fastnachtvergnügen, Rügebräuche der Fastnacht oder ‚Charivari' kennzeichnend sind. Soziale Träger dieser theatralen Inszenierungen

---

23 Gebauer u. Wulf (Anm. 22), S. 140.

24 So auch Retemeyer, Kerstin. *Vom Turnier zur Parodie. Spätmittelalterliche Ritterspiele in Sachsen als theatrale Ereignisse* (= Berliner Theaterwissenschaft 1). Berlin 1995, S. 106 über die ‚Blinden-Schweine-Spiele' in Lübeck (1386) und Köln (1498).

25 Jauss, Hans-Robert. „Über den Grund des Vergnügens am komischen Helden“. *Das Komische.* Hg. v. Wolfgang Preisendanz u. Rainer Warning (= Poetik und Hermeneutik VII). München 1976, S. 103-132, insbes. S. 105 ff.

26 Markschies, Christoph. Art. „Gottesebenbildlichkeit“. *Religion in Geschichte und Gegenwart* 3. Hg. v. Hans Dieter Betz. 4. Aufl. Tübingen 2000, Sp. 1159-1163.

27 Zusammenfassend dazu Wolf, K. Art. „Bonum commune“. *Lexikon des Mittelalters 2* (Anm. 4), Sp. 435.

28 Zur kollektiven Verachtung, Ausgrenzung und Vertreibung gerade blinder Bettler vgl. Uther (Anm. 9), Sp. 455; und Mollat (Anm. 2), S. 68 f.

eines moralisch-sozialen Konsenses sind in der Regel männliche Jugendliche der Mittel- und Oberschicht, die sich durchaus im Einklang mit großen Teilen der städtischen Bevölkerung sehen dürfen.[29] Dabei folgen die einzelnen Spiele und theatralen Inszenierungen durchaus unterschiedlichen Spielregeln und Zwecken. Gemeinsam aber ist ihnen das Ziel, das Gemeinwesen vor Schaden zu bewahren und seinen Bestand zu sichern. Fraglich ist nur, ob dieser Zweck auch dann realisiert werden kann oder überhaupt weiter realisiert werden soll, wenn rituelle Spiele wie das Blinden-Schweine-Spiel ihrem ursprünglichen Gebrauchszusammenhang entzogen und literarisiert werden. Fraglich ist dann aber auch, wie die ‚Lachgemeinschaft' beschaffen ist, die durch diese Literarisierung des Spiels geschaffen wird.

Literarische Spiele mit Blinden und Blindenhass

Das Spiel von Blinden und Schweinen ist außer in Chroniken, wie z. B. Hermann Korners Lübecker Chronik und Koelhoffs Kölner Chronik,[30] auch in der Exempelliteratur des Mittelalters, so bei Jacques de Vitry oder Odo von Cheriton, überliefert. In literarischer Hinsicht gehört es zu einem weit verbreiteten und sehr differenzierten Motivfeld, das in der vergleichenden Erzählforschung unter dem Label „Die getäuschten Blinden" geführt wird und in der europäischen und außereuropäischen Erzählliteratur bestens belegt ist.[31] Einen besonderen Schwerpunkt bilden dabei die Literaturen des Mittelalters und der Frühen Neuzeit, in denen die Täuschungen von Blinden besonders einfallsreich variiert und sie besonders schadenfroh verlacht werden. Dennoch lassen sich Strukturkonstanten beobachten, die in allen Ausdifferenzierungen des Erzähltyps von den ‚getäuschten Blinden' zu finden sind. Eine Konstante sehe ich in der Armut der Blinden. In der Regel werden sie in den Texten als nicht sesshafte Bettler vorgestellt, denen zum Schein ein Almosen geschenkt, tatsächlich aber nicht ge-

---

29 Zur „rauhen Stimme des kommunalen Gewissens", die im Lärm von Charivari und anderen Rügebräuchen gegen die Gefährdungen des moralischen und sozialen Konsenses erhoben wird, vgl. Davis (Anm. 7), S. 119; und Röcke (Anm. 7), S. 89-95. Zur Rolle der Junggesellen und der anderen „jungen Männer" bei diesen rituellen Inszenierungen des „gesunden Volksempfindens" vgl. Schindler, Norbert. „Die Hüter der Unordnung. Rituale der Jugendkultur in der frühen Neuzeit". *Geschichte der Jugend 1.* Hg. v. Giovanni Levi u. Jean-Claude Schmitt. Frankfurt a. M. 1996, S. 353 f.

30 Vgl. dazu die Nachweise in Anm. 12 und 13.

31 Breitkreuz (Anm. 16), Sp. 465 verweist auf Aarne, Antti u. Stith Thompson. *The Types of the Folktale.* Helsinki 1961, Nr. 577; Thompson, Stith. *Motif-Index of Folk-Literature.* Bd. 5. Kopenhagen 1957, N 388: „Blind men accidentally hurt each other (Trying to kill pig, or the like)"; vgl. auch ebd., Bd. 4, K 1081,1: „Blind men duped into fighting: money to be divided"; Tubach, Frederic C. *Index Exemplorum. A Handbook of Medieval Religious Tales.* Helsinki 1981, Nr. 698: „Blind men and calf (pig). Blind men, trying to kill a calf (pig), hurt each other", mit Verweisen auf die „Sermones vulgares" des Jacques de Vitry, die „Parabolae" Odo's von Cheriton, den „Libro de Exemplos" u. a.

gegeben wird und die darüber in Streit bzw. sich in die Haare geraten. Die zweite und dritte Konstante ist damit schon genannt: sie liegt einerseits in einer wahren Lust an Täuschung und Betrug der Blinden, die keinem erkennbaren sozialen, rechtlichen oder didaktischen Zweck folgt, sondern ausschließlich um ihrer selbst willen erfolgt; andererseits in einer Freude an einer Gewalt, zu der die Blinden provoziert werden und die sie gegen sich selbst richten. Die Strukturanalogien zwischen dem Blinden-Schweine-Spiel und diesem Erzähltyp liegen auf der Hand. Er ist in der Frühen Neuzeit offensichtlich sehr beliebt und ausdifferenziert worden.

Im Folgenden möchte ich einige dieser Gebrauchsformen literarischen Blindenspotts genauer darstellen. Dabei gehe ich nicht davon aus, dass sie als unmittelbare Fortschreibungen des Blinden-Schweine-Spiels anzusehen sind, wohl aber als literarische Adaptationen eines Hasses auf Blinde und andere Randgruppen, der sich auf ganz unterschiedliche Weise artikulieren konnte: sei es nun auf rechtlich-bürokratische Weise, indem in Armen- und Bettlerordnungen, wie dem „Bubenorden" (1505) oder dem „Liber Vagatorum" (1510), die verschiedenen Gruppen von Bettlern, Herumtreibern, Betrügern, insbesondere blinden Betrügern, die phantastische Geschichten erzählen, Mitleid heischen und dennoch nur lügen und betrügen, systematisch erfasst und somit vor ihnen gewarnt werden kann[32] (die sog. „Zickissen" oder „Platschierer", d. h. falsche Prediger) oder – wie in der Augsburger Reichs-Polizei-Ordnung von 1530 – strenge rechtliche Maßnahmen gegen Bettler und andere Müßiggänger gefordert werden;[33] sei es auf theologische Weise, wie in den protestantischen ‚Christlichen Hausordnungen' oder entschiedenen Warnungen vor Bettel und Faulheit (z. B. Wenzeslaus Linck);[34] sei es auf spielerisch-theatrale Weise, wie im Blinden-Schweine-Spiel oder in den verschiedenen literarischen Gestaltungen des Erzähltyps von den ‚getäuschten Blinden', denen ein Betrüger scheinbar eine Summe Geld schenkt, ihnen tatsächlich aber nichts gibt, sondern sie allgemeinem Gespött aussetzt und zum Opfer gewalttätiger Reaktionen macht.

Am weitesten verbreitet dürfte die Fassung in Johannes Paulis *Schimpf und Ernst*[35] gewesen sein (1519), die immer wieder nachgedruckt worden ist, aber

---

32 Liber Vagatorum (Anm. 8), S. 45-50.

33 „Römischer Käyserlicher Majestät Ordnung und Reformation guter Policey, im Heiligen Römischen Reich, zu Augsburg Anno 1530. auffgericht". Ich zitiere aus einem Auszug in Münch, Paul (Hg.). *Ordnung, Fleiß, Sparsamkeit. Texte und Dokumente zur Entstehung der „bürgerlichen Tugenden"*. München 1984, S. 51.

34 Linck, Wenzeslaus. *Von Arbeyt und Betteln, wie man solle der Faulheit vor kommen, vnd jedermann zu Arbeyt ziehen*. Zwickau 1523.

35 Pauli, Johannes. *Schimpf und Ernst*. Hg. v. Hermann Österley (= BlVSt 85). Stuttgart 1866, Nr. 646 („XII blinden verzarten XII guldin", die – so fasst Österley die Handlung zusammen – „keiner von ihnen hatte; der Wirth gibt sie gegen eingebildete Bürgschaft frei, der angebliche Bürge hält ihn für besessen.")

schon auf ein französisches Fabliau des Mittelalters zurückgeht.[36] Ähnliches gilt für die Fassung der Erzählung in Hermann Botes ‚Ulenspiegel'-Buch (H. 71)[37], die vielleicht im Zusammenhang mit einer Erzählung des italienischen Narren Gonnella zu sehen ist, welche Albert Wesselski dem ‚Gonnella-Corpus' zuweist.[38] Romangeschichtlich interessant ist vielleicht der Hinweis, dass das Motiv von den getäuschten Blinden dann auch im spanischen Schelmenroman, erstmals (und besonders aggressiv und gewaltförmig) im *Lazarillo von Tormes*, bearbeitet worden ist.[39]

Eine weitere Möglichkeit der Literarisierung des Motivs greift wieder stärker auf theatrale Formen zurück: Die ‚getäuschten Blinden' sind mehrfach als Fastnachtspiele, u. a. von Hans Sachs, aber auch als Schwankerzählungen entworfen oder aufgeführt worden.[40]

Alle diese literarischen Gestaltungen des Motivfelds von den getäuschten Blinden geben Antwort auf die Frage, wie blinden Bettlern zu begegnen ist, wie sie verhöhnt und gegeneinander gehetzt werden. Dabei unterscheiden sie sich einerseits hinsichtlich der intellektuellen Raffinesse, mittels derer das möglich ist, andererseits aber verweisen sie auf unterschiedliche Funktionszusammenhänge und Wirkungsmöglichkeiten der Texte, die über die Inszenierung und exklusive Komik des Blinden-Schweine-Spiels hinausgehen und die Umrisse neuer Formen von ‚Lachgemeinschaften' sichtbar werden lassen.

Deutlich wird das zunächst und vor allem an den Texten des Erzähltyps „getäuschte Blinde", also die Erzählung von den drei Blinden, die von Gonnella

---

36 „Des trois avugles de Compigne". Ich lege die Ausgabe von Georges Gougenheim zugrunde: Cortebarbe. *Les trois aveugles de Compiègne. Fabliau du XIIIe siècle*. Hg. v. Georges Gougenheim. Paris 1932.

37 Lindow, Wolfgang (Hg.). *Ein kurtweilig Lesen von Dil Ulenspiegel*. Nach dem Druck von 1515. Stuttgart 1978, Nr. 71: „Die 71. Histori sagt, wie Ulenspiegel 12 Blinden gab 12 Guldin, als sie meinten, da sie frei uffzerten und uff das letst gantz ubel bestunden".

38 Wesselski, Albert (Hg.). *Die Begebenheiten der beiden Gonnella*. Weimar 1920, Nr. 21, S. 71. Zur Überlieferungsgeschichte vgl. ebd., S. XVI f.

39 Ich lege die deutsche Übersetzung des spanischen „Lazarillo de Tormes" (Antwerpen 1554) von Walter Widmer zugrunde: *Die Geschichte vom Leben des Lazarillo von Tormes und von seinen Leiden und Freuden von ihm selbst erzählt. Mitsamt deren Fortsetzung*. Aus dem Spanischen übertragen und mit einem Nachwort versehen von Walter Widmer; mit den 73 Zeichnungen von Leonard Braemer aus dem Jahr 1646. München o. J.

40 Zum Motivfeld der „getäuschten Blinden" vgl. Sachs, Hans. „Ewlenspigel mit den 12 plinden. In Römers gesangweis". *Sämtliche Fabeln und Schwänke von Hans Sachs 5: Die Fabeln und Schwänke in den Meistergesängen*. Hg. v. Edmund Goetze u. Karl Drescher. Halle o. J.; Sachs, Hans. „Faßnachtspiel mit 9 Personen: Der Ewlenspiegel mit den blinden". *Elf Fastnachtspiele aus den Jahren 1553 und 1554*. Hg. v. Edmund Goetze (= Sämtliche Fastnachtspiele von Hans Sachs 5). Halle 1884, Nr. 51. Zum ‚Blinden-Schweine-Spiel' vgl. die Hinweise in dem Fastnachtspiel „Der blinten seu vasnacht". *Fastnachtspiele aus dem fünfzehnten Jahrhundert*. Bd. 2. Hg. v. Adelbert von Keller. Stuttgart 1853, Nr. 90, v. 267 („So wirt mich denn mein pub clagen, / Als die sau, die di plinten haben erschlagen"); vor allem aber den „schwanck: Der plinden kampff mit der sew", den Sachs im Kontext festlicher Inszenierungen anlässlich eines Besuches Kaiser Maximilians in Augsburg situiert; *Sämtliche Fabeln und Schwänke von Hans Sachs*. Bd. 2. Hg. v. Edmund Goetze. Halle 1894, Nr. 310.

betrogen werden und einander darüber in die Haare geraten; sodann Botes 71. Historie in seinem Ulenspiegel-Buch, „wie Ulenspiegel 12 Blinden gab 12 Guldin, als sie meinten [...] und uff das letst gantz ubel bestunden“[41] und schließlich Johannnes Paulis entsprechender „Schimpf“-Erzählung (Nr. 646), der Bote grundsätzlich folgt.

Alle drei Erzählungen sind strukturell weitgehend analog: Sie betonen die Armut der blinden Bettler, denen von einem Betrüger oder ‚Trickster‘ (s. u.) angeblich Geld geschenkt wird, damit sie sich ordentlich satt essen können, das sie aber nie erhalten. Ein Motiv des ‚Tricksters‘ für diese ‚Guttat‘ ist außer der Freude am Betrug und am Streit, den er damit provoziert, nicht erkennbar. Zugleich bietet aber gerade die Gewalt, die er entfacht, einen entscheidenden Punkt der Differenz zwischen den Texten, der auch – so meine These – Rückschlüsse auf einen Strukturwandel der Lachgemeinschaft zulässt, auf die hin diese Erzählungen geschrieben sind.

Die Erzählung von dem ferraresischen Hofnarren Gonnella z. B. mündet in den Streit der Blinden untereinander. Er ist das Ziel von Gonnellas Streich, er wird denn auch in der ansonsten knapp erzählten Geschichte vergleichsweise breit vorgeführt. Dabei führt der Streit um den angeblich geschenkten Gulden rasch dazu, dass die Blinden „blindlings aufeinander loszuschlagen begannen. Und sie hätten sich“ – resümiert der Erzähler lapidar – „zu Krüppeln geschlagen, wenn sie nicht von Vorübergehenden getrennt worden wären.“[42] Ebenso wie im Blinden-Schweine-Spiel also geht es auch in der Gonnella-Erzählung um die Inszenierung von Gewalt zwischen den Betrogenen selbst, die keine Rücksicht kennt und gerade deswegen wohl das Gelächter der Zuschauer oder Leser über die Ärmsten der Armen provozieren sollte.

Eben das aber ist in Botes und Paulis Historien verändert. Zwar folgen auch sie zunächst dem Erzähltyp der „getäuschten Blinden“, doch münden ihre Erzählungen nicht in diese Explosion von Gewalt zwischen den Blinden selbst, sondern verschieben die Gewalt einerseits zu einem Streit zwischen den Blinden und dem Wirt, bei dem sie das angeblich geschenkte Geld verprassen, andererseits zwischen dem Wirt und einem Pfarrer, der von Ulenspiegel dem Wirt als Bürgen für die Blinden und den von ihnen verursachten Schaden genannt wird (Abb. 4). Allerdings weiß er nichts davon, sondern wird ganz im Gegenteil dazu genötigt, bei dem Wirt eine Teufelsaustreibung vorzunehmen. Dabei liegt der Witz dieser Erzählung darin, dass der ‚Trickster‘,[43] der den Streit zwischen den

---

[41] Lindow (Anm. 37), S. 205.

[42] Wesselski (Anm. 38), S. 71.

[43] Mit „Trickster“ ist nicht der mit magischen Fähigkeiten ausgestattete „göttliche Schelm“ gemeint, wie ihn Paul Radin definiert hat. Vielmehr verstehe ich den Begriff im Sinne eines kunstreichen Betrügers und Provokateurs, wie er in der europäischen Erzählliteratur bestens belegt ist. Radin, Paul u. C. G. Jung (Hgg.). *Der göttliche Schelm. Ein indianischer Mythen-Zyklus.* Zü-

Abb. 4: Holzschnitt zur 71. Historie in: *Ein kurtzweilig lesen von Dil Ulenspiegel*, Straßburg: Johannes Grüninger 1519

Blinden und dem Wirt aufgrund seines nur vorgetäuschten Mitleids provoziert hatte, diesen dadurch zu lösen vorgibt, dass er sich des rechtlichen Instruments eines Bürgens bedient und damit die Blinden auch aus dem Konflikt herausbringt, ihn dafür aber und um so heftiger zwischen Wirt und Pfarrer anheizt. Da er beiden unterschiedliche Zusagen macht und beide deshalb von unterschiedlichen Voraussetzungen ausgehen – der Wirt davon, dass der Pfarrer als Bürge den Schaden der Blinden bezahlt, der Pfarrer davon, dass der Wirt vom Teufel besessen sein muss, da gerade Geldgier für den ‚bösen Geist' kennzeichnend sei –, ist dieser Streit auch nicht lösbar. Vielmehr eskaliert der Rechtsstreit rasch in einen bewaffneten Konflikt:

„Der Wirt ward bereit mit Spiesen unnd mit Halparten und lieff ihm zu dem Pfarhoff", der Pfarrer hingegen ruft seine Nachbarn gegen den scheinbar Besessenen zu Hilfe: „Kumen mir zu Hilff, mein lieben Nachburen, sehent, diser Mensch ist besessen mit dem bösen Geist".[44]

Und so gehen beide aufeinander los, wollen sich schlagen und können nur mit Mühe auseinander gehalten werden. Auf Lebzeit beider, so Bote, war dieser von Ulenspiegel angezettelte, imaginäre Rechtsstreit zwischen Wirt und Pfarrer nicht lösbar, sondern beide behalten auf ihren Positionen. Pauli, der ansonsten Botes Erzählung folgt, hat den rechtlichen Aspekt des Streits zum Schluss noch einmal eigens hervorgehoben: „Also hiesch der würt XII guldin, so wolt der (Pfarr-)her in beschweren (als) wer es not, also hange die sach noch an dem rechten".[45] Der Rechtsstreit also war, so verstehe ich diesen Satz, weiter bei Gericht anhängig und nicht entschieden. Damit unterstreicht Pauli die Tendenz zur Verrechtlichung der Gewalt, die bei Bote und ihm mit ihrer Verschiebung von einem internen Streit der Blinden zum Streit zwischen Wirt und Pfarrer einhergeht. Auch damit aber ist die Gewalt keineswegs abgeschwächt oder gar aufgehoben, sondern lediglich anders, nämlich rechtlich codiert. Für entscheidend halte ich daran, dass Bote und Pauli nicht die Entgegensetzung zwischen der Randgruppe der blinden Bettler und des städtischen Publikums fortschreiben, das sich – wie wir das bei den rituellen Inszenierungen des ‚Blinden-Schweine-Spiels' in den spätmittelalterlichen Städten beobachten können (s. o.) – im exklusiven Gelächter über die Gewaltspiele der Blinden seines sozialen und moralischen Konsenses versichert, sondern dass dieser Konsens zerbricht und durch Streit und Gewalt zwischen herausgehobenen Exponenten innerhalb der Stadt ersetzt wird. Ulenspiegel, so wurde gesagt, sei ein Maieutiker der Rivalität und des Kampfs der Interessen, der die spätmittelalterliche Stadt trotz aller Be-

---

rich 1954 (engl.: The Trickster. New York 1956). Zu Radin selbst vgl. Lindberg, Christer. „Paul Radin. The Anthropological Trickster". *European Review of Native American Studies* 14 (2000) H. 1, S. 1-9.

44 Lindow (Anm. 37), S. 208.

45 Pauli (Anm. 35), Nr. 646, S. 356.

schwörungen des *bonum commune* und einer zünftlerischen Solidarität prägte.[46] Pauli hat das offensichtlich ähnlich eingeschätzt und auch in den Instrumenten juristischer Entscheidungen keine Möglichkeit gesehen, den „Kampf aller gegen alle" einzuschränken, den Thomas Hobbes dann im 17. Jahrhundert zum Schreck- und Gegenbild absolutistischer Staatsgewalt machen wird.[47] Aber dieser Punkt ist im frühen 16. Jahrhundert noch nicht erreicht. Bote und Pauli entwerfen das Bild einer Gesellschaft, die vom ‚Trickster' dazu gezwungen wird, die Widersprüche und Interessengegensätze zur Kenntnis zu nehmen, die er für sie und durch sie produziert, die sie aber noch nicht zu lösen vermag. Deswegen enden viele dieser Geschichten so perspektivlos und lassen bei den Betroffenen Wut und Schmerz, bestenfalls Resignation zurück. Das wohl ist auch die Haltung, die bei Paulis und Botes Publikum, also dem neuen Typ ‚Lachgemeinschaft', anzunehmen ist, der hier entsteht. Denn die selbstverständliche, und d. h. dualistische Aufteilung in Sesshafte und Vagierende, städtisches Bürgertum und Randgruppen; das Bemühen um Recht und Frieden der Stadt einerseits, ihre Gefährdung durch Arme, Bettler und Blinde andererseits, ist angesichts der raschen sozialen Veränderungen gerade in der spätmittelalterlichen Stadt immer weniger haltbar.[48] Dementsprechend verbietet sich auch das eindeutige und exklusive Gelächter über die ‚Anderen' und Fremden, die aus der ‚guten Gesellschaft' lachend ausgegrenzt werden. Gerade die performative Leistung des komischen Spiels, dass mit der Inszenierung des Blindenkampfs die den städtischen Frieden bedrohende Gewalt der blinden Bettler gegen sie selbst gewendet und mit dem Gelächter der Lachgemeinschaft über die Gewalt, die sie sich selbst antun, ihre Ausgrenzung, wohl auch ihre Vertreibung tatsächlich vollzogen wird, verbietet sich in dem Maße, wie dieses klare Feindbild der Außenseiter verloren geht und die Widersprüche in die übrigen Gruppen der städtischen Gesellschaft verlagert werden. Ein aggressiv-exklusives Gelächter ist demgegenüber schon aus dem Grunde dysfunktional geworden, dass die Objekte dieses Gelächters ihre eindeutigen Konturen verloren haben und diffus geworden sind, es vielleicht sogar den Lachenden selbst gelten kann. Wenn aber die Verhältnisse und Reaktionsmöglichkeiten der Menschen ihre Eindeutigkeit verlieren, dann richtet sich das Lachen immer mehr darauf, womit man gerade nicht fertig wird. Odo Marquard hat ein solches Lachen als ein Lachen der „Kapitula-

---

[46] Im Anschluss an Heinrich, Klaus. *Versuch über die Schwierigkeit nein zu sagen*. Frankfurt a. M. 1964, S. 87-96 („Über Eulenspiegel als Maieutiker").

[47] Vgl. dazu Hobbes, Thomas. *Leviathan*. Erster und zweiter Teil. Übs. und hg. v. Jacob P. Mayer. Stuttgart 1974, S. 115: „Hieraus ergibt sich, daß ohne eine einschränkende Macht der Zustand der Menschen ein solcher sei, wie er zuvor beschrieben wurde, nämlich ein Krieg aller gegen alle. Denn der Krieg dauert ja nicht etwa nur so lange wie faktisch Feindseligkeiten, sondern so lange, wie der Vorsatz herrscht, Gewalt mit Gewalt zu vertreiben."

[48] Ausführlicher dazu Dülmen, Richard van. *Entstehung des frühneuzeitlichen Europa 1550-1648* (= Fischer Weltgeschichte 24). Frankfurt 1982, S. 226 ff.

tion" bezeichnet;[49] ich würde es ergänzend auch als Lachen der Unsicherheit und Irritation, der Resignation und Vergeblichkeit bezeichnen, das ich für Botes und Paulis Publikum unterstelle. Es repräsentiert einen Typ Lachgemeinschaft, der nicht mehr direkt mit den Objekten von Spott und Hohn konfrontiert ist, sondern davon liest, sich also lesend daran erfreut. Wer aber liest, hat die Möglichkeit der reflektierenden Distanz zum Erzählten. Er beschränkt sich nicht auf den unmittelbaren Ausdruck seiner „hate-speech"[50], sondern erfreut sich an den inszenatorischen Künsten des ‚Tricksters' und an der kalkulatorischen Perfektion des Spiels, dessen Fäden dieser allein in der Hand hält, er kann sich aber auch darüber klar werden, dass niemand, also auch er selbst nicht, diesem ‚Trickster' gewachsen wäre. Damit aber ist die Lachgemeinschaft von Botes und Paulis Text gründlich verändert. Wir haben es nicht mehr – wie beim Blinden-Schweine-Spiel mit einem kollektiven Verbund von Lachenden zu tun, die sich im Lachen über die anderen je neu ihres Zusammenhalts versichern, sondern mit einzelnen Lesern, die sich ihres sozialen Ortes und ihrer sozialen oder kulturellen Rolle keineswegs gewiss sind und den Streichen des ‚Tricksters' gegenüber immer mehr ein ästhetisches Vergnügen entwickeln, wohingegen das Gefühl unmittelbarer Betroffenheit in dem Maße zurücktritt, wie man sich an der gnadenlosen Raffinesse seiner Streiche erfreut. Während das bei Pauli noch durch den von ihm beanspruchten moralisch-didaktischen Nutzen seines „Exempel"-Buchs abgeschwächt wird, in Botes ‚Ulenspiegel'-Buch hingegen durch die Absicht, den „Lesenden und" – wie die Vorrede immerhin noch behauptet – „Zuhörenden" – ein „frölich Gemüt zu machen in schweren Zeiten",[51] hat der spanische *Lazarillo von Tormes* (1554) das ästhetische Vergnügen am radikalen, aber auch gnadenlosen Witz des Picaro noch verstärkt. Die Blindengeschichte dieses Schelmenromans hat mit der Ausgrenzung von Randgruppen, dem Hohn auf Außenseiter oder der „performance" sozialen Hasses auf Bettler und Blinde nichts mehr zu tun. Finden wir bei Pauli und Bote eine Erzählstruktur, die durchaus noch Berührungspunkte mit dem Blinden-Schweine-Spiel aufweist, so konzentriert sich der Schelmenroman ausschließlich auf den ebenso witzigen wie unaufhaltsamen Versuch des Picaro,[52] seinen sozialen Aufstieg vom Bodensatz der Gesellschaft zu einem bescheidenen, aber respektablen Ansehen zu bewerkstelligen. Zwar ist auch Lazarillos Auseinandersetzung mit einem Blinden

---

[49] Marquard, Odo. „Exile der Heiterkeit". *Das Komische*. Hg. v. Wolfgang Preisendanz u. Rainer Warning (= Poetik und Hermeneutik 7). München 1976, S. 143.

[50] Im Anschluss an Butler, Judith. *Hass spricht. Zur Politik des Performativen*. Berlin 1998 (amer. Originalausg.: *Excitable Speech. A Politics of the Performative*. New York 1997).

[51] Lindow (Anm. 37), S. 7.

[52] Zum „Picaro"- und „Schelmen"-Roman vgl. den Überblick von Jacobs, Jürgen. „Schelmenroman". *Reallexikon 3*. Hg. v. Jan-Dirk Müller. 2. Aufl. Berlin/New York 2003, S. 371-374; vorher Björnson, Richard. *The picaresque hero in European fiction*. Madison, Wisc. 1977 und Rötzer, Hans Gerd. *Picaro – Landstörtzer – Simplicius. Studien zum niederen Roman in Spanien und Deutschland*. Darmstadt 1972.

– er dient als Blindenführer und versucht, dem geizigen Blinden durch List und Raffinesse den einen oder andren Bissen abzuzwacken – von Gewalt geprägt, doch ist diese Gewalt so kunstvoll arrangiert, dass sie ausschließlich ästhetisches Vergnügen weckt, nicht aber Empörung oder Hass auf den Blinden. Deutlich wird vielmehr, dass der Blinde und der Picaro gleichermaßen Opfer sozialer Verhältnisse sind, die sie nicht mehr beeinflussen, sondern in denen sie sich bestenfalls zu behaupten suchen und in denen derjenige obsiegt, der am wenigsten Vertrauen auf andere setzt. Lazarillo hat diese Lektion gelernt, der Blinde für einen Moment vergessen. Und dafür bezahlt er. Während Lazarillo vom Blinden, dem er eine Wurst weggefressen hatte, brutal bestraft wird, rächt er sich, indem er – nach der Logik der ‚spiegelbildlichen Strafe' oder des *ius talionis* – die Gewalt noch potenziert: Er soll den Blinden über eine überschwemmte Straße führen, doch müsste der Blinde dazu einen kräftigen Sprung wagen. Dieses nun inszeniert Lazarillo an einer Stelle, an welcher der Blinde gegen einen Hauspfeiler springen *muss*, so dass er – wie es lapidar heißt – „mit aller Wucht mit dem Schädel gegen den Pfeiler prallte, dass es dröhnte, als wäre ein mächtiger Kürbis entzweigesprungen".[53] Und auch Lazarillos beißender Spott, ob der Blinde denn den Pfeiler nicht gerochen habe, wie er in Lazarillos Rachen die Wurst gerochen habe, bleibt ihm nicht erspart, verschafft dem Leser aber lachendes Vergnügen. Er genießt das kunstvolle Arrangement dieser Rache und eines Erzählens, das – wie Hans Robert Jauss vielleicht formulieren würde – eine „admirative Identifikation" mit seinem überlegenen Helden ermöglicht. Gerade diese „admirative Identifikation" aber befähigt den Leser auch dazu, „den Realitäten des Alltags und der Geschichte den Rücken (zu kehren), um sein Bedürfnis nach Evasion in der Vollkommenheit" des listig-kunstvollen Arrangement von Lazarillos Rache zu befriedigen.[54]

Um die Auseinandersetzung mit den Realitäten des Alltags und der Gesellschaft hingegen geht es erst wieder, wenn der Erzähltyp von den „getäuschten Blinden" erneut zum Spiel umgeformt und zur Aufführung gebracht wird. Das ist bei der Dramatisierung der Ulenspiegel-Historie von den 12 Blinden durch Hans Sachs der Fall, wobei sich aber der Spieltyp gegenüber dem Blinden-Schweine-Spiel ebenso verändert wie die Lachgemeinschaft.

Sachs folgt der Ulenspiegel-Historie recht genau. Erst in der Schlusssequenz bietet er eine Akzentverschiebung, die seine Intention verdeutlicht. Denn während Bote und Pauli die Historie im unentschiedenen Streit zwischen Wirt und Pfarrer enden lassen, die zu keiner Entscheidung gelangen, ergreift Sachs zum Schluss Partei: für den Pfarrer und gegen den Wirt. Der aber – so schließt Sachs' Spiel – sei in der Tat vom „geitz Teuffel" besessen:

---

[53] *Die Geschichte vom Leben des Lazarillo von Tormes* (Anm. 39), S. 31.

[54] Jauss, Hans Robert. *Ästhetische Erfahrung und literarische Hermeneutik.* Frankfurt a. M. 1982, S. 269.

Der schreidt nach Talern frü und spadt.
Der Teuffel fert nicht geren auß,
Wo er ein wurtzelt in eim Hauß.
Ahn rue den Menschen er steht vbet,
Auch ander Leut teglich betrübet
Vnd richtet ahn viel vngemachs,
An allen orten, spricht Hans Sachs.[55]

Sachs also sieht die Pointe des Stücks in moralischer Kritik und Lehre. Und wie meist bei ihm, geht es nicht um allgemeine Sündenklagen, sondern um gesellschaftliche Verhaltensmuster, die Sachs für schädlich für den Bestand stadtbürgerlicher Ordnung und eines harmonischen Miteinanders der Bürger ansieht. Dabei stehen „geiz" und Habgier an der Spitze der *Gravamina*, die er immer wieder spielerisch vorgeführt und bestraft hat. Im Fastnachtspiel „Der Ewlenspiegel mit den blinden" wird das noch dadurch akzentuiert, dass er die Geizkritik als Teufelsbeschwörung in Szene setzt und damit an die protestantischen Teufelsbücher anschließt, die sich der Reglementierung und Verchristlichung des alltäglichen Lebens, und d. h. der Sicherung des christlichen Hauses, verschrieben haben.

Sachs kann Albrechts von Blanckenberg Buch *Vom Juncker Geytz vnd Wucherteufel* (Eisleben 1562) oder Johann Brandmüllers *Predigt vom Geitzteufel* (Basel 1579) nicht gekannt haben; sein Fastnachtspiel ist bereits 1553 erschienen. Gleichwohl folgen Fastnachtspiel und Teufelstraktat dem gleichen Zweck, wenn auch mit unterschiedlichen Mitteln, und bilden damit so etwas wie den Schlusspunkt einer Entwicklung, die mit den höchst aggressiven Blinden-Schweine-Spielen begann, doch ist von deren Gewaltfaszination hier nichts mehr geblieben.

An ihre Stelle tritt die moralische Selbstgewissheit eines Autors, der sein Publikum zur rechten Haltung gegenüber Eigentum und Nachbarschaft erziehen und es zu diesem Zweck, aber bitte in Maßen, erheitern will. Das aber betrifft auch den Spieltyp des Blinden-Schweine-Spiels selbst, den Sachs in der Schwankerzählung „Der plinden kampff mit der sew"[56] aufgreift. Er berichtet von einem Besuch Kaiser Maximilians in Augsburg, in dessen Verlauf – und neben anderen Unterhaltungen und Belustigungen – ein „reichr puerger, der frw vnd spat / Zu hoff war pey Maximilian", mit Namen Kunz von Rosen[57], ein Blinden-Schweine-Spiel in Szene gesetzt habe, das mit den üblichen Schlägen und Verletzungen der Blinden gegeneinander beginnt, dann aber mit der Tötung des Schweins und vor allem der Einladung der Blinden in das Haus des Bürgers zu einem gemeinsamen Gastmahl endet. Der ursprüngliche Sinn des Blinden-

55 Sachs, „Der Ewlenspiegel mit den blinden" (Anm. 40), v. 396-402.
56 Sachs, „Der plinden kampff mit der sew" (Anm. 40).
57 Sachs gibt nicht zu erkennen, ob es sich dabei um den gleichnamigen Hofnarren Kaiser Maximilians handelt.

Schweine-Spiels ist damit ins Gegenteil verkehrt. Denn nicht die Aggressivität der Stadtbürger gegen Arme, Blinde oder andere Randgruppen steht hier im Mittelpunkt, sondern ganz im Gegenteil die Gemeinschaft von „reichen Bürgern“ und Blinden, deren Kampf mit dem Schwein zwar Gelächter hervorruft, die damit aber nicht ausgegrenzt, sondern in die städtische „communitas“, und sogar noch die der Reichen, integriert werden. Sachs' Epilog unterstreicht diesen Appell zu Nachbarschaft und wechselseitigem Miteinander, zu Spiel und Gelächter, die aber nicht auf Kosten anderer, also auch nicht der Armen und Blinden, erfolgen dürfen:

> Hie pey ain herschaft wol gedenck,
> Das erliche kurczweil vnd schwenck
> Die reichen wol anrichten müegen,
> Das sie doch nymant mit zv fuegen
> Ergernis, süend, schand oder schaden,
> Nymant gferlich darmit beladen [...][58],

auch wenn die Blinden im Verlauf des Spiels von den Bürgern der Stadt ausgelacht und verspottet werden. Ich bin mir nicht sicher, ob diesem Publikumstyp gegenüber die Bezeichnung ‚Lachgemeinschaft' überhaupt angemessen ist. Denn deren Gelächter bleibt wohl eher verhalten. Aber wer soll auch aus vollem Hals lachen können, wenn ihm nicht der ‚Schalk', sondern ein höchst moralischer Teufel im Nacken sitzt?

---

58 Sachs, „Der plinden kampff mit der sew“ (Anm. 40), v. 145-150.

II. Konstruktionen textueller Lachgemeinschaften

FRANK WITTCHOW

Prekäre Gemeinschaften

Inklusives und exklusives Lachen bei Horaz und Vergil

1. Lachen und Gemeinschaft in Antike und Humanismus

Die humanistische Facetienliteratur ist als Gattung eine Erfindung der frühen Neuzeit. Sie stellte ihre Autoren unter einen doppelten Rechtfertigungsdruck: zum einen, weil die kurzen, schwankhaften Texte und das durch sie erregte Lachen nicht selbstverständlich Objekt einer Literatur werden konnte, deren Neuheit sich innerhalb der etablierten Funktions- und Wissenschaftseliten erst noch behaupten und daher ernsthaft sein musste, zum anderen, weil der gängige Begründungszusammenhang, die Wiederaufnahme antiker Gattungen, nicht zur Verfügung stand. Dieser Druck schlägt sich in den Vorworten der verschiedenen Facetienbücher auch immer wieder nieder. Auf den Vorwurf der unernsten Beschäftigung wird häufig damit geantwortet, dass Lachen eine notwendige Entspannung für ernsthafte Studien bedeute, sie also indirekt befördere.[1] Für das Fehlen einer antiken Entsprechung der Facetie müssen allgemeine Erwägungen zur antiken Lachkultur einspringen, wenn etwa darauf hingewiesen wird, dass sogar Cato der Ältere eine Sammlung witziger Aussprüche angelegt habe oder dass Tiro einen Band mit *ioci* Ciceros herausgegeben habe.[2] Angesichts dieser

---

[1] „Honestum est enim ac ferme necessarium, certe quod sapientes laudarunt, mentem nostrum variis cogitationibus ac molestis oppressam recreari quandoque a continuis curis, et eam aliquot iocandi genere ad hilaritatem et remissionemque converti." Poggio, in der *praefatio* zu den Facetien: Bracciolini, Poggio. *Facezie*. Hg. v. Stefano Pittaluga. o. O. [Garzanti] 1995, S. 2; „Illud enim cuilibet sapienti eidemque negotioso maxime necessarium est, ut ego iudico, si utriusque hominis sanitate velit senescere: ut animum gravissimis cogitationibus rebusque seriis fatigatum facetiarum atque fabularum lepidiorum hilaritate, quodam quasi pabulo, recreare atque sustentare studeat". Bebel, Heinrich. „Widmungsbrief zum 2. Buch der Fazetien". *Heinrich Bebels Facetien. Drei Bücher*. Hg. v. Gustav Bebermeyer. Leipzig 1931, S. 46.

[2] Bebel (Anm. 1), S. 46. Bebel bezieht sich vielleicht auf Cic. de or. 2,271, wonach Cato viel (*multa*) überliefert hat, das in den Bereich des witzigen Ausspruches fällt. Oder meint er die pseudocatonischen *Disticha Catonis*? Zu diesen verlorenen oder fälschlich dem Cato zugeschriebenen Werken vgl. Suerbaum, Werner (Hg.). *Die Archaische Literatur. Von den Anfängen*

doppelten Beweisnot tritt das Bedürfnis für die neue Gattung umso schärfer hervor: Das Lachen innerhalb der humanistischen *sodalitas*, das auf der Textebene immer wieder imaginiert wird, und das Auslachen der vermeintlichen *indocti* – mit denen der ,dumme' Bauer ebenso gemeint sein kann wie der scholastische Widersacher[3] – bekräftigen den Zusammenhalt einer Gruppe von Bildungsträgern, die sich ansonsten über (durch Patrone vermittelte[4]) Herrschernähe definiert, innerhalb der Universitäten aber oft auf verlorenem Posten kämpft.[5]

Nun ist die antike Lachkultur weder arm an spezifischen Textgattungen noch an Textbeispielen. Dass die Humanisten die Notwendigkeit verspürten, neben die Gattungen der Satire, der Komödie und des Epigramms noch eine neue Textsorte zu stellen, wirft indirekt die Frage auf, warum die Humanisten glaubten, ihr Lachen in diesen Gattungen allein nicht adäquat ausdrücken zu können, und auch, welche antiken Äquivalente ihnen möglicherweise entgangen sind, weil sie in Formen realisiert wurden, die nicht leicht in die Bedingungen des 14.-16. Jahrhunderts übertragen werden konnten. Humanismusforschung fragt im Hinblick auf die Antike immer danach, was *tatsächlich* rezipiert wurde und *wie* es rezipiert wurde, weniger danach, was nicht und warum es nicht wahrgenommen wurde, obwohl es vielleicht generell geeignet gewesen wäre, um bestimmte Darstellungsabsichten zu verwirklichen. Dabei geht es im Kern um die Vergleichbarkeit dieser Absichten. Unter den Aussageabsichten vergleichen wir hier nur *eine*: die Selbstdarstellung einer Gemeinschaft, noch enger: einer *prekären Gemeinschaft*. Diese ist nicht *a priori* in eins zu setzen mit der Lachgemeinschaft an sich, jedoch geht es im Folgenden um prekäre Gemeinschaften *als* Lachgemeinschaften. Wir ordnen die verschiedenen Typen zugleich verschiedenen Autoren zu (Bebel bzw. humanistische Facetienautoren, Horaz und Vergil), von denen im Anschluss besonders die antiken näher vorgestellt werden.

Lachgemeinschaften sind häufig ephemerer Natur. Sie können sich spontan bilden, wenn zwei Personen über eine dritte lachen. Sobald der Anlass, den dieser Dritte geboten hat, vorübergeht, löst sich die Gemeinschaft wieder auf, ja

---

bis Sullas Tod (= Handbuch der Lateinischen Literatur der Antike Bd. 1). München 2002, S. 412.

[3] Vgl. die 38. Facetie *de quodam Scholastico inepto* aus Nicodemi Frischlini Balingensis *Facetiae selectiores*. Straßburg 1600. Bebels Facetie 2,31 richtet sich allgemein gegen Verächter des humanistischen Projektes.

[4] Schirrmeister, Albert. *Triumph des Dichters. Gekrönte Intellektuelle im 16. Jahrhundert*. Köln/Weimar/Wien, 2003, S. 38-48.

[5] Schirrmeister (Anm. 4), S. 242 f. Mertens, Dieter. „Die Universität, die Humanisten, der Hof und der Reichstag zu Freiburg 1497/98". *Der Kaiser in seiner Stadt. Maximilian I. und der Reichstag zu Freiburg 1498*. Hg. v. Hans Schadeck. Freiburg 1998, S. 315-331; Mertens, Dieter. „Zu Sozialgeschichte und Funktion des poeta laureatus im Zeitalter Maximilians I." *Gelehrte im Reich. Zur Sozial- und Wirkungsgeschichte akademischer Eliten des 14.-16. Jahrhunderts*. Hg. v. Rainer Christoph Schwinges. Berlin 1996, S. 327-348.

auch hier kann die Koalition der Lachenden rasch wechseln.[6] Dieser Typus der Lachgemeinschaft ist also einerseits instabil, andererseits taktisch beweglich und kann genau dann attraktiv werden, wenn feste Gemeinschaftsbildungen als problematisch erlebt werden.

Man kann aber auch dann von Lachgemeinschaften sprechen, wenn eine Gruppe nicht durch das Lachen, sondern durch ein gemeinsames Ethos, familiäre Bande, gemeinsame soziale Stellung oder Arbeit miteinander verbunden ist und diese Verbundenheit durch gemeinsames Lachen bekräftigt. Dieses Lachen ist geselliger als das der Lachgemeinschaft des ersten Typus.

Damit ist weder gesagt, dass exklusives Lachen nur von instabilen, inklusives nur von stabilen Gemeinschaften gepflegt wird, noch dass exklusives Lachen nur *ad hoc* und situativ denkbar ist, wenn sich die Gelegenheit ergibt, sich über jemanden lustig zu machen, während inklusives Lachen einen gewohnheitsmäßigen Umgang der Lacher voraussetzt.

Heinrich Bebel etwa imaginiert die *sodalitas* der Gebildeten immer wieder in der ephemeren Lachsituation des spontanen Witzerzählens, in der *ad hoc* über einen vermeintlich Dummen oder Ehrlosen gelacht wird. Dennoch geht es ihm gerade darum, die Gemeinschaft der humanistisch Gebildeten als dauerhaft darzustellen. Sie kommt allerdings, und das ist gleichsam die Pointe dieser Darstellung, ohne feste Institutionen aus, sie ist über eine Bildung vermittelt, die ein Ethos sicherstellt. Die Realität der Humanisten war ein Kampf um Aufmerksamkeit und Ressourcen, in der sie eben nicht eine sichere Bank von Patronen und eben keinen festen Platz im Universitätsmilieu hatten. Es war eine prekäre Gemeinschaft, die imaginativ durch Lachen integriert wird. Somit ist es letztlich das Facetienbuch selbst, das die Lachgemeinschaft auf Dauer stellt.[7]

Dauer oder Kürze einer Gemeinschaft entsprechen nicht notwendig ihrer Festigkeit oder Fragilität: Die ephemere Gemeinschaft kann, gerade weil sie nicht auf Dauer angelegt ist, eine Reihe von Konflikten ihrer Träger dispensieren und daher vergleichsweise stabil sein. Dagegen kann eine längerfristige Gemeinschaft von starken inneren Widersprüchen geprägt sein und versuchen, diese mit Lachen gleichsam zu kompensieren. Darum geht es im horazischen Jambus (Epoden), der den kompensatorischen Spott zugleich darstellt und demaskiert: Der Dichter in seiner Rolle (*persona*) als Sprecher-Ich spricht nicht für eine Gruppe von Literaten, die in Institutionen drängt, sondern er nimmt als Dichter an der politischen Gruppenbildung auf der Schwelle zur Errichtung des Prinzipats in Rom Teil. Sein Projekt ist es, das Prekäre dieser Gruppenbildung literarisch zu inszenieren, d. h. das, was bei Bebel durch das gemeinsame La-

6 „Jeder Witz verlangt so sein eigenes Publikum, und über die gleichen Witze zu lachen, ist ein Beweis weitgehender psychischer Übereinstimmung." Freud, Sigmund. *Der Witz und seine Beziehung zum Unbewußten. Der Humor*. Frankfurt a. M. 1992, S. 164.

7 Vgl. dazu Schirrmeister (Anm. 4), S. 133.

chen verdeckt oder kompensiert wird, wird hier durch konfrontativen Spott aufgedeckt.

Eine Lachgemeinschaft kann durch gemeinsames Ethos gefestigt sein, dieses Ethos durch Lachen und Scherzen bekräftigen, ja sich sogar immun zeigen gegen Spott, und dennoch eine prekäre Gemeinschaft sein: nicht aus inneren Widersprüchen heraus, sondern aufgrund äußerer Bedrohung. Diese Variante erprobt Vergil in den Eklogen. Insgesamt ergibt sich aus diesen drei Beispielen, die sowohl synchrone als auch diachrone Betrachtungen erlauben, eine kleine Phänomenologie der Lachgemeinschaften.

Da die Positionierung der Humanisten innerhalb der landesherrschaftlichen und universitären Umwelt Gegenstand jüngerer Untersuchungen geworden ist (Schirrmeister, Mertens), liegt der Schwerpunkt dieses Beitrags auf der antiken Dichtung und ihren sozialen Bedingungen. Das hängt auch damit zusammen, dass die deutschen Humanisten, allen voran Heinrich Bebel, das Problem der Gruppenbildung (in den Facetien) eher appellativ als inszenatorisch behandelt haben. Die Patrone oder Freunde tauchen ab und zu als Erzähler von Facetien oder Teilnehmer von *convivia* auf, um immer wieder daran zu erinnern, in welchem Rahmen diese Witze, Schwänke oder *exempla* eigentlich ihre Bedeutung entfalten sollen. Mit diesen Verankerungen im humanistischen Milieu lässt es der Humanist aber in der Regel dann auch gut sein und wendet sich ganz seinem faceten Stoff zu, der ganz unterschiedlicher Provenienz ist (volkssprachlich-dörfliches Milieu, universitär, höfisch). Eine Konturierung der Lachgemeinschaft entfällt damit ausgerechnet in einem Text, der immer wieder auf die mündlichen Gebrauchszusammenhänge rekurriert.

In der römischen Literaturgeschichte hat man eine Weile besonders von zwei literarischen Kreisen gesprochen: dem Scipionenkreis (gemeint ist Scipio Aemilianus) und dem Mäzenaskreis.[8] Der *terminus* ‚Kreis' freilich ist eine moderne Zuschreibung, die in problematischer Weise Konnotationen an die bürgerliche Literaturszene des 19. Jahrhunderts weckt.[9] Richtig ist aber, dass wir ab dem zweiten Jahrhundert v. Chr. (hier kann man auch den Dichter Ennius und seine Panegyrik für Scipio Africanus und Marcus Fulvius Nobilior nennen) Beispiele für Dichter benennen können, die ihr Schaffen mehr oder minder stark in den Dienst der Politik Einzelner stellen. In einer ähnlichen Weise kann man dies auch für die augusteischen Dichter um den mächtigen Politiker und Schöngeist Mäzenas sagen, der verschiedene Literaten, von denen die berühmtesten Horaz und Vergil waren, finanziell und ideell gefördert hat. Eine institutionalisierte Abhängigkeit ergab sich aber – trotz einer gelegentlichen, wohl topischen

---

[8] Schmidt, Peter L. Art. „[2] Maecenas". *Der Neue Pauly* (*DNP*). Bd. 7. Stuttgart/Weimar 1999, Sp. 633-635.

[9] Albrecht, Michael von. *Geschichte der Römischen Literatur*. Bd. 1. München 1994, S. 203, Anm. 1 (mit weiterführender Literatur). Vgl. auch Astin, Allan Edgar. *Scipio Aemilianus*. Oxford 1967, S. 294-306.

Selbststilisierung als armer Dichter – jenseits des traditionellen römischen Verständnisses von der Reziprozität von *beneficia* und *gratia* nicht. In der republikanischen und augusteischen Zeit war die Problematik der Versorgung eines Literaten durch politische Patrone gerade für eine Reihe der prominenteren (und damit auch für die Humanisten einschlägigeren) Dichter dieser Epoche nicht bestimmend. Der Satirendichter Lucilius hat mit seinem beträchtlichen Vermögen sogar seinerseits den Scipio Aemilianus unterstützt – ein Sonderfall freilich auch für Rom.[10] Der Elegiendichter Tibull ignoriert den Kaiser Augustus zugunsten seines Förderers Messalla völlig, Horaz und Vergil geben sich bisweilen störrisch gegenüber kaiserlichen Einmischungsversuchen in ihr Schaffen, sie definieren sich als Literaten nicht durch ihre Herrschernähe, sind ihm allerdings durch empfangene Wohltaten verpflichtet.[11] Wenn wir die Frage nach der Gemeinschaftsbildung und dem Lachen als Mittel, diese zu bekräftigen, stellen, müssen wir hier von anderen Gruppenbildungen ausgehen. Die deutschen Humanisten aber, besonders die *poetae laureati* waren in ihrer Stellung zunächst von den Fürsten bzw. den Patronen abhängig. Ein Loyalitätsproblem auf der patronalen Ebene bestand nur dann, wenn der Landesherr eine andere politische Linie vertrat als der Kaiser, der die Dichterkrönung ausgesprochen hatte, und sich die Dichter entscheiden mussten, welchem Patron sie folgen wollten. Dies war aber eher ein Sonderfall ohne weit reichende Konsequenzen. Unabhängigkeit von patronalen Einflüssen haben die humanistischen Dichter eigentlich nur deshalb inszenieren müssen, weil der patronale Einfluss allein eben nicht reichte, um sie im universitären Umfeld bestehen zu lassen.[12]

---

10 Albrecht (Anm. 9), S. 203.

11 Von ‚Herrscher' kann man nur für Augustus sprechen. Die erwähnten republikanischen Politiker fielen durch ihre Selbstdarstellung, und dazu gehört auch die Vermittlung ihres Bildes durch Dichtung, aus den gewohnten Kommunikationszusammenhängen zwar sichtbar heraus, konnten aber Macht nicht monopolisieren. Scipio Africanus musste im Alter, obgleich der Bezwinger Hannibals, ins Exil gehen, Scipio Aemilianus starb, verwickelt in innenpolitische Kämpfe, überraschend im Jahr 133; bis heute ist unklar, ob er ermordet wurde. Einen exzellenten Überblick über die augusteischen Dichter in ihrem Verhältnis zum *princeps* bietet immer noch Kienast, Dietmar. *Augustus. Prinzeps und Monarch*. 2. Aufl. Darmstadt 1992, S. 214-253.

12 Vgl. Wittchow, Frank. „*Satis est vidisse labores, quos patior propter labentis crimina mundi.* Lochers Ausstand". *Humanisten am Oberrhein. Neue Gelehrte im Dienst alter Herren*. Hg. v. Sven Lembke u. Markus Müller. Leinfelden-Echterdingen 2004, S. 209-235; Schirrmeister, Albert. „Die zwei Leben des Heinrich Glarean: Hof, Universität und die Identität eines Humanisten". *Humanisten am Oberrhein. Neue Gelehrte im Dienst alter Herren*. Hg. v. Sven Lembke u. Markus Müller. Leinfelden-Echterdingen 2004, S. 237-254.

2. Jambendichtung und Gemeinschaft

Der frühgriechische Jambus ist eine performative literarische Gattung.[13] Er war ursprünglich zum Vortrag bestimmt, und sein Sitz im Leben war das Symposion.[14] Der Sinngehalt, der durch eine klar erkennbare metrische Form (Jambus bezeichnet hier Versmaß und Gattung[15]) transportiert wurde, war der der politischen und sozialen Invektive. Dabei inszenierte der Dichter eine mehr oder minder klare Trennung von *ingroup* und *outgroup*.[16] Durch den Spott und die Aggression gegen eine bestimmte Person oder Gruppe wurden Werte manifestiert, durch die die Gemeinschaft der Zuhörer, für die der Dichter sprach, ihren Zusammenhalt bekräftigte. Durch das Wesen des Jambus waren diese Werte oft genug nur *ex negativo* greifbar, als Gegenbild zu den *vitia*, die am Gegner festgestellt wurden.

Wenn man diese letztgenannte Funktion des Jambus für eine besonders zentrale hält, wird deutlich, dass die Konturen des Gegners verschwimmen können, ohne dass eine zentrale Aufgabe des Jambus, nämlich die Bekräftigung des Zusammenhaltes der *ingroup* des Dichters, aufgegeben werden muss. Es ist jedoch im Jambus gute Übung, den Angriff nicht allein auf die zu richten, die außerhalb der eigenen Gruppe stehen, sondern auch sich selbst in einer Weise sprechen zu lassen, die eigene Fehler zutage treten lässt.[17] Der Ton der jambischen Dichtung variiert von sanftem Spott bis zu bitterer Aggression.[18] Die horazische Dichtung ist nicht mehr im eigentlichen Sinne performativ, sie ist nicht zuerst für den mündlichen Vortrag in symposiastischen Zusammenhängen gedacht.[19] Dennoch ist davon auszugehen, dass die augusteischen Dichter sich untereinander und auch vor einer kaiserlichen Zuhörerschaft aus ihren Werken vorlasen und dass ihre Werke stark aus diesen beiden Quellen, dem intertextuellen Austausch mit anderen Dichtern und dem politischen Umfeld, ihre Semantik bezogen.[20]

---

13 Mankin, David (Hg.). *Horace. Epodes*. Cambridge 1995, S. 8.

14 Bowie, Ewen. Art. „Iambographen". *DNP*. Bd. 5. Stuttgart/Weimar 1998, Sp. 853-856, hier Sp. 854.

15 Horaz greift auf die von Archilochos entwickelte epodische Form zurück (deshalb auch die Gattungsbezeichnung Epode, die aber nicht von ihm stammen muss, er selbst spricht von Jamben vgl. epod. 1,19 u. 23), nach der sich immer ein längerer mit einem kürzeren Vers abwechselt, in den ersten 10 Epoden folgt auf einen jambischen Trimeter ein Dimeter, die letzte „Epode" (17) ist als einzige nicht epodisch, sondern stichisch. Watson, Lindsay C. *A Commentary on Horace's Epodes*. Oxford 2003, S. 20; Mankin (Anm. 13), S. 21 f.

16 Mankin (Anm. 13), S. 8 f.

17 Mankin (Anm. 13), S. 8 f.

18 Watson (Anm. 15), S. 9.

19 Einen frühen Verlust dieser Zusammenhänge nimmt Habinek an; Habinek, Thomas. *The Politics of Latin Literature. Writing, Identity, and Empire in Ancient Rome*. Princeton/Oxford 2001, S. 54. Man kann sich allerdings die Lesungen im sog. Mäzenaskreis durchaus wieder als Symposien vorstellen.

20 Fantham, Elaine. *Literarisches Leben im antiken Rom. Sozialgeschichte der römischen Literatur von Cicero bis Apuleius*. Stuttgart/Weimar 1998, S. 78 (mit Verweis auf sat. 1,4 u. 73).

3. Spott und Selbstentlarvung bei Horaz

In der jüngeren Forschung zum horazischen Jambus ist immer wieder auf einen Punkt hingewiesen worden, der bisweilen als „Impotenz“ des Jambus bezeichnet wird:[21] Horaz' Angriffe gegen andere fallen in merkwürdiger Weise immer auf ihn selbst zurück. Um ein Beispiel zu geben: In der siebten Epode verspottet Horaz auf drastische Weise eine alte Vettel. Wie könne sie noch fragen, warum er bei ihr im Bett versage, wo sie doch so schlechte Zähne habe, runzlig sei und ihr Hintern klaffe wie bei einer kranken Kuh?[22] Er empfiehlt ihr schließlich, es bei ihm doch einmal mit *fellatio* zu versuchen. Lange Zeit stand die latinistische Forschung nur mit Unverständnis vor diesen ‚Jugendsünden' des Dichters und hat keine weiteren Fragen an diesen scheinbar so eindeutigen Text gehabt. Besonders in der angloamerikanischen und italienischen Forschung hat sich diese Situation aber inzwischen geändert. Abgesehen davon, dass Obszönität inzwischen als fester Bestandteil der Gattung erkannt wurde, stellten manche (vgl. Anm. 21, 28, 40) nun die Frage, wieso überhaupt Horaz sich dichterisch in eine Situation versetzt, in der er die Wünsche einer alten hässlichen Frau kommentieren muss. Wieso hat er sich mit ihr eingelassen? Eine Antwort gibt vielleicht Epode 12, die das Thema noch einmal aufgreift. Wieder beschimpft Horaz eine hässliche Alte, diesmal behauptet er, es sei vor allem ihr Körpergeruch, der ihn störe. Anders als Epode 8 aber bleibt dieses Gedicht nicht streng monologisch. In ursprünglich denunziatorischer Absicht wiederholt der Sprecher, mit welchen Klagen und Wünschen ihm die Alte immer im Ohr liege und lässt sie so, gleichsam unbeabsichtigt, auch einmal selbst zu Wort kommen (epod. 12,15-20):

> Der Inachia kannst du es dreimal die Nacht besorgen, bei mir bist du schon für ein einziges Mal zu schlaff. Lesbia soll verrecken, die mir dich faules Stück zugeführt hat, als ich einen Stier suchte und zudem noch mit dem Koer Amyntas zusammen war, in dessen ungebändigtem Schoß eine Rute stakt, fester, als ein junger Baum auf den Hügeln [...].[23]

Zwar gibt auch die ‚Alte' zu, dass Horaz sie wegen einer anderen verschmähe, aber es sieht doch so aus, dass er die sexuellen Erwartungen der Sprecherin nicht ganz hat erfüllen können und dass diese durchaus andere Liebhaber haben kann. Möglicherweise ist die Geschmähte gar nicht so alt, wie Horaz uns zunächst glauben machen will. Tatsächlich widerruft Horaz im ersten Buch seiner

---

[21] Watson, Lindsay C. „Horace's Epodes. The Impotence of Iambos?“ *Homage to Horace. A Bimillinary Celebration*. Hg. v. Stephen J. Harrison. Oxford 1995, S. 188-202, hier S. 193.

[22] Epod. 8,1-6: „Rogare longo putidam te saeculo / uiris quid eneruet meas / cum sit tibi dens ater et rugis uetus / frontem senectus exaret / hietque turpis inter aridas natis / podex uelut crudae bouis.“ Zur Übersetzung von *crudus* vgl. Mankin (Anm. 13), Commentary, S. 154.

[23] „Inachiam ter nocte potes, mihi semper ad unum / mollis opus. Pereat male, quae te / Lesbia quaerenti taurum monstrauit inertem / cum mihi Cous adesset Amyntas, / cuius in indomito constantior inguine neruus / quam noua collibus arbor inhaeret“ [Übs. F. W.].

Oden programmatisch seine Ausfälle und gibt zu erkennen, dass die Frau, die er jetzt wieder liebt (!), weder hässlich sei noch alt.[24] Dieser Widerruf erstreckt sich zugleich auf die gesamte jambische Aggressivität.[25]

Aber auch ohne diesen intertextuellen Bezug wird deutlich, dass hier eine wechselseitige Enttäuschung vorliegt, mit der die klare Richtung des Spottes, die voraussetzt, dass *ins* und *outs* ganz unterschiedliche Qualitäten haben, verloren geht. Dieser Zug des horazischen Jambus wird sowohl aus der archilocheischen Gattungstradition begründet als auch aus den besonderen Umständen, in denen das Epodenbuch verfasst wurde, nämlich den dreißiger Jahren des ersten vorchristlichen Jahrhunderts,[26] die von dem Bürgerkrieg erst zwischen den Cäsarianern und Cäsarmördern, dann zwischen Mark Anton und Octavian, dem späteren Augustus geprägt waren. Horaz selbst hat in dieser Zeit einmal, eher unfreiwillig, die Seiten gewechselt. Er kämpfte 42 v. Chr. bei Philippi auf Seiten der Cäsarmörder. Horaz fand zwar nach Philippi Aufnahme im ‚Kreis' des Mäzenas, doch war er eben auch hier sogleich wieder aufgerufen, Position gegen einen anderen Bürgerkriegsgegner (eben Mark Anton) zu beziehen.[27] Die Zerrissenheit der Parteiungen, die sich eigentlich von ihren Methoden und ihrem Ethos nicht unterschieden, aber eine Unterscheidbarkeit propagandistisch immer wieder postulierten, schlägt sich in den Epoden des Horaz deutlich nieder. Dies gilt, wie sich gezeigt hat, nicht allein, und nicht einmal im Besonderen, für die politischen Gedichte, sondern auch für eine sexuelle Groteske wie die Verspottung der alten Vettel. Zugleich wird deutlich, dass Horaz, anders als die Humanisten, hier nicht in der Situation ist, drastischen oder obszönen Witz rechtfertigen zu müssen. Das Lachen als solches steht nicht in der Diskussion, sehr wohl aber die Frage nach seinem Ziel.

---

24 Hahn, E. A. „Epodes 5 and 17, carmina 1.16 and 1.17". *Transactions of the American Philological Association* (*TAPhA*) 70 (1939), S. 213-230, hier S. 221. Vieles an dem Aufsatz schießt über das Ziel hinaus. Es geht hier nicht um die Historizität einer wirklichen Beziehung. Vgl. auch Kiessling, Adolf u. Richard Heinze (Hgg.). *Q. Horatius Flaccus. Oden und Epoden*. Berlin 1958, S. 80 ff.

25 C. 1,16: „O Tochter, schöner noch als deine schöne Mutter, / du wirst meinen vorwurfsvollen Jamben das Ende / setzen, das dir beliebt, ob im Feuer / oder in der Adria / [...] / Prometheus soll dem Urlehm / unter Zwang ein Teilchen, das von überall / weggeschnitten war, hinzugefügt haben und des rasenden Löwen / Gewalt in unser Inneres gesetzt haben / [...] / auch mich hat in der süßen Jugend / versucht des Herzens Brennen / und zu den raschen Jamben / den Rasenden verleitet: jetzt will ich mit milden / Worten die bösen vertauschen, bis du mir / wieder Freundin bist, wenn ich widerrufen habe / meine Beschimpfungen, und mir deine Zuneigung zurückgibst."

26 Horaz begann spätestens in den frühen dreißiger Jahren, also ab 39/38 v. Chr., mit seinen Dichtungen, dem ersten Buch der Satiren und seinen Epoden. Beide Werkstypen haben etwas mit dem Lachen zu tun, unterscheiden sich aber gattungsmäßig. Hier geht es allein um die Epoden.

27 Zur Biographie des Horaz: Vretska, Karl. Art. „Horatius 8". *DNP*. Bd. 2. Stuttgart 1979, Sp. 1219-1225, hier Sp. 1219. Kytzler, Bernd. Art. „Horatius (4)". *DNP* (Anm. 14), Bd. 5, Sp. 720-727, Sp. 720. Maurach, Gregor. *Horaz. Werk und Leben*. Heidelberg 2001, S. 27. Zur prekären Freundschaft mit Mäzenas vgl. Thomas, Richard F. *Virgil and the Augustan Reception*. Cambridge 2001, S. 55-65.

4. Die desintegrierte Gruppe: Horaz' Epoden

Horaz eröffnet seine Epoden keineswegs so aggressiv, wie wir ihn in den Greisinnenepoden erlebt haben, sondern, ungewöhnlich für ein Jambenbuch, mit einem Freundschaftsgedicht.[28] Da es zugleich als Widmung an Mäzenas dient, kann man es in seiner Funktion recht gut mit den Widmungsbriefen und -gedichten der Humanisten vergleichen (für die übrigens das Verhältnis Horaz – Mäzenas bisweilen paradigmatisch war für das Verhältnis Dichter – Patron)[29], die diese ihren Werken voranstellen. Gerade in der Facetienliteratur ist hier immer auch ein Hinweis auf Gebrauchszusammenhänge und die imaginierte Lachgemeinschaft erhalten. Doch sind der patronale Adressat des humanistischen Werkes und die Agenten der einzelnen Facetien durch einen Paratext voneinander geschieden. In den Epoden dagegen ist und bleibt die Beziehung Horaz – Mäzenas paradigmatisch und nicht austauschbar, sie ist innerhalb des Werkes sogar Entwicklungen unterworfen (denen hier nicht im Einzelnen nachgegangen werden kann). Die Imagination der Freundschaft stellt für den Leser einen unverzichtbaren Schlüssel dar, mit dem er sich der Welt des horazischen Jambus nähern kann, einer Welt, in der es Angreifer und Angegriffene gibt. Sie ist eine idealisierte *ingroup* und markiert das, was der Leser als eigene Wertegemeinschaft verstehen soll. „H.s depiction of his friendship with Maecenas may thus serve as a kind of ‚touchstone' for assessing the conduct of the characters, both friends and enemies, in the epodes that follow."[30]

Mäzenas ist im Begriff, für Octavian an einem Kriegszug auf hoher See teilzunehmen. Er wird so als jemand vorgestellt, der ein politisches Bezugssystem hat und sich in ihm engagiert (epod. 1,3-4): „paratus omne Caesaris periculum / subire Maecenas tuo" – ‚Mäzenas, du bist bereit, jede Gefahr Cäsars unter eigenem Risiko zu teilen'. Man kann das ganze übrige Gedicht als Versuch verstehen, Mäzenas aus diesem Beziehungsgeflecht herauszuschreiben und eine priva-

---

[28] Ein affirmatives Freundschaftsgedicht zu Beginn eines Jambenbuches entspricht nicht unbedingt der Lesererwartung, vgl. Mankin (Anm. 13), S. 49. Oliensis, Ellen. *Horace and the Rhetoric of Authority*. Cambridge 1998; dies.: „Canidia, Canicula and the Decorum of Horace's Epodes". *Arethusa* 24 (1991), S. 107-138 dekonstruiert bereits das erste Gedicht und empfindet generell das Verhältnis zu Mäzenas als Teil des Problems, das Horaz anprangern will. Ich sehe auch, dass die ideale *ingroup* dem Horaz immer fragwürdiger wird, aber ich denke doch, dass gerade im ersten Gedicht zunächst einmal eine sichere Ausgangsbasis geschaffen werden soll, die dem Leser in das Buch hilft und auf die schleichende Aufhebung der Grenzen von *ins* und *outs* vorbereitet. Reckford hat in seiner Rezension von Oliensis' Buch darauf hingewiesen, dass Oliensis' Interpretation die Frage aufwirft, was hier literarische Strategie und was die Rückkehr des Unbewussten durch Canidia darstellt; Reckford, Kenneth J. *American Journal of Philology* (*AJPh*) 120 (1999), S. 313-318, hier S. 315. Anders gesagt, man kann jede affirmative Aussage dekonstruieren. Mich interessiert aber zunächst die Konstruktion, die der Text anbietet, und dies ist eine ideale *ingroup*, nicht eine fragwürdige.

[29] Schirrmeister (Anm. 4), S. 111 und Schirrmeister (Anm. 12), S. 249.

[30] Mankin (Anm. 13), S. 49.

tisierende Beziehung dagegen zu setzen (epod. 1,5-6): „quid nos, quibus te uita si superstite / iucunda, si contra grauis?“ – ‚Was aber soll ich tun, dem das Leben angenehm ist, wenn du überlebst, im anderen Falle es aber schwer wird?‘

Während Mäzenas bereit ist, für Cäsar (i. e. Octavian, den späteren ‚Kaiser’ Augustus) Gefahren auf sich zu nehmen, bietet Horaz an, sich einzig für Mäzenas auf die gefahrvolle Reise zu begeben. Er interessiert sich nicht für das Schicksal Cäsars oder der Flotte. An die Stelle der politischen Beziehung wird eine entpolitisierte gesetzt. Horaz leugnet hier nicht die Genese seiner Freundschaft zu Mäzenas aus einem Verhältnis der gesellschaftlichen und wirtschaftlichen Abhängigkeit, dem eines Klienten zu seinem Patron,[31] schließt aber diese Phase einfach ab. Außerdem hat er ein ungewöhnliches Bild gewählt, um sein Verhältnis zu Mäzenas zu beschreiben: Auf dessen imaginierte Frage, was Horaz eigentlich bezweckt, wenn er, unkriegerisch wie er ist, auf die gefährliche Reise mitkommt, antwortet der Dichter mit einem Vergleich aus dem Tierreich: Auch eine Vogelmutter fühle sich einfach besser, wenn sie in der Gefahr bei ihren Küken ist, anstatt fern von ihnen, in Ungewissheit über ihr Schicksal. Helfen freilich könne sie nicht.[32]

Festzuhalten ist daher, dass zu Beginn des Epodenbuches ein ‚Wir‘ konstituiert wird, das über ein gemeinsames Ethos verfügt und sich so vom Politischen abzuschließen sucht (dies ist übrigens für einen humanistischen *poeta laureatus* ganz undenkbar).[33] Zugleich wird deutlich, dass diese Gruppenbildung mühevoll und angreifbar ist, denn sie geschieht durch ein *self-fashioning* als schwach und unkriegerisch und unter Leugnung offensichtlicher sozialer Unterschiede. Es bleibt abzuwarten, wie erfolgreich diese *ingroup* sein wird. Durch das Bild von der Vogelmutter, in dem die tatsächlichen Verhältnisse eigentlich umgekehrt werden, blitzt hier auch etwas Humoriges im Zusammensein von Dichter und Gönner auf. Dies wird noch deutlicher in der dritten Epode.

Hier erlebt die Beziehung Horaz – Mäzenas eine erste, wenn auch harmlose Bewährungsprobe. Horaz verträgt ein Knoblauchgericht nicht und schildert in komischer Übertreibung sein Bauchgrimmen (epod. 3,5-8): „quid hoc ueneni saeuit in praecordiis? / num uiperinus his cruor / incoctus herbis me fefellit, an malas / Canidia tractauit dapes?“ Er erwägt eine Vergiftung und vermutet als Verursacherin die Hexe Canidia. Das ist natürlich eine komische Übertreibung, die sich auch bei der Beschreibung des Giftes selbst fortsetzt, für dessen Her-

---

[31] Kytzler (Anm. 27), Sp. 722.

[32] Epod. 1,15-22: „roges tuum labore quid iuuem meo / imbellis ac firmus parum / comes minore sum futurus in metu/qui maior absentis habet / ut assidens implumibus pullis auis / serpentium adlapsus timet / magis relictis, non, ut adsit auxili / latura plus praesentibus.“

[33] Schmitzer, Ulrich. „Vom Esquilin nach Trastevere. Hor. sat. 1,9 im Kontext zeitgenössischen Verstehens“. *Horaz-Studien*. Hg. v. Severin Koster. Erlangen 1994, S. 9-30, S. 20: „Horaz [hat] immer wieder Wert darauf gelegt, den Maecenaskreis als eine von der Politik ganz und gar abgewandte Vereinigung darzustellen.“

kunft immer grandiosere Bilder bemüht werden. So wird eine Erwartung aufgebaut, die sich im klassischen Sinne in nichts auflöst, wenn am Ende enthüllt wird, dass Mäzenas, den Horaz ausdrücklich als Scherzbold (*iocose*) anspricht, für das Essen verantwortlich ist. Horaz wünscht ihm, dass er auch einmal so ein Knoblauchgericht essen und seine Geliebte sich dann wegen des Mundgeruches von ihm abwenden möge. Es handelt sich am Ende um eine kleine Stichelei während eines *convivium*.

Das Lachen, das die beiden hier zirkulieren lassen – es wird, wie bei komischen Texten üblich, hier nicht eigens erwähnt, sondern verbirgt sich in der Komik des Textes – erscheint auf den ersten Blick unproblematisch. Es ist aber nicht im eigentlichen Sinne jambisch, denn es bleibt innerhalb der *ingroup*. Dennoch sind die ‚Anderen' durch Canidia im Text präsent. Die Hexe Canidia ist eine merkwürdige Erfindung des Horaz.[34] Sie tritt gleichzeitig in seinen Satiren und Epoden auf. Es handelt sich um eine alte Frau, die über magische Kräfte verfügt, die sie besonders gerne für Liebeszauber einsetzt. In den Satiren erscheint sie deutlich harmloser als in den Epoden, namentlich in der karnevalesken Priapos-Satire 1,8,[35] in der ihr Bedrohungspotential doch stark ironisiert wird.[36] In der fünften Epode – hier kann man beim besten Willen nichts von Komik und Lachen feststellen – tötet sie einen römischen Knaben, um aus seinen Innereien ein Elixier zu erstellen. Sie behält auch das letzte Wort innerhalb des Jambenbuches, wenn Horaz ein Gespräch mit ihr imaginiert, in dem er sich, erschöpft und gealtert, ihr zu unterwerfen vorgibt (epod. 17,1): „iam iam efficaci do manus scientiae." – ‚Schon strecke ich die Hände vor deinem wirksamen

---

[34] Ich verweise für einen Überblick über die Diskussion auf den Anhang in Mankin (Anm. 13), S. 299-301 mit weiteren Literaturangaben. Einen Umschwung in der Deutung der Epoden im Allgemeinen und des Canidiabildes im Besonderen wurde durch die Arbeiten von Ellen Oliensis vollzogen, die die Epoden beinahe zum ersten Male als ein Buch mit einheitlicher Aussageabsicht aufgefasst hat, in der alle Teile ihren Platz finden und keine Epode als ungelenkes Frühwerk diskriminiert wird. Canidia firmiert hier als das personifizierte Andere, gegen das der Jambiker angeht. Dieses Andere ist weiblich konnotiert, das Weibliche durch die Hexe (und die Alte aus epod. 8 und 12) perhorresziert. Doch immer wieder zeigt sich, daß das Angegriffene Charakteristika trägt, die der Angreifer in seine Selbstbeschreibung aufnimmt, besonders auffällig etwa in der *mollitia*, die einerseits Attribut des lyrischen Ich, andererseits denunziertes „Weibisches" ist. Vgl. Oliensis (Anm. 28). Die innovative Deutung von Oliensis wird voraussichtlich nicht nur Zustimmung erfahren und ist in wichtigen jüngeren Veröffentlichungen zu Horaz nicht berücksichtigt worden.

[35] Dort werden die Hexen Canidia und Sagana durch das Platzen des Hinterns einer Priapstatue vertrieben. Ich verstehe gerade die Körperlichkeit des phallustragenden Gottes, dessen Hintern gesprengt wird, als einen typischen Zug grotesker Leiblichkeit, wie ihn Bachtin für Rabelais beschrieben hat. Dies hat bereits der Dichter Christoph Martin Wieland gesehen: *Horazens Satiren*. Aus dem Lateinischen übersetzt und mit Einleitungen und erläuternden Anmerkungen versehen von Christoph Martin Wieland. Nördlingen 1985, S. 246, Anm. 8: „aber der Einfall, *diesen* drollichten Gebrauch davon zu machen, ist den besten dieser Art im ganzen *Rabelais* wert."

[36] Wieland (Anm. 35), S. 233 spricht daher von „Witz mit einem so kaltblütig grausamen Muthwillen", den Horaz „an einer Creatur von diesem Schlage" ausgelassen habe. Er bezieht sich hier auf Satiren und Epoden gemeinsam.

Wissen (also deiner Magie).' Die Hexe jedoch gibt sich unversöhnlich. Gleichzeitig wird deutlich, dass es Spott und Lachen ist, mit dem man ihre Macht im Zaum halten kann. Obwohl Horaz nämlich eine Unterwerfungsgeste behauptet, spricht er die Hexe in herabsetzender Weise an, z. B. als eine ‚von Matrosen und Krämern vielgeliebte' (epod. 17,20 „amata nautis multum et institoribus"), so dass am Ende nicht mehr klar ist, wer hier eigentlich vorgeführt werden soll.

Von dieser komplizierten Konfliktlinie ist in epod. 3 noch nichts zu merken. Es ist aber auffällig, dass diese Hexe so früh genannt wird.[37] Trotz der harmlosen Durchführung des Scherzes ist es doch bezeichnend, wie Canidia wie eine echte ‚Durcheinanderwerferin' die Trennung von *ingroup* und *outgroup* verunklart: Ein Scherz des Mäzenas kann zumindest potentiell mit einem Anschlag der Canidia verwechselt werden.[38] „The excoriated ‚other' tends to bear an uncanny resemblance to Horace himself."[39] So dient das Lachen, das epod. 3 erzeugt, letztlich der Neuvergewisserung der *ingroup*.

Als Mittel der Invektive ist Lachen und Spott nur eines unter vielen. Folgerichtig geht es nicht in allen Epoden um das herabsetzende Lachen, tatsächlich sind nicht einmal die Mehrzahl der Epoden komisch zu nennen. Dagegen gehen m. E. alle Epoden in der Logik der unterlaufenen Grenzziehung zwischen *ins* und *outs* auf.[40] Das Lachen aber wurde von Horaz an zwei entscheidenden Stellen platziert: Es begleitet das erste Auftreten der Hexe, die wie keine andere Figur in den Epoden für das perhorreszierte Andere steht, und es verabschiedet sie auch. Im einen Falle zirkuliert es zwischen Horaz und Mäzen, im anderen muss der Dichter sich alleine mit seinem Lachen gegen die Hexe verteidigen. Dabei kann er seinen Spott nur verdeckt anbringen, ebenso ist der Ausgang des Konfliktes offen. Horaz ergibt sich, spottet aber weiter, die Hexe gibt sich unversöhnlich, zweifelt aber in den letzten Versen des Gedichtes, mit dem auch das Epodenbuch schließt, an ihrer Macht (epod. 17,74-81):

> Ich will auf deinen feindlichen Schultern reiten und die Erde soll meinem Übermut Platz machen! Oder sollte ich, die ich in der Lage bin, die Wachsmasken der Toten zu bewegen, wie du selbst in deiner Neugier festgestellt hast, und den Mond durch meine Zaubersprüche vom Himmel zu holen, die ich die eingeäscherten Toten be-

---

[37] Oliensis, „Canidia" (Anm. 28), S. 110 „Canidia is thus a structural counterpart to Maecenas, who is invoked at the beginnings of both collections [i.e. Satiren und Epoden, während Canidia jeweils am Ende zitiert wird. F. W.]".

[38] Verschiedentlich wird dieser Umstand überpointiert vgl. Mankin (Anm. 13), S. 88, für den Mäzenas hier „seems to come dangerously close to disrupting friendship with H." Es ist aber gerade für das Epodenbuch zentral, die Überkreuzung von *Schimpff* (Scherz) *und Ernst* nicht zu übersehen.

[39] Oliensis, „Canidia" (Anm. 28), S. 118.

[40] Es fehlt hier der Raum, um dies alles darzulegen. Ich verweise namentlich auf die Arbeiten von Oliensis (Anm. 28), Watson (Anm. 15 u. 21) und Fitzgerald, William „Power and impotence in Horace's Epodes". *Ramus* 17 (1988), S. 176-191. Von mir selbst ist eine Veröffentlichung zu dieser Problematik in Vorbereitung.

schwören kann und Liebestränke mischen, sollte ich den Erfolg meiner Kunst beklagen, weil sie gegen dich nichts ausrichtet?

Das aggressive und exklusive Lachen überwiegt im horazischen Jambus, aber es ist immer gebrochen; das inklusive Lachen, das Lachen zwischen Horaz und Mäzen ist heiter und scherzhaft und geschieht unter dem Zugeständnis der eigenen Verletzlichkeit. Hier genau erscheint das Prekäre der imaginierten Gruppen: Sie sind nicht stabil genug gebaut, um erfolgreich angreifen zu können. Immer wieder bricht sich die Erkenntnis Bahn, dass auch der Gegner nicht so gefährlich und böse ist, wie man ihn gezeichnet hat. Horaz lässt offen, ob auf der Basis dieser Erkenntnis eine Aufgabe der Frontstellung innerhalb der Gesellschaft zu erwarten ist oder ob die eigene Schwäche immer wieder durch neue Aggressionen kompensiert wird.

5. Die integrierte Gemeinschaft: Vergils Eklogen

Tityrus, du liegst entspannt unter dem Dach einer ausladenden Buche
und sinnst mit leichter Flöte der Muse des Waldes nach;
wir dagegen verlassen das Vaterland und die süßen Gefilde.
Wir verlassen das Vaterland: Du, Tityrus, liegst entspannt im Schatten
und bringst dem Wald bei, von der schönen Amaryllis wiederzuhallen!

So beginnt die berühmte erste Ekloge des Vergil. Der Hirte Meliboeus spricht mit diesen Worten den Hirten Tityrus an. Es wird im Verlaufe des Gesprächs deutlich werden, dass Meliboeus von den Landverteilungen betroffen ist, mit denen in Italien und auch im Gebiet um Mantua die Veteranen der Bürgerkriege angesiedelt wurden. Die bisherigen Bewohner des Landes wurden umstandslos vertrieben.

Als Meliboeus mit seinen Ziegen sein Land verlassen muss, findet er Tityrus beim Flötespielen vor und erfährt auf sein erstauntes Nachfragen, dass ein junger Mann in Rom diesem gestattet hat, sein Landgut zu behalten und zu dichten, was er will. Dieser Mann werde ihm immer ein Gott sein. Das Verhältnis von Meliboeus und Tityrus ist von Respekt und Sympathie geprägt. Meliboeus erkundigt sich zwar neugierig nach den Hintergründen für Tityrus Verschonung, macht aber deutlich, dass er keinen Neid empfindet. Tityrus wiederum äußert sich nur zögernd zu seinem Glück und spricht lieber von der großen Stadt Rom, die so anders ist als die Verhältnisse auf dem Land, und von dem göttlichen Jüngling. Die Ekloge endet mit der Einladung an Meliboeus, bei Tityrus zu rasten und zu Abend zu essen, denn die Schatten fallen schon länger und beenden den Tag.

Genau wie Horaz, so eröffnet auch Vergil sein Frühwerk (die Eklogen werden in die Jahre 42-39 v. Chr. datiert) mit einem programmatischen Gedicht.[41] Tityrus[42] darf ‚singen was er will' (v. 10). Was er singen will, entwickelt er nicht theoretisch, sondern performativ: Auf die Frage des Meliboeus, wer denn der Gott sei, der ihm sein *otium* garantiere, erhebt sich die Stimme des Hirten zum Preise Roms, das unter den anderen Städten herausragt wie die Zypressen aus dem Gebüsch. Als Meliboeus sich erkundigt, warum Tityrus sich überhaupt nach Rom begeben hat, erfährt er, dass dieser sich freikaufen wollte. Doch sofort schweift der Hirte thematisch zu seiner Geliebten Amaryllis ab, deren sparsames und liebevolles Wirtschaften es ihm ermöglicht hat, das nötige Vermögen anzusparen. Im Zuge dieser Fahrt nach Rom stößt Tityrus auf den geheimnisvollen Jüngling (hinter dem sich Octavian verbirgt), der ihm gestattet, weiterhin seine Rinder zu hüten (und ihn also nicht enteignet). Meliboeus preist daraufhin das Glück seines Gegenübers. Tityrus antwortet mit dem Preis seines Wohltäters: „Eher werden die leichten Hirsche im Äther grasen, und das Meer die nackten Fische auf dem Strand lassen, vorher soll vaterlandslos der Parther aus dem Arar und Germanien aus dem Tigris trinken, als dass seine Züge aus unserem Herzen verschwinden."

Frage und Antwort scheinen bei diesem Wechselgespräch nicht immer genau aufeinander zu passen.[43] Umso deutlicher treten die Themen hervor, die in den Sprechakten des Tityrus behandelt werden: Es geht um das Hirtenleben, die Liebe und um Herrscherlob. Dabei beschreibt gerade der Blick auf Rom, das so viel größer ist als alles, was der Hirte sonst kennt, den besonderen gattungsbestimmenden Zug, der seit Vergil in die Bukolik geraten ist: Im Pittoresken des Landlebens wird immer auch etwas Größeres gespiegelt. Das wird freilich noch eindringlicher gezeigt durch die Konfrontation der beiden Hirten: Tityrus' Glück existiert im Bewusstsein des Unglücks des Nachbarn. Was für Tityrus dichterische *adynata* sind, nämlich dass Vaterlandslose in fremdem Gebiet herumirren („vorher soll der Parther aus dem Arar trinken"), das ist für Meliboeus Realität.[44] Am Ende blickt Meliboeus auf sein eigenes Schicksal, wie er selbst und andere das Vaterland verlieren und nun in ferne Lande auswandern müssen,

---

[41] Wright, James R. G. „Virgil's Pastoral Programme: Theocritus, Callimachus and Eclogue 1". Proceedings of the Cambridge Philological Society (*PCPhS*) 29 (1983), S. 107-157.

[42] Es spielt dabei eigentlich keine Rolle, ob Tityrus (wie der Vergilkommentator Servius meinte) das *alter ego* des Vergil ist oder nicht, denn die Hirten thematisieren immer wieder metatextuell Dichtung; vgl. Dick, Bernard F. „Vergil's Pastoral Poetic". *AJPh* 91 (1970), S. 277-293, S. 292: „The Arcadian sheperd is also a poet". Ich bin allerdings mit Servius einer Meinung.

[43] Wimmel, Walter. „Vergils Tityrus und der perusinische Konflikt. Zum Verständnis der ersten Ekloge". *Rheinisches Museum* 141 (1998), S. 348-361, S. 349. Alpers, Paul. *The Singer of the Eclogues. A Study of Virgilian Pastoral.* Berkeley/Los Angeles/London 1979, S. 78 f.

[44] Fredericksmeyer, Ernest A. „Octavian and the unity of Virgil's First Eclogue". *Hermes* 94 (1966), S. 208-218, S. 213; Alpers (Anm. 43), S. 70: „Vergil meant us to see these ironies".

während die angesiedelten Veteranen sein altes Land in Besitz nehmen. Diese Ausgangsbasis erlaubt ihm eben *nicht* zu dichten: „carmina nulla canam".

Die Solidarität der beiden Hirten erscheint gerade vor dem unterschiedlichen Schicksal frappierend: Weder missgönnt Meliboeus dem Tityrus sein Glück „non equidem invideo, miror magis" (epod. 4,6), noch ignoriert Tityrus das Unglück des Meliboeus. Er antwortet zwar nicht mit einer Trostrede und stimmt auch nicht in die Klage des anderen ein – im Gegenteil, er preist seinen *iuvenis* und die Stadt Rom – doch lädt er ihn ein, bei ihm zu rasten.[45]

„Fortuna non mutat genus": Das hatte Horaz einem freigelassenen Aufsteiger in Epode 4 zornig entgegengeschleudert und wollte damit sagen, dass dessen sozialer Aufstieg ihn nicht in die Gemeinschaft der freien Bürger integrieren kann. Bei Vergil tritt derselbe Gedanke unter anderen Vorzeichen zutage: Das Glück des Tityrus und das Unglück des Meliboeus geschehen unverdient und sind insofern der *fortuna* geschuldet.[46] Das führt ebenfalls nicht dazu, dass sich im Verhältnis der beiden Hirten etwas ändert, sie bleiben einander wohlgesonnen.[47] Wir haben hier also eine andere Form der Gemeinschaft vor uns. Wir lernen sie kennen, als sie sich unter außergewöhnlichem Druck befindet, und der Ton bleibt gelassen. Er ist an vielen Stellen sogar heiter, wenn die Gemeinschaft sich durch Lachen bekräftigt.

Der Aspekt des Komischen ist in der Forschung zu Vergil nicht eben präsent;[48] wenn wir uns die hier skizzierte Grundstimmung der ersten Ekloge vergegenwärtigen, in der ein vertriebener Hirte auf einen verschonten trifft und dessen Solidarität genießt, darf das nicht überraschen. Dass insgesamt wenig vom Lachen die Rede ist, sagt freilich nicht viel aus, erscheint doch gerade der Umstand, dass etwa in den Humanistenfacetien oft nach einem Schwank noch gesondert auf das Gelächter hingewiesen wird, das diese oder jene Facetie in

---

45 Perkell, Christine. „On Eclogue 1,79-83". *TAPhA* 120 (1990), S. 171-181, S. 179.

46 „It appears that Tityrus no more deserves his good fortune than Meliboeus does his grievous misfortune." Fredericksmeyer (Anm. 44), S. 214.

47 Alpers (Anm. 43), S. 84: „There are dramatic energies in these speeches, but they go into self-assessment, self-expression and self-assertion. Their end seems more lyric than dramatic, as if each sheperd were primarily concerned to express his experience and his sense of the world. And yet, as we have just seen, the two men assume the same life and values. As opposed to what we find in Theocritus' Idyll 7 or any number of Renaissance pastorals, the speakers here do not come from different worlds. Rather, their versions of pastoral express divergent relations to, experiences of, histories within the same life." und S. 94 zur abschließenden Einladung des Tityrus an Meliboeus: „This invitation makes clear that the two sheperds still share a world." Vgl. auch Fredericksmeyer (Anm. 44), S. 215.

48 Mauch, Helmut. *O laborum dulce lenimen. Funktionsgeschichtliche Untersuchungen zur römischen Dichtung zwischen Republik und Prinzipat am Beispiel der ersten Odensammlung des Horaz.* Frankfurt a. M./Bern/New York 1986, S. 185-188; Antony, Heinz. *Humor in der augusteischen Dichtung.* Hildesheim 1976, S. 32. Vgl. aber z. B. Baldwin, Barry. „Eclogue 6: The Simple Explanation". *Symbolae Osloenses* 66 (1991), S. 97-107, S. 103: „Humour is, in fact, one of the keys to the proper understanding of Eclogue 6." Auch Antony bemerkt den komischen Charakter gerade der Eklogen 3 und 6; vgl. ebd., S. 92 f.

einem konkreten Kontext erzeugt hat, erklärungsbedürftig und untypisch für komische Texte.[49] Tatsächlich geht es aber auch in den Eklogen immer wieder um das Verhältnis von Spott und Solidarität. Gerade hier setzt auch das Besondere der römischen Bukolik gegenüber der griechischen an.

Die Gattung der Bukolik ist im vergilischen Typus Weltliteratur geworden, obwohl sie in den Idyllen des Theokrit einen Vorläufer hatte.[50] Man braucht nur einen kurzen Blick auf die theokritischen Vorlagen zu tun und wird feststellen, dass der Ton unter den theokritischen Hirten etwas rauher ist als zwischen dem bukolischen Personal Vergils.[51] Das wird besonders deutlich in den Hirtenwettstreiten, einem zentralen Motiv auch der Eklogen des Vergil. Anders als Horaz, der eine aggressive Gattung gewählt und deren Ton zwar ‚dekonstruiert' aber gleichzeitig beibehalten hat, hat Vergil die Tendenz der Bukolik nachhaltig verändert.[52]

Ein gutes Beispiel für Humor und Spott bei Vergil bietet die dritte Ekloge. Menalcas fragt hier den Damoetas, ob dieser sein eigenes Vieh hüte (v. 1) und erhält die Antwort, dass Damoetas dem Aegon als Hüter dient (v. 2). Menalcas beklagt sich jetzt (v. 3-6) darüber, dass die reicheren Hirten ihr Vieh Fremden zum Hüten geben, diese sich aber nicht ordentlich um die Tiere kümmern. Das greift natürlich den Damoetas an, und er sagt:

---

49 Bachorski, Hans-Jürgen. „Poggios Facetien und das Problem der Performativität des toten Witzes". *Zeitschrift für Germanistik* N.F. 2 (2001), S. 318-335, S. 324.

50 Effe, Bernd u. Gerd Binder (Hgg.). *Antike Hirtendichtung. Eine Einführung.* 2. Aufl. Düsseldorf/Zürich 2001, S. 33 f. Dieser Titel ist heute missverständlich. *Eidyllion* bezeichnet nichts weiter als ein Kleingedicht (wörtl.: ein kleines Bild). So wurde er zumindest im ersten nachchristlichen Jahrhundert auf lateinisch verstanden. Die Genese des Begriffes ist komplizierter und geht vielleicht gar nicht auf Theokrit zurück s. Gow, Andrew S. F. (Hg.). *Theocritus.* Bd. I. Cambridge 1950 (zahlreiche ND), S. lxxxi f. Hunter, Richard. Art. „Theokritos (2)". *DNP.* Bd. 12,1. Stuttgart/Weimar 2002, Sp. 360-364, Sp. 360: *eidyllia*: Kleine Formen; Suerbaum, Werner. Art. „Vergilius (4)". *DNP.* Bd. 12,2. Stuttgart/Weimar 2003, Sp. 42-60, hier Sp. 44: Idyllen: Kleine Gedichte. Die Konnotation des Idyllischen ist in diesem Begriff nicht enthalten.

51 Effe u. Binder (Anm. 50), S. 30 u. passim. Snell, Bruno. *Die Entdeckung des Geistes. Studien zur Entstehung des europäischen Geistes bei den Griechen.* 7. Aufl. Göttingen 1993, S. 261: „Er [sc. Theokrit] sieht als Großstädter auf sie [sc. die Hirten] halb mit dem Gefühl der Überlegenheit, halb mit offenem Sinn für das Gerade und Einfache des primitiven Lebens." Diese Ansicht wurde teilweise angefochten von Stanzel, Karl-Heinz. *Liebende Hirten. Theokrits Bukolik und die alexandrinische Poesie.* Stuttgart/Leipzig 1995; vgl. aber ders. in dem von ihm bearbeiteten Teil von Fantuzzi, Marco, Marten Stol u. Karl-Heinz Stanzel. Art. „Bukolik". *DNP* (Anm. 27), Bd. 2, Sp. 828-835, Sp. 833: „Im Vergleich zu den mimisch-realistisch gezeichneten, genrehaft wirkenden Figuren Theokrits sind seine [Vergils, F. W.] Hirten in höherem Maße idealisiert, andererseits ist die Hirtenwelt V.s auch von der lit. Gegenwart [...] wie auch vor allem von der histor.-polit. Gegenwartserfahrung des Dichters bestimmt, eine Dimension, die bei Theokrit völlig fehlt." Vergil. Ein Landleben. Hg. v. Johannes u. Maria Götte. 5. Aufl. München/Zürich 1987, S. 354.

52 Es fehlt hier der Raum, dies in einem Vergleich mit Theokrit zu entwickeln, jedoch scheint dieser Punkt nicht strittig, und ich verweise deshalb auf Effe u. Binder (Anm. 50), S. 34.

Damoetas: „Du solltest etwas vorsichtiger sein, echten Männern solche Vorwürfe zu machen. Denn wir wissen, wer es dir – die Böcke schauten entsetzt zur Seite – und in welcher Kapelle er es dir besorgt hat – nur die losen Nymphen haben dabei gelacht."
Menalcas: „Das muss damals gewesen sein, als sie sahen, wie ich im Weinberg des Micon mit dem bösen Winzermesser die jungen Reben schnitt!"
Damoetas: „Oder hier bei den alten Buchen, als du den Bogen des Daphnis zerbrochen hast und seine Flöte, weil du dich, garstiger Menalcas, geärgert hast, dass er sie geschenkt bekommen hat. Du wärst gestorben, hättest Du Deinem Zorn nicht freien Lauf gelassen!"
Menalcas: „Was sollen die Herren machen, wenn sich die diebischen Sklaven solches rausnehmen? Hab ich dich nicht gesehen, du Bösewicht, wie du hinterlistig den Ziegenbock des Damon gefangen hast, während der Hütehund dazu bellte? Und als ich rief: ‚Wo ist er denn jetzt hin? Tityrus, treib das Vieh weiter!', warst du hinter Riedgras verborgen."
Damoetas: „Ja hätte er ihn mir denn nicht geben müssen, nachdem ich ihn beim Singen besiegt hatte, wo doch meine Flöte mit ihren Liedern den Bock gewonnen hat. Denn wenn du es nicht weißt, mir hat der Bock gehört, Damon hat es selbst zugegeben, aber gesagt, er könne ihn mir trotzdem nicht geben."
Menalcas: „Du willst ihn im Singen besiegt haben? Hast du jemals eine Panflöte zusammengesetzt? Hast du nicht immer auf den Gassen, Unfähiger, jedes Lied elendiglich mit deiner zischenden Flöte in den Sand gesetzt?"
Damoetas: „Möchtest du also, dass wir im Wechselgesang ausprobieren, was jeder von uns kann?" (v. 7-29)

Die Hirten einigen sich auf Wetteinsätze. Damoetas setzt ein Kälbchen, während Menalcas nur ein Becherpaar bieten kann, weil sein Vater und seine Stiefmutter zuhause die Herde nachzählen (ecl. 3,29-43). Damoetas empfindet den Einsatz des Menalcas zwar nicht als gleichwertig, weil er schon ein solches Service besitzt,[53] aber es bleibt dabei (44-48). Nun fehlt nur noch ein Schiedsrichter. Der Nachbar Palaemon wird erfolgreich gebeten, dieses Amt zu versehen (49-54). Er fordert die Wettkämpfer auf, im Gras Platz zu nehmen und sich im Wechselgesang zu versuchen. Dieser ist so organisiert, dass immer der erste Sänger (er hat dadurch einen gewissen Vorteil) ein Thema anschlägt, das der folgende Sänger variieren muss (55-59). Der Wechselgesang der beiden Kontrahenten variiert die bukolischen Themen Viehzucht, Liebe und Dichtung (60-107). Am Schluss entscheidet der Schiedsrichter, dass keiner der Sänger gewonnen hat und erkennt auf Unentschieden (108-111).

Das Zusammenleben der Hirten gestaltet sich, wie oben bereits angedeutet, recht friedlich. Vergleicht man es etwa mit dem fünften Idyll des Theokrit, dem Vergil seine dritte Ekloge nachempfunden hat, so ist bereits der Spott, mit dem

---

[53] Powell, Barry B. „Poeta Ludens: Thrust and Counter-Thrust in Eclogue 3". *Illinois Classical Studies (ICS)* 1 (1976), S. 113-121, hier S. 115.

die beiden Hirten sich gegenseitig provozieren, deutlich gemildert worden.[54] Das kann man zum Beispiel daran erkennen, dass Menalcas den Damoetas zwar des Diebstahls bezichtigt, dieser aber einem Dritten angetan worden sei. Bei Theokrit beschimpfen die Hirten einander damit, dass der eine dem jeweils anderen etwas weggenommen habe und entsprechend unversöhnlich ist das Klima. Dass Damoetas bereit ist, den minderwertigen Einsatz des Menalcas zu akzeptieren, spricht ebenfalls für das letztlich solidarische Klima zwischen den Hirten. Damoetas ist offenbar auch interessiert daran, dass der Wettstreit zustande kommt, er ist ein gemeinschaftsstiftendes Ritual der Konfliktlösung, das große Akzeptanz genießt.

In Ekloge 7 kommt es erneut zum Einsatz, dort gibt es zwar einen Sieger, doch ein tiefgreifender Streit kann aus diesem Ritual nicht erwachsen, schon gar nicht, wenn der mythische Hirt Daphnis als Schiedsrichter fungiert.[55]

Die Gemeinschaft bei Vergil zerbricht nicht – und das nicht *obwohl*, sondern sogar *weil* Spott und Lachen hier zwischen den Teilnehmern der Gemeinschaft zirkulieren. Wie kommt das? Das Lachen entfaltet sich bei Vergil vor dem Hintergrund, dass die Mitglieder der Gemeinschaft – unabhängig davon, ob sie nun gerade einmal Zielscheibe des Spottes sind oder ob sie das Publikum eines Wettstreites bilden, wie zum Beispiel Meliboeus in der 7. Ekloge, – durch Tätigkeit und Ethos und *cum grano salis* auch durch ihre soziale Stellung eine Einheit bilden. Der Wettstreit aus der dritten Ekloge inszeniert diese Gleichheit in exemplarischer Weise. Er endet deshalb ohne Sieger, weil weder Palaemon noch der Leser einen Anhaltspunkt haben, die beiden Kontrahenten qualitativ zu unterscheiden.[56] Sie sind eine solidarische Gemeinschaft, die ein echtes Außen hat, das sie bedroht: Der Krieg und die Mächtigen fallen über die Hirten her, die Konflikte werden nicht in der bukolischen Welt erzeugt. Schiedsrichter zu sein ist ein vorübergehendes Amt, Gewinner zu sein ein kleines und labiles Glück, das gerne an den nächsten besseren Sänger abgetreten wird. Der Ton freundlichen Spottes erinnert zugleich an die dritte Epode des Horaz. Dies ist kein Zufall: Es ist ein inklusives Lachen. Der Unterschied besteht aber darin, dass Horaz und Mäzenas nicht wirklich von gleich zu gleich kommunizieren. Die Lachgemeinschaft der Epoden ist von innen her fragil und nach außen aggressiv,

---

[54] Alpers (Anm. 43), S. 104-107. Die Nähe der dritten Ekloge zum fünften Idyll ist wohlbekannt, ich begnüge mich daher mit dem Verweis auf die Kommentare von Clausen, Wendell (Hg.). *A Commentary on Virgil, Eclogues*. Oxford 1994; und Coleman, Robert (Hg.). *Virgil, Eclogues*. Cambridge 1977 (zahlreiche ND).

[55] Pöschl, Viktor. *Die Hirtendichtung Virgils*. Heidelberg 1964, S. 149 (hier auch der Vergleich mit Theokrit); Steinmetz, Peter. „Eclogen Vergils als dramatische Dichtungen". *Antike und Abendland* (*A&A*) 14 (1968), S. 115-125, S. 124. Mesk, Josef. „Der Schiedsspruch in der siebenten Ekloge Vergils". *Philologus* 83 (1923), S. 453-458.

[56] „Why does the singing-match of Damoetas and Menalcas end in a draw? Because they are, except for sexual orientation, virtually indistinguishable; and Virgil employes the umpire Palaemon to arrange a neutral decision." Clausen (Anm. 54), S. 91.

während die Hirtengemeinschaft eine feste Solidarität verbreitet, die von außen bedroht ist. Das ist der eigentlich utopische Zug des Bukolischen.

6. Utopische Gemeinschaften und kosmisches Lachen

Das Verhältnis von Utopie und Gelächter verdient in diesem Zusammenhang eine besondere Aufmerksamkeit. Vergil spricht in den Bukolika zweimal explizit vom Lachen und dies genau in den zwei utopistischen Eklogen 4 und 6. Horaz wiederum hat sich in der berühmten zweiten Epode (*beatus ille*) ironisch mit dem Landleben auseinander gesetzt.[57] Hier träumt sich der Wucherer Alfius aufs Land, bringt aber nicht das richtige Ethos mit, um sein Idyll zu verwirklichen: Er bleibt seinen Geldgeschäften verfallen. Erst in den letzen Versen enthüllt Horaz die Identität des Sprechers, der sich so sehnlichst ein einfaches Leben zu wünschen scheint und demaskiert so in witziger Form den utopischen Eskapismus des Sprechers, der alles andere als ein Verfechter einfacher Lebensweise ist. Durch ihre Stellung im Epodenbuch (zweite und vorletzte Epode) ist sie der sechzehnten Epode verbunden.[58] Hier ruft der Sprecher in seiner Eigenschaft als Seher-Dichter (*vates*) die Bürgerschaft dazu auf, das von Bürgerkriegen erschütterte Rom endgültig zu verlassen und nach den Inseln der Seligen auszuwandern. Diese Inseln der Seligen tragen eindeutig Züge des saturnischen oder goldenen Zeitalters. Beherrschte der Kampf zwischen Wölfen und Lämmern das übrige Epodenbuch – es ist hier eine bevorzugte Tiermetapher des Horaz –, prägt die 16. Epode das für diese Konzeption typische Nebeneinander sonst feindlich gesonnener Spezies und eine vorkulturelle Natur, die den Menschen ohne dessen Zutun versorgt (epod. 16,41-66).

Doch auch als Utopie bricht diese Verheißung bei Horaz zusammen. Er hat das in der ersten Hälfte des Gedichtes deutlich gemacht. Er fordert die Bürgerschaft auf, einen Eid zu leisten, erst dann nach Rom zurückzukommen, wenn die Felsen auf dem Wasser schwimmen, wenn die Tigerinnen sich zu den Hirschen legen und die Taube mit dem Falken Unzucht treibt (sic! s. u.) und wenn die Herden den Löwen nicht mehr fürchten (epod. 16,25-34). Das sind letztlich dieselben Bilder, mit denen die Inseln der Seligen beschrieben werden. Hier aber erscheinen sie als Adynata, mit denen der Schwur der Emigranten ewige Gültigkeit erhalten soll.[59] Wenn der Bär auf den Inseln der Seligen nicht mehr dro hend um die Hürden zieht, muss dasselbe für den Löwen gelten. Dann aber ist

---

[57] Bäuerliches Leben und bukolisches Idyll sind in der augusteischen Dichtung durchaus verschiedene Konzepte, dennoch nähern sie sich in Form, Gehalt und Funktion nicht selten an.

[58] Koster, Severin. „Utopie und Wirklichkeit. Horaz, Epoden 2 und 16". *Würzburger Jahrbücher* (*WJ*) 24 (2000), S. 151-165. Vgl. Mankin (Anm. 13), S. 244; Schmidt, Ernst A. *Zeit und Form. Dichtungen des Horaz.* Heidelberg 2002, S. 63.

[59] Mankin (Anm. 13), S. 256, 265.

der Eid, der die Bürgerschaft in ihrem Exodus zusammenhält, hinfällig. Utopie und Selbstverfluchung heben sich semantisch auf. Der Ausweg ist abgeschnitten. Folgerichtig endet das Buch nicht in der Utopie, sondern im Angesicht der siegreichen Hexe.

Horaz ironisiert (epod. 2) und verunmöglicht (epod. 16) eine positive Utopie in seinem Jambenbuch. Das lyrische Ich kann die politische und soziale Realität, in der es als Sprecher auftritt, nicht verlassen. Das vergilische Konzept scheint zunächst genau herumgedreht mit dem bukolischen Raum als Ausgangspunkt, von dem aus der Blick in die politische Realität fällt. Der schattenreiche[60] Wald, in dem die Hirten leben, ist aber besser bestimmt als ein Raum zwischen Realität und Utopie.[61] Es bewegen sich darin Menschen und Götter,[62] fiktionale und reale Personen. Man kann es auch daran ersehen, dass das bukolische Gedicht selbst wiederum Utopien formulieren kann. Ihr Status ist aber ein anderer als bei Horaz, und dies hat Konsequenzen für den Stellenwert des Gelächters:

Die sechste und die vierte Ekloge des Vergil sind beide durch ein besonderes Vorwort und eine monologische Struktur aus dem Rest der Eklogen herausgehoben.[63]

Erzählt wird in der sechsten, wie zwei sehr junge Hirten, Chromis und Mnasyllos, sich in einer Grotte dem ländlichen Gott Silen nähern, der dort vom Weine beschwert schläft. Eine schöne Naiade gesellt sich zu ihnen. Der Plan der Knaben ist es, Silen zu fesseln, damit er endlich einmal für sie ein Lied singe. Sie umwickeln ihn mit Blumengirlanden, die herumliegen, die Naiade schmiert dem Betrunkenen Farbe ins Gesicht. Silen erwacht und – lacht (ecl. 6,23-30):

> Jener lachte über die List und sagte: wozu windet ihr diese Fesseln? Macht mich los, ihr Knaben, es reicht, dass ihr den Eindruck erweckt habt, mich fesseln zu können. Hört die Lieder, die ihr euch gewünscht habt: Lieder für euch, für sie hier habe ich eine andere Belohnung! Zugleich begann er selbst. Da aber hättest du die Faune und wilden Tiere im Takt tanzen sehen können und wie die harten Steineichen ihre Wipfel schütteln; nicht freute sich der Parnass so an Apollon, und nicht bewunderte das Rhodopegebirge und der Ismarus so den Orpheus.

Die ganze Natur freut sich an dem Lied, das Silen jetzt singt. Es ist ein Weltgedicht. Es beginnt bei der großen Leere und den Atomen, die sich zu den vier Elementen verdichten (31-34). Es singt von der Trennung von Meer und Land

---

60 Die Landschaft bei Vergil ist auch viel baumreicher als die bei Theokrit vgl. Clausen (Anm. 54), S. xxvi.

61 „Simultaneously present in Eclogue 1 are ideal and real in many forms and in unresolved tension." Perkell (Anm. 45), S. 181. Das gilt für Vergils Bukolik allgemein. Vgl. Wright (Anm. 41), S. 112; Mauch (Anm. 48), S. 77.

62 Dieses Nebeneinander ist ungewöhnlich. Vgl. im Folgenden ecl. 6. Die *pueri* dort sind, trotz einer Notiz bei Servius, Menschen, vgl. Clausen (Anm. 54), S. 183 gegen Segal, Charles. „Vergil's Sixth Eclogue and the Problem of Evil". *TAPhA* 100 (1969), S. 407-435, hier S. 416, Anm. 30.

63 Dasselbe gilt für die zehnte, die aber hier nicht in Betracht kommt.

(35-36), von dem Aufstieg der Sonne an den Himmel (37) und der Wiedererschaffung des Menschen durch Deukalion und Pyrrha (41). Es folgt das saturnische Reich und der Betrug des Prometheus (41-42). Mit letzterem verlässt das Lied also bereits das goldene Zeitalter.[64] Dann plötzlich scheint die Auswahl der Episoden willkürlich zu sein: Silen singt von Hylas, den die Argonauten auf Chios verlieren (43-44), von Pasiphae, die sich in einen Stier verliebte, von den Proteustöchtern, die wahnsinnig wurden und sich für Kühe hielten (45-60), von Atalante (61), von den Schwestern des Phaëthon, die nach dessen Sturz aus dem Sonnenwagen in Pappeln verwandelt wurden (62-64). Die Dichterweihe des Gallus durchbricht kurz die mythologische Reihe (64-73), die dann ihre Fortsetzung findet in der Geschichte der Scylla, die in ein Monster mit bellenden Hundeköpfen um den Unterleib verwandelt wurde (74-77) und in der Geschichte von Tereus und Philomele mündet (74-81). Diese ist die Widerwärtigste, die die Antike hervorgebracht hat.[65] So könnte es weitergehen und es ist der einbrechende Abend, der Silens Erzählung zum Verdruss des Olymp beendet (82-86).

Vergil verweist hier m. E. gleichzeitig auf zwei Stellen in der Odyssee des Homer. Im vierten Gesang (363 ff.) erzählt Menelaos, wie er den Meeresgott Proteus auf Anraten von dessen eigener Tochter mit Netzen fesselte und ihn so zwang, ihm mitzuteilen, wie er die Insel Pharos wieder verlassen könne.[66] Doch das Motiv des Netzes, das zugleich als List (griech.: *dolos*) bezeichnet wird, findet sich noch ein weiteres Mal in der Odyssee, wenn Hephaistos seine Frau Aphrodite beim Liebesspiel mit Ares fesselt und beide nackt dem Gelächter der Götter preisgibt.[67] Die Naiade Aegle, die als Flussnymphe einen Bezug zur Proteustochter Eidothea aufweist, setzt der List der Knaben die Krone auf, indem sie Silen im Gesicht mit roter Maulbeere beschmiert und dieser ihr dafür eine besondere Belohnung, die natürlich erotisch zu verstehen ist, ankündigt. Durch das Motiv des Verspottens, das in dem alten Motiv des ‚Anschmierens' liegt,[68] und durch das erotische Moment wird auf die Hephaistosepisode verwiesen; in der Menelaoserzählung ist es nicht enthalten. Das gilt auch für das übergreifen-

---

64 „Prometheus is associated with the development of technology; and technology, as Eclogue 4 makes clear [...] accompanies the loss of the simple innocence of the Golden-Age theme." Segal (Anm. 62), S. 411.

65 Tereus vergewaltigt seine Schwägerin Philomele und reißt ihr die Zunge heraus, damit sie ihn nicht verraten kann, zusätzlich kerkert er sie ein. Als die Gattin des Tereus schließlich das Schicksal ihrer Schwester erfährt, setzt sie ihm das gemeinsame Kind als Mahl vor. Tereus erkennt zu spät, was er isst, und jagt dann seine Frau und seine Schwägerin vor sich her, dabei aber werden alle in verschiedene Vögel verwandelt.

66 Dieser Bezug ist wohlbekannt vgl. Coleman (Anm. 54), S. 180 f., den Ausdruck *somno iacentem* (v. 14) verwendet Vergil selbst später in den Georgica (4,404) für Proteus; Clausen (Anm. 54), S. 183, Segal (Anm. 62), S. 418.

67 Od. 8,266-366. Zum Motiv Netz und List im Griechischen vgl. u. a. die Studie von Detienne, Marcel u. Jean-Pierre Vernant. *Les Ruses De L'Intelligence. La métis des Grecs*. 2. Aufl. o. O. [Flammarion] 1978.

68 Clausen (Anm. 54), S. 185 f.

de Motiv des Gesangs, die Hephaistosepisode ist das Lied des Sängers Demodokos. Das Lied des Demodokos aber beinhaltet das sprichwörtliche homerische Gelächter. Das homerische ist von seiner Natur her ein spöttisches, sexuell herabsetzendes Gelächter und erinnert stark an das jambische Lachen des Horaz.[69] Vergil lässt dieses Gelächter nicht ertönen, verweist jedoch durch seine immanente Negierung darauf: Silen wird *nicht* verlacht, sondern lacht selbst über den letztlich machtlosen Versuch der Jugendlichen, ihn zu bezwingen,[70] er wird *nicht* beim Liebesspiel überrascht, sondern wird im Gegenteil später mit Aegle ein Schäferstündchen halten. Vergil macht somit deutlich, dass das nachsichtige Lachen des Silen etwas anderes ist als das homerische und damit auch das horazische (ohne dass man einen direkten Bezug annehmen muss)[71].

Die vierte Ekloge, wohl die berühmteste des Dichters, kündigt die Geburt eines Knaben an, der das goldene Zeitalter auslösen wird. Die Zeitebene ist hier gerade herumgedreht:[72] Während in Silens Weltgedicht eine lineare Zeit vom goldenen Zeitalter in das historische gedacht wird, das allein durch den gebieterischen Tagesrhythmus im Mythischen stecken bleibt, so dreht sich die Uhr durch die Geburt des Kindes vom eisernen über das heroische zurück zum silbernen und goldenen Zeitalter. Das Gedicht endet mit einem Anfang (ecl. 4,60-63):

> Beginne kleiner Knabe, mit deinem Lachen die Mutter zu erkennen: Zehn Monate hat deine Mutter dich unter Mühen ausgetragen. Beginne kleiner Knabe: Wem die Eltern nicht zugelacht haben, den würdigte der Gott nicht seines Tisches und die Göttin nicht ihres Lagers.[73]

Auch hier spielt das Lachen eine zentrale Rolle: Das Lachen des Knaben wird von den Eltern erwidert, und es ist dieses wechselseitige inklusive Lachen, das den Beginn des goldenen Zeitalters einläutet. Die vierte Ekloge endet so mit einem *incipit*, denn das saturnische Reich, das der Knabe auslöst, ist von den Zwängen der Zeit emanzipiert (auch wenn es selbst durch das Rollen der Jahrhunderte in fernster Zeit wieder abgelöst werden könnte). Das bukolische La-

---

[69] In epod. 5,57, dem einzigen Beleg für *ridere* in den Epoden, stellt sich Canidia vor, wie ihr Geliebter Varus als Greis liebestrunken durch die Nacht stolpert und sich damit dem Gelächter der Öffentlichkeit preisgibt.

[70] Baldwin (Anm. 48), S. 104.

[71] Wobei es hier nicht um direkte Bezugnahmen geht. Besonders was das Verhältnis von ecl. 4 und epod. 16 angeht, ist viel diskutiert worden, wer hier wen zitiere vgl. Maurach (Anm. 27), S. 21, Clausen (Anm. 54), S. 145-150, dort weitere Literatur.

[72] Seng, Helmut. *Vergils Eklogenbuch*. Hildesheim/Zürich/New York 1999, S. 44.

[73] Ecl. 4,60 63: „Incipe parue puer, risu cognoscere matrem / matri longa decem tulerunt fastidia menses. / incipe parue puer. Cui non risere parentes, / nec deus hunc mensa dea nec dignata cubili est." Ich folge für Vers 62b der Fassung aus sämtlichen Handschriften, obwohl sich die Konjektur *qui non risere parenti* großer Akzeptanz erfreut. Vgl. Coleman (Anm. 54), S. 148 f.; Clausen (Anm. 54), S. 144; Lefèvre, Eckard. „Catulls Parzenlied und Vergils vierte Ekloge". *Philologus* 144 (2000), S. 62-80, S. 67: „Diese Überlieferung [sc. der Handschriften, F. W.] ist zweifellos richtig."

chen erweitert sich zu einem kosmischen Lachen, das in umfassender Weise integrativ ist.

Das Lachen Silens korrespondiert mit der kosmischen Freude, die sein Lied auslöst. Doch ist diese kosmische Freude eine andere als die, mit der der Knabe in der vierten Ekloge das goldene Zeitalter begrüßt. Dessen Lachen ist heilbringend, es verändert die Welt und führt sie aus Konflikten heraus. Dagegen lacht Silen in das eiserne Zeitalter hinein. Seine Erzählungen entstammen einer Natur, die Konflikte heraufbeschwört und deren Paradoxien nicht im friedlichen Zusammenleben von Jäger und Gejagtem, sondern im widernatürlichen Verkehr verschiedener *species* liegen.[74] Es sind antiutopische Paradoxien, die nicht in eine Welt aufgehobener Zeitlichkeit gehören, sondern fest im postsaturnischen Zeitalter verankert sind. Dennoch freuen sich Natur und Olympier an diesem Gesang (die Olympier sind ja die Herren des eisernen Zeitalters). Gleichzeitig setzt sich das Drama der Zeitlichkeit auch in der Rezeption des Gesanges fort: Es ist der Abend, der dem Lied ein Ende setzt und so zum Verdruss des Olymp beiträgt (6,86: „inuito [...] Olympo"). Die Olympier selbst sind der Zeitlichkeit des eisernen Zeitalters unterworfen, die ihrer Lust am Gesang ein Ende setzt. „The Olympians, the gods of light and the day, must give way, and a new power enters to lead the realm of darkness which does not belong to them."[75] Der Wechsel von Tag und Nacht und der von Freude und Verdruss erscheinen so fest miteinander verknüpft und beschreiben das Drama der Zeitlichkeit. Dennoch ist der vorherrschende Eindruck der von Lachen und Freude. Es ist ein Lachen, das Widersprüche nicht beilegt, sondern in sich hinein nimmt. Damit ist es letztlich eine ästhetische Steigerung des bukolischen Lachens der Hirten, deren Gemeinschaft ja gerade angesichts der Bedrohungen durch Krieg und Tod Bestand hat und solidarisch bleibt. Silen, der fast schon im bachtinschen Sinne groteske Charakter (alt und jung zugleich), verweist als Träger des bukolischen Lachens auf den Zwischencharakter der bukolischen Welt als einem Ort zwischen einer heilversprechenden Utopie, wie sie in der vierten Ekloge gezeichnet wird, und der harten Realität, die immer wieder an den Rändern der bukolischen Welt aufscheint.[76] Die bukolische Welt hat somit Züge eines liminalen Raumes: Man kann sich in ihr nicht lange aufhalten, man muss sie durchqueren, sie ist räumlich und zeitlich begrenzt. Meliboeus darf in ihr verweilen, weil die Nacht seinen Aufbruch verzögert, Silen muss sein Lied beenden, weil die Nacht hereinbricht.

Damit bearbeiten beide Dichter in ihren Frühwerken das Problem der Gemeinschaftsbildung in einer Phase des politischen Überganges. Lachen und

---

[74] In diesem Sinne kann man auch die Gestalt des Gallus einordnen, er ist ein Repräsentant „of passion in its disordered aspect". Segal (Anm. 62), S. 431.

[75] Segal (Anm. 62), S. 428.

[76] Segal (Anm. 62), S. 434 f.

Spott sind zentrale Prüfsteine dieser Gemeinschaften. Das jambische Lachen ist vorwiegend aggressiv und antiutopistisch, dass bukolische solidarisch und utopisch. Es sind zwei Seiten der gleichen Medaille. Beide Lachtypen sind liminal, insofern sie einen Übergang begleiten. Vergil ist daher nicht naiver oder eskapistischer als Horaz. Er weiß, in welche Welt er seine Hirten entlassen muss.[77] Dies kann man m. E an einem späteren Reflex sehen, den die *Aeneis* auf die *Bukolika* gibt.[78]

Im 12. Buch der *Aeneis* vollendet sich die Mission des Aeneas. Er schließt einen Bund mit den feindseligen Rutulern. Der Krieg soll aufhören, stattdessen kämpfen Turnus und Aeneas alleine um die Vorherrschaft in Latium. Doch Betrug lässt die Rutuler den Vertrag brechen und das Chaos bricht erneut los: Mitten im Kampfgetümmel lässt Vergil eine Person auftauchen, die bisher noch nicht aufgetreten ist (Aen. 12,304-310), – einen Hirten:[79]

> Podalirius folgt dem Hirten Alsus, wie er im ersten Treffen durch die Geschosse hindurch rennt und kommt mit dem blanken Schwerte über ihn; jener aber reißt das Beil zurück und spaltet ihm die Stirn und das Kinn mitten entzwei und benetzt ihm die Waffen mit viel Blut. Jenem bedrängt die harte Ruhe die Augen und der eiserne Schlaf, der Blick schließt sich in ewiger Nacht.[80]

Fern seiner bukolischen Freistatt ist auch der Hirte kein besserer Mensch. Er wird zum Mörder. Für Vergil kann es wohl kaum ein härteres Bild geben. Im Krieg wird jede Gemeinschaft prekär.

7. Epilog: Gruppe und Herrscher

Die Römer haben eigentlich nur eine einzige Gattung als genuin römisch betrachtet: die Satire, die die Dichter Ennius und Lucilius erfunden haben (Quintilian, inst.10,1,93: „Satura quidem tota nostra est"). Sie ist ein Kennzeichen für den Status der römischen Literatur am Ausgang des zweiten vorchristlichen Jahrhunderts. Waren die ersten Träger der römischen Literatur noch Sklaven,

---

77 Segal (Anm. 62), S. 434 f.

78 Im Werk des Vergil herrscht eine erstaunliche Kontinuität bestimmter politischer Überzeugungen. Formal hat Carlucci gezeigt, dass in der Aeneis immer wieder sprachliche Anklänge auf die Bukolika zu finden sind. Ein Ausschnitt ihrer Dissertation zu diesem Thema wird vorab veröffentlicht: Carlucci, Nadja. „Presenza delle Bucoliche nel XII Libro dell'Eneide". *Lexis* 23 (2005).

79 Hirten spielten bereits beim Ausbruch des Krieges im siebten Buch eine zentrale Rolle; vgl. Wimmel, Walter. *Hirtenkrieg und Arkadisches Rom. Reduktionsmedien in Vergils Aeneis.* München 1973.

80 „[...] Podalirius Alsum / pastorem primaque acie per tela ruentem / ense sequens nudo superimminet; ille securi / aduersi frontem mediam mentumque reducta / dissicit et sparso late rigat arma cruore. / olli dura quies oculos et ferreus urget / somnus, in aeternam conduntur lumina noctem."

Freigelassene und Klienten, eroberte sich die literarische Beschäftigung zunehmend ihren Platz in der Oberschicht. Die lucilische Satire setzt eine satirische Lizenz voraus, derer sich der Dichter bewusst ist.[81] Es ist vielleicht kein Zufall, dass auch die Humanisten ausgerechnet für das Lachen im Bereich der Gattung vergleichsweise innovativ geworden sind. Lachen und Komik sind besonders zeitgebunden, sowohl inhaltlich als auch formal. Lachen in Gemeinschaft und Lachen über andere hat eine sehr politische und auch sehr heikle Dimension. Die deutschen Humanisten waren ganz anders politisiert als die augusteischen Dichter. „Als Themen [...] werden besonders herrschaftslegitimierende und historiographische Schriften im weitesten Sinne genutzt."[82] Natürlich erhob man für den Kaiser gegen den Franzosenkönig oder gar die Schweizer seine Stimme, aber damit geriet man in keine nennenswerten Konflikte im eigenen Umfeld. Der humanistische Dichter kämpfte um einen Platz in festen Institutionen (Universität oder Hofkanzlei) und hat die klassischen Probleme sozialer Aufsteiger (vgl. die Arbeiten von Schirrmeister). Das Projekt des Humanismus zeichnete sich ferner nicht durch das Erschließen neuer Gattungen aus, sondern durch eine bestimmte Ideologie (umfassende Kompetenz des *vir bonus* in Wissenschaft und Literatur) und Sprachnorm (mehr oder minder ciceronisch-terenzianisches Latein), in der diese Gattungen aktualisiert wurden. Humanistisches Dichten war damit letztlich eine professionalisierte, und zum Teil auch routinisierte Tätigkeit. Die Facetie ist insofern ein typisches Produkt dieser Professionalisierung: Inhaltlich unterscheidet sie sich nicht radikal vom volkssprachlichen Schwank, die Arbeit des Humanisten steckt zu einem großen Teil in der Übersetzung. Dennoch trägt sie durch ihren Sammlungscharakter und die übergreifende Verklammerung eines sozialen Milieus, das immer wieder aufscheint, durchaus auch im Bereich der Gattung innovative Züge. Anders als die – bei den Humanisten durchaus erfolgreiche – Satire konnte die Facetie das gemeinsame Lachen zum einen sehr gut reinszenieren,[83] zum anderen an die volkssprachliche Erzählliteratur anknüpfen. Hier steckt bereits in der Wahl der Gattung eine gewisse Transgression der scheinbar so wichtigen Grenze zwischen *docti* und *indocti* (s. o.). Dies setzt sich auch in den konkreten Facetien fort. Gerade bei Bebel kann man sehr deutlich sehen, wie der Humanist sich in die Mitte der Gesellschaft begibt und seine Vorurteile gegen andere soziale Gruppen ins Wanken geraten.[84] Damit wird allerdings nicht sein Anspruch als Humanist in Frage gestellt, der gerade durch die Erkenntnis und Beseitigung grenzziehender Urteile seinen Ort in der Gesellschaft zu gewinnen sucht. Dies ist etwas völlig anderes

---

81 Mauch (Anm. 48), S. 65, 72, 82.
82 Schirrmeister (Anm. 4), S. 49.
83 z. B. Bebel (Anm. 1), 1. Buch, 30, 31, 41, 50, 58, 71.
84 Wittchow, Frank. „Eine Frage der Ehre. Das Problem des aggressiven Sprechaktes in den Facetien Bebels, Mulings, Frischlins und Melanders". *Zeitschrift für Germanistik* N.F. 2 (2001), S. 336-360, S. 347 u. 349.

als die Dekonstruktion der *ingroup*, wie sie Horaz betreibt, oder einer bukolischen Entrückung des vergilischen Dichter-Hirten. Das Prekäre der humanistischen *sodalitas* ergibt sich gerade daraus, dass sie es sich weder leisten kann, die Schwäche der eigenen Position offen zu legen, noch sich in ein bukolisches Idyll zu versetzen.

Auch in den frühen Jahren des Prinzipates sind es wiederum Senatoren und Ritter, die finanziell unabhängig sind und sich aus eigener Entscheidung der Literatur zuwenden. Sie begeben sich aus eigenem Antrieb in die Nähe mächtiger Patrone (Mäzenas, Messalla u.a.), weil sie sich von diesen *beneficia* erwarten, die zu erwidern sie zwar bereit sind, die aber ihr Schaffen nicht bestimmen.[85] Ihre Literatur dient vielmehr dazu, das Selbstverständnis „einer existentiell desorientierten Gruppe", der republikanischen Aristokratie, zu artikulieren und angesichts einer „politisch heterogenen Gesellschaft" „Identifikationsangebote" an verschiedene Gruppen zu machen.[86] Sie nutzen damit einen literarischen Freiraum, der ab ca. 20. v. Chr. mit der Abkühlung des Verhältnisses von Mäzenas und Augustus abgeriegelt wird und erst dann etwas hervorbringt, was man im eigentlichen Sinne als höfische Dichtung bezeichnen kann.[87]

---

[85] Mauch (Anm. 48), S. 89. Vgl. zu dem gesamten Komplex der Beziehungen zwischen Prinzeps und Dichtern neben der exzellenten Studie von Mauch auch White, Peter. *Promised Verse. Poets in the Society of Augustan Rome*. London 1993; und Griffin, Jasper. „Augustus and the Poets: ‚Caesar qui cogere posset'". *Caesar Augustus. Seven Aspects*. Hg. v. Fergus Millar u. Erich Segal. Oxford 1984, S. 189-218. Ich danke Herrn Prof. Ulrich Schmitzer für seine wertvollen Hinweise zum Verhältnis Dichter – Kaiser in augusteischer Zeit.

[86] Mauch (Anm. 48), S. 77 u. 127

[87] Mauch (Anm. 48), S. 91 u. 128 ff.

KLAUS GRUBMÜLLER

Wer lacht im Märe – und wozu?

Was komisch sei, ist bekanntlich nicht kulturunabhängig zu klären. Was als komisch empfunden wird, ist abhängig von kulturellen, insbesondere ästhetischen und ethischen, Standards, auch von persönlichen Erfahrungen und Maßstäben. Der Rückgriff auf ästhetische Systeme erbringt in der Regel keine ausreichende Klärung, weil sie zumeist aus Prämissen abgeleitet sind, deren generelle und ausnahmslose Geltung selten zweifelsfrei angenommen werden kann und deren Überschreitung oder Verletzung das Phänomen des Komischen zu einem guten Teil überhaupt erst konstituiert. Eine Chance, unhistorische Vorstellungen über das Komische in einer Gesellschaft zu vermeiden, bietet die Ermittlung dessen, was in den Texten selbst als komisch bezeichnet wird. Das schließt dann selbstverständlich nicht aus, dass auch nicht ausdrücklich Indiziertes komisch sein soll. Aber es mag einen unbezweifelbaren Standard freilegen, von dem aus weitergedacht werden kann. Mit diesem Ziel frage ich nach dem Lachen im Märe.

Selbstverständlich gehe ich nicht davon aus, dass das Publikum nur über das lacht, worüber die Figuren eines Märe lachen, und nicht einmal ohne weiteres davon, dass das, worüber die Figuren eines Märe lachen, als komisch empfunden werden soll. Die Vorstellung, dass das Lachen der Figuren als eine Art Rezeptionsanweisung für die Hörer zu verstehen sei, als Anweisung zum Mitlachen, lässt grundlegende texthermeneutische Prinzipien außer Acht.[1] Lachen in Texten ist immer erzähltes Lachen, entweder als ‚Figurenlachen', ebenso perspektivisch gebunden wie die ‚Figurenrede', oder auch als ‚Erzählerlachen', Teil des Textes und als solcher etwa der Charakterisierung des Erzählers dienstbar gemacht. Auch der Erzähler kann – aus der Perspektive eines Rezipienten – unangemessen lachen und sich damit als unverständig oder liederlich entlarven, und erst recht können es die Figuren. Hans Folzens „Hose des Buhlers" (s. u.) bietet ein treffliches Beispiel: Wenn einer lacht, ohne zu merken, dass er über sich lacht, seine Mitlacher aber genau darüber lachen, dass er gerade dies nicht

[1] Einige Anmerkungen dazu bei Keller, Johannes. „Dekonstruierte Männlichkeit: von scheintoten und begrabenen Ehemännern". *Aventiuren des Geschlechts. Modelle von Männlichkeit in der Literatur des 13. Jahrhunderts.* Hg. v. Martin Baisch u. a. Göttingen 2003, S. 123-148.

merkt, dann sind die Funktionen des Lachens aufgespalten, dann überlagern sie sich und konstituieren in dieser Überlagerung die Komik der Situation. So führt diese ‚Lachgemeinschaft' das hermeneutische Problem im Lachen selbst vor Augen. Hier wie anderswo dispensieren diese Zugangsprobleme nicht von einer fundierenden Heuristik. Wo und unter welchen Umständen wird also in Mären gelacht, warum lacht man, wer lacht? Wenn ich so frage, verfahre ich gewissermaßen semasiologisch: Ich gehe von der Bezeichnung aus, nicht von der Bedeutung. Ich bin also darauf angewiesen, dass das Lachen ausdrücklich benannt wird und sich nicht etwa hinter Gesten oder ungefähren Umschreibungen verbirgt, etwa dem nicht seltenen Märenschluss, jemand verlasse den Schauplatz des Geschehens heiter und frohen Mutes (es mag ja sein, dass er dabei lacht).

1. Worüber lacht man?

Im Märe lacht man über gelungene Streiche. In schallendes Lachen brechen die beiden Schüler aus, die sich durch die raffinierte Vertauschung von Bett und Wiege eine Liebesnacht mit der Frau und der Tochter ihres Gastgebers verschafft haben:

> die schuolære die schieden dan
> mit urloube ûf ir strâze;
> si lachten âne mâze
> von diser gemelicher tât. (‚Studentenabenteuer A', v. 466-469)[2]

Übermütig lacht Heinrich Kaufringers „hüpsche schuosterin"[3] aus Augsburg, die mit ihrem Chorherrn im Badezuber sitzt und es fertig bringt, ihren Mann an der Wahrnehmung dieses Sachverhalts zu hindern: „des lachet ser das frauwelein" (v. 108).

Herzhaft lachen müssen auch die Ritter, die erleben, wie einer der ihren die Sorge um seine alte Mutter einem anderen anhängt: „ez dûhte si gemellich; / si lachten und verburgen sich." (Volrat, „Die alte Mutter", v. 175 f.)[4]

Und selbst Kaiser Friedrich lacht schallend, als er merkt, dass er – so manipuliert – durch seinen Spruch den falschen Ritter dazu verpflichtet hat, die blinde Freifrau als seine Mutter zu ehren: „von der gemellîchen sage / der keiser lachte starke." (ebd., v. 234 f.)

Man lacht über Torheiten beliebiger Art, die im Erzählen zum Vorschein kommen. Verlacht wird die nach gesellschaftlicher Anerkennung gierende Frau des Bürgers, als dieser sie in voller Rüstung und ritterlich ins Leere kämpfend

---

[2] Zit. n. der Ausgabe von Stehmann, Wilhelm. *Die mittelhochdeutsche Novelle vom Studentenabenteuer*. Berlin 1909, S. 198-216.

[3] Zit. n. Kaufringer, Heinrich. *Werke 1. Text*. Hg. v. Paul Sappler. Tübingen 1972, S. 105-111.

[4] Zit. n. Haupt, Moritz (Hg.). „Von der alten Mutter". *ZfdA* 6 (1848), S. 497-503.

von der Kirche abholt: „Erst spotten ir die leütt so seer / Mit gespett vnd lachen ymmermer.“ („Der Bürger im Harnisch“, v. 97 f.)[5]

Befriedigt lacht die alte Kupplerin über den „toren“ (v. 226), der sich einreden lässt, der Genuss von Kerbelkraut sei schuld daran, dass er im Bett seiner Frau vier statt der zu erwartenden zwei Füße gesehen habe: „Do lachtes und kert sich dan“ (v. 241).[6] Im „Gänslein“ lachen die Mönche über die naive Freude ihres jungen, von seinem ersten Ausritt zurückgekehrten Mitbruders, dem alles in der Welt neu vorgekommen war:

> dô begunde er in verjehen
> daz er wol hete gesehen
> vil dinge in dem lande,
> des er ê niht erkande.
> des gelachten si vil,
> sîn rede was ir aller spil. (v. 189-194)[7]

2. *Wann und wo wird gelacht?*

Die Frage klingt überflüssig und albern. Man lacht doch wohl (wenn man lacht), nachdem der Streich gelungen ist. Dann lachen die beiden Schüler im „Studentenabenteuer“, die Schustersfrau aus Augsburg, die Kupplerin im „Kerbelkraut“, die Mönche im „Gänslein“. So lacht z. B. auch der Ritter im „Häslein“[8], nachdem er sich auf charmante, aber durchaus zweifelhafte Weise sein Minneabenteuer ‚erkauft‘ hatte: „der ritter lachende dannan reit“ (v. 186). Aber der Ritter lacht noch einmal, und dann schallend vor einer versammelten Festgesellschaft. Das berührt unser Tagungsthema: Wann lacht man heimlich, wann unter Kumpanen, wann öffentlich?

Das erste Lachen des Ritters im „Häslein“ entspricht dem Lachen der beiden Schüler, der Kupplerin, der Schusterin: Es entsteht aus der Freude über einen gelungenen Streich und ein vergnügliches Erlebnis, ein Lachen der Selbstbestätigung oder des heimlichen Einvernehmens, das sich auf den Urheber (oder auch auf zwei: „Studentenabenteuer“) richtet; es braucht keine Öffentlichkeit.

Das zweite Lachen entspricht dem Lachen der Ritter in der „Alten Mutter“: Sie lachen öffentlich, und in ihrem Lachen mischen sich Vergnügen, Schadenfreude – und Spott. Das öffentliche Lachen ist immer zugleich ein öffentliches

---

5 Zit. n. Cramer, Thomas (Hg.). *Mærendichtung*. Bd. 1. München 1979, S. 168-170.

6 Zit. n. Niewöhner, Heinrich (Hg.). *Neues Gesamtabenteuer. Das ist Fr. H. von der Hagens Gesamtabenteuer in neuer Auswahl. Die Sammlung der mittelhochdeutschen Mären und Schwänke des 13. und 14. Jahrhunderts*. 1. Bd. Hg. v. Werner Simon mit den Lesarten besorgt v. Max Boeters u. Kurt Schacks. 2. Aufl. Dublin/Zürich 1967, S. 96-99.

7 Zit. n. Grubmüller, Klaus (Hg.). *Novellistik des Mittelalters. Märendichtung*. Frankfurt a. M. 1996, S. 648-665.

8 Grubmüller (Anm. 7), S. 590-617.

Urteil und deshalb dem Spott nahe; im „Bürger im Harnisch" (s. o.) werden Lachen und Spott ausdrücklich zusammengebunden: „Erst spotten ir die leütt so seer / Mit gespett vnd lachen ymmermer."

Wie beides ineinander greifen und sich verschränken kann, lässt sich am „Häslein" erkennen: In dieser Geschichte, entstanden wohl gegen Ende des 13. Jahrhunderts, verführt ein Ritter ein unschuldiges Mädchen. Er ‚verkauft' ihr ein Häslein, das ihm zugelaufen war, um den Preis ihrer Minne. Da sie nicht weiß, worum es sich bei diesem Preis handelt, geht sie freudig auf das Geschäft ein und muss nur den Ritter bitten, selbst nach der Minne zu suchen, denn sie selbst wisse gar nicht, ob sie sie besitze und wo sie sich befinde. Mit dem Ergebnis ist sie so sehr zufrieden, dass sie ihn bittet, gleich noch ein zweites Mal nach der Minne zu suchen. Der Ritter kommt dem gerne nach und reitet dann hocherfreut, „lachend" (s. o.), davon.

Stolz über den auf so angenehme Weise erworbenen Hasen erzählt das Mädchen den Vorfall ihrer Mutter, und als sie deren Entsetzen gewahr wird, beschließt sie, das Geschäft rückgängig zu machen. Der Ritter, der die Doppelungslogik des Märenerzählens zu kennen scheint, begegnet ihr tatsächlich ein zweites Mal, und selbstverständlich erfüllt er ihre Bitte und gibt ihr die Minne auf dem nun schon bekannten Wege zurück; das Häslein lässt er ihr überdies noch als Geschenk:

> der bleip ir zuo gewinne.
> si dûhte in ir sinne,
> siu het ez wol geschaffet,
> und er waere gar veraffet. (v. 277-280)

Der ritterliche Verführer begegnet dem Mädchen wieder am Tage seiner festlichen, vor großer Gesellschaft gefeierten Hochzeit mit einer jungen Dame von Stand und Vermögen, zu der er sie selbst eingeladen hatte. Als er sie, mit dem Häslein im Arm, erblickt, bricht er vor der ganzen Festgesellschaft in schallendes Gelächter aus:

> der wirt, der dâ wol wiste,
> wie der hase wart gekouft,
> und wie diu tohter wart zerrouft,
> der lachete unt tet einen kach
> und began sô sêre lachen
> von den selben sachen
> und mohte sich des niht enthaben,
> daz man in ieze wolte laben,
> und wider kûme kam ze sich. (v. 398-403)

Selbstverständlich löst dieses ungehemmte, durch die höfische Etikette des Festmahls durchbrechende Lachen die Neugier der Leute aus; man will wissen, worüber er gelacht hatte. Aber der Ritter will sein Geheimnis für sich behalten: „ich waene, er sîne heinlikeit / vil ungerne ieman haete geseit." (v. 407 f.)

Er verhält sich damit so, wie es sich auch motivgeschichtlich gehört. Das zeigt ein Blick auf die Motivverwandten, den „Sperber“, die ältere „Dulciflorie“ und die beiden Fabliaux „De la Grue“ und „Du Heron“ aus dem ersten Drittel und vom Ende des 13. Jahrhunderts. Ihnen allen fehlt das öffentliche Schlusstableau. Im „Sperber“ z. B. lebt schon das junge Mädchen in der Abgeschiedenheit des Klosters, für die Minnebegegnung achtet der Ritter sehr sorgfältig auf die Verborgenheit des Baumgartens, die Enthüllung des Geschehenen spielt sich allein im Gespräch zwischen der Klostervorsteherin und dem Mädchen ab; der Ritter spricht mit niemandem darüber.

Warum aber lacht der Ritter im „Häslein“ zunächst so unmäßig vor allen? Warum löst der Anblick des Mädchens die Fesseln der Etikette? Es ist gewiss nicht nur die Erinnerung an das amouröse Abenteuer. Sie erscheint ja sonst gerade nicht als dieses pralle, öffentliche Lachen, sondern eher als *vröude*, die man für sich behält, wie etwa im „Sperber“[9] (der dem „Häslein“ vielleicht als Vorlage gedient hat): „sîn herze daz wart vröuden vol“ (v. 156).

Oder es drückt sich als verhohlene Vorfreude aus wie im „Rädlein“[10], in dem der Erzähler den Hinweis gibt, dass solche am Platze wäre, als der künftige Liebhaber seinem schlafenden Mädchen das Rädlein auf den Bauch malt, das ihm die Verführung ermöglichen wird: „jâ nimt mich wunder wes er gedâht, / daz er die wîle niht enlacht“ (v. 148).

Es ist wohl auch nicht einfach das dem Märe eigene Amüsement über sexuelle Naivität als die plakativste und gewissermaßen zivilisatorisch verschuldete Form der Torheit, wie sie z. B. der von der Welt ferngehaltene junge Mönch verkörpert, der gerne auch auf seiner Klosterweide diese hübschen Geschöpfe sähe, von denen man ihm gesagt hat, man nenne sie Gänse: „des lachten si dô beide, / des wirtes tohter und sîn wîp“ (v. 90 f.)[11] – eine sehr intime Lachgemeinschaft.

Den unbeherrschbaren Ausbruch bewirkt über die erinnerte Freude an die listig errungenen vergangenen Erfolge hinaus offensichtlich der Kontrast zweier Welten, den die rührende Naivität des Mädchens inmitten der Festgesellschaft mit einem Schlage offenbart. Das Intime, auch die Intimität der dem Häslein-Handel zugrunde liegenden Gefühlswelten, erscheint in der Öffentlichkeit, enthüllt sich und will zugleich verborgen bleiben: Das Lachen markiert eine emotionale Spannung, es zeigt eine Affektation des Ritters an, die auszudrücken er sich nicht in der Lage sieht. Dieses Lachen enthüllt, ohne mitzuteilen. Es ist deshalb, obgleich durch Öffentlichkeit ausgelöst, doch ein Lachen gegen die Öffentlichkeit. Die Gemeinschaft konstituiert sich nicht durch das Lachen oder für dieses, sie ist nur Katalysator für die zwanghafte Bewältigung des Privaten im Öffentlichen. Die Gemeinschaft hat hier über ihre Katalysatoren-Rolle hin-

9 Grubmüller (Anm. 7), S. 568-589.
10 Grubmüller (Anm. 7), S. 618-647.
11 „Das Gänslein“. Grubmüller (Anm. 7), S. 648-665.

aus auch keine Funktion: Sie kann ihre eigentliche Aufgabe, im Lachen die Ordnung des Gehörigen wiederherzustellen, nicht wahrnehmen, weil sie die Ursachen des Lachens nicht kennt. So wird im Gegenbild noch einmal deutlich, worin sich das intime, selbstbezügliche Lachen und das öffentliche Lachen unterscheiden: in Selbstbestätigung und Kritik.

Die Selbstbestätigung des ‚heimlichen", des ‚Sich-ins-Fäustchen-Lachens' ist von den Theoretikern bisher so gut wie gar nicht beachtet worden, die kritische Funktion des Lachens aber sehr wohl, am grundsätzlichsten von Joachim Ritter.[12] Er hat beschrieben, dass das Lachen durch die Thematisierung des in einer jeweils gegebenen Ordnung nicht Zugelassenen oder wenigstens nicht Vorgesehenen ausgelöst wird. Denn es liege

> im Wesen des positiv das Dasein bestimmenden, im Wesen von Ordnung, Sitte, Anstand und sachlichem Ernst, daß sie die eine Hälfte der Lebenswelt zwingen, in der Form des Entgegenstehenden und Nichtigen zu existieren und dazusein, nicht weil der Mensch in zwei Welten lebt, sondern weil, platonisch gesprochen, damit daß etwas als wesentlich seiend gesetzt wird, immer auch etwas als das Andere zum Nichtseienden werden muß. Aber daraus folgt etwas Merkwürdiges. Das Nichtige steht so selbst in einem für den Ernst nicht faßbaren oder nur negativ faßbaren geheimen Zusammenhang mit der für den Ernst gesetzten Lebensordnung. Es gehört zu ihr dazu, aber so, daß der Ernst, der es ausgrenzt, es immer nur als das Ausgegrenzte und Andere, das für ihn selbst im Hintergrund verborgen bleiben muß, fassen kann. [...] Was mit dem Lachen ausgespielt und ergriffen wird, ist diese geheime Zugehörigkeit des Nichtigen zum Dasein; sie wird ergriffen und ausgespielt, nicht in der Weise des ausgrenzenden Ernstes, der es nur als das Nichtige von sich weghalten kann, sondern so, daß es in der ausgrenzenden Ordnung selbst gleichsam als zu ihr gehörig sichtbar und lautbar wird.[13]

Ritter will das Lachen als ein ‚Spiel' zwischen dem Ausgegrenzten und der ausgrenzenden Lebensordnung verstehen:

> [...] in diesem Spiel wird die Zugehörigkeit alles dessen zur Lebensordnung erwiesen, was für den Ernst nur als das Nichtige und Entgegenstehende außen vor bleiben muß. Das Lächerliche wäre in diesem Sinne am Entgegenstehenden das Moment, durch das diese seine Zugehörigkeit zur Lebenswelt sichtbar und positiv ergriffen werden kann. Die Lebenswelt ist der unsichtbare Partner, auf den bezogen zu sein dem stofflichen Gehalt den Glanz des Komischen und Lächerlichen verleiht.[14]

Wenn das Lachen diese Wirkung haben soll, brauchen diejenigen, die lachen, die Autorität, für die Maßstäbe der Lebenswelt einstehen zu können: der Hof, die Stadt vertreten sie ihrer Bestimmung nach. Die Öffentlichkeit als Lachgemeinschaft ist so immer das Organ des urteilenden Lachens.

---

12 Ritter, Joachim. „Über das Lachen". *Subjektivität. Sechs Aufsätze.* Frankfurt a. M. 1974, S. 62-92.

13 Ritter (Anm. 12), S. 75 f.

14 Ritter (Anm. 12), S. 76 f.

3. *Wer lacht?*

Es lachen die Manipulateure ebenso wie die Manipulierten, die Zuschauer wie die Zuhörer. Besonders herzlich lachen die, die beides sind, Zuschauer und Akteur, so wie in Rosenplüts „Fahrendem Schüler“ die Frau des Bauern, die als einzige durchschaut, wie der Schüler ihre beiden Männer, den Ehemann und den Liebhaber, in Angst und Schrecken versetzt und sie ihr so vom Leibe schafft:

> die frau der hönerei do lachet,
> das ers so hübschlich hett gemachet,
> das er dem pfaffen half davon,
> das sein nicht kennen kond ir man [...]. (v. 169-172)[15]

Wenn Überlistete über ihre Niederlage lachen, dann geben sie, wie der Kaiser in der „Alten Mutter“, zu erkennen, dass sie zur Einsicht gekommen sind und die neue Wahrheit akzeptieren. Lachen setzt immer einen Akt der Erkenntnis voraus: über Situationen, über sich, über andere.

Nicht lachen deshalb die Narren; denn ihnen fehlt die Einsicht in ihre Torheit. Sie werden bloßgestellt: Andere lachen über sie. Wenn die Toren dennoch lachen, dann entlarven sie sich erst recht. Denn dann geben sie im Lachen vor, die Situation zu durchschauen und bestätigen sich gerade damit als die Getäuschten. So geschieht es dem Schuster in Heinrich Kaufringers „Chorherr und Schusterin“[16], der lachen muss, weil er dem Wasser ausweichen kann, mit dem seine im Badezuber sitzende Frau ihn bespritzt, und dabei statt des vermeintlichen Triumphes doch die schlimmste Niederlage erfährt, denn der mit im Zuber sitzende Chorherr wird damit vor ihm verborgen. Es gilt das genaue Gegenteil dessen, was er glaubt erkannt zu haben: „wann ich nicht schadhaft worden bin. / du hast verlust und ich gewin.“ (v. 81 f.)

Ebenso ergeht es dem Ehemann im „Ritter unter dem Zuber“[17], den seine Frau dreist, aber eindringlich (v. 287: „die rehte warheit ich dir sage“) darauf hinweist, dass der gesuchte ehebrecherische Ritter sich genau unter dem Zuber versteckt, auf dem der Mann sitzt. Im Lachen über die Aufforderung, dort zu suchen, glaubt er sich der Gefahr zu entziehen, zum Narren gehalten zu werden, und wird es doch gerade dadurch:

> des begunde er lachen.
> ‚wiltu mich‘, sprach er, ‚machen
> zuo einem toren, sage mir!
> des rates ich niht volge dir.
> noch sin wir gnuoc vertoeret.‘ (v. 289-293)

---

15 Zit. n. Grubmüller (Anm. 7), S. 916–927.
16 Kaufringer (Anm. 3), S. 105-111.
17 Zit. n. Grubmüller (Anm. 7), S. 544-565.

Zum strukturierenden Element einer ganzen Geschichte wird dieses Prinzip des sich selbst täuschenden Lachens in der „Hose des Buhlers“[18] des Hans Folz. Man lacht dort immerfort, die einen um zu täuschen, der andere indem er sich täuscht. Und man fragt einander unentwegt nach der Bedeutung des Lachens.

Die Aktion wird eingeleitet durch ein scheinbar unmotiviertes Auflachen der Amme bei Tisch. Es ist Reaktion auf die düstere Miene des Herrn und erster Schritt einer weiträumigen Strategie. Denn die Amme vermutet mit Recht, dass die Sorgen des Kaufmanns ausgelöst sind durch irgendein Indiz für die Liebesnächte seiner Gattin „mit dem stoltzen jungling in der statt“ (v. 5); in der Tat hat der Ehemann die Unterhose des Liebhabers im Bett seiner Frau gefunden. Noch bevor die Amme Genaueres darüber weiß, kündigt sie an, dass sich dahinter irgendeine lustige Geschichte verberge, die den Kummer ins Lachen verkehren werde:

> Die am die nam ir pald ein sachen
> Und thett vor im gar lautt erlachen
> Unnd sprach: ‚herr, west ir, was ich waiß,
> Ir sest in sorgen nit so haiß,
> Ir müestent seer von hertzen lachen.‘ (v. 41-45)

Selbst die Ehefrau, um deren Ehre es doch gerade geht, versteht dieses Lachen nicht und fragt nach seiner Bedeutung: „Die fraw eylt nach und sprach pald: ‚sag, / Was ditz dein lachen deütten mag?‘“ (v. 47 f.) Statt einer Antwort erhält sie Anweisungen für die Inszenierung eines Verdunkelungsversuches. Man erfährt beim Liebhaber, dass er seine Unterhose im Ehebett vergessen habe, kauft zwei des gleichen Typs dazu, tritt lachend vor den Herrn, der noch über die Bedeutung des ersten Lachens nachsinnt und nun nach der des zweiten fragt: „Was deütt das lachen das ir thutt?“ (v. 71). Es wird ihm von einer Wette zwischen Ehefrau, Amme und Magd erzählt, nach der sie sich verpflichtet hätten, acht Tage lang alle drei diese Unterhosen zu tragen; wer das vergesse, müsse ein Viertel Wein bezahlen. Die Ehefrau habe schon zwei Mal versagt. Die Lösung deutet sich an: „Der gutt man lachett und wart fro / Und dacht: ‚Ir bruch hab ich alda.‘“ (v. 87 f.) Zur Sicherheit lässt er die drei noch die Röcke heben, und wie abgesprochen trägt die Ehefrau ihre Hose nicht:

> Darzu sy also seer lachten,
> Das sy den man gantz frölich machten.
> So gäntzlich was er auffgefrorn
> Und sprach zum weib: ‚du hausts verlorn.‘ (v. 95-98)

Und der Kommentar des Erzählers: „Doch dunckt mich ye, sy hett gewunnen.“ (v. 99) – Am Ende vereinen sich die vier im gemeinsamen Lachen: „Da gundens alle drey lautt lachen / Und thetten schimpff darauß machen.“ (v. 119 f.) Bei den Frauen ist dies ein Lachen über den gelungenen Streich, der die Befreiung aus

[18] Zit. n. Folz, Hans. *Die Reimpaarsprüche.* Hg. v. Hanns Fischer. München 1961, S. 34-37.

der drohenden Kalamität gebracht hat, beim Mann ein gleichermaßen befreites Lachen aus der vermeintlichen Einsicht in die harmlosen Zusammenhänge seiner Entdeckung. Nur dass dies vorgespiegelte Zusammenhänge sind, die die wirklichen verdecken, dass seine Einsicht ihn also nur im Unwissen befestigt und als den Betrogenen konsolidiert. Sein Lachen beruht auf trügerischer Einsicht, es ist die Selbsttäuschung und Selbstentlarvung des Toren.

Dass Lachen Erkenntnis aus Distanz oder das Unvermögen dazu anzeigt, kann als ein Grundzug der deutschen Märendichtung des Mittelalters gesehen werden. Erst der vielfach auf Destruktion des Hergebrachten ausgehende Rosenplüt rückt ihn ins Zwielicht. In der „Disputation“[19] zwischen Juden und Christen um die Überlegenheit ihrer Religion unterliegt der gelehrte und skrupulöse Rabbi dem dummdreisten Landstreicher, der aus Verlegenheit die Christen vertritt. Der Rabbi gibt sich den Argumenten und Zeichen des Landstreichers immer sogleich geschlagen, weil er sie viel anspruchsvoller interpretiert, als jener sie meint. Wenn der dann den erstaunten Christen seine simplen Überlegungen erläutert, müssen sie lachen:

> da vingen die kristen an zu lachen
> und waren der tagalt alle vro. (v. 312 f.)
>
> des musten die kristen aber lachen,
> wann sie waren irs glücks fro,
> das in gelungen was also. (v. 390-392)

Warum lachen diese Christen? Sicherlich aus Erleichterung (bei einer Niederlage hätten sie ihre Stadt verlassen müssen). Aber welche Einstellung zu den Aktionen des Landstreichers deutet das an? Jedenfalls kein Werturteil, das auf Einsicht oder auch nur auf listiger Klugheit beruhte. Wohl auch keine Bewunderung für die dümmliche Dreistigkeit des Landstreichers. Eher Verlegenheit, ratlose Befriedigung über den Sieg der Dummheit. Dieser erfolgsorientierte Sarkasmus stellt das Märenprinzip von der Überlegenheit der Verstandeskräfte, verkörpert im listigen, ohne weiteres auch amoralischen Handeln, in Frage. Nicht mehr über diese Überlegenheit wird hier gelacht; vielmehr wird bei Rosenplüt im Lachen die Wehrlosigkeit der Klugheit akzeptiert.

4. *Und wann vergeht dem Märe das Lachen?*

Im Fabliau wie im Märe gibt es eine weite Skala des Lachens zwischen scheinbar unverfänglicher Komik und hinterhältiger Bosheit. Bis ins Spätmittelalter ist es aber stets auf das gleiche Ziel gerichtet: im Lachen über das Ungehörige die

---

[19] Zit. n. Grubmüller (Anm. 7), S. 978-1001.

Ordnung des Gehörigen zu befestigen. Dabei zeigt sich ein weites Spektrum von Verfahren zwischen heiterer Eingemeindung, dem ‚Hereinlachen'[20], und dem Hinweglachen, also dem Unschädlichmachen des Bedrohlichen und Bösen durch Verlachen.

Am Ende des Mittelalters, grob gesagt: im 15. Jahrhundert, vergeht dem Märe das Lachen. Schon beim Kaufringer lacht kaum noch jemand (nur die Schusterin und ihr Mann bewegen sich noch auf der Ebene des listigen Scherzes). Rosenplüt lässt den „Fahrenden Schüler" durch den Bauern auffordern, seiner Rolle gemäß einen Streich zu inszenieren, der die Frau zum Lachen bringt (was ihm dann ja auch auf Kosten gerade dieses Bauern gelingt, s. o.), aber er denunziert eben auch das Lachen aus Einsicht in der ‚Disputation' und wendet es im „Barbier"[21] ins sarkastische Verlachen: Der von den übermäßigen Ansprüchen seiner Partnerin ermattete Held muss auch noch ihren Spott ertragen: „do spott mein die frau und ward lachen" (Fassung II, v. 104). Darüber hinaus geben die lakonischen Schlagsequenzen Kaufringers und der Sarkasmus Rosenplüts dem Lachen keinen Raum. Selbst der als Wettbewerb zwischen dem Pfaffen und „zwen listig leien" (v. 48) inszenierte „Wettstreit der drei Liebhaber"[22] wird mit geradezu olympischer Ernsthaftigkeit ausgefochten: Nicht der Spaß ist das Ziel, sondern die Leistung. Dem entspricht, dass Versagen gnadenlos bestraft wird. „do huop sich jamer und auch not" (v. 290), heißt es am Ende des „Fünfmal getöteten Pfarrers"[23], und man beerdigt die Opfer. Selbst der Spott bleibt den Akteuren der „Wolfsgrube"[24] im Halse stecken, nachdem Pfarrer, Magd und Ehefrau hintereinander in der Falle gelandet sind, in der der Wolf schon gefangen ist: „in der gruben alle vier / drei menschen und ein wildes tier". (v. 135 f.) Wenn sie der Wolf auch verschont, so werden sie ihres Lebens nicht mehr froh werden: Der Pfaffe wird kastriert, der Magd wird einer seiner Hoden als Schmuckstück um den Hals gehängt, die Ehefrau muss ihrem Mann das Recht einräumen, sie bei jedem weiteren Fehltritt zu verstümmeln und zu töten: „da sollt im töten sein erlaubt, / abhauen hend, füeß und haupt". (v. 155 f.) Wie beim Kaufringer gehen die Listen auf Rache und Strafe aus:

> er legt si baide smach und rachsal an,
> das si sich zu dem pfaffen het gelait
> und im das selb genesch versait. (Fassung I, v. 142-144)

---

[20] Die Formulierung bei Gumbrecht, Hans Ulrich. „Literarische Gegenwelten, Karnevalskultur und die Epochenschwelle vom Spätmittelalter zur Renaissance". *Literatur in der Gesellschaft des Spätmittelalters.* Hg. v. Hans Ulrich Gumbrecht. Heidelberg 1980, S. 95-144, hier S. 105.

[21] Zit. n. Fischer, Hanns (Hg.). *Die deutsche Märendichtung des 15. Jahrhunderts.* München 1966, S. 144-161.

[22] Fischer (Anm. 21), S. 210-216.

[23] Zit. n. Grubmüller (Anm. 7), S. 898-915.

[24] Zit. n. Fischer (Anm. 21), S. 202-209.

So heißt es im „Hasengeier“[25], nachdem der dem ehebrecherischen Paar die Geschlechtsteile zerfetzt hat, und nur wenig harmloser stellt sich die Rache in „Spiegel und Igel“ dar oder auch – jenseits der beiden prominenten Autorcorpora – in „Des Hausknechts Rache“, im „Pfaffen mit der Schnur C“ oder in Hans Meißners „Bestrafter Kaufmannsfrau“[26]:

> den kolbn nam er bei dem stil here
> und schmirt irn ruck und lende,
> schinpein, füsse und hende. (v. 40-42)

Literaturhistorisch ist offensichtlich, dass das Lachen in dem Maße aus den Texten zurücktritt, in dem der Einfluss des Fabliau auf die deutsche Märendichtung schwindet. Keiner der als Beispiel genannten deutschen Texte geht auf eine französische Vorlage zurück oder hat nennenswerte französische Parallelen. Kann es sein, dass mit diesem Einfluss auch der Typus des *conte à rire*, eben der ‚Geschichten zum Lachen' zurücktritt? Abgesehen davon, dass dann erst noch zu erklären wäre, warum die Orientierung am Fabliau nachlässt (es liegt sicher nicht daran, dass die meisten Fabliaux im 13. Jahrhundert entstanden sind: die Überlieferung ist auch im 15. noch sehr lebendig) – die Hypostasierung des Bédier'schen Schlagwortes[27] zur Wesensdefinition des Fabliau ist oberflächlich und einseitig: Das haben nicht nur Howard Bloch[28] und Jacques Ribard[29] gezeigt, es ist beim Blick auf die Texte offensichtlich: Grausamkeiten sind an der Tagesordnung, „violence titanesque“ (Ribard) zeige sich etwa im „Estormi“, wo drei Geistliche von der umworbenen Frau und ihrem Mann aus Geldgier nacheinander umgebracht werden; Regressionen ins Animalische führten zur Vertauschung von weiblichem Zopf und dem Schwanz des Pferdes in „Les Tresces“; auch die Vorliebe mancher Fabliaux für aggressive Sexualität oder auch für Exkremente könne man nur als Regression verstehen. Das heißt: das heitere Amüsement der *contes à rire*, das im Deutschen früh übernommen worden ist, zeigt nur die eine Seite der Fabliaux-Überlieferung. Und zu fragen ist eher, warum die andere Seite nicht nach Deutschland gedrungen ist. Sie ist es im Übrigen doch: in einem zweiten, weit weniger auffälligen Rezeptionsschub von der zweiten Hälfte des 14. Jahrhunderts an, beginnend mit den „Drei Mönchen von Kolmar“ und mit einem Höhepunkt bei Hans Folz – also genau in der hier zur Rede stehenden Zeit. Die beiden Phänomene decken sich also: Die Brutali-

---

25 Fischer (Anm. 21), S. 162-173.

26 Fischer (Anm. 21), S. 391-393.

27 Bédier, Joseph. *Les fabliaux. Études de littérature populaire et d'histoire littéraire du moyen âge*. Paris 1893 (6. Aufl. 1969), S. 30.

28 Bloch, R. Howard. *The Scandal of the Fabliaux*. Chicago/London 1986, passim.

29 Ribard, Jacques. „Et si les fabliaux n'étaient pas des contes à rire?“. *Le rire au moyen âge dans la littérature et dans les arts. Actes du colloque international des 17, 18 et 19 novembre 1988.* Textes recueillis par Thérèse Bouché et Hélène Charpentier. Bordeaux 1990, S. 257-267.

sierung des Märe läuft der Rezeption der abseitigeren Fabliaux parallel. Sie sind zwei Seiten einer Medaille.

Vielleicht ist eine Erklärung über die Beobachtung zu gewinnen, dass das Lachen in den Texten in dem Maße zurücktritt, in dem die Körperversessenheit an Gewicht gewinnt: als krude Sexualität, als Gewalttätigkeit, als Grausamkeit. Gerade in den Paradestücken dieses Märentyps, in Heinrich Kaufringers „Rache des Ehemanns" etwa oder in den Mären, in denen die Genitalien sich selbständig machen, vermeintlich („Der Striegel", „Der Preller", „Der Traum am Feuer") oder wirklich („Nonnenturnier"), lacht niemand.

Das überrascht, kennen wir doch seit Bachtin das „karnevaleske Lachprinzip"[30] als ein Kennzeichen des Spätmittelalters und als Voraussetzung der aufkommenden Renaissance: „Alle Phänomene, die nach Burdach die Renaissance vorbereiten halfen, waren von dem befreienden und erneuernden [...] Lachprinzip geprägt."[31]

Bachtins Konzept liegt ein schematischer Dualismus zugrunde: Einem monolithischen Block kirchlich-hierarchischer Zwänge steht die vitale und schöpferische Volkskultur gegenüber. Sie kommt immer dann zum Vorschein, wenn die offiziellen Zwänge gelockert werden, also an bestimmten Festtagen und im Karneval. Dann macht sich das Unterdrückte Luft, und dieses Unterdrückte ist immer elementar körperlich: Gewalt, Sexualität, Obszönität. Für Bachtin sind das, in konsequenter Verfolgung seiner Vorstellung vom Karneval als dem „kosmische[n] Drama vom Absterben der alten und der Geburt der neuen Welt"[32], immer zugleich die Geburtswehen des Neuen. Er entwirft eine Metaphysik des Niedrigen als des Schöpferischen. Deshalb betont er die „positiv-erneuernden Kräfte" des grotesken Lachens[33], deshalb ist der groteske Körper der zur Zeugung und zur Geburt bereite geöffnete Körper[34], deshalb steht die Fixierung auf Ausscheidungen, Urin und Kot für die Entleerung, die die Aufnahme des Neuen vorbereitet.[35] Degradierung, also die (parodistische, satirische, groteske) Erniedrigung des Hohen, gewiss ein Grundprinzip karnevalesker Literatur, wird zum Prinzip der Erneuerung:

> Degradierung heißt Annäherung an die Erde als dem verschlingenden und zugleich lebensspendenden Prinzip: Degradierung ist Beerdigung und zugleich Zeugung, die Vernichtung geht der Neugeburt von mehr und Besserem voraus. Degradierung bedeutet auch Hinwendung zum Leben der Organe des Unterleibs, zum Bauch und den Geschlechtsorganen, folglich auch zu Vorgängen wie Koitus, Zeugung, Schwanger-

[30] Bachtin, Michail. *Rabelais und seine Welt. Volkskultur als Gegenkultur.* Aus dem Russischen v. Gabriele Leupold. Hg. und mit einem Vorwort versehen v. Renate Lachmann. Frankfurt a. M. 1987, S. 109 u. ö.

[31] Bachtin (Anm. 30), S. 109.

[32] Bachtin (Anm. 30), S. 191.

[33] Bachtin (Anm. 30), S. 96.

[34] Bachtin (Anm. 30), S. 138.

[35] Bachtin (Anm. 30), S. 188-193.

> schaft, Geburt, Verschlingen und Ausscheiden. Die Degradierung gräbt ein Körpergrab für eine neue Geburt. Daher hat sie nicht nur vernichtende und negierende Bedeutung, sondern auch eine positive und erneuernde, sie ist ambivalent, sie negiert und bestätigt in einem. Sie zieht nicht einfach ins Nicht-Sein, in die absolute Vernichtung, sondern holt, im Gegenteil, die Dinge herab an die fruchtbare Basis, dorthin, wo Empfängnis und Geburt stattfinden, wo alles im Überfluß wächst. Nichts anderes bedeutet ‚Unten' für den grotesken Realismus, als die erneuernde Erde und den Schoß, von unten kommt immer ein neuer Anfang.[36]

Der vitalistische Grundzug, auf dem Bachtin sein Konzept der Karnevalisierung aufbaut, das ihm die positive Deutung des ‚grotesken Körpers', des ‚grotesken Motivs', auch des ‚grotesken Realismus' erlaubt, ist den Mären fremd. Für die krude Sexualität der späten Mären kommt die Zeugung gerade nicht in den Blick, der Koitus spielt keine Rolle. Es zeigen sich nicht die für Zeugung und Geburt ‚geöffneten Körper', sondern funktionslose Einzelteile, die gänzlich außerhalb ihres natürlichen Zusammenhanges vagieren („Das Nonnenturnier"), an denen man sich die Finger verbrennt („Der Traum am Feuer"), die im besten Falle, allerdings gänzlich unvitalistisch, nach diesem Zusammenhange suchen („Der Rosendorn").

Wenn die Geschlechtsorgane in diesen Mären isoliert und verdinglicht werden, dann nicht um mythologische, in Karnevalsriten bewahrte Zusammenhänge um Absterben und Erneuerung zu zelebrieren, sondern zum Zwecke der – gegebenenfalls auch allegorischen („Gold und Zers") – Verfremdung und Distanzierung: nur so werden sie offenbar zu möglichen Objekten der Rede. Zum Lachen, weder zum ‚befreiten' noch zum ‚integrierenden', geben sie keinen Anlass.

Die Bewältigung sexueller Fremdheitserfahrungen in auserzählten Bildern von verselbständigten oder bedrohten Geschlechtsorganen lässt sich gewiss als Versuch einer Bearbeitung des Unverstandenen begreifen, aber kaum noch als ‚Integrationsversuch' über die Gemeinschaftserfahrung des Lachens. Im Ausstellen der fortbestehenden Dissoziation gleicht sie den selbstzweckhaften, auch ins Erzählen nicht mehr integrierten Grausamkeiten der späten Mären und den Orgien der Sinnlosigkeit bei Heinrich Kaufringer, bei „Nieman(d)" oder bei Rosenplüt. Die Vorführung einer – so oder so – zusammenhanglosen Welt präsentiert Bearbeitungsversuche der Angst, die offensichtlich über das Lachen nicht mehr zum Ziele kommen: „Wo das Nichtige nicht mehr als zum Leben positiv dazugehörig begriffen werden kann, da hört es auch auf, lächerlich zu sein."[37]

Die Bewältigung der zur Darstellung drängenden Nachtseiten der menschlichen Existenz durch das Lachen gerät im späten Mittelalter an ihre Grenzen. An die Stelle des Lachens tritt das Schreiben. Die Bearbeitung des Bedrohlichen wird an seine Beschreibung delegiert. Anders als das Lachen, das immer noch

---

[36] Bachtin (Anm. 30), S. 71.
[37] Ritter (Anm. 12), S. 83.

kritisiert oder affirmiert, verfährt die Beschreibung ohne Wertindex; jedenfalls ist dies das Irritierende an den besonders drastischen Mären: die kommentarlose Selbstverständlichkeit, mit der noch die grausamste Aktion in Sprache übersetzt wird. Mit dem Ende des Lachens beginnt die Protokollierung der Ratlosigkeit.

Hans Rudolf Velten

Text und Lachgemeinschaft

Zur Funktion des Gruppenlachens bei Hofe in der Schwankliteratur

In einer Novelle von Matteo Bandello von 1550 setzt der ferraresische Hofnarr Gonnella folgenden Streich in Szene: Die Frau seines Fürsten, des Markgrafen Niccolò von Este, möchte die gerade aus Florenz an den Hof gelangte Ehefrau Gonnellas kennen lernen. Der Narr benutzt die Gelegenheit und provoziert ein grobes Missverständnis, indem er beiden Frauen sagt, die andere sei taub und man müsse deshalb laut sprechen. Er inszeniert die Begegnung der Damen dramaturgisch gekonnt in einem Saal, den man vom angrenzenden Säulengang gut einsehen kann. Dort postiert er sich mit dem Herzog und anderen Höflingen, um dem grotesken Schreivorgang zuzusehen. „Und da konnte weder der Markgraf, noch wer sonst in dem Säulengange war, das Lachen verhalten.“ [1]

Nach demselben Muster eines inszenierten Missverständnisses, dessen lächerliche Spielszene man gemeinsam mit anderen beobachten kann, funktioniert auch eine zentrale Episode aus dem Schwankzyklus des zwischen 1491 und 1497 in Augsburg erschienenen Inkunabeldrucks „Neithart Fuchs“. Doch ist hier die Vorgeschichte etwas anders: Von den Bauern angestiftet, begehrt der Herzog die schöne Frau Neitharts und will sie kennen lernen. Neithart errät aber den Betrug und geht darauf ein, wobei er beiden von der Taubheit des anderen erzählt. Bei der Zusammenkunft sitzen Fürst und Frau am reich gedeckten Tisch beieinander und schreien sich gegenseitig an, so dass jede heimliche Anknüpfung vereitelt wird (Abb. 1). Als der Fürst von dem Streich erfährt, beginnt er zu lachen.[2]

---

1 Dt. bei Wesselski, Albert (Hg.). *Die Begebenheiten der beiden Gonella* (= Narren, Gaukler und Volkslieblinge 5). Weimar 1920, S. 58. Vorlage für Bandello war vermutlich die heute verlorene Prosabiographie des Gonnella von Bartolomeo dell'Uomo.

2 Neithart Fuchs in: Bobertag, Felix (Hg.). *Narrenbuch: Kalenberger. Peter Leu. Neithart Fuchs. Markolf. Bruder Rausch* (= DLN 11). Berlin/Stuttgart o. J. [1884], S. 141-292, v. 2276 f. Zur Motivgeschichte vgl. Brill, Richard. *Die Schule Neidharts. Eine Stiluntersuchung*. Berlin 1908, S. 182 f.; und Singer, Samuel. *Neidhart-Studien*. Tübingen 1920, S. 64 f.

Abb. 1: Neitharts Frau und der Herzog schreien sich an,
Holzschnitt aus *Neithart Fuchs*, Druck Z1, Nürnberg 1537

Abb. 2: Der Kalenberger führt die nackten Bauern vor den Hofstaat,
Holzschnitt aus *Des Pfaffen geschicht und histori vom Kalenberg*,
Druck B, Nürnberg: Wagner 1490

Das Schwankmotiv der beiden angeblich Tauben war im 16. Jahrhundert so sehr beliebt, dass es noch zahlreiche weitere Bearbeitungen gab; ausgehend vom Neithart Fuchs verfasste Hans Sachs das Meisterlied „Der Neydhart mit seinen Listen“ und 1557 das Fastnachtspiel „Der neydhart mit dem feyhel“, wo er die Szene an den Veilchenschwank anschließt und die Rolle des Jeckel Narr hinzufügt, wodurch die Situationskomik noch durch die Anwesenheit einer lustigen Figur verstärkt wird.[3] Der zweifellos komische und für theatrale Inszenierungen – ob auf der Bühne oder literarisch – bestens geeignete Stoff[4] bietet den üblichen Zusammenhang von List-Handeln und grotesker, körperlich-stimmlicher Komik. Der listige, vorausplanende Schwankheld kann über seine Scherzlizenz sogar Herzog und Markgräfin zum Narren machen und somit deren zu sanktionierende Schwächen – Geilheit im einen und Neugierde im anderen Fall – schamlos der Öffentlichkeit vorführen. Neben diesem klassischen Mechanismus der aufdeckenden List des Schwächeren ist auch die Komik der Situation von Belang, wenn nach Sigmund Freud der Aufwand, den die beiden angeblich tauben Kontrahenten mit ihren Stimmen betreiben, im Vergleich zu dem der Zuhörer wesentlich zu groß ist: Ein Lachen aus Überlegenheit stellt sich ein.[5]

Doch wer lacht hier eigentlich? Ist es der Zuschauer von Sachs' Fastnachtspiel, der Leser und Hörer der Novelle und des Schwankbuches? Oder sind es nur die Figuren im Text, der Herzog und seine Leute, die bei Bandello deutlich hervortretende, im Neithart Fuchs nur angedeutete, aber dennoch vorhandene höfische Lachgemeinschaft? Spielt diese überhaupt eine Rolle, oder ist sie nur eine Instanz der Rückmeldung, eine abschließende Floskel, ein Kennzeichen für das *happy end* der Schwankgeschichte?[6]

Sicher scheint zu sein, dass hier das Lachen eine Antwort auf eine spielerische, doch wirklichkeitsnahe Ausgrenzung ist, die sehr viel mit den Beteiligten an diesem ‚komischen Vorgang', wie wir die gesamte Szene einmal nennen wollen, zu tun hat. Bei Neithart wissen wir um die Rache-Thematik als Krisensymptom einer in ihrem Selbstverständnis bedrohten höfischen Gesellschaft, bei Bandello ist der Kampf zwischen den Geschlechtern nicht zu übersehen, und die Ausgrenzung von Schwerhörigen als körperlich Behinderten schwingt als Lachanlass wohl ebenso mit. Die Interpretation des Beispiels gibt viele Fragen auf:

---

[3] Sachs, Hans. *Sämtliche Fabeln und Schwänke 3*. Hg. v. Edmund Goetze. Halle 1900, S. 199 f. (Nr. 90). Sachs hatte den Stoff schon zuvor in einem Meisterlied mit dem Titel „Der Neithart mit seinen listen“ verwendet. Vgl. Wuttke, Dieter (Hg.). *Fastnachtspiele des 15. und 16. Jahrhunderts*. 4. Aufl. Stuttgart 1989, S. 359 f.

[4] Dass Humor mit Tauben zum kulturellen Repertoire zahlreicher auch außereuropäischer Kulturen gehört, zeigen Thompson, Stith u. Jonas Balys. *The oral tales of India*. Bloomington, Ind. 1958 in der Sektion X110: „Humor of deafness“, S. 504 f.

[5] Vgl. dazu Röcke, Werner. „Inszenierungen des Lachens in Literatur und Kultur des Mittelalters“. *Paragrana* 7 (1998) H. 1, S. 73-93.

[6] Herrmann interpretiert den Schwank als Schlüssel für das karnevaleske Verständnis des gesamten Schwankromans. Vgl. Herrmann, Petra. *Karnevaleske Strukturen in der Neidhart-Tradition* (= GAG 406). Göppingen 1984, S. 325-331.

Was heißt hier Gemeinschaft? Was bedeutet es, gemeinsam zu lachen, und was bedeutet es in diesem konkreten Vorgang? Und hier müssten wir immer noch unterscheiden: zwischen dem gemeinsamen Lachen nach einem komischen Vorgang in einer höfischen Situation des 15. oder 16. Jahrhunderts und der Inszenierung dieses Lachens im Text. Warum benötigt der Text eigentlich dieses Lachen? Kommt er nicht ohne seine Konstatierung am Ende aus? Leser und Hörer haben doch die List Gonnellas und die Schädigung der Markgräfin erkannt. Welche Funktion hat das gemeinschaftliche Lachen im Text?

Ich möchte versuchen, auf diese Fragen im Folgenden einige Antworten zu geben. Dabei werde ich zunächst auf den Begriff der Lachgemeinschaft und das Lachen als sozialen Vorgang eingehen, dann versuche ich, mit diesem Begriff historisch zu arbeiten und einige Beispiele zu geben, um schließlich zur Schwankliteratur zurückzukehren, und zwar zu Szenen aus dem Schwankroman „Des Pfaffen geschicht und histori vom Kalenberg“ und dem bereits erwähnten Zyklus von „Neithart Fuchs“.[7]

Die Literaturwissenschaft hat sich in ihrer bisherigen Beschäftigung mit dem Phänomen des Komischen und des Humors bis auf wenige Ausnahmen auf den ‚komischen Text' konzentriert, seine Untergattungen wie Komödie, Parodie, Groteske, Burleske usw. unterschieden und ihre formalen Funktionsmechanismen anhand von narrativen Modellen entworfen, ohne eingehender auf gattungsübergreifende Phänomene wie das Lachen und die Besonderheit seiner sozialen Zirkulation zu achten.[8] Auch die wissenschaftlichen Ansätze aus Psychologie, Philosophie, Verhaltensforschung und linguistischer Humorforschung nehmen das Lachen kaum als sozialen Vorgang wahr, sondern betrachten das Komische und den Witz als ein kognitives Problem, indem sie zahllose Varianten des Inkongruitätsmodells entwerfen, nicht selten unter Zuhilfenahme des simplen *stimulus-response*-Schemas, in denen der essentielle Charakter des Witzes und seine innere Struktur im Mittelpunkt stehen.

Und doch haben bereits die beiden einflussreichsten Lachtheorien des 20. Jahrhunderts, die Studien von Henri Bergson und Freud, unabhängig voneinander das von Witz und Komik erzeugte Lachen als ‚sozialen Vorgang' und ‚Gruppenphänomen' bezeichnet.[9] Anthropologische und soziologische Arbeiten haben dies aufgegriffen und Modelle der Gruppeninteraktion des komischen

---

7 Textgrundlage für beide Texte ist Bobertag (Anm. 2), S. 7-86 u. 141-292.

8 Davon grenzt sich das Projekt „Lachkulturen im Spätmittelalter und früher Neuzeit“ des Sfb 447: Kulturen des Performativen unter der Leitung von Werner Röcke ab. Vgl. dazu programmatisch Bachorski, Hans-Jürgen, Werner Röcke u. a. „Performativität und Lachkultur in Mittelalter und früher Neuzeit“. *Paragrana. Internationale Zeitschrift für Historische Anthropologie* 10 (2001), S. 157-190.

9 Bei Bergson überliest man leicht Sätze wie: „Das Lachen wird nur verständlich, wenn man es in seinem eigentlichen Element, d. i. in der menschlichen Gesellschaft belässt und vor allem seine praktische Funktion, seine soziale Funktion zu bestimmen sucht.“ Bergson, Henri. *Le rire. Essais sur la signification du comique* (1900). Dt. *Das Lachen.* Meisenheim a. G. 1948, S. 10.

Austauschs entworfen, wie Albert Radcliffe-Browns ‚Scherzbeziehungen' oder Mary Douglas' und Victor Turners ‚Lachrituale'. Die Ethnographen sehen Lachen und Lächeln als menschliche Kommunikationsformen und forschen nach ihrer sozialen Einbettung und Funktion, ihrer Ritualisierung und psychologischen Wirkung.[10] „Laughter is a matter of social interaction and communication", konstatiert der Soziologe Anton Zijderveld und verweist auf die erste soziologische Theorie des Lachens von Eugène Dupreel, der Lachen als Interaktionsform innerhalb von Gruppen untersuchte und zwischen inklusivem und exklusivem Lachen unterschieden hat: In beiden Fällen wird eine Gruppenzusammengehörigkeit bestätigt, entweder aufgrund von freudiger Übereinstimmung oder auf Kosten eines Einzelnen bzw. einer anderen Gruppe.

Wichtig dabei ist, dass die Gruppe schon vorhanden ist und ähnliche Erwartungsschemata mitbringt, bevor sie im Lachen zur Gemeinschaft wird. Indem mehrere ihrer Mitglieder über etwas lachen, versichern sie sich gegenseitig der Akzeptanz des gültigen Systems von Wertsetzungen und des sozialen Milieus, in das sie eingebunden sind. Es wird nicht nur festgestellt, was ‚lachhaft' ist und was nicht, also ein gemeinsamer Bezugspunkt zu einem kulturellen Code geschaffen, sondern auch weitreichende psychische Übereinstimmung im körperlichen Akt des Lachens selbst.[11] Diese energetischen und phatischen Dimensionen des Lachens, die Erzeugung eines wenn auch temporär begrenzten und flüchtigen Gruppengefühls, haben maßgeblichen Anteil an der Konstitution von Gemeinschaft, wie Forschungen der interaktionalen Soziolinguistik bestätigt haben.[12] So fördert die komische Performance Einverständnis nicht nur über referentielle Bedeutung, sondern auch über Darbietung und Evokation im Vollzug des komischen Vorgangs. Diesen performativen Aspekt hat Martin Buber in seiner Theorie der Dialogizität besonders unterstrichen:

> Gemeinschaft aber [...] ist das Nichtmehr-nebeneinander, sondern Beieinander einer Vielheit von Personen, die, ob sie auch mitsammen sich auf ein Ziel zubewegen, überall ein Aufeinanderzu, ein dynamisches Gegenüber, ein Fluten von Ich und Du erfährt: Gemeinschaft ist, wo Gemeinschaft geschieht.[13]

---

10 Das Lächeln ist ja in noch viel stärkerem Maße eine Kommunikationsform, da es verschiedene, oft gegensätzliche Funktionen der Interaktion erfüllen kann: jemanden willkommen heißen und jemanden verachten, sich als überlegen präsentieren und sich als verlegen vorstellen, den Raum beherrschen oder zurückweichen. Vgl. dazu Pfleiderer, Beatrix. „Anlächeln und Auslachen. Die Funktion des Lachens im kulturellen Kontext". *Lachen – Gelächter – Lächeln. Reflexionen in drei Spiegeln.* Hg. v. Dietmar Kamper u. Christoph Wulf. Frankfurt a. M. 1986, S. 338-351, hier S. 338.

11 Vgl. Fietz, Lothar. „Möglichkeiten und Grenzen einer Semiotik des Lachens". *Semiotik, Rhetorik und Soziologie des Lachens. Vergleichende Studien zum Funktionswandel des Lachens vom Mittelalter zur Gegenwart.* Hg. v. Lothar Fietz, Joerg O. Fichte u. Hans-Werner Ludwig. Tübingen 1996, S. 7-20, hier S. 11.

12 Vgl. Kotthoff, Helga. *Spaß verstehen. Zur Pragmatik von konversationellem Humor.* Tübingen 1998, S. 355 ff.

13 Buber, Martin. *Das dialogische Prinzip.* Heidelberg 1973, S. 185.

Der Lachvorgang ist aus dieser Perspektive etwas Prozessuales, denn Komik und Witze ‚sagen' weniger etwas, als dass sie es in Gang setzen, sie manipulieren, reorganisieren, kurz, sie tun etwas mit den an der Interaktion Beteiligten. Schon Freud hatte ja darauf hingewiesen, dass Witzarbeit ein interaktiver sozialer Prozess ist, der nicht von den Bedürfnissen oder Intentionen irgendeiner Person gesteuert wird, sondern durch die Beziehungen aller Teilnehmer bzw. Gruppen des komischen Austauschs.[14]

Auf die Voraussetzungen von gemeinschaftlichem Gelächter ist verschiedentlich hingewiesen worden: Zu nennen sind neben den ähnlichen Erwartungsschemata und psychischen Dispositionen innerhalb der Gruppe[15] auch das Ausrichten der Aufmerksamkeit der Gruppenmitglieder auf den komischen Vorgang.[16] Förderlich sind eine heitere Stimmung und bestimmte Orte und Situationen, die konventionalisierte Rahmen für Gelächter abgeben: Gruppenkommunikation bei gemeinsamem Essen und Trinken sowie gemeinsame Feste und Spiele befördern die Bildung von Lachgemeinschaften und deren Integrationscharakter, wie Gert Althoff für das Mittelalter gezeigt hat.[17]

Lachgemeinschaften entstehen so innerhalb eines bestimmten kulturellen Kontextes jeweils performativ, doch im Zusammenhang mit anderen sozialen Gemeinschaften und ebenso wie diese durch verbale und nonverbale, ritualisierte Formen der Interaktion und Kommunikation. Sie entstehen jedoch spontan und unmittelbar als Begleitung und Folge eines komischen Vorgangs, sind daher zeitlich begrenzt, an den Rändern offen, flüchtig und kontingent. Wie andere soziale Gemeinschaften markieren und bearbeiten sie Konflikte und Differenzen durch Inklusion und Exklusion sowie das Aushandeln von Normen, Status und Geltung. Lachgemeinschaften sind auch deshalb performativ, weil sie nicht nur auf symbolische Sinnsysteme oder soziale Zusammengehörigkeit verweisen, sondern selbst ein prekäres Erfahrungsfeld von Spannungen, Grenzziehungen und Aushandlungsprozessen darstellen.[18]

---

14 Freud, Sigmund. „Der Witz und seine Beziehung zum Unbewussten". *Gesammelte Werke VI.* Frankfurt a. M. 1999 (Orig. London 1940), S. 156-177.

15 Vgl. Schmidt, Siegfried J. „Komik im Beschreibungsmodell kommunikativer Handlungsspiele". *Das Komische.* Hg. v. Wolfgang Preisendanz u. Rainer Warning (= Poetik und Hermeneutik VII). München 1976, S. 165-189, hier 187.

16 Zuerst Dupreel, Etienne. „Le problème sociologique du rire". *Revue philosophique de la France et de l'Étranger* 106 (1928), S. 213-260, hier S. 242. Durch das Wissen um gemeinsame Normen und Codes kann eine Rahmensituation für das Lachen vorstrukturiert sein: der Auftritt des Clowns im Zirkus, eine Komödie im Theater, eine Stegreifposse auf der Straße. Hier wird bereits die Aufmerksamkeit für das gemeinsame Lachen so gesteigert, dass es nur noch eines geringen Anlasses bedarf, um ausgelöst zu werden.

17 Vgl. Althoff, Gerd. *Verwandte, Freunde und Getreue: zum politischen Stellenwert der Gruppenbindungen im frühen Mittelalter.* Darmstadt 1990, S. 203-206.

18 Lachgemeinschaften gehören somit zu den performativen Gemeinschaften, wie sie im Sfb „Kulturen des Performativen" verstanden werden. Mit Audehm und Zirfas stellen performative Gemeinschaften in diesem Sinne einen (ritualisierten) Handlungs- und Erfahrungsraum, der sich durch inszenatorische, mimetische, ludische und Machtelemente auszeichnet. Entscheidend

Mit dem Begriff der Lachgemeinschaft können so verschiedene Probleme der Komik- und Lachforschung neu angegangen werden. Durch die damit verbundene Verortung im Sozialen und Anthropologischen können der komische Vorgang (als Interaktionsmuster) einerseits und das Lachen (als ritualisiertes Verhalten) andererseits effektiv miteinander in Relation gesetzt werden. Ebenso wird es möglich, die Mechanismen der Gemeinschaftsbildung anhand des komischen Vorgangs durch den spielerischen Nachvollzug von unterliegenden Konflikten, Hierarchien und Gewalt unter den Beteiligten besser zu verstehen. Drittens ist der Begriff in verschiedenen kulturellen und historischen Kontexten anwendbar. Schließlich, und vielleicht am wichtigsten, können Textstrategien der Darstellung und Auslösung von Komik effektiver beschrieben werden.

Um die Komik einer historischen Gemeinschaft zu verstehen, muss man berücksichtigen, dass uns fast alle kulturellen und sozialen Bedingungen und die intrinsischen Mechanismen einer sozialen Gruppe fremd sind und wir diese Kontexte der Komik mühsam rekonstruieren müssen. Die Mechanismen einer Gruppe von Menschen, die miteinander lachen und scherzen, beziehen sich deutlich auf den sozialen und kulturellen Habitus dieser Gruppe und sind hoch variabel: So haben sich die Parameter der Komik und des Lachens seit der Antike immer wieder verändert: Noch bis zum 16. Jh. war man wesentlich weniger sensibel gegenüber körperlich und geistig Behinderten, die hemmungslos ausgelacht wurden. Die Buffonen an den Renaissancehöfen ahmten oft gerade solche Behinderten nach, um Lachen auszulösen.[19]

Viel stärker als heute war die Praxis des Auslachens eine Art der gewaltförmigen Erniedrigung und des Ehrabschneidens: Der britische Historiker Keith Thomas sieht für die Frühe Neuzeit Spott und Verlachen als sozial akzeptierte Formen von Normdurchsetzung und gemeinsamer sozialer Kontrolle.[20] Gelächter kann so deutlich machen, dass in der Gesellschaft oder im sozialen Umfeld der Akteure verschiedene Positionen existierten. In den Repräsentationskulturen des Mittelalters war öffentliches Lachen durchaus nicht immer gemeinschafts- und freudestiftend, sondern auch ein Mittel zur Provokation, vor allem wenn es mit einer Schädigung des Verlachten einherging.[21]

In den literarischen Texten des Mittelalters ist das Lachen von Gruppen bisher kaum erforscht worden. In den einschlägigen Studien dominiert das zeichenhafte und dennoch vieldeutige, struktur- und handlungsbildende Lachen Einzelner. Aus den vielen Beispielen seien erwähnt: das magisch-prophetische

---

wird hier der *performative Stil* von Gemeinschaften, die Art und Weise, wie sie mit Spannungen, Aushandlungsprozessen etc. umgehen. Vgl. Audehm, Kathrin u. Jörg Zirfas. „Performative Gemeinschaften". *Sozialer Sinn* 1 (2000), S. 29-50.

19 Vgl. Saffioti, Tito. ... *E il Signor Duca ne rise di buona maniera. Vita privata di un buffone di corte nella Urbino del Cinquecento*. Milano 1997, S. 103.

20 Vgl. Thomas, Keith. „The place of laughter in Tudor and Stuart England". *Times Literary Supplement* 21 (21.1. 1977), S. 77-81.

21 Vgl. Althoff (Anm. 17), S. 207.

Lachen Cunnewares bzw. des Fräuleins im Parzivalstoff, das Lachen als Zeichen der Intimität und erotischen Spannung im Tristan-Stoff, das Lachen Erecs auf Brandigan als Zeichen des nahen Sieges, strukturell dem Märtyrerlachen der *constantia* verwandt, das Lachen der Narren als Zeichen der Torheit, das ambivalente Lachen Ginovers über den frierenden Artus in der *Crône* usw.[22] Obwohl die Geste des Lachens in der mittelalterlichen Literatur immer auf etwas anderes verweist, etwas bedeutet, ist sie seltsam unbestimmt, nur schwer vom Lächeln zu trennen und lässt unterschiedliche Konkretisierungen offen.[23] In dieser Mehrdeutigkeit und symbolischen Kondensierung ist sie als Katalysator des Erzählfortgangs sehr gut geeignet, wie am Beispiel der Cunneware-Figur gezeigt worden ist.[24] Das Lachen Einzelner erscheint oft inmitten widersprüchlicher Gefühle und bleibt referentiell, der Handlungslogik der Texte verhaftet. Selbst in Fällen, wo es als Ausdruck einer Emotion gesehen werden könnte, weist es auf Anderes hin, wie in der Farce von Maître Panthelin, wenn seine Frau unvorsichtigerweise lacht und dadurch ihre erotische Beziehung zum Tuchmacher verrät.

Gegenüber dem Lachen Einzelner ist das Gruppenlachen zwar weniger häufig präsent, aber doch in zahlreichen verschiedenen Texten nachweisbar. Bekanntere Beispiele sind das spöttische Lachen der Artusritter in schwankhaften Passagen wie der Wolfseisenepisode im Prosatristan oder das Lachen am Artushof anlässlich der Becherproben in der spätarthurischen Epik. Insgesamt ist das Gruppenlachen bislang allerdings weit weniger erforscht, und ob es sich hier um Lachgemeinschaften handeln kann, muss noch bestimmt werden.[25]

Immerhin gibt es schon im Spätmittelalter veritable Lach*gemeinschaften* in der Literatur. Ich möchte im Folgenden drei Beispiele von durch Texte und in Texten stilisierten performativen Lachgemeinschaften geben:

---

22 Vgl. zusammenfassend Huber, Christoph. „Lachen im höfischen Roman. Zu einigen komplexen Episoden im literarischen Transfer". *Kultureller Austausch und Literaturgeschichte im Mittelalter. Transferts culturels et histoire littéraire au moyen âge. Kolloquium im Deutschen Historischen Institut Paris.* Hg. v. Ingrid Kasten, Werner Paravicini u. René Perennec. Sigmaringen 1998, S. 345-358, hier S. 355 ff. Zum spāthöf. Roman s. a. Gutwald, Thomas. *Schwank und Artushof. Komik unter den Bedingungen höfischer Interaktion in der ‚Crône' des Heinrich von dem Türlin* (= Mikrokosmos 55). Frankfurt a. M. u. a. 2000.

23 Sargent betont die Ambiguität des semantischen Feldes *ridere* und *subridere*. Sargent, Barbara Nelson. „Mediaeval *Rire, Ridere*: A Laughing Matter?" *Medium Aevum* XLIII (1974) H. 2, S. 116-132, hier S. 116.

24 „Lachen bezeichnet innerhalb von Kommunikationsabläufen einen *void*, eine Leerstelle, die nicht sofort beantwortet werden kann und weitere Erzählung erfordert." Fritsch-Rößler, Waltraud. „Lachen und Schlagen. Reden als Kulturtechnik in Wolframs ‚Parzival'. *Verstehen durch Vernunft.* FS für Werner Hoffmann. Hg. von Burkhardt Krause. Wien 1997, S. 75-98, hier S. 84.

25 Das neue Teilprojekt zu den Lachgemeinschaften im Sfb 447 wird versuchen, diese Lücke zu schließen, indem eine Typologie des Gruppenlachens erstellt werden soll. Zu den höfischen Lachgemeinschaften gehören sicherlich diejenigen der Schwankliteratur, der Artusepik und der Dietrichepik.

1. Die „brigata" in Giovanni Boccaccios Dekameron

Die aus Florenz geflüchtete „brigata" der sieben Jungfrauen und drei jungen Männer zeichnen sich als Protagonisten der Rahmenhandlung nicht nur durch gemeinsames Erzählen und Zuhören aus, sondern sie sind als Scherz- und Lachgemeinschaft zu erkennen. Als zu Beginn des sechsten Tages von der Küche her gewaltiger Lärm dringt, bei dem es um die Streitfrage geht, ob Mädchen im allgemeinen unschuldig in die Ehe gehen oder nicht, und infolgedessen die Dienerin Licisca herbeistürzt, heißt es: „Derweil Licisca redete, lachten die Damen aus vollem Halse, so dass man alle Zähne hätte ziehen können."[26] Das gemeinschaftliche Gelächter, das hier thematisch wird, verweist nicht nur auf den Kampf der Geschlechter und die gesellschaftliche Achtung von Jungfrauen in seinem thematischen Anlaß.[27] Es kommen in ihm gleichzeitig die sozialen Spannungen zwischen Herrschaft und Dienerschaft zum Ausdruck, die durch das Lachen gelöst werden. Dieses Lachen ist gleichzeitig eingrenzend und ausgrenzend, es nimmt die weibliche Dienerschaft ins wissende Lachen hinein, schließt aber die Männer insgesamt davon aus. Trotzdem trägt die Tatsache, dass gelacht wird, zu einer festeren Gruppenkohäsion bei.[28]

Doch ist da noch ein weiterer Aspekt: Der Text vergegenwärtigt den Vorgang des Lachens präzise: Im eigentlichen Sinn löst nämlich erst der „Wortschwall", also der stimmliche und gestische Auftritt Liciscas, das Gelächter der Frauen aus. Hier wird mit den Kommunikationsebenen gespielt: Denn das Signal „gemeinsames Lachen" wird dem Leser/Hörer durch die Inszenierung von Stimme und Gestik als Rahmen für das Folgende übermittelt. Es geht um nichts Geringeres als um den für die Lachgemeinschaft konstitutiven Rahmen der Freude und der guten Stimmung, der somit auf die Rezipienten übertragen werden soll, also auch sie in die richtige Stimmung für die scherzhaften Novellen des sechsten Tages zu versetzen.[29]

---

[26] Boccaccio, Giovanni. *Das Dekameron. Mit 110 Holzschnitten der italienischen Ausgabe von 1492.* Deutsch v. Albert Wesselski. Frankfurt a. M. 1999, S. 531.

[27] So Neumeister, Sebastian. „Die Praxis des Lachens im *Decameron*". *Semiotik, Rhetorik und Soziologie des Lachens.* Hg. v. Lothar Fietz, Jörg O. Fichte u. Hans-Werner Ludwig. Tübingen 1996, S. 65-81, hier S. 68 ff.

[28] Vgl. zur sozialen Kohäsion bei der Komik Martineau, William H. „A Model of the Social Functions of Humor". *The Psychology of Humor. Theoretical Perspectives and Empirical Issues.* Hg v. Jeffrey Goldstein u. Paul MacGhee. New York/London 1972, S. 101-125. Dies bestätigen auch neuere Untersuchungen zum Lachen in Boccaccios Dekameron. Während es in den Novellen deutlich männlich orientiert ist, ist „das Lachen über die Novellen, d. h. der Brigata, [...] hingegen in erster Linie weiblich und in starkem Maße ein Gruppenphänomen. Diese geschlechtsspezifische Unterscheidung ist sicherlich mit Blick auf die intendierte weibliche Leserschaft als eine Strategie der Rezeptionslenkung zu deuten." Arend, Elisabeth. *Lachen und Komik in Giovanni Boccaccios Decameron* (= Anal. Rom. 68). Frankfurt a. M. 2004, S. 198.

[29] Arend definiert das Lachen im Dekameron als entscheidendes Therapeutikum für die Gruppe und sieht es im Zentrum des Werks und seiner moralphilosophischen Botschaft. Vgl. Arend (Anm. 28), S. 134.

2. Die „Évangiles des Quenouilles" (Rocken- oder Kunkelevangelien)

Der Originaltext der anonymen Rätselsammlung entstand auf Französisch um 1475 als Inkunabeldruck bei Colard Mansion in Brügge.[30] In diesem vielleicht ersten Zeugnis einer rein weiblichen Lachgemeinschaft, die sich im Text konstituiert, trifft sich eine größere Gruppe spinnender Frauen allabendlich im Winter: Sie geben sich gegenseitig Spottnamen und nehmen dadurch bestimmte komische Rollen ein, in welchen sie einander burleske und obszöne Rätselfragen stellen, auf Aberglauben basierende Heilmittel und Rezepte austauschen, Scherzdialoge mit häufig sexuellen Anspielungen führen und Spottlieder singen.[31] An fünf von sechs Spinnabenden, so berichtet der Erzähler, brechen die Frauen in unerhörtes schallendes Gelächter aus. Dieses Gelächter, das sich dem zuschauenden männlichen Blick (und dem männlichen Ohr!) manifestiert, entsteht nicht nur durch die schlagfertigen Kommentare der Frauen auf populäre Wissens- und Glaubenssätze, sondern auch durch die Form der schnellen Redewechsel. Die wichtigste Funktion des Gelächters ist, dass es die spinnende Gruppe von der Außenwelt abschirmt und eine Gruppenidentität schafft.[32] Kulturhistoriker sehen in den *Évangiles des Quenouilles* ein frühes Zeugnis weiblicher Wissenstradierung und Unterhaltungskultur und in der Spinnstube ihren sozialen Ort,[33] doch steht in unserem Zusammenhang die literarische Konstitution einer geschlechtsspezifischen Intra-Gruppe gerade durch inklusives Gelächter im Vordergrund.[34] Durch Lachen wird Intragruppenverhalten kontrolliert, indem bestehende Konflikte der Gruppe mit der Außenwelt eingeführt und verhandelt werden, meist mit dem Ergebnis der Bestätigung von bestehenden Verhaltensmustern als Bewältigung der Lebenswirklichkeit.

3. Die „Accademia Antoniana" des Giovanni Pontano

Im Anschluss an die wohl erste klerikal-humanistische Lachgemeinschaft von Männern, Poggio Bracciolinis kuriale Mitglieder des „Bugiale", des päpstlichen

---

[30] Kritische Ausgabe: Jeay, Madeleine (Hg.). *Les évangiles des quenouilles*. Paris 1985. Die Autorschaft von Fouquart de Cambray, Antoine du Val und Jean d'Arras ist nicht nachgewiesen.

[31] Zur Rebuskultur in Nordfrankreich vgl. Gvozdeva, Katja. „Double Sots/ sauts/ sons/ sens de Rhétorique. Rhetorik und Rebus-Spiel in den Narrenperformances im spätmittelalterlichen Frankreich". *Zeitschrift für Germanistik* N.F. 11 (2001), S. 361-381.

[32] Vgl. Röcke, Werner. „Zur Literarisierung populären Wissens im ‚Deutschen Rockenevangelium'". *Ordnung und Lust. Bilder von Liebe, Ehe und Sexualität in der Literatur des Späten Mittelalters und der Frühen Neuzeit*. Hg. v. Hans-Jürgen Bachorski u. Helga Sciurie (= Literatur – Imagination – Realität 1). Trier 1991, S. 447-475.

[33] Vgl. Verberckmoes, Johan. *Schertsen, schimpen en schateren. Geschiedenis van het lachen in de Zuidelijke Nederlanden, zestiende en zeventiende eeuw*. Nijmegen 1998, S. 24 ff.

[34] Zum Begriff „Intra-Gruppe" vgl. Martineau (Anm. 28), S. 102 ff.

Lästerstübchens,[35] aus dem die witzigen *dicta et facta* der Fazetiensammlung Poggios nach dessen eigener Auskunft herstammen, beschreibt der neapolitanische Dichter Giovanni Pontano in seinem Traktat *De sermone* von 1509[36] die „Accademia Antoniana", eine Gesellschaft kultivierter Humanisten, als Quelle vieler der in der Sammlung enthaltenen Fazetien.[37] Pontano stilisiert dabei Antonio Beccadelli, der 1485 die Scherzsammlung *De dictis et factis Alphonsi regis Aragonum* herausgegeben hatte, zum Gründer der Akademie, was sowohl eine intertextuelle Legitimation wie auch eine literarische Inszenierung der Anekdotenkultur am neapolitanischen Hof bedeutete.

Was ist nun aber Pontanos Accademia Antoniana? Im Anschluss an die gelehrt-humanistische Akademie Beccadellis, die am Hof Alphons II. wöchentlich zusammenkam und literarische wie politische Themen auch auf ‚fazete' Weise diskutierte, führt Pontano nach dessen Tod die Treffen mit einer ähnlich zusammengesetzten Gruppe in der Via Tribunali fort. Auch sie besteht aus einem Kreis humanistisch gebildeter Freunde, die vor dem Privathaus Pontanos in der Innenstadt sitzen, Passanten beobachten und ihr Aussehen, ihre Kleidung, Bewegungen und Blicke kommentieren. Aus diesen Kommentaren ergeben sich kurze Wortwechsel, Neckereien und Gespräche unter Einschluss oder Ausschluss der Verspotteten, die als scherzhafte Kommunikation über Fragen von gemeinsamer und unterschiedlicher Wahrnehmung des Menschlich-Individuellen sowie der darunter liegenden gesellschaftlichen Spannungen in den Stilisierungen von Rollen im Sinne eines *group-fashioning* zu verstehen sind. Die Mitglieder der Accademia sind ein typisches Beispiel für eine städtisch-höfische Lachgemeinschaft, deren Gegenstand und Ziel die witzige Unterhaltung ist, die in Lachen mündet. Dahinter steht Pontanos Identitätsprofil des „homo urbanus atque facetus", Prototyp des zivilisierten Höflings, der auf Grund seiner Handhabung der Komik zu einer Art Künstler der witzig-geistreichen Unterhaltung wird.[38]

Wie auch schon Poggios Fazetiensammlung verweisen Pontanos *sermones* auf die Wirklichkeit des sozialen Lebens, nicht nur in Form einer Abspiegelung oder literarischen Verortung, sondern in dem Sinne, dass sie neben der komischen Performance und dem witzigen Gespräch auch das dazugehörige gemein-

---

35 Vgl. dazu Werner Röcke u. Hans Rudolf Velten in der Einleitung, S. XXII u. den Beitrag von Gerhard Wolf in diesem Band.

36 Es handelt sich um einen Traktat über die witzige Konversation und den sozialen Ort des Lachens in der Kultur der Renaissance, der als eines der scharfsinnigsten theoretischen Werke der Renaissance zum Witz und zur Komik bezeichnet werden muss. Pontano, Giovanni. *De sermone*. Lat. u. Ital. Hg. v. Alessandra Mantovani. Roma 2002.

37 Vgl. auch Walser, Ernst. *Die Theorie des Witzes und der Novelle nach dem de sermone des Jovianus Pontanus. Ein gesellschaftliches Ideal vom Ende des XV. Jahrhunderts*. Diss. Zürich. Straßburg 1908.

38 Vgl. Luck, Georg. „Vir facetus. A renaissance ideal". *Studies in Philology* 55 (1958) H. 2, S. 107-121. Zur Historizität der Angaben vgl. Santoro, Mario. *Storia di Napoli*. Bd. IV. T. 2. Napoli 1974, S. 363.

same Lachen im Text re-inszenieren. Das heißt, sie vertrauen auf die Ambivalenz des Erzählten zwischen Wahrheit und Fiktion und spielen damit, dass ihre Texte und die Handelnden keine erfundenen Figuren sind, sondern dass es sie tatsächlich gegeben hat und gibt.

Ebenso wichtig wie diese durchlässige Grenze zwischen Handlungsebene und Erzählebene ist die paradoxe Doppelrolle der Mitglieder von Lachgemeinschaften: Die Akteure sind nämlich gleichzeitig auch Zuschauer, so dass alle auf der Bühne stehen und sich gegenseitig beim Sprechen wie beim Hören beobachten können. Das gemeinsame Lachen ist dann keines, bei dem man zwischen Lachanlass und Lachen als Antwort exakt trennen kann, sondern ein Ausdruck schnellen Rollenwechsels in der Interaktion, komischer Rahmung und verschiedener Äußerungen des Lachens im Gespräch, wie die Linguistin Helga Kotthoff für Alltagsgespräche festgestellt hat.[39]

Bei den bisherigen Beispielen handelt es sich in allen Fällen um sozial zwar unterschiedliche Gruppen (junge Adlige, Frauen aus der städtischen Unterschicht, bürgerliche Humanisten), doch vorherrschend ist in allen das inklusive Lachen der gegenseitigen Versicherung gemeinsamer Wert- und Moralvorstellungen, auch wenn gesellschaftliche Konflikte in der Gruppe verhandelt werden. Dies ist strukturell anders in literarischen Texten, wo eine besondere Figur, die des Schwankhelden oder professionellen Possenreißers eingeführt wird, um den komischen Vorgang auszulösen und heterogene Gruppen in verschiedenen sozialen Kontexten zum gemeinsamen Gelächter zu bewegen, wie dies in den meisten europäischen und deutschen Schwankromanen oder -sammlungen der Fall ist.[40] Der zunächst außen stehende Schwankheld inszeniert eine bestimmte komische Situation für eine höfische Gruppe Lachlustiger, welche dann im gemeinsamen Gelächter endet, wie es im zu Anfang zitierten Taubheitsschwank der Fall war.[41] Mit dem Possenreißer bedient sich die Literatur somit eines Mittlers, um das Gelächter erzählbar, planbar und kalkulierbar zu machen.

Dabei geht interessanterweise die Rolle des Schwankhelden auf die Institution von Hofnarren im Spätmittelalter zurück: Diese standen zum Hof, und hier zunächst einmal mit dem Fürsten, in einem besonderen Verhältnis, das in der spezifischen Lizenz zum Handeln als eines *permitted disrespect* gründet.[42] Die-

[39] Kotthoff (Anm. 12). Vgl. auch ihren Aufsatz „Konversationelle Karikaturen" in diesem Band.

[40] Neben dem in verschiedenen Sprachen und Kulturen nachweisbaren frühen Markolf-Komplex sind es etwa die italienischen Novellenhelden Gonnella, Arlotto, Bertoldo, Triboulet und Chicot für Frankreich oder die deutschen Schwankhelden Kalenberger, Neithart Fuchs, Ulenspiegel und Claus Narr, um nur einige zu nennen.

[41] So heißt es auch in einer von Franco Sacchettis zahlreichen Narrennovellen etwa: „Il signore e tutti quelli che v'erano per la risa piangevano." Sacchetti, Franco. *Il Trecentonovelle*. Hg. v. Valerio Marucci (= I Novellieri Italiani 6). Roma 1996, S. 443.

[42] Vgl. Radcliffe-Brown, Albert R. „On joking relationships" (1940). *The Social Anthropology of Radcliffe Brown*. Hg. v. Adam Kemper. London 1977, S. 174-188, S. 174: „The joking relationship is a peculiar combination of friendliness and antagonism. The behaviour is such that in any other social context it would express and arouse hostility; but it is not meant seriously and must

ses Scherzverhältnis bedeutete, dass Fürst und Höflinge mit dem Narren mittels Spott und Schadenfreude in der Rolle des lachenden Publikums verbunden sind: Der Narr ist ihr komischer Akteur, er führt – oft genug mit seinem Körper – ein komisches Spektakel auf, in welchem sich das Verlachen zu ihrem Vergnügen, aber jederzeit auch zu ihrem Schaden manifestieren kann.[43] Doch auch hier wird das Spielerische der Narrenspäße evident: Ein vom Narren Gefoppter wird, und sei er noch so lächerlich gemacht worden, den Scherz kaum als echte Beleidigung mit Konsequenzen aufgefasst haben, wie dies bei Ehrhändeln zwischen Gleichwertigen der Fall war.[44]

Ein wichtiges strukturelles Bindeglied zwischen den historischen Hofnarren des Spätmittelalters und jenen Narren und Schwankhelden der Literatur ist die wichtige Aufgabe der am Hofe Tätigen, ihre Streiche und Aufführungen sofort in Erzählung und somit in narrative Struktur umzusetzen. Heitere Geschichten von und über sich selbst zu erzählen, so Enid Welsford, trugen nicht unwesentlich zum Erfolg von Hofnarren bei:[45] Gonnella etwa wird bereits bei Pontano als „sive fabulator facetissimus sive ioculator maxime comes" bezeichnet.[46] Das Tagebuch des urbinatischen Hofnarren Atanasio belegt sehr schön, dass dieser seine Streiche und Einfälle aufschrieb, um sie noch nach Jahren wiederum vorzutragen.[47] Dies weist auf die soziale Praxis des Hofnarren als Geschichtenerzähler hin, eine Rolle, zu der naturgemäß ein Publikum gehört: die höfische Lachgemeinschaft. Mit dem Schwankhelden treffen wir somit auf einen professionellen Witzeerzähler, der sein Publikum auf Kosten von anderen, die zum komischen Objekt gemacht werden, unterhält. Dies macht das Ausspielen von Gruppen gegeneinander und die Aufdeckung von gesellschaftlichen Konflikten durch scherzhafte Ausgrenzung leichter, wie ich im Folgenden zeigen möchte.

---

not be taken seriously. [...] To put it in another way, the relationship is one of permitted disrespect".

[43] Zur Macht der Komik Freud (Anm. 14), S. 201 f.: „Die Entdeckung, dass man es in seiner Macht hat, einen anderen komisch zu machen, eröffnet den Zugang zu ungeahntem Gewinn an komischer Lust und gibt einer hoch ausgebildeten Technik den Ursprung". Dass diese Macht Possenreißer und Publikum verbindet, zeigt Lanza: „A unire buffone e pubblico e dunque la derisione e lo scherno, e l'attor comico ne è sulla scena il sapiente ministro." Lanza, Diego. *Lo stolto. Di Socrate, Eulenspiegel, Pinocchio e altri trasgressori del senso comune*. Torino 1997, S. 203.

[44] Durch seine gleichzeitige Zugehörigkeit und Nicht-Zugehörigkeit zur höfischen Gemeinschaft wird der Narr zum interaktiven Knotenpunkt der Befindlichkeiten am Hof, zum Auslöser von euphorischer Stimmung, Verlachen der Angst oder Aggressionsabbau durch lachenden Spott Vgl. Velten, Hans Rudolf. „Komische Körper. Zur Funktion von Hofnarren und zur Dramaturgie des Lachens im Spätmittelalter". *Zeitschrift für Germanistik* N.F. XI (2001) H. 2, S. 292-317, S. 306.

[45] Welsford, Enid. *The fool. His Social and Literary History*. London 1935, S. 13.

[46] Pontano (Anm. 36), S. 438.

[47] Vgl. Saffioti (Anm. 19), S. 53: „[...] facendomi legger ogni sera il signor duca un mio libro novamente ritrovato che sette anni innanzi l'avevo perduto."

Philipp Frankfurters zuerst 1473 erschienener Schwankroman „Des Pfaffen geschicht und histori vom Kalenberg“ erzählt von einem solchen Possenreißer, der durch ausgeklügeltes List-Handeln, das auf den souveränen Umgang mit Tausch-, Markt- und Handelsgesetzen hinweist, an den Hof des Herzogs Otto von Österreich kommt und für seine unterhaltsamen Streiche mit der Pfarrei des Kahlenbergerdorfes bei Wien belohnt wird. Die folgenden, „sukzessivlogisch“[48] aneinander gereihten Schwänke spielen in drei verschiedenen sozialen Handlungsräumen, die sich jeweils am anwesenden Personal orientieren: Bauernschwänke, Klerikerschwänke und Hofschwänke.

Trotz der zahlreichen Gelegenheiten zum Gelächter, die die Schwankreihen bieten, wird im Kalenbergerbuch relativ wenig gelacht: Der Pfarrer selbst freut sich zwar nicht selten über seine eigenen Tricks und den daraus entstehenden materiellen Gewinn, doch es kommt an keiner Stelle zu einem spöttischen oder gar höhnischen Auslachen der Betrogenen. Gelacht wird so vor allem vom Herzog und seiner Frau, meist gemeinsam mit der Hofgesellschaft. Interessant ist nun, dass dieses Lachen sich nicht nur auf die Hofschwänke bezieht, sondern ebenso an anderer Stelle auftaucht: So lacht bei einem der Klerikerschwänke der ganze Hofstaat über den altersschwachen und dennoch lüsternen Bischof, dessen Sehschwäche als doppelte Verfehlung entlarvt wird: „Des schmutzte alle masanei“ (v. 778). Der Hof fungiert in seiner Vielheit von Personen sozusagen als Anlaufstelle und Fluchtpunkt des Gelächters. Dies gilt auch, wenn die Streiche des Schwankhelden erst über den mündlichen Bericht in Erfahrung gebracht werden, wie im Fall des mit nacktem Hintern Kleider waschenden Pfarrers: „Zu ploß sich schier gelachet heet / Mancher, dem es ward geseit.“ (v. 954 f.)

Die höfische Lachgemeinschaft zeigt sich hier als ein episodenübergreifendes Strukturmerkmal, das nicht nur List-Handeln mit antwortendem Lachen belohnt,[49] sondern im gemeinsamen Gelächter eine ideale Rezeptionsgemeinschaft darstellt, die für den gesamten Text Gültigkeit hat und als performative Strategie für die Aufnahme des Textes dienen kann.

Schauen wir uns eine Episode aus der Schwankreihe genauer an: Zu Beginn der Hofschwänke reitet der Kalenberger „auf glück [...] kenn hoffe“, um den

---

[48] Den von Rosenfeld geprägten Begriff benutzen auch Bertau und Strohschneider, um die Verklammerung von Einzelepisoden zu betonen. Vgl. Strohschneider, Peter. „Schwank und Schwankzyklus, Weltordnung und Erzählordnung im ‚Pfaffen vom Kalenberg‘ und im ‚Neithart Fuchs‘“. *Kleinere Erzählformen im Mittelalter: Paderborner Kolloquium 1987.* Hg. v. Klaus Grubmüller. Paderborn u. a. 1988, S. 151-172, hier S. 158.

[49] Dieses innertextuelle Lachen im Kalenberger ist in den bisherigen Interpretationen nicht fokussiert worden, da man sich auf die Formen der Komik und der List konzentriert hatte. Röcke, Werner. *Die Freude am Bösen. Studien zu einer Poetik des deutschen Schwankromans im Spätmittelalter.* München 1987, S. 183 f.; und Strohschneider (Anm. 48), S. 158. Eine Ausnahme ist Breyer, Ralph. „Die Herrschaft zum Lachen bringen. Zur Funktion der Komik in Philipp Frankfurters ‚Pfarrer vom Kalenberg‘“. *Komische Gegenwelten. Lachen und Literatur in Mittelalter und Früher Neuzeit.* Hg. v. Werner Röcke u. Helga Neumann. Paderborn u. a. 1999, S. 63-78, der jedoch aus seinem richtigen Analyseansatz kaum Kapital schlagen kann.

vermeintlichen Spott aus den vorangegangenen Abenteuern mit der Herzogin wettzumachen. Er trifft dort zufällig auf einige Bauern, die aus unbekannten Gründen beim Herzog vorsprechen wollen. Der Pfarrer verspricht, ihnen zu helfen, und heißt sie, sich nackt auszuziehen, um den Herzog noch vor allen anderen im Bade zu treffen: „ir dürfft euch vor im do nit schamen“. Gesagt – getan, die Bauern „wellens wagen“ und entkleiden sich, bevor sie mit dem Kalenberger durch die Tür in die vermeintliche Badestube, in Wahrheit aber in den Speisesaal treten, wo, wie kann es anders sein, gerade der ganze Hof versammelt ist (Abb. 2):

> die pauren sahen weithin vmb: [...]
> Vnd wurden da vor angsten schwitzen
> do sie die herren sahen sitzen
> czu tische alle vnd do essen,
> sie weren lieber in ein thurn gesessen. (v. 1302-08)

Unter dem Lachen der Anwesenden schleichen die peinlich berührten und offensichtlich gestressten Bauern nun „erßling“, also mit den Hofleuten zugewandtem Hinterteil zur nächsten Bank und drücken sich dort „recht wie die schof“ aneinander.[50] Daraufhin sucht man den bisher stumm gebliebenen Pfarrer, und als sich die Aufmerksamkeit auf ihn lenkt, erkennen die Bauern, dass sie getäuscht wurden:

> Junckher, sprach ein pawer vber laut,
> wir hetten im des nit getraut,
> das er vnß solt zu narren machen.
> Allererst hubens an zu lachen
> der fürst vnd auch die massanei. (v. 1325-29 f.)

Deutlich erscheinen die höfischen Lacher als homogene Gruppe, die den nackten Bauern sowohl sozial als auch räumlich gegenüberstehen. Die Reaktionen beider Gruppen sind durch die plötzliche Nacktheit der einen, durch die Wahrnehmung der Verletzung des höfischen Begrüßungszeremoniells bei der anderen von Gegnerschaft und Angst besetzt. Die der Bauern mündet in Scham, diejenige des Adels in die ‚soziale Sanktion' des Verlachens. Dieses Verlachen der Bauern durch den Hof ist als ausgrenzend und höhnisch gedeutet worden, es dient der Bestätigung der Sonderstellung des Zivilisierten, des Adels, gegenüber

---

[50] Die Benutzung des sprachlichen Signals „erßling“ weist auf das überlieferungsgeschichtliche Muster der Szene im Kalenberger hin: In des Strickers „Der nackte Bote“ betritt ein nackter Mann mit dem Hintern voran eine Wohnstube, in der gerade eine ganze Hausgemeinschaft versammelt ist. Er hatte den Wohnraum mit dem Bad verwechselt, aber seinen Irrtum nicht gleich bemerken können, weil er sich einen aggressiven Hund vom Leibe halten musste. Vgl. zur Situationskomik dieser Szene Kugler, Hartmut. „Grenzen des Komischen in der deutschen und französischen Novellistik des Spätmittelalters“. *Kultureller Austausch und Literaturgeschichte im Mittelalter. Transferts culturels et histoire littéraire au moyen âge. Kolloquium im Deutschen Historischen Institut Paris.* Hg. v. Ingrid Kasten, Werner Paravicini u. René Perennec. Sigmaringen 1998, S. 359-371.

dem Kreatürlichen. Das exklusive Lachen dieser Intergruppen-Konstellation dient somit „zur Integration der höfischen Gesellschaft selbst, dem Appell an die gemeinsamen Normen, dem gemeinsamen Selbstverständnis und der Bekräftigung der sozialen Identität als privilegierter Stand.“[51]

Gleichzeitig werden im komischen Vorgang aber psychosoziale Konflikte bei beiden Gruppen erkennbar: Denn die Normabweichung durch die Scham der nicht bekleideten Bauern bringt den Hof als Spezialmilieu hoher Körperdistanziertheit zunächst ins Wanken. Sich schämende Bauern verhalten sich insofern normgerecht, indem sie die Scham als zentrale Empfindung im Prozess der Affektkontrollen des Körpers und somit als Instanz öffentlicher Reglementierung verinnerlicht haben. Erst als sie wieder beginnen, ‚bäurisch' und somit unangemessen zu sprechen, setzt das schallende und endgültig psychisch entlastende Gelächter ein.

Auch wenn wir bis hierher dem Schwank die Funktion einer „spezifisch literarische[n] Bewältigungsform sozialer Ordnungsstörungen“[52] attestieren können, haben wir damit noch nichts über die Voraussetzungen gesagt, unter denen der vom Schwankhelden inszenierte Vorgang überhaupt als lächerlich empfunden werden konnte. Warum entrüstet sich das höfische Publikum nicht? Warum werden die Bauern nicht hinausgejagt oder verprügelt? Wir wissen noch nicht genau, wie der komische Vorgang im Einzelnen funktioniert und, das wäre die zweite Frage, wie er im Kommunikationsrahmen der Rezeption gewirkt haben könnte.

Um dies zu beantworten, ist es hilfreich, sich eine Frage zu stellen, die der Soziologe Erving Goffman prinzipiell auf jede Form menschlicher Interaktion angewendet hat: Was geht hier eigentlich vor? Was geht hier eigentlich vor, wenn ein Pfarrer unter Vorspiegelung falscher Tatsachen ein paar Bauern anstiftet, sich auszuziehen, um schneller beim Herzog vorzusprechen? Goffman hat mit seiner Theorie der Rahmen-Analyse ein methodisches Instrument entwickelt, um Verhalten, Gesten und Äußerungen, die „nicht in den Rahmen passen“, also Betrug, Täuschung und Schwindelmanöver, zu analysieren. Er ist der Auffassung, dass Täuschungen einen falschen Rahmenrand etablieren und somit eine im Ganzen anfällige Wirklichkeit herstellen. Unter einem Täuschungsrahmen versteht Goffman „das bewusste Bemühen eines oder mehrerer Menschen, das Handeln so zu lenken, dass einer oder mehrere andere zu einer falschen Vorstellung von dem gebracht werden, was vor sich geht“.[53] Alle Täuschungsrahmen betrachtet Goffman als Sinnstrukturen und Perspektiven situiert handelnder Akteure. „Wenn die getäuschte Seite herausfindet, was los ist, dann erkennt sie das, was einen Augenblick vorher für sie noch Wirklichkeit war, als

---

[51] Röcke (Anm. 49), S. 184.

[52] Strohschneider (Anm. 48), S. 156.

[53] Goffman, Erving. *Rahmen-Analyse. Ein Versuch über die Organisation von Alltagserfahrungen*. Frankfurt a. M. 1977, S. 98.

Täuschung, und damit ist es völlig zerstört".[54] Der Pfarrer entwirft so gesehen mit Hilfe seines „impliziten Wissens" zwei Täuschungskonstruktionen, eine für die Bauern und eine für den Hof, hält sich selbst als ‚stummer Teilnehmer' aber bei der Entlarvung zurück. Den anwesenden Hofstaat konfrontiert er mit einer von der Normalität abweichenden Situation: eine Gruppe nackter Bauern im Raum. Der menschliche Körper, der hier ohne decodierfähige semantische Zeichen auftritt, ist ein Unsicherheitsfaktor für die Anwesenden, da sie ihn zunächst nicht einordnen können. Weil der Körper wegen seines ständigen Vorhandenseins nicht in einem einzigen Rahmen behandelt werden kann, stellt er ein systematisches Interaktionsrisiko und eine systematische Quelle von Problemen dar. Erst mit der sichtbaren Scham der Bauern wird dem Hofstaat deutlich, dass hier ein Täuschungsrahmen vorliegen muss, und es kommt zum ersten Gelächter. Die Bauern dagegen erkennen viel später, in der Interaktion mit der Hofgesellschaft, dass sie getäuscht worden sind. Im Moment aber der Erkenntnis bricht die bisherige Rahmenkonstruktion, die auf der Erwartung basierte, den Herzog im Bade anzutreffen, zusammen. Dies geschieht unter Verweis auf den Schwankhelden („wir hetten im des nit getraut"). In diesem Augenblick der Rahmentransformation kann sich das gemeinschaftliche Lachen bei den Zuschauern vollkommen manifestieren, einerseits, weil auch der Hof nun Klarheit über den Täuschungsrahmen hat und ein Spielrahmen in Kraft getreten ist, andererseits sich aber an der Erkenntnis seines Zusammenbrechens bei den Bauern delektiert.[55]

Die Rahmentransformation ist eine wichtige Voraussetzung für die Erkenntnis von Spiel. Spiel wird üblicherweise durch besondere Rahmungssignale und Modalitäten eingeleitet, die hier aber weder den Bauern noch dem Hof zur Verfügung stehen, wohl aber den Hörern oder Lesern der „Geschicht und histori des Pfaffen vom Kalenberg". Sie wissen im Unterschied zu den Akteuren sehr genau, dass es sich bei der Szene um einen Täuschungsrahmen handelt und können so den Verlauf, und ich betone Verlauf, der Erkenntnis der Rahmentransformation lustvoll betrachten.

An diesem Punkt sind wir auf einer anderen Kommunikationsebene angelangt: derjenigen zwischen Text und Rezipienten. Zu Beginn habe ich die Frage gestellt, ob und inwiefern der Text versucht, seine Rezipienten in das Gelächter einzubinden, und welche Strategien er dabei benutzt. Ich möchte dafür abschließend noch einmal kurz auf den Neithart Fuchs zurückkommen: Dort werden die schwankhaften und gewalttätigen Auseinandersetzungen Neitharts mit den Bauern am Ende von Neithart selbst am Hof berichtet. Erleben und Berichten wird

---

[54] Goffman (Anm. 53), S. 99.

[55] Auch Kotthoff arbeitet bei ihrer Gesprächsanalyse mit Goffmans Rahmentheorie, wenn sie feststellt, die Semantik der Witzpointe basiere „auf der Herstellung einer spezifischen, überraschenden Bisoziation von aufgerufenen Rahmen", wobei ein etablierter Rahmen „mittels eines Triggers überraschend gewechselt werden kann". Kotthoff (Anm. 12), S. 231.

auch in jeweils unterschiedlichen Erzählperspektiven dargeboten, die sich über den gesamten Text hinweg ineinanderschieben.[56] So ist Neithart gleichzeitig Protagonist und Erzähler seiner Abenteuer. Wenn die höfische Lachgemeinschaft sich jedoch erst im Erzählbericht konstituiert, wenn Neithart erst erzählen muss, um Gelächter auszulösen, ist dies bereits ein Zeichen für die Verlagerung des Performativen ins Narrative, welches als Schrift wiederum auf die Rezeptionssituation hindeutet. Im Neithart Fuchs ist diese somit schon im Erzähltext enthalten: Als Neithart zu Beginn des Zyklus an den Hof kommt, fragen ihn „ritter vnde knecht: ‚was woellent ir vns schenken?'“ und Neithart antwortet: „ein hübsche awenteir, dar bei wert ir mein gedencken“ (v. 295-96). Das Abenteuer im Erzählvorgang ist es, was Dauer haben wird, und die Reaktion auf dieses erzählte Abenteuer ist Lachen, ihr Wirkungsfeld eine Lachgemeinschaft.

Es lassen sich abschließend zwei Funktionskomplexe der höfischen Lachgemeinschaft im Kalenberger und im Neithart Fuchs unterscheiden:

1. Das gemeinsame Gelächter geht in zweifacher Hinsicht über den situationalen Kontext der Hofschwänke hinaus; einmal, wenn auch über andere Schwänke, die dem Hof narrativ überbracht werden, gelacht wird, und zweitens, wenn dieses Lachen am Hof wiederholt werden kann. So heißt es im Kalenberger über die nackten Bauern:

> Ir wardt gelachet an dem hof
> hernach gar offt manche stund
> do auß vil reinem süessem mund (v. 1314-16)

Hier ist die Kommunikationssituation gleichsam zeitlich zerdehnt:[57] Gelächter und komischer Vorgang werden iterativ immer wieder neu vollzogen, indem auf wiederholtes Erzählen des komischen Vorgangs hingewiesen wird. Die höfische Lachgemeinschaft wandelt sich zu einer höfischen Hör- und Lachgemeinschaft, die nun nicht mehr im Augenblick der komischen Handlung, sondern im gemeinsamen Erzählvollzug lachen kann. Beide Aspekte tragen zur Konstitution

---

[56] „Im NF liegt keine nach textgrammatischen Ansprüchen korrekte Pronominalisierung vor, sondern stattdessen ein wildes Durcheinander von Ichrede, Er-Erzählung und Personenrede.“ Bockmann, Jörn. *Translatio Neidhardi. Untersuchungen zur Konstitution der Figurenidentität in der Neidhart-Tradition* (= Mikrokosmos 61). Frankfurt a. M. u. a. 2002, S. 275.

[57] Der Begriff der ‚zerdehnten Kommunikationssituation' bezieht sich auf die Möglichkeit der Schrift, den Raum der Gleichzeitigkeit zwischen Senden und Empfangen in Zeit und Raum auszudehnen. Vgl. dazu Assmann, Jan. „Von ritueller zu textueller Kohärenz“. *Das kulturelle Gedächtnis. Schrift, Erinnerung und politische Identität in frühen Hochkulturen*. München 1999, S. 87-103 im Anschluss an Konrad Ehlichs „zerdehnte Sprechsituation“: Ehlich, Konrad. „Text und sprachliches Handeln. Die Entstehung von Texten aus dem Bedürfnis nach Überlieferung“. *Schrift und Gedächtnis. Beiträge zur Archäologie der literarischen Kommunikation*. Hg. v. Aleida Assmann, Jan Assmann u. Christof Hardmeier. München 1998, S. 24-43.

der Lachgemeinschaft als idealer Rezeptionsgemeinschaft bei.[58] Die innertextuelle Lachgemeinschaft ist somit zugleich Abbild und Muster der Hörergesellschaft des Textvortrags, die Lachreferenz das Bindeglied zur Rezeptionsebene: Gemeinsames Lachen im Text weist auf Rezeptionssteuerung hin.

2. Lachgemeinschaft und Schwankheld stehen zueinander im Verhältnis wechselseitiger Angewiesenheit, wodurch der komische Vorgang erzeugt werden kann. Mit ihrer Hilfe lassen sich komische Situationen der Wirklichkeit in Form von fingierter Interaktion im Text reinszenieren und die affektive Teilhabe an ihnen erleichtern. Über den theatralen Rahmen, den Schwankheld und Lachgemeinschaft gemeinsam konstituieren, gelingt es dem Text, das Spielfeld der Konfliktualität von Gruppen zu formieren, Lachen in die gewünschte Richtung zu lenken, ja die Lizenz zum Lachen allererst zu erteilen, die Adressaten dieses Lachens zu modellieren und soziale Zusammenhänge zu konstituieren. Von Belang ist etwa in der Kalenbergerszene, dass die Bauern am Ende nicht nur verlacht sind, sondern dass auch ihre Wünsche erfüllt werden: Das Täuschungsmanöver des Pfarrers erweist sich nach dem Aushandeln des Konflikts als eines ‚in guter Absicht' und liegt – trotz allem – schlussendlich im Interesse der Getäuschten.

[58] Ohne ihre Mitwirkung wäre der auf sozialen Aufstieg und ökonomischen Gewinn gerichtete Erfolg des Schwankhelden nicht möglich. Für sie sind letztendlich seine Streiche bestimmt, wodurch sie zum wichtigen Element der Kohäsion der Textteile wird.

Gerhard Wolf

„das die herren was zu lachen hetten“[1]

Lachgemeinschaften im südwestdeutschen Adel?

1. Poggios Bugiale und die Lachkulturforschung

Das *Bugiale* ist für die Lachkulturforschung quasi die ‚Mutter' aller Lachgemeinschaften. Bei der „Lügenschmiede“ soll es sich nach Poggio Bracciolini, unter Papst Martin V. apostolischer Sekretär, um einen nicht näher bezeichneten, abseits gelegenen Ort des päpstlichen Hofes gehandelt haben, der von den „päpstlichen Sekretären“ gegründet worden sei und an dem sie sich nach dem Dienst zu einem informellen Meinungsaustausch getroffen haben. So zumindest berichtet es Poggio im Nachwort seines *Liber facetiarum*[2], in dem er eine Fülle von Fazetien, Anekdoten und Witzen wiedergibt, die eben aus jenem *Bugiale* stammen sollen. Diese reichlich vagen Angaben bieten hinreichend Stoff für Fragen nach der Historizität des *Bugiale*, dem Grad seiner Institutionalität, seiner sozialen Wirkung bzw. nach dessen literarischer Funktion. Existierte das *Bugiale* wirklich und diente es der aggressiven Kritik an den kurialen Missständen oder war es eine Fiktion des *pater facetiarum*,[3] mit der er einen rudimentären Rahmen für die Erzählungen seines Werkes schaffen wollte bzw. dem Leser Hinweise für einen konkreten Gebrauch der Fazetien geben wollte? Für die Lachkulturforschung ist dieses Nachwort aber nicht nur hinsichtlich der These von der historischen Existenz von Lachgemeinschaften bedeutsam, sondern auch wegen der sozialen Funktion des Lachens, das angesichts der rigiden hierarchischen Struktur am päpstlichen Hof naheliegenderweise als Verlachen von Autorität und aggressiver Kritik an den herrschenden Verhältnissen gedeutet worden ist.

---

1 *Zimmerische Chronik 3*. 4 Bde. Hg. v. Karl August Barack. Freiburg i. Br./Tübingen 1881-1882, S. 422.

2 Die maßgebliche lateinische Ausgabe: Bracciolini, Poggio u. Gian Francesco. *Facezie. Introduzione, traduzione e note die Marcello Ciccuto*. Milano 1983. Der deutsche Text wird zitiert nach der Ausgabe: *Die Facezien des Florentiners Poggio*. Eingel. u. übs. v. Hanns Floerke. Hanau a. M. 1967.

3 Toscano, Giovanni Matteo. *Peplus Italiae*. Lutetiae 1578, S. 7.

Bevor hier untersucht werden soll, ob es vergleichbare Einrichtungen im deutschen Adel gegeben hat, ist das Augenmerk auf Poggios Text zu richten und zu fragen, inwieweit das *Bugiale* als Beleg einer solchen (para)institutionellen Lachgemeinschaft herhalten kann.

Poggios Nachwort ist nicht ohne Widersprüche zum Textteil. So wird behauptet, die Mitglieder des *Bugiale* hätten dabei alles angegriffen, was ihnen missfiel, „und sehr oft war es der Papst selbst, mit dessen Kritisierung wir die Sitzung eröffneten."[4] Befragt man die 273 Fazetien jedoch nach dieser Funktion, dominiert dort keineswegs die Kritik an Kurie, Politik oder Gesellschaft,[5] sondern viel eher die „Lust an der Dialogisierung des Worts, an Sprachspielen und einer spielerischen Infragestellung bislang selbstverständlicher Überzeugungen, aber auch an Spott und Hohn der Gebildeten über die Borniertheit, Kulturlosigkeit [...] der Ungebildeten".[6] Hinzu kommt des Öfteren eine betonte und detaillierte Schilderung[7] der performativen Bedingungen der Fazetien, was vermuten lässt, dass den Rezipienten Anleitungen für die eigene Verwendung der Fazetien gegeben werden sollten.[8] Ein Passus in der Vorrede weist in diese Richtung: Poggio verteidigt sein Buch als Übung für den Geist („ad levationem animi")[9] und fordert andere auf, „dieselben Geschichten selber vorzunehmen und sie auszuschmücken und zu verfeinern; sie werden dadurch die lateinische Sprache unseres Zeitalters auch in leichter geschürzten Sachen bereichern."[10] Der *Liber facetiarum* war offenbar ganz konkret als Hilfsmittel für diejenigen gedacht, die sich in der italienischen Adelsgesellschaft, in der diese Form des intellektuellen Spaßes Teil der Gruppenidentität war,[11] behaupten wollten. Das Buch verfolgt das Ziel einen ‚beredten Stil' in Sprache und Schrift zu vermitteln, sein Erfolg lässt sich mit einer gesellschaftlichen Situation im Italien der Renaissance erklären, die man mit Peter Burke als „Konkurrenz-Kultur"[12] be-

---

4 Toscano (Anm. 3), S. 317.

5 Vgl. die Systematik bei Bachorski, Hans-Jürgen. „Poggios Fazetien und das Problem der Performativität des toten Witzes". *Zeitschrift für Germanistik* N.F. 11 (2001) H. 2, S. 318-335, hier S. 321 f.

6 Röcke, Werner. „Lizenzen des Witzes. Institutionen und Funktionsweisen der Fazetie im Spätmittelalter". *Komische Gegenwelten. Lachen und Literatur in Mittelalter und Früher Neuzeit.* Hg. v. Werner Röcke u. Helga Neumann. Paderborn u. a. 1999, S. 79-101, hier S. 93.

7 Vgl. Bachorski (Anm. 5), S. 324.

8 Poggio war die Historizität des Berichteten nicht wichtig. Schon in seiner Vorrede betont er, es sei ihm keineswegs um die wortgetreue Wiedergabe einzelner Äußerungen gegangen. Man kann dies wohl auf den Inhalt der Fazetien und den Rahmen übertragen.

9 Bracciolini (Anm. 2), S. 110.

10 Floerke (Anm. 2), S. 20. „Modo ipsi eadem ornatius politiusque describant, quod ut faciant exhortor, quo lingua Latina etiam levioribus in rebus hac nostra ætate fiat opulentior." Bracciolini (Anm. 2), S. 110.

11 Burke, Peter. *Eleganz und Haltung.* Berlin 1998, S. 113-115.

12 Burke (Anm. 11), S. 116. Zum Aggressionspotential, das sich vornehmlich in den frühneuzeitlichen Städten anstaute, vgl. Muchembled, Robert. *Die Erfindung des modernen Menschen. Gefühlsdifferenzierung und kollektive Verhaltensweisen im Zeitalter des Absolutismus.* Reinbek 1990.

zeichnen kann. Das *Bugiale* ist Teil dieser Kultur, wenngleich in ihm andere Parameter gelten: Anders als in der Öffentlichkeit, in der Geburt, Leistung, erworbene Stellung oder Geld über den Wert des Einzelnen entscheiden, beruht der Status des einzelnen Mitglieds hier auf geistiger Flexibilität, Schlagfertigkeit, Handlungssouveränität und vor allem auf intellektueller und rhetorischer Eleganz.[13] Diese ästhetischen und intellektuellen Kategorien beanspruchen Eigenständigkeit, stehen damit tendenziell außerhalb der etablierten Machtstrukturen und verfehlen nicht ihre Wirkung: Zumindest manifestiert Poggio dies zirkulär, wenn er auf der Textebene erwähnt, es hätten sich immer mehr seiner kurialen Kollegen im *Bugiale* eingefunden, weil Abwesenheit die Gefahr der Verspottung in sich barg. Implizit manifestiert sich hier der hohe literarische und kulturelle Anspruch Poggios. Was er in seinem Werk bietet, soll künftig als Norm für die Bewertung vergleichbarer Erzählungen dienen und damit über den intellektuellen Rang desjenigen entscheiden, der sie darbietet.

Hinter dieser Autorintention, das Niveau der geselligen Kommunikation zu normieren, erweist sich die Frage nach der Historizität des *Bugiale* als nachrangig. Ebenso gut wie es sich dabei um die ‚topographische' Verortung eines an sich imaginären, gleichwohl ubiquitären Raums handeln mag, kann es auch nur dem Wunsch nach einem literarischen Rahmen für die einzelnen Fazetien und Anekdoten entsprungen sein. Poggio selbst scheint das Imaginäre dieses Ortes selbst andeuten zu wollen, wenn er im Nachwort schreibt, das *Bugiale* sei verschwunden und alle seine Freunde gestorben.[14] Hinsichtlich der Authentizität der jeweiligen Sprechakte ist ohnehin Röcke beizupflichten, der mit Blick auf die Vorrede in Poggios *Liber facetiarum* meint, dass die dort behauptete „Verschriftlichung einer ursprünglich mündlichen Überlieferung nur imaginiert wird und wir es mit einer ausschließlich schriftlichen Kunstform zu tun haben".[15]

Aber selbst wenn das *Bugiale* nur der Imagination des Autors entsprungen ist, bleibt zu überlegen, ob damit wenigstens eine literarische Lachgemeinschaft konstituiert worden ist, die zumindest theoretisch später sogar stilbildend für konkrete soziale Gemeinschaften dieser Art hätte werden können. Angesichts der großen Verbreitung des *Liber facetiarum* wäre dies gar nicht abwegig. Wenn man in diese Richtung spekuliert, kommt man jedoch um eine Definition von Lachgemeinschaft nicht herum. Bedauerlicherweise hat sich lediglich Hans Rudolf Velten im Umkreis seiner Forschungen zum Hofnarren der Mühe einer

---

13 Anders beurteilt dies Wilfried Barner, der das *Bugiale* als Ort der Frustrationsabfuhr sieht; Barner, Wilfried. „Überlegungen zur Funktionsgeschichte der Fazetien". *Kleinere Erzählformen des 15. und 16. Jahrhunderts*. Hg. v. Walter Haug. Tübingen 1993, S. 287-310, hier S. 294. Vgl. dazu auch Röcke (Anm. 6), S. 93.

14 Vgl. dazu auch Wittchow, Frank. „Eine Frage der Ehre. Das Problem des aggressiven Sprechakts in den Facetien Bebels, Mulings, Frischlins und Melanders". *Zeitschrift für Germanistik* N.F. 11 (2001) H. 2, S. 336-360, hier S. 342 f.

15 Röcke (Anm. 6), S. 83.

genaueren, zumindest formalen Begriffsdefinition unterzogen. Velten sieht in einer Lachgemeinschaft eine „relativ lockere, an ihren Rändern fließende und sich jedesmal neu konstituierende Gruppe von Teilnehmern an einer komischen Interaktion [...]“.[16] Eine solche Definition spricht eher gegen eine Bestimmung des *Bugiale* als Lachgemeinschaft. Denn Poggio legt ja besonderen Wert auf den politischen Charakter der dortigen Gespräche. Seine Intention war also keineswegs die Inszenierung komischer Interaktionen, sondern er sah die Funktion eines solchen Forums im halböffentlichen politischen Räsonnement. Es ist mithin nicht die komische Interaktion, die die Vatikanbeamten in das *Bugiale* treibt, sondern der erhoffte soziale Gewinn. Mit Pierre Bourdieu könnte man das *Bugiale* so als einen Ort beschreiben, in dem ein symbolisches Kapital erwirtschaftet wird, das aus der Zugehörigkeit zu einer Gruppe besteht, deren „Investitionsstrategien [...] bewußt oder unbewußt auf die Schaffung von Sozialbeziehungen gerichtet sind, die früher oder später einen unmittelbaren Nutzen versprechen“.[17] Das *Bugiale* fungiert demnach als eine Art Börse, an der der Wert des Einzelnen in Form seines öffentlichen Prestiges fixiert wird. Das Gelächter dient dabei jedoch nicht als Indikator für den Kursstand der einzelnen ‚Aktie‘, denn dazu müsste es eine eindeutige, statusqualifizierende Wirkung erzielen; es müsste sich etwa als wertmindernde Verspottung definieren lassen und dürfte keine positive, integrative Funktion haben. Gelächter aber ist nie eindeutig, und selbst Spott hat für den Verlachten einen sekundären Gewinn, der in der geschenkten Aufmerksamkeit besteht.

Jenseits von Veltens Definition besteht in der Lachkulturforschung ein weitgehend stillschweigend akzeptiertes Axiom: Jedes Gelächter soll potentiell einen gesellschaftskritischen Aspekt haben. So wird die von Poggio im Schlusswort erwähnte Kritik an den kurialen Würdenträgern oft umstandslos mit Inhalt und Funktion seiner Fazetien in eins gesetzt und die Lachgemeinschaft des *Bugiale* implizit als ein Instrument der Kirchenkritik verstanden. Ein Beispiel dafür ist die Interpretation der 96. Fazetie, die von Poggio als „geistreiche Bemerkung“ angekündigt wird. Erzählt wird hier, wie zwei Benediktineräbte im Auftrag des Konstanzer Konzils zu Pedro di Luna kommen, der

> vorher von den Spaniern und Franzosen als Papst anerkannt worden war. Als Pedro ihrer ansichtig wurde, sagte er: ‚Seht zwei Raben kommen zu mir.‘ ‚Daran ist nichts Seltsames‘, erwiderte der eine von ihnen, ‚dass Raben sich dem Aas nähern.‘ Er deu-

[16] Velten, Hans Rudolf. „Zur Funktion von Hofnarren und zur Dramaturgie des Lachens im Spätmittelalter“. *Zeitschrift für Germanistik* N.F. 11 (2001) H. 2, S. 292-317, hier S. 301.

[17] Zit. n. Fröhlich, Gerhard. „Kapital, Habitus, Feld, Symbol“. *Das symbolische Kapital der Lebensstile. Zur Kultursoziologie der Moderne nach Pierre Bourdieu.* Hg. v. Ingo Mörth u. Gerhard Fröhlich. Frankfurt a. M. 1994, S. 36.

> tete ihm damit an, dass er vom Konzil verdammt und damit einem Leichnam gleichzusetzen sei.[18]

„Wie in der Karikatur“ – so interpretiert Röcke diese Fazetie – „werden auch im Witz Kirchenfürsten zu Raben und zu totem Aas [...].“ Derartige Witze seien „weniger geistreich als denunzierend; sie eröffnen keine neuen Dimensionen des Verstehens, sondern nehmen auf höchst aggressive Weise Partei“.[19] Meines Erachtens liegt die Erkenntnisleistung der Fazetie jedoch nicht im Inhalt, sondern im Kontext des Dialogs. Denn Pedro di Luna war in den Augen der Kurie ein Usurpator, mit dem sich niemand identifizierte und dessen Verspottung nicht das Amt, sondern die Person traf. Der intellektuelle Ertrag liegt demnach in der humorvollen Verständigung der Dialogpartner über eine menschlich heikle Situation. Sowohl Pedro wie die Gesandten haben durch den witzigen Dialog den Gegenstand innerhalb kürzester Zeit abgehandelt. Damit konnte jede Seite ihr Gesicht wahren. Für den Rezipienten eröffnet sich damit durchaus eine pragmatische Erkenntnis für den Umgang mit unangenehmen Nachrichten und Situationen. Eine Deutung, die allein schon in der verwendeten Analogie ein Sakrileg erblickt, setzt eine extrem verunsicherte Kirche und eine kuriale Witzzensur voraus, die es im 15. Jahrhundert so nicht gab. Dies belegt die positive Reaktion auf das Erscheinen des *Liber*. Die kirchliche Kritik an den Fazetien setzte erst 100 Jahre später ein, als sie offenbar tatsächlich eine Bedrohung kirchlicher Autorität gewesen ist.[20] Ein Grund dafür könnte gewesen sein, dass die ursprüngliche Funktion des Buches in Vergessenheit geraten war. Zudem ist zu berücksichtigen, dass die Kritik, die angeblich im *Bugiale* getrieben wurde, sich abgesehen von wenigen Ausnahmen ohnehin nicht in den Fazetien wiederfindet. Wenn über konkrete Personen gespottet wird, dann bleiben sie oft anonym oder haben nur Allerweltsnamen, die eine Identifizierung unmöglich macht; sie gehören nicht dem päpstlichen Hof an oder sind – wie Pedro di Luna – dessen Gegenspieler. Damit ist die Behauptung, der *Liber* sei ein Beispiel für das Ablachen von Aggressionen gegen die kirchliche Machthierarchie,[21] zumindest fragwürdig.

Schließlich ist bei der Indienstname Poggios für die These von der Lachgemeinschaft nach der Autorintention zu fragen. Hans-Jürgen Bachorski hat den Vorschlag gemacht, den Witz der Fazetien nicht in den Pointen zu suchen, sondern in der Erzählung selbst, die, wie er anhand der modernen Konversationsanalyse belegt, über den Lacherfolg entscheidet.[22] Nun kann man sich ohne wei-

---

[18] Floerke (Anm. 2), S. 125. „[...] atque is, illis conspectis, duos corvos se adire dixisset, minime mirum videri debere alter respondit, si corvi ad eiectum cadaver accederent, exprobans ei quod a Concilio damnatus pro cadavere haberetur.“ Bracciolini (Anm. 2), S. 214.

[19] Röcke (Anm. 6), S. 94.

[20] Floerke (Anm. 2), S. 17.

[21] Wittchow (Anm. 14), S. 343.

[22] Bachorski (Anm. 5), S. 323-328.

teres eine beliebige Performanz imaginieren, in der allein der Gestus und Habitus des Erzählers den Heiterkeitserfolg garantiert. Aber in den Fazetien treten honorige Freunde und Kollegen Poggios auf, deren Erzählungen keinerlei Hinweis auf eine besonders komische Performanz bieten. Man könnte die merkwürdige Pointenlosigkeit vieler Fazetien, das Fehlen einer klaren Dichotomie von Gewinner und Verlierer, Spötter und Spottopfer auch als die Folge einer vom Autor intendierten katalysatorischen Funktion der Fazetien sehen. Zweifellos sagt gemeinschaftliches Lachen etwas darüber aus, wie rigide oder dynamisch eine Gruppe konstituiert ist. Es ist schon seit der Antike bekannt, dass man dies am schnellsten über komische Geschichten in Erfahrung bringt, weil man dabei sehr schnell beobachten kann, wie ein System reagiert und wie es seine autopoetischen Prozesse reorganisiert. Diese katalysatorische Qualität schreibt Baldesar Castiglione in seinem *Buch vom Hofmann*[23] (II. Buch, Kap. 77) vor allem jener Komik zu, die hinsichtlich des Lachens eine gewisse Unbestimmtheit in sich hat. Wenn man bei vielen Fazetien nicht so genau weiß, ob die Komik im Tabubruch, in der Selbstironie, in einer impliziten Kritik an der Kirche usw. liegt oder ob es sich um die Illustration des Menschlich-Allzumenschlichen handelt, dann könnte dies nicht so sehr an der historischen Differenz liegen als an einer Strategie des Autors, beim Publikum ein Gefühl der Unsicherheit über die Aussage zu erzeugen und damit jede eindimensionale Sicht auf die Verhältnisse zu dekonstruieren.

2. Lachgemeinschaften in der „Zimmerischen Chronik"

Man muss bei einer Rekonstruktion historischer Lachgemeinschaften gar nicht auf Poggios Fazetien oder die deutschen Schwanksammlungen mit ihrer ungewissen Performativität ausweichen. Denn es existieren Texte, die tatsächlich über den performativen Kontext von Schwankerzählungen[24] informieren, die potentiell Auskunft geben über den jeweiligen Inklusions- oder Exklusionsprozess des Gelächters, über Institutionalität oder Ritualisierung und die liminale Qualität des Lachens. Der Text des 16. Jahrhunderts, der derartige Verbindungen von Schwankerzählungen und gesellschaftlicher Situierung am deutlichsten zu offenbaren scheint, ist die um die Jahrhundertmitte entstandene *Zimmerische*

---

23 Castiglione, Baldesar. *Das Buch vom Hofmann*. Übs., eingel. u. erl. von Fritz Baumgart. Bremen 1960, S. 205-207.

24 Im Kontext der *Zimmerischen Chronik* verwende ich für diese kleineren Erzählungen durchgängig den Begriff des Schwankes oder der Schwankerzählung, obwohl man gelegentlich von Anekdoten sprechen könnte. Zur Abgrenzung zwischen Anekdote und Schwank vgl. Schlaffer, Heinz. Art. „Anekdote". *Reallexikon der deutschen Literaturwissenschaft 1*. Hg. v. Klaus Weimar. Berlin/New York 1997, S. 87-89.

Chronik des Grafen Froben von Zimmern (1516-1566).[25] Frobens Werk enthält zahlreiche Schwankerzählungen, die genaue Hinweise auf ihre Performativität und ihren sozialen Kontext bieten.[26] Was man bei Poggio also mühsam aus den Fazetien oder dem Nachwort rekonstruieren muss, wird in der *Zimmerischen Chronik* ganz unmittelbar präsentiert. Froben berichtet nicht nur wiederholt von Adelszusammenkünften, bei denen man die Teilnehmer planmäßig zum Lachen brachte. Manchmal wird sogar von einem politischen Zweck solcher Treffen – wie der Wiederherstellung gesellschaftlicher Harmonie – gesprochen.[27] Dabei gilt es freilich ein prinzipielles Problem zu beachten, das sich bei jeder Rekonstruktion der sozialen Wirkungen des Gelächters in der Frühen Neuzeit stellt. Die *Zimmerische Chronik* ist genauso wie die zeitgenössischen Schwanksammlungen das Ergebnis einer sorgfältigen literarischen Inszenierung, und es wäre methodologisch verfehlt, die performativen Details als unvermittelte Wiedergabe von historischer Realität zu verstehen. Allenfalls enthalten die einzelnen Schwankerzählungen indirekte Hinweise auf eine vom Autor als denkbar gehaltene Einbindung eines Schwanks in eine konkrete gesellschaftliche Situation, so dass über die literarische Inszenierung, in der das Performative als Ferment erhalten ist, Rückschlüsse auf die sozialen Wirkungen möglich sind. Nur auf dieser Basis kann man fragen, ob die in der *Zimmerischen Chronik* zu beobachtenden geselligen Zusammenkünfte des Adels als institutionelle Lachgemeinschaften anzusprechen sind, ob durch Gelächter Zugehörigkeit, Ausgrenzung oder Statusverschiebungen markiert werden.

Auch wenn wegen der Materialfülle hier keine Typologie der Lachsituationen und -gemeinschaften in der *Zimmerischen Chronik* möglich ist, lassen sich doch heuristisch zwei Arten von Lachgemeinschaften differenzieren: die rituell-inszenierte und die okkasionelle. Bei der ersten Kategorie handelt es sich vornehmlich um jene informellen Adelsgesellschaften, bei denen eine Integration der Teilnehmer durch gemeinsames Lachen hergestellt werden soll. Um die gewünschte gelöste Stimmung zu erzeugen, vertraute man entweder auf die Kunst eines ‚professionellen' Alleinunterhalters, der engagiert wurde, damit „die herren was zu lachen hetten“[28], oder man verließ sich auf die Kreativität der adligen Teilnehmer selbst. Bei derartigen Gesellschaften war der Adel in der Regel

---

[25] Zur Biographie des Autors vgl. Jenny, Beat Rudolf. *Graf Froben Christoph von Zimmern. Geschichtsschreiber. Erzähler. Landesherr. Ein Beitrag zur Geschichte des Humanismus in Schwaben.* Lindau/Konstanz 1959, S. 51-121. Wolf, Gerhard. „Froben Christoph von Zimmern“. *Deutsche Dichter der frühen Neuzeit (1450-1600). Ihr Leben und Werk.* Hg. v. Stephan Füssel. Berlin 1993, S. 512-528. Zum Werk Wolf, Gerhard. *Von der Chronik zum Weltbuch. Sinn und Anspruch südwestdeutscher Hauschroniken am Ausgang des Mittelalters.* Berlin/New York 2002.

[26] Manches, was der Autor als eigenes Erlebnis ausgibt, hat er der Literatur oder der mündlichen Tradition entnommen und nur mit dem Zeit- und Lokalkolorit seiner schwäbischen Heimat versehen. Vgl. exemplarisch Wolf, *Chronik* (Anm. 25), S. 394, Anm. 942.

[27] Vgl. unten 3.3: Der Narr als Stifter einer Lachgemeinschaft.

[28] Siehe unten 3.3.

nicht nur unter sich, sondern es waren machtpolitisch relativ homogene Gruppen, die zudem durch Verwandtschafts- oder jahrelange Freundschaftsbeziehungen geprägt waren. Die repräsentative Funktion scheint dabei sekundär gewesen zu sein, und damit ist eine klare Trennung zu jenen Festgesellschaften zu ziehen, bei denen die Repräsentation der Macht durch rituelle Formen gesichert wurde.[29] Da jedes Ritual aber auch scheitern kann, konnte sich die Festgesellschaft *ad hoc* in eine Lachgemeinschaft verwandeln. Dies wurde nicht etwa um jeden Preis verhindert, sondern die adlige Gesellschaft mit ihrem hohen Grad an ritueller Kommunikation versuchte die Schattenseite normativen Zwangs zu integrieren und hielt sich etwa in den Hofnarren eine ‚Institution', die in vielen höfischen Ritualen als ‚Störfaktor' wirken sollte und wirkte.[30] Aber jede zufällige oder von Teilnehmern gezielt herbeigeführte Ritualpanne konnte allgemeines Gelächter auslösen und zu einer völligen Verkehrung der Situation führen. Derartige okkasionelle Lachgemeinschaften waren naturgemäß nicht auf das Fest beschränkt, sondern konnten eigentlich immer dann entstehen, wenn in einer (para)rituellen Situation ein Widerspruch zwischen Anspruch und Realisierung existierte.[31] Allerdings gab es hier deutliche Grenzen. Der Chronist schildert wiederholt Szenen, in denen eine Lachgemeinschaft deswegen nicht zustande kam, weil niemand über den Fauxpas eines Standesgenossen oder des Herrschers zu lachen wagte.[32]

Diese rituellen und okkasionellen Formen von Lachgemeinschaften sollen im Folgenden anhand einiger Beispiele aus der *Zimmerischen Chronik* behandelt werden. Ausgangspunkt für die Diskussion ist die These der Herausgeber,[33] dass Lachperformanzen ein wirklichkeitsveränderndes Potential enthalten und als Katalysator für die Institutionsbildung dienen können. Die Literarizität der jeweiligen Darstellungen soll dabei soweit als möglich mitberücksichtigt werden.

---

29 Man darf nicht übersehen, dass das höfische Fest der Machtdemonstration gilt und in der Frühen Neuzeit „wesentlicher Bestandteil eines neuen Herrscherkultes" ist. Dülmen, Richard van. *Kultur und Alltag in der Frühen Neuzeit 2: Dorf und Stadt. 16.-18. Jahrhundert.* München 1982, S. 157.

30 Zu den Hofnarren und ihrer Funktion vgl. Lever, Maurice. *Zepter und Schellenkappe. Zur Geschichte des Hofnarren.* Frankfurt a. M. 1992; Velten (Anm. 16), S. 318-335; Röcke, Werner. „Die Gewalt des Narren. Rituale von Gewalt und Gewaltvermeidung in der Narrenkultur des späten Mittelalters". *Forschungen zur deutschen Literatur des Spätmittelalters.* FS Johannes Janota. Hg. v. Horst Brunner u. a. Tübingen 2003, S. 51-72, hier S. 67-71.

31 Das Einfallstor für jede Störung eines Rituals war naturgemäß die Emotionalität der Beteiligten. Wie sehr man diese im Ritual unter Kontrolle bringen wollte, zeigt exemplarisch Althoff, Gerd. „Der König weint. Rituelle Tränen in öffentlicher Kommunikation". *‚Aufführung' und ‚Schrift' in Mittelalter und Früher Neuzeit.* Hg. v. Jan-Dirk Müller. Stuttgart/Weimar 1996, S. 239-252.

32 Vgl. dazu etwa *Zimmerische Chronik* (Anm. 1), Bd. 3, S. 425,9-25 u. unten 3.3.

33 Vgl. dazu die Einleitung im vorliegenden Band.

3. Die Lachgemeinschaft als Teil eines inszenierten Rituals

3.1. Eine schwäbische brigata in Rottweil als Form einer Lachgemeinschaft?

Als 1525 der Bauernaufstand die zimmerischen Länder erreichte, zog sich Johann Werner von Zimmern, der Vater des Chronisten, wie viele seiner Standesgenossen hinter die sicheren Mauern der Reichsstadt Rottweil zurück. Was Froben 40 Jahre später im 111. Kapitel[34] seiner Chronik über den Bauernkrieg berichtet, mutet aus heutiger Sicht ungewöhnlich an: Obwohl die Kapitelüberschrift explizit den Bauernkrieg als Thema erwähnt, kommt dieser nur an zwei Stellen vor. Zunächst erwähnt der Autor kurz die Flucht seines Vaters nach Rottweil mit den Worten:

> Gleich umb selbige zeit fieng sich an der baurnkrieg allenthalben in teutschen landen zu erzaigen, derhalben sich herr Johanns Wernher eilendts mit weib und kündt, auch aller haushaltung hinab geen Seedorf thette, damit er bei seinen güetern und underthonnen, auch die dester ringer und leichter in gehorsame künte erhalten, auch, wa die unrüebigen leut ihe überhandt nemen, er die statt Rotweil, darin er domals das burgkrecht, an der handt het.[35]

Am Ende des Kapitels finden sich nochmals zwei Sätze zum Bauernkrieg:

> Nachdem nun die aufrüererischen pauren an vil orten geschlagen, sein herr Johannsen Wernhers underthonnen von Seedorf [...] auch widerumb herzu kommen und begnadigung begert. Also hat er sie widerumb begnadiget [...], iedoch inen ain ringe geltstraff uferlegt.[36]

Und damit ist der von der modernen Geschichtsschreibung als zentrales Ereignis des 16. Jahrhunderts gewürdigte Bauernkrieg abgetan.[37] Interessant ist nun, was Froben zwischen den beiden Bemerkungen und anstelle einer historischen Beschreibung des Bauernkriegs, seiner Gründe und seines Verlaufs bietet. Zwischen den beiden historischen Hinweisen stehen zehn Schwankgeschichten, die allesamt das gesellige Treiben der Adligen in Rottweil während ihres ‚Exils' in der Reichsstadt zum Inhalt haben. Der Chronist präsentiert hier eine adlige Gesellschaft, die sich analog zur *brigata* in einem allerdings dazu reversen Vorgang aus der Natur in die Stadt geflüchtet hat. In Rottweil erzählen sich die Adligen keine anspruchsvollen Novellen, sondern vertreiben sich die Zeit auf eine eher handfeste Art und Weise. Besonderer Beliebtheit erfreut sich ein Brauch, der *maiseln* (‚abhausen') genannt wird und folgendermaßen beschrieben wird:

---

[34] Das Inhaltsverzeichnis der *Zimmerischen Chronik* siehe bei Wolf, *Chronik* (Anm. 25), S. 497-513.

[35] *Zimmerische Chronik* (Anm. 1), Bd. 2, S. 358,16-23.

[36] *Zimmerische Chronik* (Anm. 1), Bd. 2, S. 362,19-24.

[37] Froben scheint allerdings dies nachträglich als Manko empfunden zu haben, weil er dann im 162. Kapitel etwas ausführlicher auf die Umstände eingeht. Vgl. *Zimmerische Chronik* (Anm. 1), Bd. 2, S. 522,30-530,8. Zur Behandlung des Bauernkriegs in der Chronik vgl. auch Wolf, *Chronik* (Anm. 25), S. 347-351.

> [...] zudem het es dozumal ain treffenliche guete gesellschaft zu Rotweil, und seitmal es in allen landen krieg und unfriden, und aber sie alda in gueter sicherait, haben sie alle recreation und guete gesellscheften gesucht und gehalten. Sie brachten der zeit ain manier uf, so man nampt maislen, das sollte ain kurzweil sein. Das war, so man allen hausrath im haus hin und wider warf, verderbt und verwüstet, auch ainandern mit kuchenfetzen warf, mit unsauberm wasser beschütt und dergleichen [...].[38]

In diesem Stil geht es dann auf fünf Folioseiten weiter, wobei der Chronist gleich mehrfach dieser Form der Verdrängung politischer Konflikte und sozialer Nöte durch die „erliche und guete gesellschaft“[39] applaudiert. Ganz offensichtlich entspricht die eigentümliche Verarbeitung des Bauernkriegs in der Chronik einem Bedürfnis Frobens, der in seinem Werk des Öfteren Beispiele dafür gibt, wie man einer bedrückenden Realität durch ‚Weglachen' entfliehen kann. Dieser literarischen Strategie verdanken im Wesentlichen die zahlreichen Lachgemeinschaften in der Chronik ihre Existenz. Das gemeinsame Lachen, das durch ein Spiel wie das *maiseln* ausgelöst wird, hat für Froben einen erheblichen sozialen Nutzen: Im Allgemeinen stiftet es wie jede sog. „joking relationship“[40] Gemeinschaft, weil es widerstreitende Emotionen innerhalb einer Gruppe integriert, im Besonderen

a) ebnet die gegenseitige Verspottung hierarchische Unterschiede ein und schafft damit ein Ventil für das latente Gewaltpotential innerhalb der Gruppe,[41]

b) grenzt man sich nach außen ab gegenüber der rationalen Welt des Bürgertums – wie dies ähnlich durch die Förderung nächtlicher Jugendkrawalle[42] durch den Adel erreicht wurde,

c) demonstriert man einen vitalen Lebenswillen des eigenen Standes und schützt sich damit vor der gefürchteten Melancholie[43] und

d) befriedigt man im konkreten Fall des Bauernkrieges – sozialpsychologisch verständlich – das Bedürfnis, wenigstens symbolisch die verlorene Macht über die Verhältnisse wieder zurückzuerobern: Adlige Herrschaft bedeutet Verfügungsgewalt über materielle Ressourcen; deren mutwillige Zerstörung oder Vergeudung demonstriert den unverminderten Reichtum und die uneingeschränkte Souveränität nach außen.

---

[38] *Zimmerische Chronik* (Anm. 1), Bd. 2, S. 359,2-10.

[39] *Zimmerische Chronik* (Anm. 1), Bd. 2, S. 360,5.

[40] Radcliffe-Brown, Alfred R. „On Joking Relationships“. *Structure and Function in Primitive Society*. New York 1971, S. 90-104, hier S. 91.

[41] Zur gewaltvermeidenden Funktion des Lachens vgl. Röcke (Anm. 30), bes. S. 65-71; ders. „Provokation und Ritual. Das Spiel mit der Gewalt und die soziale Funktion des Seneschall Keie im arthurischen Roman“. *Der Fehltritt. Vergehen und Versehen in der Vormoderne*. Hg. v. Peter v. Moos. Köln u. a. 2001, S. 343-361.

[42] Vgl. Schindler, Norbert. *Widerspenstige Leute. Studien zur Volkskultur in der frühen Neuzeit*. Frankfurt a. M. 1992, S. 245 ff.

[43] Zur Bedeutung der Melancholie in der Literatur des Spätmittelalters vgl. Röcke, Werner. „Die Faszination des Klagens. Inszenierung und Reglementierung von Trauer und Melancholie in der Literatur des Spätmittelalters“. *Emotionalität. Zur Geschichte der Gefühle*. Hg. v. Claudia Benthien u. a. Köln/Wien 2000, S. 100-118.

Die Schilderung der Rottweiler Ereignisse belegt, dass für den Chronisten die Lachkultur ein wichtiges Identitätsmerkmal des Adels darstellt. Lachen ist hier kein Akt der Verzweiflung, sondern eine Geste der Überlegenheit gegenüber der religiösen und sozialen Ernsthaftigkeit der aufständischen Bauern. Eben weil die Lachkultur bei den Adligen reichlich grob gerät, enthält sie einen Widerschein der höfischen Adelssouveränität. Dieses identitätsstiftende Moment der Lachgemeinschaft lässt sich anhand des Textes belegen. Als es die adlige Gesellschaft einmal zu bunt treibt, ist der gastgebende Dekan über diese „sawweis im haus" so verärgert, dass er seine Kumpane hinauswirft. Allerdings bereut er dies bald, da er „ohne gesellschaft auch nit rüebig sein [kann]"[44] und verdrängt rasch seinen Unmut. Die positive soziale Funktion des Lachens ist demnach in Zeiten einer äußeren Bedrohung besonders wichtig, die Lachgemeinschaft fängt angesichts der Zerstörung jahrhundertealter Traditionen und Machtstrukturen die destruktive Emotionalität der eingeschlossenen Adligen auf, leitet die Aggressionen ab, ohne dass es zu gravierenden Konflikten innerhalb der Gruppe kommt.

Wenn man die Historizität der Rottweiler Lachgemeinschaft untersuchen will, ist jedoch unbedingt nach der inhaltlichen Funktion der Schwankgeschichten im Kontext der Chronik zu fragen. Denn – wie bereits erwähnt – stehen sie an einer Stelle, an der man eigentlich Berichte über den Kriegsverlauf erwarten würde. Es ist daher nahe liegend zu fragen, ob der Chronist beliebige Geschichten aus dem Alltag der Adligen in Rottweil erzählt oder diese noch eine weitere Aussage enthalten. Haben die Schwankerzählungen gar eine hermeneutische Funktion für die Bewertung des Bauernkriegs? Zwei Aspekte scheinen hier wichtig zu sein:

Das *tertium comparationis* zwischen dem Bauernkrieg und den häuslichen Krawallen ist die Restitution der gestörten Ordnung – und bereits durch diese Homologie wird der Bauernkrieg marginalisiert. Die ‚Kissenschlachten' der Adligen und der Kampf zwischen Adel und Bauern werden auf dieselbe Stufe gestellt. Die Parallelen reichen noch weiter: Beim *maiseln* wie im Krieg schadet man sich gegenseitig, zieht aber das Ganze am Schluss ins Lächerliche. Wie sich die Adligen trotz der nicht unerheblichen Verwüstungen bald wieder versöhnt haben, soll der Konflikt mit den Bauern mit einer „ringe[n] geltstraff" erledigt gewesen sein. In einer weiteren Schwankreihe wird über eine ähnliche Strukturhomologie der Aufstand der Bauern mit den vergeblichen Bemühungen eines närrischen Schwankhelden namens Zimmerle (!) gleichgesetzt, Johann Werner von Zimmern, den Vater des Chronisten, zu übertölpeln.[45] Zimmerle versucht – wie nach Ansicht des Chronisten auch die Bauern – wiederholt, den Zimmern Leistungen abzunötigen, auf die er eigentlich keinen Anspruch hat.

---

44 *Zimmerische Chronik* (Anm. 1), Bd. 2, S. 360,1 ff.

45 *Zimmerische Chronik* (Anm. 1), Bd. 2, S. 360,7-362,18.

Zunächst kann Johann Werner dies mit List abwehren, dann hat Zimmerle doch Erfolg, scheitert später jedoch an seiner eigenen Gier. Wenn der Autor den Bauernkrieg so indirekt als groteske Narretei erscheinen lässt, dann verdrängt er die soziale Problematik vollkommen. Damit ist die Funktion der Rottweiler Lachgemeinschaft in der *Zimmerischen Chronik* einem hermeneutischen Zweck zuzuordnen.

Die Reaktion der Adligen auf soziale und politische Herausforderungen hat eine handlungspragmatische Qualität. Lachen und Verlachen wird als Gegenstrategie zur Überwindung einer gestörten Ordnung vorgeführt, die nicht nur in einem Verdrängungsakt besteht, sondern eine aktive, friedenssichernde Wirkung haben kann: Auch wenn Zimmerles Versuche, Johann Werner zu übervorteilen, misslingen und er sein ganzes Geld verliert, so bleibt doch der soziale Frieden gewahrt und die Verluste sind auf beiden Seiten letztlich gering. Entscheidend ist hier, dass beide Seiten versuchen, ihre Interessen im Rahmen einer Lachgemeinschaft spielerisch durchzusetzen. Insgesamt hat es den Anschein, als ob der Chronist diese Zimmerle-Geschichten deswegen in das Bauernkriegskapitel einbaut, um Intelligenz, Flexibilität und gemeinsames Lachen als Ausweg aus sozialen Konflikten zu empfehlen.[46] Die Wirklichkeit außerhalb und innerhalb der Stadtmauern Rottweils kann mit einer solchen schwäbischen Nonchalance allerdings nicht verändert, nur verdrängt werden, aber eben dies scheint Froben eine adäquate Reaktion auf soziale Konflikte zu sein.

3.2. Die Disziplinierung der Konkurrenz
Lachgemeinschaften am Speyrer Reichskammergericht?

Dass Gelächter und Souveränität Identitätsmerkmale des Adels sind, bestätigen jene Erzählungen, in denen sich adliges Standesbewusstsein in Abgrenzung gegenüber potentiellen Konkurrenten manifestiert. Als Beispiel wähle ich hier den Bericht Frobens über abendliche Lachgemeinschaften der Beamten des Speyrer Reichskammergerichts. Deren Zusammenkünfte ähneln etwas Poggios *Bugiale*. Anlass der Schilderung ist für Froben die Teilnahme seines Onkels Wilhelm Werner, der als Assessor am Gericht tätig war. Diesmal ist Frobens Bericht über eine Lachgemeinschaft verwoben mit stratifikatorischen Aspekten, er vermischt quasi den Lachdiskurs mit dem Statusdiskurs.

In Speyer – so erzählt Froben – fanden abendliche Treffen der adligen Assessoren statt, bei denen man sich gegenseitig durch „schimpfreden" zum Lachen brachte. Allerdings geschah dies nicht mit Zustimmung aller Beteiligten, denn offenbar provoziert Fröhlichkeit Neid. So erzählt Froben anlässlich eines abendlichen Beisammenseins der Assessoren, wie sich ein Gelehrter namens Gotteshaim über die „schimpfreden" der Anwesenden mokiert:

---

[46] Zur Kommentarfunktion von Schwankerzählungen vgl. etwa Wolf, *Chronik* (Anm. 25), S. 354-357.

> Doctor Gotteshaim hört dise und andere schimpfreden alle, auch das die herren so gemainlich frölich ob disch waren, ergeret er sich heftig darab und vermaint ie, darumb, das er ain verrüempter melancolicus, es solten die herren assessores ire gravitet nit allain in publico, sonder auch in privato halten, item er wölt auch nur 3oo guldin järlichs nemen und alles ußrichten etc. Solliche bedenken behielt er im selbs nicht, sonder ließ sichs hernach vernemen gegen andern. Das kam herr Wilhelm Wernhern, auch den assessoribus in der beurischen gesellschaft für. Die hetten ain verdruß darab, das sie von disem doctor sollten also veracht und reformiert werden [...][47]

Die wenig elegante Revanche der Assessoren besteht darin, Gotteshaim bei nächster Gelegenheit betrunken zu machen und ihn allein auf der Bank in der Stube liegen zu lassen. Froben erzählt dann ziemlich umständlich, wie Gotteshaim am nächsten Morgen, als die anderen schon längst gegangen waren, die „weingallen brach" und er „ein großen wust in die stuben macht".[48] Es ist hier der Autor und nicht die Gesellschaft selbst, die die Verspottung des Doktors besorgte. Froben wehrt damit Versuche der Gelehrten ab, die Trennung zwischen privatem und öffentlichem Verhalten, zwischen „joking relationship" und „avoidance relationship"[49] aufzuheben und den Adligen damit ihr ‚Lach- und Spottprivileg' zu nehmen. Er propagiert dabei in einem ergänzenden Kommentar seine Vorstellung von situativem Handeln, das sich nicht einer allgemeinen Norm unterwirft: „[...] dann kain gröser vernunft und geschicklichait ist, dann sich zu zeiten und da es fueg hat, närrisch oder frölich mit andern zu erzaigen."[50] Damit wird nicht etwa ein Intellektueller ins soziale Abseits gestellt, denn die Gelehrsamkeit des Doktors wird eigens gelobt, sondern dessen Versuch verworfen, dem Adel eine bestimmte Verhaltensweise aufzuzwingen. Diese Geschichte, die eigentlich nur ein marginales Malheur behandelt, ist vom Chronisten offenbar mit der Absicht konstruiert worden, adliges Lachen gegen eine immer mehr politische Ansprüche erhebende Elitekultur der Gelehrten zu verteidigen. Die Zusammenkünfte der Assessoren werden in dem Bericht des Chronisten zu Lachgemeinschaften stilisiert, weil damit ein soziales Kriterium, das den Adel von den Gelehrten abhob, konstruiert werden konnte.

3.3. Der Narr als Stifter einer Lachgemeinschaft

Bislang wurde bei der Behandlung adliger Lachgemeinschaften die Rolle der Hofnarren ausgespart. Diese Institution, die nicht nur an den großen Höfen zu finden war, ist in jüngster Zeit von der Forschung eingehend behandelt worden,[51] so dass ich mich hier auf die Funktion der Narren der Lachgemeinschaften der *Zimmerischen Chronik* beschränken kann.

---

[47] *Zimmerische Chronik* (Anm. 1), Bd. 3, S. 113,8-19.
[48] *Zimmerische Chronik* (Anm. 1), Bd. 3, S. 114,9.
[49] Radcliffe-Brown (Anm. 40), S. 103.
[50] *Zimmerische Chronik* (Anm. 1), Bd. 3, S. 115,8-11.
[51] Vgl. dazu die oben in Anm. 30 aufgeführten Arbeiten.

Selbst für die kleineren schwäbischen Adligen gehörte es zum guten Ton, sich einen oder mehrere Narren zu halten. Dies trifft ebenso für die Zimmern zu, die allerdings zum Missfallen des Chronisten ein besonderes Faible für Narren hatten. Froben sah aber nicht nur die dabei entstandenen Kosten kritisch; vielmehr erkannte er die Gefahr, dass die Hofnarren politischen Einfluss auf den Regenten gewannen und dann anfingen, eigene Interessen durchzusetzen.[52] Die Narren mit ihrem ungehinderten Zugang zu Beratungen, die selbst Froben verschlossen blieben, wurden einerseits als Konkurrenz betrachtet, andererseits aber als unerlässlich für die adlige Vergesellschaftung. Die Ambivalenz Frobens rührt von ihrer unklaren Position zwischen Professionalität und Pathologie: Die so genannten natürlichen Narren stehen dabei anders als die künstlichen oder professionellen Narren[53] unter dem Schutz des christlichen Caritas-Gebots. Froben bemüht sich zwar zumindest begrifflich um eine Trennung zwischen „fatzman" und „narr", aber ist letztlich frustriert, weil diese Differenzierung nicht trägt: Jede natürliche Narrheit kann nämlich vorgetäuscht sein.[54]

Auch im Hinblick auf die Unterscheidung zwischen ritueller und okkasioneller Lachgemeinschaft nehmen die Narren eine Sonderstellung ein. Einerseits gehört ihr permanenter Normbruch zur Inszenierung einer Lachgemeinschaft, andererseits besteht eine latente Erwartung, dass sie in einer ,seriösen' Situation die Anwesenden in eine durch gemeinsames Lachen verbundene Gesellschaft verwandeln, man könnte sagen: okkasionell eine temporäre Lachgemeinschaft herstellen.

Ein fast klassisches Beispiel für die Funktion des Narren als konstitutives Element einer inszenierten Lachgemeinschaft bietet das 169. Kapitel der Chronik, in dem paradigmatisch die politische Funktion solcher Veranstaltungen sichtbar wird. In der historischen Rahmenhandlung dieses Kapitels wird von einem Schiedsgerichtstag in Radolfzell aus dem Jahr 1543 berichtet, auf dem eigentlich die Beschwerden des Konstanzer Domkapitels gegen ihren Bischof Johannes von Lund[55] verhandelt wurden, aber unversehens ein heftiger Streit zwischen dem Grafen Christoph von Lupfen und dem Bischof über die Obedienz eines Pfarrers in der Grafschaft ausbricht:

---

[52] Zur ambivalenten Haltung Frobens gegenüber den Narren vgl. Wolf, *Chronik* (Anm. 25), S. 325-327.

[53] Zum Spektrum des Narrenbegriffs vgl. Mezger, Werner. *Narrenidee und Fastnachtsbrauch. Studien zum Fortleben des Mittelalters in der europäischen Festkultur*. Konstanz 1991, S. 25-30.

[54] Anders als Mezger (Anm. 53), S. 27 vermutet, ist die Trennung zwischen natürlichen und künstlichen Narren schon immer problematisch. Vgl. dazu grundsätzlich Welsford, Enid. *The Fool. His Social and Literary History*. London 1935, S. 119. Zur Unterscheidung in der *Zimmerischen Chronik* siehe Wolf, *Chronik* (Anm. 25), S. 326 f.

[55] Vgl. zu seiner Vita: Maier, Konstantin. „Johannes von Weeze (1489[?]-1548). Kaiserlicher Orator, nominierter Erzbischof von Lund, Bischof von Roskilde und Konstanz". *Lebensbilder aus Baden-Württemberg 19*. Hg. v. Gerhard Taddey u. a. Stuttgart 1998, S. 79-108.

In aller tractation dozumal do kammen der bischof und graf Christof von Lupfen mit reden an ainandern, dann der bischof het dem grafen ein pfaffen gestrafft und darnach gar ußtreiben. Do wolts der graf dahin versteen, als ob ime das der bischof zu dratz und sonderm widerdrieß het gethon. Mögt villeucht sein, er were also von seim brueder, grave Hannsen, darauf angewisen und gestift worden. Sollichs verwiß der graf dem bischof mit rauchen und reßen worten, ganz importune, gar nahe mit ainer angehenkten betrawung. Der bischof, nach dem er dann ain weltman, verantwurt ime seinen uflag ganz kaltsinnig, bat ine, die sachen dahin nit zu versteen, und er erpot sich vil. Aber der graf ließ sich in in seiner colera überwinden und kunt kein ort daran machen, wolt ie oben hinauß und niergends an. Do sagt im zu letst der bischof auch die fünf wort, und kammen so weit ins gesprech, das ich glaub, da es sich gepürt et in loco secreto wer gewest, sie hetten ein gengle mit ainandern gethon und ieder den andern nach vorteil gerauft. Aber graf Friderrich von Fürstenberg redt darzu, gleichwol ganz law, und warden deren sachen geschwigen.[56]

Zur Bekräftigung der Versöhnung lädt der Bischof alle an dem Schiedsgerichtstag beteiligten Adligen zu einem Nachtessen ein. Da aber die Situation immer noch angespannt zu sein scheint, bemüht man sich um eine ‚Aggressionsabfuhr‘ bei den Streitparteien und die anwesenden Adligen erzählen – ähnlich wie im *Bugiale* – fleißig Schwankgeschichten. Ein Gruppenlachen soll offenbar die wiedergefundene Eintracht festigen. Unter anderem wird von einer anderen Adelszusammenkunft in Radolfszell berichtet, auf der man eine Lachgemeinschaft mit Hilfe eines „fatzman“, den man extra aus St. Gallen hat anreisen lassen, konstituieren wollte:

[Dieser] het nun seine schalksnarrenbossen wellen machen und das die herren was zu lachen hetten; geet hinauß in die kuchen, erwüscht ein lebendigen al. Den pringt er hinein, thuet ine zum mundt und gebäret, als ob er darmit pfeifen welt. Was solt beschehen? Der al gewint in den mundt, und unangesehen aller gegenwere und heraußziehen, do schlupft er im entlichen in hals hinab und in leib, das vil vermainten, er solt daran erstickt oder erworgt sein. Es war inen allen angst bei der sach, dann der man gehüeb sich unmentchlichen übel. Es fuere ime der al bei einer stunde, wunderbarlich im leib umbher, iez wolt er über sich, dann under sich. Letstlich ist er ime zum nabel kommen und hat sein außgang daselbs begert, mit eim solchen schmerzen und ängstigung, das er mit dem leib und dem nabel hat müeßen wider ein dischegk steen und den al also mit gewalt wider hünder sich treiben und ufhalten. Die andern alle haben in also müesen haben, damit er vom dischegk nit weiche. Wie er nun den al also bei ainer halben stund widerstanden, do hat doch unser Hergot glück geben, das er in massdarm kommen und durch denselbigen darvon in die hosen gefaren, mit einem sollichen wust, den er mit ime genomen, das er in vil zeiten keins christiers hat bedörft, und damit ist bemelter Galle gewarnet gewest, sich hinfüro des pfeifens mit den älen zu enthalten. Es ward dess als genug gelacht.[57]

Wenn Froben derartige Geschichten im Anschluss an ein historisches Ereignis berichtet, dann dienen sie oft als indirekter Kommentar, um dem Leser indirekt die Wertung des Autors zu vermitteln. Froben verwendet diese Methode vor al-

---

56 *Zimmerische Chronik* (Anm. 1), Bd. 3, S. 422,6-26.
57 *Zimmerische Chronik* (Anm. 1), Bd. 3, S. 422,35-423,21.

lem deswegen, weil er so direkte Kritik an Standesgenossen vermeidet. Im Fall des Streits zwischen dem Bischof Johannes und dem Grafen Christof von Lupfen bedarf es aber keines Kommentars, weil Froben bereits im historischen Teil die Bewertung explizit vorgenommen worden ist: Der Bischof wird als erfahrener „weltman“ charakterisiert, der zunächst den Streit vermeiden will, der Graf hingegen als unbeherrschter Mann, der seinen Emotionen ausgeliefert ist und nicht rational agiert. Dennoch aber ist die Analogie zwischen der Ebene des historischen Geschehens und der Schwankerzählung um den verschluckten Aal unübersehbar:

So kommt in beiden Fällen das Unheil für alle Beteiligten völlig unerwartet, vor allem aber versteht es der St. Gallener Spaßmacher genauso wenig wie der Graf zum richtigen Zeitpunkt aufzuhören (er „kunt kein ort daran machen“). Vielmehr treiben beide ihr Spiel ohne jede Rücksicht auf sich selbst soweit, bis sie in höchste Gefahr geraten. Ebenso ist es in beiden Fällen nur den vereinten Bemühungen der Anwesenden zu verdanken, dass das Schlimmste verhindert werden kann. Wenn aber nicht auf der Kommentarebene, so ist die Funktion dieser und der folgenden Schwankerzählungen in einem die Lachgemeinschaft konstituierenden, kommunikativen Akt zu suchen. Die erhoffte Aggressionsreduzierung und -vermeidung gelingt nicht mit beliebigen Witzen, sondern die Schwankerzählungen müssen über ein Erkenntnispotential für die Betroffenen verfügen, die auf diesem Weg zur Einsicht in ihre Fehlleistung – in diesem Fall ist es die fehlende „kaltsinnigkeit“[58] – gebracht werden können und über sich selber lachen. Ein solches Lachen der Einsicht leistet die Gewähr für eine dauerhafte Aussöhnung.

Froben fügt an die Geschichte von dem verschluckten Aal eine zweite an,[59] die strukturell ähnlich wie die erste aufgebaut ist, diesmal jedoch die ‚Schuldfrage‘ nicht mehr stellt, sondern zeigt, wie auch der Unbeteiligte angesichts fremder Fehler in Bedrängnis kommen kann. Diese zweite Erzählung ist noch bizarrer als die erste:

> Grave Friderich von Fürstenberg sagt ein andere historiam von eim al, der noch mer gelacht ward, und namlichen, das bei wenig jaren etlich paursleut von weibs- und manspersonen under Laufenburg über den Rhein weren gefaren; under denen wer einer gewest, der het etliche äl in eim geschier mit gefüert, welchs aber unversehenlich im schiff verschütt oder zerbrochen wer worden, also das die äl im schiff umbher gefaren. Under den weibern aber, die auch im schiff, were eine uf dem boden gehauret, welche der sach nit sonders achtung geben; der were ein al under die claider kommen und het ir zu allem glück die scham antroffen, und als er der werme empfunden, do het er sich anfahen hienhein zu schlupfen, darab die fraw dermasen erschrocken, das sie das mordt geschrien, hünder sich gefallen und sich entplöst. Do wer man und wib zugelofen, die hetten zum halben al griffen und sich den understanden zu halten und

[58] Damit bezeichnet Froben sein Ideal absoluter Situationssouveränität. Vgl. *Zimmerische Chronik* (Anm. 1), Bd. 3, S. 422, 6 f.

[59] Zum Verfahren vgl. Wolf, *Chronik* (Anm. 25), S. 325-327.

> wider user zu ziehen. Aber es were vergebens gewest, sonder het fürtrungen, wer auch bei einer vierteil stundt in ir bliben, hernach selbs wider ohne allen nachteil gewichen. Darneben were auch im schiff von etlichen ein sollichs gelechter gewest, so hetten die weiber geschrawn, welches dermasen ein turbam causiert, das der nachen oder das schiff gar nahe darob were zu grundt und undergegangen. Mit was gratia und höflickait dieser graf die historiam herfür bracht, darvon ist nit genug zu sagen. Es wolt sich menigclichen zu krank lachen [...].[60]

Dieser zweite Schwank stellt eine Steigerung gegenüber dem ersten dar, das Motiv der Lebensgefahr entfällt und an seine Stelle tritt eine erotisch-sexuelle Dimension. Auch dies ist Teil der kommunikativen Strategie des Autors: Nachdem die erste Schwankerzählung noch die Probleme des historischen Geschehens ‚bearbeitet‘ hat, werden jetzt in der zweiten noch etwa bestehende Aggressionen ‚weggelacht‘. Die zweite Erzählung hat eindeutig weniger Bezug zur historischen Ebene als die erste, jetzt können Bischof und Graf mit den anderen Adligen ohne jede eigene Betroffenheit in das gemeinsame Gelächter einstimmen. Jetzt ist die Lachgemeinschaft endgültig hergestellt und kann ihre positive soziale Wirkung entfalten. Was für die Binnenerzählung über die Bootspartie gilt, kann zugleich als Handlungsanweisung[61] für jeden Erzähler einer geselligen Adelsrunde gelten: Er muss die Handlung so präsentieren, dass „sich menigclichen zu krank lachen“ wollen[62] – und dies wird erreicht, indem man die Geschichte mit gespielter Ernsthaftigkeit vorträgt. Im Ergebnis wird so die sehnlichst gewünschte *relaxatio animi* erzielt, die von den politischen oder menschlichen Problemen ablenkt. Entscheidend für den Erfolg derartiger Geschichten ist, dass sie ein Happy-End haben und sich so der glückliche Ausgang des Schwankes zum guten Ende des politischen Streits fügt. Denn die hergestellte Harmonie bleibt fragil,[63] sie soll nicht durch den Hinweis auf unglücklich verlaufene Begebenheiten getrübt werden.

Dass Lachgemeinschaften instabile Formationen bleiben, die etwa durch Missgriffe ihrer Teilnehmer nicht zur Harmonie und Gewaltvermeidung, sondern eher zum Gegenteil führen können, thematisiert Froben in der dritten Geschichte, die in vielem ein strukturelles Gegenstück zu den beiden vorhergehenden bildet und mit diesen zusammen fast einen kleinen ‚Lachgemeinschaftsdiskurs‘ bildet.[64] Hier steht kein professioneller Spaßmacher im Vordergrund, sondern genau jener Typ von Narr, den Froben selbst mit Missvergnügen betrachtet. Da die Geschichte aber nicht in einer inszenierten Lachgemeinschaft, son-

---

[60] *Zimmerische Chronik* (Anm. 1), Bd. 3, S. 423,21-424,7.

[61] Vgl. dazu Wolf, *Chronik* (Anm. 25), S. 377 f.

[62] *Zimmerische Chronik* (Anm. 1), Bd. 3, S. 424,6 f.

[63] Im Falle des Streites zwischen dem Bischof und dem Grafen ist es Froben wichtig zu erwähnen, dass die Versöhnung nur deswegen von Dauer war, weil sich – wie er mit leicht ironischem Unterton kommentiert – die Kontrahenten nachher nicht mehr gesehen haben und der Bischof fünf Jahre später gestorben ist. *Zimmerische Chronik* (Anm. 1), Bd. 3, S. 424,10-15.

[64] Vgl. dazu zusammenfassend Wolf, *Chronik* (Anm. 25), S. 427-433.

dern im Rahmen eines offiziellen Empfangs in der Sommerresidenz des bereits bekannten Bischofs Johannes von Lund spielt, gehört sie schon in die zweite Fallgruppe.

4. Okkasionelle Lachgemeinschaften

4.1. Der Narr als Störer der Ordnung

Diese dritte Erzählung im Kontext des Konstanzer Versöhnungsakts repräsentiert den Typus einer verhinderten Lachgemeinschaft, der häufig in der Chronik zu finden ist.[65] Auf dem Nachhauseweg von dem Versöhnungsessen bei Johannes von Lund erzählt Friedrich von Fürstenberg eine Geschichte über den Gastgeber, die ihm jetzt einen Lacherfolg sichert, aber am Bischofshof zu verschweigen die Voraussetzung für das Gelingen der Versöhnung war. Denn hier ist der Bischof selbst der Verspottete und die Rolle des Narren spielt eine Figur, deren Stellung zwischen ‚natürlichem' Wahnsinn und einer gespielten Narrheit nicht klar zu fassen ist. In diesem Fall handelt es sich um den Mathematiker, Astrologen, Meteorologen und Kalendermacher Matthias Brotbeihel, der schon wegen seiner abgerissenen Kleidung die bekannten Vorurteile gegenüber den Naturwissenschaftlern bestärkt.[66] Dieser Brotbeihel versucht sich bei einem offiziellen Essen erfolgreich in der Kunst des Handlesens. Nur dem Bischof verweigert er die Offenbarung des Ergebnisses:

> Aber der Bischof wollt nit nachlassen und doch heren, was es wer, versprach im, er sagte gleich, was er wellt, zu ungnaden nichts ufzunemen. Wie ers nur lang mit im trib und in sagens nit erlassen, besicht er dem bischof noch ainmal die hand und spricht: ‚Gnediger fürst und herr, Eur Gnaden welt gern ain buler sein, es ist aber nichts darhinder und bestand übel, dann da ir ewern schwanz ainer für die britschen würfet, so würt er vil ehe daran kleben und hangen bleiben, dann bestecken.[67]

Hier lacht dann nur der Bischof obwohl er deswegen „ain großen verdruß" hat, während die anderen „eilends von aim ander proposito" reden. Die Lachlizenzen sind demnach klar verteilt, jedes Gelächter der Anwesenden könnte als Zustimmung zu der Weissagung des Mathematikers verstanden werden und käme damit einer Verspottung gleich. Allerdings kann man nicht im Sinne Bachtins von

---

[65] Dies ist eine der vielen Ergänzungen in der Chronik, die Froben noch nachträglich an den Haupttext angefügt hat und mit denen er ebenfalls Ereignisse aus dem Haupttext kommentiert, konterkariert, perspektiviert und damit zu regelrechten diskursiven Formationen ausbaut. Zum Verfahren vgl. exemplarisch Wolf, *Chronik* (Anm. 25), S. 199-203.

[66] Von Matthias Brotbeihel ist auch das Fastnachtspiel von den *Leichtsinnigen Weibern* (Augsburg 1541) überliefert.

[67] *Zimmerische Chronik* (Anm. 1), Bd. 3, S. 425,9-18. Diese Geschichte trifft eher auf den Vorgänger Johannes von Lunds im Bischofsamt Johannes von Lupfen zu, der nach der Konstanzer Chronik Vögelins ein seinem Amt nicht angemessenes Moralleben führte.

einem durch die Hierarchie unterdrückten Lachen sprechen, denn um eine solche Reaktion zu verhindern, fehlte es ihm schlicht an der Macht. Die Selbstdisziplinierung der Teilnehmer beruht vielmehr auf dem Zwang zur Abwägung möglicher politischer Folgen. Eine Lachgemeinschaft kann sich ohne weiteres spontan bilden, weil ein solcher überraschender Ebenenwechsel die Attraktivität des adligen Gesellschaftsspiels sichert, wobei aber stets die Konsequenzen bedacht werden. Deswegen lehnt Froben den Zugang solcher Leute, die nicht über die politische Erfahrung oder das psychologische Geschick verfügen, zu den politischen Verhandlungen ab: „Darum ist sich deren [der Narren] fantasten nit vil und sonderlichen dergestalt anzunehmen, das man vil von inen wissen welle, dann gemainlichen sagen sie das allerungeratnest und gilt inen gleich, wer die zuherer seien“.[68]

Das Beispiel von der verhinderten Lachgemeinschaft zeigt, wie prekär der Chronist die sozialen Konsequenzen des gemeinsamen Lachens einschätzt. Wenn er im Beispiel die Gefahren dieser Form ihren Vorteilen gegenüberstellt, dann wird darin eine gewisse Unsicherheit gegenüber dem Lachen transparent und zugleich der utopische Wunschtraum sichtbar, man könne das Lachen im Interesse eines politischen und sozialen Ausgleichs domestizieren.

Die Narren, gleich ob natürlich oder künstlich, markieren eine ‚Schnittstelle' zwischen den rituellen und den okkasionellen Lachgemeinschaften. Sie waren für jede Versammlung mit einem nur halbwegs offiziellen Charakter wichtig, weil sie das stete Bedürfnis nach „kurzweil“ befriedigten. Diese Form der Unterhaltung bestand offenbar latent immer in einem Bruch des Rituals, der aber nicht zur Auflösung der gesellschaftlichen Strukturen führte. Die Position des Narren ist dabei zwischen den Ritualen der Adelswelt und der Außenwelt. Durch ihn als Mittelperson nimmt die Überschreitung der Normen eine rituelle Form an; sie wird zum Schauspiel, zur Pantomime der Überschreitung. Denn der Narr weist nicht nur jeden umstürzlerischen Akt von sich, er macht ihn in dem Maße unmöglich, wie er ihn symbolisch vollzieht.[69] Die Grenze zum Konflikt ist da schnell überschritten, aus dem Schwank wird rasch Ernst.[70] Derartige Geschichten, in denen Kipp-Effekte[71] dominieren, sind für den Chronisten besonders interessant: Unter der Maske des Scherzes können Dinge gesagt werden, die sonst absolut tabuisiert sind.[72]

---

[68] *Zimmerische Chronik* (Anm. 1), Bd. 3, S. 425,31-34.

[69] Lever (Anm. 30), S. 121 f.

[70] Vgl. etwa *Zimmerische Chronik* (Anm. 1), Bd. 3, S. 575,34-576,30.

[71] Vgl. Iser, Wolfgang. *Die Artistik des Mißlingens. Erstickes Lachen im Theater Becketts* (= Sitzungsberichte der Heidelberger Akademie der Wissenschaften. Philosophisch-Historische Klasse 1979, Abh. 3). Heidelberg 1979, S. 5-60, hier S. 30 ff.

[72] So ist ein Graf von Dachsberg in der Reformation beim alten Glauben geblieben, aber dies hat ihn nicht gehindert, in einer Fehde ein Kloster anzuzünden. Auf diesen Widerspruch wollte er auf keinen Fall angesprochen werden. Als das Tabu dann bei einer geselligen Veranstaltung doch durch einen „wunderbarliche[n] fatzmann“ durchbrochen wird, ist die ganze Gesellschaft

4.2. Die Provokation des Standesgenossen. Das gestörte Fest

Wie reizvoll für den Chronisten die Störung des Rituals, die Umwandlung einer geordneten Festgesellschaft in eine chaotische, von Gelächter geschüttelte war, veranschaulicht eine Erzählung, die in Frankreich am Hof von Franz I. im Jahr 1539 angesiedelt ist. Sie belegt erneut die Ambivalenz jeder Ritualstörung zwischen Skandal und Unterhaltung.[73] In der Erzählung ist der Bruder des Chronisten, Gottfried Christoph, der Protagonist, wobei aber schon diese Konstellation ein Indiz für den fiktiven Charakter der Erzählung bietet. Historischer Anlass ist ein großes Prunkturnier, das den repräsentativen Höhepunkt einer Begegnung von Franz I. mit Karl V. in Paris werden soll. Der Chronist führt die Schilderung zur Klimax, wenn er berichtet, dass der „turnier am allerböten, dam es wolt der alt künig [Franz I.] hiemit sonderlichen seins künigreichs magnificenz erzaigen".[74] Ausgerechnet in diesem Moment stürzt die Festarchitektur ein, der Schuldige ist Gottfried Christoph, weil er sich mit anderen auf das Portal gesetzt hat. Dies führt zu einem völligen Chaos, das der Chronist mit viel Detailfreude und kleinen frankophoben Seitenhieben erzählt:

> Begab sich, sonderlichen wie der turnier am allerbösten [...], do liesen die negel an der dachung des portals an der seiten, do herr Gottfridt Christof sas; gerad darunder ward der ein flügel des thors gehenkt, und felt der herr sampt der halben dachung herab uf den flügl des thors, darauf auch iren etlich sasen. Also von dem fal und der höche herab, auch der schwere dero personnen do liesen die haken des thors und fiel die halb dachung des portals, herr Gotfridt Christofen, das halb thor und die darauf saßen, alles herab uf etlich hülzin treppen, das iezo, dann das ander oben lag und alles über und über gieng, biß herab uf den boden in die caveam. Es saßen auch vil leut hieunden uf den hülzin treppen und darneben, die truegen die bösten cappen und bluetig kepf darvon. Was es für ain doblen uf der treppen gehapt, auch für ein gelechter des gemainen mans und ein greusenlich geschrai gewesen, das künden alle die bedenken und merken, die etwann in andern fellen was unversehenlichs also haben sehen fürgeen, und die Franzosen sonderlich gewon sein, von einer mugken wegen ain geschrai anzufahen.
>
> Das beschach alles in beiwesen und allernechst des kaisers, des königs und der andern grosen herren, auch des frawenzimmers. Der ain het den kopf zerfallen, dem prast das, dem ain anders, gleichwol herr Gotfridt Christofen nichs beschehen, dann allein, das er vom fall herab übel erschrocken, mit finger uf seine mitgesellen zaigt, stillschwigendt, so zaigten dieselbigen uf ine. Domit wardt das gelechter und geschrai vom gemainen man noch vil gröser; dann dieweil sie mit der halben dachung vom portal und der ein thorflügl herab in die caveam gefallen, megten sie von iederman wol gesehen werden, und ward ain sollichs wesen daraus, das iederman denen zulief, wie sie dann wundergern sein, und schier niemands dem turnier zusahe.

---

peinlichst darum bemüht, es nicht zu einem Eklat kommen zu lassen; *Zimmerische Chronik* (Anm. 1), Bd. 1, S. 362,13-21.

[73] Eine Störung des Festes sollte durch ein strenges Zeremoniell verhindert werden. Überraschungen waren hier nicht vorgesehen. Vgl. Dülmen (Anm. 29), S. 158.

[74] *Zimmerische Chronik* (Anm. 1), Bd. 3, S. 182,35 f.

> Das verdroß den alten künig, mocht nit lenger schweigen oder redens sich enthalten, sonder schrie ernstlich herab den arschiern und andern officiern, die uf den turnier und die porten beschaiden: ‚Faictes sortir ces canailles!' Also kamen die kerlen daher und triben das volk alles mit ainandern wider hinauß, und muest herr Gottfridt Christof mit denselbigen auch darvon scampen. Zu allem glück, wiewol vil Deutschen domals dem turnier zugesehen, auch von allen hochen schullen gar nahe in ganzem Frankreich von weitem herzu geritten, so haben doch iren gar wenig Deutschen den herren, wie er also vom portal herab gefallen, gekennt, sonder für ain Franzosen gehapt. Also het der herr dem kaiser und dem könig, auch der ganzen messanei mit seinem fal auch ain kurzweil gemacht.[75]

Die Störung des Turniers besteht darin, dass sich alle Aufmerksamkeit jetzt dem entstandenen Tumult zuwendet. Dies muss der König als Angriff auf seine Autorität verstehen, auch wenn er das nicht in dieser Form kommunizieren kann. Der Grund hierfür liegt in der Ambivalenz des Skandals, der indessen zur „kurzweil“ der Festgesellschaft beiträgt. Dies steigert ganz offensichtlich den Erinnerungswert des Geschehens, der Skandal wird Teil der herrscherlichen *memoria*. Selbst das gestörte Fest erfüllt so immer noch seinen vornehmsten Zweck der Vergesellschaftung.[76]

Wie prekär die Verwandlung einer Festgesellschaft in eine Lachgemeinschaft ist, belegt die sich unmittelbar anschließende Geschichte, in der Froben seinen Bruder in eine Narrenrolle schlüpfen lässt. Als ihn ein Bischof bei einem Festtanz als Zuschauer behindert, schlitzt er ihm heimlich seinen Talar auf. Die Folgen sind gravierend:

> Bald hernach, als der kaiser abgeschaiden, gieng bemelter herr Gottfridt Christof abermals mit seinem eltern brueder geen hof. Nun hielt der künig domals ain großen danz in ainem weiten sal. Begab sich, das herr Gottfridt Christof demselbigen danz auch gern het zugesehen, er konte aber vor einem französischen bischof, der under der thür stande und mit ainer grosen frawen schwatzte und sein hofwesen trib, nit fürkommen, und als er sich understande, neben ime einzudringen, do name ine der bischof beim arm, zoche ine widerumb hünder sich, sprechend: ‚Mon ami, alle a vonstra estude!' dann sahe er wol, das es ain student. Das name der jung herr zu eim großen verdruß und schmach uf. Dieweil dann das getreng ie lenger, ie größer umb den bischof, der ie nit weichen wolt, do nam herr Gottfridt Christof, der in solchem getreng gerad am bischof stand, die gelegenhait an die handt, zohe ein scharpfs messer heimlich uß und ganz höflich und verborgenlich do schlitzt er dem bischof von oben an biß unden uß den langen damastin talar, wie dann in Frankreich die bischöfe und prelaten solche lange und weite röck tragen. So baldt er das verpracht, do macht er sich geschwindt ußer dem getreng darvon und haim in sein herbrig. Darnach handlet er weislich; dann gleich baldt darnach do het der bischof ußgeschwetzt und gieng hinein in sal zum künig, bei dem er zu thuen. Nun waren aber ohne geschicht die

---

[75] *Zimmerische Chronik* (Anm. 1), Bd. 3, S. 182,34-184,1.

[76] Insofern wird man die Disziplinierungsbemühungen der Herrscher im 15./16. Jahrhundert auch nicht überbewerten dürfen. Denn auch sie profitierten letztlich von der begrenzten Suspendierung der Normen, die ihren Festen einen spannenden und lebendigen Charakter verlieh. Siehe dazu Röcke, Werner. „Das verkehrte Fest. Soziale Normen und Karneval in der Literatur des Spätmittelalters“. *Neohelicon* 17 (1990), S. 203-231, hier S. 228 f.

> fenster im sal ofen, und als des bischofs talar von oben an durchgeschlenzt, do kam im der wind in rock, jagt im den übern kopf; so then in der bischof widerumb herab, so trib im dann der wind den rock wider übersich. Das geschach so oft, das der künig sich des bischofs zu blaß wolt lachen; gleicher gestalt thetten die andern auch, und ward nur ain gar groß gelechter darauß, das den bischof nit wenig verdroß, und clagt dem künig, wie sich ain student oder clerc under der thür het neben im wellen eintringen, dem er geweret, der würd im diese schmach haben bewisen. Aber er ward vom künig noch mehr vexiert und sprach: ‚Cest donque ung homme de vonstu mestier.' Also muest der bischof sein rock wider lassen flicken. Gleichwol befalch der künig, man solt den studenten suchen, aber er war schon darvon. Zu besorgen, solt er sein ergriffen worden, es were sein übel gewart worden, das herzog Christof von Würtemberg und andere Deutschen genug würden zu schafen haben gehapt, ine widerumb ußerm schasteter zu erledigen.[77]

Die Konstitution einer spontanen Lachgemeinschaft ist demnach einerseits erwünscht, andererseits stellt sie eine latente Bedrohung der jeweiligen Autorität dar. Aus diesem Grund agiert Franz I. zweigleisig. Einerseits goutiert er mit seinem Lachen den Unterhaltungseffekt, den der grobe Streich Gottfried Christophs bewirkt, andererseits versucht er schon im Voraus alle sozialen oder politischen Folgen zu unterbinden. Franz I. reagiert dabei gleichzeitig als Mitglied einer Lachgemeinschaft wie als König, der das Ansehen seiner Würdenträger beschützen muss, um selbst keinen Ansehensverlust zu erleiden.

V. Schlussbemerkung

Anhand der *Zimmerischen Chronik* lässt sich zumindest in der literarischen Fiktion die auf einem gemeinsamen emotionalen Affekt beruhende, gruppenbildende und identitätsstiftende Wirkung des Lachens belegen. Im Gegensatz zum *Bugiale* sind die Lachgemeinschaften in Frobens Chronik aber nicht auf einen festen und von der Öffentlichkeit des Hofes separierten Ort beschränkt oder gar als eigene Institution fassbar, sondern sie werden bei Bedarf inszeniert oder bilden sich spontan innerhalb des streng reglementierten Hoflebens. Gerade deswegen ist Froben davon gleichermaßen fasziniert wie beunruhigt. Froben erkennt die katalysatorische Qualität des Lachens im Hinblick auf soziale Gruppenprozesse durchaus, ist sich jedoch nicht über deren Bewertung sicher. Dies beruht auf seiner ambivalenten Haltung gegenüber dem kollektiven Gelächter: Auf der einen Seite verbürgt es die „kurzweil" als zentralen Wert, auf den das Volk, inklusive des Adels, ein Anrecht hat. Unter diesem Aspekt sichert gemeinsames Lachen das Zusammengehörigkeitsgefühl. Umgekehrt kann aber das nicht disziplinierte und disziplinierbare Lachen jede Gemeinschaft dekonstruieren, völlig unvermittelt kann Lachen an der falschen Stelle schwerwiegende Zerwürfnisse oder Ansehensverlust zur Folge haben.

---

[77] *Zimmerische Chronik* (Anm. 1), Bd. 3, S. 184,1-185,5.

Dabei ist es fast nebensächlich, ob die Lachgemeinschaft im Rahmen eines Geselligkeitsrituals oder *ad hoc* entsteht, viel wesentlicher erscheinen dem Chronisten die Auswirkungen auf die gesellschaftlichen und namentlich die inneradligen Machtverhältnisse. Lässt sich damit ein allgemeines Zusammengehörigkeitsgefühl stiften, ist dies für den Chronisten auch dann uneingeschränkt positiv zu bewerten, wenn der Spott auf Kosten eines Einzelnen geht. Nur ein Probleme generierendes und deswegen destruktives Lachen lehnt er ab. Dabei will er keineswegs die Rituale vor dem Einbruch der Komik bewahren, eine steife Förmlichkeit ist nicht sein Ziel. Offenbar ist er sich bewusst, dass erst die Möglichkeit des Scheiterns der feudalen Rituale die Aufmerksamkeit des Publikums sichert.

Für die adlige Herrschaft besteht der institutionelle Mehrwert der Ritualstörung aber nicht nur in der „kurzweil", die sie dem Publikum bietet, sondern in einer indirekten Bestätigung der herrscherlichen Macht, die damit ihren Anspruch auf Ordnungsstiftung aktualisieren und durchsetzen kann. So lässt sich erklären, warum Franz I. sich gleichzeitig über die Eulenspiegeleien des jungen Gottfried Christophs amüsiert und sie bestrafen will. Rituale und Inszenierungen in der Frühen Neuzeit bedürfen demnach der Störung, um in ihrer Bedeutung immer wieder anerkannt zu werden. Die Überlappung von „schimpf" und „ernst", grenzt die altständische Lachgemeinschaft von der spätbürgerlichen Spaßgesellschaft ab, die letztlich nur Ausdruck der Trennung zwischen diesen Ebenen ist. Eben weil der Bundestagspräsident eine Ridikülisierung der Institution befürchtet, muss er den Auftritt eines TV-Entertainers, der modernen Form des Hofnarren, im Hohen Haus verhindern. Die Zeiten, in denen es zu den Tugenden des Herrschers gehörte, dem Publikum Gelegenheit zum Lachen zu geben, sind also eindeutig vorbei.

In der adligen Lachgemeinschaft herrscht der gleiche Konkurrenzdruck wie beim höfischen Fest.[78] In beiden Fällen geht es um die Verteilung der Redeanteile, um die Aufmerksamkeit der Gruppe. Die Resonanz, die der Einzelne erhält, wirkt wie ein Gradmesser für seine Beliebtheit und Intelligenz, und auf diese Weise entsteht eine Hierarchie, die nicht der ständischen entsprechen muss. Esprit und die Fähigkeit zur intelligenten Unterhaltung haben nach dem Zeugnis der *Zimmerischen Chronik* im schwäbischen Adel einen hohen Stellenwert gehabt. Wer in einer geselligen Runde viele Heiterkeitserfolge erzielt, der kann dies als Bestätigung seines sozialen Status interpretieren,[79] und deswegen sind die Lachgemeinschaften ein Ort, an dem über gesellschaftliche Positio-

---

[78] Vgl. Heers, Jacques. *Vom Mummenschanz zum Machttheater. Europäische Festkultur im Mittelalter*. Frankfurt a. M. 1986, S. 20-28.

[79] Diese Regel gilt unabhängig von der sozialen Zusammensetzung der Lachgemeinschaft oder dem Status des jeweiligen „fatzmanns". Wer mit seinen „schimpfbossen" in der Lage war, „ain ganze gesellschaft" zum Lachen zu bringen, der konnte sicher sein, immer wieder eingeladen zu werden; *Zimmerische Chronik* (Anm. 1), Bd. 2, S. 295,32 f.

nen und Chancen entschieden wird. Entsprechend oft findet man Belege für eine katalysatorische Funktion der adligen Lachgemeinschaften. Das Schema ist dabei fast immer das gleiche: Ein Einzelner oder – wie in den meisten Fällen – Teile der Gemeinschaft ‚verschwören' sich gegen einen Einzelnen und „richte[n] ime [...] ein spil zu".[80] Die Prüfung besteht im Grunde aus dem Test, ob sich das Spottopfer durch intelligenten Humor, Schlagfertigkeit und den angemessenen Gegenspott aus der Affäre ziehen kann und dabei vor allem die gesellschaftlichen Regeln nicht verletzt.[81] Damit freilich ist eine ständige Gratwanderung verbunden. Das Opfer darf weder humorlos reagieren, noch seine Autorität gegen die Spötter ausspielen; aber genauso falsch ist es, völlig passiv zu bleiben.[82] Die richtige Reaktion repräsentiert das Verhalten des französischen Königs Franz I., der sowohl den Ansprüchen einer temporären Lachgemeinschaft genügt wie auch den Ansprüchen seines Standes.[83] Hinter dieser Verhaltensweise leuchtet Frobens Ideal eines „weltman" auf, das in der ganzen Chronik zu beobachten ist: Dieser lässt sich von keiner Situation überraschen, er reagiert auf jede Herausforderung „ganz kaltsinnig", d. h. mit kühlem Verstand und Witz.[84]

So verlockend es sein mag, die Lachgemeinschaften in der *Zimmerischen Chronik* als historische Realität zu sehen: Es darf nicht übersehen werden, dass diese ihre Existenz maßgeblich Frobens kleinem ‚Lachdiskurs' verdanken. Da er das Phänomen des Lachens in seiner sozialen Dimension behandeln will, kommt er zwangsläufig um eine Schilderung des jeweiligen situativen Kontextes nicht herum. Allerdings verliert dieser Aspekt in den Schwankkapiteln zum Schluss der Chronik deutlich an Gewicht. Hier befasst er sich mehr mit der Funktion von literarischen Schwankerzählungen, die dazu dienen können, die Ambivalenz jeder Lebenssituation zu demonstrieren und jede einlinige Bewertung aufzuheben. Insofern erschließt hier die „komische Perspektive [...] Realitätsaspekte, die über die Subjektivität der jeweiligen Person hinausreichen, welche diese Perspektive einnimmt".[85] Froben scheint zu erkennen, welches Potential in der Komik liegt, wenn er solche Schwänke und Witze erzählt, in denen

80 *Zimmerische Chronik* (Anm. 1), Bd. 2, S. 322,12.

81 Die Bedeutung dieser Kompetenz unterstreicht auch Castiglione (Anm. 23), der im zweiten Buch seines *Hofmanns* (Kap. 42-72; S. 166-201) ausführlich über die richtige Form des „Scherzens" handelt.

82 Althoff verweist darauf, dass für spontanes und emotionales Verhalten in archaischen Gesellschaften kein Platz war, weil dies potentiell den Rang und die Ehre unterminieren konnte; Althoff, Gerd. *Spielregeln der Politik im Mittelalter. Kommunikation in Frieden und Fehde.* Darmstadt 1997, S. 257.

83 Das Gegenbeispiel repräsentiert etwa der Kölner Kurfürst Philipp von Oberstein, der als Schwankopfer die Situation nicht zu bewältigen weiß und sich deswegen „bei vilen veracht gemacht". *Zimmerische Chronik* (Anm. 1), Bd. 3, S. 497,21.

84 *Zimmerische Chronik* (Anm. 1), Bd. 3, S. 422,16 f.

85 Berger, Peter L. *Erlösendes Lachen. Das Komische in der menschlichen Erfahrung.* Berlin/New York 1998, S. 159.

verschiedene Realitätsebenen miteinander kombiniert werden. Die komische Perspektive ermöglicht es ihm, Widersprüchlichkeiten im Leben zu markieren, die von einer ernsthaften Haltung nicht wahrgenommen werden.[86] Seine literarische Strategie liegt darin, mittels der Dekonstruktion jeder festen Weltsicht den Einzelnen an das Walten einer blinden Fortuna zu gewöhnen und ihn dazu zu bewegen, seine affektiven oder hysterischen Reaktionen aufzugeben.

[86] Berger (Anm. 85), S. 159.

III. Public Staging of Laughter / Theatrale Inszenierungen des Lachens

BERNHARD TEUBER

Das Lachen der Troubadours

Zur performativen Kraft satirischer Dichtung im mittelalterlichen Occitanien

In der altoccitanischen Literatur gibt es neben der pathetisch-seriösen Canzone und den ihr verwandten Gattungen wie Liebesgruß (*salut d'amour*) oder Klagelied (*planh*) auch eine Reihe satirischer, zum Teil offen burlesker Dichtungen, die sich inhaltlich bzw. formal auf die Schemata des Sirventès (,Spielmannslied') oder der Tenzone (,Streitlied') stützen.[1] Wie in der Canzone appellieren auch in diesen Texten die Troubadours vorrangig an ein höfisch-aristokratisches Publikum. Der folgende Beitrag möchte die Produktion und Aufrechterhaltung von Gelächter als performative Dimension dieses satirischen Teils der Troubadour-Dichtung beschreiben.

Zu fragen ist, ob die satirische Dichtung ihre Zielscheiben – vorzugsweise Bürger, Frauen und Kleriker – ,auslacht' und ausgrenzt, so dass eine höfische Innenwelt stabilisiert wird und sich eine aristokratische ,Lachgemeinschaft' als hermetisch abgeschlossene *in-group* gegen andere Gruppen herausbildet, oder ob umgekehrt das satirische Lachen die Möglichkeit bietet, Gruppen- oder Milieufremde ins eigene Kollektiv ,hereinzulachen' und damit die Grenzen zwischen höfischer und außerhöfisch-bürgerlicher Gesellschaft zu verflüssigen. Die Fähigkeit der höfischen Gesellschaft, sich in einer (einzelne Gruppen, vielleicht sogar Stände) übergreifenden ,Lachgemeinschaft' zusammenzufinden, würde es ihr zum einen gestatten, sich selbst zu feiern; zum anderen aber könnte diese höfische Gesellschaft im Bereich der Kultur symbolisches Kapital erwerben und sich mit dessen Hilfe in einer bereits diversifizierten und zunehmend städtisch

---

[1] Zum Gattungssystem der altoccitanischen Literatur allgemein vgl. in jüngerer Zeit: Bec, Pierre (Hg.). *Anthologie des troubadours* (= Collection 10/18). Paris 1979, S. 15-68; weiterhin Zink, Michel. „Troubadours et trouvères". *Précis de littérature du Moyen Âge*. Hg. v. Daniel Poirion. Paris 1983, S. 128-155.

geprägten Gesellschaft selbst legitimieren.[2] Im Folgenden soll nach einigen methodologischen (1.1) und gattungsgeschichtlichen (1.2) Vorüberlegungen die These im Hinblick auf die satirische Dichtung der Troubadours belegt werden, nämlich anhand des konkreten Schmähgedichts jenes Dichters aus dem Languedoc, der auf Occitanisch Peire Cardenal und auf Französisch Pierre Cardinal genannt wurde (2). Nach einem Überblick über die Biographie des Troubadours in seiner historischen Situation (2.1) werden wir uns mit dem Text selbst zu befassen haben (2.2); er ist im ersten Drittel des 13. Jahrhunderts unter dem Eindruck der Albigenser-Kriege und als Reaktion auf die von den Dominikanern in Toulouse eingerichtete Inquisition entstanden.

1. Methodologische Überlegungen

1.1. Der Platz des Satirischen in der Komiktheorie

Zwei Deutungen des Lachens und des Gelächters stehen in der Komiktheorie seit vielen Jahren einander gegenüber: Da gibt es einmal die auf Henri Bergson zurückzubeziehende lebensphilosophische und zugleich funktionalistische Erklärung. Der Mensch verdankt seine Evolution einem in allen Lebewesen tief verwurzelten *élan vital* (,Lebensschwung'). Im ,Leben' nämlich hypostasiert sich für Bergson der Kontrapost zu allem ,Mechanischen', welches das Prinzip des Lebens zu zerstören droht. Folglich muss sich die menschliche Gesellschaft – um des Lebens willen – vor allem Mechanischen in Acht nehmen. Komisch ist das Eindringen der Mechanik in den Bereich des Lebendigen – „du mécanique plaqué sur du vivant".[3] Da das Mechanische von Natur aus komisch ist, löst es beim Betrachter Gelächter aus, und dieses Gelächter steht im Dienst eines gesellschaftlichen Nutzens. Durch das Lachen werden nämlich alle Erscheinungen, vor allem aber: alle Personen, die sich dem Lebensprinzip widersetzen, verspottet und gewissermaßen zu einer Besserung angehalten. Das Gelächter funktioniert als eine *brimade sociale,* als eine Maßregelung im Dienste der Gesellschaft.

---

[2] Vgl. hierzu erst kürzlich die mentalitätsgeschichtlich ausgerichtete Studie von Rüdiger, Jan. *Aristokraten und Poeten – Die Grammatik einer Mentalität im tolosanischen Hochmittelalter.* Berlin 2003. Der Autor zeigt eindrucksvoll, wie die kulturellen Hervorbringungen der Troubadours einer Strategie kultureller Selbstbehauptung entspringen, die den Platz des Adels in der Gesellschaft des hochmittelalterlichen Occitaniens befestigt. Zur historischen Konfiguration allgemein siehe auch Patterson, Linda M. *The World of the Troubadours – Medieval Occitan Society, c. 1100 – c. 1300.* Cambridge 1993/1995 (französische Übersetzung: *Le Monde des troubadours – La société médiévale occitane 1100-1300.* Übs. v. Gérard Gouiran. Montpellier 1999). Im engeren Sinn literarhistorische Informationen bietet Lafont, Robert. *Histoire et anthologie de la littérature occitane I: L'âge classique (1000-1520).* Montpellier 1997.

[3] Vgl. Bergson, Henri. *Le Rire – Essai sur la signification du comique* (1900). Neudruck 1940, 401. Aufl. Paris 1985.

Mag Bergson seine Theorie der Komik auch innerhalb einer um 1900 aktuellen Lebensphilosophie kontextualisiert haben, so ist es doch zugleich offensichtlich, dass er auf ältere Konzepte des Komischen zurückgreifen kann. Diese betrachten seit der Antike das *ridiculum* als Ausweis des Hässlichen und moralisch Verwerflichen, welches auf Grund seiner defizitären Natur zum Vollkommenen in komischem Kontrast steht und zum Lachen herausfordert. So heißt es etwa beim Redelehrer Quintilian unter explizitem Verweis auf Cicero folgendermaßen:

> Neque enim ab ullo satis explicari puto, licet multi temptaverint, unde risus, qui non solum facto aliquo dictove, sed interdum quodam etiam corporis tractu lacessitur. praeterea non una ratione moveri solet: neque enim acute tantum ac venuste, sed stulte, iracunde, timide dicta ac facta ridentur, ideoque anceps eius rei ratio est, quod a derisu non procul abest risus. ‚habet' enim, ut Cicero dicit, ‚sedem in deformitate aliqua et turpitudine', quae cum in aliis demonstrantur, urbanitas, cum in ipsos dicentis recidunt, stultitia vocatur.[4]

> [Denn ich denke, dass von niemandem, wiewohl es viele versucht haben, zur Genüge erklärt werden kann, woher das Lachen rührt, das nicht nur durch eine Handlung oder einen Ausspruch, sondern manchmal auch durch einen Körperreiz hervorgerufen wird. Außerdem pflegt es nicht aus nur einer Ursache zu entstehen. Denn nicht nur scharfsinnige und lustige Aussprüche oder Handlungen, sondern auch solche, die Ausdruck der Torheit, des Jähzorns oder der Angst sind, werden belacht, und deswegen ist die Ursache dieser Angelegenheit doppeldeutig, weil das Lachen nicht weit entfernt vom Verlachen ist. ‚Es hat' nämlich, wie Cicero sagt, ‚seinen Sitz in irgendeiner Missgestalt und Schändlichkeit'. Solange diese Merkmale an anderen aufgezeigt werden, nennt man sie Ironie, sobald sie auf die Sprechenden selbst zurückfallen, Torheit.]

Es zeigt sich an einer solchen Konzeptualisierung des *ridiculum* als einer intentional getätigten Handlung oder Rede (*factum dictumve*), der etwas Unförmig-Niederträchtiges (*deformitas et turpitudo*) anhaftet, dass die Komiktheorie während einer *longue durée,* die von der Antike über das Mittelalter und die Frühe Neuzeit reichte und im Grunde genommen auch noch Positionen wie die von Bergson entscheidend beeinflusste, von Haus aus die Phänomene des Satirischen mit umfassen musste, lässt sich doch das Satirische im Sinne einer „sekundären Schreibweise" oder – vielleicht besser – Sprechweise sehr pauschal als eine Rede qualifizieren,[5] die eine sozial stigmatisierte *deformitas et turpitudo* zu ihrem Gegenstand hat und ihn der Lächerlichkeit preisgibt. Somit konstituiert das Satirische notwendigerweise eine Lachgemeinschaft, die sich im Medium satirischer Rede zusammenfinden und die sich im gemeinsamen Verlachen von gegeißelter *deformitas et turpitudo* realisieren kann. Einer solchen Lachgemein-

---

[4] Quintiliani *institutio oratoria* VI,3,7 sq. Vgl. hierzu Cicero *de oratore* II,58,236.

[5] Zum „Satirischen" als einer gattungsindifferenten „Schreibweise" vgl. Hempfer, Klaus W. *Gattungstheorie – Information und Synthese.* München 1973, S. 224 f.

schaft ist ein aggressiver Gestus inhärent, es gilt für sie dem Sinne nach Juvenals geflügelter Vers: „Facit indignatio versum.“

Geht man im Kontrast zum satirischen Verlachen von einer anderen und vermutlich komplementären Linie der Lachtheorie aus, die historisch jünger ist und ihre Vorbilder nicht so sehr in der antiken Tradition findet, sondern die auf den Stand der angelsächsischen Diskussion ab dem 18. Jahrhundert zurückgreift,[6] dann gewärtigt man eine andersgeartete Konstellation des Komischen. Dieses wird dort nämlich als Inkongruenz, Inkommensurabilität, Gegenstrebigkeit zweier Bereiche definiert, die miteinander enggeführt werden und somit aufeinander treffen.[7] Das Gelächter, mit dem eine solche Erfahrung alsdann vom Einzelnen oder von einem größeren Publikum quittiert wird, offenbart die wechselseitige Zugehörigkeit zweier konträrer Ordnungsprinzipien zueinander: Das Ausgrenzende bedarf insgeheim des Ausgegrenzten, wie andererseits auch das Eingeschlossene jeweils des Ausgeschlossenen bedarf. Exklusion und Inklusion, Verneinung und Bejahung, Positivierung und Negativierung sind auf einer oberflächlichen Ebene gegeneinander gerichtet, scheinen sich sogar wechselseitig zu vernichten, doch auf einer tieferen Ebene bedingen sie sich gegenseitig und zehren sie voneinander. Lachen wäre nicht die hämische Verurteilung einer Abweichung im Namen einer Norm, sondern es wäre – mit (post-) moderner Terminologie gesprochen – eine dekonstruktive Geste, die das Spiel von Normen, die auf zueinander oppositiven Termen basieren, plötzlich außer Kraft setzt.[8] Eine solche Aushebelung erfolgt dann im performativen Akt des Lachens.

Das Konzept eines Lachens, das oppositive Ordnungen dekonstruiert und somit unvereinbar wirkende Standpunkte zueinander in eine Relation wechselseitiger Abhängigkeit setzt, ja in gewisser Weise sogar miteinander zu versöhnen scheint, ist jedoch mit dem Satirischen nicht ohne weiteres zu vereinbaren. Zwar hat Andreas Mahler dafür plädiert, die Möglichkeit einer satirischen Komödie ins Auge zu fassen und demzufolge Komik und Satire grundsätzlich als miteinander kompatibel zu betrachten,[9] aber es ist natürlich nach den genauen Zuordnungsmodalitäten beider zu fragen. Möglicherweise kann hier das Konzept einer Lachgemeinschaft insofern weiterhelfen, als das performative Fun-

---

6 Vgl. hierzu Preisendanz, Wolfgang. Art. „Komische, das/Lachen“. *Historisches Wörterbuch der Philosophie.* Bd. 4. Hg. v. Joachim Ritter u. Karlfried Gründer. Darmstadt 1976, Sp. 889-894.

7 Vgl. hierzu Ritter, Joachim. „Über das Lachen“ (1940). *Subjektivität – Sechs Aufsätze.* Frankfurt a. M. 1974, S. 62-92. Vgl. weiterhin Warning, Rainer. Art. „Komik/Komödie“. *Das Fischer-Lexikon Literatur.* Bd. 2. Hg. v. Ulfert Ricklefs. Frankfurt a. M. 1996, S. 897-936, hier insbes. S. 904-907.

8 Vgl. Warning (Anm. 7), S. 907 f.

9 Mahler, Andreas. *Moderne Satireforschung und elisabethanische Verssatire.* München 1992; vgl. weiterhin ders. „Soziales Substrat, Komik, Satire, Komödie und ein Beispiel – Molière, ‚Le Misanthrope‘“. *Zeitschrift für französische Sprache und Literatur* 98 (1988) H. 3, S. 263-297. Zur Auseinandersetzung mit Mahlers Position vgl. wiederum Warning (Anm. 7), S. 922-924.

dament einer jeden Lachgemeinschaft eben jenes komische Ereignis ist, woraus sich die Lachgemeinschaft erst konstituieren kann; das Satirische aber vermag alsbald zu solch einer elementaren Komik hinzutreten und dem Gelächter einen inhaltlichen Bezug und eine Orientierung zu geben. Mit Niklas Luhmann'schen Begriffen gesprochen wäre demnach das Lachen das sich im körperlichen Ausdruck artikulierende „Medium“, die satirisch gegen einen Gegenspieler gerichtete Rede jedoch die „Form“, welche dieses Medium in einer konkreten Textgestalt annimmt.[10]

1.2. Der Platz des Satirischen in der altoccitanischen Gattungsgeschichte

Es wurde oben bereits darauf hingewiesen, dass im Zentrum der weithin impliziten Poetik, derer sich die altoccitanischen Troubadours bedienen, die *canso* oder Canzone steht. Es handelt sich dabei in der Regel um eine metrisch hochkomplexe, in der Aufführungssituation gesungene Rede, in der sich ein liebender Mann an seine schwer oder überhaupt nicht erreichbare Dame oder – statistisch seltener – eine liebende Dame an den von ihr geliebten Mann wendet, der sich ihr ebenfalls zu entziehen scheint. Der Altprovençalist Pierre Bec bezeichnet die poetischen Äußerungen, die in Anlehnung an diese Schemata produziert werden, als den sozusagen offiziellen ,Text' (*texte*) der troubadouresken Poesie, dem in anderen Liedern und Dichtungen ein regelrechter ,Kontertext' (*contre-texte*) entgegenstehe.[11]

Gattungsmäßig kommt der Canzone vermutlich der Sirventès am nächsten. Der Begriff rührt her von occitanisch *sirven* (aus lateinisch *servientem*), was soviel wie ,Diener', gelegentlich auch ,Spielmann' bedeutet; demnach wäre der Sirventès ein ,Spielmannslied'. Er definiert sich im provençalischen Bereich einerseits durch seine ausgeklügelte Metrik, die ihn an die Canzone angleicht; andererseits durch seine Thematik, die sich vor allem negativ definiert: Der Sirventès ist ein Lied, das nicht von der Liebe handelt, und wurde darum auch als Gelegenheitsdichtung bezeichnet. Berücksichtigt man die hergebrachte provençalische Gattungshierarchie, der zufolge die Canzone an der Spitze steht, ist ihr der Sirventès untergeordnet. Er bildet damit gewissermaßen eine Restklasse, die all das umfasst, was in den thematisch eng definierten Gattungen wie Liebeslied, Klagelied oder Liebesgruß keinen Platz findet; häufig hat er eine kriti-

---

[10] Zur Medium/Form-Dichotomie vgl. Luhmann, Niklas. „Medium und Form“. *Die Kunst der Gesellschaft*. 3. Aufl. Frankfurt a. M. 1999, S. 165-214. Auf den Formaspekt des Satirischen hinzuweisen nimmt Warnings Gedanken auf, dass das Satirische nicht ein lebensweltliches, sondern ein essentiell ästhetisches Phänomen ist, dem das Substrat der Komik zu Grunde liegen müsse; es berücksichtigt aber auch Mahlers Hinweis darauf, dass das Satirische ein zentrales Konstituens komischer Texte sein könnte, insbesondere natürlich der von ihm behandelten satirischen Gesellschaftskomödie sowohl englischer als auch französischer Provenienz.

[11] Vgl. Bec, Pierre. *Burlesque et obscénité chez les troubadours – Pour une approche du contretexte médiéval*. Paris 1984, S. 7-22.

sche Intention. Zum Sirventès können heiter-burleske Themen und auch Rüge-Gedichte gehören. Vermischt sich das eine mit dem anderen, haben wir es folglich mit satirischer Rede zu tun, die sich des Komischen als ihres affektiven und des Sirventès als ihres generischen Mediums bedient und die durch die Wahl der Gattung ihren aggressiven Impetus sowohl zu sozialisieren als auch zu ästhetisieren versteht.[12]

Hatten wir zunächst das von der Komik ausgelöste Lachen als medialen Träger (einer ersten Ordnung) und die satirische Orientierung der Rede als dessen Form im Sinne Luhmanns ausgemacht, so können wir nunmehr dank des rekursiven Verständnisses der Medium/Form-Dichotomie ebenso gut sagen, dass die satirische Gerichtetheit der Rede ein Medium (zweiter Ordnung) und die zu ihrer Artikulation gewählte Gattung des Sirventès eine Form (zweiter Ordnung) darstellt. All dies bedeutet jedenfalls, dass der satirisch orientierte Sirventès einer Lachgemeinschaft bedarf oder – genauer gesagt – dass er in der Lage ist, eine solche Lachgemeinschaft zu konstituieren. Dank satirischer Ausgestaltung kann demnach der Sirventès performativ gebraucht werden – und, sofern er das Publikum lachend auf seine Seite zieht und gegen das Objekt der Satire einzunehmen versteht, erreicht er sein perlokutives Wirkziel.

Inwiefern der auf Performanz zielende Publikumsbezug für den Sirventès essentiell ist, kann ein Blick auf die verwandten Gattungen der Tenzone und des Partimen oder *joc partit* (französisch *jeu parti*) verdeutlichen: Die Tenzone entfaltet in einem dramatischen Dialog ein Thema, zu dem zwei Sprecher unterschiedliche Standpunkte vertreten, so dass die beiden Strophe für Strophe abwechselnd gegeneinander argumentieren. Das Partimen entspricht diesem Schema, allerdings ist einer der Sprecher mit der poetischen Persona (vulgo dem „Troubadour") identisch, so dass dieser die Ausgangsthese formuliert, gegen die sich dann sein Gesprächspartner wenden muss. In der Regel kennen weder Tenzone noch Partimen eine aus dem Lied selbst ersichtliche Entscheidung über die verhandelte Streitfrage. Vielmehr wird implizit oder auch explizit an eine Schiedsinstanz appelliert, die nicht mehr verschriftlicht ist, als die wir uns jedoch unschwer die Zuhörerschaft vorstellen können. Ob dieses Publikum dann *actualiter* zu Gunsten oder zu Ungunsten einer der vorgetragenen Thesen entscheidet oder nicht (etwa in Gestalt einer den Vorsitz führenden Dame oder gar eines regelrechten Liebeshofes), darf dahingestellt bleiben. Aber wenn sich das Publikum im Fall von Tenzone und Partimen möglicherweise auch von einer Parteinahme dispensieren kann, so wird es sich in einem satirischen Sirventès nicht ebenso leicht davor hüten können, in das vom Troubadour geschickt provozierte Gelächter einzustimmen. In Anbetracht der satirischen Wirkabsicht ei-

---

[12] Von einer „ästhetisch sozialisierten Aggression" der Satire spricht Brummack, Jürgen. „Zu Begriff und Theorie der Satire". *Deutsche Vierteljahrsschrift für Literaturwissenschaft und Geistesgeschichte* 45 (1971), S. 275-377, hier S. 283.

nes Sirventès heißt dies nämlich: *Cum rident, iudicant* – indem das Publikum die Objektperson der satirischen Rede verlacht, verurteilt es sie. Da sich diese ‚Verurteilung' in der Performanz des Lachens selbst vollzieht, bedarf sie auch nicht mehr einer gewissermaßen nachgeschalteten ‚Exekution', einer realen Bestrafung. Im satirisch verhöhnenden Gelächter fallen Urteil und Strafe schon immer zusammen.

2. Komik und Satire in Zeiten der Albigenser-Kriege

2.1. Ein Satiriker in seinem historischen und politischen Kontext

Im Folgenden sollen an einem konkreten Beispiel die Modalitäten des satirischen Sprechens und Verspottens untersucht werden. Traditionellerweise sind sowohl im Süden als auch im Norden Frankreichs drei Hauptgruppen der mittelalterlichen Gesellschaft die Zielscheibe literarisierter Aggression, nämlich erstens das städtische Bürgertum, insbesondere die Handwerker sowie die Gewerbe- und Handeltreibenden (französisch *bourgeois,* occitanisch *borgés* oder *borzés*), die aus der polemischen Sicht des aristokratischen Teils der Gesellschaft in scharfem Kontrast zu ihm dargestellt werden; zweitens der Klerus, insbesondere die Angehörigen der im 13. Jahrhundert entstehenden und erstarkenden Bettelorden, die aus der polemischen Sicht des laikalen Teils der Gesellschaft und in scharfem Kontrast zu ihm dargestellt werden; drittens das weibliche Geschlecht, insbesondere die Ehefrauen, die aus der polemischen Sicht des männlichen Teils der Gesellschaft und in scharfem Kontrast zu ihm dargestellt werden. Für die Verortung des satirischen Sprechens und Verlachens innerhalb der altoccitanischen Kultur ist die antiklerikale Satire ein besonders aussagekräftiges Beispiel, gilt doch die Faktur dieser Gesellschaft bereits seit den so genannten „Gregorianischen Reformen" als entschieden weltlich ausgerichtet. Leo IX. (1048-1054) und Gregor VII. (1073-1085) hatten in Analogie zum im Reich geführten Investiturstreit und mit der Absicht einer deutlichen Aufwertung des spirituellen Elements versucht, auch im Süden Frankreichs die Unabhängigkeit der bischöflichen Hierarchie von weltlicher Einflussnahme zu stärken, insbesondere die Unabhängigkeit von der Einflussnahme durch die Familien der occitanischen Hocharistokratie.[13] Diese Politik trieb allerdings einen Keil zwischen das geistliche Regiment und die angestammte Oberschicht, die darum von der institutionalisierten Kirche entfremdet wurde. Hinzu kam, dass in der zweiten Hälfte des 12. Jahrhunderts, vor allem seit dem Konzil von Saint-Félix de Caraman im Jahre 1167, die Katharer-Bewegung aufblühte und sich über das Languedoc ausbreitete. Die Katharer wurden zwar vom Apostolischen Stuhl in Rom als häre-

---

[13] Vgl. Patterson (Anm. 2), S. 307-335.

tisch gebrandmarkt und von der nordfranzösischen Krone ebenso wie vom Dominikanerorden heftig bekämpft, sie waren aber bei der occitanischen Bevölkerung, einschließlich der Aristokratie, beliebt und durften mit deren Unterstützung rechnen.

1206 beginnt Dominikus vor Ort mit seiner Predigt gegen das, was er für die katharische Irrlehre hält. Als 1208 der päpstliche Legat Pierre de Castelnau ermordet wird, ruft Papst Innocenz III. zu einem Kreuzzug gegen die Albigenser auf, dessen erste Phase von 1209 bis 1229 dauern wird. Weitere Kreuzzüge sollten dann noch folgen. Markante Daten der ersten Phase sind 1209 die Brandschatzung und das Massaker von Beziers; 1211 die Einnahme von Lavaur, bei der 400 Einwohner auf dem Scheiterhaufen enden; 1213 die Schlacht bei Muret, wo Simon de Montfort über den Grafen Raimund VI. von Toulouse den Sieg erringt, so dass dem Sieger auf dem IV. Laterankonzil die Lehenshoheit über alle Ländereien des Unterlegenen übertragen wird und er 1215 in Toulouse einziehen kann; gleichfalls 1215 die Gründung des Dominikanerordens und 1218 dann die Gründung des Dominikaner-Konvents Saint-Jacques in Paris; 1229 der Friedensvertrag zwischen Ludwig dem Heiligen und Raimund VII. von Toulouse, der die endgültige Annexion des Languedoc durch die nordfranzösische Krone vorbereitet, zugleich wird die Universität von Toulouse als Hort rechtgläubiger Theologie gegründet. Auf die Zeit um 1229 wird auch der Sirventès von Peire Cardenal datiert, um den es uns hier geht.

Das Leben Peire Cardenals ist verhältnismäßig gut und zuverlässig dokumentiert. Grundlage ist die Lebensbeschreibung (occitanisch *vida*) des Michel de la Tour, die folgendermaßen lautet:

> Pèire Cardenal si fo de Velhac, de la ciutat del Puèi Nòstra Dòmna: e fo d'onradas gens de paratge, e fo filhs de cavalièr e de dòmna. Et quant èra petitz, sos paires lo mes per canorgue en la canorguia major del Puèi; et après letras, e saup ben lézer e chantar.
>
> E quant fo vengutz en eta d'òme, el s'azautèt de la vanetat d'aquest mon, car el se sentit gais et bèls e joves. E molt trobèt de bèlas razós de bèls chantz; e fetz cansós, mas paucas; e fetz mans sirventés et trobèt los molt bèls e bons. En los quals sirventés demostrava molt de bèlas razons e de bèls exemplex, qui ben los entén: car molt castiava la folia d'aquest mon, e los fals clèrgues reprendria molt, segon que demòstron li sieu sirventés. E anava per cortz de reis e de gentils barons, menan ab si son joglar que cantava sos sirventés. E molt fo onratz e grazitz per mon senhor lo bon rei Jacme d'Aragon e per onratz barons.
>
> E ieu, maistre Miquel de la Tor, escrivan, fauc a saber qu'En Pèire Cardenal quand passèt d'aquesta vida, qu'el avia ben entor cent ans.[14]

---

[14] Wir zitieren nach der von Bec besorgten *Anthologie des troubadours*: Bec (Anm. 1), S. 302 f. Weitergehende Angaben zu Biographie, Werk und historischem Umfeld finden sich in der Werkausgabe: Lavaud, René (Hg.). *Poésies complètes du troubadour Peire Cardenal.* Toulouse 1957. Hingewiesen sei zudem auf die überaus informative Website zu Peire Cardenal, die D. Eissart mit großer Sorgfalt erstellt hat: http://cardenal.free.fr

[Peire Cardenal war aus der Gegend von Velhac, aus der Stadt Le Puy-en-Velay (Le Puy Unserer Lieben Frau), und er stammte aus einer Familie von ehrbarer Abkunft, denn er war der Sohn eines Ritters und einer Edelfrau. Und als er klein war, wollte ihn der Vater zum Kanonikus ausbilden lassen und gab ihn in die beste Kathedralschule von Le Puy, wo er Latein und gut zu lesen und gut zu singen lernte.

Und als er ins Mannesalter kam, fand er Gefallen an der Eitelkeit dieser Welt, denn er erkannte, dass er fröhlich und schön und jung war. Und er dichtete viele schöne Stücke und Lieder und machte auch Canzonen, aber wenige; und er machte mancherlei Sirventès und verstand es, diese sehr schön und gut zu dichten. In diesen Sirventès zeigte er sehr schöne Gedanken und Beispiele auf, wenn einer sie gut versteht. Denn er geißelte heftig die Torheit dieser Welt, und die falschen Geistlichen tadelte er streng, so wie das seine Sirventès beweisen. Und er zog an die Höfe von Königen und vornehmen Baronen und nahm seinen Spielmann mit, der seine Sirventès vorsang. Und er war sehr angesehen und beliebt bei meinem eigenen Herrn, dem guten König Jakob von Aragonien, und auch bei dessen ehrenwerten Baronen.

Und ich, Meister Michel de La Tour, der Schreiber, tue kund, dass der Herr Peire Cardenal, als er aus diesem Leben hinüberging, um die hundert Jahre alt war.]

Als Geburtsjahr von Peire Cardenal wird üblicherweise das Jahr 1180 angegeben. Etwa um 1191 tritt er in die Kathedralschule von Le Puy-en-Velay ein, entscheidet sich aber letzten Endes nicht für eine Laufbahn als Kleriker, sondern scheint sich ab seinem 20. Lebensjahr als Troubadour durchgeschlagen zu haben. Seine ersten religiösen und seine Liebesdichtungen werden um das Jahr 1200 datiert. Am Hof von Raimund VI. ist er um 1204 mit anderen Dichtern als *scriba* tätig. Zwei Jahre später bricht er in die Auvergne auf, wo er bei Eble von Clermont und beim Grafen Guy II. von Auvergne Unterkunft findet. Ab 1210 werden Peire Cardenals Dichtungen unter dem Einfluss des Kreuzzugs gegen die Albigenser zunehmend aggressiver; sie richten sich gegen die Nordfranzosen und gegen den etablierten Klerus. Als 1222 Raimund VI. stirbt, tritt Peire Cardenal in den Dienst seines Sohnes Raimund VII., der 1226 exkommuniziert wird. Peire Cardenal steht aber weiterhin unter dem Schutz Raimunds VII. und bereist in der Folgezeit andere Höfe. Er erlebt den steten Niedergang der occitanischen Kultur, deren spektakulären Endpunkt 1243 die Belagerung der Albigenser-Festung Montségur und 1244 deren Kapitulation markieren. Als Raimund VII. 1249 stirbt und sein Erbe an seine Tochter Jeanne sowie an seinen Schwiegersohn Alphonse von Poitiers, den Bruder Ludwigs des Heiligen, fällt, beginnt für Peire Cardenal eine langwährende Irrfahrt auf der Suche nach neuen Gönnern. Er setzt seine Dichtungen fort und gelangt schließlich nach Montpellier, wo er vermutlich 1278 im Alter von beinahe hundert Jahren stirbt.

2.2. Ein Gedicht und seine performative Kraft

Das Gedicht, das im Folgenden eingehender erläutert werden soll, ist wohl 1229 in Toulouse entstanden. Wie bereits erwähnt, hatte Ludwig der Heilige im Friedensvertrag von Meaux bei Paris das Languedoc de facto für die nordfranzösische Krone gewonnen, von es später in der Tat annektiert wurde, und Graf Raimund VII. von Toulouse, Peire Cardenals langjähriger Mäzen, hatte zur Strafe für seine Unterstützung der Ketzerbewegung in Notre-Dame in Paris eine öffentliche Geißelung über sich ergehen lassen müssen. In Toulouse gaben die Dominikaner den Ton an, deren Theologen auch an der neu gegründeten Universität das Regiment führten, und im gleichen Jahr wurde in Toulouse die Inquisition eingeführt, die 1233 offiziell ebenfalls dem Dominikanerorden übertragen wurde. Die somit entstandene historische und politische Konjunktur muss für die occitanische Bevölkerung allgemein und erst recht für die Oberschicht, die mit der Katharer-Bewegung sympathisiert hatte – und sei es bloß aus Oppositionsgeist gegen die Missbräuche der etablierten Kirche –, trostlos gewesen sein. Wie aber bringt ein Satiriker die niederschmetternden Verhältnisse seiner Gegenwart zur Sprache? Betrachten wir zunächst den Wortlaut des Gedichtes im altoccitanischen Original und in der deutschen Übersetzung von Dietmar Rieger![15]

I	Ab votz d'angel, lengu'esperta, non bléza, ab motz sotils, plans plus c'obra d'anglés, ben assetatz, ben ditz e sens repréza,	Mit Engelsstimme, gewandter [erfahrener] und nicht lispelnder Zunge, / mit feinsinnigen Worten, glatter als ein englisches Leinen [wörtl.: das Werk eines Engländers] / wohl placierten, wohl und ohne Wiederholung gesagten, / (noch) besser gehörten – ohne zu husten – als beherzigten [gelernten] Worten, / mit Klagen (und) Seufzern lehren [zeigen] sie den Weg / von Jesus Christus, den jeder einhalten sollte, (so) wie er ihn für uns einhalten wollte. / Sie predigen [wörtl.: gehen predigend], wie wir Gott sehen könnten...
4	miels escoutatz, ses tossir, que aprés, ab plans, sanglotz, mostran la vía de Jhesu-Crist, que quex deuría tener, com el per nos la volc tenér.	
8	Van prezican com puescam Dieu vezér...	

[15] Wir zitieren das occitanische Original nach der immer noch maßgeblichen, reich kommentierten Edition von Lavaud (Anm. 14), S. 160-168. Die deutsche Übersetzung findet sich in: *Mittelalterliche Lyrik Frankreichs I: Lieder der Trobadors*. Provenzalisch/Deutsch. Ausgew., übs. und komm. v. Dietmar Rieger. Stuttgart 1980, Nr. XXXIII, S. 220-225. Auch Rieger folgt dem Text von Lavauds Ausgabe. Eine metrisch wie poetisch höchst ansprechende und dennoch weithin getreue Nachdichtung bietet auf der Grundlage der damals für ihn greifbaren, aber unvollständigen Fassung Vossler, Karl. *Peire Cardinal – Ein Satiriker aus dem Zeitalter der Albigenserkriege* (= Sitzungsberichte der Königlich Bayerischen Akademie der Wissenschaften. Philosophisch-philologische und historische Klasse Jg. 1916, 6. Abhandlung). München 1916, S. 165-168. Die Reihenfolge der Strophen ist gegenüber neueren Ausgaben vertauscht, und leider fehlte in der herangezogenen Version die siebte Strophe ganz.

II Si non, con il, mangem la bona freza
e·l mortairol si batut c'o·l begues,
e·l gras sabrier de galina pageza
12 e, d'autra part, jove jusvert ab bles,
e vin qui millior non poiría,
don Franses plus leu s'enebría,
S'ab bel vieure, vestir, manjar, jazer
16 conquer hom Dieu, be·l poden conquerer,

(Dann nämlich) wenn wir nicht, wie sie, das gute Gekröse essen [Konj.] / und die Kraftbrühe, so geschlagen, dass man sie trinken könnte, / und die fette Fleischbrühe von einem Landhuhn / und dazu [andererseits] junge Petersilie [?, Wein aus unreifen Trauben?] mit Mangoldblättern / und Wein, wie er [wörtl.: der] nicht besser (sein) könnte, / von dem ein Franzose am leichtesten betrunken wird. / Wenn mit angenehmem [schönem] Leben, Kleiden, Essen, Herumliegen / man Gott erobert, können sie ihn wohl erobern,

III aissi con cill que bevon la serveza
e manjo·l pan de juel e de regres,
e·l bro del gras buou lur fai gran fereza
20 et onchura d'oli non volon ges,
ni peis fresc gras de pescaría,
ni broet ni salsa que fría.
Per qu'ieu conseil qui·n Dieu a son esper
24 c'ab lurs condutz passe, qui·n pot aver.

so wie diejenigen, die das Gerstenbier trinken / und das Brot aus Spreu und aus Kleie essen, / und die Brühe vom fetten Ochsen macht ihnen Angst und Schrecken, / und sie wollen keineswegs Schmalz aus Öl / noch einen frischen fetten Fisch aus einem Fischteich / noch dass Brühe oder Sauce braten soll, / weshalb ich dem, der in Gott seine Hoffnung setzt [hat], rate / dass er sich mit ihrer Speise ernährt, wenn er [wörtl.: wer] davon bekommen [haben] kann.

IV Religïos fon li premieir'enpreza
per gent que treu ni bruida non volgues,
mas jacopin apres manjar n'an queza,
28 ans desputar del vin cals mieillers es,
et an de plaitz cort establía
et es Vaudes qui·ls ne desvía;
et los secretz d'ome volon saber
32 per tal que miels si puescan far temer.

Der erste Orden [Religion] wurde für Leute eingerichtet [unternommen], die Getöse und Lärm nicht wollten, / aber die Jakobiner kennen [haben] nach dem Essen keine Ruhe, / sondern streiten über den Wein, welcher der bessere ist, / und sie haben einen Gerichtshof für Prozesse etabliert, / und wer sie davon abbringt, ist ein Waldenser; / und die Geheimnisse des Menschen wollen sie wissen, / auf dass [wörtl.: für solches, dass] sie sich besser fürchten machen können [Konj.].

V Esperitals non es la lur paubreza:
gardan lo lor prenon so que mieus es.
Per mols gonels, tescutz de lan'engleza,
36 laisson selis, car trop aspre lur es.
Ni parton ges lur draparía
aissi com Sains Martins fazía:
mas almornas, de c'om sol sostener
40 la paura gent, volon totas aver.

Sie ist nicht „im Geiste" [geistig, geistlich], ihre Armut: / das Ihrige behaltend, nehmen sie das, was mein ist. / Für weiche Überkleider, aus englischer Wolle gesponnen, / lassen sie den Kelch, denn er ist ihnen zu bitter [herb]. / Und sie teilen keineswegs ihr Kleid, / so wie der heilige Martin (es) tat: / aber alle die Almosen, mit denen man die armen Leute zu unterstützen pflegt, wollen sie (für sich) haben.

VI Ab prims vestirs, amples, ab capa teza,
d'un camelin d'estiu, d'invern espes,
ab prims caussatz – solatz a la francesa
44 can fai gran freg – de fin cuer marselhes,
ben ferm lïatz per maïstría,
car mal lïars es grans follía,
van prezicant, ab lur sotil saber,
48 qu'en Dieu servir metam cor e aver.

Mit feinen weiten Kleidern, dazu einen (wohl) entfalteten Umhang, / des Sommers aus einem Wollgarn, einem dicken [dichten] des Winters, / mit feinen Schuhen – nach französischer Art besohlt, / wenn große Kälte herrscht [ist] – aus feinem Marseiller Leder, / sehr fest mit Meisterhand [Meisterschaft] geschnürt, / denn schlechtes Schnüren ist eine große Torheit, / (mit alledem) predigen sie mit ihrem feinen Wissen, / dass wir Herz und Habe einsetzen sollen, um Gott zu dienen.

VII S'ieu fos maritz, mot agra gran fereza
c'oms desbraiatz lonc ma moiller segues,
qu'ellas e il an faudas d'un ampleza
52 e fuoc ab grais fort leumen s'es enpres.
De beguinas re no·us diría:
tal es turgua que fructifía,
tals miracles fan, aiso sai per ver:
56 de sainz paires saint podon esser l'er.

Wenn ich ein Ehemann wäre, hätte ich sehr große Angst, / dass ein hosenloser [‚enthoster'] Mann sich neben meine Ehefrau setzen würde, / denn sie [d.h. die Frauen] und sie [d. h. die Dominikaner] haben Röcke von ein und derselben Weite / und das Feuer hat sich mit Fett sehr leicht entzündet. / Von den Beginen würde ich euch nichts sagen (können): / manche ist unfruchtbar und trägt (dann doch) Früchte, / solche Wunder tun sie, das weiß ich fürwahr: / von den heiligen Vätern können (eben nur) Heilige die Erben sein.

Das Gedicht folgt der Canzonenform und besteht aus sieben jeweils identisch gebauten Strophen mit gleich bleibender Reimfolge (occitanisch *coblas unissonans*). An der ersten, zweiten, dritten und vierten Stelle stehen kreuzreimende Zehnsilber, auf die sodann zwei paarreimende Achtsilber und zum Abschluss nochmals zwei paarreimende Zehnsilber folgen. Der Sprecher, der sich in Vers 23 und dann in Vers 49 als ein persönliches ‚Ich' („ieu“) manifestiert,[16] wendet sich an ein Kollektiv, dem er selbst ebenfalls anzugehören scheint („per nos“, v. 7, – ‚für uns'; „mangem“, v. 9, – ‚wir mögen essen'; „metam“, v. 48, – ‚wir mögen legen'). Dieser Gruppe, mit der sich der Sprecher identifiziert, wird eine fremde Gruppe gegenübergestellt, die in Vers 27 als ‚Jakobiner' („jacopins“), das heißt als Bewohner oder Abgesandte des oben erwähnten Pilgerhospizes Saint-Jacques in Paris charakterisiert werden, wo sich die Dominikaner angesiedelt hatten.[17] Diese fremde Gruppe, die logischerweise in der dritten Person Plural besprochen wird, ist der Gegenstand der Rede, mit der sich der Sprecher an sein Publikum wendet.

Wenn wir davon ausgehen, dass die tolosanische Zuhörerschaft gegenüber den Dominikanern feindselig eingestellt ist, weil diese auf Grund der metonymischen Beziehung zur Hauptstadt Paris den Herrschaftsanspruch der nordfranzösischen Krone und zudem die Inquisition repräsentieren, dann ist natürlich weiterhin zu erwarten, dass sich die Tolosaner mit dem Troubadour als einem satirischen Sprecher, der aus ihren eigenen Reihen stammt, solidarisieren und gegen die Fremden oder ‚Anderen' verbünden. Eine *in group* (die tolosanischen Laien) steht einer *out-group* (den Klerikern des mit Paris zu assoziierenden Dominikanerordens) gegenüber. Allerdings können Identitäten, wie wir noch sehen werden, prekär und wechselhaft sein. Unsere These lautet darum, dass die Tolosaner allein kraft der satirischen Rede des Troubadours zu einer dominikanerfeindlichen Gemeinschaft zusammengeschweißt werden sollen. Die Vereinigung zu einer ideologisch einmütigen Gruppe erfolgt hierbei weniger durch intellektuelle Aufklärung über die Machenschaften der Gegner als durch die Provokation von Gelächter, welches diese Gegner lächerlich macht. Darum wird die Gemeinschaft der Zuhörer dank der komischen Zurichtung der Rede zu einer Lachgemeinschaft transformiert und die soziale Energie wird im Akt komischer Performanz gegen die äußeren Feinde gelenkt, also gegen den verhassten Dominikanerorden, der sein Unwesen mittlerweile sogar in Toulouse treibt.

Wie werden die Dominikaner als Sprechgegenstand der Satire charakterisiert? Die sieben Strophen behandeln sieben unterschiedliche Merkmale der verspotteten *out-group*. In Strophe I wird die Rede der Ordensmitglieder charakterisiert und in scheinbar lobendem Ton dargestellt. Die ‚Predigerbrüder' („van prezican“, v. 8, – ‚sie predigen') gebrauchen die Rhetorik einer ‚engelsgleichen Stimme' („ab votz d'angel“, v. 1); niemand wagt hier – selbst durch Hüsteln

[16] Siehe auch: „so que mieus es“ – ‚das, was mein ist', v. 34.

[17] Übrigens wird auch heute noch die Dominikanerkirche von Toulouse als *Église des Jacobins* bezeichnet. Sie wurde nach der Konsolidierung der nordfranzösischen Hegemonie zwischen 1260 und 1292 im Stil tolosanischer Backsteingotik errichtet. Heute sind dorthin die Gebeine des heiligen Thomas von Aquin überführt.

nicht („ses tossir“, v. 4, – ‚ohne zu husten') – zu widersprechen, und unter Aufbietung aller Affekte („ab plans, sanglotz“, v. 5, – ‚mit Klagen und Seufzern') weisen sie den Weg Jesu Christi und reden darüber, wie ‚wir' (das heißt die Gemeinschaft der Zuhörer) ‚Gott sehen können' („com puescam Dieu vezér“, v. 8). Ein Störsignal liegt lediglich darin begründet, dass sich die erbaulichen Worte der Dominikanerbrüder leichter ‚hören' denn ‚lernen' lassen („miels escoutatz ... que aprés“ – ‚besser gehört ... als erlernt'). So deutet sich hier bereits ein Konflikt zwischen Schein und Sein, Oberfläche und Tiefe an, den auch die späteren Strophen wieder aufgreifen werden.

Strophe II gibt uns dann einen Einblick in den Speisezettel der Predigerbrüder, der in Kontrast zu den Essgewohnheiten der Zuhörergemeinschaft gestellt wird. Diese scheint Bescheidenheit zu üben, während sich die Dominikaner kulinarischen Genüssen hingeben: Da gibt es schmackhafte ‚Innereien' („fréza“, v. 9), ‚Brühe vom Rind oder vom Huhn' („mortairol“, v. 9; „gras sabrier de galina pageza“, v. 10), ‚frische Petersilie mit Mangold' („jove jusvert ab bles“, v. 10) und ‚allerbesten Wein' („et vin qui millor non poiría“, v. 13), der ‚einen weniger trinkfesten Nordfranzosen trunken macht' („don Franses plus leu s'enebría“, v. 14). Wenn der Weg der Dominikaner tatsächlich zu Gott führt, dann werden sie ihn sicherlich erreichen („be·l poden conquerer“, v. 16). Allerdings besteht der Weg, den diese Geistlichen konkret beschreiten wollen in purem Hedonismus: ‚gutes Leben, schöne Kleidung, schmackhaftes Essen, müßiges Herumlungern' („bel vieure, vestir, manjar, jazer“, v. 15), so dass sich die Frage stellt, ob solche Veräußerlichung tatsächlich zum vorgegebenen Ziel führen kann.

Der Satiriker stimmt jedoch in Strophe III zu, denn er spricht nunmehr als Ironiker: Die Dominikaner, die offenkundig der Todsünde der *gula,* der Völlerei, verfallen sind, können offenbar genauso gut zu Gott gelangen wie diejenigen, die mannigfachen Verzicht in Kauf nehmen und darum statt Wein ‚Gerstenbier' („cerveza“, v. 17) trinken und einfaches ‚Brot aus Spreu und Kleie' („pan de juel e de regres“, v. 18) essen, statt sich an Fleisch und Fisch gütlich zu tun. Darum rät der Troubadour in eigener Person: „Per qu'ieu consell: qui·n Dieu a son esper / C'ab lurs condutz passe, qui·n pot aver“ (v. 23 f.). – ‚Darum gebe ich den Ratschlag: Wer auf Gott seine Hoffnung setzt, der möge sich ihrer Kochrezepte bedienen, sofern er ihrer habhaft werden kann.' Die ironische, keineswegs ernst gemeinte Pointe der Argumentation liegt in der Unterstellung, dass die laxen Dominikaner mit ihrem lasterhaften Wohlleben dasselbe Ziel erreichen könnten, nämlich die Nähe zu Gott, wie die strenggläubigen Katharer mit ihren asketischen Verboten und dem Verzicht auf Fleisch oder Fisch.[18]

---

[18] Rieger hingegen nimmt an, dass die Strophe auf den Orden der Franziskaner anspielt. Allerdings waren deren Fastengebote weit weniger streng als die der Katharer. Siehe Kommentar zur Stelle: Rieger (Anm. 15), S. 311.

Strophe IV kontrastiert sodann die ‚Jakobiner' alias Dominikaner mit den Gründern früherer und vorbildlicherer Ordensgemeinschaften, die sich aus dem lauten Getriebe der Welt zurückziehen wollten. Die Dominikaner hingegen lieben den Streit, sei es um die Qualität des Weins („disputar del vin cals mieillers es", v. 28), sei es um religiöse Streitfragen, die in langwierigen ‚Glaubensprozessen' an eigens hierfür eingerichteten ‚Gerichtshöfen' debattiert werden („an de plaitz cort establía", v. 29). Hier liegt eine deutliche Anspielung auf die Inquisition vor: Wer sich den vom Dominikanerorden erlassenen Spielregeln entzieht, wird als ‚Valdenser', ‚Katharer' oder ‚Ketzer' („Vaudes", v. 30) diffamiert, und zugleich versuchen die Inquisitoren, um ihre Macht zu stärken, die tiefsten Geheimnisse ihrer Opfer auszuspionieren („e los secrez d'ome volon saber", v. 32). Unklar bleibt, ob es hierbei um unter Folter getätigte Befragungen durch die Inquisitoren oder um die Einführung der alljährlichen Beichtpflicht durch das IV. Laterankonzil im Jahre 1215 geht.

Nachdem in den vorausgegangenen Strophen die glänzende Rhetorik des Ordens (Strophe I), die alles andere denn asketische Diätetik (Strophen II und III) sowie die Komplizenschaft mit Inquisition, Verleumdung und Gewalt (IV) behandelt wurden, bringt Strophe V eine Zusammenfassung: „Esperitals non es la lur paubreza" (v. 33). – ‚Geistlich ist ihre Armut nicht.' Sie sind auf ihren Besitz bedacht und streben nach fremdem Gut. Sankt Martin ist ihnen kein Vorbild, da sie nicht wie er ihren Mantel mit dem Bedürftigen teilen („non parton ges lur drapаría / aissi com sains Martins fazía", v. 37 f.). Statt mit den ‚Almosen' („almornas", v. 39), wie es sich gehört, die Armen zu unterstützen, beanspruchen sie diese Gaben wiederum für sich selbst. Zum Laster der *gula* gesellt sich jetzt auch die *avaritia,* die Habsucht. Diesem Sachverhalt entspricht der Inhalt der unmittelbar folgenden Strophe VI: Hier wird die Ordenstracht der Dominikaner beschrieben. Ebenso wie auf üppiges Essen und Trinken oder auf reichen Besitz legen sie auch auf aufwändige Kleidung, solides Schuhwerk und edle Materialien großen Wert. Endlich wird das zwielichtige Verhalten der Gerügten auf den Punkt gebracht: Worte und Taten stimmen bei ihnen nicht überein: Die Predigerbrüder fordern mit ihren gelehrten Sophismen, dass man Gott mit seinem Herzen und seinem Besitz dienen möge: „Van prezicant, ab lur sotil saber, / Qu'en Dieu servir metam cor e aver" (v. 47 f.), aber sie selber sind immer nur auf das eigene Wohlbefinden und auf die Mehrung des Besitzes bedacht, keineswegs jedoch auf den Dienst und die Ehre Gottes.

Den Höhepunkt erreicht die satirische Strategie des Troubadours in Strophe VII, wo nunmehr – über Sprache, Nahrung, Habitus und Kleidung hinaus – auch noch die Geschlechterfrage thematisiert wird. Zur besseren Verdeutlichung lohnt es sich, den Blick auf den Versuch einer metrischen Nachbildung zu werfen:

VII Wär' ich vermählt, es würd' mir schwer missfallen,
ein hosenloser Mann säß meiner Frau zu nah;
denn wie die Frauen lassen sie die weiten Röcke wallen;
52 dass solches Fett dann Feuer fängt, ist die Gefahr.
Von den Beginen wüsst' ich nichts zu sagen:
die Kinderlose wird bald Früchte tragen.
Mit diesen Wundern wollen sie, ich weiß es wahrhaft, werben:
56 von heil'gen Vätern stammen ab oft heil'ge Erben.

Mit der hypothetischen Konditionalklausel: „S'ieu fos maritz ..." (‚wenn ich ein Ehemann wäre ...', v. 49) wendet sich der unverheiratete Troubadour offenbar an die Ehemänner im Publikum. In einem solchen Fall würde es der Satiriker sehr ungern sehen, wenn seine Frau Umgang mit einem Predigerbruder pflegte – und zwar weil dieser keine Hosen trägt: „C'oms desbraiatz lonc ma moiller segues" (v. 50) – ‚dass ein Mann ohne Hose nahe bei meiner Frau säße'. Denn äußerlich scheinen sich die Dominikaner den Frauen anzugleichen, indem beide keine Hosen, sondern stattdessen weite Gewänder tragen: „Qu'ellas e il an faudas d'un ampleza" (v. 51) – ‚denn die einen [scil. die Frauen] und die anderen [scil. die Ordensbrüder] haben Röcke von einer [scil. einzigen] Weite'. Aber was am äußerlichen Erscheinungsbild der Dominikaner wie ein Defizit an Männlichkeit wirkt, nämlich das Fehlen einer Hose und das Tragen einer Kutte, das droht sich paradoxerweise in unbeherrschte Männlichkeit zu verwandeln: „E fuoc ab grais fort leumen s'es enpres" (v. 52). – ‚Und Feuer, das mit Fett in Verbindung kommt, ist schnell entflammt.' Die weiblichen Reize der frommen Ehefrauen, denen sich die Ordensbrüder nähern, wirken wie Fett, das in eine Flamme tropft, so dass die ungezügelte Leidenschaft der angeblichen Seelenführer auflodert und die ihnen anbefohlenen Frauen wie eine leichte Beute versengt. Dass die Bettelmönche nur Kutten und keine Hosen tragen, erweist sich in dieser Situation nun nicht mehr als Mangel an echter Männlichkeit, sondern als Vorschub zur Unzucht, die umso schneller an ihr Ziel gelangt, als sich die lüsternen Verführer gar nicht mehr des sie hindernden Kleidungsstückes zu entledigen brauchen.

Waren dem Satiriker zuvor die Todsünden der *gula* und der *avaritia* ins Visier geraten, so geht es ihm offensichtlich hier um die nicht moraltheologisch, wohl aber rezeptionsästhetisch publikumswirksamste Fehlhaltung, nämlich um die *luxuria,* das Laster der Wollust. Scheint das Ordensleben der Dominikaner oberflächlich einer gewissen Verweiblichung und damit einer Dämpfung der Männlichkeit Vorschub zu leisten, so zeigt sich nun, dass unter dem Deckmantel einer Mönchskutte das genau Umgekehrte der Fall ist: Die scheinbar zurückgenommene, gedämpfte Männlichkeit der Predigerbrüder ist in Wahrheit Inzitament zur Zügellosigkeit. Demgegenüber erscheinen die eifersüchtigen Ehemänner, an die der Sprecher in seinem Text den Appell richtet, letztlich als Garanten einer sinnvollen gesellschaftlichen Ordnung.

Die Kontraste zwischen äußerem Schein (Ordenshabit) und innerem Sein (erotisch begehrlichem Habitus), zwischen Askese und Wollust, zwischen weiblicher Verhaltenheit und männlicher Zudringlichkeit, sind dazu geeignet, beim Publikum komisches Lachen auslösen. Die Zuhörerschaft konstituiert sich als eine Lachgemeinschaft – und dies umso wirkungsvoller, als in den abschließenden vier Versen die Aufmerksamkeit von den tolosanischen Ehefrauen, die als arglose Opfer klerikaler Belästigung dargestellt und der Obhut ihrer wohlmeinenden Ehemänner überantwortet werden, rasch auf die Beginen verschoben wird. Die Dominikaner sollten sich ja in der Folge einen Namen als ‚Frauenseelsorger' machen, und so muss es wohl schon zu Zeiten Peire Cardenals zahlreiche Ehefrauen gegeben haben, die den Predigerbrüdern zugetan waren und die mit zu jenem höfisch-städtischen Publikum gehörten, vor dem der Troubadour oder der ihn begleitende Spielmann (französisch *jongleur,* occitanisch *joglar*) den satirischen Sirventès vorzutragen pflegte. Nicht zu diesem Kreis zählten jedoch Nonnen und Beginen; sie bilden wie der männliche Ordenszweig die *out-group.* So werden in einer Art von Envoi oder Geleit, das am Ende des Gedichts steht, die Folgen des schamlosen Treibens unter dem Vorwand geistlicher Unterweisung am Beispiel der Beginen verdeutlicht: Es sind illegitime Schwangerschaften und die Geburt von Kindern, die – nun wiederum in paradoxer Verkehrung der real existierenden Verhältnisse –, nicht etwa als diskriminierte Außenseiter der Gesellschaft, sondern als ebenso heiligmäßig wie ihre vorgeblich frommen Väter (und wohl auch Mütter!) charakterisiert werden.

Auch die letzte Paradoxie, die das Gedicht inszeniert, muss noch einmal Komik provozieren. Wie in den vorausgegangenen Strophen beruht solche Komik auf dem Kontrast zwischen einer nirgendwo explizierten, aber implizit vorauszusetzenden Norm, die von den im Text besprochenen Akteuren, den Dominikanern, nicht eingehalten, sondern übertreten wird. So gesehen kann man Peire Cardenals satirische Rede durchaus als einen *contre-texte* in dem Sinne verstehen, den Pierre Bec diesem Terminus gegeben hat,[19] nur dass wir es nicht mit der Parodie eines konkreten Textes zu tun haben und dass es auch nicht um den Gegensatz von *fin'amors* und leiblichen Begierden, sondern um den Widerstreit zwischen kirchlicher Predigt und praktischem Verhalten geht. Die im Text vorausgesetzte Norm selbst lässt sich als eine asketische rekonstruieren: Sie fordert Einfachheit in Essen, Trinken und Kleidung; Bescheidenheit, Zurückhaltung und Diskretion im Habitus sowie erotische Mäßigung (im Modell der Ehe) oder gar Enthaltsamkeit (in Bezug auf die Ordensgeistlichen). Solche Normen können durchaus als ein Reflex der asketischen Positionen gedeutet werden, welche bekanntlich von den Katharern vertreten wurden; doch scheinen auch die Predigerbrüder selbst – *ab votz d'angel,* ‚mit engelsgleicher Stimme', – in der Theo-

[19] Vgl. Bec (Anmerkung 11), S. 7-22.

rie solche Haltungen propagiert zu haben. Dennoch halten sich nach den Worten des Troubadours die Predigerbrüder (vielleicht anders als die Franziskaner und ganz sicher anders als die Katharer) in ihrer Praxis gerade nicht an das Programm, das zu lehren sie vorgeben. Bei den Dominikanern triumphiert das Kreatürliche, man ist versucht zu sagen: der groteske Leib im Sinne Michail Bachtins – Freude an gutem Essen und Trinken, Hang zu edler Kleidung, Streben nach materiellem Besitz und nach erotischer Lust –, über das Geistig-Geistliche der kirchlichen Doktrin.

Indem das Gedicht die Gegensätze von Fleisch und Geist aneinander führt, aufeinander prallen lässt und im vordergründig gegeißelten Verhalten der Bettelmönche zu Gunsten einer rein fleischlichen Kreatürlichkeit auflöst, entzündet sich das Gelächter des Publikums, das diese Auflösung für unangemessen hält und dennoch davon fasziniert ist. Dieses höfisch-städtische Publikum belacht – am fremden Beispiel der verhassten Dominikaner – möglicherweise eine Askese und eine Verzichtsmoral, die es sich selber auferlegt hat und der sich die ideologischen Gegner zu entziehen suchen. Somit konstituiert sich das Publikum als eine paradoxe Lachgemeinschaft, in der man den Anderen als den Fremden im gleichen Maße verlacht, wie man sich selbst dabei mit belacht. An ihr performatives Ziel gelangt die satirische Veranstaltung nämlich erst dort, wo die entfesselte komische Energie eine Verwertung, das heißt: eine Sozialisierung, erfährt. Grundsätzlich kann eine solche Sozialisierung des vieldeutigen, komischen Gelächters in verschiedene Richtungen erfolgen. Die Intention des Troubadour-Satirikers ist es jedoch, die komische Energie dergestalt zu binden und zu nutzen, dass die soziale Kohäsion der aristokratisch-städtischen *in-group* gestärkt und die *out-group* der klerikalen Gegenspieler, der – wenn man denn so will – nicht dazugehörige *alien,* aus der Gemeinschaft ausgeschlossen wird.[20] Das Paradoxon des satirischen Sprechens besteht im hier untersuchten Fall des Peire Cardenal darin, dass der Ausschluss des Verspotteten auf einer tiefer liegenden Dynamik komischer Prozesse aufruht, in der die Positionen von *in-group* und *out-group,* von Eigenem und Fremdem, prinzipiell durchlässig, wo nicht austauschbar sind. Die Bewegung von Peire Cardenals satirischem Text, die ein heterogenes Publikum zu einer Lachgemeinschaft homogenisiert und in der gelingenden Performanz des Lachens eine ephemere Gemeinschaft konstituiert, verspottet nicht nur den außenstehenden Fremden, sondern sie hält insgeheim auch der Lachgemeinschaft selbst einen Spiegel vor Augen, für den sie im wirklichen Leben wahrscheinlich blind ist.

---

[20] Zum Begriff des *alien,* gegen den sich ein Selbst zu definieren und zu behaupten hat vgl. Greenblatt, Stephen. *Renaissance Self-Fashioning – From More to Shakespeare.* Chicago/London 1980, S. 9.

STEPHEN G. NICHOLS

Four Principles of Laughter in Medieval Farce

He who laughs best today, will also laugh last.
Nietzsche, Maxims & Missiles

I. Introduction

Scholars have successfully posited the origins of farce, and have spent much time in defining it. They have spent far less time in trying to ascertain the role of laughter, or even to suggest, as I hope to here, how farce might contribute to defining a social space of laughter. While one might think that intuitively, laughter would figure as a significant component of farce, this seems not to be the case. That is to say that scholars either seem to take it for granted, or consider it a by-product, an effect produced on the spectator, rather than a legitimate component of the work, like language, structure, genre, and so on.

This failure or inability to come to grips with the main purpose of farce should not, on reflection, seem so strange. In his seventeenth-century treatise on Human Nature or the Fundamental Elements of Policy, Thomas Hobbes drew attention to the basic paradox of laughter: that it was a passion without a name. „There is a passion that hath no name; but the sign of it is that distortion of the countenance which we call laughter, which is always joy: but what joy, what we think, and wherein we triumph when we laugh, is not hitherto declared by any [...]“[1]

Hobbes's analysis makes clear both the way in which laughter defines and reveals deeply human qualities, and the paradox that we cannot name the thing itself, but only its effect and affect. „[...] but the sign of it is that distortion of the countenance which we call laughter, which is always joy.“ Hobbes's insight that one cause of laughter proceeds from self-awareness and self-perception suggests

---

1 Hobbes, Thomas. „Human Nature or the Fundamental Elements of Policy“. *The English Works of Thomas Hobbes*. Ed. by Sir William Molesworth. Vol. IV. London 1840, p. 45-46, Chapter 9, sec 13.

that laughter is not simply a reaction, an effect, but that it may inhere in the persons or person that occasion it. In other words, it is cause as well as effect, even if we may not be able to give a name to that cause. In what follows, I want to propose some ways by which we might try to analyze, or even name laughter within farce.

Building on classical and medieval categories which define laughter as uniquely human, indeed as Porphyry says, the defining category by which humans distinguish themselves from other animals, we can view laughter as a critical element enabling farce to attain the status not of a low or trivial genre, but one that provides something like an anthropological perspective on aspects of humans and language in a given historical moment in France.

In the sense that Hobbes understood so clearly, laughter serves to define theatricalized human characteristics or foibles, citing them not in the abstract, but rather situating them dramatically in banal domestic scenes of daily life. From this point of view, it generates an awareness of humanness that is both uncomfortable and unflattering. Laughter paradoxically overlays the most impressive human achievements with chilling irony; it initiates a skeptical gaze that penetrates human actions and the masks characters assume, exposing them and leaving them naked … or seeming to do so. (For with the farce, and therein lies its power, nothing is ever entirely clear.) Laughter may be a nameless passion, as Hobbes thought, but it is a passion that involves bodily gestures, that betrays corporeal self-consciousness. As the ancients understood, only humans are capable of manifesting this emotion-cum-gesture. So, at the same time that laughter is a defining characteristic of humanity, it also underscores the human ability (desire?) to recognize our capacity for dissemblance, the visceral and instinctive recourse to deception. Humans certainly share these characteristics with animals, but the latter do not have the capacity for self-irony, the ability to reason away deception to reveal the naked incompleteness that motivates dissemblance. Laughter belongs, then, to the human capacity for intuitive perception, analysis, self-recognition. One might say that it marks the momentary coalescence of mind and body, reason and emotion, in recognizing that profoundly human lack in ‚the other' that one fears to discover in oneself. Although language and laughter may never be far removed from one another, in the last analysis, language only serves as a delivery mechanism: laughter is beyond language, and certainly below the word.

In disallowing ‚wit' and ‚jest' as motors of laughter, Hobbes rejects mechanistic causes as defining laughter. Instead, he insists on the quality of self-awareness, self-discovery in the face of a „new and unexpected" situation. Coming face to face with an external stimulus triggers recognition within of superior capacities in oneself: „the passion of laughter proceedeth from a sudden conception of some ability in himself that laugheth […] I may therefore conclude, that the passion of laughter is nothing else but sudden glory arising from the sudden conception of some eminency in ourselves by comparison with the infirmity of others."

Hobbes's insight underlines the critical component of laughter as an inner process of awareness, a conception of the human within the laughter. Such a viewpoint offers a way of looking at farce that transcends the purely categorical and functional (formalist) definitions, which encourage hierarchical evaluations of the genre based on canonic notions of ,low style' versus ,high style' or popular versus elite culture, e.g., farce is ,low,' not serious, etc).

What is the logic of this anthropological turn? In the first instance, it argues that farce is a performative mode that stages itself above all on the body, the body made visible, as well as with the body. This is, after all, the etymological sense of the term drama. Drama was Greek for what Latin rendered as *actus*, the actor being the performer or doer, both linked to the verb ago, „to do, act, or perform." Farce, takes *le rire*, laughter, as a principle performative gesture or mode, so that in medieval farce, laughter becomes *actio* in a number of ways. For one thing, laughter is *actio* for the actors playing the farce, but it is also *actio* for the spectators who laugh. In this way, laughter constitutes a dual and consecutive action by players and audience; the players perform or mime the risible giving their cues to the audience who in their turn perform; in this sense, the audience's laughter is performance cued and staged by the actors. Comedians call such techniques „point of view," and „lifting and landing" a line. Point of view is the technique of pausing at a crucial moment to direct a shrug or a facial expression directly to the audience by way of reacting to another character's line or gesture.

II. The Farce as ,Virtual Representation' or Pure Action

I would like to propose four principles to suggest how laughter is theatricalized in farce, what it looks like in action, and what purposes it serves in the farcical economy. The principles address the basic components of farce: language, the body, action, and reaction. They are: (A) The Risibility of Language as Image; (B) The Body in the Farce, where the character, reduced to a corporeal object, serves as attribute and subject of laughter; (C) The Risibility of Unmotivated Action; and finally, (D) The Risibility of Unmotivated Farcical Terror explores the darker side of laughter.

These principles theorize or postulate a distinctive kind of farcical drama based on the fundamental principle that all *actio,* all drama in farce seeks to avoid specific meaning predication. It is not subversive of meaning or the possibilities of representation so much as simply meaningless, unmotivated action.

Or perhaps, since it is difficult, if not impossible to avoid meaning altogether, one should say that farce uses action less to predicate meaning then to refer ironically to its audience's expectation of didactic meaning, generated by the powerful systems of commentary and hermeneutics characteristic of the fifteenth century with its *grands rhétoriqueurs* and scholasticism.

Laughter plays a key role in projecting skepticism about what is being represented; it does so through a paradoxical juxtaposition of extravagant gesture and minimal meaning. What we might call the theatricality of the farce, its self-consciousness as spectacle, celebrates these markers of virtuality in several ways. First of all, laughter participates in the gratuitousness of farce by releasing the audience from the obligation to predicate meaning. Secondly, laughter literally shakes the audience with a physical act that parallels the actors' gestures, granting license to free the spectator from moral or rational speculation. This is very different from medieval drama in general. For whether religious or secular, other dramatic genres of the era had to correlate the space of representation with the world of the spectator in order to make the point that what the viewer saw on the stage should or should not, depending on the subject, be emulated in everyday life, or at least serve as edification. But farce refuses to play within this mimetic space, and, in so doing, releases the spectator from the obligation to draw moral inferences. Farce thereby creates a tension between the three-dimensional representative space of its stage and the mimesis of the everyday that it appears to launch, but doesn't sustain. Laughter stems from the humor, the sensation of drollery that comes to the spectator upon recognizing the difference between farcical space, the space of refused meaning, and the everyday world. Laughter is the spectator's gesture of participation in the refusal to make meaning.

A. The Risibility of Language as Image

Now, let's look at our first principle, which addresses the ways in which farce transforms language itself, the act or manner of speaking or even the speaking body into ‚visual objects,' whose unexpected perspective provokes laughter. Speech becomes image not of a content – we're not talking about ekphrasis – but of a lack of content, a failure of communication.

Farce combines language and gesture – language as gesture – to evoke a social situation that both provokes and connotes laughter. How does it do this? How does it deploy language as gesture to provoke and connote laughter? By inventing a stock farce character – *le Badin* (describable but not translatable) – who plays language gesticulated as laughter. Precisely by his role as a stock character, a recognizable comic type, the Badin transforms language into gesture for the purposes of laughter. ‚Badin' is unattested before fifteenth-century farce, and it came to designate a character intended to provoke laughter.

Charles Mazouer describes the Badin as „above all, an actor with a distinctive costume,“[2] and Rabelais commented on the skill necessary to play this role: „That is why, don't you see, that when the jongleurs assign the roles to one another, they always give the role of ‚Fool' (*le sot*) and Badin to the most talented actor of the troop.“[3] Etymologically, *badin* is a Provençal word derived from *badar* „open“ usually applied to the mouth of a human or animal, a point that Mazouer does not take. The Provençal, in turn, is thought to derive from the popular Latin **batare* „of obscene origin“. In Old French, it figures in such expressions as *bouche bée*,[4] the gaping mouth, a stupid expression, associated with a naïf, or fool.

Mazouer stresses the conventional association of mouth with speaking: „From the viewpoint of language, the *badin* is just as much a speaker as an actor. The complete freedom enjoyed by this character shows that the flow of words corresponds to the abundance and inventiveness of gesture and movement.“[5] He sees this abundance, this „flow of words,“ as constituting a discursive style: „speed of delivery“ („la rapidité du debit“), „timing" („la réaction“), „verbal incoherence“ („l'incohérence verbale“).

Now, I would suggest that it is not language per se that the Badin portrays, nor linguistic competence in the usual sense, but rather something akin to ‚gesture-in-language:' the corporeal component of speech. In fact, what the word, ‚badin' connotes is not sound, but image, both visual and sonorous images. Provençal *badar*, Old French *baer, baier*, beer are terms connoting „image,“ „looking at things with a particular affect,“ „desiring ardently.“ Baer and its cognates do not connote speaking, in fact.[6]

Now we want to retain from *badar, baer, beer* and its cognates the idea of the mouth as image, the mouth as gesture, the „mouth that does not speak;“ in brief, the gaping mouth that opens to make not words, but gestures, *actio*, drama. Both meanings offer the image of language transformed to risible gesture. Consider, for example, „La Farce du Bateleur“, where the juggler or mountebank (Bateleur) incites his Badin to show off his tricks. The commands barked out by the Bateleur simultaneously dictate the Badin's performance and describe what

---

2 „[...] avant tout un acteur avec son costume particulier...“ Mazouer, Charles. „Un personnage de la farce médiévale: Le Naïf“. *Revue d'histoire du théâtre* 24 (1972), p. 144-161, quotation from p. 146.

3 „En ceste manière, voyons nous, entre les jongleurs, à la distribution des rolles, le personnage du Sot et du Badin estre tous jours représenté par le plus perit et parfaict joueur de leur compaignie." Le Tiers Livre, ch. 37, quoted by Mazouer (n. 2), p. 147.

4 Mazouer (n. 2), p. 145.

5 „Du point de vue du langage, le Badin est autant celui qui parle que celui qui agit. La souveraine liberté du personnage indique qu'à l'abondance des gestes et des mouvements correspond un flux de paroles.“ Mazouer (n. 2), p. 149.

6 Greimas, A. J. *Dictionnaire de l'ancien français jusqu'au milieu du XIVe siècle*. Paris 1968, 57b-58a.

the audience sees. The laughter springs from the physical use of language to command/describe existential code-switching where the human plays a role proximate to that of a trained animal, and the Bateleur appeals to our appreciation of the Badin's acrobatic accomplishments. In these scenes, it's not the acrobatics, nor the commands, singly or together, that provoke laughter, but the conjunction of the two in a parodic master-slave, trainer-animal rapport. It's the eruption of language, a mark of the rationality and intelligence of humans, in a context where the language usage denies the humanity of the Badin, that signals the absurd and provokes laughter.

We have in effect a parody of the dramatic genre itself where the audience figures as ‚bateleur' commanding the actors to perform, and beyond this yet another metaperformative abstraction where the comic scene of Bateleur and Badin connotes the human condition tout court with seigneur, king, or God variously playing Bateleur to the subjects' Badin.
Sus, faictes le sault:

> Hault! Deboult!
> Le demy tour, le souple sault!
> Le faict, le defaict. Sus, j'ay chaut,
> J'ey froid. Est il pas bien apris?
> En effect nous aurons le pris
> De badinage, somme toute. (v. 15-20)[7]
>
> [Up! do your jump: high, higher!
> Now the jump turn, then the tricky one!
> Now Forward, now backward...Up! I'm hot,
> I'm cold. Hasn't he been well-taught?
> No doubt about it, we'll take the prize
> For badinage, that's the sum of it.].

Laughter is not, then, re-action on the part of the audience, it is *actio*, drama scripted within the text for the audience to fulfill. The characters play the scene self-consciously marked for laughter, and the audience laughs on cue; both actions are convention, both part of the conjunction of language and physical gesture.

Note how the interaction between Bateleur and Badin incorporates and cues that between these two and the audience. The Bateleur talks, the Badin does not speak but performs the Bateleur's script just as the audience does not speak but gazes avidly („baer," „badar!") at the characters and performs their script. In this scenario, the audience's laughter is as much a gesture of the body, a physical convention and gesticulation, as the acrobatics of the Badin.

---

[7] Tissier, André. *La Farce en France de 1450 à 1550.* T. 2. Paris 1976, p. 195.

Like the *bouche bée* or gaping mouth of the *badin*, the spectator's laughter moves the mouth, the face, and shakes the body, and all this generally in unison with the scenic action that provokes it. In this sense, *actio* conjoins language and gesture on the stage with gesture and sound in front of the stage making laughter a significant part of the *actus* or drama. Spectator and Badin are linked by a chain of cause and effect: The *badin* opens his mute mouth only to have the laughter come out of the audience's collective mouth.

The audience thus enters the farce through its own designated performative role as laughing agent. And in performing this action, the audience joins with the players in a social pact, the social role of the *jocus* or *jeu*. Actors and audience, each discover the other through a specular confrontation of body and language (or sound). It is this discovery of the self and the other, the self-consciousness of the body in a conventional situation that constitutes the anthropology of laughter in the farce. What we are describing here is the theatricalization of laughter as anthropology, an act of self-consciousness and self-referentiality where actors and audience discover themselves as a group of variously constituted beings.

B. The Body in the Farce

This second principle suggests how farce thematizes the body as an attribute and subject of laughter. The laughing body is the reciprocal of the laughed at body, for the scripted, but nevertheless involuntary laughter theatricalizes the physical body as a gratuitous space of representation, like the Badin. When we say that laughter theatricalizes the body, we mean simply that it makes conscious the body's presence as an intentional part of the *actio*. In short, laughter thematizes the body as *jocus*, in the sense of ‚humor' and ‚play' (*jeu*).

This means that the body becomes a place of spectacle, of *jocus*, in this dual sense, and that, in turn, suggests that the spectacle postulates a reflexive body, i.e., a body that is a tautology, one that keeps repeating its own name: Jehan, Jaquinot, sot, Badin, as we shall see in a moment. The spectacle creates this reflexive, tautological body as an object of laughter by linking problems of space and subjectivity via the body.

„Janot dans le sac" offers a good example of this dynamic. The gullible Janot has climbed into the sack in which L'Amoureux, The Lover, who also passes himself off to Janot as Saint Michael, has promised to transport him to Paradise. When Janot, from within the sack, tells L'Amoureux: „Porte moy en paradis, sans delay!" [v. 179: „Carry me off to Paradise and be quick about it."], the lover replies by saying he won't „carry" him there, but drag him without worrying about the effects on Janot's flesh because the flesh does not signify in spiritual matters.

L'Amoureux:
Non feray: je te traisneray!
De ta chair ne me chargeray,
Car ce n'é pas chose utile.
Janot
Et, par mon ame, je moray
Se tu me traines par la ville! (v. 180-184)

[The Lover: No, I won't [carry you]: I'll drag you!
And I won't take responsibility for your flesh,
For it's a useless thing, anyway.
Janot: Oh, by my soul, I'll die
If you drag me through the town!]

Words and deeds combine here in an action that makes the body, Janot's body, the site of farce: farce as a space where meaning predication becomes dysfunctional. In medieval theology, paradise implicated the body, certainly, since resurrection had to be resurrection of the body, as one sees in Last Judgment sculptures on the tympani of Romanesque and Gothic churches where the risen dead may be seen climbing out of their coffins. But it was a spiritualized body, a form purified of fleshly (and earthly) encumbrance. Janot wants to go to Paradise without dying: for him it's a place where the body, the very much material body will be at ease. That the passage from life to Paradise might be problematic for the body, for his body, eludes his calculation, indeed underlines that absence of rational thought so crucial to farce. The title links Janot and the sack in a formula that highlights Janot's body as the site of farce. For the sack both effaces the body when he climbs into it, while rendering it still more prominent by the grotesqueness of the situation: a body as mass, as lump of undifferentiated flesh, a dehumanized body. But also a body that has the human attributes of sensation, talking, and so on. Already depersonalized as a stock figure, a tag name, Janot in the sack becomes still more depersonalized, a pure body on which comic action may be practiced: the unmotivated, meaningless action of dragging by way of illustrating the theoretical homonymy between *porter* and *traisner*, and their practical non-equivalence, when the body is the site of practice.

Farcical space can frequently be a domestic space of extreme subjectivity, i.e., of ‚reality' perceived through the affect of domestic partners and their ancillaries (e.g., mother/mother-in-law) who define themselves only in terms of their domestic space. In such scenarios, the body or character ‚becomes' preeminently a function of the domestic space perceived as a grotesque disjunction between the ideal of domesticity (i.e., marriage) and its overdetermined ‚reality.' Thus, Jaquinot, the naive and tormented husband in „La Farce du Cuvier" (late 15th century) opens the farce by defining himself and the space of the play in terms of his domestic misery:

Le grant dyable me mena bien [...]
Quant je me mis en mariage;
Ce n'est que tempeste et oraige.
On n'[y] a que soulcy et peine.
Tousjours ma femme se demaine
comme ung saillant, et puis sa mere
Afferme tousjours la matiere. (v. 1-8)[8]

[The devil drove me, for sure [...]
when I let myself in for this marriage;
it's nothing less than storm and strife.
You get nothing but trouble and worry.
My wife's always gallivanting
like a young stag, and then her mother's
always covering up for her.]

By focusing on the body, its desires, movements, wiles, farce undermines identity and individual bourgeois subjectivity by over-emphasizing the commonplace, the everyday, to the point of evoking what we might call a state of *sur*-ordinary, that is to say, a kind of surreal of banality. „Farce achieves" this *sur*-ordinary via a banalization of identities to the point of exhaustion.

Jean, Jacquinot, sot and cuvier (‚barrelmaker') in the Farce du Cuvier become signs not of identity, the ordinary function of names and trades, but attributes of laughter. The mother-in-law repeatedly twists and transposes her son-in-law, Jaquinot's name from „Jaquinot," his real name – already derisory since it is a pejorative diminutive („-ot") of Jacques – to „Jehan," a generic name for a deceived lover and „Jehan marié," the term for a cuckold.

La Mère: Entendez vous, mon amy Jehan?
Jaquinot: Jehan! Vertu sainct Pol, qu'est ce a dire?
Vous m'acoustrez bien en sire,...
D'estre si tost Jehan devenu.
J'ai non Jacquinot, mon droit non.
L'ignorez vous?
La Mère: Mon amy, non,
Mais vous estes Jehan marié.
Jaquinot: Par bieu, J'en suis plus harié.
La Mère: Certes Jaquinot, mon amy
Vous estes [un] homme abonny.
Jaquinot: Abonny, moy! Vertu sainct George.
J'aymeroys mieulx qu'on coupast ma gorge.
Abonny! [Ha,] beoiste Dame!

[M-in-L: „[...] Do you follow me, my friend John?" Jaq: „John! For the love of Saint Paul, what's that supposed to mean? I'm not going to thank you for having so

[8] „La Farce du Cuvier". *Trois Pièces médiévales.* Préparées par A. Robert Harden. New York 1967, p. 85.

> quickly become ‚John'. I'm called Jacko, that's my proper name. Aren't you aware of it?" M-in-L: „Sorry Bub, but you are ‚married John.'" Jaq.: „By Bod [bieu], still more harassment." M-in-L: „One thing's for sure, Jacko, my friend, you're a tamed man." Jaq: „Tamed! me! By Saint George, I'd rather that they cut my throat. Tamed! Ha! stupid woman."]

Is Jaquinot himself or Jehan? Husband or cuckold? And what is the a difference? Is there a difference in this space where body, *jocus*, and name are one? Jaquinot is a cuvier, barrelmaker, that is a maker of a female symbol, the container within which he is contained and constrained by wife and mother-in-law. „Cuvier," „Sot," „Jaquinot" all mean the same thing in this farce that plays out the male anxiety of female domination.

C. The Risibility of Unmotivated Action

The third principle is something of a continuation of the second, since it takes as its object, a corporeal component, namely voice. If the second principle formulates farcical representation that views the body as space deprived of its subjectivity, the third attacks our assumptions about the way voice predicates dramatic meaning. Voice as agency here reveals itself as a key component of farcical *actio*, or rather as two components. Voiced agency assumes two forms by which it scripts laughter as unmotivated action. The first assaults dialogue, the very basis of dramatic communication, by continually creating dysfunctional dialogic scenarios. The second creates a farcical voice that banalizes action to the point of meaninglessness.

1. The Dysfunctional Voice of Dialogue. Dramatic dialogue seeks to build meaning and narrative continuity through discursive exchanges between two or more characters. The voicing of these exchanges, via what actors call, the lifting and landing of the lines, constitutes an essential component of dramatic action. An actor's voice, then, confirms what the presence of the body onstage promises. Farce, however, blocks that expectation. Instead of building meaning via dialogue, it actively interrupts the normal flow of discourse requisite for dialogue and that enables meaning to occur. Farce typically presents dialogues where the observations of one character do not connect to those of his interlocutor. The characters cannot engage one another via a series of exchanges which would eventually evolve into a shared, coherent picture of the other's position. In short, farce purposely refuses to present motivated dialogue.

What it offers instead is a series of static monologues. Or at least that is how we see it; the whole point of farce is to show the characters' own obliviousness to the situation. They remain convinced of taking part in a normal conversation. As interlocutors and speakers, they are dysfunctional. Or, in some cases, there are characters which are silenced by the monologic mania of another, obsessed with speaking. Either way, the audience recognizes the failure of the dialogue.

Voice is both unmotivated and gratuitous, in these scenes, since no apparent logic can explain what takes place. Laughter arises in function of the consciousness of this absurdity, but also at the general confusion of roles, including that of the audience, implicated in yet another way in the farcical chaos.

Another reason why the failure of dialogue triggers laughter has to do with culturally-inculcated expectations that voice convey the link between body and reason (mind/body). In this register, voice serves both to command action, e.g., „apportez mes pantoufles" and to interpret or motivate it: „apportez mes pantoufles que je n'aie pas froid aux pieds." The linking of mind and body via different kinds of discourse establishes an inflection of character or personality in the language that is often called „voice," in the sense of a discursive signature. It is this inflection that underlies theories of style and stylistic criticism, for example. Unmotivated or gratuitous action can also inflect discourse with a personality: the personality of the ridiculous individual, the stock figure of the naïf or the deceived husband, for example, as in fifteenth century Farce „nouuelle & fort ioyeuse du pouvre iouhan a quattre personnaiges cestascauoir. Le sot, La femme, Glorieulx, Le pouvre jouhan".[9]

Examples of this dysfunctional voice in dialogue may be seen frequently in exchanges between the cuckolded husband (Jean), the „John", and his scheming wife. The „John" adopts the speaking register of a wise man of the world, manifesting a slightly condescending attitude towards his wife, while she affects in turn the scolding tongue of the shrew or the loving, cajoling discourse of the ‚stage bride.' Each discourse encodes the opposite meaning from what it actually says. To assure that the audience understands exactly the dysfunctional dynamic of their dialogue, a character called „Le Sot" – whose intelligence belies his name – comments on the scene at regular intervals, thereby underlining Jouhan's folly. Le Sot's putative folly consists in seeing, and saying what the other characters cannot see and would prefer not to have him say. He sees what the audience is meant to see and understand, and his asides address themselves to it. He is in every sense the intermediary between the actors and the audience, giving the latter license to laugh at the former. Abolishing the illusion of space between actors and audience, Le Sot creates a continuum between them, and thereby incorporates the laughing audience into the farce. By predictably laughing on cue, the audience becomes a corporate body, a community of laughers, a laughter community.

We see this in the following scene, where Le Sot's commentary underlines the implications of Jouhan's awkwardness and inability to arrange his wife's complicated hat, a construction that requires deftness in handling so as not to

---

9 „La Farce du Pauvre Jouhan". *Pièce comique du XVe siècle*. Publiée par Eugénie Droz et Mario Roques. Genève 1959.

crush the delicate material. The scene offers a visual counterpart in the form of ‚stage business' to his similar clumsiness in speaking to her. We should not miss the implications of confusion in gender and role attendant on the fact of the wife's request that Jouhan perform an act that would normally have been entrusted to another woman. This implicit gender-switching (analogous to linguistic code-switching) would be humorous enough in itself, yet its humor increases with the dialogic dysfunctionality of their exchange.

The „Fool's" (Le Sot) comments remind us that the „John" does not even understand the ‚language' of his wife's clothes, not intended at all for his delectation, but to please the Gigolo (Mackerel or *poisson d'avril*), Glorieux. Affriquee's toilette then becomes yet another sign of the dysfunctional communication between the couple, as well as a material indicator of he John's ‚Johnness'. ‚Johnness' may be defined as gratuitous dysfunctionality as a husband, lover, or nominally sentient human being and thus as a scripting of laughter. We find then a failure of motivation in the *actio* both at the discursive and gestural levels.

Affricquee: Sa, mectez mon chapperon
Tost a coup.
Jouhan: Voulentiers m'amye.
Le Sot: Qu'est ce la? je n'en parle mye.
Il est bien de noz amys.
Hé! Glorïeux, poysson d'avris,
Nous faudrés vous a ce besoing?
Jouhan: Tirez vous sça, mon sade groping.
Si je puis vous serez jolye
Quoy qu'i couste.
Affriquee: Saincte Marie!
En quel point vous le mettez!
Jouhan: Qu'i a il?
A: Vous le nettoyez,
la laine contre mon cornart.
J: Hé! dame, le dyable y ait part,
Je me tuë et romps le col
Sans nul gré.
Le Sot: Tant es tu plus fol.
Si tu luy seuffre, el n'a pas tort. […] (v. 71-86)

[A: Here, put on my hat for me, carefully, in one motion. J: Willingly, my love. Le S: What's all this? I'm not saying anything about it. He's certainly one of our friends [or: it certainly concerns our friends]. Hey, Dandy, pimp, do we need your help for this business? J: Pull on that, my pretty thing. If I have anything to do with it, you'll be pretty as can be and damn the cost. A: Holy Mary, you're ruining it. J: What's the matter? A: You're crushing it, [rubbing] the wool [of your coat] against my hat ribbon. J: Hey! woman, devil take it, I kill myself and nearly break my neck with no appreciation. Le S: So much the more fool you! If you put up with it, then she's not in the wrong.]

Repetition of the dysfunctional dialogue in symmetrical circumstances also enscripts laughter. The same kind of scene as played between Affricquee and Jouhan plays out between Affricquee and her lover, Glorieux.

It is not a simple question of substituting Glorieux for Jouhan, but of reversing roles so that Glorieux plays the role Affricquee has vis-à-vis Jouhan, and Glorieux takes Affricquee's position. In this instance each plays the fool to the other. Laughter comes not from the naïveté of one of the interlocutors as in the case of Jouhan, but from the patent insincerity of each one, and the inability of each to perceive that the other uses the same strategy.

Affricquee: Mon amy, Dieu vous doint bon jour;
Ennement c'est du bien de vous,
Si j'avoye quelque courroux
Maintenant seroy je joyeuse.
Elle seroit mal gratïeuse,
Par Dieux, qui vous escondiroit.
Helas voire! mais que me diroit
Mon mary?
Glorieulx: Il n'en scaura riens.
Affricquee: Et puis, d'aultre costé, les gens?
Glorieulx: Qu' i diront? que en ont il affaire?
Il auroient beau crier et braire
S'ils vouloient trestout corriger.
Affricquee: Ennement, estes le premier
A qui ja mais me consenty.
Le Sot: Le sang bieu! vous avez menty,
Sauve l'honneur des assistans,
Il n'en aura ja mais les gans,
Ja mains n'en sera le centiesme. (v. 226-247)

[A: My friend, God give you a good day; truly it's for your own good if I was a bit cross, now I'll be gay. Any woman who drove you away would certainly be ungracious. Alas it's true. But what will my husband say to me? G: He won't know anything about it. A: And then, on the other hand, what will people say? G: What will they say? What business is it of theirs? They'll bray and talk in vain if they think they can change things. A: Truly you're the first to whom I've given myself. Le S: Bod's blood! you've lied there, saving the honor of the audience; he'll be at least the hundredth to have her virginity [literally: to wear those gloves].[10] G: Take this, my love,

[10] „Il n'en aura ja mais les gans..." etc. „Gants" has had a continuing, rich set of erotic connotations in Old, Middle, and Modern French. Perdre ses gants is attested in La Fontaineas signifying „to lose one's virginity"; Guiraud also lists „avoir eu les gants d'une femme" „l'avoir possédée". „Acception érotique de la vielle locution: avoir les gants de quelquechose ‚en avoir le mérite, la primeur' (FEW XVe s.)." Guiraud, Pierre. *Dictionnaire Érotique*. Paris 1978, p. 360. Guiraud does not explain another erotic connotation of the expression linked to the metaphoric language and gestural rites of feudalism. The sense here would turn metaphorically on the usage of „gant," glove, signifying the lord's rights to a fief in the feudal ritual by which the lord transferred a fief from one vassal to another. By giving the vassal his glove, the lord signified that he was merely transferring his rights which could be taken back as the glove could be

for I love you as much as my own self, and with an eager heart I give this to you. Take it in my honor.]

2. Voice that Banalizes Action. The second dynamic of voice reduces ordinary language to the point of cliché, that is, where it no longer has the power to motivate action or independent meaning. This voice is the linguistic equivalent of the *sur*-ordinary, and may be conceived as a *singerie* or „aping“ of meaningful discourse; it conveys the sense of *motus corporis* without reason: an image – both linguistic and gestural – of the body turning in a *vide*, a routinized vacuum of domestic banality.

Risibility is here scripted in terms of mismatching an apparent intention to perform with what actually ‚comes out' as a performance of banalized discourse that renders effective communication impossible. Risibility also inheres in an exaggerated domestic commonplace, a verbal landscape of the ordinary. Two examples of farcical discourse illustrate this voice dynamic.

First, the patter or monologic *dit* of the Badin or the Sot[11] where language itself is the *actio,* a gestural discourse that is the focus of the spectators' attention, but whose ‚action' has no consequence; indeed, it is unmotivated, a *singerie* of meaningful discourse. Take, for instance, the patter monologue of Le Sot, in *La Farce du Pauvre Jouhan*, who strings together a kind of weird chant:

Le Sot: Hola, hau! le feu est ceans,
Qui nous amaine ce couart
Qui s'en va courir aux champs?
Hola, hau! le feu est ceans,
J'en ay cuidé perdre le sens,
Par bieu, il est bien sotouart.
Hola, hau! le feu est ceans,
Qui nous amaine ce couart? (v. 1-8)

[Le S: Hey, ho! the fire's within, who's bringing this lover-boy to us, who's going to go running in the fields? Hey, ho! the fire's within, I thought I'd lost my wits, By bod, he's a proper fool-ard.[12] Hey, ho! the fire's within, who's bringing this lover-boy to us.]

---

handed over: „Droit du seigneur dans les mutations de fiefs (les gants étant d'abord utilisés lors de la cérémonie de saisine)". Greimas (n. 6), p. 307. „Avoir les gans" in this sense would be to have the rights to the fief or land, underlining the woman's status metaphorically and economically as property.

11 I do not believe that the two character types are interchangeable, as I hope to show in the next chapter on the Sottie, though there can be overlap and seems to have been a good deal of category permeability. Le Sot in the Farce du Pauvre Jouhan, for example, is certainly not a Badin, although, like the Badin, he has some monologues that ape discourse, while others, as we have seen, offer wickedly critical (and funny) commentary.

12 Sotouart is presumably a made-up word based on sot „fool“ and the perjorative familiarizing suffix -art.

The Sot's patter constructs itself on repetitions of sentences that seem proper discourse so far as the syntax is concerned, but they have no obvious reference to a context within which they would make sense. There's no point to the observation, nor to the repetition, except in so far as the latter has a kind of abstract, incantatory effect that underlines the general disconnect with reality.

Farcical language of this kind strings statements together in the expectation of achieving meaning in the usual manner of everyday domestic exchange. But they never ‚arrive'; they do not add up. What they do is to point to disparate domestic references and settings whose obvious lack of pertinence in the context, liberate them to re-signify as a series of vaguely sexual remarks.

We see this with the second speech of „La Farce du Pauvre Jouhan“ where Affricquee speaks, but in an apparently random manner disjoined from the Sot's patter. Her remark, „I have the time“ („J'ay le temps“), although meaningless in itself, confirms the sense of a free-floating sexual license at work in the Fool's patter. The laughter scripted here arises from our recognition that the language of everyday domestic life – fire, fields, interiors, running, etc. – when precipitated pell-mell into a fool's patter fragments and then coalesces into something just beyond the ordinary, something like a *sur*-ordinary; a heightened, intensified commonplace that liberates signifiers of sexual desire or at least sexual nuance.

The fact that the fool's patter can resolve itself from the beginning as capable of indexing sexuality, suggests that farcical laughter is always scripted in the direction of unmotivated, free-floating, banalized, and therefore risible, eroticism, a kind of erotic *sur*-ordinary. One has only to think, for example, of Janot dans le sac where the sack, and all the references to it by L'Amoureux, Janot's wife, and by Janot's own actions, reveal its multiple metaphoric typification as variously the female genitalia, the male scrotum – Janot's own as he's dragged through the city inside the sack – and the fundament through which he is both figuratively buggered by L'amoureux and then literally excretes himself and his feces that signals his final humiliation.

A second kind of discursive banalization of the *actio* may be observed in the famous scene of the *roullet* or scroll for writing down the domestic chores that the mother-in-law and wife contrive for the *cuvier*, barrel-maker in the *Farce du Cuvier*, lines 92-146, particularly 105-124 where the women take the role reversal to the limit by alternatively rattling off all the domestic items and chores they want Jaquinot to undertake. We find a kind of delirium of domestic names: *boulenger, fournier, buer, Beluter, laver, essanger, Aller, venir, courir, trotter, faire le pain, le four chauffer, mener la mousture au moulin*. There's a double *singerie* here of spoken and written discourse, both equally unmotivated. Like the accumulation of free-floating signifiers in the Sot's patter in *Pauvre Jouhan*, this accumulation of domestic terms concatenates to suggest vaguely erotic meanings. The whole scene, indeed, with its gender reversal and storm of domestic terms heaped up with ever-increasing speed, offers a glimpse into the sexually forbidden when women bearing the phallic roll/*roullet* with which to beat and penetrate the male rule the space of domesticity. With such scenes as this and Janot's ‚sacking' the *sur*-ordinary of farcical language foreshadows the fourth and last principle, the dark humor of domestic terror.

D. The Risibility of Farcical Terror

This principle interrogates the underlying meaning of *actio* in the farce. It asks: What is the real nature of laughter in farce? The *sur*-ordinary here appears as domestic banality reversed to constrain, rather than contain. It's a form of bondage, of threatened sado-masochism, if not, as in Janot dans le sac, the real thing.

As we saw in the implications of the illustration of banalizing language in the „Farce du Cuvier", the risibility of comic terror attaches to the scripting of improbable reversals within the domestic economy to where *domus* suddenly seems to be transformed to *avernus*, from hearth to hell-fire as it were. This is the situation of the Mother-in-law and wife in *Cuvier*, during the *roullet* scene where ordinary objects suddenly cease to be transparent, becoming opaque to reveal the terrorism of domesticity. Conventional significations are collapsed in these scenes to create a reversal of connotation, a reversal of meaning that produces an insight on marriage, on domesticity, on love. As the Sot says in *Pauvre Jouhan*:

> Helas! Dieu te doint pacïence,
> Mon amy, tu en as mestier.
> Me parlez vous de marïer?
> Ouy dea, ouy marïez vous,
> Regardez Jouan, est il doulx?
> Il semble Dieu sur une pelle. (v. 446-451)

> [Alas! God grant you patience, my friend, you need it badly. Do you speak to me of marriage? Sure, right, of course get married right away. Look at John here, doesn't he have it soft? He looks like God on a baker's paddle (used to put baked goods in the oven and take them out).]

Understanding the conditions for the risibility of terror, however, does not explain the paradox of why we should respond to terror by laughing. A first step at answering this question may be taken by revisiting the quotation from Hobbes with which we began. Remember that Hobbes called laughter „a passion that hath no name" but whose sign is laughter which „is always joy." Now the reason for that joy, Hobbes argues, lies in a sudden intuition that we are human, and human in a particular way. He calls that shock of recognition of our particular quality of humanness „sudden glory;" well and good, but the sudden lory that fills us has something rather cruel about it. It resides in the fact of our recognizing our superiority over the person(s) we are laughing at. „The passion of laughter proceedeth from a sudden conception of some ability in himself that laugheth...sudden glory arising from some sudden conception of some eminency in ourselves by comparison with the infirmity of others [...]".

Or, to put it bluntly, the thrill of discovering your humanness resides in recognizing that you possess qualities like perception and intelligence that another does not. Now this does not mean, I think, that we here discover ourselves as belonging to a group or community of intelligent people. It might mean that, but not in Hobbes's sense. His statement points squarely at the individual's discovery of his own particular superiority over others. Initially, at any rate, it's purely about the subject realizing his own superiority as a human at the expense of others. It's the opposite of recognizing, let alone admitting, moral responsibility for those one laughs at. Instead, it opens a vista on the sheer freedom of one's own independent existence, the limitless potential of irresponsibility.

The risibility of terror, then, brings us to the fundamental concept of the anthropology of laughter in farce, or, as Hobbes argues, of laughter tout court. It implicates both social and political concepts, and not necessarily in orthodox ways. For it makes use of an apparent universal, laughter, to underline the complex and contradictory nature of communities, including communities of laughter.

This is not to say that farce is subversive. That would be to assign to it a routinized, predictable ideology, a political meaning. And we have seen how farce uses the mechanisms of meaning predication quite consciously to mock meanings. No, it is rather to argue that farce cannot be subversive precisely because farcical laughter blocks the sympathy necessary for collective identity formation. But the self scripted by the risible terror that we find in farce does not have such sympathy.

That self is much more primitive; one that exposes, even celebrates the disorder of a much less genteel aspect of the human. It is a laughter predicated on de-solidarity, on dis-identity: the audience laughs to indicate they are not Jouhan nor Jacquinot nor Affricquee nor Glorieux, i.e., not a dupe of the *sur*-ordinary. Comic terror reveals not strengths, but a play of weaknesses. The terrorism of the intellect in this kind of farce exposes the weaknesses in the domestic scene that make the ‚danger' possible and plausible, just as it underscores the impossibility of resistance. If there be strength anywhere in this scenario, it must be that felt by the spectator who discovers the implications of Nietzsche's dictum that „He who laughs best today will also laugh last".

JELLE KOOPMANS

Le rire grinçant de la farce

Factions et exclusions dans le monde du théâtre profane français (1450-1550)

Que la farce des XVe et XVIe siècle puisse être considérée comme un moment priviligié dans l'étude historique des « rires partagés » ou des *Lachgemeinschaften*, apparaît de prime abord comme une évidence. La farce n'annonce-t-elle pas, dans son titre, qu'elle est « joyeuse » où « à rire » et n'explicite-t-elle pas, par là, sa fonction? Ne thématise-t-elle pas, dans le texte même, sa fonction comique en anticipant sur le rire du public? La provocation du rire comme essence du genre, par ailleurs, se retrouve dans les mentions contemporaines (journaux, comptes, documents d'archive). En outre, la critique moderne n'a-t-elle pas souligné que la farce est avant tout une « machine à rire »[1], un mécanisme comique? De là, sans doute, l'image stéréotypée de la farce comme genre par excellence qui traduirait « le rire gaulois », les « plaisanteries bien de chez nous » (notions qui cachent, d'ailleurs, un nationalisme culturel en opposant implicitement la farce « française » à la comédie « italienne »[2]).

Cette farce, française et médiévale, typiquement française et typiquement médiévale, fait la joie des historiens du théâtre et apparaît même comme la contribution la plus durable du théâtre médiéval aux genres modernes[3]. On la qualifie – presque par convention – de « réaliste » et « populaire ». Comme le formule Konrad Schoell : « Bref, tout le monde s'accorde pour l'affirmer, la farce est un genre de théâtre réaliste »[4]. Même si ces termes prêtent à confusion

---

1 Rey-Flaud, Bernardette. *La farce ou la machine à rire. Théorie d'un genre dramatique 1450-1550.* Genève 1984; voir aussi Schoell, Konrad. *La farce du quinzième siècle.* Tübingen 1992, notamment pp. 31-37; Mazouer, Charles. *Le théâtre français du Moyen Age.* Paris 1998, pp. 287-358 et *Le théâtre français de la Renaissance.* Paris 2002, pp. 102 146, par exemple p. 141: « Par quelque biais qu'on envisage le monde de la farce, on débouche sur le rire ».

2 Et parfois même explicitement : ainsi, pour Mazouer (n. 1), p. 146 : « la tradition nationale se sera enrichie de l'influence de la *commedia dell'arte* ».

3 Cependant, il est étonnant que Bermel, Albert. *Farce. A History from Aristophanes to Woody Allen* (1982). Carbondale/Edwardsville 1990 ne consacre que quatre lignes (p. 82) à la farce de *Maître Pathelin* pour traiter l'entière production française du Moyen Age!

4 Schoell (n. 1), p. 65.

(et ils sont certes à revoir) on dira de premier abord qu'il n'y a guère d'arguments qui justifient l'étude de la farce dans ce cadre, car tout semble clair dès l'emblée.

Toutefois, la farce a aussi une face non éclairée (un « faux visage par derrière »), des aspects plus sombres, notamment en ce qui concerne le rire farcesque. C'est qu'il arrive que le rire de la farce soit grinçant, voire que la farce débouche sur une jubilation de la cruauté. De même, on ne le soulignera jamais assez, le théâtre des farces n'est pas toujours, n'est pas nécessairement une fiction dramatique, car il y a des farces dont la nature pragmatique est bien marquée, et plus en général la farce fait souvent partie d'une mise en scène plus ample, comme celle de la fête, et son caractère fictionnel l'est donc au second degré. Le théâtre n'est, à l'époque, pas encore enfermé dans la « boîte à images » qu'en fera la tradition dite moderne. De là, un rapport tout à fait différent entre le public et la pièce, entre le public et l'événement qui occasionne la représentation. Une étude plus spécifique des contextes de représentation d'un certain nombre de farces met à nu quelque chose d'autre que le rire gratuit, que la gauloiserie : souvent, le rire débouche sur la dérision ; parfois, le rire tourne à la violence, voire à la cruauté.

Afin de compliquer encore le point de départ, je tiens à signaler que le théâtre profane en langue française de 1450-1550 est un théâtre radicalement expérimental, bien plus expérimental que le théatre de l'absurde des années 50 du XXe siècle, puisque l'on invente une nouvelle tradition sans connaître les modèles anciens, là où la modernité du XXe siècle se démarque explicitement d'une tradition, connue et documentée. Cela n'est qu'un détail, sans doute, mais c'est un détail lourd de conséquences.

Ces préliminaires étant ainsi posés, on peut considérer le monde de la farce comme une communauté du rire, mais cela n'épuise nullement la question. S'agit-il du rire comme « soupape de sécurité », comme on l'a souvent défendu à propos de la culture carnavalesque du Moyen Age finissant[5] ? Où est, où serait, la part de la satire, voire de la polémique, voire de certains éléments de révolte ? Le rire farcesque est-il un témoignage de l'amusement pur et simple, ou traduit-il une fonction plus pragmatique, moins innocente, du rire ? Comme l'a formulé pertinemment Natalie Zemon Davis, il faudrait « décider où passe, dans leurs jeux, la limite entre la tradition et l'innovation, entre le politique et le pré-politique »[6]. Une question annexe, bien sûr, serait celle de déterminer ce que veut dire « la tradition ». On a assumé gratuitement le caractère « populaire » de la farce, mais il apparaît qu'en fait, les farces isolées se définissent plutôt par leur ancrage dans des cultures théâtrales bien plus spécifiques, que ce soit la

---

5 Voir à ce propos Davis, Natalie Zemon. *Les cultures du peuple. Rituels, savoirs, résistances au 16e siècle.* Paris 1979 (original anglais 1975), p. 165.

6 Davis (n. 5), p. 166.

sub-culture locale des étudiants parisiens, ou celle des sots genevois, que ce soit la culture locale de compétitions de chambres de rhétorique du Nord de la France. Recontextualisées de la sorte, les farces peuvent bien avoir été autres que « populaires » ou « réalistes ». J'irai même plus loin : cette remise en cause de la fonction communicative de la farce, car c'est bien de cela qu'il s'agit, a de lourdes conséquences pour nos vues sur le rire farcesque, et donc aussi sur la constitution, la nature et le fonctionnement des « rires partagés » qu'elles secrètent. En somme, de nouvelles questions se posent. Pour répondre à de telles questions, deux approches seraient possibles.

D'une part, il est possible de partir des farces conservées afin d'y étudier le fonctionnement – souvent implicite dans ces textes – des *Lachgemeinschaften* et d'utiliser, de la sorte, la littérature dramatique comme source historique; d'autre part on peut essayer de contourner la problématique du rire théâtral, attestations historiques à l'appui, avant d'interroger les textes conservées et se servir, de la manière, d'une documentation historique comme clef d'interprétation des textes conservés. Le point névralgique réside dans la question de savoir dans quelle mesure le matériel textuel conservé est représentatif non seulement du genre littéraire, mais encore du fonctionnement historique des représentations[7] On pense, par exemple, aux multiples interdictions de jouer des farces, aux multiples renvois à des farces « contre l'honneur du roi », aux peines de prison (jusqu'à trois ans) auxquelles joueurs (et imprimeurs!) de farces ont été condamnées[8]. Dans la première approche, on risquerait de privilégier la farce des dupes et la farce conjugale, dans la seconde approche, on risquerait de replacer le genre dans l'histoire des classes dangereuses (mais la vérité pourrait être au milieu, voire ailleurs...). Quel que soit le choix, entre la voie large des textes et la voie étroite des documents, le moment central, privilégié sera toujours le moment éphémère de la représentation, le moment où le rire réunit une communauté – en supposant parfois une exclusion implicite des absents (qui ont proverbialement tort).

Toutefois, au risque de passer pour un partisan radical du *New historicism*, je tiens à préciser que les pièces, que les représentations ont un lieu, une date. C'est un point qui a une certaine importance, puisque j'ai souvent constaté, justement, que ceux qui s'opposent à une idée de « constantes comiques », qui revendiquent justement la spécificité du « Moyen Age » par rapport à l'humour plus récent, de la farce médiévale par rapport aux « farces » ultérieures (comme

---

7 Ainsi Aubailly, Jean-Claude. *Le monologue, le dialogue et la sottie. Essai sur quelques genres dramatiques de la fin du Moyen Age et du début du XVIe siècle*. Paris 1976, pp. 438-442 croit que seules les sotties les moins offensives, les plus émasculées par l'(auto)-censure, aient pu nous parvenir.

8 Respectivement : Aubailly (n. 7), pp. 438-442; Lalanne, Ludovic. *Journal d'un bourgeois de Paris sous François Ier*. Paris 1854, pp. 12-13 ; *ibidem*, p. 234 (cf. Montaiglon, A. de et J. de Rothschild. *Recueil de poésies françoises*. T. XII. Paris 1877, pp. 193-237.

celles de Molière), n'observent pas toujours une même rigueur lorsqu'il s'agit de décrire de telles traditions dites « médiévales » dans le détail, utilisent librement des fabliaux du XIIe siècle pour expliquer des farces du XVIe, mais proscrivent le recours à Molière[9]. Toutefois, 1450 n'est pas 1550: ce qui est comique, ou controversiel en 1450 ne l'est plus en 1550 ; ce qui est gratuit, joyeux, en 1460 pourra être polémisé en 1540. Ainsi il y a, me semble-t-il, une différence essentielle entre les pièces parisiennes du règne de Louis XII et les pièces rouennaises du milieu du XVIe siècle, qui thématisent déjà la Réforme, ainsi il n'est nullement établi que les sotties genevoises (1523-1524) appartiennent au même genre que la sottie parisienne du début du XVIe siècle. La critique du clergé, certes traditionnelle, au XVe siècle n'est pas *a priori* analogue à une critique qui lui ressemble, sur le plan de la forme ou du contenu, après les débuts de la Réforme. Même si, sur ce point précis, bien des choses seraient à dire, j'épargnerai au lecteur un commentaire trop détaillé de cette problématique et une longue suite d'exemples. Que le problème soit posé.

Au niveau du matériel textuel disponible, quelques détails méritent d'être signalées. Ainsi la sacro-sainte *Farce de maître Pathelin*[10] (dont la date ne fait pas l'unanimité, mais qui date de toute manière d'avant 1485) et celle, bien connue, du *Cuvier*, paraissent avoir déterminé nos vues sur le genre. Toutefois, les grands recueils de pièces conservées, au nombre de quatre, auraient pu y apporter d'utiles précisions : ainsi le *Recueil du British Museum*[11] contient des pièces imprimées à Lyon et à Paris vers le milieu du XVIe siècle ; le *Manuscrit La Vallière*, transcrit vers 1575[12], contient un répertoire rouennais ; le *Recueil Trepperel* et le *Recueil Cohen*, découverts en 1927 seulement, contiennent des pièces imprimées à Paris par la veuve de Jean Trepperel avec Jean Janot entre 1507 et 1521[13]. De la manière, un seul atelier parisien a imprimé, pendant une période de 14 ans, près de 50 % des farces connues. Il est curieux de constater que ces farces sont, d'une certaine manière, atypiques par rapport à l'image établie du genre. Encore plus déconcertant, mais sans doute totalement fortuit, est la synchronicité avec la carrière dramatique de Pierre Gringore (qui va de 1501 à 1517). Retenons surtout que la farce dite médiévale nous vient le plus souvent du XVIe siècle. Les datations proposées pour les pièces qui cherchent à les faire remonter au XVe siècle sont spéculatives et ont, le plus souvent, pour seul argument que la mauvaise qualité du texte imprimé ne s'explique que par

---

9 Cette remarque se veut polémique, mais ne vise aucun savant en particulier ; toutefois, le lecteur est libre de s'imaginer quels savants, quel type de savants, j'ai en vue ici.

10 Pour un texte sûr et une bonne mise au point des problèmes, l'on se reportera à Smith, Darwin (Ed.). *Maistre Pierre Pathelin. Le Miroir d'Orgueil.* Saint-Benoît-du-Sault 2002.

11 Droz, Eugénie et Halina Lewicka (Eds.). *Le Recueil du British Museum, fac-similé de l'original.* Genève 1970.

12 Helmich, Werner (Ed.). *Le manuscrit La Vallière, fac-similé de l'original.* Genève 1972.

13 Droz, Eugénie (Ed.). *Le recueil Trepperel, fac-similé de l'original.* Genève 1966 ; Cohen, Gustave (Ed.). *Recueil de farces françaises inédites du XVe siècle.* Cambridge, Mass. 1949.

de multiples réimpressions (sans spécifier d'où nous vient une telle connaissance du travail des ateliers d'imprimerie).

De l'unison, du contrepoint et de la dissonance

En fait, et c'est là un point que l'on constatera non sans surprise, le fonctionnement du rire collectif et sa nature précise n'ont, pour la farce, jamais fait l'objet d'une analyse plus détaillée. Tout se passe comme si on savait que le gros rire, le rire inoffensif du petit peuple qui s'amuse, était caractéristique du genre dans son ensemble. Pour un critique comme Mazouer, par exemple, les choses sont simples: la farce « renverse tout », « mais on sait que la subversion du carnaval finit toujours par être récupérée par l'ordre, que tout revient à sa place »[14]. Il spécifie même, parlant de la portée satirique de la farce : « Pas de révolution en vue »[15]. Naturellement, le lecteur l'aura répéré, c'est la fameuse théorie de la soupape de sécurité. C'est là une vue des choses, généralement suivie de la critique, qui ne saurait rendre compte de tous les cas, de toutes les représentations, car il y a bien autre chose. De même André Tissier, dans les introductions à ses éditions de farces, ponctue son entreprise par des affirmations qui nous mettent en garde de ne pas vouloir chercher derrière la farce autre chose que le simple plaisir du « rire de nos pères »[16]. Konrad Schoell, pour sa part, affirme « il me semble en effet que la farce d'après la formule du trompeur trompé tend souvent à la réintégration de l'élément pertubateur »[17] En d'autres mots : on ne se pose pas de questions, mais ne perpétue-t-on pas, de la manière, la farce médiévale du XIXe siècle plutôt que celle du début du XVIe ? A bien étudier les textes de près, les choses se présentent d'une manière bien plus compliquée.

C'est qu'il existe également des cas, où – justement – le rire n'est pas gratuit, n'est pas collectif, n'est pas un défoulement pour oublier la dure journée de labeur. C'est là aussi la vue de Konrad Schoell qui suggère qu'un même genre peut servir à des fins différentes: de la critique sociale à la réintégration, voire à la vengeance pure et simple[18]. En effet, dans la farce de *Georges le Veau*, le protagoniste est à la recherche de son identité et on arrive à lui faire accroire qu'il est un veau: il endosse la peau de veau qu'on lui jette et se dirige à quatre pattes vers l'abattoir[19]. On songe encore à la farce du *Pourpoint rétréci*, où deux bons compagnons décident de tromper leur ami qui dort son vin : ils lui rétrécissent ses vêtements et lui expliquent qu'il est malade, enflé, à l'article de la mort.

---

14 Mazouer (n. 1), respectivement pp. 143, 144.
15 Mazouer (n. 1), p. 144.
16 Tissier, André (Ed.). *Recueil de farces*. 13 vols. Genève 1986-1999, passim.
17 Schoell (n. 1), p. 36.
18 Schoell (n. 1), p. 37.
19 Edition Tissier (n. 16), t. 11, pp. 59-114.

L'un d'eux se déguise en prêtre pour qu'il dise sa confession (et il s'avère que le 'pauvre malade' a fait battre l'un, a cocufié l'autre). Sous prétexte de lui faire changer d'air, ils le cousent dans un sac et le jettent à l'eau[20]. Tout en reconnaissant le potentiel comique de la farce – bien jouée, elle a dû déclencher le rire – je me vois forcé d'attirer l'attention sur les conséquences du rire, en l'occurrence un meurtre pur et simple, comme si le simple plaisir du groupe uni par le rire se dégradait au point de se muer en hooliganisme primitif, comme si – une fois le plaisir de rire ensemble installé – on ne reculait plus devant aucune conséquence. Un troisième exemple, sur lequel nous reviendrons plus bas, est celui des *Femmes qui se font passer maistresses*[21], où les femmes, mécontentes qu'on vueille les relier en boisseau, décident de planter le mari, comme un poireau (car le poireau a la tête blanche et la queue verte, *sensu sexuali*, s'entend). A la fin de la pièce, nous voyons le mari, littéralement planté la tête en bas, et les femmes promettent de l'arroser pour qu'il reverdisse vant le printemps. Là encore, rien ne rentre dans l'ordre. Au contraire : le franc rire cède la place à la cruauté. L'image finale (car le théâtre est avant tout un art visuel) du pauvre mari planté la tête dans la terre, témoigne d'une grande cruauté.[22] Il serait possible d'accumuler les exemples de ce rire cruel, exemples qui montrent un rire moins gratuit et qui mettent en cause l'image traditionnelle de la farce. Toutefois, une autre caractéristique mérite d'être signalée : celle des factions concurrentes au sein des pièces. La constitution de groupes ou factions (et, par conséquent, l'exclusion des factions concurrentes) est en effet un thème récursif, notamment dans les sotties[23].

Ainsi on peut constater que dans certaines pièces le rire se fonde sur l'opposition de factions, comme dans la sottie des *Copieurs et lardeurs*[24], où s'opposent une faction de sots (Sotin, Teste Creuse et l'Escumeur de Latin) et deux farceurs (Malostru le « copieur » et Nivelet le « lardeur ») et où, finalement, les sots « farcent » (d'une sauce appelée farce, aux fines herbes!) les deux autres. Dans la suite à cette pièce, la sottie des *Sots qui corrigent le Magnificat*[25], les sots Sotin, Teste Creuse et Rossignol se vantent d'abord d'avoir « farcé » d'autres groupes, d'autres factions, avant de s'en prendre à maître Aliboron, corrigeur de Magnificat, et Dando, maréchal-ferrant qui ferre les oies. A la suite du conflit violent, Aliboron sera corrigé par les sots et les sots mettront le frein aux dents de Dando. Encore une situation de conflit.

---

20 Cohen (n. 13), pp. 343-356.

21 Cohen (n. 13), pp. 113-122.

22 Pourtant, son effectivité dramaturgique me paraît incontestable : la manière dont l'homme en question devient une plante à des implications existentielles qui paraissent relier une telle farce à, par exemple, l'œuvre d'Eugène Ionesco.

23 Voir à ce sujet Koopmans, Jelle. « Les éléments farcesques dans la sottie française ». *Farce and Farcical Elements*. Ed. par Wim Hüsken et Konrad Schoell. Amsterdam 2002, pp. 121-142.

24 Droz, Eugénie (Ed.). *Le recueil Trepperel I. Les sotties*. Paris 1935, no. VIII, pp. 147-183.

25 Droz (n. 24), no. IX, pp. 185-216.

Le rire présuppose une risée. Comme le note Marcel Cavanna dans sa parodie *Les Ecritures*: pour savoir qu'on est Dieu, il faut être deux: un qui est Dieu et l'autre qui dit: « Mon Dieu! »[26]. Dans le cadre des factions mises en scène, il y a un « nous » contre « eux ». Pour la constitution du public de la farce, le rire est essentiel: on vient « pour rire ». Dans le cas de pièces jouées à huis clos[27], la constitution du groupe est donnée d'emblée – et parfois, cela dénote immédiatement la cible du rire : les absents qui, proverbialement, ont tort. C'est ce qui arrive, par exemple, dans une série de pièces dirigées contre le Collège du Cardinal Lemoine à Paris[28]. La première mention du « conflit » sort de la plume de Jean Molinet, qui signale que, pendant sa jeunesse à Paris, il fut le secrétaire du collège : « dum dudum Cardinalis Monacus super stultos triumphavit, suus fui scriba indoctus »[29]. D'autres mentions de cette inimitié se retrouvent chez Roger de Collerye (*Cry contre les clercs du Chastellet*, vers 1500), dans la première pièce du Recueil Cohen, dans le *Sermon d'un fol changeant divers propos* et dans la farce susmentionnée des *Femmes qui se font passer maistresses*). Cette dernière farce est particulièrement intéressante puisqu'elle montre bien à quel point le genre de la farce dépasse le « réalisme populaire » dont on le crédite trop facilement. Les femmes qui plantent leur mari renvoient, par là, à la plantation rituelle du Mai par le Basoche. En second lieu, il s'agit d'une mise en action de la locution « planter quelqu'un » au sens « l'abandonner ».

Une troisième couche signifiante qui a son importance ici, c'est la reprise, par notre farce, de l'image platonique de l'homme comme un arbre inversé, avec les racines (les cheveux) pointant vers le ciel et les branches (les membres) pointant vers la bas. Ensuite, les femmes reliées en boisseau évoquent la récolte de l'été là où la plantation des hommes, pour qu'ils reverdissent au printemps évoque l'automne ou l'hiver : s'y ajoute les théories médicales de l'époque qui font mieux comprendre pourquoi il faut sécher les femmes et arroser les hommes. Et, comme si tout cela ne suffisait pas, le début de notre farce montre que les revendications des femmes se basent sur une bulle papale, venant de Rome (et nous sommes en pleine crise gallicane) ; au cours de la pièce Le Fol défendra l'opinion de l'Université de Paris qui nie toute autorité curiale dans des questions qui touchent l'université de Paris. Finalement, on ne peut exclure que la querelle entre Réalistes et Nominalistes ait eu une certaine influence sur cette pièce, mais c'est là une spéculation de ma part. Notons, entre parenthèses, que nous sommes très loin, avec cette pièce, de notions comme les gauloiseries, le

---

26 Cavanna, Marcel. *Les Ecritures*. Paris 1982, pp. 9-10.

27 Et elles sont certes plus nombreuses que la critique ne l'admet habituellement : signalons par exemple que les multiples mentions de « fenestres » dans les textes suggèrent un dispositif scénique avec une galerie ; voir Koopmans (n. 23). De toute manière, le théâtre de collège, les pièces des étudiants parisiens ont eu une tel « public fermé ».

28 Voir Koopmans, Jelle. « Théâtre du monde et mondes du théâtre ». *Le jeu théâtral, ses marges, ses frontières*. Ed. par Jean-Pierre Bordier. Paris 1999, pp. 17-34, ici pp. 21-28.

29 Dupire, Noel. *Jean Molinet. La vie – les œuvres*. Paris 1932, p. 8-9.

franc rire, la tradition farcesque bien de chez nous : au contraire, nous avons ici une pièce montée avec beaucoup d'intelligence, dense dans ses renvois, subtile dans son élaboration. C'est toutefois cette pièce, si clairement issue d'un milieu intellectuel, si riche et si dense dans ses renvois aux conflits de l'époque, qui s'inscrit explicitement dans le cadre de deux factions opposées : celle de nos joueurs et celle du Collège du Cardinal Lemoine – et les femmes reprochent notamment à ceux du collège d'avoir suggéré qu'il faille battre les femmes d'un bâton gros et court (sans doute à interpréter *sensu sexuali*). Le rire, ici, est un effet de la connivence, de l'intérêt commun voire de l'ennemi commun. Malheureusement, il n'y a, à côté des retombées littéraires, aucun document historique qui nous permette de spécifier la nature du conflit ou de définir plus en détail le groupe auquel appartiennent nos joueurs ; cela est d'autant plus regrettable qu'une interprétation précise du conflit, si véritable conflit il y eut, n'est que pure spéculation[30]. Toujours est-il que l'opposition entre les Sots (nos joueurs, les poètes) et le collège du Cardinal Lemoine (et son 'scribe' Molinet !) a duré longtemps, du moins, c'est ce que montrent les allusions dans la *Sottie pour le cry de la Basoche* (1548) et la moralité de *Mars, Justice et le Marchand* (1564) ; on en trouve aussi des échos dans les épîtres du *coq-à-l'âne* (de Clément Marot et anonymes). Les termes du conflit qui se laissent dégager de cet ensemble de textes sont les suivants : le collège du Cardinal Lemoine, de concert avec celui de Bourgogne et un certain « maître Enfumé » défendent aux sots de jouer leurs farces ; en même temps ils incitent à la violence contre les femmes. C'est-à-dire que pendant plus d'un siècle, de l'attestation de Molinet à la moralité de Mars et Justice, le théâtre et la poésie se sont complu à couvrir de leurs sarcasmes une faction concurrente ; le fait même que l'objet de la satire soient deux collèges universitaires laisse penser que les textes en question sortent du milieu d'un autre collège ou d'une institution apparentée.

Une question légèrement annexe qui mérite d'être mentionnée ici, c'est celle des interdictions. Dans la farce que nous venons d'analyser, dans beaucoup d'autres pièces qui mentionnent le Collège du Cardinal Lemoine, il est question de l'interdiction faite par celui-ci à nos joueurs de jouer des pièces. C'est là un élément qui est de toute première importance – et de tels renvois à des interdic-

---

[30] Ainsi, j'ai toujours cru à un véritable conflit Koopmans (n. 28), mais dans sa réaction à ma communication, Bernard Faivre a suggéré de songer « aux phénomènes actuels de rivalité de clubs sportifs de lieux voisins. Les origines du conflit semblent se perdre dans la nuit des temps ; il perdure sans qu'on sache bien ce qui est reproché à l'adversaire » (p. 35). En fait, peu importe, car l'opposition entre des factions sermble nette ; en même temps je serais tenté de dire que – puisque les reproches adressées à l'adversaire restent à peu près identiques pendant toute la période – l'interprétation de Faivre a de quoi nous tenter. Signalons aussi que le nombre impressionnant des publications au sujet de la femme au Moyen Age, la femme sous la Renaissance, la femme sous l'Ancien Régime (et j'en ai dépouillé une bonne centaine) sont totalement muettes au sujet d'un tel conflit universitaire. Ce qui pose d'autre problèmes, aussi bien au sujet du conflit en questions qu'au sujet de ces études (qui, parfois, se ressemblent drôlement).

tions de jouer se retrouvent dans bien d'autres pièces (le cas de Genève sera cité plus bas). Or, si l'interdiction de jouer est signalée dans une pièce qui a été jouée, cela montre que le rire libérateur qu'on partage est aussi le fait d'une tension entre le jeu et son interdiction : en quelque sorte, la farce y fait figure de « fruit défendu ». Dans la moralité de *Mars et Justice*, il y a un renvoi analogue : on n'a plus pu « monter sur l'eschauffault » depuis deux ans ; suit une demande d'informations au sujet du cardinal Lemoine qui se trouve à Rome (!)[31]. Toujours le même élargissement topistique et ici aussi, donc, le plaisir du rire semi-clandestin, à peu près intolérable, mais juste possible.

Textes et contextes

Dans les exemples qui viennent d'être passés en revue, c'est donc l'analyse du texte qui révèle la portée et la fonction du rire commun ; quant à la réalisation effective de celui-ci, elle relève de la spéculation. Il existe cependant des cas où il est possible de « faire le pont » entre le texte conservé et le contexte historique. Dans les deux cas qui suivent, nous pouvons constater que les conditions effectives de certaines pièces dépassent largement ce que pourrait suggérer le seul texte. C'est que, parfois, on peut même parler de manifestations massives autour de la représentation, voire de représentations qui constituent le nœud d'un conflit. C'est le cas, par exemple, d'une farce parisienne contre César Borgia (dont le texte, malheureusement, ne nous est pas parvenu). En mai 1499, Louis XII cherche à remercier le pape d'avoir accordé le divorce avec Jeanne de France (pour qu'il puisse épouser Anne de Bretagne, femme de son prédécesseur Charles VIII). C'est pourquoi il donne des titres, une pension et une compagnie de cent hommes au fils du pape, Cesare Borgia[32], et lui fait épouser Charlotte d'Albret. L'université de Paris, entre-temps, avait soit une sympathie particulière pour Jeanne de France, soit une antipathie marquée à l'égard d'Anne de Bretagne : de toute manière, elle joua ou fit jouer une pièce satirique (la sottie de l'*Astrologue*[33]) où Jeanne de France est désignée par le signe astrologique Virgo alors que la luxurieuse Anne de Bretagne y figure comme Venus. La pièce, de toute évidence, fait partie d'une série, car l'Astrologue y fait allusion à l'action de la pièce (non conservée) jouée deux ans auparavant[34]. Même si

---

[31] Aubailly, Jean-Claude et Bruno Roy. *Deux moralités de la fin du Moyen-Âge et du temps des Guerres de Religion*. Genève 1990, p. 109, vv. 490-492.

[32] Pour ceux qui s'offusquent de cette présentation désinvolte du personnage : oui, en effet, les papes ont eu des fils, des enfants, et la famille Borgia est même devenue plus ou moins proverbiale quand il s'agit de parler de la décadence de la curie romaine. Que de tels excès se situent à l'aube de la Réforme, est un fait tout à fait suggestif.

[33] Picot, Emile (Ed.). *Recueil général des sotties*. Paris 1902-1912. T. I, pp. 195-231. Selon Droz (n. 13), p. 316, cette pièce est certainement de la main de Pierre Gringore.

[34] Picot (n. 33). p. 223, vv. 420-423 & note 2.

nous ne savons pas dans quelle mesure le public était également identique, ou se recoupait en majeure partie, nous avons ici un cas exemplaire où il y a une communauté du rire, du rire partisan et négatif, qui est en même temps une jubilation du sentiment de groupe et une incitation à la violence contre une autre faction. C'est ce que nous montre un document contemporain qui nous parle d'une farce sur le même sujet. Le mariage de Cesare Borgia aurait mené à des chansons satiriques par toute la France et les étudiants parisiens auraient joué une « farce ou représentation » où ils ridiculisaient le Pape. Suite à cette représentation, plus de six mille étudiants auraient pris les armes pour tuer Cesare, et le roi de France a dû se dépêcher pour rentrer à Paris afin de calmer la jeunesse bruyante[35]. Le jeu à rire, en quelque sorte, débouche sur un hooliganisme primitif ou – pour le formuler d'une manière plus prudente – le jeu et le rire font partie d'un soulèvement qui mène à la violence. Soit dit entre parenthèses : un cas tout à fait exemplaire où la culture du rire carnavalesque se dénature pour devenir une sédition revendicatrice, le Carnaval de Romans en 1580, a été étudié par Emmanuel Leroy Ladurie[36]. Cette déroute totale de l'inversion sanctionnée, où, justement, au lieu d'avoir un retour à l'ordre, on observe un dérèglement total, où le rire carnavalesque cède la place à une confrontation violente. Un anachronisme intéressant, ici, est celui de l'opéra *La Muette de Portici* d'Auber (livret Scribe et Delavigne) dont le duo *Amour sacré de la patrie* a servi de cri de ralliement lors du déclenchement de l'insurrection belge du 25 août 1830 à Bruxelles. Petites causes, grandes conséquences….

Le second exemple qu'il faut citer dans ce cadre où le contexte fait « éclater » le texte est celui d'une farce universitaire caennaise de la fin du XVe siècle, la *Farce de Pates-Ouaintes*. Cette pièce, éditée par Bonnin[37] est à situer dans le cadre d'un conflit autour des privilèges universitaires et de la décime royale. Le manuscrit qui nous l'a conservée, le *Matrologe de l'université de Caen*[38] contient non seulement la farce, mais encore toutes les pièces qui se rapportent au conflit. L'université de Caen avait été fondée au début du XVe siècle par le roi anglais (qui se croyait, à juste titre, roi de France), qui avait promis aux suppôts de l'université une exemption fiscale. Or vers 1494, le roi français décide de percevoir la décime (afin de contrer un attaque anglaise contre la côte française). Les percepteurs de la taxe sont des suppôts de l'université, mais l'université refuse de payer. S'ensuivent des excommunications mutuelles des diverses évêques (de Lisieux, de Coutances), des pasquinades affichées aux églises (avec de beaux vers latins, et français, et replacent le conflit dans un

---

35 Picot (n. 33), t. I, pp. 233-234.

36 Ladurie, Emmanuel Leroy. *Le Carnaval de Romans, de la Chandeleur au mercredi des Cendres 1579-1580*. Paris 1979.

37 Bonnin, Théodore (Ed.). *La farce de Pates-Ouaintes, pièce satyrique creprésentée par les écoliers de l'université de Caen au Carnaval de 1492*. Evreux 1843.

38 Musée des Beaux-Arts de Caen, Ms. Ancel no. 69.

cadre pastoral renvoyant à la littérature de l'Antiquité). C'est également dans ces poèmes polémiques que se développe le cadre bucolique et l'allégorie centrale de la mère mangée par ses enfants qui détermineront la mise en scène de la farce, l'image de l'agneau mangé par les loups, l'image de l'université comme épouse du Christ. Remarquons à quel point nous sommes, avec cette pièce, loin du rire farcesque tel qu'on le décrit habituellement ! Et c'est dans un tel cadre de polémiques, d'incertitudes et même de violences politiques[39], que, au moment où le Carnaval exige le rire, l'on crée la farce de *Pates-Ouaintes*. Les données contextuelles ont donc une grande importance, voire, sans elles, il serait impossible de comprendre le fonctionnement du rire dans un tel texte et même de comprendre le texte. Le jeu, le rire, ici, sont contextualisés à tel point que l'on s'imagine difficilement une analyse isolée de la farce. Et, encore une fois, le rire semble déboucher sur un rite de violence. Au moment où le rire intervient dans cette affaire somme toute sérieuse, au Carnaval donc, trois mille étudiants, armées de bâtons ou munis de torches, se rendent en cortège vers la maison du collecteur de taxes pour jouer *sous sa fenêtre* la farce où il est ridiculisé (ce monsieur Bureau entre en scène *balbutiando sicut Buriau*, « balbutiant come le fait Bureau », ce qui ne laisse aucun doute quant à l'intention comique de la pièce[40]). On est venu pour rire, pour s'amuser, mais le rire se situe dans un contexte de confrontation ouverte, de rapports de forces, où le nombre compte, où la présence massive des personnes qui rient détermine l'effectivité pragmatique du rire. La procession de trois mille étudiants (mais le chiffre est-il bien exact ?) suggère également une révision de l'idée des farce « populaire » jouées devant un public de badauds de passage.

Certes, l'on pourra objecter que ces deux cas, parisien et caennais, constituent des exceptions, mais ce sont des cas où le contexte de représentation est quelque peu documenté – ce qui n'est pas le cas pour bien d'autres représentations. Ici, au moins, il existe des documents univoques. Entre la spéculation gratuite et un historicisme poussé à l'extrême, on peut se permettre de formuler quelques suggestions, mais auparavant, il convient analyser d'autres pièces dans leur contexte.

Du genre littéraire à l'histoire des représentations

Tant que l'on se penche sur les pièces à partir de notions génériques, on risque d'oublier l'essentiel de la communication dramatique. Certes, la farce est sans doute une « machine à rire » ou, du moins, un genre théâtral qui réunit un public

[39] L'auteur de la farce, Pierre de Lesnauderie, est même descendu dans la rue, l'épée nue à la main, pour défendre le messager qui portait les privilèges de l'université (Ms. Ancel 69).

[40] Et ce qui préfigure la fameuse Harangue de Janotus de Bragmardo chez Rabelais.

décidé à prendre son pied, à se défouler. Toutefois, le moment où une telle farce se joue est déterminé par des circonstances extérieures à sa représentation : à Caen, c'est la querelle autour de la décime ; à Paris, c'est l'opposition entre les sots qui veulent jouer et le Collège du Cardinal Lemoine. Cela tend à montrer que c'est moins le « genre littéraire » que la situation historique concrète qui ait déterminé le jeu. Carnaval: le rire; une farce: le rire, mais toujours en fonction de ce qui se passe autour, de ce qui détermine les modalités même de l'objet du rire. Quand on pose le problème en de tels termes, la discussion autour du prétendu réalisme de la farce, autour d'éventuels constantes comiques qui réapparaissent dans la farce doivent céder le pas à un examen plus précis de l'historicité des pièces.

Ce n'est pas, ici, le lieu de refaire l'histoire du genre, mais il est toutefois nécessaire d'apporter un certain nombre de précisions à « l'ancienne image » de la farce, l'image de la farce qui s'est perpétuée dans l'histoire littéraire. Ainsi l'ancienne image de la farce « populaire » jouée « a grand convocation de peuple » sur des tréteaux comme on les voit (uniquement!) sur des images provenant des villages du Nord (comme le *Kermesse de village* de Pieter Baltens, comme dans l'aquarelle fameuse du *Recueil de chants* conservé à Cambray, manuscrit fait pour Zegher van Maele à Bruges en 1542) est à revoir : c'est une documentation qui nous vient du Nord de la France, voire des Pays-Bas et qui n'est sans doute nullement représentative de la situation parisienne, caennaise, genevoise....

Les conséquences de cette révision sont, me semble-t-il manifestes, car une distinction est à faire entre la communauté sans doute mouvante qui assiste, debout, à un spectacle en plein air (l'image de Baltens) et un groupe spécifique qui se réunit à l'intérieur avec l'intention manifeste de rire ensemble (les collèges de l'université de Paris) ou une procession carnavalesque débouchant sur une représentation devant des milliers d'étudiants (Caen). Que ce soit le gros rire gaulois ou le rire acerbe de la satire politique, le groupe, sa constitution, ses attentes et ses intérêts déterminent, bien plus que l'éventuel dispositif scénique, la nature et la fonction du rire.

Toutefois, d'une autre manière, la farce et les *Lachgemeinschaften* ne sauraient trop gratuitement être mises en rapport ou – pour être plus précis – il convient d'être prudent avant d'abuser de toute sorte d'extrapolations textuelles pour expliquer le fonctionnement des pièces et de toute sorte de données historiques pour expliquer la lettre du texte. En d'autres mots : est-ce que le texte donne une image fidèle des circonstances de représentation ? Bien que je n'aie nulle envie, ici, de problématiser ce qui n'est, en fin de compte, qu'une mise en question de la valeur et de la représentativité des sources, j'ai tenu à signaler le problème.

Le rire, toutefois, a un caractère double en tout cela. D'un côté, le rire est involontaire, convulsif. Cela est par exemple manifeste dans le cas de la représentation de la pièce de Guillaume Crétin en 1506. A la Saint-Nicolas (fête des écoliers parisiens, donc la situation est donnée d'emblée et la représentation est à nouveau événementielle), les clercs du Châtelet (donc détermination d'un groupe, voire d'un public) jouent dans la salle du Louvre (donc nullement sur des tréteaux à l'extérieur) une petite « comédie » où il était parlé « deshonnestement » de membres de la cour du Parlement. Le parlement ordonne au lieutenant criminel de chercher la *minute* du texte (on est fonctionnaire ou l'on ne l'est pas) ainsi que les acteurs et l'auteur. Au cours du procès qui s'ensuivit, on voit que le lieutenant civil n'a pas assisté à la représentation, mais le lieutenant criminel y était bien et les sources nous rapportent qu'il a bien ri à cette occasion (sans doute sans savoir qu'il devait, par la suite, poursuivre les acteurs)[41]. Cette occurrence montre bien le caractère instantané du rire : on rit quand on y est, mais le lendemain, on a d'autres responsabilités : la logique du groupe l'emporte, en quelque sorte, sur le sens du devoir. Ce qui montre aussi que, d'un autre côté, le rire est conditionné et collectif: c'est que l'on se rend à la représentation d'une farce pour rire, c'est que – dans le Nord de la France surtout – les représentations comiques ont une place à part dans le programme de le journée: avant le repas, les représentations sérieuses, après le repas, le gros (ou le gras) rire. On rit, certes, et le rire est offensif.

Prenons un autre exemple: les deux sotties de Genève, jouées respectivement en 1523 et en 1524[42]. Il s'agit de pièces jouées par la société joyeuse locale, Les Enfants de Bon Temps. En fait, ces pièces se comprennent dans le cadre de l'opposition entre d'une part les partisans de la liberté, les *Eidgnots* (d'où le terme *Huguenot*) qui prônèrent une alliance avec les cantons suisses et d'autre part ceux qui soutenaient le duc de Savoie, qu'on appelait les *Mammelus*. Il y a une certaine préhistoire, avec le charivari contre le juge Gros dont on a écorché la mule pour promener sa peau (le rire collectif de la cruauté charivarique) avec des suites néfastes menant à l'exil, puis à l'exécution de Philibert Berthelier. Les *Eidgnots* sont choqués et les *Mammelus* se croient maître de la situation. En 1523, des éclaircies s'annoncent. Dans la sottie de cette année, les *Eidgnots* – qui déplorent d'abord ne pas avoit été à même de jouer pendant des années – attendent le retour de Bon Temps et le poste Printemps (venant de l'Italie et vêtu de vert) annonce son retour. Dans une seconde partie, on taille de beguins, des couvres-chef, toutefois avec une seule oreille. Puisque, comme on dit, l'oreille « qu'avons interprète en mal ce que disons en bien » (le public, la censure ou le pouvoir comprend de travers), les sots décident de ne pas jouer avant le retour de Bon Temps. Soit dit entre parenthèses : nous avons ici un cas exemplaire du théâtre dans le théâtre: une pièce où il est question de la pièce que l'on (ne) va

[41] Au sujet de cette affaire : voir Guy, Henri. *Histoire de la poésie française du XVIe siècle*. Paris 1910-1926, t. I, pp. 225-226.

[42] Picot (n. 33). Paris 1902-1912, t. II, pp. 265-298, 323-346.

(pas) jouer[43]. Un an plus tard, Bon Temps n'est toujours pas de retour. Ce qui est curieux, mais essentiel ici, c'est que la représentation de cette seconde sottie, la *Sottie du Monde* de 1524, était destinée au duc de Savoie et de la duchesse. Ceux-ci, toutefois, ne sont pas venus, car leur place (d'honneur, sans doute) n'était pas « dressée », on n'était pas venu les chercher et « aussi pource qu'on disoit que c'estoient huguenots qui jouoyent ». Que le duc ait voulu faire acte symbolique ou qu'il ait été certain de ne pas s'amuser à une représentation de « l'opposition », importe peu: il est par contre instructif de voir comment l'existence de factions et la (possible) portée politique déterminent la constitution du public. D'un autre côté, l'évêque de Maurienne et d'autres courtisans assistent au spectacle, qui fut payé par le riche bourgeois Jehan Philippe.

S'agit-il, ici de détails qui permettent de cerner le rire farcesque ? Je crois que non : ce que nous avons en main, ici, constitue une documentation importante pour l'histoire du « rire genevois » et du « sens théâtral » dans la Suisse romande ; en d'autres mots, des pièces qui sont à placer dans le contexte des différends qui secouent le XVIe siècle genevois, des sotties de 1523 et 1524 jusqu'aux traités comme *La Mappemonde papistique* et *Les Satyres chrestiennes de la Cuisine papale*[44]. Les communautés que fonde le rire, que définit la farce, se déterminent par opposition : ce sont les Eidgnots contre les Mammelus. Ici encore l'on voit clairement l'importance de la constitution de groupes, de factions en dehors du théâtre pour la mise en scène de ce même théâtre. Ici aussi, on voit l'importance d'une défense de jouer, ou d'un délai dans les représentations (étaient-elles annuelles ?) comme base du rire commun, du plaisir de la semi-clandestinité. Il pourrait certes intéressant d'essayer de poursuivre l'étude du théâtre genevois, car il ne disparaît nullement avec la Réforme : bien au contraire. Des auteurs comme Mathieu Malingre (*La Maladie de Chrestienté*, *La Vérité cachée, devant cent ans faicte*...) illustreront les possibilités d'un théâtre comique qui est à la fois polémique, qui est à la fois hautement comique – comme quoi le rire et des questions sérieuses ne s'excluent nullement. Ce sera là, toutefois, une analyse qui sera reportée à une aute occasion.

Continuer ou conclure?

Différents cas ont été passés en revue. La plupart de ces cas peuvent être considérés comme nouveaux, voire anecdotiques (au sens étymologique du terme, donc: inédits). Parfois, c'était le texte qui a pu révéler des détails intéressants, parfois j'ai dû avoir recours aux circonstances de représentation, parfois même j'ai pu lier un texte à un contexte de représentation. Sans doute, on se demande-

---

[43] Sur l'importance de ce procédé dans la sottie, voir Koopmans (n. 23).

[44] Edition Charles Chamay (à paraître aux éditions Droz, Genève).

ra quelle pourrait bien être l'épaisseur de tels cas par rapport à la théorie établie au sujet de l'évolution générale du théâtre en langue vernaculaire. Dans quelle mesure s'agit-il de pièces représentatives ? Ne faudrait-il pas considérer ces cas comme des « exceptions » ? De telles questions, parfaitement légitimes, devraient, me semble-t-il, suggérer une réponse double. D'une part, quand on parle de la représentativité des pièces, le matériel plutôt vaste sur lequel je me base devrait l'emporter sur les quelques pièces isolées qui ont jusqu'ici déterminé la vue sur la tradition de la farce. D'autre part, et c'est là un point plus important, voire essentiel dans le cadre des rires partagés, il faudrait abandonner l'idée du théâtre comme une fiction mise en scène, comme un amusement. Au seuil des temps modernes, le théâtre assume les fonctions du journal, de la télévision: il est médiatique. Le théâtre formule des opinions, le théâtre influence des opinions: il transmet et communique: bref, il fonctionne. Pour le rire, cela signifie concrètement que la farce a également une fonction qu'on n'associera, aujourd'hui, nullement au théâtre. Le rire y est pragmatique, parfois politique, souvent local et social. Il faudrait certes mener à l'avenir des études plus poussées dans ce domaine. Cet appel, somme toute assez gratuite, à des recherches futures ne devrait pas nous faire oublier que les pièces disponibles nous suggèrent des interprétations, que le texte, que les mentions, nous présentent une certaine image de ce théâtre du rire. Que cette image ne concorde guère avec l'idée reçue de la farce populaire et réaliste provoquant le rire gaulois, est un simple fait à méditer, pour les historiens de la littérature, du théâtre, du rire.

JENS ROSELT

Chips und Schiller

Lachgemeinschaften im zeitgenössischen Theater und ihre historischen Voraussetzungen

„Man lache nicht!" Diese harsche Zurechtweisung des Publikums durch den Theaterintendanten Johann Wolfgang von Goethe während einer Aufführung des Hoftheaters in Weimar 1802 macht deutlich, wie suspekt die komische Reaktion des Publikums im Theater mitunter sein kann. Goethe hielt das Lachen der Zuschauer angesichts einer pathetischen Szene in einem Trauerspiel für unangebracht, da die Rezeption des Publikums nicht den Intentionen der Inszenierung entsprach.[1] Gleichzeitig erfährt man aus dieser Episode, die Eduard Devrient in seiner Geschichte der deutschen Schauspielkunst (1848) wiedergibt, aber auch, dass sich die Zuschauer keineswegs an die Kandare ästhetischer Konzepte nehmen ließen und tatsächlich gelacht haben. Die Situation wird noch komplexer, wenn man bedenkt, was Devrient als die Ursache des Gelächters angibt. Zum Lachen reizte die Zuschauer demnach nämlich nicht nur die „grobe pathetische Absurdität"[2] auf der Bühne, sondern der devote „Beifall der loyalen Partei"[3] im Publikum. Die Zuschauer verlachten nicht nur die Szene, sondern auch diejenigen ihrer Sitznachbarn, die ganz im Sinne Goethes ernst blieben. Nicht nur von Seiten der Zuschauer drohte der Weimarer Klassik die Gefahr der lächerlichen Bloßstellung. Dass auch Schauspieler zur ästhetischen Fahnenflucht neigen konnten, zeigen Aktenvorgänge, die belegen, dass Schauspieler disziplinarisch bestraft werden konnten und tatsächlich bestraft wurden, wenn sie ihre Rolle „vorsätzlich komisch"[4] gespielt haben. Derartige „unsittliche Actionen" rangierten im Verhaltenskodex auf einer Ebene mit Trunksucht und Pöbelei.

---

[1] Zu den restriktiven Maßnahmen, die Goethe als Intendant sowohl gegenüber Zuschauern als auch Schauspielern anwendete, siehe Schwind, Klaus. „,Man lache nicht!' Goethes theatrale Spielverbote". *Internationales Archiv für Sozialgeschichte der deutschen Literatur* 21 (1996) H. 2, S. 66-112.

[2] Zit. n. Schwind (Anm. 1), S. 91.

[3] Devrient, Eduard. *Geschichte der deutschen Schauspielkunst*. Bd. 1. Berlin 1967, S. 622.

[4] Schwind (Anm. 1), S. 67.

Wenn man diese Vorgänge als Beispiele für die spontane Bildung von Lachgemeinschaften ansieht, können zwei Rückschlüsse gezogen werden: Die kurzfristigen und zeitlich begrenzten Formen komischer Gruppenbildung müssen keineswegs ausschließlich dual strukturiert sein, sondern sind auch als triadische Formation denkbar. Im Theater lacht also nicht unbedingt *ein* Publikum über *die* Bühne, sondern man hat es mit vielfältigen Distanzierungen, Spaltungen, Verschwörungen und Ausgrenzungen zu tun, deren jeweiliges Opfer, etwa der Rollentext oder der Dramatiker, je neu ermittelt wird. Und außerdem kann sich ein solcher Vorgang nur in einer konkreten Aufführung vollziehen, das heißt, er kann weder auf der Probe ohne Publikum hergestellt bzw. geplant noch in der nächsten Vorstellung genauso wiederholt werden. Letzteres dürfte ein Grund dafür sein, dass das Lachen nicht nur in Goethes Theater als unästhetisch disqualifiziert werden kann.

Man muss sich die theaterhistorischen Rahmenbedingungen vergegenwärtigen, welche spontanes Lachen zur Abart der Rezeption werden lassen. Mit der Durchsetzung des Literaturtheaters wird der Regisseur, ähnlich wie der Dirigent, im Laufe des 19. Jahrhunderts zur entscheidenden ästhetischen Instanz einer Inszenierung. Bei der oben erwähnten Aufführung soll immerhin Friedrich Schiller die Einstudierung des Stückes übernommen haben, wenngleich er sich nicht als Regisseur bezeichnet haben dürfte.[5] Gleichzeitig werden die Zuschauer im Ideal zu schweigenden, körperlosen und kontemplativen Zeugen. Die Disziplinierung des Publikums wird bis zum Ende des 19. Jahrhunderts in einer Art und Weise perfektioniert, die zum Teil noch heute gültig ist. Durch die Verdunkelung des Zuschauerraums wird die Aufmerksamkeit der Zuschauer ausschließlich auf die Bühne und voneinander abgelenkt. Diese Veränderung, die auch der technischen Entwicklung von (Reflektor-)Öllampen, Gaslicht und Elektrizität geschuldet ist, setzt bereits im 18. Jahrhundert ein und hat sich bis zum Ende des 19. Jahrhunderts allgemein durchgesetzt. Sie führt dazu, dass alle nicht auf den dramatischen Text konzentrierten Aspekte der Aufführung als unangebracht abgetan werden. „Die Dunkelheit im Zuschauerraum", so Wolfgang Schivelbusch, „zielte auf diese Zweisamkeit zwischen Zuschauer und Drama hin, indem sie das soziale Phänomen Publikum für die Dauer des Spiels außer Kraft setzte."[6]

Spontane Reaktionen, die noch Ende des 18. Jahrhunderts üblich waren und die sich wie das Lachen für alle vernehmlich kundtaten, wurden so unmöglich oder dramaturgisch kontrolliert. Dem Publikum ist damit ein entscheidendes Mittel zur Selbstvergewisserung während der Aufführung genommen. Für den

---

[5] Vgl. Devrient (Anm. 3), S. 622 f. Im Weimarer Theater war der als Regisseur bezeichnete Mitarbeiter mit administrativen Tätigkeiten betraut und selbst auch Schauspieler. Siehe Schwind (Anm. 1), S. 66.

[6] Schivelbusch, Wolfgang. *Lichtblicke. Zur Geschichte der Helligkeit im 19. Jahrhundert.* München/Wien 1983, S. 195 f.

einzelnen Zuschauer ist es nicht mehr möglich, unmittelbar zu bestimmen, in welcher Weise die anderen Zuschauer eine Aufführung aufnehmen, um ggf. die eigene Rezeptionshaltung danach auszurichten. Zuschauen im Theater wird zu einer Privatangelegenheit des Einzelnen, bei der jede kommunikative Relation zu anderen auf ein Minimum reduziert ist. Damit wird einem „Selbstzweifel"[7] des Zuschauers Vorschub geleistet, den Richard Sennett als wesentliche Konsequenz der Verschiebung des Verhältnisses von Öffentlichkeit und Privatheit im 19. Jahrhundert dargestellt hat. Die Angst vor unwillkürlicher und unangebrachter Gefühlsäußerung macht für den Zuschauer ein hohes Maß an Selbstkontrolle notwendig.[8] Sennett zeigt, dass mit diesem Paradigmenwechsel hin zum schweigenden Zeugen spontane Reaktionen wie das Lachen tabuisiert werden. Nur wer keine wahrnehmbaren, also körperlichen Reaktionen zeigt, entgeht der Gefahr, sich trotz der Dunkelheit im Zuschauerraum bloßzustellen.[9]

Wie sehr Zuschauer diese Notwendigkeit zur Selbstdisziplinierung internalisiert hatten, zeigt jener Stoßseufzer eines Feuilletonisten der Vossischen Zeitung, der in einer Aufführung von Giacomo Meyerbeers *Die Afrikanerin* an der Berliner Oper 1865 seine Ernsthaftigkeit durch „den Unsinn des Textes und der Handlung"[10] auf eine harte Probe gestellt sieht. Eingedenk einer Szene im ersten Akt bekennt er freimütig, wie schwer es ihm selbst gefallen sei, „den lauten Ausbruch der Heiterkeit niederzukämpfen und zu ersticken".[11] Dieser Hang zur Kontrolle wurde seitens der Bühne auf vielfältige Weise unterstützt, denn die Vorgabe der Perspektive galt nicht nur in visueller Hinsicht, sondern betraf auch andere Ebenen der Rezeption. Den Zuschauern wurde nicht nur vorgegeben, was sie zu sehen hatten, sondern auch, wie es zu sehen bzw. zu verstehen war. Was in Weimar noch ‚his master's voice', also Goethes Stimme, gewährleistete, wird in der Folge von Programmzetteln, später von Programmheften und heute manchmal von Programmbüchern übernommen. Mit diesen intellektuellen Beipackzetteln der Inszenierungen, die sich ab Mitte des 19. Jahrhunderts allgemein verbreiten[12], ist die korrekte Haltung des Zuschauers rundum abgesichert, da für die notwendige Unterweisung vor der Aufführung die Theaterkritiken in den Zeitungen sorgen. Vor der Aufführung liest man das Feuilleton, während der Aufführung schweigt man, und nach der Aufführung liest man das Programm. Dem Lachen der Zuschauer kommt damit eine zwiespältige Funktion zu. Zum einen gilt es als unangebracht, da es das Wahrnehmungsdispositiv der Aufführung in Frage stellt, zum anderen kann es gerade deshalb ein Mittel der Zu-

---

7 Sennett, Richard. *Verfall und Ende des Öffentlichen Lebens. Die Tyrannei der Intimität* Frankfurt a. M. 2000, S. 268.
8 Sennett (Anm. 7), S. 249.
9 Sennett (Anm. 7), S. 265.
10 Pietsch, Ludwig. *Wie ich Schriftsteller geworden bin*. Hg. v. Peter Goldammer. Berlin 2000, S. 548.
11 Pietsch (Anm. 10), S. 549.
12 Sennett (Anm. 7), S. 269.

schauer sein, sich dieser strikten Rezeptionsvorgabe mithin unwillkürlich zu entziehen.

Während sich dieses Modell als Norm des bürgerlichen Theaters durchzusetzen beginnt, werden als Gegenreaktion auch ästhetische Konzepte formuliert, die dem Lachen gerade wegen seiner gemeinschaftsstiftenden und subversiven Kraft einen eigenen Stellenwert einräumen. So beschreibt Adam Müller in den 1806 gehaltenen Vorlesungen *Über die dramatische Kunst* seine Vision eines Theaters der Zukunft:

> Ja, ich kann mir eine Zeit denken, und sie kommt vielleicht noch, wo das wirkliche Leben im Parterre und das idealische Leben auf der Bühne so einig sind, von dem Geiste derselben Ironie so gleichmäßig beseelt, wo eines das andre so versteht, daß die Schauspieler nur die Tonangeber eines großen Dialogs sind, der zwischen dem Parterre und der Bühne geführt wird, wo zum Beispiel improvisierende Wortführer des Publikums mit Witz und Grazie eingreifen in das Werk des Dichters und andere Improvisatoren auf der Bühne mit Kunst das Werk des Dichters wie ihre Festung verteidigen, wo endlich das wirkliche Leben im Parterre und das idealische Leben auf der Bühne, wie König und Narr [...], jedes unüberwunden und jedes gekrönt zurückbleibt und die Dichter im Parterre gemeinschaftlich mit dem Dichter auf der Bühne dem ganzen Hause und jedem Schauspieler und Zuschauer offenbaren die unsichtbare Gegenwart eines höheren Dichters, eines Geistes der Poesie, eines Gottes.[13]

Adam Müller war kein Theaterpraktiker und an der tatsächlichen Umsetzung seiner Vorstellung nicht weiter interessiert. So soll im Folgenden auch nicht nach der theaterhistorischen Relevanz seiner Gedanken gefragt werden, vielmehr ist zu zeigen, was Müllers Formulierungen über die Gemeinschaftsbildung im Theater sagen. Bemerkenswert ist dabei, dass er die spontane Reaktion der Zuschauer nicht lediglich für einen wünschenswerten Nebeneffekt hält, sondern ihr ausdrücklich einen ästhetischen Wert zuspricht.

Die Gemeinschaft, die Müller beschwört, stellt sich her im Vollzug der konkreten Aufführung. Sie ereignet sich zwischen Zuschauern und Schauspielern, denen zu gleichen Teilen aktive Momente zugesprochen werden, das heißt, die Initiative kann auch von Zuschauern ausgehen. Die Trennung zwischen Bühne und Parterre wird dabei nicht aufgehoben, sondern bildet gerade die Voraussetzung dazu. Durch das lustvolle Spiel mit der Rampe erweitert sich der Dialog zwischen den Figuren zu einem Dialog zwischen Bühne und Publikum. Diese Erweiterung geht unmittelbar auf Kosten des dramatischen Textes und seines Autors, dessen Autorität diskursiv in Frage gestellt wird. Was sich in dieser Gemeinschaft zwischen Bühne und Publikum herstellt, ist nicht auf textuelle Handlungsanweisungen, fiktionale Regeln und den Sinngehalt der Sprache zu reduzieren. Es entzieht sich damit auch der Planbarkeit und Kontrollierbarkeit durch Schauspieler, Autoren und Spielleiter und führt eben dadurch ereignishaft zu einer Art, so Müller, Offenbarung der unsichtbaren Gegenwart eines höheren

---

[13] Sennett (Anm. 7), S. 244 f.

Dichters. Der Name, den er diesem Unternehmen gibt, weist hin auf den Fundus, aus dem sich seine Emphase speist: Universallustspiel. Diese Anspielung auf Friedrich Schlegels frühromantische Idee der „progressiven Universalpoesie“[14] ist durchaus als Programm zu verstehen. Es sei hier nicht verschwiegen, dass es ausgerechnet die Aufführung eines Stückes von Friedrich Schlegel, nämlich dessen Trauerspiel *Alarkos*, war, die Goethe zu seiner Publikumsbeschimpfung führte. Schlegel hatte schon 1798 im *Athenäum* die Vermischung der Formen und Gattungen gefordert, um mit Witz und Humor „die Poesie lebendig und gesellig“ und „die Gesellschaft poetisch zu machen“.

Damit ist ein avantgardistisches Ziel der Entgrenzung von Kunst und Leben formuliert, das unter ganz anderen Bedingungen und Vorzeichen auch am Anfang des 20. Jahrhunderts für die Moderne kennzeichnend wurde und gerade auf den Bühnen unter der Parole von Georg Fuchs „Rethéâtraliser le théâtre“[15] vielfältigen Ausdruck fand. Diese Retheatralisierung zielte darauf ab, die umfassende sinnliche Wirkung des Theaters durch die Auseinandersetzung mit Raum, Licht, Körper und Bewegung in den Mittelpunkt zu rücken. Diese Ausdrucksmöglichkeiten sollten nicht mehr nur das Instrument einer auf Repräsentation von Wirklichkeit zielenden Darstellung sein. Theater schuf nicht mehr eine Fiktion, sondern seine eigene Wirklichkeit in der Gemeinschaft von Akteuren und Zuschauern. Damit musste auch die Rolle der Zuschauer neu formuliert werden. Die verstörenden und mitunter provozierenden oder schockierenden Aktionen, beispielsweise der Surrealisten, können als Reanimationsversuche aufgefasst werden, welche die im Theater vor sich hindämmernden schweigenden Zeugen des 19. Jahrhunderts wachküssen sollten, um sie zu teilnehmenden Zuschauern der Moderne zu machen.[16]

Dieser Zeitsprung vom Anfang des 19. Jahrhunderts zu dessen Ende sei hier deshalb gestattet, weil die historische Avantgarde im Theater auch dem Lachen des Publikums einen neuen Stellenwert einräumte. So wurde die Narrenfigur wiederentdeckt, und Theatermacher wie Max Reinhardt begaben sich mit ihren Produktionen ins Zwielicht des Spektakulären, wo Zirkus, Varieté, Revue und Kabarett ihr Publikum fanden. Damit wäre auch die Brücke zum heutigen Theater geschlagen. Im zeitgenössischen Theater ist das Lachen des Publikums nicht auf die Aufführung von Komödien beschränkt. Die oben beschriebene Zwiespältigkeit des Lachens als Publikumsreaktion dürfte auch hier zum Tragen kommen. Zum einen kann das Lachenmachen zum inszenatorischen Allzweckmittel von Regisseuren werden, die dabei vor keinem Stoff bzw. Drama Halt machen, zum anderen droht der noch so avantgardistischen Performance die Gefahr, durch das Lachen ihrer Zuschauer auf den Boden der theatralen Tatsa-

---

[14] Schlegel, Friedrich. „Athenäums-Fragment 116“ (1798). *Studienausgabe*. Bd. 2. Hg. v. Ernst Behler u. Hans Eichner. Paderborn 1988, S. 114 f.

[15] Fuchs, Georg. *Die Revolution des Theaters*. München/Leipzig 1909, S. XII.

[16] Vgl. Fischer-Lichte, Erika. *Die Entdeckung des Zuschauers*. Tübingen 1997.

chen zurückgeholt zu werden. Wenn sich Lachgemeinschaften kurzfristig und spontan bilden, dann muss das Interesse vor allem jenen Momenten in Aufführungen gelten, in denen das Verhältnis zwischen Bühne und Publikum neu ausgehandelt wird. An diesen performativen Schnittstellen von Erwartung und Bestätigung bzw. Enttäuschung und Irritation soll im Folgenden nach den Lachgemeinschaften im zeitgenössischen Theater gesucht werden.

Die These ist, dass die Herausbildung einer Lachgemeinschaft im Theater nicht ausschließlich aus der Semantik komischer Handlungen oder der Sprache begründet werden kann, sondern immer in Relation zur spezifischen Medialität von Aufführungen steht. In dieser Gemeinschaft sind Bühne und Publikum stets aufeinander bezogen. Dieses Wechselspiel, das Müller im Sinn hatte, wird heute mit einem Begriff umschrieben, der die Gemeinschaft im Theater ganz nüchtern ohne die metaphysische Dimension der Romantik benennt und zu einer Leitvokabel zeitgenössischer Kunst geworden ist: Interaktivität. Lachen ist Interaktivität par excellence. Die Kenntnis dieses Lachens ist nicht literarisch vermittelt und beruht nicht auf Rezeptionszeugnissen, sondern basiert auf dem tatsächlichen Besuch von Aufführungen. Zum Teil ist es ein Mitlachen, über das nun Bericht gegeben werden soll:

„Wenn eine Frau dich pudelnackt von hinten an der Nudel packt, wenn dir also gutes widerfährt, das ist schon einen Asbach Uralt wert." Das ist ein Witz. Er wird in Christoph Marthalers Inszenierung *Stunde Null oder die Kunst des Servierens* am Deutschen Schauspielhaus in Hamburg[17] von einer Figur erzählt, die ‚der Seriöse' heißt. Er spricht damit eine Reihe von Führungskräften der Wirtschaftswunderzeit an, die sich in der Folge gegenseitig zotige Witze zum Besten geben. Auf den Witz des Seriösen reagieren sie allerdings kaum, gelacht wird wenig. Das ist nicht schwer zu verstehen, denn nicht nur die Figuren auf der Bühne dürften den Witz spontan für simpel, niveaulos oder einfach nicht komisch halten. Doch die Zuschauer im Deutschen Schauspielhaus in Hamburg sehen das scheinbar anders. Selten ist in der Aufführung die komische Reaktion des Publikums so spontan und heftig wie in diesem Moment. Dabei kann unterstellt werden, dass dieselben Personen, wenn man ihnen in der Pause im Foyer diesen Witz erzählen würde, eher die Nase rümpfen würden als ein Lächeln zu zeigen. Lachen die Zuschauer über den Witz? Oder lachen sie darüber, dass die Figur diesen für witzig hält? Verlachen sie den Seriösen? Oder lachen sie mit dem Schauspieler? Oder lachen sie über die gelassene Reaktion der anderen Figuren? Oder lachen sie über die anderen Zuschauer, die lachen? Oder lachen sie mit den anderen, weil man im Windschatten der Blödheit anderer Leute schnell noch etwas Vergnügen haben kann? Diese Fragen sind weder für das gesamte Publikum noch für den einzelnen Zuschauer entscheidbar. Denkbar ist

---

[17] Premiere am 20. Oktober 1995. Alle folgenden Zitate aus Aufführungen beziehen sich auf Videoaufzeichnungen der entsprechenden Inszenierungen und werden ohne Seitenzahl angegeben.

aber auch, dass gerade die Unentscheidbarkeit der Grund für das Lachen ist. In diesem Zusammenhang interessiert deshalb weniger die Frage nach dem komischen Grund, also warum gelacht wurde, als nach der Situation, in welcher das Lachen möglich wurde. Zeigten die Beispiele aus dem 19. Jahrhundert, dass Zuschauer lachen mussten, weil sie etwas komisch fanden und sich dieses zu verbieten hatten, stellt sich die Situation für Teile des Hamburger Publikums umgekehrt da. Hier lacht man, obwohl man es eigentlich nicht komisch findet. Dass dies keineswegs in jeder Aufführung dieser Inszenierung der Fall ist, unterstreicht die Tatsache, dass die Thematisierung des Lachens die spezifische Aufführungssituation nicht außer Acht lassen kann. Diese ist genauer als deren Medialität zu beschreiben.

Wenn von Medialität die Rede ist, geht es um die Bedingungen der Wahrnehmung und der Kommunikation, deren Basis im Theater die gleichzeitige Anwesenheit, das Gegenüber von Darstellern und Zuschauern ist. Dabei laufen Produktion und Rezeption gleichzeitig ab und bedingen einander. Der Hinweis auf diese Dimension des theatralen Geschehens war die Initialzündung für die Entstehung der Disziplin ‚Theaterwissenschaft' in den 1920er Jahren an der Berliner Universität durch Max Herrmann, der feststellte:

> [Der] Ur-sinn des Theaters [...] besteht darin, daß das Theater ein soziales Spiel war, – ein Spiel Aller für Alle. Ein Spiel, in dem Alle Teilnehmer sind, – Teilnehmer und Zuschauer. [...] Das Publikum ist als mitspielender Faktor beteiligt. Das Publikum ist sozusagen Schöpfer der Theaterkunst. [...] Es ist beim Theater immer eine soziale Gemeinde vorhanden.[18]

Die Medialität der Aufführung setzt also immer eine Gemeinschaft von Zuschauern und Akteuren voraus. Doch besagt dies noch nichts über deren Konstitution, und es führt auch nicht notwendig zum Lachen. Aber Theater, das aus seiner medialen und sozialen Formation ästhetisches Kapital zu schlagen versucht, gerät auffallend häufig in die Sphäre des im besten Sinne des Wortes Lächerlichen. Dies zeigt sich schon an einer Reihe von Stilmerkmalen, die von der frühromantischen Poetik neu bzw. wiederentdeckt wurden und auf die sich auch Schlegel und Müller bezogen: die Narrenfigur, Improvisationen und die unmittelbare Publikumsansprache oder Parabase. All diese Verfahren machen die Medialität von Aufführungen bewusst und zählen insofern zu den reflexiven Spielarten des Theaters.

Dieses Explizitmachen der Theatersituation wird inzwischen auch in medialen Kontexten verwendet, die sich gerade durch das Fehlen einer theatralen Gemeinschaft in unmittelbarer *face-to-face*-Relation auszeichnen: im Fernsehen. Hier ist in den letzten Jahren eine kuriose Lachgemeinschaft der Gegenwart zu

[18] Herrmann, Max. „Über die Aufgaben eines theaterwissenschaftlichen Institutes". Vortrag vom 27. Juni 1920. *Theaterwissenschaft im deutschsprachigen Raum*. Hg. v. Helmar Klier. Darmstadt 1981, S. 15-24, hier S. 19.

hören, die durch das so genannte Dosengelächter hergestellt wird. Dieses ursprünglich für amerikanische *sitcoms* entwickelte Verfahren kommt inzwischen auch in deutschen Produktionen zum Einsatz. Obwohl diese Sendungen, die in ulkiger Weise das Leben in Mittelstandswohnzimmern aufs Korn nehmen, teilweise vor tatsächlichem Studiopublikum aufgezeichnet werden, wird an dramaturgisch geeigneten Stellen vorproduziertes Tonbandgelächter eingespielt. Dieses stupide Verfahren hat in letzter Zeit eine Reihe von philosophischen Interpreten auf den Plan gerufen. Aus Sicht der Produzenten kann davon ausgegangen werden, dass Dosengelächter die komische Reaktion des Publikums kalkulierbar macht. Dem Lachen ist mit der Spontaneität aber auch die Subversivität genommen. Den Zuschauern wird nicht nur vorgemacht, wann es überhaupt etwas zu lachen gibt, sondern auch ein perfekter Ersatz für den Fall geschaffen, dass deren tatsächliches Lachen mal ausbleibt. Auf diese Ersatzfunktion zielt Slavoj Žižek ab, wenn er beschreibt, dass der Fernsehzuschauer nun gar nicht mehr selbst lachen müsse, da das Tonband ihn von der „Pflicht zu lachen befreit"[19] und dies stellvertretend für ihn übernimmt. Er vergleicht dies mit einem theatralen Verfahren, dessen Regeneration auch den Frühromantikern keine Ruhe ließ: der Chor in der antiken Tragödie. Damit greift Žižek einen Gedanken Jacques Lacans auf und stutzt ihn zeitgenössisch zurecht. Lacan hatte im Seminar VII die Funktion des Chores so beschrieben, dass er stellvertretend für die Zuschauer Furcht und Schrecken empfindet, diese sich also durch den Chor repräsentiert sehen.[20]

Nicht unähnlich sprach bereits August Wilhelm Schlegel vom Chor als dem „idealisirte[n] Zuschauer"[21]. Robert Pfaller hat dies jüngst aufgegriffen und für sein Theorem der Interpassivität fruchtbar gemacht, demnach sich Fernsehzuschauer nicht mehr selbst vergnügen müssen, sondern dieses Verhalten delegieren können.[22]

Im Lichte dessen, was bisher über die Bildung von Lachgemeinschaften im Theater gesagt wurde, kommt aber noch eine weitere Erklärung in Frage. Denkbar ist nämlich auch, dass durch das Dosengelächter eine Art Theatersituation nicht nur dargestellt, sondern auch explizit gemacht werden soll. Indem die Schauspieler durch Unterbrechungen und ihr mimisches und gestisches Verhalten auf das Gelächter reagieren, stiften sie jene Gemeinschaft, als deren Teil sich auch der einsame Fernsehzuschauer daheim fühlen soll. Doch ob er nun tatsächlich lacht oder nicht, seine Teilnahme bleibt in gewisser Weise Illusion.

---

[19] Žižek, Slavoj. *Liebe Dein Symptom wie Dich selbst! Jacques Lacans Psychoanalyse und die Medien*. Berlin 1991, S. 50.

[20] Vgl. Lacan, Jacques. *Die Ethik der Psychoanalyse. Das Seminar Buch VII*. Weinheim/Berlin 1996, S. 303.

[21] Schlegel, August Wilhelm. *Vorlesungen über dramatische Kunst und Literatur*. Bd. I. Hg. v. Giovanni V. Amoretti. Bonn/Leipzig 1923, S. 55.

[22] Pfaller, Robert. *Die Illusionen der anderen. Über das Lustprinzip in der Kultur*. Frankfurt a. M. 2002, S. 27.

Das ist im Theater anders. Hier ist die Gemeinschaft nicht Teil oder Ergebnis der Illusionsbildung, sondern deren Voraussetzung. Trotzdem kann die Idee der Repräsentation des Zuschauers auf der Bühne bzw. die Deixis der Theatersituation als zentrales ästhetisches Motiv auftauchen, nämlich bei jenen metatheatralen Verfahren des Dramas, die man als Theater im Theater bezeichnet.[23] Dabei geht es darum, dass die Theatersituation auf der Bühne gedoppelt wird, indem beispielsweise Schauspieler die Rollen von Zuschauern übernehmen. Hierbei lachen die Zuschauer im Publikum über das Verhalten der gespielten Zuschauer auf der Bühne. Dieses Lachen setzt mindestens einen Reflexionsschritt voraus. Derartige Spielarten, die schon von Autoren wie Ludwig Tieck oder Christian Dietrich Grabbe vielfältig ausgereizt wurden, verhandeln die Medialität des Theaters auf literarischer Ebene und bleiben damit hinter dem zurück, was Müller in seinem Universallustspiel skizzierte, dessen Radikalität eben darin bestand, auf die Verdopplung des Spiels im Spiel zu verzichten und tatsächliche und nicht repräsentierte Zuschauer einzubeziehen.

Für die Beschäftigung mit dem zeitgenössischen Theater ergeben sich nun folgende Fragen: Gibt es hier tatsächlich Verfahren, welche die Medialität der Aufführung nicht nur selbstverständlich als Bedingung für die Repräsentation von Dramen nutzen, sondern sich deiktisch darauf beziehen und damit arbeiten, ohne dabei auf literarische Vorlagen angewiesen zu sein? Und wenn das so ist, wie gehen Zuschauer mit diesen Situationen um? Finden sie zu der Spontaneität, die in eigene Kreativität umschlägt, oder ist dies letztlich ein frommer Wunsch, der theoretisch denkbar, doch in der Praxis ohne Relevanz ist. Und schließlich: Wie lässt sich diese Performativität zwischen Bühne und Publikum erfassen? Denn auf ein solches Zwischengeschehen, das nicht schriftlich fixiert ist, sondern sich ereignet wie das Lachen, kann man nicht zeigen wie auf den Körper eines Schauspielers, die Form eines Kostüms oder die Formulierung in einem dramatischen Text. Die wahrscheinlich größte Gemeinsamkeit zwischen Theater und Theaterwissenschaft dürfte gegenwärtig darin bestehen, dass für beide die Zuschauer letztlich unbekannte Wesen sind. Dabei schlägt sich das Erbe des schweigenden Zuschauers aus dem 19. Jahrhundert auch in der Methode nieder. Denn wenn Rezeption im europäischen Theater hauptsächlich als ein individueller Vorgang zwischen Zuschauer und Drama aufgefasst wird, stellt sich die Analyse dieses Prozesses in erster Linie als hermeneutische Prozedur dar. Die Ermittlung und der Austausch von Interpretationen verdrängt dabei das Verständnis der Aufführung als ein gemeinsames, körperlich-sinnliches Erfahren. Die Konstitution des Publikums einer Aufführung als einer Gemeinschaft auf Zeit ist für eine derart orientierte Analyse nahezu irrelevant geworden. Die wenigen affektiven Verhaltensweisen, wie der Applaus, die ohnehin stark konven-

[23] Eine umfangreiche Darstellung bietet Schöpflin, Karin. *Theater im Theater. Formen und Funktionen eines dramatischen Phänomens im Wandel.* Frankfurt a. M. 1993.

tionalisiert sind, spielen für die Interpretation bzw. die Ermittlung von Regie-Intentionen kaum noch eine Rolle. Über lange Jahre vermochte das Publikum die Wissenschaft (und auch die Theaterleitungen) allenfalls als soziologische, nicht aber als ästhetische Größe zu interessieren.

Die empirische Zuschauerforschung hat eine Reihe von Verfahren entwickelt, die es ermöglichen sollen, die Konstitution des Publikums zu erfassen. Aber auch hierbei wird stets von der Rezeption des einzelnen Zuschauers ausgegangen, wobei die Ergebnisse addiert werden, um Durchschnittswerte für das gesamte Publikum zu ermitteln.[24] Die von allen Zuschauern erhobenen Daten beziehen sich in erster Linie auf fixe Aspekte, die sich während einer Aufführung nicht ändern, wie beispielsweise das Einkommen oder der Bildungsgrad. Dem Lachen kommt so keine eigene Relevanz zu. Im Gegensatz zu dieser Anschauung des Publikums als einer festen Größe, mit der man rechnen muss, ist aber auch auf seine performative Dimension hinzuweisen. Damit ist gemeint, dass sich während einer Theateraufführung erst im Wechselspiel zwischen Bühne und Parkett aus den Zuschauern ein Publikum formiert, dessen Konstitution permanent in Frage gestellt, umgeformt und neugebildet werden kann. Trotz der Ergebnisse der empirischen Zuschauerforschung ist davon auszugehen, dass sich das Lachen im Theater kaum messen lässt und die eigene Wahrnehmung von Aufführungen weder durch Fragebögen noch durch Messgeräte ersetzt werden kann.

Bei der Untersuchung dieser Phänomene kommt gerade dem Lachen eine herausragende Funktion zu, denn Lachen ist in all seinen unterschiedlichen Schattierungen sowohl eine individuelle Reaktion als auch ein kollektives Erlebnis. Jean-Paul Sartre hat diesen Vorgang so beschrieben:

> [D]as Lachen dringt in jeden durch das Ohr ein, es ist bereits das Lachen des Anderen, und der, von dem es jetzt Besitz ergriffen hat, macht sich, indem er lacht, durch alle anderen zum Anderen, zum Überträger einer Heiterkeit, die man ihm von außen übertragen und die ihn dadurch sich selbst gegenüber äußerlich macht; also zu einem anderen als er selbst.[25]

Mit dem nächsten Beispiel wird die Suche nach dem lachenden Zuschauer fortgesetzt: In Frank Castorfs Inszenierung von Tennessee Williams *Endstation Sehnsucht*, die 2000 unter dem Titel *Endstation Amerika* an der Volksbühne in Berlin in Koproduktion mit den Salzburger Festspielen entstanden ist, kommt es zu einem Streit zwischen Stanley Kowalski (Henry Hübchen) und seiner Frau Stella (Kathrin Angerer). Diese bezeichnet die Wohnung des Paares als „piefig", ein Vorwurf den Stanley nicht gelten lassen will. Unterdessen möchte die gerade erst eingetroffene Schwester Stellas, Blanche du Bois (Silvia Rieger), die

---

[24] Schälzky, Heribert. *Empirisch-quantitative Methoden in der Theaterwissenschaft*. München 1980, S. 13 f.

[25] Sartre, Jean-Paul. „Der Idiot der Familie. Gustave Flaubert 1821-1857". *Gesammelte Werke II: Die Personalisation 1*. Übs. v. Traugott König. Hamburg 1977, S. 179.

Wohnung des Paares wieder verlassen. Als sie mit ihren Koffern zur Tür schleicht, halten Stanley und Stella sie kreischend zurück. Stanley drängt die Frauen, sich auf das Bett zu setzen, wo er ihnen von seiner polnischen Heimat berichten will. Hierzu schleudert er auch Blanches Koffer im weiten Bogen quer über die Bühne auf das Bett. Doch einer der Koffer verfehlt dieses Ziel. Er fällt auf der linken Bühnenseite aus dem kastenartigen Bühnenbild heraus und bleibt am Rand vor der ersten Reihe der Zuschauer, von der Bühne unerreichbar, liegen. Die Zuschauer reagieren darauf mit Lachen, während die Schauspieler auf der Bühne keine Reaktion zeigen. Vielleicht eine Panne? Vielleicht eine Unvorsichtigkeit? Vielleicht wird jemand kommen und den Koffer wieder aufheben? Vielleicht hat aber außer den Zuschauern noch gar keiner bemerkt, dass ein Requisit verloren ist. Das Geschehen auf der Bühne lässt den Vorfall schnell in den Hintergrund rücken. Doch in einer späteren Szene will Stanley die Koffer seiner Schwägerin nach Papieren durchsuchen. Während er sich an dem auf der Bühne verbliebenen Koffer zu schaffen macht, ist die Freude im Publikum erneut geweckt. Hat er den zweiten Koffer überhaupt schon vermisst? Wie wird er damit umgehen, dass er verschwunden ist? Wie reagiert der Schauspieler? Tatsächlich macht sich Hübchen nach einigen Sekunden auf die Suche. Er blickt sich fragend um, will von den anderen Figuren wissen, wo der Koffer ist und sagt schließlich: „Ist er etwa aus dem piefigen Bühnenbild geflogen?" So ist es, und unter dem Lachen und gegebenenfalls auch Szenenapplaus des Publikums bringt Hübchen den Koffer wieder auf die Bühne und ins Spiel.

Dieser Vorfall ist ein Beispiel für die kurzfristige Bildung einer Lachgemeinschaft, die sich an der Schnittstelle von Erwartung und Irritation einstellen kann. Der Koffer fällt im doppelten Sinne aus dem Rahmen: Zum einen, indem er tatsächlich die Rampe in Richtung Publikum überquert, und zum anderen, weil er im übertragenen Sinne den Rahmen der Erwartung des Publikums problematisch werden lässt bzw. erweitert. Hierin kann der Grund für das Lachen liegen. Der Koffer ist also nicht per se komisch, sondern nur insofern er die Rezeptionshaltung des Publikums fraglich macht und dabei offen lässt, ob es sich vielleicht um einen unästhetischen Zwischenfall handelt. Das ist jedoch nicht der Fall. Die Kofferszene ist ein Theatercoup, der sich so grundsätzlich in jeder Aufführung wiederholt. Es handelt sich also weder um eine Panne noch um eine spontane Improvisation, was es übrigens bei den Proben durchaus gewesen sein mag. Interessant ist er in diesem Zusammenhang also gerade, weil die Zuschauer zeitweise im Unklaren darüber sind, ob sie im Moment überlegen und unbeobachtet dem Schauspieler zuschauen, wie er Opfer einer Panne wird, über die sie lachen, oder ob dieser vielmehr selbst der überlegene Täter ist, der die Zuschauer in die Falle tappen lässt. Die Unentscheidbarkeit der Frage könnte eher zu einer Art Komplizenschaft führen, als hätten Zuschauer und Schauspieler gemeinsam der Fiktion ein Schnippchen geschlagen. Die Handlungen der Zuschauer beschränken sich dabei auf Lachen, Schmunzeln und Applaudieren. Die Perspektive der Zuschauer auf die Figuren wird damit durch eine Dimension ergänzt, die nicht auf den dramatischen Text bezogen werden kann, sondern aus der spezifischen Aufführungssituation hergeleitet ist. Damit erinnert der Vorfall an Müllers Universallustspiel. Die Bildung dieser Lachgemeinschaft setzt voraus, dass Zuschauer und Schauspieler gemeinsam ‚ein Auge zudrücken', um so die Regeln der Fiktion bzw. den dramatischen Text ‚aufs Korn zu nehmen'. Das folgende Beispiel soll zeigen, dass diese Komplizenschaft in einer Art und Weise radikalisiert werden kann, die zu einer eigenen Form der Interaktion zwischen Bühne und Publikum führt.

Wiederum die Volksbühne und wiederum Castorf: Diesmal die Inszenierung von Henrik Ibsens *Die Frau vom Meer*, die unter dem Titel *Meerfrau* 1993 herauskam. Gegen Ende der Aufführung kommt es in einer Szene zu einem Heiratsantrag. Der Lehrer Arnholm (Herbert Fritsch) bittet seine Schülerin Bolette (Kathrin Angerer) um ihre Hand. Bei der Formulierung der alles entscheidenden Frage gerät Arnholm ins Stottern, was die Szene über zwanzig Minuten dehnt. Die Geduld der Zuschauer in der inzwischen drei Stunden dauernden Aufführung wird so auf eine harte Probe gestellt. Diese scheinen jedoch recht bald zu verstehen, dass es hier nicht nur um die Aufgeregtheit und Überforderung der Figur des Lehrers geht, sondern dass der „Hänger" Methode hat. Was während dieser zwanzig Minuten mit den Zuschauern geschieht, ist durchaus eine Art Transformation. Diese setzt mit dem Lachen ein, das aber nach einigen Minuten verstummt und später wieder einsetzt, wenn sich die ersten Wortführer des Publikums zu Wort melden, die Stichworte auf die Bühne rufen. Als der Lehrer dann zum ersten Mal die Frage vollständig über die Lippen bekommt, zittert das Publikum mit dem aufgelösten Mann, wohl weniger aus Mitleid als mehr, weil es endlich nach Hause will. Und als die auserwählte Bolette wie aus der Pistole geschossen antwortet: „Nein", ist die Enttäuschung auch im Parkett riesengroß. Aber Arnholm gibt nicht auf und beginnt erneut, diesmal wenden sich einzelne Zuschauer auch direkt an die Braut in spe und fordern sie auf, ihn doch endlich zu nehmen. Einigen Zuschauern wird dieses Theater zu viel, und sie schleichen aus dem Saal. Doch Arnholm bemerkt diese Fluchtversuche und fragt von der Bühne in den Zuschauerraum, was los sei, schließlich ginge es doch hier um seinen Heiratsantrag und da sei es doch nicht schön, wenn die Leute einfach aufständen und den Saal verließen. Eine Frau entschuldigt sich an der Tür mit den Worten, sie würde gerne bleiben, müsse aber morgen arbeiten und könne jetzt einfach nicht mehr. Fritsch zeigt dafür Verständnis und lässt sie ziehen, während er sich in unveränderter Geschwindigkeit wieder Bolette zuwendet. Alle übrigen Figuren auf der Bühne sind inzwischen übrigens eingeschlafen.

In dieser Szene ist es zu einer Interaktion zwischen Bühne und Publikum gekommen, die nicht nur durch den Regieeinfall, sondern auch durch das Lachen der Zuschauer initiiert wurde. Die Zuschauer melden sich nicht zu Wort, um ihren Unmut kundzutun (auch dies übrigens eine Form der Gemeinschaftsbildung innerhalb von Zuschauergruppen, allerdings weniger einer Lach- als mehr eine Hassgemeinschaft), sondern um die Szene gemeinsam mit dem Schauspieler hinter sich zu bringen. Anders als in der Kofferszene sind diese Eingriffe nicht geplant. Die Zuschauer sind keine professionellen Schauspieler, die Zuschauer spielen, noch wiederholen sich diese Vorgänge in jeder Aufführung. Gleichwohl ist die Szene darauf angelegt, solche Situationen zu ermöglichen. Es handelt sich im wahrsten Sinne des Wortes um Zwischenfälle, die sich in der Grauzone von Bühne und Publikum ereignen und weder genau kalkuliert noch vollkommen improvisiert sind.

In beiden Fällen reagieren die Schauspieler als Figuren auf Vorgänge, die sie streng genommen als Figuren gar nicht hätten bemerken können. Hierbei handelt es sich um eine Verschränkung von Illusion und Inlusion. Illusion macht die Gegenüberstellung von diesseits und jenseits der Rampe notwendig, während Inlusion diese Trennung gleichzeitig durchlässig macht, denn dabei handelt es sich, so der Theatersoziologe Uri Rapp, um die „Metaebene des distanzierten Miterlebens, sowohl seiner selbst (des Schauspielers) als Miterlebendem als auch der miterfahrenen Handlung und ihrer Rolle als theatralische Scheinhandlung."[26] Diese Verkreuzung des Verhältnisses von Rolle und Schauspieler bzw. von Illusion und Inlusion gilt in gewisser Weise auch für die Zuschauer. Denn in beiden Fällen wird mit der mitunter vermeintlichen Überlegenheit der Zuschauer gespielt, indem diese in Vorgänge hineingezogen werden, die sie als Zuschauer unbeteiligt sein lassen sollten.

Die Herausbildung von Gemeinschaft in einer Aufführung ist wesentlich von dieser inlusionistischen Ebene abhängig. In der Ambiguität von Illusion und Inlusion entsteht bei der Aufsprengung fiktionaler Logik für die Zuschauer eine Art performatives Kraftfeld. Auf das Mittel, das diese sich widersprechenden Prinzipien zusammenhält, hat bereits Adam Müller hingewiesen: Ironie. Zuschauer sind im Theater immer mit einer potenziell ironischen Situation konfrontiert, insofern sie gleichzeitig auf verschiedenen Ebenen wahrnehmen und dabei sowohl auf die Darstellung als auch auf das Dargestellte Bezug nehmen. Angesichts eines Schauspielers auf der Bühne sind Zuschauer nie ausschließlich mit einer Figur konfrontiert, sondern sie sehen eben immer auch einen Schauspieler, der daran arbeitet, eine Figur herzustellen. Man hat sich also angesichts einer Aufführung jenes literaturwissenschaftlichen Knicks in der Optik zu enthalten, der besagt, um eine Figur zu erzeugen, müsse „sich der Schauspieler irrealisieren, wodurch die Wirklichkeit seines Körpers zum Analogon depotenziert"[27] würde. Genau dies ist bei den Bildungen von Lachgemeinschaften in

26 Rapp, Uri. *Zuschauen und Handeln. Untersuchungen über den theatersoziologischen Aspekt in der menschlichen Interaktion.* Darmstadt/Neuwied 1973, S. 76.

27 Iser, Wolfgang. „Akte des Fingierens oder Was ist das Fiktive im fiktionalen Text?" *Funktionen des Fiktiven.* Hg. v. Dieter Henrich u. Wolfgang Iser. München 1983, S. 145 f.

den hier beschriebenen Beispielen nicht der Fall. Die Funktion des Schauspielers als Repräsentant einer Rolle wird dabei nicht aufgelöst, vielmehr wird gerade die Spannung des paradoxen Verhältnisses von Schauspieler und Rolle offen gehalten und thematisiert. Dabei werden konventionalisierte Publikumshaltungen, die am Paradigma des schweigenden Zeugen ausgerichtet sind, auf die Probe gestellt.

Die Frage nach der Überlegenheit der Zuschauer weist hin auf ein wesentliches Moment der intratheatralen Kommunikation, das seit dem 19. Jahrhundert mit dem Begriff der dramatischen Ironie ausgedrückt wird. Dabei wird davon ausgegangen, dass die Zuschauer in ironischer Distanz auf das Bühnengeschehen und die Figuren blicken. Diese Distanz kommt nicht nur dadurch zustande, dass ihnen klar ist, es mit fiktionalen Vorgängen zu tun zu haben, sondern auch durch ihr Mehrwissen gegenüber den Figuren der Handlung.

Mit dem Konzept der dramatischen Ironie kann auch die Medialität von Aufführungen theoretisch näher beschrieben werden. Das Modell wurde weder an einer Komödie noch an einer komischen Figur entwickelt, sondern am Beispiel von Sophokles' *König Ödipus*, weshalb die dramatische Ironie auch als tragische Ironie bezeichnet wird.[28] Wie bei allen Ironien war Friedrich Schlegel der Erste, der den Begriff benutzte[29], doch die konkrete Ausformulierung einer Theorie ging 1833 von dem Engländer Connop Thirlwall aus. Um die Tragik der Figur des König Ödipus zu erfassen, ist es notwendig, die Unwissenheit des Helden von Anfang an zu durchschauen. Die Zuschauer werden nicht mit diesem zum Punkt der Wiedererkennung geführt, sondern können jede Handlung und jeden Satz der Figur ironisch gegenlesen. Diese Ironie muss nicht notwendig zum Lachen führen. Es wird vielmehr das Modell der verbalen Ironie auf das Drama übertragen. Von verbaler Ironie ist dann die Rede, wenn Gesagtes und Gemeintes einer Äußerung nicht identisch sind und diese Inkongruenz vom Sprecher angezeigt und vom Hörer realisiert wird. Zwar meint Ödipus stets das, was er sagt, trotzdem können die Zuschauer seine Mitteilungen mit einer anderen, u. U. gegenteiligen Bedeutung versehen. Dieses Modell kennzeichnet in Sophokles' Tragödie die gesamte Kommunikationsstruktur, denn wenn der Titelheld bekennt, den Mörder von König Laios finden zu wollen, weiß das Publikum, dass der Suchende selbst der Mörder ist. Diese Überlegenheit teilen die Zuschauer mit dem Dramatiker, weshalb die dramatische Ironie auch ein Kommunikationsmittel zwischen Autor und Publikum sein kann. Beide verständigen sich gewissermaßen über die Köpfe der Figuren hinweg, wobei diese Perspektive auf die Bühne mit dem allwissenden göttlichen Blick auf das Welttheater verglichen werden kann.

---

[28] Vgl. Behler, Ernst. *Klassische Ironie. Romantische Ironie. Tragische Ironie. Zum Ursprung dieser Begriffe*. Darmstadt 1972.

[29] „Im Lear tragische Ironie." Schlegel, Friedrich. *Literarische Notizen*. Hg. v. Hans Eichner. Frankfurt a. M./Berlin/Wien 1980, S. 132.

Bis ins 20. Jahrhundert hinein ist der Begriff der dramatischen oder tragischen Ironie vielfältig erweitert worden. Zunächst blieb er ausschließlich auf den dramatischen Text bezogen,[30] umfasste schließlich aber auch die ironische Perspektive auf die Theateraufführung selbst.[31] Der ironische Blick der Zuschauer richtet sich nicht mehr nur gegen die Figuren der Handlung, sondern auch gegen die Mittel des Theaters, diese Handlung zu repräsentieren, speziell die Arbeit der Schauspieler. Hierzu gehört, dass Zuschauer wissen, dass die Schauspieler vortäuschen, eine Figur zu sein. Diese Unterscheidung wurde in den erwähnten Beispielen aber gerade in Frage gestellt, denn hier war es nicht mehr selbstverständlich, dass die Zuschauer durchschauen, was gerade geschieht. Die überlegene Perspektive dramatischer Ironie wurde gewissermaßen auf der Bühne gespiegelt und somit zur Zündschnur einer theatralen Ironie. Denn das Mehrwissen der Zuschauer kann sich ja nur gegenüber der Rollenfigur behaupten, nicht jedoch gegenüber den darstellenden Schauspielern, die durch die Probenzeit von jedem Regieeinfall Kenntnis haben. Dadurch wird die Souveränität, mit der Zuschauer die Verschränkung von Illusion und Inlusion beherrschen, durchkreuzt. Das ironische Gefälle kehrt sich um, und das Publikum kann sich als Opfer der theatralen Ironie erkennen. Die Strategien der Selbstdisziplinierung des Zuschauers werden so ad absurdum geführt. Man lacht hier über die eigenen Erwartungen und Konzeptionalisierungsversuche und damit letztendlich über sich selbst. Dies kann als eine Form der Reflexivität angesehen werden, die ohne die literarische Verdopplung des Spiels im Spiel auskommt. Wer dabei lacht, muss damit rechnen, dass dieses Lachen auf ihn selbst zurückschlägt, etwa wenn die Schadenfreude über den Verlust eines Koffers in die Bewunderung für das souveräne Handeln eines Schauspielers umschlägt.

Bei den hier beschriebenen Beispielen handelt es sich um Einzelfälle. Dies ist, so viel dürfte deutlich geworden sein, kein Mangel des dargelegten Materials, sondern gehört in gewisser Weise zur Natur der Sache, wenn man davon ausgeht, dass Spontaneität und Kurzfristigkeit Merkmale der Entstehung von Lachgemeinschaften im Theater sind. Die Spielarten theatraler Ironie sind im Theater nicht nur am Werke, wenn es tatsächlich zu verbalen oder körperlichen Handlungen zwischen Bühne und Publikum kommt. Ironie ist insbesondere im Regietheater ein probates Mittel, um Distanzverhältnisse auch zum dramatischen Text herzustellen, über den sich Zuschauer und Schauspieler mokieren können.[32] Die Suche nach den Lachgemeinschaften im Theater führt damit zu

---

[30] Siehe Thompson, Alan R. *The dry mock. A Study of Irony in Drama*. ND der 1. Auflage von 1948. Philadelphia 1980. Ebenso: Sharpe, Robert B. *Irony in Drama. An Essay on Impersonation, Shock, and Catharsis*. ND der 1. Auflage. Chapel Hill 1959. Westport, Conn. 1975.

[31] Siehe Pentzell, Raymond J. „Actor, Maschera, and Role: An Approach to Irony in Performance". *Comparative Drama* 16 (1982) H. 3, S. 201-226. Ebenso: Rozik, Eli. „Theatrical Irony". *Theatre-Research-International* 11 (1986) H. 2, S. 132-151.

[32] Hierzu Roselt, Jens. *Die Ironie des Theaters*. Wien 1999.

der Frage danach, in welcher Weise eine Aufführung mit ihren Zuschauern rechnet.

Das letzte Beispiel ist die Inszenierung von Friedrich Schillers *Wilhelm Tell* durch Franz Xaver Kroetz am Schauspielhaus Düsseldorf 1997. Diese Inszenierung ist nicht durch vermeintliche Pannen, sondern durch penetrante Absichtlichkeit gekennzeichnet. Kroetz inszeniert Schiller als volkstümliches Bauerntheater. Wie er dies tut, soll am Beispiel des Schauspielstils erklärt werden: Die Darstellung der Figuren ist holzschnittartig und eindeutig. Die semiotischen Mittel sind invariant, das heißt, stereotype Bewegungen untermalen als eindeutige Verweise den gesprochenen Text. Dies wird besonders deutlich bei Richtungs- und Ortsangaben wie „hier" und „dort", die durch klare Gesten sinnfälligen Ausdruck finden. Jede Figur hat ein begrenztes Repertoire an Ausdrucksformen, das sich klar auf ihren jeweiligen Zustand beziehen lässt. Die kinesischen Zeichen bleiben stets auf die linguistischen bezogen. Diese Invarianz gilt auch für das Verhältnis zwischen den Figuren. Von tatsächlicher Interaktion kann kaum die Rede sein. Die Figuren beziehen sich kaum aufeinander. Meistens wenden sie sich direkt an die Zuschauer, in deren Richtung ihre Körper frontal ausgerichtet sind. Die beschriebene Darstellungsweise lässt sich auf die Konventionen des volkstümlichen Bauerntheaters, mithin des Laienspiels, beziehen. Hier liegt der besondere Reiz, für Akteure und Zuschauer, weniger in der psychologisch überzeugenden und ästhetisch ausgewogenen Darstellung von Charakteren als in der Lust am Akt der Schaustellung von Typen selbst. Schauspieler und Rolle lösen sich nicht vollständig in der Figur auf, vielmehr bleibt der Schauspieler stets als dem Zuschauer bekanntes Individuum präsent. Die Freude am naiven Spiel, das mit einfachsten Mitteln eine Welt vorstellen will, gründet auf einer gemeinschaftlichen Verbindung von Spielern und Publikum, die durch den intensiven Kontakt zwischen Bühne und Zuschauerraum verbürgt wird.

Doch das Düsseldorfer Schauspielhaus ist keine Wirtshausbühne und Schillers *Tell* kein Schwank. Trotzdem amüsieren sich die Zuschauer prächtig, und anstatt die Schauspieler zu disqualifizieren und ihnen vorzuwerfen, dass sie ausgesprochen schlecht spielen, neigen sie eher dazu, den Dilettantismus als ästhetisches Mittel zu qualifizieren. Die Not, die Schauspieler in Goethes Theater zur absichtlichen komischen Distanzierung bewegte und Zuschauer demonstrativ lachen ließ, wird in dieser Klassikerinszenierung zu einer Tugend. Solche Art schauspielerischen Understatements ist ebenfalls eine Spielart theatraler Ironie. Dass Zuschauer und Schauspieler eine gemeinsame Ebene finden, diese zu produzieren bzw. zu rezipieren, verbürgt eine subtilere Form von Gemeinsamkeit als die durch den derben Spaß gestiftete. Diese Lachgemeinschaft bleibt fragil, die Konstitution einer gemeinsamen Metaebene kann nicht auf Dauer gestellt oder als selbstverständlich vorausgesetzt werden. Zudem bleibt der stete Verdacht, dass die lachenden Sitznachbarn sich vielleicht ‚nur' einfach amüsieren, ohne die Reflexion auf den Dilettantismus überhaupt nachvollziehen oder würdigen zu können. Auf jeden Fall werden in dieser Lachgemeinschaft Verhaltensweisen möglich, die sich Zuschauer wahrscheinlich ebenso wenig zugetraut hätten, wie Schauspieler sie erwarten konnten. So zum Beispiel in jenem Moment der Aufführung, da ein Schauspieler mit einer Tüte Kartoffelchips auftritt. Diese wird weder besonders angespielt oder erwähnt, noch bekommt sie im Verlauf der weiteren Aufführung irgendeine Relevanz, außer die des schallenden Gelächters der Zuschauer angesichts einer Tüte Chips. Die für solche Momente epidemische Frage ,Was hat denn das mit Schiller zu tun', erscheint für einen kurzen Moment völlig irrelevant.

In Müllers Vision des Universallustspiels war die Gemeinschaft auf das Verhältnis zwischen Zuschauern und Schauspielern bezogen, welches durch Ironie gewährleistet wurde. Es ging hier darum zu zeigen, dass man es im Theater mit einer potentiell ironischen Vorstrukturierung zu tun hat, welche u. a. durch den Begriff der dramatischen Ironie ausgedrückt wird. Das zeitgenössische Theater hat Formen entwickelt, dies zu nutzen, um der dramatischen Ironie der Zuschauer eine theatrale Ironie entgegenzuhalten.

Gemein ist diesen ironischen Spielarten des Theaters, dass sie die Medialität von Aufführungen zum Gegenstand machen, indem sie deren kommunikative Bedingungen an die Oberfläche treiben und deshalb fälschlicherweise auch häufig als oberflächlich gelten.

Im Theater von Lachgemeinschaften zu sprechen, heißt Bühne und Publikum, Schauspieler und Zuschauer aufeinander zu beziehen, als Komplizen, die im Wechselspiel und der wechselseitigen Antizipation von dramatischer und theatraler Ironie eine Aufführung schaffen. Dass es mit dieser Ironie im Theater im wahrsten Sinne des Wortes brenzlig werden kann, zeigt eine andere Theaterpanne aus dem 19. Jahrhundert, die Søren Kierkegaard kolportiert.[33] Als 1836 in einem Petersburger Theater hinter den Kulissen ein Feuer ausbricht, stürmt ein Schauspieler auf die Bühne, um die Zuschauer zu warnen und zum Verlassen des Hauses aufzufordern. Unglücklicherweise handelt es sich um die komische Figur der Truppe und die Alarmierung wird von den Zuschauern mit schallendem Gelächter quittiert. Kostbare Minuten vergehen und Hunderte von Zuschauern werden Opfer der Flammen.

---

[33] Kierkegaard, Søren. *Entweder – Oder*. München 1998, S. 40 f. Zur Historizität des Vorfalls siehe Japp, Uwe. *Theorie der Ironie*. Frankfurt a. M. 1991, S. 242.

IV. Institutionalized Laughter / Institutionalisierte Lachgemeinschaften

HERMAN PLEIJ

Institutionalized Laughter

in Dutch Literature and Society during the Late Middle Ages and the Early Modern Period

It is difficult to assume, that in the Middle Ages people's way of laughing was different from ours. Isn't it true that a lot of ,ordinary' human actions are of all times? The will to live, merriness, to whistle while going to work, enjoying the sun, a good swim in the sea, a day to the beach: surely, it can be taken for granted that in all times people engaged in such behaviour, without giving it another thought. Only the forms will have differed, we assume. But these do represent an immutable deep structure, which is not influenced by any historical change whatsoever. Slowly but surely it is becoming clear that we can no longer think in such a-historic terms. There are no constants in intellectual history, not even in deep structures. Michail Bakhtin taught that laughter, humour, sex, shit were ingredients of another world, which was temporarily turned upside down and in which all kinds of arrangements were made for the ,normal' life after it.[1]

This view was and still is of great use. First of all, it became clear that the Middle Ages did not know, and would have trouble understanding, our value-free laughter arising from non-committal relaxation. In one way or another laughter was always made functional, always belonged to the domain of tasks and necessity. Laughter outside this domain was recognised, but only as an expression of animal behaviour, wildness, crudeness and above all lack of self-control. This is how farmers laugh, who in the late Middle Ages (and still in the Early Modern Period) were often caricatured as exponents of the highest forms of undesirable crudeness, as a kind of negative self-images for the – at least in their own eyes – civilised elites. It is telling that without any qualms we cast all

[1] Bakhtin, Michail. *Rabelais and his world*. Trad. Helene Iswolsky. Indiana, 1984; Bremmer, Jan and Herman Roodenburg (eds.). *A cultural history of humour*. Cambridge 1997, reflects in general discussions, theories and interdisciplinarity; for some other Dutch contributions to the study of laughter see: Verberckmoes, Johan. *Schertsen, schimpen en schateren. Geschiedenis van het lachen in de Zuidelijke Nederlanden, zestiende en zeventiende eeuw*. Nijmegen 1998; Dekker, Rudolf. *Lachen in de Gouden Eeuw. Een geschiedenis van de Nederlandse humor*. Amsterdam 1997.

historical categories to the wind and regard the representations of such farmers in songs and paintings as specimens of this typical and unmistakable medieval realism, as vivid portraits of real life in the past, full of merrily laughing farmers![2]

The other laughter was that of civilised mortals, which could, and had to be, used for all kinds of purposes. In this connection we are immediately struck by the wide range of reasons for laughter, or, rather, objects of ridicule. Amusement is provided by stupid people who seriously damage or even mutilate themselves. The traditional banana skin scene is by no means funny enough in the Middle Ages, the minimum requirement is the loss of limbs, genitals, the nose or eyesight. Furthermore, we find it very difficult (but isn't that the beginning of all academic endeavour?) to identify with what must have been the culmination of many medieval farces, namely to see a young wife beat up her aged husband because he has not managed to satisfy her desires. What fun, when after his arms and legs have been broken the old man tells the audience that this is the end of the play![3]

Other forms of humour are milder in our eyes, but these we do not find funny, such as the smart answers and clever retorts with which an underdog manages to save himself from an awkward situation. At any rate, all these texts, often created and enjoyed in the form of a public performance, were intended as the perfect medicine against melancholy. This „epidemic of the late Middle Ages“ (its career as the main characteristic and attribute of poets does not start until later) was generally feared as the devil's most important weapon. The most common remedy was merriness, which was considered capable of neutralising the bile in the blood. And it is for this reason that humour is provided as a medication in the form of literature, as a kind of pill to cure a real illness which would otherwise certainly be fatal.[4]

Moreover, humour is a favorite lubricant for the messages of the church. Especially when from the thirteenth century onwards the church uses the mendi-

---

2 Verberckmoes (n. 1), p. 40-49, 84; Pleij, Herman. *Der Traum vom Schlaraffenland. Mittelalterliche Phantasien vom vollkommenen Leben.* Übs. v. R. Kersten. Frankfurt a. M. 2000, p. 396-400; id. „Bedeutung und Funktion des literarischen Narren im späten Mittelalter“. *Schnittpunkte. Deutsch-Niederländische Literaturbeziehungen im späten Mittelalter.* Hg. v. Annette Lehmann-Benz u. a. Münster 2003, p. 301-318, esp. p. 316-317.

3 Herrick, Marvin T. *Comic theory in the sixteenth century.* Urbana 1964, p. 37-38, 41-42; Rocher, Gregory de. *Rabelais' laughter and Joubert's ‚Traité du Ris'.* Alabama 1979, p. 21; Camille, Michael. *Image on the Edge; the Margins of Medieval Art.* London 1992, p. 138; Pleij, Herman. „Arbeitsteilung in der Ehe. Literatur und soziale Wirklichkeit im Spätmittelalter“. *Eheglück und Liebesjoch. Bilder von Liebe, Ehe und Familie in der Literatur des 15. und 16. Jahrhunderts.* Hg. v. Maria E. Müller. Weinheim 1988, p. 105-123, esp. p. 107-109; id. „Spectaculair kluchtwerk. De strijd om de broek als theater“. *Spel en spektakel. Middeleeuws toneel in de Lage Landen.* Ed. by H. van Dijk a. o. Amsterdam 2001, p. 263-281, 377-382, esp. p. 271-272.

4 Schmitz, Heinz Günther. *Physiologie des Scherzes: Bedeutung und Rechtfertigung der Ars Iocandi im 16. Jahrhundert.* Hildesheim 1972; in general: Verberckmoes (n. 1), p. 91.

cant orders to reach the lower classes with God's word in simple terms, it is felt that this can only be done with lots of humour and other kinds of entertainment. That is why mendicants are turned into professional clowns who perform plays, act as magicians, sing and dance. And that is why Nativity and passion plays in the vernacular are full of all kinds of jokes and pranks, inconceivable to us: from an intoxicated Joseph chasing the midwives when Jesus is born, to the devil buying salt in Biervliet (a small town in Flanders) in order to preserve fresh souls who are on the waiting list for Hell: what Jan Beukelszoon had done there for preserving herrings could also be done for human beings.[5]

But above all, humour provides the principal weapons at carnival, when the world is temporarily turned upside down. Not only were existing fears ridiculed and exterminated with coarse jokes – the well-known ‚valve function' –, but above all the temporary kingdom which was established in the city offered an opportunity to experiment with new values and a new order. Those who do not satisfy the demands of the established bourgeois order with its strict code of hard work, saving up your money and especially being-able-to-take-care-of-yourself are merrily declared fools, and invited to transpose their perfectly useless and idle existence by boozing and squandering to the realm of jest and foolishness. But when the festivities are over, a ship takes the carnival fools out of the city to *Narragonia* or simply to Hell, so that it becomes clear that their behaviour has no place in the new order of bourgeois life. Thus, foolishness turned out to be the perfect instrument to ridicule the non-productive (also including the sick, the aged and the maimed) and to stigmatize them as good-for-nothings, whose right to exist was not recognized by the new order.[6]

In most cases humour and laughter were a group experience. They confirmed unity, brought members closer together and forged a more cohesive identity by ridiculing and denigrating outsiders. The need for such an instrument was apparent from the abundance of fools, who found permanent employment at a considerable number of institutions in and outside the city. Moreover, everybody attending the festivals and rituals dedicated to this pursuit indulged in temporary lunacy as a group. The permanent institutions of the rhetoricians' chambers did their best to inspire laughter as well, especially to achieve the central objective of exorcising melancholy. In fact, humour as oral wit is the core of the artistic eloquence to which performers aspire in their recitals and on stage. Rhetoricians, on the threshold of the New Era, were deadly serious about humour and laughter.[7]

---

[5] Pleij, *Traum* (n. 2), p. 396-400; id., „Arbeitsteilung" (n. 3), p. 113-114; id. „Duivels in de Middelnederlandse literatuur". *Duivelsbeelden. Een cultuurhistorische speurtocht door de Lage Landen*. Ed. by Gerard Rooijakkers a. o. Baarn 1994, p. 89-106, esp. p. 94-95.

[6] Pleij, *Traum* (n. 2), p. 413-415; id. „Bedeutung und Funktion" (n. 2), p. 307-308.

[7] Pleij, „Bedeutung und Funktion" (n. 2), p. 305 and passim.

Thus, even laughter has a history. At any rate, interest has been growing in this practice of instigating upheaval in human modes of interaction. The focus is shifting increasingly toward variables in perceptions of humour, along with the awareness that humour is of great strategic use and is definitely not to be dismissed as an equally constant and irrational habit of human nature. This implies that humour operates as an instrument of comfort and deprecation, attack and inference, education and punishment. It has even become useful in modern business, as courses such as „Managing with humour“ draw high enrolments in the government sector and corporate industry.

Considering the growing awareness of how changeable and pliable humour has been over the centuries, as well as the certainty that the impulse to laugh is hard to control, a rising number of disciplines is exploring this apparently dramatic phenomenon in human interaction. Nonetheless, we always have immense difficulty understanding – I would almost say accepting the fact – that laughter and humour were definitely highly functionalized during the pre-industrial era and pertained to the chief mental attributes of a wide variety of groups.

In addition to the periodic fools' guilds, carnival societies and charivari bands of youths, there were more established institutes, such as the municipal militias and chambers of rhetoricians. Nor were the members of the clergy idle bystanders. As avid participants in the city's collective spectacle of folly, they applied humour extensively in instructing each other, their fellow citizens and especially youths and schoolchildren.

Humour and laughter were valves, lubricants, arms and medication in daily city life, in all circles and both in public and in domestic settings. Institutionalization, group formation and especially group identity figured prominently here. Only the insane laughed alone. All overtures toward participation or rivalry therefore came from those groups. In both cases, coached laughter forged solidarities indispensable for real life.

The messengers were the fools. They personified the humour desired by the group and were commissioned to perform at the urban courts (even in the cities), at the homes of affluent patricians and humanists, for the city and at militias and rhetoricians' chambers. They tumbled along in public at many occasions where their performance was requested and appeared on the stages of the rhetoricians as well. Bridging the gap between spectators and performers, they brought each side to the attention of the other one by intriguing, mediating, relativizing and ridiculing back and forth, thereby obliterating the barriers between theatrics and reality and casting wholesome doubt on the need for the prevailing misery.

At times the semblance of universal participation gave rise to constant shifts in focus. The fools would continuously cast and recast the roles. In 1498 at the grandiose shooting tournament in Ghent, they pranced after children on hobbyhorses, performed acrobatics and told risqué jokes from platforms or among the crowds. They animated public events everywhere, highlighting the spontaneity of stand-up comedians who keep the members of the audience on their toes by baiting them. In this respect playing the fool was part of the nimble-minded performance that befit true rhetoricians. What other implications could the behaviour of the fool from Nijvel in Brabant have had at that same militia festival in Ghent? Known for his great gift at spontaneous jesting, even his gait was distorted: he walked backwards, pretending he was the only one walking normally.[8]

The comic ‚*sinnekens*' on the rhetoricians' stage frequently played this role as well. These diabolical creatures personified sins and vices. They critiqued the performance of the protagonists on behalf of the audience, in part by absorbing the emotions of the public while turning the performers against each other and instigating them to engage in malicious acts. Such performances of the rhetoricians generally abounded with ingenious productions to encourage audience participation. The strategies ranged from frequently having actors mount the stage from the audience to complete prologue performances among the crowds that had gathered.[9]

Occasional repertoires that remain from town festivals offer the same impression. Even the script to a play like *Den eedt van Meester Oom* (The Oath of Master Uncle), performed at a Brussels festival of fools in 1551, contained instructions indicating where to involve the audience. In the play, the sovereign of derision for the empire of fools was inaugurated. All onlookers instantly became his citizens and received constant instructions as to appropriate behaviour, which included taking the oath by inserting their fingers in their backside and kissing them.[10]

The situation intended was described very specifically in the dramatic monologue *Tafelspel van een personage genaemt S. Lasant* (Farce of a character named the Holy Let-It-Go), published in 1597. In this typical dinner party play by rhetoricians, the female mock saint receives a visit from an elderly pilgrim primarily interested in sexual pleasures. His humble professions of esteem for her throne have the ambiguous connotation of a request for manual gratification: „Extend your hand to absolve me. Let the Lady pull and the Lord glide; that is all I desire. [...] Fold your hands around mine to raise me. Or must I confess [i.e. come] before I start? Now take my rod [...]" In the process, he directs various questions to the audience, which is expected to provide (improvised?) responses. At five places in the margin, we find the words „response here". Surely, audiences of burlesques in the sixteenth century took part whenever they were granted or believed they were granted the opportunity. Moreover, actors

8 Moulin-Coppens, Josée. *De geschiedenis van het oude Sint-Jorisgilde te Gent vanaf de vroegste tijden tot 1887.* Gent 1982, p. 124, 136.

9 Hummelen, W. M. H. *De sinnekens in het rederijkersdrama.* Groningen 1958.

10 Pleij, „Bedeutung und Funktion" (n. 2), p. 305-306.

might coax or even coerce such participation, whether or not this is indicated in the texts preserved. A strong tradition from popular culture rendered the distinction between performers and their audience less rigid than it is presently the case.[11]

But the poetry of the late medieval rhetorical societies cannot in any way be regarded as popular art. It is more appropriately viewed as a vernacular expression of humanist culture, one exercised by leading members of urban society. Not unlike the religious fraternities or urban militia companies, these rhetorical societies were founded from about 1400 onwards by well-to-do citizens. In large cities such as Brussels, membership in these societies was highly restricted, at least until the middle of the sixteenth century. Not only were the financial obligations heavy, but one had to have some education in rhetoric. The most highly regarded writing was the work of semi-professionals, one of whom was usually appointed artistic head (*factor*) of the society (*kamer*). Within the city the societies functioned as schools for the education of the rising patriciate, while outside the city they represented it before the sovereign and at other urban centers. As a consequence, their texts are obscure both in form – being filled with complex structures and neologisms – and in content – they consist of difficult allegories which presuppose a broad cultural background. The intentionally elitist character of this type of vernacular literature, which constitutes a new departure, represents an attempt by the bourgeoisie to distinguish itself both from the peasant culture of the countryside and from the other strata of urban society.[12]

The main appeal of the rhetoricians' performances concerned the demonstration of spontaneous quick wit, rapid retorts and motley eloquence. The prominence of the fool attested to this emphasis. It also reveals the extent to which the institute of rhetoricians was regarded as a vernacular version of humanism, considering the widespread appreciation for pithy wit among humanists. ‚Speaking like a rhetorician' comes across as a cloaked turn of phrase. The Bruges rhetorician Eduard de Dene described ‚rhetorical artists' as people who were ‚quick and eloquent.' There, too, public performances were obviously required.

The Ghent rhetorician Jan Onghena even subsisted from his performances. He was known as a fine singer, was an expert in facial contortions, told funny jokes and recited hilarious refrains. He also performed as a fool with the militia guilds when they were invited to tournaments and appeared at all festivals and other events. He was not, however, a common profligate variety artist. Onghena was one of the leaders of the Calvinist uprising in Ghent and was eventually executed for this role. Even at sentencing, he was said to have exhibited his

---

[11] *Drie Eenlingen*, Delft, B. H. Schinckel, 1597, fol. B3 recto – [B6] recto, copy: The Hague, Royal Library.

[12] Coigneau, Dirk. „Rederijkersliteratuur". *Historische letterkunde. Facetten van vakbeoefening.* Ed. by M. Spies. Groningen 1984, p. 35-57.

quick wit. Upon hearing the death sentence pronounced, he replied that he was not sick but feared he would lose his life to this disease nonetheless.

Willem Poelgier also became known for his wit under comparable circumstances, since that was where such sense could indeed prove the most essential attribute for a true rhetorician. Threatened by the court with decapitation, he asked indignantly how he should wear his hat in the future. Another local rhetorician, Liefkin van der Venne, achieved great acclaim for his proverbs and anecdotes and especially for his frequent rhymed recitals of a dream before audiences in taverns. This text, invented by Onghena, was a paragon of satire and derision over the heads of the clergy and led to the author's imprisonment.

Rhetoricians entertained public crowds and shocked them with their spectacular recitals. In this respect they were contemporary cabaret performers. Rhetoricians lacking such qualities were noteworthy exceptions and received mention of their compensating qualities. One such exception in Ghent was Gheeraert van Bijlande. Originally Dutch, „he was not very eloquent, despite being a rhetorician". The mention of his origins almost appears to explain his shortcoming. The Dutch had a proverbial reputation for being curt and surly. Van Bijlande was fortunate to be skilled in other areas. A basket maker, florist and tree grower by trade, he used his materials to produce lovely works of art, which even included a complete warship.[13]

This incisive wit, presented as humour, was the practical manifestation of the *ingenium*, which humanists considered indispensable for perfect rhetoricians and masters in the art of living. Spontaneous and continuous witticisms belong to civilized manners, as is pointed out by the German humanist Otmar Nachtigall in the preface of his collection of appropriate jokes and anecdotes from 1524: „If someone desires to be honoured among groups of people and in contacts with others, then it is necessary that he is schooled in the virtue known among the Greeks as *eutrapelia*. We might speak of consideration, social ability, generosity or wit." The urgence to ongoing humorous interventions in civilized circles could lead to such an extent of compulsive witticisms that Erasmus' *Stultitia* mocks these habits in the *Praise of Folly*: „The wise man takes refuge with old books and learns by heart only witticisms from them."[14]

---

13 Hüsken, W. N. M. a. o. (eds.). *Trou Moet Blijcken: bronnenuitgave*. 6 vols. Vol. VI. Assen 1992 1998. fol. 99 recto, r. 74; E. de Dene. „Testament rhetoricael". Ed. by W. Waterschoot a. o. *Jaarboek De Fonteine* 28 (1976-1977) vol. II, p. 194; Waterschoot, W. „Rederijkers bij Marcus van Vaernewijck". *Qui valet ingenio: liber amicorum J. Decavele*. Ed. by J. de Zutter a. o. Gent 1996, p. 519-528; Vivere, J. van den. *Chronijcke van Ghendt*. Ed. by F. de Potter. Gent 1885, p. 57-58.

14 Schouten, Dick. *De jacht op inspiratie: de ingenium-filosofie van onorthodoxe humanisten en twee zestiende-eeuwse cluchtboecken*. Amsterdam 1988; Nachtigall, Otmar. *Ioci ac sales mire festivi*. Augsburg 1524, fol. A4 verso, copy: London, British Library; Desiderius Erasmus. *Lof der zotheid*. Transl. by P. Bange. Nijmegen 2000, p. 57.

Fools were a special branch of these experts in civilization. They used their feigned simple-mindedness or genuine stupidity to reveal truths to which ordinary individuals and especially scholars and world powers were oblivious. After all, book learning and self-interest had corrupted them. In the *Clucht Boeck* (1554), an anthology of anecdotes based on Pauli's *Schimpff und Ernst* and Bebel's *Facetiae*, a fool observes men marching off to war. He inquires about their intentions. Burn houses, they answer, as well as villages, vineyards and cornfields, and beat people to death too. To what end, asks the fool. To make peace, the men tell him. The fool responds that if they were to make peace straight away, they could refrain from all those atrocities.[15]

This lesson is delivered as an apt denouement. Though far from hilarious, it is sure to surprise, jolt the audience and demonstrate that the world should really be entirely different. Was it sheer coincidence that such anecdotes began to be endlessly printed and reprinted throughout Western Europe when the static world view of the Middle Ages started to disintegrate and made way for a varied process of state formation, including Utopias?

Even true fools were capable of exposing the greatest scholars. The humanist book of witty anecdotes mentioned above from 1554 also reveals how laws were made in the emerging city of Rome. The laws obviously had to be imported from Athens, since that was where they were invented. First, however, a delegation of Greeks came to assess whether the Romans were worthy of their laws. Upon receiving word of this, the Romans dressed a fool in a red mantle and placed a red hat on his head. They instructed him not to say a word but to gesture instead. The Athenians were immediately impressed with his learned appearance. One of the sages held up a finger to indicate that there was but one God. The fool, fearing that the sage wanted to poke his eye out, raised two fingers to let him know he would pierce both his eyes. Since his thumb came along, the Greek thought the Roman fool was referring to the Trinity. Afterwards, the sage held up a flat hand to show that God knew and saw everything. Afraid he was about to be struck, the fool balled his fist, which the Greek interpreted as meaning that God was omnipotent. The delegation members were deeply impressed with the ability of the Romans to express themselves so concisely and were happy to share their laws.[16]

More generally, this quick wit became the instrument of choice for loners seeking to obtain control without power handed down to them or authority acquired through other means. The bourgeoisie in the trend-setting cities started to adulate a new type of literary hero with whom the ambitious citizens were only too happy to identify. This protagonist is completely alone and wins the day exclusively thanks to his own witty cleverness, irrespective of whether his world

---

[15] Pleij, Herman a. o. (eds.). *Een nyeuwe clucht boeck*. Muiderberg 1983, nr. 15, p. 62.

[16] Pleij (n. 15), nr. 11, p. 59-61.

is governed by kings, philosophers, theologists or knights in armour. Dozens of texts present such shrewd go-it-aloners who are mostly of simple appearance, behaviour and origin or even have physical defects: Esopus, Marcolphus, Jan Splinter, Heynken de Luyere, Aernout, Everaert, François Villon, Tijl Ulenspieghel (Howleglass), the Parson of Kalenberg. Their appearance is in fact characterized by the same abilities as those of the humanists. As a consequence they speak likewise and frequently in aphorisms, sayings, proverbs and *loci communes*, experienced by the listener(s) as highly prompt and humorous. Time and again occurs in this connection the Dutch term *cluchtich*, meaning ,witty', and also *constich* and *wijs* as the translation of *ingenium*.[17]

Heroes from past ages or other environments also seem to be reassessed in this new light: one can cite Vergilius, who is represented as a sort of witty magician, and Reynard the Fox who in this new perspective is given a fresh lease of life in the town. No longer the fox is seen as a despicable animal. His humorous cunning in the face of the stupid authorities and their brazen egotism was surely irresistible, certainly for the urban classes rising in society, who with their wealth and marital arrangements were striving to establish a new kind of power. It is also scarcely conceivable that a medieval text would become popular if it depended from start to finish on a negative hero with which no one would ever wish to identify himself.

This new zest in society appeared unmistakably at this time in the new aristocracy of a Flemish city like Ghent. This then consisted of a *nouveau riche* nobility amongst ambitious merchants. In this fluid situation there was no place for the old values increasingly cultivated in a vacuum by the mouldering courtly society, bolstered by a nostalgic chivalric literature that only offered emulation of a life that died with Charlemagne and King Arthur.

In contrast to this, a more pragmatic approach to life was emerging, with eyes rather on the street and everyday reality. This was nurtured on the one hand by new ways of life in the towns, based on categories of labour, capital assets and investments, and on the other hand, since the twelfth century, by a growing individualism where the emphasis lay on personal responsibility instead of unquestioned loyalty and obedience to the overlord. This zest, stimulated by the towns, could spread within and outside their walls through all the strata of society, whether it be the nobility, or the clerical hierarchy, the international merchants or the guild master-craftsmen. Together they formed a new power, based on personal skill and business acumen, and there was soon open competition with the traditional authority of the sovereign powers.

It is striking, then, that it was in the thirteenth century that popularity shifted to texts that showed how an individual with practical ingenuity could take on the

---

[17] Mezger, Werner. *Narrenidee und Fastnachtsbrauch*. Konstanz 1991, p. 75-101; Pleij, Herman. „Poorters en burgers in laatmiddeleeuwse literaire bronnen". *Burger*. Ed. by J. Kloek a. o. Amsterdam 2002, p. 55-78, esp. p. 72-74; id. „Bedeutung und Funktion" (n. 2), p. 315-316.

whole world and take good care of himself under all circumstances. These often comic exercises in the most inconceivable cunning have in common that the hero and protagonist cocks a snook at all the traditional values, whistles at court mores and every other kind of accepted behaviour, yet accepts them with alacrity if that is to his advantage. Reynard constantly gives stimulating examples of this. He knows the ceremonial of legal proceedings off pat, and so he can faultlessly exploit the weaknesses in the system. He remains courteous where that yields results, for instance towards King Noble and his wife Gente. It is in this way that he softens them up for his unmitigated con-tricks.[18]

Even many heroes from the Biblical, Classical and Medieval past become real titular heroes of a literary production specially aimed at the bourgeois; this is achieved by attributing to them a demonstrative and unflappable sense of cunning enterprise. This self-image of the citizen merchant as a brave adventurer, only armed with his wit, is already heralded by Boendale's praise of the enterprising town-dweller: „For they constantly undertake adventures to secure their own living and that of their wife and children." As town-clerk of Antwerp in the first half of the fourteenth century he had a deep interest in their daring business.[19]

Nonetheless, the humour of the rhetoricians and humanists contained a measure of ambiguity. On the one hand, rhetoricians invoked humour without hesitation for various purposes. On the other hand, they vehemently condemned exuberant laughter. In the course of the sixteenth century, controlling laughter became a preferred strategy for setting oneself apart from the masses. At first there was not much of a problem within Christianity with such excessive laughter. Indeed, the authoritative pope Gregory the Great characterizes uncontrolled laughter in his *Dialogues* from the end of the sixth century as a sin, but he adds immediately that in this case we can only speak of a slight mischief. Elsewhere he mentions ‚useless gaiety', without any further moral comment.

The new trend is entirely in line with civilization theories, which note the ongoing emergence among members of the elite of the urge to distinguish themselves through seclusion, self-coercion and above all stoic self-control. Spontaneous laughter would immediately disenchant these aspired dispositions. Even laughing out loud would be interpreted as bestial.

Such codes of conduct became increasingly subtle, as manifested by the careful elaborations of all conceivable varieties of laughter that prevailed among

---

[18] Pleij, Herman. „Reynard the Fox. The triumph of the individual in a beast epic". *The Low Countries* 3 (1995-1996), p. 233-240.

[19] Snellaert, Ferdinand Augustijn. *Nederlandsche gedichten uit de veertiende eeuw van Jan van Boendale, Hein van Aken en anderen*. Brussel 1869, p. 210, l. 2167-2169; Pleij, Herman. „Restyling ‚Wisdom', Remodeling the Nobility, and Caricaturing the Peasant: Urban Literature in the Late Medieval Low Countries". *The Journal of Interdisciplinary History* 32 (2002), p. 689-704.

civilized people. Laughing out loud was never acceptable. Coughing laughter or turning one's head away while laughing symbolized a capricious, irascible and gullible disposition. Laughing with a twisted mouth was associated with arrogance, dishonesty and greed. The hallmarks of the depravity of all that false and uncontrolled laughter were the beastly men that beleaguered Christ along his Stations of the Cross.

These people were depicted through caricatures. They would stick out thick tongues, point their finger at their nose or lips, pull open the corners of their mouths and insert their thumbs between their index and middle fingers. Only the faintest of smiles was permitted. Erasmus strongly advocated exercising self-restraint in this respect. After all, every contortion of the mouth was a sign of great profligacy. If laughing out loud became impossible to suppress, one should make haste to cover one's mouth and face with a hand or napkin.[20]

In the dramatic productions of rhetoricians, such unbridled laughter also served to represent bad characters. In *Van Nyeuvont, Loosheit ende Practike* of around 1500, a play about the fraudulence of indulgence peddlers and other wandering clergymen, Practike (who personified acts of evil) walked on to the stage saying: „Ho, ho, ho, I'm roaring with laughter." This informed the audience immediately that Practike was no good, since nothing was funny (he just walked on like that), and still he was roaring with laughter. The pattern was the same with the other bad characters. Mrs. Nyeuvont (clever slyness) also walked on with „ho, ho, ho" and later in the play experienced a triple inundation with exuberant laughter („ho, ho, ho"), including the director's instructions „speaks jovially while laughing." Likewise, the fool and his bauble, in this instance messengers of malicious gossip, elucidates his role in the same manner with the introduction „ho, ho, ho," adding „my laughter is unbridled."[21]

Observers from the same era and setting, including Erasmus, also noted the benefits of such unbridled laughter. The best way to cure the life-threatening melancholy that afflicted scholars and artists was to make the victims laugh. Unbridled bursts of laughter were regarded as the most effective form of shock therapy. The famous painter Hugo van der Goes was believed to have been hopelessly despondent toward the end of his life, or at least his insanity was interpreted in this way. He was confined to a monastery with the recommendation, that he receive daily entertainment by the monks consisting of cheerful plays or music, which might have a curative effect. And even during his lifetime, Erasmus was said to have laughed so hard while reading a comic text that his life-threatening ulcer healed on the spot.[22]

---

20 Verberckmoes (n. 1), p. 40-49, 57, 84, 91; Gregorius de Grote. *Dialogen*. Transl. by G. Bartelink a. o. Nijmegen 2001, p. 308, 333; Mezger (n. 17), p. 81-91.

21 *Van Nyeuvont, loosheit ende practike: hoe sij vrou Lortse verheffen*. Ed. by E. Neurdenburg. Utrecht 1910, l, 13, 58, 196, 518.

22 Verberckmoes (n. 1), p. 91; Schmitz (n. 4), p. 165, 247-248.

The wealthy, the potentates and the civilized groups of the early modern period therefore did not eschew loud laughter or fail to appreciate it. While some of them appeared to suggest they did, Bakhtin appeared to substantiate the rejection of this view by the humanists. According to his compatriot Gurevich, however, his information was distorted by the situation in his day in their common homeland. Bakhtin assumed that the bearers of the official culture (who would never laugh) differed from the populace (which used laughter as both a weapon and a source of comfort). The reality, however, was far more complicated. The church, as well as the scholars and secular potentates, also used humour extensively, while the masses might lapse into deadly earnest, for example in confrontations with death and the hereafter. Bakhtin fell victim to his own experiences in Stalinist Russia. The unusual contemporary relationships admittedly reflected a regime that was utterly grim at the top, while the masses resorted to subversive humour for sheer survival. But such a model is hardly compatible with all eras.[23]

The frequent recitals and performances of humour revolving around faeces and sex belonged more in circles of the elite than among the populace. Adversaries and subordinates were forcibly denigrated in a reverse world that demonstrated the caricatural opposite of elitist ideals. And one of the techniques of venting or exorcising the fear of a dreaded opponent is to reduce him to human proportions. In late medieval literature frequent defecation is often attributed to characters who were very much feared. The most obvious example is perhaps the way in which the devil appeared on the medieval stage. He was repeatedly represented rolling about in his own dirt and often announces his presence by loud farting and a loathsome stench. In the visual arts he is not infrequently represented as a farting monster. The reason for this characterization is not that the devil was ridiculous to a medieval audience: just the opposite. It was the truly awesome nature of his power that necessitated his degradation. Ridicule was the means by which this power could be circumscribed and controlled.[24]

Similar strategies are found in the ways in which the medieval public confronted death, the inquisition, and sexuality. These powerful forces were dealt with by means of the very human weapons of excrement and pornography. As a consequence, scatology is to be found in the literature of the highest social circles. To us it is quite shocking that the likes of Martin Luther and Thomas More should have made elaborate references to the lowest bodily functions. Writing on behalf of Henry VIII, More tells Luther that

---

23 Gurevich, Aaron. „Bakhtin and his Theory of Carnival“. *A cultural history of humour*. Ed. by Jan Bremmer and Herman Roodenburg Cambridge 1997, p. 71-78.

24 Pleij, „Duivels“ (n. 5).

> as long as your reverent person is determined to tell these shameless lies, others will be permitted (. . .) to throw back in your shitty mouth, truly the shit pool of all shit, all the muck and shit which your damnable rottenness has vomited up, and to empty all the sewers and privies on to your crown.

But Luther himself is hard to beat in this field. Addressing Satan he writes: „For take note of this, I have shat in my pants and you can hang them around your neck and wipe your mouth with them.“[25]

Scabrous metaphors were an integral part of aristocratic culture. Here they had been used as a means of diminishing and exorcising the power of the object at which they were directed. They furnished materials for the construction of a ‚world upside down'- that is, a world of chaos and disorder populated by earthy creatures who indulge their animal appetites and passions. This world was evoked, even acted out, by the supposedly civilized order in order to establish, protect, and define a world governed by strictly rational, orderly behaviour. Examples are found in the culture of the clergy (the „Feast of Fools“), the nobility (fabliaux and farces), as well as that of the urban patriciate (carnival texts).

The latter make use of sexual and scatological elements time and again in order to denounce their class opponents – the peasantry – as uncivilized victims of ungovernable passions. An indication of the tradition according to which such materials were handled ironically by the civilized may be found in the *artes poeticae,* of the twelfth and thirteenth centuries, which offered directions and provided models for use in the composition and adaptation of Latin texts. One of the most famous of these, the *Parisiana Poetria* of John of Garland of about 1220, offers an elaborate model of the technique to be used in weaving citations from different ancient authors through one's own text. This example, which was intended for young pupils, was taken from the „Feast of Fools,“ for he entitled it *De licencia puerorum* (concerning the licence of boys).

This feast, which was known throughout Western Europe from the tenth century until the end of the Middle Ages, was observed on Innocents Day (and the days thereafter) in convents and cathedrals. It was characterized by an exchange of roles which permitted an inversion of the usual social hierarchy and a complete parody of the liturgy undertaken with the assistance of all kinds of sexual an scatological humour. The imitation of the ancient rites of the *Saturnalia* played a significant role, for John's text makes much of the sexual ambiguities inherent in the *baculum* or staff. This staff, which was carried by the mock bishop in lieu of a crozier as a token of his temporary dignity, is also viewed as a phallus with which he added to the gaiety.[26]

---

[25] Greenblatt, Stephen. „Filthy rites“. *Daedalus* 112 (1982), p. 1-16, esp. p. 11-12; Jones, Malcolm. *The secret Middle Ages*. Sparkford 2002, p. 274-294; Mezger (n. 17), p. 170-181.

[26] John of Garland. *The Parisiana Poetria*. Ed. by T. Lawler. New Haven, 1974, p. 188-191, 270-271; Mezger (n. 17); Pleij, Herman. „Van Vastelavond tot Carnaval“. *Vastenavond – Carnaval: feesten van de omgekeerde wereld*. Ed. by M. Mooij. Zwolle 1992, p. 10-44, 177-179.

Hunger is another collective fear of early modern time, equally ridiculed in literature and performances of the rhetoricians. Precisely at a time when the Low Countries were experiencing bouts of serious food shortages that fanned the flames of fear, such obsessions were counterbalanced and exorcised by a farcical play that was performed at the rhetoricians' festival held in 1561 in Antwerp. It was thought up by someone from the chamber of rhetoric „t' Heybloemken" (The heath flower) in Turnhout, probably the factor himself, who acted as artistic director and generally supervised the literary productions intended for public performance. The actors were undoubtedly also members of this chamber. The play took a satirical sideswipe at the hordes of wandering mercenaries, who were greatly feared, not only for their plundering but also for their official confiscations. In retrospect, the direct influence of war on scarcity and famine proved to be rather negligible, but the masses felt otherwise at the time.

In the Turnhout farce almost nothing happens. The action focuses on the presentation of a long series of mock figures, whose names and appearance are nothing but caricatures of various eating habits. In this respect the text of the play bears some similarity to the German *Reihenspiel,* a distinctly carnivalesque text in which a number of figures heap ironic praise on themselves. The Dutch Carnival play has a long list of actors, including a whole regiment of potential mercenaries. The plot consists of little more than their recruitment, ostensibly to serve in the army of the count of Schockland, a country where one can *schokken* or, in other words, eat like a trooper.
During the enlistment procedure it emerges that all the candidates are eminently qualified to defend such a country. Long-Gut can wolf down twelve bowls of porridge in one gulp. Hollow-Belly recently downed fifteen plates of beans. Big-Plate masticates on a permanent basis, priding himself on the fact that he never stops eating. In one go he can stuff down ten plates of peas, or more if necessary, with a couple of hams and twenty pounds of bread on the side. Just recently Swallow-Chunk consumed a whole sheep and fifteen pounds of bread, and afterward he still felt hungry. Seldom-Full can drink the contents of a whole wine cellar, and Make-Enough thinks nothing of eating a whole feeding trough full of gruel.[27]

These and similar mock names connoting hunger and gluttony – also occurring in the form of toponyms gone wrong – are encountered repeatedly in fifteenth-century festival repertoire. They not only serve to allay fears of both hunger and overindulgence by ridiculing and satirizing them but also teach a lesson based on the irony of the topsy-turvy world. Eat and drink yourself silly on the pilgrimage to Saint Have-Not, which is undertaken in the Ship of Pov-

---

[27] Ballaer, E.V.J. van. „Het Turnhoutsch Heybloemken op het feest der *Violieren* te Antwerpen 1561". *Kempisch Museum* 1 (1890), p. 37-46; Pleij, *Traum* (n. 2), p. 129-218.

erty. During the voyage the ship naturally puts in at Hungery, Bread's End, and Empty-Purse, which is not at all what one intended, having been headed for Taphouse, Beerberg, and Wetfields.

There is no end to such games, especially when one considers that these texts were only occasionally written down, destined to lead a new life as a text for private reading, or recitation in small circles, or even as simple souvenirs. It is also possible that they continued to be used, in the form of inexpensive printed matter, at Carnival celebrations, which slowly but surely went underground during the course of the sixteenth century, eventually becoming home entertainment.

A group of related texts tells of a mock order or brotherhood of wandering scroungers, the so-called Arnouts-broeders, presumably named after Saint Arnoldus, the patron saint of beer brewers, although another Arnold with the reputation of a wastrel may also have been their founding father. These texts are also known in a Low-German translation, printed several times around 1500: *Der boiffen orden*. This brotherhood lived according to the Law of Saint Lean. the Holy Have-Not, and the names of the brothers testify to this: Hollow-Jaws. Great-Hunger, Dry-Pot, No-Fat. On their journeys this merry company meets up with such cheerful passers-by as William Worry, Sam Spotless, and Lean-Man, the latter personifying either Hunger or the Grim Reaper himself.[28]

These are the vestiges of hunger-fighting texts, which must have given rise to hilarious performances occasioning peals of laughter and much needed relief. They were welcomed by both the actors and the audience, who thus found themselves mercifully thrown together in a protective community. Indeed, the decibel level of the peals of laughter provoked by this collective ritual can be used to gauge the seriousness of the situation, and in view of the similarities exhibited by these texts in both treatment and characters' names, it appears that mass culture used such means still in the sixteenth century to come to grips with what they perceived as a life-threatening predicament.

Especially the rhetoricians, organised in the urban chambers of rhetoric, played thus an active and leading role in propagating and demonstrating the varied and wide uses of humour and laughter on the stages and in the streets.

---

[28] *Veelderhande geneuchlijcke dichten, tafelspelen ende refereynen*. Ed. by Maatschappij der Nederlandsche Letterkunde. Leiden 1899, p. 87-88, 89, 92, 93, 103, 110, 122-125, 168, 173-182, 183-185, 186, 187-188; „Der boiffen orden".*Drei Kölner Schwankbücher aus dem XVten Jahrhundert*. Ed. by J.J.A.A. Frantzen a. o. Utrecht 1920.

KATJA GVOZDEVA

Narrenabtei

Rituelle und literarische Inszenierungen einer Lachinstitution

Rabelais' *Gargantua und Pantagruel* gilt als ‚lachkräftigstes' literarisches Werk der Frühen Neuzeit, nicht zuletzt wegen der ubiquitären Präsenz der paradigmatischen fröhlichen Gesellschaft der Gargantuisten und Pantagruelisten, die den Strom von unzähligen Witzen, unterhaltsamen Rätseln, zotigen Geschichten und Wortspielen, aus denen die Chroniken der burlesken Giganten zusammengeflickt sind, geschickt artikuliert.

Als umso größerer Kontrast erscheint in diesem heiteren Erzählgefüge eine von seinen zentralen Episoden: die Darstellung der Abtei von *Theleme*. Zwar wird sie von einem Mitglied der fröhlichen Gesellschaft, dem lustigen Bruder Jean, gegründet, scheint aber mit dem karnevalesken Lachen der Gargantuisten und Pantagruelisten nichts zu tun zu haben, wenn man den modernen Interpretationen Glauben schenken darf. Der Entwurf der Abtei von *Theleme* richte sich polemisch, laut allen Interpreten, gegen das konventionelle Modell des Mönchsordens, möchte dabei keineswegs komisch wirken, denn *Theleme* präsentiere keine Parodie einer Abtei, sondern einen idealisierten Gesellschaftsentwurf. Was die Abtei von *Theleme* symbolisieren soll, ist umstritten: eine höfische Utopie, eine Zitadelle des evangelischen Glaubens,[1] eine Bastion des Neoplatonismus,[2] ein ideales Projekt humanistischer Akademie oder ein königliches Anti-Gefängnis.[3] In diesem Sinne bleibt die Abtei von *Theleme* nach wie vor rätselhaft. Gemeinsam ist allen Deutungen die Behauptung, sie diene der auktorialen Darstellung eines utopischen Programms. Sogar Michail Bachtin, der in der karnevalesken Kultur einen Schlüssel zum Text Rabelais' gefunden hat, ist der

---

[1] Febvre, Lucien. *Le problème de l'incroyance au XVIe siècle: la religion de Rabelais*. Paris 1962.

[2] Screech, Michael A. *The Rabelaisian marriage*. London 1958, S. 187 ff.

[3] Rabelais, François. *Œvres complètes*. Hg. v. Mireille Huchon. Paris 1994, Introduction, S. XXII.

Meinung, dass die utopische *Theleme*-Episode eine Art Lücke im karnevalesken Bildersystem bildet und den burlesken Stil Rabelais' kontrastiert.[4]

Wendet man sich aber der Rezeption des *Gargantua und Pantagruel* im Rahmen der Festkultur zu, dann findet man zu Rabelais' Lebzeiten und auch lange danach erstaunliche Beispiele der Reinszenierung der *Theleme*-Episode, die im offensichtlichen Widerspruch zu ihrer heutzutage unterstellten ideologischen Ausrichtung stehen. Die Abtei von *Theleme* wird in die gesellschaftlichen Praktiken des kollektiven Lachens eingebunden, um sogar als Modell zu dienen, auf dem eine institutionalisierte Gemeinschaft von Lachenden aufgebaut wird. Der literarische Text generiert einen sozialen Habitus, tut es aber auf eine paradoxe Art und Weise, die einer Klärung bedarf.

So zum Beispiel verwirklichte der englische Aristokrat Sir Francis Dashwood in den 40er Jahren des 18. Jahrhunderts die literarische Utopie der Abtei von *Theleme* folgendermaßen: Er kaufte die Ruine einer alten Zisterzienserabtei (*Medmenham Abbey*),[5] versah ihren Eingang mit der Devise der Thelemiten „Fay ce que vouldras"[6] und gründete dort mit seinen Männerfreunden einen zügellosen fröhlichen Orden der *Rabelaisian Monks*. François Rabelais, an dessen komischem Werk sich die englischen *rakes* delektieren, wurde zum Schutzheiligen der Abtei erhoben. Den Kern der Organisation bildete der ‚Abt' Sir Dashwood mit seinen 12 ‚Aposteln', während andere Mitglieder als einfache ‚Mönche' mitwirkten. Witze und Streiche, Lesungen der zotigen Stellen aus den komischen Werken von François Rabelais, Béroald de Verville, Scarron und Bruscambille wurden von Mitgliedern dieses Clubs kultiviert und schufen einen exklusiven Rahmen kollektiv-männlichen Gelächters, das den wildesten maskulinen Phantasien freien Lauf gewährte. Die Riten dieser ‚Narrenabtei', die sich aus jungen Aristokratensöhnen zusammensetzte, bestanden aus spöttischen Parodien religiöser Zeremonien und ausgelassenen Bacchus- und Venushuldigungen. Wegen ihrer moralwidrigen Sitten und obszönen Streiche wurden die *Rabelaisian Monks* von ihren empörten Zeitgenossen zum *Hell-Fire club* umgetauft und in einem königlichen Edikt verurteilt, gotteslästerliche und blasphemische Treffen zu veranstalten, die Gott beleidigten und Verstand und Moral korrumpierten.[7]

Der sakrale Raum der *Medmenham Abbey* wurde von den englischen *rakes* in ein Territorium des Männerlachens verwandelt, das sogar in der Architektur

---

4 Bachtin, Michail M. *Tvorcestvo Fransua Rable i narodnaja kul'tura srednevekov'ja i Renessansa*. Moskva 1990, S. 153 u. 476.

5 West Wycombe, Buckinghamshire.

6 Rabelais, François. „Gargantua et Pantagruel". *Œvres complètes*. Hg. v. Mireille Huchon. Paris 1994, Kap. 57, S. 149; die deutsche Übersetzung wird nach folgender Ausgabe zitiert: Rabelais, François. *Gargantua und Pantagruel*. 2 Bde. Übs. v. Gottlob Regis. Hg. v. Ludwig Schrader. München 1964.

7 Suster, Gerald. *The hell-fire friars: sex, politics and religion*. London 2000; Mannix, Daniel. *The Hell Fire Club*. New York 1959.

der Abtei monumentalisiert wurde: Bei der Konstruktion des Weinkellers, des Venustempels und anderer Gebäude ließ sich der Architekt von der weiblichen Anatomie inspirieren. Die Anlage des berühmten erotischen Gartens der Abtei mit seinen Hügeln, Kavernen und Flüssen sollte die Topographie des weiblichen Körpers imitieren. Diese allusive Architektur diente den Mitgliedern des Ordens nicht nur zur Belustigung, sie war nicht nur ein Mittel der Zurschaustellung gemeinschaftlicher maskuliner Werte und Ansprüche, sondern auch ein Instrument des Spottes, der aggressiv gegen die Welt der Ordnung und Vernunft eingesetzt wurde. So wurde der örtliche Pfarrer in den erotischen Garten gelockt, um ihn zu schockieren. Die aristokratischen Spötter ließen in die rosa gefärbten Hügel Fontänen einbauen, die sie vor dem Priester einschalteten, so dass er plötzlich Stöße einer milchähnlichen Flüssigkeit beobachten musste, die aus diesen landschaftlichen ‚Ammenbrüsten' flossen.[8]

Was hat nun diese spöttische ‚Abtei' mit ihrem literarischen Vorbild zu tun? Die Gesellschaft der englischen *rakes* scheint, in ihrem Abteientwurf eine anarchische ‚Lektüre' des *Theleme*-Manifests über den freien Willen des Individuums – formuliert in der Devise „Fay ce que vouldras" – anzubieten. Denn der *civileté* der tugendhaften Thelemitengesellschaft wird eine heitere Bande ausgelassener Männer gegenübergestellt.

Die Frage, die uns im Folgenden beschäftigen soll, bezieht sich auf die Relevanz dieser performativen Rezeption für die Deutung ihrer Quelle: Haben die englischen Thelemiten ihr literarisches Vorbild absichtlich auf den Kopf gestellt, oder haben sie sich in der Inszenierung ihrer Gruppenwerte durch bestimmte Aspekte der Abtei von *Theleme* inspirieren lassen, die den modernen Interpretationen entgangen sind? Hat diese Inszenierung einen anarchischen Anspruch oder hält sie sich an bestimmte Regeln, die uns einen Einblick in das literarische Vorbild verschaffen können?

Man könnte, vor dem Hintergrund der oben skizzierten literaturwissenschaftlichen Deutungstradition, das englische Beispiel als einen kuriosen Sonderfall in der Geschichte der Rabelais-Rezeption ansehen, der mehr über die Exzentrizität der englischen Aristokratie als über den literarischen Text aussagt. Doch eine frühere, zu Unrecht in der Forschung vernachlässigte Episode der karnevalesken Rezeption Rabelais' zeigt einen ganz ähnlichen Bezug zwischen diesem Text und dem in der sozialen Praxis des gemeinschaftlichen Männerlachens verwurzelten Modell einer Narrenabtei.

Lange bevor Rabelais zum Schutzheiligen der englischen Thelemiten wurde, sind seine Bücher zur ‚Bibel' einer karnevalesken Gesellschaft erhoben worden, die sich ebenfalls als eine ‚Abtei' inszeniert hat. Die *Abbaye des Conards* (Narrenabtei) war keine spontane und auf die Karnevalsperiode begrenzte Zusammenkunft von feiernden Bürgern, sondern eine feste Institution, die vom XIV.

[8] Ross, Stephanie. *What Gardens Mean*. Chicago 1998, S. 55-70.

bis zum XVII. Jahrhundert in der Stadt Rouen existierte[9] und sogar ihre Chroniken sowie eine Sammlung von burlesken Rechtsakten und Anordnungen hinterlassen hat.[10] An ihrer Spitze stand ein närrischer Abt mit einer ganzen Hierarchie von burlesken Würdenträgern, Kardinälen, Patriarchen, u. a.: „ledit sieur Abbé, avec ses [...] cardinaux, patriarches, chanceliers, protonotaires et autres du collège [...]".[11] Aus der Chronik der Abtei der *Conards* geht hervor, dass das kollektive Gelächter eine zentrale Bedeutung für diesen Verein gehabt haben muss, denn das Lachen wird ständig thematisiert und sogar in die institutionellen Akten der Abtei eingeschrieben: „Augmentation des risées", heißt eine offizielle Deklaration der Narrenabtei aus dem Jahr 1585.[12]

Ihre Mitglieder werden von Ihrem Oberhaupt als „joyeux, follastres"[13] angesprochen. Der Abt wird von seinem Chronisten als perfekter Narrenherrscher, „vivant joyeux et sans melancholie", dargestellt.[14] Die burlesken Anordnungen und Bullen des Abtes, unterschrieben mit dem spielerischen Namen *Regnard tirelardon La tantirely mirely guodon*[15], laden die Abteimitglieder zu festlichen Zusammenkünften ein, die ihnen unzählige Belustigungen versprechen, die sie „vor Lachen kugeln" und „in Freude baden" lassen sollen.[16] Das gemeinsame Gelächter wird also zur Hauptaktivität der Gesellschaft erhoben und von den Mitgliedern verlangt.

Im Rahmen dieser Institution, die das kollektive Gelächter propagiert, wird Rabelais' Text für die Aufführung eines burlesken Rituals benutzt. Im Februar 1540 wurde *Gargantua und Pantagruel* im Kontext der jährlichen festlichen Zusammenkunft der Abtei der *Conards* statt der Bibel vorgelesen. Die Chronik der Abtei berichtet Folgendes: Nachdem die Gesellschaft der *Conards*, angeführt von ihrem Abt, in einem triumphalen karnevalesken Umzug durch die Straßen Rouens marschiert ist, veranstaltete sie als Kulminationspunkt ihres Festes mitten auf dem Rathausplatz – der zu dieser Angelegenheit in eine ‚Abtei' verwandelt wurde – ein Gelage: Rings um den Platz hängte man Plakate auf, auf denen geschrieben stand: „Le palais de l'abbé". Die Disposition der Tische und die Sitzordnung der burlesken Institution hieß ebenfalls ‚Abtei'.[17] Gegen-

---

9 Carré de Busseroles, Jacques-Xavier. *Notice sur l'abbaye des Cornards, confrérie célèbre qui a existé à Rouen du XIVe au XVIIe siècle.* Rouen 1859.

10 Montifaud, Marc de (M-me de Quivogne) (Hg.). *Les Triomphes de l'Abbaye des Conards avec une notice sur la fête des fous.* Paris 1874.

11 Montifaud (Anm. 10), S. 29.

12 Montifaud (Anm. 10), S. 81: „Augmentation des risées nouvellement faites en la maison abbatiale, soubs le resveur en decime AB Fagot".

13 Montifaud (Anm. 10), S. 105.

14 Montifaud (Anm. 10), S. 105: „Abbé Fagot [...] vivant joyeux et sans melancholie [...] de fols parfait dominateur".

15 Montifaud (Anm. 10), S. 28.

16 Montifaud (Anm. 10), S. 98: „*Criée pour St. Julien*": „Là vous voirrez mille joyeusetés / Qui vous feront tant esgueuller de rire, / Que vous tiendrez vos deux poings aux costez"; ebd., S. 110: „Chacun aura bien à disner avec force risée".

17 Montifaud (Anm. 10), S. 79: „en forme de convent".

über der auf diese Weise inszenierten ‚Abtei' wurde eine Kanzel errichtet, von der aus eine närrische Predigt an die Mitglieder des Vereins gerichtet wurde: „un personnage habillé en hermite, assis sur une caire, lequel, en lieu de Bible, lisoit continuellement, durant ledit disner, la Cronique Pantagruel".[18]

Diese beiden Zeugnisse einer burlesken Sakralisierung der Rabelais'schen Vorlage veranlassen dazu, genauer nach der Art von Verhältnis zwischen dem literarischen Phänomen der Abtei von *Theleme* und dem sozialen Phänomen einer Narrenabtei zu fragen. Die burleske Abtei präsentiert sich der Öffentlichkeit als eine Lachgemeinschaft. Wir möchten hier vor allem nach der Rolle, die das Lachen bei ihrer Konstitution und ihren Aktivitäten spielt, fragen. Der durch Bachtin geprägte Begriff des ‚karnevalesken Lachens' ist dabei aber zu unspezifisch, um als Erklärung bzw. als methodologisches Instrument der Erforschung von Anlässen, Absichten, Prozessualität und sozialer Wirksamkeit des kollektiven Gelächters benutzt zu werden. Für die adäquate kulturelle Bewertung der Narrenabteien im Sinne von institutionalisierten Lachgemeinschaften eignet sich das Bachtinsche Zwei-Welten-Modell mit der ihm inhärenten Dichotomie von Oben und Unten und der starken Trennung zwischen Volks- und Elitenkultur nicht, denn es ignoriert die relevanten gruppenspezifischen Aspekte des karnevalesken Lachens, die anders konturiert sind.[19] Wer waren die Mitlachenden und die Ausgeschlossenen? Worüber hat man in den karnevalesken Abteien gelacht? Wie genau wurde das kollektive ‚Wir' und die ‚anderen' im Gelächter konstituiert? Dieser Fragenkomplex soll im Folgenden geklärt werden.

Eine solche kulturanthropologische Fragestellung ist dabei eine notwendige Voraussetzung, um einer literaturgeschichtlichen Analyse nachzugehen. Indem die Abtei von *Theleme* vor dem Hintergrund einer Reihe von Texten betrachtet wird, die aus dem kulturellen Umkreis der spätmittelalterlichen und frühneuzeitlichen karnevalesken Abteien stammen, soll folgende Hypothese überprüft werden: Die literarische Abtei von *Theleme* konnte als Inspirationsquelle für die performativen Inszenierungen der Narrenabtei dienen, weil sie selbst vom Modell einer karnevalesken Abtei inspiriert war. Zwischen den literarischen und den sozialen Entwürfen einer Lachgemeinschaft entsteht dabei ein zirkuläres Verhältnis des gegenseitigen Einflusses. Diese Arbeitshypothese wird dazu dienen, die *Theleme*-Episode hinsichtlich ihres bisher nicht anerkannten karnevalesken Lachpotentials zu verstehen und somit ihre Isolierung im gesamten Erzählgefüge Rabelais' aufzuheben.

---

[18] Montifaud (Anm. 10), S. 79.

[19] Karnevaleske Abteien waren sowohl in unteren als auch in oberen Gesellschaftsschichten verbreitet. Vgl. Davis, Natalie Zemon. *Humanismus, Narrenherrschaft und die Riten der Gewalt. Gesellschaft und Kultur im frühneuzeitlichen Frankreich*. Frankfurt a. M. 1987, S. 106-135.

Während eine burleske Abtei im achtzehnten Jahrhundert ein eher ungewöhnliches soziales Phänomen darstellte, war dieses Modell der karnevalesken Gruppenbildung im Spätmittelalter und in der Frühen Neuzeit, besonders in Frankreich, weit verbreitet. Jede kleine Ortschaft und jedes Viertel in den größeren Städten, wie etwa in Lyon, kannte solche Vereine.[20] Man kann deswegen auf ein schmales, aber doch repräsentatives Textkorpus zurückgreifen, das eine Erörterung der Frage nach den Formen und Funktionen der Lachpraktiken (sowohl für die Mitglieder der burlesken Abteien sowie die Außenseiter) ermöglicht: Narrenabteien sind Gegenstand historischer Berichte und rhetorischer Darstellungen, die ihre burlesken Rituale beschreiben (Räte, Feste, Gelage, Umzüge).[21] Die Mitglieder der karnevalesken Abteien produzieren außerdem selbst burleske Gebrauchstexte, Privilegien, Regeln und Statute[22], Deklarationen[23], Aufrufe (*cry*)[24], Predigten (*sermons joyeux*)[25], Litaneien[26], Bullen und Edikte[27], aus denen der institutionelle Diskurs dieser gesellschaftlichen Formationen erschlossen werden kann.

Die ausgewählten Textbeispiele bilden kein kohärentes Textkorpus, sondern sind in einer Vielzahl von *variétés historiques et littéraires* verstreut. Sie parodieren ganz verschiedene Textgattungen.[28] Auch wenn man auf ihre Provenienz aus dem Kontext der karnevalesken Aufführungen verwiesen hat, ist bisher kein Versuch unternommen worden, diese komischen Texte auf ihre Bezüge zur Institution der karnevalesken Abtei näher zu untersuchen.[29] Meines Erachtens er-

---

[20] Davis (Anm. 19).

[21] „Les Triomphes. Recueil des chevauchées de l'asne faites a Lyon en 1566 et en 1578" (Lyon 1862). *Collection des meilleurs dissertations, notices et traités particuliers relatifs à l'histoire de France*. Bd. 9. Hg. v. Constant Leber. Paris 1838, S. 147-169; „Le monologue des Sotz joyeux de la nouvelle bande" (ohne Datum). *Recueil des poésies françoises des XVe et XVIe siècles*. Bd. 3. Hg. v. Anatole de Montaiglon. Paris 1867, S. 11-25.

[22] „Privilèges et règlements de l'Archiconfrérie vulgairement dicte des Cervelles émouquées" (ohne Datum). *Variétés historiques et littéraires*. Bd. 3. Hg. v. Edouard Fournier. Paris 1855, S. 297-310.

[23] „Déclaration de ceux qui ne doivent jouyr du privilège et droict d'escorniflerie" (16. Jh.). *Variétés historiques et littéraires*. Bd. 4. Hg. v. Edouard Fournier. Paris 1856, S. 56.

[24] Montifaud (Anm. 10), S. 98: „Criée pour St. Julien"; ebd., S. 96: „Criée par l'abbé"; Roger de Collerye. „Cry pour l'abbé de l'église d'Ausserre" (1536). *Collection des meilleurs dissertations, notices et traités particuliers relatifs à l'histoire de France*. Bd. 9. Hg. v. Constant Leber. Paris 1838, S. 375-377.

[25] „Sermon joyeux des barbes et brayes". *Recueil général des sermons joyeux français*. Hg. v. Jelle Koopmans. Leiden 1987, Nr. 1; „Sermon joyeux des Frappe-culs", ebd., Nr. 13; „Le Sermon joyeux des friponniers", ebd., Nr. 14.

[26] „La letanie des bons Compaignons". *Recueil des poésies françoises des XVe et XVIe siècles*. Bd. 7. Hg. v. Anatole de Montaiglon. Paris 1867, S. 67-69.

[27] Montifaud (Anm. 10), S. 9 f.: „Provisio cardinalatus Rothomagensis Julianensis LU Mase Notus Banquerou".

[28] Deswegen wurden sie bisher auch voneinander getrennt, ausschließlich aus der gattungsspezifischen Perspektive auf ihre Bezüge zu ihren ursprünglichen seriösen Vorlagen hin untersucht, etwa die *sermons joyeux* im Verhältnis zur Gattung der Predigt.

[29] Vgl. Aubailly, Jean-Claude. *Le Monologue, le dialogue et la sottie. Essai sur quelques genres dramatiques de la fin du Moyen Âge et du début du XVIe siècle*. Paris 1976; *Recueil général des*

schöpft sich die komische Wirkung des Textes nicht in der Parodie des Gattungsmusters. Das Besondere dieser Texte besteht darin, dass sie sich auf die ritualisierten Lachpraktiken (*le rire d'accueil* vs. *le rire d'exclusion*)[30] der Narrenabteien beziehen und daraus ihr lachenerregendes Potential schöpfen. Dies möchte ich im Folgenden zeigen. Trotz ihrer Zugehörigkeit zu verschiedenen Gattungen sind diese Texte durch eine ähnliche Struktur und ideologische Ausrichtung markiert: Sie präsentieren die Narrenabtei als eine Lachinstitution, indem sie ihre Positionen festigen, ihre gemeinschaftlichen Werte formulieren, ihre Privilegien sichern. Das geschieht mittels einer burlesken Rhetorik des kollektiven Prahlens und aggressiven Spottes, die eine Grenze zwischen den mitlachenden Mitgliedern und den verlachten Außenseitern zieht. Aus dieser Perspektive werden sie im Folgenden vor dem Hintergrund der Abtei von *Theleme* analysiert.

Zwei methodische Überlegungen sollen der vorliegenden Analyse vorangeschickt werden:

1. Dieser Beitrag nimmt seinen Ausgangspunkt in der medialen Vielfalt der Entwürfe der Narrenabtei, um an diesem Beispiel der Frage nach der historischen Spezifik der Verhältnisse zwischen literarischen Strategien des Komischen und performativ-rituellen Entwürfen einer Lachgemeinschaft nachzugehen. Das bedeutet, es werden Beziehungen zwischen zwei unterschiedlichen kulturellen Bereichen untersucht. Auf die methodische Komplexität der Untersuchung solcher Bezüge haben bereits Peter Stallybrass und Allon White (1986) in ihrer Kritik des Bachtin'schen Karnevalesken hingewiesen,[31] ohne dabei ein eigenes operatives Analyseinstrumentarium anzubieten. In der modernen ritualtheoretisch fundierten Literaturwissenschaft herrscht trotz dieses warnenden Hinweises ein Ansatz vor, der das Verhältnis zwischen Text und Ritual im Sinne von thematischer Widerspiegelung, struktureller Abbildung bzw. Analogie versteht. Der literarische Text wird damit zum einfachen Träger der rituellen Struktur degradiert.[32]

Eine produktive Alternative zu diesem oft wenig fruchtbaren strukturellen Gesichtspunkt bietet sich im Rahmen des kulturwissenschaftlichen Ansatzes des

---

sermons joyeux français (Anm. 25); Verhuick, Paul. „Les mandements joyeux et le mandement de Bacchus. Anvers, 1580". *Aspects du théâtre populaire en Europe au XVIe siecle*. Hg. v. Madeleine Lazard. Paris 1989, S. 89-103.

30 Vgl. Dupréel, Eugène. „Le problème sociologique du rire". *Revue philosophique de la France et de l'étranger* 9-10 (1928), S. 213-260.

31 „By revealing the centrality of carnivalesque tropes and structures in Rabelais, Bakhtin at least avoided the problem of the difference between popular festive rituals and the literary appropriation of such rituals, by treating the former as *thematic repertoires* available for use in the written text". Stallybrass, Peter u. Allon White. *The Politics and Poetics of Transgression*. London 1986, S. 60.

32 Vgl. Woodbridge, Linda u. Edward Berry. *True Rites and maimed rites. Ritual and Anti-Ritual in Shakespeare and his age*. Urbana/Chicago 1992.

Performativen, der auf die Untersuchung der Performativität von im Text fixierten komischen Praktiken gegenüber der Performanz der ihnen zugrunde liegenden sozialen Handlungen und Rituale ausgerichtet ist. Arbeiten, die dieses Untersuchungsparadigma anwenden und die von der Möglichkeit eines komplexen kulturellen Spiels bzw. Dialogs zwischen medialen Reinszenierungen und ritualisierten Praktiken ausgehen, haben verschiedenartige Verschiebungs- und Umsetzungsstrategien im Austausch zwischen jenen unterschiedlichen kulturellen Feldern festgestellt.

> Während letztere unmittelbar auf körperlicher Präsenz basieren, heben Re-Inszenierungen im Rahmen ihrer eigenen medialen Aufführung die rituelle Symbolstruktur auf. Sie erzeugen einen Metakontext, der die zugrunde liegende symbolische Ordnung verflüssigen und rekombinieren, subvertieren oder sogar suspendieren kann.[33]

Die Literarisierung einer performativ-rituellen Form bildet sie nicht ab, sondern entwirft ein eigenständiges originales Bild, das die Möglichkeit der Reflexion über die rituelle Praxis und die entsprechende gesellschaftliche Problematik schafft.[34] Dennoch muss geklärt werden, wie sich in spezifischen historischen Kontexten die diskursiven bzw. die assoziativen Felder herausbilden, die eine die Imagination des Rezipienten steuernde Verbindung zwischen dem Kollektiven und Individuellen, dem Performativen und dem Imaginärem ermöglichen.

Dieser Frage möchte ich mithilfe des Begriffs des *ritual thinking* nachgehen, der in den amerikanischen *cultural studies* für das Spätmittelalter und die Frühe Neuzeit entworfen wurde.[35] Dieser Begriff setzt voraus, dass vormoderne Denkstrukturen in hohem Maße von habitualisierten und stereotypisierten kollektiven Verhaltensweisen abhängig und gesteuert sind: Die intellektuelle und künstlerische Auseinandersetzung mit einem sozialen Problemfeld erfolgt weniger über einen abstrakten Ideenkomplex als vielmehr über die Evozierung der diese soziale Problematik bearbeitenden rituellen Muster und sozialen Modelle, die in den Denkweisen verankert sind. Das literarische Werk, das eben nicht die soziale Realität bzw. das Ritual selbst abbildet, sendet seinem Rezipienten Signale, die eine Evozierung allgemein bekannter ritueller Muster auslösen. Indem der Autor sie spielerisch verändert, gibt er einen Kommentar zur sozialen sowie der rituellen Problematik ab. Im Folgenden werde ich den Begriff *ritual thinking* heuristisch verwenden, um anhand von Beispielen die Wandlung von rituellen Schemata zwischen kollektiver Performance und literarischem Text zu verfolgen –

---

[33] Althans, Birgit, Kathrin Audehm u. a. „Differenz und Alterität im Ritual". *Praktiken des Performativen*. Hg. v. Erika Fischer-Lichte u. Christoph Wulf (= Paragrana 13). Berlin 2004, S. 196.

[34] Vgl. Röcke, Werner. „Text und Ritual. Spielformen des Performativen in der Fastnachtkultur des späten Mittelalters". *Das Mittelalter* 5 (2000) H. 1, S. 83-100.

[35] Woodbridge u. Berry (Anm. 32).

was zugleich auch der Präzisierung der Definition des *ritual thinking* dienen soll.

2. Eine der Konditionen des produktiven Austausches zwischen den performativ-rituellen und den literarischen Modellen im Rahmen des Karnevalesken ist der unsichere Status des Textes. Alle Texte, die im Folgenden als Material benutzt werden, sind literarisch in ihrer Form und komisch in ihren expressiven Mitteln, verfasst *en rhetoricque de grande joyeuseté*.[36] Gleichzeitig erheben diese Texte den Anspruch darauf, institutionelle Dokumente zu sein, indem sie sich als *statuts*, *règlements* und *privilèges* der burlesken Assoziationen präsentieren, als Edikte oder Bullen von deren Äbten, als Gebete oder Litaneien der burlesken Abteien. Die Chronik der *Conards* gibt deutlich zu verstehen, dass eine Bulle des burlesken Abtes, verfasst in der Form einer Ballade, nicht nur im Rahmen einer rituellen *performance* aufgeführt wurde, sondern auch im quasijuristischen Sinne performativ war, denn sie sanktionierte und regulierte den triumphalen Umzug der burlesken Gesellschaft. *Le Sermon joyeux des friponniers*[37] war höchstwahrscheinlich ebenfalls für eine Aufführung der *Conards* von Rouen[38] geschrieben und von einem Karnevalskarren herab rezitiert worden, denn der Text bezieht sich explizit auf das Modell des festlichen Umzugs.[39] Leider sind die Gebrauchsumstände anderer analoger ‚Dokumente' oft wegen der fehlenden historischen Zeugnisse von ihren sozialen Kontexten unklar. Eine strikte Trennung zwischen den pragmatischen und literarischen Texten ist deswegen unmöglich und auch unbrauchbar, gerade wegen ihres zirkulären Verhältnisses: performativ-rituelle Kontexte, in denen sozial wirksame und in diesem Sinne ‚echte' institutionelle Dokumente der Abteien entstehen, veranlassen die Produktion der literarischen Texte, die sich als institutionelle Dokumente tarnen, um die Abteien und ihre Rituale einer Reflexion zu unterziehen. Diese literarischen Texte können aber eine performative Kraft bekommen, indem sie in rituellen Kontexten benutzt werden, wie es das Beispiel der Sakralisierung der *Chroniques de Pantagruel* und ihre Verwandlung in eine ‚Bibel' der Gesellschaft anschaulich macht.

---

36 Montifaud (Anm. 10), S. 80.

37 *Recueil général des sermons joyeux* (Anm. 25), Nr. 14. Zwei verschiedene Versionen dieses Textes werden im Folgenden durch die Buchstaben A und D unterschieden.

38 *Recueil général des sermons joyeux* (Anm. 25), Nr. 14 D, v. 121 f.: „Avons bulles et sceaux / Ceans de l'Abbé des Conars".

39 *Recueil général des sermons joyeux* (Anm. 25), Nr. 14 A, v. 38-43: „Et si le roy avoit dévotion / faire faire une procession / aux Friponniers et Friponnières / Jamais ne fut tant de bannières, Ni de croix, comme il me semble, / Qu'on verroit s'il estoient ensemble"; *Recueil général des sermons joyeux* (Anm. 25), Nr. 14 D, v. 118 f.: „Venez donc par dévotion / Toutes à la procession." Vgl. *Recueil général des sermons joyeux* (Anm. 25), S. 305.

„Une abbaye à mon devis"

Gargantua bietet Bruder Jean als einem verdienten Mitglied seiner fröhlichen Gesellschaft eine Auswahl der existierenden Abteien an;[40] doch verzichtet der lustige Mönch auf dieses Angebot und beansprucht lieber die Gründung einer Abtei nach seinem eigenen Urteil und seiner Vorstellung („une abbaye à mon devis"). Ungewöhnlich auf den ersten Blick, erweist sich bei näherer Betrachtung, dass er sich dabei doch an ein bestimmtes soziales Modell und die damit verbundenen Regeln hält.

Schon der Begriff *gouvernement*, der am Anfang der Episode von dem zukünftigen Abt von *Theleme* (eben Bruder Jean) hinterfragt und verworfen wird – „Car comment (disoyt il) pourroy je gouverner aultruy, qui moy-mesmes gouverner ne sçauroys?"[41] – sollte m. E. beim frühneuzeitlichen Textrezipienten, der mit den aus der Festkultur stammenden rituellen Schemata vertraut war, die traditionelle Bezeichnung der karnevalesken Abtei, *Abbaye de Maugouvert*, evozieren.[42]

Auf die Möglichkeit eines solchen Bezugs hat schon 1961 der Historiker Robert Mandrou in einer winzigen Fußnote hingewiesen: „L'abbaye de Theleme, n'est-elle pas une abbaye de jeunesse ‚idéalisée?'".[43] Erstaunlicherweise ist keiner der literaturwissenschaftlichen Interpreten Rabelais' auf diese Bemerkung eingegangen.

Die karnevalesken Abteien der Missregierung waren in der Tat Jugendorganisationen. Seit der bahnbrechenden Studie von Natalie Zemon Davis zu den karnevalesken Abteien ist deutlich geworden, dass die sozialanthropologischen Grundlagen dieser Organisationen, die man früher als Produkte der progressiven Säkularisierung des kirchlichen Narrenfestes (Louis Petit de Julleville, Edmund K. Chambers u. a.) betrachtet hat, im Prozess der Sozialisierung der männlichen Jugend zu suchen sind.[44] Statt die Organisationsform von einem einzelnen Brauchszenario abzuleiten, hat Davis die Untersuchungsperspektive auf die Zusammensetzung der Gruppe fokussiert. Die karnevaleske Abtei ist also nach

---

[40] Rabelais (Anm. 6), Kap. 52.

[41] Rabelais (Anm. 6), Kap. 52, S. 137: „Mais le moyne luy fist response peremptoire, que de moyne il ne vouloit charge ny gouvernement. ‚Car comment (disoyt il) pourroy je gouverner aultruy, qui moy-mesmes gouverner ne sçauroys? Si vous semble que je vous aye faict, et que puisse à l'advenir faire service agreable, oultroyez moy de fonder une abbaye à mon devis'".

[42] *Abbaye de Mau Gouverne* (Poitiers), *Abbaye de la Malgouverne* (Rodez), *Abbaye de Maugouvert* (Lyon). Für genaue Quellenangaben und eine ausführliche Liste der Narrenabteien s. Davis (Anm. 19); Gennep, Arnold van. *Le folklore français*. Paris 1998, S. 191.

[43] Mandrou, Robert. *Introduction à la France moderne*. Paris 1961, S. 184, Anm. 212.

[44] Davis (Anm. 19), S. 106-135. Auch wenn die frühere deutsche Forschungstradition Anfang des letzten Jahrhunderts (Robert Stumpfl, Otto Höfler, Lily Weiser) die Narrenabteien und sonstige Narrengesellschaften in Verbindung mit Altersklassen und männerbündischen Tendenzen gebracht hat, blieb dieser Ansatz lange Zeit aus dem Forschungspanorama wegen seiner politischen Konsequenzen ausgeblendet.

Davis eine Form der Organisation heiratsfähiger männlicher Jugendlicher. Das Spezifische dieses Organisationsmodells besteht darin, dass die kollektive Verhandlung der *gender*- und altersklassenspezifischen Problematik durch Lachpraktiken erfolgt. Die unverheirateten Männer entwickeln eine viel stärkere Kohäsionspotenz, als man sie heutzutage vorfindet. Diejenigen, denen der Eintritt in die Erwachsenenwelt noch verboten bleibt, aber doch schon bevorsteht, konsolidieren sich in Abgrenzung gegenüber erwachsenen Gesellschaftsmitgliedern unter dem Zeichen des gemeinschaftsstiftenden Miteinanderlachens und Differenzen schaffenden aggressiven Auslachens. Durch formalisierte burleske Handlungen, die ich im Folgenden als ‚Lachrituale' bezeichnen möchte, versuchen die jungen Männer, sich als soziale Kraft sichtbar zu machen und ihre Ansprüche durchzusetzen. Das institutionelle Modell einer karnevalesken Abtei stellt sich zwar als formale Parodie der konventionellen Abtei dar, erschöpft sich aber nicht in der Technik der verkehrten Welt. Es funktioniert eher als ein konkurrierendes Ebenbild zur Erwachseneninstitution im Dialog der Generationen und dient zugleich der rituellen Einübung in die Erwachsenenwelt und ihrer Reflexion im Lachen. Dieser alters- und gruppenspezifische Ansatz erlaubt es, die soziokulturelle Stellung der Narrenabtei und die Funktionen dazugehöriger burlesker Bräuche genauer zu bestimmen.

Wie wir von den klassischen Beispielen der Jugendabteien wissen, markierte die Heirat den Eintritt in die Welt der Erwachsenen, folgerichtig endete mit ihr die Mitgliedschaft in der Jugendorganisation. Wenn der Abt heiraten wollte, musste er sein Amt niederlegen.[45] *Theleme* entspricht diesem sozioanthropologischen Muster der Jugendabtei, indem sie ein Ort der Versammlung der heiratsfähigen Jugend sowie ein Ort der Passage von der Adoleszenz zum Erwachsensein darstellt. Mit der Heirat verlassen die Mitglieder auch diese Jugendabtei: „Au reguard de l'eage legitime, les femmes y estoient repceues depuis dix jusques à quinze ans: les hommes depuis douze jusques à dix et huict"[46] und „[...]

[45] *Abbaye des Enfants* in Chalon-sur-Saône. Es ist ebenfalls bekannt, dass man dieser Organisation ab 15 Jahren beitreten durfte. Vgl. Dinaux, Arthur. *Les sociétés badines, bachiques, chantantes et littéraires*. Paris 1867, S. 281. Auch wenn in späteren Arbeiten Davis' sozialanthropologisches Modell der Jugendabtei in Bezug auf die beteiligten Altersklassen dahingehend teilweise korrigiert wurde, dass auch verheiratete Männer manchmal Abteimitglieder waren, bleibt ihr Ansatz in seinen Grundzügen trotzdem relevant: erstens, weil man schon in den vormodernen Gesellschaften unter ‚Jugend' eine ausgedehnte Lebensperiode verstand, die sich von ca. 18 bis 37 Jahre erstrecken konnte und vor allem durch die soziale Eingliederung im Sinne vom Beginn eigenständiger ökonomischer Tätigkeit und Kindergeburt begrenzt war; zweitens, weil die performative Konstitution der Männlichkeit, wie sie in karnevalesken Lachpraktiken der Abteien zustande kommt, sowohl die unverheirateten als auch die verheirateten Gesellschaftsmitglieder betrifft. Auch wenn manche Abteimitglieder etwas älter sind, bleibt die Jugend die Devise der Abteien und dient als gesellschaftliche Legitimation (Narrenfreiheit) für die kollektive Selbstinszenierung in Form der Abtei der Missregierung. Vgl. Rossiaud, Jacques. „Fraternités de jeunesse et niveaux de culture dans les villes du Sud-Est à la fin du Moyen Âge". *Cahiers d'histoire* 1-2 (1976), S. 67-102.

[46] Rabelais (Anm. 6), Kap. 52, S. 139.

quand le temps venu estoit que aulcun d'icelle abbaye [...] voulust issir hors, avecques soy il emmenoit une des dames, [...] et estoient ensemble mariez."[47] – „Anlangend das rechtmäßige Alter, nahm man die Frauen mit zehn bis fünfzehn, die Männer mit zwölf bis achtzehn Jahren"[48] und „[...] als die Zeit erschien, dass einer [...]aus diesem Stift austreten wollte, er eine der Frauen mit sich nahm, [...] und wurden dann zusammen vermählt."[49]

Inscription mise sur la grande porte de Theleme als Edikt einer Jugendabtei

Aus dem letzten Zitat wird allerdings auch eine offensichtliche Diskrepanz zwischen dem literarischen Entwurf der Jugendabtei und ihrem sozialanthropologischen Modell deutlich. Während die Jugendabteien als homosoziale männliche Verbände gelten, stellt die Abtei von *Theleme* eine perfekte Harmonie zwischen der Zahl von männlichen und weiblichen Mitgliedern dar.

Meines Erachtens vollzieht Rabelais an dieser Stelle eine spielerische Verschiebung gegenüber dem Modell der sozialen Institution, die zugleich evoziert und verändert wird. In den traditionellen Texten der Jugendabteien werden Frauen zwar zu den Belustigungen der Männer eingeladen, aber diese Einladungen sind nicht wirklich ernst gemeint und letztlich eine Form der sexuellen Prahlerei der jungen Männer. Aus diesen gleichsam „fiktiven" Einladungen macht der Romanautor eine Fiktion und inszeniert, was in den Verlautbarungen der Jugendabteien nur rhetorisch imaginiert wird. Wie diese literarische Reinszenierung zustande kommt und wie die Mitgliedschaft der Frauen bei Rabelais zu verstehen ist, wird aus dem Vergleich der *Theleme*-Episode mit institutionellen Texten der Jugendabteien ersichtlich.

Die Inschrift auf dem Eingangstor zu *Theleme* stellt ein verschnörkeltes panegyrisches Gedicht dar.[50] Es lobt die tugendhaften Mitglieder der Abtei und richtet sich gleichzeitig aggressiv gegen ihre Außenseiter. Hinter dem exuberanten Stil der poetischen Schule der *Grande Rhétorique* verbergen sich allerdings strukturelle wie ideologische Gemeinsamkeiten mit institutionellen Dokumenten von Jugendgesellschaften; es sind burleske *mandements* (Edikte) oder *crys* (Konvokationen), wie etwa das Edikt des Abtes der *Conards*, das in den Straßen Rouens verkündet wurde,[51] die *Deklaration der Escorniflerie* oder die *Bulle der friponniers*.

---

[47] Rabelais (Anm. 6), Kap. 57, S. 149.
[48] Rabelais (Anm. 6), Kap. 52, S. 131.
[49] Rabelais (Anm. 6), Kap. 57, S. 140.
[50] Rabelais (Anm. 6), Kap. 54.
[51] 22. Februar 1540; Montifaud (Anm. 10), S. 16.

Das besondere strukturelle Merkmal dieser Textsorte ist die Dichotomie der Inklusion/Exklusion, die sich durch zwei unterschiedliche Ausrichtungen des kollektiven Gelächters, das burleske Prahlen einerseits, und den aggressiven Spott aktualisiert. Ein *mandement* unterscheidet zwischen denjenigen, die in die Abtei hineindürfen, und denjenigen, die von den Mitgliedern weggejagt werden sollen, und setzt eine Grenze zwischen den Mitlachenden (Mitgliedern der Jugendgesellschaft) und den Ausgelachten (von ihr verachteten Gesellschaftsgruppen). Die spöttische Rhetorik richtet sich zum einen allgemein gegen „Bösewichte" und „Melancholiker"; zum anderen benennt sie spezifisch Gesellschaftsgruppen, die dem fröhlichen Dasein der jungen Männer feindlich gegenüberstehen, wie Gläubiger und alte eifersüchtige Ehemänner.[52] Dann aber wechselt das *mandement* seinen rhetorischen Impetus und heißt mit burlesker Gravität die *bons compagnons* und *nos falotissimes et mirelifiques abbez* in der Abtei willkommen.[53] Die närrische Jugend wird durch erfindungsreiche burleske Bezeichnungen in die Abtei „hereingelacht": „[...] sotz mignons et sotz tous gaillards, / Sotz babillars, sotz bons raillars, / Sotz de soulas, sotz de liesse, / Sotz instruictz en sotte jeunesse [...]".[54]

Auch Rabelais begrüßt „gualliers, joyeux, plaisans mignons, / En general tous gentilz compaignons".[55] Er definiert die Mitglieder allerdings auch als *nobles chevaliers*, ein Begriff, der dem modernen Leser irreführend eine Vorstellung der *Theleme*-Abtei als einer höfischen, aristokratischen Gesellschaft suggeriert. Doch der Vergleich mit den historischen Zeugnissen der Jugendabteien erlaubt es, den Begriff *noble chevalier* anders zu akzentuieren. Die Deklarationen der Jugendabteien, die einen karnevalesken Narrheitsdiskurs betreiben, postulieren: „sottie en vertu est noblesse"[56]. Dementsprechend präsentieren sich junge Bürger in ihren karnevalesken triumphalen Umzügen gerne als *chevaliers*, Prinzen, Herzöge und Barone – *Les sieurs et princes de Mal Espargne, les Ducs de Frappecul, Duc de Clochettes, Duc de Sornettes, Conte de Gargouille, Conte de la Taverne, Baron de Cherche-Avantages, Admiral du Beau-Trou-Puant* –; Titel, die auf keine echte aristokratische Gesellschaft, sondern auf die burleske

---

52 „Lettre d'escorniflerie et Déclaration de ceux qui n'en doivent jouyr" (anonym, 16. Jh.). *Variétés historiques et littéraires*. Bd. 4. Hg. v. Edouard Fournier. Paris 1856, S. 56: „Gens plein d'ire et courroux, de noise et de rebellion, [...] mélancholiques [...] vieux resveurs farcis de chagrin, frenezieux et fantastiques". An einigen Stellen gibt es fast wortwörtliche Übereinstimmungen zwischen der Inschrift der Theleme-Abtei und karnevalesken *mandements*: „Cy n'entrez pas Hypocrites, bigots [...],vieux matagots [...] Cy n'entrez pas vous usuriers chichars [...] / vieux chagrins et jaloux". Rabelais (Anm. 6), Kap. 54, S. 142.

53 „Lettre d'escorniflerie" (Anm. 52), S. 48.

54 „Le monologue des sotz joyeux" (Anm. 21), S. 16.

55 Rabelais (Anm. 6), Kap. 54, S. 143.

56 „Le monologue des Sotz joyeux" (Anm. 21), S. 14.

Jugendaristokratie verweisen, ‚la noblesse dudit Abbé'.[57] Das Rabelais'sche Bild der höfischen Gesellschaft ist also als ein spielerisches zu deuten. Wir werden darauf noch einmal zurückkommen.

Wenn die männlichen Thelemiten, *nobles chevaliers,* keine authentischen Aristokraten sind, sondern ihre burlesken Ebenbilder, wer sind die noblen und die tugendhaften Damen, die nach *Theleme* kommen sollen, um den *séjour d'honneur*[58] mit den Männer zu teilen, und welchen Sinn hat diese Einladung?

Wenn man sich den historischen Zeugnissen zuwendet, zeigen die seltenen Beispiele der Beteiligung von Frauen an den Aktivitäten der männlichen Narrenabteien, dass sie bloß eine untergeordnete Rolle als Zuschauerinnen und ‚cheergirls' bei den Männerritualen spielten.[59] Dennoch ist die nachdrückliche *Einladung* der Frauen in die Abtei ein konstantes Merkmal der programmatischen Texte der Jugendinstitutionen. Freilich sind die Beschreibungen der eingeladenen Frauen ausdrücklich sexuell markiert und durch die burleske Rhetorik der sexuellen Prahlerei gekennzeichnet. Frauenfiguren führen in den Texten keine eigene Existenz, sondern sind nur als Projektionen der männlichen sexuellen Ansprüche wahrnehmbar. Die Männerabtei lädt „jeunes filles aux tetins ronds" ein, um ihnen die Reliquien des phallischen Schutzheiligen der Abtei, *St. Chouart* anzubieten: „En disant; ‚Dame, a vobis!' / Nous leurs lançons Chouard en bis. [...] quand Chouard heurte a la porte / Il faut [...] que les sœurs ouvrent le convent [...] Recevant les dignes reliques".[60] Diese Prozedur des aggressiven „Hereinlachens" der Frauen in die Abtei mithilfe spielerischer sexueller Metaphern ist als ein Lachritual zu begreifen, das der psychosozialen Konstitution der jungen unverheirateten Männer dient.

Die Abtei der Missregierung bietet den Mitgliedern einen ritualisierten Rahmen für die Einübung in ihre zukünftige Ehemännerrolle mittels der ausgelassenen Zuschaustellung der maskulinen Ansprüche. In diesem Stadium der Mannwerdung wird die männliche „performative Exzellenz" innerhalb der Altersklasse als „kompetitive Promiskuität" konzipiert und durchgesetzt (David D. Gilmore).[61] Die jungen Männer müssen im Wettbewerb miteinander durch ihre sexuellen Heldentaten ihre Fähigkeit zur Erfüllung ihrer zukünftigen Ehemännerrolle, d. h. Erwachsenenrolle, unter Beweis stellen. Wir wissen, dass dieser Erwartungsdruck bezüglich der Durchsetzung männlicher Ambitionen in den

---

[57] Montifaud (Anm. 10), S. 36 u. 90. In Lyon ist 1578 im Rahmen des Festumzugs der Jugendgesellschaften von den *gentil-hommes* und von der *noblesse dudit Abbé* die Rede. „Les Triomphes. Recueil des chevauchées de l'asne" (Anm. 21), S. 154.

[58] Rabelais (Anm. 6), Kap. 54, S. 143.

[59] Vgl. Bruneau, Charles (Hg.). *La Chronique de Philippe de Vigneulles*. Bd. 3. Metz 1932, S. 383.

[60] „Le Sermon joyeux des friponniers" (Anm. 25), Nr. 14, v. 114-121 u. 160-162.

[61] Gilmore, David D. *Manhood in the making. Cultural concepts of masculinity*. New Haven 1990.

vormodernen Gesellschaften oft zu kollektiven Vergewaltigungen geführt hat.[62] Aus dieser Perspektive gesehen, bietet die Jugendabtei einen Rahmen, der es erlaubt, die anarchischen männlichen Energien in ritualisierten Formen des burlesken Prahlens auszuleben und abzureagieren. Sie kann deswegen als eine Institution der sozialen Kontrolle im Sinne der Vergesellschaftung und sittlichen Disziplinierung gelten. Die Energien der kompetitiven Promiskuität und ihre Ideologie finden Ausdruck in den Edikten der Jugendinstitutionen, die als Zeichen des burlesken, sexuell markierten Prahlens zum Zweck der Durchsetzung der Männlichkeitswerte zu verstehen sind. In den grotesken Edikten, die vom Abt persönlich vorgetragen werden,[63] wird den Abteimitgliedern folgendes Benehmen angeordnet: Die Frauen sollen mit entblößten Busen und Hintern die Männer zu sexuellem Spiel reizen[64] und die Novizen der Abtei sollen „das Tier mit den zwei Rücken machen".[65] In ihrer Litanei beten der Abt und seine Mönche („l'abbé et tous ses suppostz") gemeinsam den lieben Gott an, ihnen „la belle fille au coucher pour faire la beste à deux dos" zu schenken.[66] Der manchmal groteske Charakter der dargestellten sexuellen „Heldentaten" unterminiert die Werte der Jugendinstitution nicht, sondern erfüllt eine gemeinschaftsbildende Funktion.

Als prägnantes Beispiel für diese institutionalisierte sexuelle Rhetorik gilt der burleske Syphilis-Diskurs der Jugendabteien. In seiner Anordnung verlangt der Abt der *Conards* von den Novizen als Beweise für ihre sexuelle Promiskuität, Zeichen von Syphilis zur Schau zu stellen: „L'Abbé entend que ses mignons, / Ayent le ventre et les rognons / D'une v...[vérole] toute enclos".[67] Selbstverständlich geht es dabei nicht um die positive Bewertung der allgemein gefürchteten venerischen Krankheit, sondern um einen rhetorischen Vorgang, der über die groteske Bildlichkeit auf gruppenspezifische Ansprüche verweist und zugleich ein kollektives Gelächter verursacht. Dadurch verwirklicht sich die konstruktive Facette dieser Lachrituale, denn die Männergemeinschaft konsolidiert sich über das burleske Prahlen. Vielleicht kann dieser Aspekt des Lachdiskurses der Jugendabteien auch erklären, warum Rabelais seine Bücher ausgerechnet den Syphilitikern gewidmet hat: „... et vous Verolez tresprecieux (car à vous non à aultres sont dediez mes escriptz)".[68] Es könnte sein, dass er seinen Leser gerne in der Gestalt eines Anhängers des burlesken Lachens der Männer-

[62] Vgl. Walker, Garthine. „Rereading rape and sexual violence in Early modern England". *Gender & History* 10 (1998) H. 1, S. 1-25.

[63] Montifaud (Anm. 10), S. 80: „après que par la bouche ouverte, gueulle, bec du sieur abbé, l'arrest eust esté prononcé [...]".

[64] Montifaud (Anm. 10), S. 83: „L'Abbé commande à ses nonnains / A descouvert monstrer leurs sains/Et chevaucher à cul desclos".

[65] Montifaud (Anm. 10), S. 82: „L'abbé désire ses novices [...] faire la beste à deux dos".

[66] „La letanie des bons Compaignons" (Anm. 26), S. 68.

[67] Montifaud (Anm. 10), S. 83.

[68] Rabelais (Anm. 6), S. 5.

korporationen gesehen hätte, als einen Pantagruelisten, der die in den rituellen Lachpraktiken verwurzelten Witze und Rätsel deuten und darüber mit dem Autor lachen konnte.

Um eine solche Lachgemeinschaft zwischen dem Erzähler und seinem männlichen Leser entstehen zu lassen, hat Rabelais m. E. die weiblichen Mitglieder der Abtei von *Theleme* vorgestellt und dabei eine zusätzliche Verschiebung gegenüber den sexuell aggressiven Manifesten der närrischen Jugend vollzogen, die den Lacheffekt steigern sollte. Denn während die Frauen in dem Manifesten nur spielerisch angesprochen und eingeladen werden, sind sie bei Rabelais vollberechtigte Mitglieder der Abtei.

Auf den ersten Blick stellt sich der tugendhafte Diskurs des *mandement* von *Theleme* als diametraler Gegensatz zur sexuellen Prahlerei der Jugendabteien dar. Das *mandement* der Abtei von *Theleme* lädt nicht die „jeunes filles aux tetins ronds“ oder liebeslustige Ehefrauen ein, wie etwa in der *Bulle der friponniers*,[69] sondern „dames de haut parage [...] à maintien prude et sage“. An dieser Stelle scheint Rabelais, letztlich wie in der gesamten *Theleme*-Episode, im Unterschied zum sprachspielerischen und mehrschichtigen Diskurs der übrigen Darstellung – in absolutem Ernst eine tugendhafte Idealwelt zu entwerfen. Es zeigt sich aber auch hier, dass es viele Bruchstellen in der *civileté* der Thelemiten gibt, die über Wortspiele erfolgen und den Leser zum Lachen bringen mussten. Dabei dient der komische Effekt nicht dem Verspotten der Jugendabtei, sondern im Gegenteil ihrer Zelebrierung als einer Institution, die ihre kollektiven Werte mit Lachritualen durchsetzt.

Eine nähere Betrachtung der Bedeutungen, die in den Wortspielen aktualisiert werden und auf die maskuline sexuelle Rhetorik der Prahlerei hinweisen, lässt auf spielerische Weise versteckte ideologische Gemeinsamkeiten der *Theleme*-Episode mit den institutionellen Texten der Jugendabteien in Erscheinung treten. Indem das *mandement* von *Theleme* die Frauen in die Abtei einlädt, bedient es sich der Metapher des „Empfängnisses des heiligen Wortes“, – ‚Chascune ayt enceincte La parolle saincte‘.[70] Dies ist eine rhetorische Figur, die mit dem metaphorischen Bild der Reliquien des phallischen *St. Chouard* aus der Bulle des Mönchordens der *Friponniers* verglichen werden kann. Dieser Vergleich ist möglich wegen der zahlreichen Anspielungen auf die sexuellen Aktivitäten der Abteimitglieder in den folgenden Kapiteln der *Theleme*-Episode. Bei der Beschreibung der Beschäftigungen der *compagnie honeste* der Thelemiten greift Rabelais zur sexuellen Metapher des ‚Reitens‘, die in seiner Zeit eine solche Verbreitung in der komischen Literatur gefunden hat, dass man die sexuelle Konnotation dieses Bildes kaum als einen zweiten Sinn bezeichnen kann.[71] Diese Bedeutung wird durch das phallische Bild der ‚Stöcke‘ unterstützt, die galan-

---

69 „Le Sermon joyeux des Friponniers“ (Anm. 25), S. 153.

70 Rabelais (Anm. 6), Kap. 54, S. 143.

71 Roy, Bruno. *Une culture de l’équivoque*. Montréal 1992, S. 117.

te Ritter als Waffen in den Turnieren benutzen: „Iamais ne feurent veuz chevaliers tant preux, tant gualans, tant dextres à pied, et à cheval [...], mieulx remuans, mieulx manians tous bastons, que là estoient“.[72] Das Bild der Jagd, dieses genuin aristokratischen Zeitvertreibs, evoziert ebenfalls sexuelle Bedeutungen: Während die Damen Sperber, Habicht oder Sperling zur Jagd bringen, „trugen die Männer die andern Vögel“– betont Rabelais anspielungsreich.[73] Weibliche Tugenden werden analog zu den männlichen Begabungen mithilfe der sexuellen Metapher der Nadelarbeit beschrieben;[74] „Jamais ne feurent veues dames [...] plus doctes à la main, à l'agueille, à tout acte muliebre honeste et libere, que là estoient“.[75]

Betrachtet man diese Sprachspiele, die heutzutage bloß als pornographisch und obszön bewertet werden können, vor dem Hintergrund der sozialen Konstruktion der karnevalesken Abtei als eines Ortes der kollektiven Durchsetzung von Männlichkeitsansprüchen, dann erlangen sie eine spezifische Konnotation, die dem positiven Bild der Jugendabtei nicht widerspricht, sondern es gerade bekräftigt. Die evozierten sexuellen Spiele und sexuell kodierten Frauendarstellungen dienen der Darstellung der ‚performativen Exzellenz' der jungen Männer. Das auf diese Weise erzeugte zotige Lachen stellt *Theleme* als eine erfolgreiche Gemeinschaft von jungen Männern dar, die ihre Bereitschaft für den ehelichen *combat vénérien* beweisen können.

Die Architektur der Abtei von Theleme als monumentalisiertes Konzept der Jugendinstitution

Die karnevaleske Zelebrierung männlicher Lachgemeinschaft wird auch im architektonischen Entwurf der Abtei von *Theleme* weitergeführt. Architektonisch erinnert *Theleme* an Chambord und Bonnivet, berühmte königliche Paläste der Renaissance. Warum ist diese Abtei als eine weltliche Konstruktion konzipiert? Alleine deswegen, weil ihre Ideologie das Modell des Mönchsordens verwirft?

Ein Vergleich mit den Texten der Jugendabteien erlaubt es, das widersprüchliche Bild der Abtei genauer zu verorten. *Le palais de l'abbé* ist ein aus dem Kontext der Jugendassoziationen bekannter Begriff, der wegen der Kontamination von weltlichen und geistlichen Termini in *einem* Ausdruck der oben analy-

---

[72] Rabelais (Anm. 6), Kap. 57, S. 149.

[73] Rabelais (Anm. 6), Kap. 57, S. 149. Vgl. auch andere sexuell konnotierte sprachspielerische Vogelbilder in der *Theleme*-Episode (faucon – faux con); ebd. Kap. 55, S. 145: „La faulconnerie [...] gouvernée par asturciers bien expers en l'art“; ebd., Kap. 66, S. 148: „Si quelques unions tendoient à vetusté [...] icelles par leur art renouvelloient en les donnant à manger à quelques beaulx cocs, comme on baille cure es faucons.“

[74] Rabelais verwendet diese Metapher einige Kapitel zuvor bei der Darstellung der sexuellen Spiele Gargantuas in der Form eines sexuellen Rätsels. Rabelais (Anm. 6), Kap. 12, S. 37.

[75] Rabelais (Anm. 6), Kap. 57, S. 149.

sierten Bezeichnung *la noblesse de l'abbé* analog ist: Während die soziale Ordnung der Jugendinstitution *abbaye* ernannt wird, heißt der Ort ihrer festlichen Zusammenkunft *palais* oder *chateau*.[76] Die Chronik der *Conards* gibt eine detaillierte Beschreibung des *palais de l'abbé*, dessen Inszenierung am Anfang dieses Beitrags schon evoziert wurde:

> Et fut conclud de faire à la halle aux draps de nouveau bastie, la plus belle et espacieuse qui soit en France. Aussi fut esleü pour le pallais de l'abbé, fürent affichez en grosses lettres plusieurs escriteaux audit lieu, contenant ces mots: pallais pour l'abbé.[77]

Die Imaginierung des karnevalesken „pallais pour l'abbé" in der Form der allgemein bekannten königlichen Schlösser sollte den komischen Effekt der literarischen Inszenierung der Jugendabtei steigern, aber auch auf ihre Ansprüche verweisen.

Im zentralen Element der *Theleme*-Architektur, einer prächtigen Wendeltreppe („une merveilleuse viz"),[78] kann eine männlich kodierte Konstruktion erkannt werden, und zwar wegen des weit verbreiteten sexuellen Wortspiels *vit-viz-vie*, das die Manifeste der Jugendabteien und Rabelais selbst mehrmals in seinem Werk benutzen.[79] Die Anspielung auf die Männlichkeit ist hier durch die Erwähnung der Speere gesteigert, die Männer beim Heraufsteigen der Wendeltreppe an den Hüften tragen".[80]

Der Brunnen der Abtei wird als prächtiges Beispiel der Renaissancearchitektur dargestellt: „Au milieu de la basse court estoit une fontaine magnifique de bel Alabastre. Au dessus les trois Graces avecques cornes d'abondance."[81] Im Bild des Hornes des Überflusses lässt sich ebenfalls eine maskuline Bedeutung erkennen, die wenige Kapitel zuvor auf eine durchaus explizite Weise ausgedrückt wird. Indem Rabelais sich dem Lob der sexuellen Potenz Gargantuas widmet, vergleicht er seine Schamkapsel (*braguette*) mit dem Horn des Überflusses und preist ihre *vertue erective*.[82]

Solche spielerischen Architekturbilder, ähnlich den Beschreibungen der Frauen oder der Darstellung der Spiele der Thelemiten, sind als literarische Reinszenierung des inklusiven Aspektes der männlichen Lachrituale zu begreifen, im Sinne einer Konstitution des kollektiven ‚Wir' im sexuellen burlesken Prahlen. Ihr ausschließender Aspekt, derjenige des aggressiven Spotts zum Zweck der Demarkation des ‚Wir' von den ‚anderen', der positiv besetzten kol-

---

[76] Montifaud (Anm. 10), S. 16: „Viennes Conards et cornus [...] / Au vieil palais cedit jour assembler"; ebd., S. 89: „s'assembler ont voulu/Au chasteau de plaisir".

[77] Montifaud (Anm. 10), S. 78.

[78] Rabelais (Anm. 6), Kap. 53, S. 140.

[79] „Le Sermon joyeux des friponniers" (Anm. 25), v. 106-108: „Et ne chantons en notre vie / Rien que sur parchemin en vie [vit] / [...] chantons sur l'autel velu".

[80] Rabelais (Anm. 6), Kap. 53, S. 140.

[81] Rabelais (Anm. 6), Kap. 55, S. 144.

[82] Rabelais (Anm. 6), Kap. 8.

lektiven Werte von den feindlichen Konzepten, wird von Rabelais ebenfalls in die Konstruktion der Abtei spielerisch eingeschrieben. Prahlen und Spott treten dabei in ein dialogisches Verhältnis.

Die Spottrituale der Jugendabteien zeigen, dass die ausgelassene Inszenierung der maskulinen Kraft zum symbolischen Mittel der Durchsetzung der sozialen Ordnung und Ausübung der sozialen Kontrolle werden kann. Dabei wird die Missregierung der Jugendabteien zur Komplizin der offiziellen Regierung, denn sie richtet sich im Bereich der Spottrituale gegen die Abweichungen von gesellschaftlichen Norm- und Moralvorstellungen. Deswegen werden die Jugendabteien von der offiziellen Macht gefördert und unterstützt, was etwa an der Prozedur der Wahl des Jugendabtes und seiner Einsetzung, die unter dem Vorsitz hoher Vertreter der weltlichen und kirchlichen Macht verliefen, deutlich zu sehen ist.[83]

Dieser rituelle Aspekt der sozialen Kontrolle kann ebenfalls am Beispiel des burlesken Hörnerdiskurses der Jugendabteien veranschaulicht werden, und zwar an seiner symbolischen Rolle im Rahmen der Spottpraktiken. Die Grammatik des sexuellen Diskurses der Spottinstitutionen stellt sich aus zwei dynamischen und aufeinander bezogenen Sinneinheiten zusammen: zum einen aus der schon besprochenen sexuellen Prahlerei, mit der die Jungmännergruppe ihre Präsenz auf dem Heiratsmarkt unterstreicht. Während der festlichen Umzüge werden Hörner (Widderhörner bzw. Hirschgeweih) als phallische Symbole männlicher Potenz vorgezeigt.[84] Zum anderen können dieselben Hörner aber auch auf der Stirn verheirateter Männer landen und sie damit als Hahnreie verspotten[85] (Abb.1). Damit wird aber zugleich auch die Institution der Ehe bekräftigt und verteidigt. Die rituelle Geste des Hörneraufsetzens ist ein Akt der Rüge und gehört in den Bereich der Spottrituale, die unter dem Namen des *charivari* bekannt sind.[86]

---

[83] Eingehender dazu: Gvozdeva, Katja. „Spiel und Ernst der burlesken Investitur in den *sociétés joyeuses* des Spätmittelalters und der Frühen Neuzeit". *Investitur- und Krönungsrituale. Herrschaftseinsetzungen im kulturellen Vergleich*. Hg. v. Marion Steinicke u. Stefan Weinfurter. Köln 2005 [im Druck].

[84] Vgl. Rey-Flaud, Henri. *Le Charivari: Les rituels fondamentaux de la sexualité*. Paris 1985.

[85] Der dynamische Aspekt der charivarigeprägten Hörnersymbolik ist in den modernen karnevalesken Aufführungen erhalten geblieben und kann daran veranschaulicht werden. Vgl. Abb. 1: Karneval in Pésenas. Photo Claude Gaignebet, 1986.

[86] Das Charivari als Lachritual präsentiert eine Inszenierung, die burlesk ausgestattet ist und in der Form einer lärmenden Belustigung abläuft. Dabei verfolgt sie durchaus ernste diffamierende Absichten, indem sie der Regulierung von verschiedenen Abweichungen von gesellschaftlichen Moralvorstellungen dient. Das Charivari ist besonders auf die männliche Defizienz und den Verlust der Ehre ausgerichtet: Seine Zielscheiben sind sexuell schwache, von ihren Frauen geschlagene bzw. betrogene Ehemänner sowie diejenigen, die sich mit viel älteren bzw. viel jüngeren Frauen vermählen, und schließlich jene, die ihrem Status als Familienvater nicht gerecht werden. Dadurch wird ein Spottrahmen geschaffen, in dem solche Konflikte und Moraldelikte,

Abb. 1: Karneval in Pésenas, Foto Claude Gaignebet, 1986

Für die Frage nach der Konstitution der rituellen Lachgemeinschaft muss allerdings ihre Relevanz und Funktion für ihre Hauptakteure geklärt werden. Warum machen sich junge Männer, die mit ihrem promisken Verhalten prahlen, Sorgen über die Ehre der Ehemänner und verfügen darüber durch Lachpraktiken? Die Relevanz des charivaresken Spotts für die Mitglieder der Lachinstitutionen erklärt sich aus ihrer liminalen Position gegenüber der Erwachsenenwelt. Die Fragen der Ehe und der damit verbundenen männlichen Ehre sind für die Jugendlichen in ihrem vorehelichen Übergangsstatus zentral. Ihre rituelle Einstellung kann folgendermaßen resümiert werden: Indem die jungen Männer die Hahnreihörner verlachen, schaffen sie auf eine rituell-prophylaktische Weise Grundlagen für ihre zukünftige Rolle als Ehemann. Das spöttische Verlachen der Hahnreihörner beabsichtigt eine kollektive Abgrenzung von den defizienten Männern und eine prophylaktische Abwehr von der Gefahr der Hahnreihörner. Es ist ein Lachritual, das die gemeinschaftlichen Grenzen der Jugendabtei definieren und schützen soll.

Das rituelle Verlachen der Hahnreihörner äußert sich auch in komplexen festlichen Inszenierungen der Institution der Jugendabtei. Der Abt der *Conards* verlangt in seinen Anordnungen an die Abteimitglieder, dass sie ihm genau über die lächerlichen Fälle der Hahnreischaft in der Stadt berichten. Die Hahnreie werden anschließend zu den Sitzungen der Lachinstitution, den so genannten Hahnreigerichten (*cours coculaires*) vorgeladen und den vernichtenden burlesken Ritualen unterzogen. Das Fest der *Conards* 1540 beinhaltete eine solche burleske Gerichtsverhandlung, die sich mit einem Fall der männlichen Defizienz (*le cas des deffaillans*) auseinander setzte: Ein Mann, der die Macht über seine Frau auf die lächerlichste Art verloren hatte, indem er seine Ehegattin im Würfelspiel verpfändete, bekommt den Titel des ruhmreichen Gehörnten (*sot et glorieux cornard*).[87]

Die burlesken Deklarationen der Jugendabteien, wie zum Beispiel *Le sermon joyeux des friponniers*, tragen Spuren der rituellen Dialektik des charivaresken Spotts und Prahlens: Die Predigt wird mit der Vorlesung einer Bulle abgeschlossen, in der der Prediger seinem Publikum die Absolution erteilt. In den ersten Zeilen der Bulle taucht das Bild einer ungleichen Ehe, das Feindbild der Jugendinstitution und klassischer Anlass des Charivari auf: „Jeunes filles aux tetins ronds; / que l'on marie a vieux grisons / Qui n'ont force ne puissance".[88] Die Jungmännergesellschaft nimmt dazu Stellung: Unglücklich verheirateten Frauen, die sich einen jungen Liebhaber nehmen, oder auch jungen unverheira-

die nicht der offiziellen Rechtssprechung unterliegen, aber dennoch gesellschaftlich geächtet sind, durch Lachen verhandelt werden. In dieser disziplinierenden Absicht besteht die Funktion der Spottrituale der Jugendabtei für die ganze Gesellschaft. Aus der umfangreichen Literatur zum Charivari vgl. Scharfe, Martin. „Zum Rügebrauchtum". *Hessische Blätter für Volkskunde* 61 (1970), S. 45-68; Le Goff, Jacques (Hg.): *Le Charivari*. Paris 1981; Rey-Flaud (Anm. 84).

87 Montifaud (Anm. 10), S. 29.

88 *Recueil général des sermons joyeux* (Anm. 25), Nr. 14 A, v. 160-162.

teten Mädchen, die dem sexuellen Verlangen junger Männer keinen Widerstand leisten, werden ihre Sünden von dem Vertreter der Jungmännerabtei logischerweise erlassen (Prahlen). Dagegen verdienen die Ehemänner, die durch die Untreue der Frauen ihre männliche Ehre verlieren und sich von diesen Frauen unterwerfen und schlagen lassen, kein Mitgefühl, sondern werden als „monstres contre nature" stigmatisiert. Für jene, die den Männlichkeitskodex nicht respektiert haben, gibt es keine Gnade: Sie werden vom burlesken Prediger zum Tode verurteilt (Spott).[89]

Betrachtet man eine kurze Bemerkung Rabelais' in Hinblick auf *Theleme* aus der Perspektive der auf die männliche Ehre zentrierten Spottrituale der Jugendabteien, erlangt sie eine spezifische Bedeutung: Laut Rabelais sichert die *Theleme*-Abtei ihren Mitgliedern die Möglichkeit einer ehrenvollen Ehe: „là honorablement on peult estre marié".[90] In diesem Sinne entspricht der Entwurf der Hauptfunktion der Jugendabtei als einer Institution, die sich gegen die unehrlichen Formen der Heirat richtet, um die Vergesellschaftung von Jugendlichen in die richtigen Wege zu leiten.

Die im rituellen Kontext der Jugendabteien verankerte symbolische Opposition zwischen dem Horn der männlichen Kraft und den Hahnreihörnern, die auf die performativen Praktiken von Prahlen vs. Spott und somit auf die zu verhandelnden Grenzen der männlichen Lachgemeinschaft verweist, spielt eine zentrale Rolle in der Verhandlung des Konzeptes der männlichen Ehre bei Rabelais. Diese Opposition kann als Symptom seines ‚rituellen Denkens' begriffen werden.[91] Das exklusive Lachen der Jungmänner, ihr Spott, dient nicht nur der Konsolidierung der Jungmännergesellschaft selbst, sondern schließt in gewisser Weise im Vorgriff die jungen Männer in die Gemeinschaft der erfolgreichen und ehrenhaften Ehemänner ein. Unmittelbar nach der Darstellung des maskulinen Hornes des Überflusses als einer der kostbarsten Dekorationen der *Theleme*, findet der Leser in den Galerien der Abtei eine burleske Anhäufung von anderen Hörnern – Hirschgeweihe, Hörner des Rhinozeros, des Einhorns, sogar vom Flusspferd –, die als Jagdtrophäen der Thelemiten präsentiert werden.[92] Die in der Architektur und Ausstattung der Abtei umgesetzte institutionelle Ideologie der männlichen Lachgemeinschaften lässt sich wie folgt formulieren: Während die männliche Potenz, symbolisiert durch das hyperbolische Bild des Horns des

---

[89] *Recueil général des sermons joyeux* (Anm. 25), Nr. 14 A, v. 174-177: „Si une femme par sa prouesse / Est de son mary la maistresse / Ou qu'elle le batte a chacune heure? / Ouy! Pourvu que le vilain meure!"

[90] Rabelais (Anm. 6), Kap. 52, S. 139.

[91] Das Bild der Hörner erscheint bei Rabelais immer im Zusammenhang mit Männlichkeit und Heiratsproblematik. So etwa im 3. Buch bei der Beratung Panurges zum Thema der Heirat, hier werden die Hörner als doppeldeutiges Symbol der männlichen Potenz bzw. der Hahnreischaft evoziert; Rabelais (Anm. 6), 3. Buch, Kap. 13-14.

[92] Rabelais (Anm. 6), S. 144.

Überflusses, im Zentrum seiner Konstruktion steht, wird die männliche Defizienz in der Gestalt von verschiedenen lustigen und phantastischen Hörnern an der Peripherie als mahnendes Bild aufbewahrt, als eine im spöttischen Lachen besiegte Gefahr (Jagdtrophäen). Für eine solche Interpretation spricht auch die von Rabelais stark beeinflusste Chronik der Abtei der *Conards*, die ebenfalls die Hörnertrophäen nennt und sie dabei explizit als Hahnreihörner bezeichnet: Das burleske Inventar der Schätze der Abtei der *Conards* enthält unter anderem „une harcelée de cornes de cocus, dont le nombre est tel qu'on ne le sçauroit nombrer".[93]

Lachgemeinschaft und Utopie

Die *Theleme*-Episode widerspricht somit nicht dem karnevalesken Bildersystem Rabelais' und ist mit dem fröhlichen Rahmen der Gesellschaft der Pantagruelisten eng verbunden. Die Hörnerfrage, die ins Zentrum der Beschäftigung der Gesellschaft der Pantagruelisten besonders im Dritten Buch gerät, markiert die Nähe Rabelais' zum rituellen Lachdiskurs der Jungmännergesellschaften, die er in der Gestalt der Pantagruelisten zelebriert. Die Thematik der darauf folgenden Bücher bildet mit der Theleme-Episode ein Kontinuum. Heirat ist das *Telema* Panurges, des prominenten Mitglieds der Pantagruelisten, den Rabelais zum heiratsfähigen Jugendlichen (*compagnon à marier)* stilisiert. Die scherzhaften Beratungen innerhalb der Männergesellschaft der Pantagruelisten zu diesem Thema im Dritten Buch bewegen sich im Spannungsfeld von einem starken Ehewunsch und einer latenten Hörnergefahr. Auf die Symbolik des liminalen Raums der Jungmännergesellschaft wird noch einmal im Vierten und im Fünften Büchern mithilfe der Schiffsreise rekurriert. Das Schiff der Pantagruelisten heißt *Thalamèges*, ein Name, der phonetische Assoziationen mit *Theleme* erweckt und nicht nur ‚Schiff' auf Griechisch bedeutet, sondern auch die Vorstellung vom Hochzeitszimmer, *talame*, evoziert.[94] Dieses Schiff ist eine temporäre Herberge der Jugendfreunde Pantagruels in ihrer Suche nach der Antwort auf die heikle Ehefrage und in ihrer Reise zum Erwachsenwerden.

Die Art von Betrachtung der männlichen Wünsche und Ambitionen in Bezug auf die männliche Kraft, das Modell der Ehe und die Frage der Ehre lässt die *Theleme*-Episode als einen utopischen Gemeinschaftsentwurf erscheinen, allerdings im spezifischen Sinne der karnevalesken Jungmännerutopie. Mit seiner Utopie der Lachgemeinschaft steht Rabelais in der karnevalesken Tradition nicht alleine. Die prinzipiell offene Konstruktion der Abtei, die keine Mauern hat, ihre prächtige Ausstattung und idyllische Atmosphäre ist uns ebenfalls aus

---

[93] Montifaud (Anm. 10), S. 114.

[94] Eingehender dazu Harp, Margaret Broom. *The portrayal of community in Rabelais's Quart Livre*. New York 1997, S. 17.

dem *Monologue des Sotz joyeulx de la nouvelle bande* bekannt, auch wenn wegen der fehlenden Datierung nicht festgestellt werden kann, ob diese utopische Darstellung Rabelais als Vorbild dienen konnte oder ihrerseits durch die *Theleme*-Episode inspiriert wurde.

Dieser Monolog beinhaltet einen *cry*, eine Art burleskes *mandement*, das die Mitglieder zu Fest und Gelage (*festin et banquet*) versammelt. Zum Fest werden Narrenäbte, wie der *Abbé de Plate-Bourse*, *Abbé de Mau-Gouverne* u. a. als auch die weltliche Narrenaristokratie, wie der *Marquis de Joie*, *Baron de Liesse*, *Seigneur de Gaytté*, *Seigneur du Coeur-Joyeus*, *Seigneur du Bon-Temps* versammelt. Fast alle Namen können in verschiedenen historischen Berichten als burleske Bezeichnungen für junge Bürger, die Oberhäupter der Stadtbezirksabteien, nachgewiesen werden.[95] In diesem Text wird der Versammlungsort der Narrenäbte weltlich konstruiert (Palast) und dabei als ein utopischer Festraum geschildert: Er steht in einer herrlichen Landschaft, ist Tag und Nacht beleuchtet und durch seine prinzipielle Offenheit gekennzeichnet. Seine Bewohner und Gäste führen ein Leben ohne Sorgen, denn sie werden jederzeit vom lieben Gott unterstützt.[96] Der utopische Raum der Abtei entstammt dem Kontext der karnevalesken Festlichkeiten, denn die Zusammenkunft der Narren wird genauso wie in der Chronik der *Conards* als *triomphe* definiert.[97]

Dieser Text kann als Verweis auf eine kulturelle Tradition der utopischen Darstellung der karnevalesken Abteien dienen, deren Teil die Abtei von *Theleme* bildet. Diese Tradition schafft eine Voraussetzung für die Rezeption Rabelais' im Rahmen des Festes der *Conards.* Diese Narrenabtei hat die pantagruelistischen Chroniken als Teil ihrer Gruppenkultur erkannt und aus diesem Grund ‚sakralisiert', um als Mittel der Durchsetzung und der Bekräftigung ihrer Gruppenidentität auf eine performative Weise zu verwenden. Man könnte sogar vermuten, dass Rabelais sich eine solche Rezeption gewünscht hat. Denn im Prolog zu Gargantua behauptet er: „À moy n'est que honneur et gloire, d'estre dict et reputé bon gaultier et bon compaignon: et en ce nom suis bien venu en toutes bonnes compaignies de Pantagruelistes".[98] Diese Zeilen können als ein Hinweis auf den gemeinsamen konzeptuellen Horizont verstanden werden, den Rabelais mit den Mitgliedern der burlesken Männerkorporationen spielerisch teilt. In dieser Hinsicht ist ein Dokument von Bedeutung, aus dem hervorgeht, dass Rabe-

---

[95] Siehe Anm. 42.

[96] Aubailly (Anm. 29), S. 15: „Un plaisant chasteau / De renom hault, voire très beau, […]"; ebd. S. 22: „À l'entrée il n'y a nulle garde attitrée / Pour vous deffendre le passage […] En ce lieu a telle clarté / Que jamais l'obscurité n'y entre en nulle manière […] ce lieu est précieux et cher, et assis en bel air. […] aussi les habitans aucun souci / N'y ont de vivre, car toujours / Dieu leur donne au besoin secours".

[97] Aubailly (Anm. 29), S. 24: „triomphant en ce hault manoir". Vgl. mit den Festen (*triomphes*) der Abtei der Conards; Montifaud (Anm. 10), S. 16: „Au vieil palais cedit jour assembler / Pour à plusieurs le faire bon sembler / Triomphe et bruit en dame Conardie".

[98] Rabelais (Anm. 6), S. 8.

lais selbst Mitglied einer fröhlichen Männergesellschaft in Orleans war und in diesem Zusammenhang sich als Mitglied der Pantagruelisten bezeichnet.[99]

Man könnte ebenfalls vermuten, dass Rabelais bestimmte Aspekte seines utopischen Entwurfs in der ausgelassenen Inszenierung der britischen Thelemiten erkannt hätte. Denn diese Jungmännergesellschaft hat formale Merkmale der Jugendabtei in ihren beiden zentralen Aspekten übernommen: zum einen die Durchsetzung der maskulinen Ambitionen in burlesken sexuellen Bildern, zum anderen das spöttische Vorgehen gegen eine defiziente Männlichkeit (der Streich gegen den Priester). Diese Lachpraktiken gehören zum rituellen Repertoire der Lachinstitution und sind weniger ein Zeichen der Exzentrizität der englischen Elitenkultur des 18. Jahrhunderts, sondern eher ein Beispiel des Auslaufstadiums der langen Entwicklungslinie der Jugendabteien. Denn die Institutionen des Lachens bilden ein kulturelles Phänomen der *longue durée*. Noch am Ende des 17. Jahrhunderts verkündet das Statut des karnevalesken Ordens der Freude (*Ordre de la Joie*) ähnliche gemeinschaftliche Werte wie die Abtei von *Theleme*.[100] Wie es die Geschichte des *Régiment de la calotte*,[101] einer Vereinigung Pariser Literaten und Pamphletisten (Anfang des 18. Jahrhunderts) beweist, hat sich diese *police du ridicule* in ihren spöttischen Edikten noch ausführlich der karnevalesken Symbolik und des traditionellen Charivari-Musters bedient. Insgesamt kann man von einem fortschreitenden Verblassen dieser Tradition sprechen. Die rituelle Wirksamkeit der burlesken Jungmännerinstitutionen lässt mit der fortschreitenden Privatisierung der Ehe nach und kann in den späteren Inszenierungen nicht mehr nachgewiesen werden.

Schluss

Am Beispiel des Verhältnisses zwischen dem Text Rabelais', seinem sozialen Vorbild und seiner Rezeption kann man von folgenden unterschiedlichen medialen Typen der Lachgemeinschaft sprechen:

- Im Rahmen der karnevalesken Rituale wird das kollektive Gelächter, ausgelöst durch die burlesken Prahl- und Spottpraktiken zum performativen Generator und Regulator der institutionalisierten Gemeinschaft der Narrenabtei.
- Im Rahmen des literarischen Textes, der – über im rituellen Denken verankerte Schemata – auf dieses rituelle Gelächter rekurriert, wird eine neue Art der Lachgemeinschaft inszeniert (Pantagruelisten), die zugleich das soziale Modell

---

[99] Vgl. Cooper, Richard. „Rabelais „architriclin dudict Pantagruel". *Rabelais-Dionysos. Vin, carnaval, ivresse.* Actes du Colloque de Montpellier 26-28 mai 1994. Actes réunis et publiés par Michel Bideaux. Marseille 1997, S. 66-69.

[100] Dinaux (Anm. 45), S. 424.

[101] Vgl. Baecque, Antoine de. *Les éclats du rire. La culture des rieurs au XVIIIe siècle.* Paris 2000, S. 23-55.

evoziert und es durch die Lachen erregende textuelle Verschiebungsstrategie verändert und reflektiert.

- Im Rahmen der Textrezeption entsteht eine Lachgemeinschaft zwischen Autor und Leser, die gerade durch die literarische Strategie der komischen Verschiebungen veranlasst wird. Was im Falle der stummen Lektüre nur vermutet werden kann, wird im Falle der performativen Rezeption an Beispielen der burlesken Sakralisierung Rabelais' und der Verwendung seines Textes als Vorbild für die rituelle Inszenierung einer Lachgesellschaft auch bewiesen.

Die Analyse hat so gezeigt, dass der literarische Entwurf der Lachinstitution sowohl als Abbild und Kommentar wie auch als Teil und Modell der sozialen Praktiken dienen kann.

V. Soziale Stilisierungen in der Karikatur

Malcolm Jones

No laughing matter?

Die Wiederentdeckung der komischen Flugblätter aus dem England des 17. Jahrhunderts

Erst vor relativ kurzer Zeit habe ich begonnen, mich mit den während des 16. und 17. Jahrhunderts in England gedruckten Flugblättern zu beschäftigen. Ganz allmählich wurde mir bewusst, dass aus unerklärlichen Gründen eine ausführliche Untersuchung dieser Quellengattung überhaupt noch nicht unternommen worden war. Freilich gab es keine englische Version der gewichtigen Reihe der „Illustrierten Flugblätter" von Wolfgang Harms, aber das stand auch nicht zu vermuten, denn solche Flugblätter gab es im frühneuzeitlichen England gar nicht. So jedenfalls lautete bis vor kurzem die gängige Forschungsmeinung. Angesichts der großen Fülle solchen Materials, das zeitgleich in den Niederlanden, Frankreich und Deutschland entstanden ist, erschien mir dieser Befund allerdings sehr seltsam, aber er konnte vorerst mit der „visual anorexia" erklärt werden – um die unvergessliche Formulierung eines hervorragenden englischen Historikers über die Einstellung zur Kunst des puritanischen Regimes zu benutzen.

Offenbar gab es kein visuelles Material während der allergrößten Blütezeit des Dramas und der anderen literarischen Künste in der englischen Kulturgeschichte – ein ziemlich merkwürdiger Umstand, aber wenn es welches gegeben hätte, dann wäre es wohl schon gefunden worden. Das Fehlen von Reproduktionen schien für sich selbst zu sprechen. Allerdings hielt sich in meinem Gedächtnis hartnäckig die Erinnerung an gewisse, vereinzelte Bildnisse – hier ein Totentanz, da eine seltsame Satire –, also musste es doch einige von diesen Blättern gegeben haben, wenngleich vermutlich nur sehr wenige – denn sonst wären sie, so möchte man meinen, sicherlich häufiger reproduziert worden.

Jetzt weiß ich es besser, und das ist vielleicht auch ein lehrreiches Beispiel dafür, dass man nicht von ungeprüften Voraussetzungen ausgehen sollte! Aus historischen Gründen – und ich würde sagen, wohl auch aus fachlichem Standesdünkel – hatte die englische Forschung bis in die letzten Jahrzehnte des vorigen Jahrhunderts einfach gar nicht erst nach solchem Material gesucht, da sie überwältigt war durch die Materialfülle in anderen Ländern sowie auch durch eine den Blick verengende allgemeine Italienverehrung.

Dies ist sicherlich nicht der geeignete Ort für einen erschöpfenden Überblick über die Gesamtheit der frühneuzeitlichen Druckerzeugnisse aus England – dies hoffe ich an anderer Stelle in gebotenem Umfang nachholen zu können. Hier möchte ich es mir vielmehr zur Aufgabe machen, einige der komischen Flugblätter aus dem frühneuzeitlichen England näher zu untersuchen, die ich wiederentdeckt habe. Es erscheint mir erstaunlich, ja nachgerade töricht, dass die Forschung zur Kulturgeschichte Englands diese äußerst ergiebigen Materialien bislang so vollständig vernachlässigt hat.

Vorab möchte ich betonen, dass es sich bei fast allen Drucken, die ich untersuchen werde, um Unikate handelt, um absolute Raritäten. Ich habe versucht, eine repräsentative Auswahl aus den Materialien, die mir bis jetzt bekannt sind, zusammenzustellen, wenngleich mit Sicherheit noch erheblich mehr zu finden sein wird. Mein Beitrag versteht sich mehr als Werkstattbericht denn als abgeschlossenes Ergebnis, und außerdem konzentriere ich mich in diesem Rahmen auf solche Drucke, von denen ich vermute, dass sie auf die Erzeugung von Amüsement und Heiterkeit auf Seiten der Rezipienten angelegt waren. Selbstverständlich gibt es die verschiedensten Anlässe zum Lachen, und vergangene Auffassungen von Humor haben die Eigenschaft, sich notorisch wissenschaftlichen Rekonstruktionsversuchen zu widersetzen: *autre temps, autre moeurs* – oder, vielleicht besser in diesem Zusammenhang: *autre temps, autre humour!*

Allerdings fürchte ich, dass das meiste von dem, was ich behandeln werde, Humor im Dienste der Grausamkeit, Humor als Mittel der Satire sowie Gelächter auf Kosten anderer ist. So schreibt denn auch Keith Thomas in seinem äußerst fruchtbaren Aufsatz „The place of laughter in Tudor and Stuart England“:

> Very often the role of laughter was a conservative one, for in its affirmation of shared values, laughter could be a powerful source of social cohesion... mockery and derision were indispensable means of preserving established values and condemning unorthodox behaviour... Laughter... [could be] a crude form of moral censorship.[1]

Und weiter: „Ridicule was central to Renaissance comic theory, where laughter itself tended to be seen as wholly derisive and satirical“; oder, wie der frühelisabethanische Autor Thomas Wilson 1560 schrieb: „The occasion of laughter, is the fondness, the filthiness, the deformity and all such evil behaviour as we see to be in other[s].“[2] Leider werde ich nur wenig von dem berücksichtigen, was die Amerikaner *pratfall* nennen, die Hanswurstkomödie, doch es gibt immerhin

---

1 Thomas, Keith. „The place of laughter in Tudor and Stuart England“. *Times Literary Supplement* 21 (21.1.1977), S. 77-81.

2 Thomas (Anm. 1), S. 78.

einige Beispiele für harmlosen Vexierspielhumor, mit denen ich schließen werde.

Wie es nicht anders zu erwarten ist, sind die Angriffsflächen des satirischen Humors durchaus konventionelle, jedenfalls für das nachreformatorische England – oder, wie man vielleicht weiter einschränken sollte, für den bürgerlichen, treu nationalistischen, protestantischen englischen *Mann*. Das heißt konkret, die Blätter richten sich vor allem gegen die katholische Kirche, die Frauen und ihre Beziehungen zu Männern, die Frisuren- und Kleidermode, die politischen Gegner, andere Länder und offensichtliche Missstände der zeitgenössischen Gesellschaft.

Was die Lachgemeinschaften betrifft, mit denen wir uns hier beschäftigen, so besteht das Publikum solcher satirischen Flugblätter schlicht aus den Gegnern der angeprangerten Gegenstandsbereiche und damit, um es noch einmal zu verdeutlichen, aus bürgerlichen, nationalistischen, protestantischen Männern. Eine unerwartete, zufällig im vorliegenden Zusammenhang ziemlich willkommene Schlussfolgerung, zu der das Studium dieses Bildkorpus führt, ist die Abhängigkeit eines überraschend großen Teils von *deutschen* Vorbildern.

Der Hahnrei

Aber fangen wir sofort mit den Geschlechterverhältnissen an: Der Mann, dessen Frau ihm untreu war, der *cuckold*, wie er zu dieser Zeit auf Englisch hieß, war natürlich der Gegenstand mancher Scherze sowohl visueller als auch verbaler Art. Ihre Implikation schien oft zu sein, dass er seine Frau sexuell nicht befriedigen konnte, besonders wenn sie beträchtlich jünger war als er, dass er, um den populären Ausdruck des 17. Jahrhunderts zu benutzen, ein *fumbler* war. In einem zeitgenössischen Wörterbuch der Umgangssprache, dem „Dictionary of the Canting Crew" (ca. 1700) wird der *fumbler* erklärt als ein „unperforming husband, one that is insufficient". Zu diesem Verspottungsritual gehörte es selbstverständlich auch, dass auf dem Kopf des unwissenden betrogenen Ehemannes Hörner wachsen, die für jedermann außer ihm selbst sichtbar sind.[3]

Bei der Entdeckung, dass sie Hahnreie waren, mögen sich die meisten Männer sicherlich erniedrigt gefühlt haben, jedoch gab es damals auch den beglückten Hahnrei, „The Contented Cuckold" (Abb. 1). Das englische Blatt stammt eindeutig von diesem französischen Kupferstich ab, aber das Wortspiel des Originals ging bei der Übersetzung verloren (frz. ‚contant': 1) content – ‚glücklich',

[3] Zur ikongraphischen Tradition dieses konventionellen Motivs vgl. Jones, Malcolm. *The Secret Middle Ages*. Stroud 2002, S. 68-71.

Abb. 1: The Contented Cuckold, ca. 1650, diese Ausgabe nach 1665

Abb. 2: Hahnrei-Szene einer Folge von 12 Drucken, Erstausgabe 1628, diese Ausgabe ca. 1672

Abb. 3: Gemalte Miniatur aus dem *Stammbuch* von Paul Jenisch, frühes 17. Jh.

2) contant – ‚zählend'). Gleichwohl wird damit deutlich, wie sehr die englischen Flugblätter fremden Vorbildern verpflichtet sind.

Die Frau eines anderen *fumblers* hat anscheinend eine Katze zur Welt gebracht, vermutlich als Ersatz für ein menschliches Baby, das zu zeugen ihr impotenter Mann nicht in der Lage war. Bemerkenswert erscheinen dabei die Zange und der Bratrost, die als traditionelle Instrumente der Katzenmusik zu einer solchen parodistischen Taufe durchaus passen. Es gibt von diesem Bild mindestens zwei gestochene Versionen sowie auch ein Gemälde, aber sie scheinen sich alle von einem französischen Stich herzuleiten.[4]

Eine wichtige Folge von zwölf kleinen Kupferstichen, die eheliche Beziehungen verspotten, wurde erstmals 1628 in London herausgegeben, vermutlich in Form eines Buches zusammengefügt.[5] Die meisten dieser Stiche gehen zum einen auf deutsche Vorbilder zurück, die ebenfalls in buchförmigen Sammlungen erschienen, von denen einige explizit für den Gebrauch in Stammbüchern vorgesehen waren, und zum anderen auf den „Pugillus facetiarum", der 1608 in Straßburg von Jacob van der Heyden veröffentlicht wurde.[6]

In einem Bild aus dieser englischen Serie (Abb. 2) kann man das klassische Szenario sehen, in dem die Frau, Arm in Arm mit ihrem jugendlichen Liebhaber, dem betrogenen Ehemann Hörner aufsetzt, während der ähnlich alte Mann, der durch die kunstvolle Anordnung der Spindeln ebenfalls als Hahnrei gekennzeichnet ist, hinter dem Paar das Gewicht seiner Frau als schreckliche Bürde auf seinem Rücken trägt. Interessanterweise steht dieses Bild in klarer Abhängigkeit zu einer Miniatur aus dem Stammbuch des Paul Jenisch (Abb. 3), zusammengestellt zwischen 1575 und 1647 und jetzt im Besitz der Württembergischen Landesbibliothek Stuttgart.[7] Die beiden Abbildungen gehen vermutlich unabhängig voneinander auf einen nordeuropäischen Stich zurück, der mir jedoch, falls er überhaupt noch existiert, nicht bekannt ist. Einige andere Bilder aus der Serie leiten sich jedoch eindeutig unmittelbar von dem „Pugillus" ab.

Ein weiteres Bild aus derselben Serie ist eine Variante des wohlbekannten Motivs der ‚Vier Lebensalter des Mannes', die ich hier die ‚Vier Geschlechtsalter des Mannes' nennen möchte. Fast denselben Scherz erlaubt sich der elisabe-

---

[4] Aus Platzgründen kann dieses zweifellos interessante Motiv an dieser Stelle einstweilen nicht weiter erörtert werden. Eine Reproduktion des betreffenden Blattes findet sich im Ausstellungskatalog Maccubbin, Robert P. u. Martha Hamilton-Phillips (Hgg.). *The Age of William III & Mary III: Power, Politics & Patronage*. Williamsburg 1989, Abb. 17.

[5] Erstmals darauf hingewiesen wurde im exemplarischen Globe, Alexander. *Catalogue raisonné.* London Printseller 1642-1665 (ND Vancouver 1985), Nr. 456.

[6] Vgl. den in Kürze erscheinenden Artikel von Ilse Verhaak im Bulletin des Rijksmuseums über dessen jüngst erworbene vollständige Ausgabe dieses Werks.

[7] Vgl. Krekler, Ingeborg. *Die Handschriften der Württembergischen Landesbibliothek Stuttgart.* Wiesbaden 1999, S. 38-48.

thanische Lautenlehrer Thomas Whythorne in seiner Autobiographie, die er in den 1570er Jahren verfasste:

> A good fellow which being somewhat steeped in years and had passed the snares of Venus' darlings and babes... came by chance into a secret place where he found a young man and a young woman embracing and kissing together, wherewithal he stood still a little and then he made a cross on his forehead with thumb, and then with hand he made, as it were, a pent-house over his eyes, as one doth whose sight is troubled by the brightness of the sunlight if he look toward it, the which being done, he said, ‚Jesus, doth this world last yet?' as who would have said, ‚Doth this embracing and kissing continue still?' Because all such kind of occasions were past with him, he thought that they had been done with everybody else.[8]

Eine andere Version des Bildes zeigt, wie die Unterschrift des englischen Stichs verballhornt wurde. Dieses seltene Beispiel für eine rein weltliche Wandmalerei aus der Tudor-Ära in der Pförtnerloge von West Stowe Manor in der Grafschaft Suffolk enthüllt die wahre Unterschrift dieses Stichs, die durch kontinentale Belege bestätigt wird.[9] Dank der deutschen Blätter kann man außerdem sagen, dass der englische Maler die Schärfe seiner Satire etwas abgeschwächt hat, indem er dem jungen Paar die falsche Zeile zuordnete. Zwar hat er die vier Zeilen in der richtigen Reihenfolge gemalt, aber da er das sich umarmende Paar in der zweiten statt in der ersten Position malte, spricht nun der junge Mann die Worte, die eigentlich die des älteren sind. Wenn man nun die richtige Anordnung wiederherstellt, ergeben sich, von links nach rechts gelesen, folgende Spruchbänder:

Der jüngste Mann, der die Frau umarmt:	Thus do I all the day
Der Mann mittleren Alters:	Thus do I while I may
Der reife Mann:	Thus did I when I might
Der alte Mann:	Good lord will thes world last for ever

Was die Komposition angeht, ähnelt der Stich in der Anordnung des jungen Paares und der älteren Männer der Folge von 1628, einem Bild aus der zweiten Ausgabe von de Brys „Emblemata Saecularia" (Oppenheim 1611), aber die Version des „Pugillus" kommt ihm immer noch näher. Der Stich von de Bry wurde nochmals als Teil einer Art humoristischer Hochzeitskarte herausgegeben, die im folgenden Jahr auch als Flugblatt erschien.[10] Dasselbe Motiv war allerdings, wenngleich in einer anderen Anordnung, bereits als populäres Flugblatt seit der Mitte des 16. Jahrhunderts verbreitet;[11] dazu wurden im folgenden Jahrhundert noch mindestens zwei weitere Versionen gedruckt. Es handelte sich

---

[8] Osborn, James Marshall (Hg.). *The Autobiography of Thomas Whythorne*. Oxford 1961, S. 206.

[9] Eine Zeichnung dieses Wandgemäldes bietet Godfrey, Walter II. *The story of architecture in England*. Bd. II. London 1931, S. 65, Abb. 68.

[10] Siehe dazu Harms, Wolfgang. Deutsche illustrierte Flugblätter des 16. und 17. Jahrhunderts. Bd. I. Tübingen 1985, S. 85.

[11] Abgedruckt als Abb. 41 in Brückner, Wolfgang. *Populäre Druckgraphik Europas: Deutschland*. München 1971.

wahrhaftig um eine beliebte Version, die in verschiedenen Fassungen in Deutschland wie auch in den Niederlanden vorkommt.

Die Abb. 4 ist ein weiterer Druck aus der Folge von 1628, für den man gleichfalls zahlreiche ausländische Vorbilder anführen könnte. Eine noch populärere Version dieses Ehekampfes um die Frage, welcher der beiden Partner die Oberhand gewinnt, bildet eine frühere Stufe, die bildlich den Kampf darum zeigt, wer die Hosen anhat. Das ist auch in einem Holzschnitt zu einer Flugblattballade zu sehen,[12] die ihrerseits das Modell war für das zentrale Motiv einer großen Keramikschale aus dem Bestand des Fitzwilliam Museum in Cambridge. Es gibt auch Varianten dieses äußerst populären Motivs, und schon im 16. Jahrhundert tauchen etliche Darstellungen von Frauen auf, die um einen Aal kämpfen,[13] eine ziemlich durchschaubare Anspielung auf den Inhalt der männlichen Hose.

Eine weitere, in dieser Art einzigartige Abbildung (Abb. 5), zeigt eine unverhüllt pornographische Version dieses Streits. Sie ist interessant, denn die Unterschrift[14] dieses Stichs stammt aus der Ausgabe der gesammelten Gedichte von Rochester von 1680, was die Möglichkeit nahe legt, dass es sich dabei sozusagen um ein *disjectum membrum* aus einer sonst unbekannten illustrierten Ausgabe des großen Pornographen handelt.

Keith Thomas bemerkt in dem bereits erwähnten Beitrag „The place of laughter in Tudor and Stuart England“:

> like yesterday's jokes about mothers-in-law, this Tudor humour about shrewish and insatiable wives or lascivious widows was a means of confronting the anomalies of insubordinate female behaviour which constantly threatened the actual working of what was supposed to be a male-dominated marital system.[15]

Es fällt jedoch auf, dass dieser ansonsten umfassende Aufsatz gänzlich darauf verzichtet, die visuelle Komik zu behandeln.

Einer von John Smiths Schabmanierstichen stellt, ausgehend von der zeitgenössisch gern behaupteten Lüsternheit der Frauen, eine fabliauartige Szene dar, in welcher der gehörnte Ehemann seine Frau in flagranti mit einem Mönch in einem leeren Bierfass ertappt (Abb. 6). Diese Abbildung leitet sich eindeutig von dem in Abb. 7 gezeigten her, der in der späteren Ausgaben des „Pugillus

---

[12] Abgedruckt in dem bahnbrechenden Werk O'Connell, Sheila. *The popular print in England 1550-1850*. London 1999, Abb. 4.45.

[13] Signiert mit *SB*. Paris, Bibliothèque Nationale, Cabinet des Estampes, Ea. 17, res. fol.

[14] Thus Tall Boy[,] kill P[rick][,] Suck P[rick] doe contend, / For Bridegroom Dildoe[,] Friend do's fight with friend[,] / But Man of G[od][,] by Laymen called P[arson][,] / Contrives by turns how each may rub her A[rse] on[.]

[15] Thomas (Anm. 1), S. 77.

Abb. 4: Die Frau trägt Hosen, während der Mann spinnt, Szene einer Folge von 12 Drucken von 1628, diese Ausgabe ca. 1672

Abb. 5: Kampf um den Phallus (?), ca.1680

Abb. 6: Die Liebenden im Fass, Schabtechnik (Mezzotint) von John Smith, spätes 17. Jh.

Abb. 7: Die Liebenden im Fass, aus einer Ausgabe des „Pugillus Facetiarum“, spätes 17. Jh.

facetiarum" erscheint.[16] Als anderes Motiv, das in ähnlicher Weise diese traditionell den Frauen zugeschriebene, erstmals bereits in einem Stich des 15. Jahrhunderts von dem Meister der Banderolen nachgewiesene Geilheit der Frauen illustriert, zeigt ein anonymer Stich aus dem späten 17. Jahrhundert zwei Frauen, die versuchen, einen Narren mit ins Bad zu ziehen. Diese Abbildung geht auch eindeutig zurück auf einen Stich von Hans Sebald Beham aus den 1520er Jahren.

Das nächste Blatt, ein weiteres, wunderschönes Unikat (Abb. 8), trägt den Titel „This Costly Fish Catcht In's Weil [= ‚a wicker trap for catching fish, esp. eels', OED s.v. *weel* 2] All These Desire To Tast As Wel As Feele...", d. h. also etwa: ‚Diesen kostbaren Fisch, der in einer Reuse gefangen ist, begehren alle diese [sc. Männer] zu probieren'. Der überraschende Fischfang wird im Einzelnen begehrt von einem katholischen Pfarrer, einem Edelmann, einem Rechtsgelehrten und sogar von einem Greis. Kompositorisch gesehen hat dieses Blatt ebenfalls Vorbilder in den kleinformatigen Stichen des „Pugillus facetiarum" und in verwandten Kupferstichbüchern.

Karikaturen des Alltags

Eine weitere Sünde, die gemeinhin den Frauen zugeschrieben wurde, ist die Schwatzhaftigkeit bzw. die Neigung zu Klatsch und Tratsch, deren Verarbeitung sich im Repertoire der englischen Flugblätter in zwei verschiedenen Ausgaben eines Blattes findet, das zunächst den Titel „The severall places where you may hear gossip" trägt, dann aber in einer Version um 1640 „Tittle-tattle [...]" heißt.[17] Abermals gibt es ein kontinentales Vorbild, namentlich das französische Blatt mit dem Titel „Le Caquet des Femmes", das auch in einer Version von Hollar existiert. Das Motiv selbst taucht allerdings bereits in der illustrierten Handschrift der „Proverbes en Rimes" aus dem späten 15. Jahrhundert auf.

In der frühen Neuzeit galten der Haushalt und die damit verbundenen Aufgaben ganz selbstverständlich als Zuständigkeitsbereich der Frau, eben der Hausfrau. Das nächste, ebenfalls einzigartige Blatt, betitelt mit „Bad Housewife" (Abb. 9), verspottet eine schlechte Hausfrau, die nicht nur die Essensreste an den Hund verfüttert, sondern auch seinen Schwanz benutzt, um die Teller abzuwischen.

Alle frühneuzeitlichen Männer schreckten vor der *virago*, dem bösartigen Weib zurück, das seinen Gatten unterdrückte, sei es verbal oder mit physischen

---

16 Sheila O'Connell teilte mir mit, dass sich ein ganz ähnliches Motiv in De Brys einflussreichen *Emblemata Nobilitati*. Frankfurt 1592 findet, wenngleich die unmittelbare Quelle für Smiths Schabmanierstich die genannte ist.

17 Abgedruckt in O'Connell (Anm. 12), Farbtafel IIA.

Abb. 8: This Costly Fish Catcht In’s Weil, drittes Viertel 17. Jh.

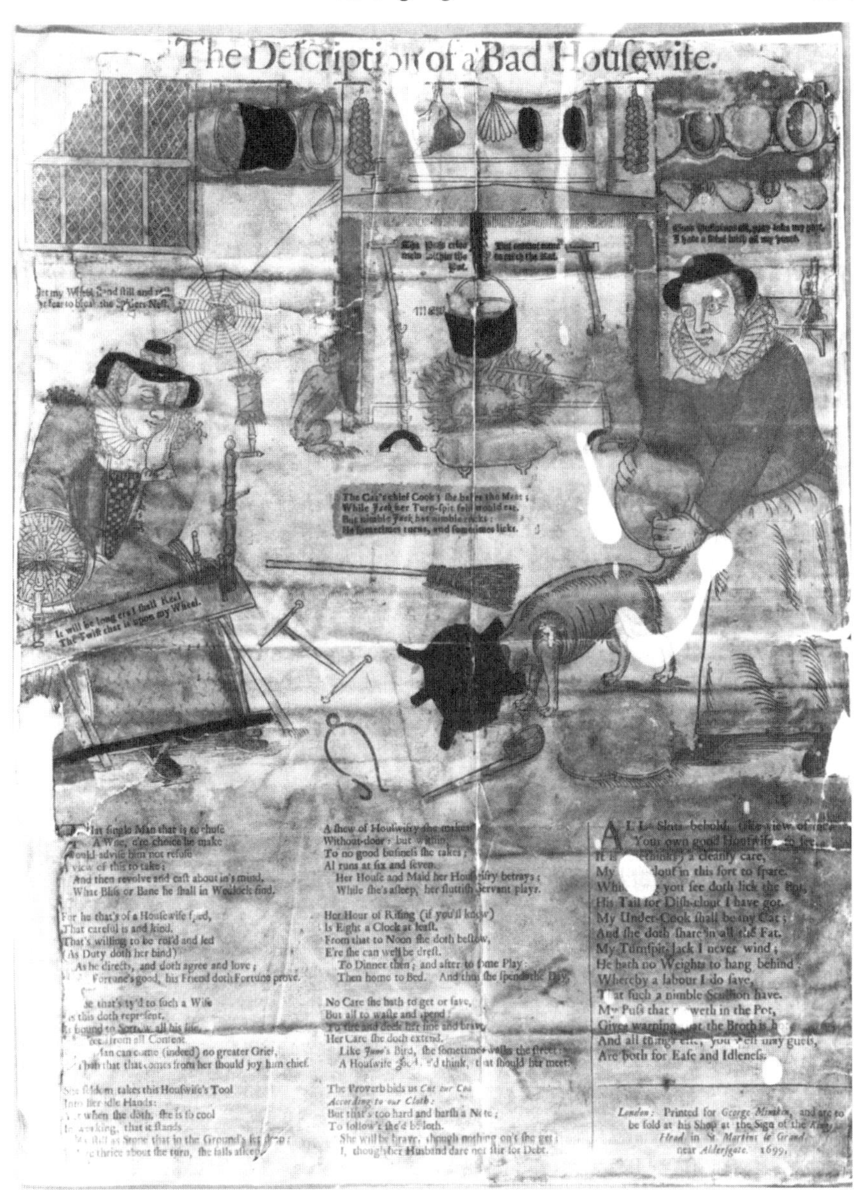

Abb. 9: The Description of a Bad Housewife,
Holzschnittblatt um 1600, diese Ausgabe von 1699

Mitteln. Das Blatt aus der oben genannten Folge von 1628 (Abb. 10) zeigt so einen Zankteufel, der seinen Mann mit einem Schlüsselbund schlägt, und im Hintergrund ist der sog. *Skimmington*-Ritt zu sehen, den die Nachbarn des Paares veranstaltet haben, um vor dem ganzen Dorf die Widernatürlichkeit des ehelichen Verhältnisses öffentlich bekannt zu machen und anzuprangern.

Thomas Trevilian, der vortreffliche Kopist der Zeit Jakobs I., übernahm offensichtlich ein anderes, jedoch ähnliches Blatt von de Gheyn als Mahnung an seine männlichen Zuschauer in seine beiden Handschriften von 1608 und 1616. Das endgültige Schicksal der Ehefrau, die so anmaßend ist, ihrem Mann vorzuwerfen, sich im Wirtshaus betrunken zu haben, erfüllt sich, indem sie in der Hölle vom Teufel selbst verfolgt wird. Das sieht man sehr anschaulich in einem um 1620 entstandenen kleinen Kupferstich von Thomas Cross (Abb. 11), zu dem sich wiederum eine enge zeitgenössische Parallele in einem deutschen Blatt findet, das den Titel „Ein köstlich gutes bewertes Recept vor die Männer so boese Weiber haben“[18] trägt.

Die Frauenmode dient seit langem als Zielscheibe männlichen Humors, womöglich seit es Humor gibt. Im Mittelalter richteten sich derartige Satiren gegen übermäßige Schleppen sowie gegen gehörnte Kopfbedeckungen und Frisuren. Während der 1680er Jahre zielte die Kritik auf die weibliche Mode, das Haar als Knoten auf dem Kopf [*topknot*, *fontange*] zu tragen. Sofort erschienen zahlreiche Flugblattballaden mit allerlei Darstellungen von tierischen Missgeburten, welche diese gleichermaßen missgestaltete Frisurenmode präfigurieren sollten. Ein Blatt mit dem Titel „The Alomode Dress or the Maidens Mode Admir'd and Continued by the Ape, Owl, and Mistris Puss“ bildete auch das Modell für eine Keramikschale aus dem Bestand des Fitzwilliam Museum in Cambridge.

In seltenen Ausnahmefällen gerieten auch männliche Moden ins satirische Kreuzfeuer. Das plötzliche Aufkommen der 1638 in Deutschland herausgegebenen Alamode-Blätter wurde sogar in mindestens einem englischen Blatt übersetzt als „The Fvneral Obseqves of Sir-All-in-New-Fashions“ (Abb. 12). Acht Jahre später erschien dann auch eine Karikatur des modisch gekleideten Mannes unter dem Titel „An English Antick“ (ein grotesker Engländer).

Antikatholische Satire

Wie es in einem protestantischen Land zu erwarten stand, adaptierten die englischen Flugblattherausgeber einige der populärsten antikatholischen Motive Nordeuropas. Die für den Antikatholizismus der englischen Protestanten be-

[18] Abgedruckt in Kunzle, David. *The Early Comic Strip*. Bd. 1. Berkeley 1990, Abb. 8-9.

Abb. 10: Virago schlägt Ehemann, im Hintergrund Skimmington-ride (populäres Schamritual gegen aufsässige Ehefrauen), Szene einer Folge von 12 Drucken von 1628, diese Ausgabe ca. 1672

Abb. 11: A new year's gift for shrews, ca. 1630,
Kupferstich von Thomas Cecill

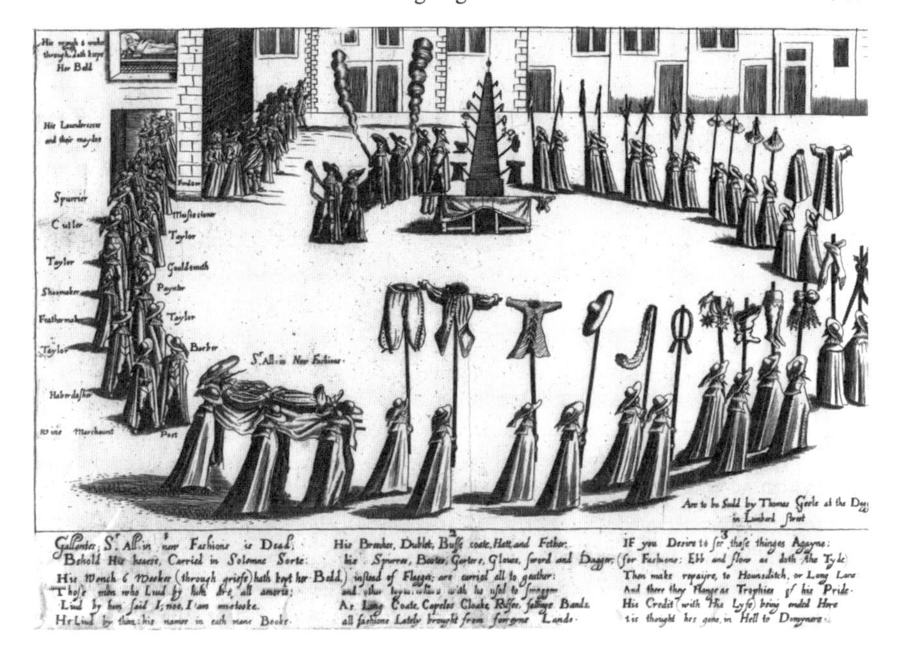

Abb. 12: The Fvneral Obseqves of Sr. All-in-New-Fashions, ca. 1630

Abb. 13: A Pass for the Romish Rabble, erschienen 1624 in Amsterdam

deutsamste Episode war der gegen den ersten Stuart Jakob I. gerichtete Gunpowder Plot von 1605. Da aber keines der damit verbundenen Flugblätter auch nur im Geringsten als humoristisch gelten kann, soll es im Folgenden um einen ganz anderen Druck (Abb. 13) gehen, der im darauf folgenden Jahrzehnt erschien und in einer einzigen Ausgabe überliefert ist, die sich heute in der Bibliothèque Nationale in Paris befindet und den Titel „A Pass for the Romish Rabble to the Pope of Rome through the Devil's Arse of Peak" (Eine Durchfahrt für den römischen Haufen zum Papst von Rom durch den Teufelsarsch des Peakgebiets) trägt. Er behandelt den Erlass, mit dem die Jesuiten im Jahr 1614 aus England vertrieben wurden. Im Heimatland Till Eulenspiegels bedarf es gewiss keiner Entschuldigung dafür, das Skatologische als humoristisch aufzufassen. Das zentrale Motiv des Defäkierens ist von einem früheren deutschen Blatt übernommen und liefert erneut einen wertvollen Beweis für die Kenntnis deutscher Flugblätter im zeitgenössischen England. Genau dasselbe Motiv wurde auch 1609 in Stettin in ein deutsches Stammbuch gemalt.[19]

Bei der Wiederentdeckung solcher humoristischer englischer Blätter muss man manchmal auch mit verlorenen Stichen arbeiten. Im Jahr 1662 zum Beispiel pries der englische Flugblattverkäufer Peter Stent einen Stich mit dem Titel „A Friar teaching cats to sing" an. Obgleich heutzutage kein überliefertes Exemplar davon bekannt ist, besaß noch vor einem Jahrhundert der Sammler J. E. Hodgkin einen Stich, den er um 1650 datierte und folgendermaßen beschrieb:

> A monk stands in the centre of the engraving with one cat on either shoulder, another on his head, and three on a table in front of him, their front paws on sheets of music whereon are inscribed their familiar cries: below are the lines,
> ,That organs are dislike't I'me wondrous sorry,
> For musique is our Romish Churches Glory.
> And ere that it shall musique want, Ile try
> To make these Catts sing, and that want supply'.[20]

Deswegen ist die frühere Existenz eines solchen Blattes nicht zu bezweifeln. Zudem gibt es zwei ausländische gestochene Versionen des französischen Originals (Abb. 14) sowie eine dritte in Schabmanier, aber natürlich ohne den antikatholischen Impetus. Der englische Künstler hingegen gestaltete die Kapuze tragende Figur als Bettelmönch und legte das Ganze als Satire auf die katholische Kirchenmusik an.

---

[19] Germ. Nationalmuseum Nürnberg, Hs. 35153, in Kuras, Lotte (Hg.). *Zu gutem Gedenken: kulturhistorische Miniaturen aus Stammbüchern des Germanischen Nationalmuseums 1550-1770.* München 1987, Abb. 46.

[20] Hodgkin, John E. (Hg.). *Rariora: being notes of some of the printed books, manuscripts, historical documents, medals, engravings, pottery, etc., etc., collected 1858-1900.* London 1902, S. 50.

Abb. 14: Ceans Lon Prend Pensionnaires…
Paris, spätes 17. Jh., Kupferstich von Francois Ragot

„A Nest of Nunnes Egges, strangely Hatched“ (Ein Nest seltsam ausgebrüteter Nonneneier) wurde in London für John Trundle gedruckt, der 1626 starb und ein äußerst produktiver Herausgeber populärer Druckgraphik war.[21] Nach dem merkwürdigen Groteskstück zu urteilen, das am Kopf des Blattes steht, handelt es sich um eine deutsche Gravierung vom Ende des 16. Jahrhunderts. Das zentrale Motiv ist einem gleichzeitig entstandenen deutschen Stich eng verwandt. Dieses Blatt heißt „Des geistlichen Ordens andacht. Ordinis romani deuotio“ und zeigt ebenfalls einen Mönch und eine Nonne, die auf einem großen Eierkorb sitzen, in dem winzige Mönche und Nonnen ausgebrütet werden. Daneben steht der Papst mit Brille, Tiara und Laterne, um die Szene zu beobachten.[22] Über dieser zentralen Szene des englischen Blatts sieht man ein burleskes Turnier, bei dem allerdings der Ritter auf der rechten Seite offensichtlich ein Kleriker ist, der von einem Mönch und einer Nonne getragen wird. Diese kleine Szene scheint eine Version des Streits zwischen Karneval (auf der weltlichen linken Seite) und Fasten (auf der katholisch-religiösen rechten Seite) darzustellen.

In derselben Werbung des Flugblattverkäufers Peter Stent von 1662 sind noch die folgenden drei Flugblätter von besonderem Interesse: „A Friar and Nun“ (Ein Bettelmönch und eine Nonne), „A Friar whipping a nun“[23] (Ein Bettelmönch, der eine Nonne geißelt) sowie „Cornelius of Dort brings Parsons to Confession“ (Cornelius von Dort bringt [Robert] Parsons zum Beichtstuhl). Nach gegenwärtigem Kenntnisstand kann man nicht sicher sein, wie diese antikatholischen Blätter im Einzelnen ausgesehen haben mögen, d. h., es liegt kein einziges Exemplar dieser drei Stiche mit dem Impressum von Peter Stent vor, aber die Vorstellung von der körperlichen Züchtigung weiblicher Büßer scheint protestantische Polemiker in besonderer Weise stimuliert zu haben.[24]

Ein deutsches Flugblatt, das in Straßburg um 1590 von Matthäus Greuter gedruckt wurde, stellt einen Mönch dar, der rittlings, aber rückwärts auf einer Nonne sitzt, die auf allen Vieren kniet. Er prügelt ihr nacktes Hinterteil mit einem Fuchsschwanz, auch *Rute* genannt. Diese Szene ist überschrieben mit „Im

---

[21] Vgl. Johnson, Gerald D. „John Trundle and the book-trade 1603-26“. *Studies in Bibliography 39* (1986), S. 177-199.

[22] Harms (Anm. 10), Bd. IV, S. 6. Offenbar war sich Harms nicht bewusst, dass es ein eng verwandtes Tafelgemälde aus dem zweiten Viertel des 17. Jh.s im Utrechter *Rijksmuseum Het Catharijneconvent* gibt, das im Ausstellungskatalog *Geloof en satire anno 1600*. Utrecht 1981, S. 43-47 wiedergegeben und kommentiert wird.

[23] Das Motiv erklärt vielleicht die folgende Passage aus Heywoods *If you know not me you know nobody Part II* (1605): „This is the Lane, ther's the Dogs head in the pot, and her's the Fryer whipping the Nuns arse“, in welcher der Erzähler zwei Gasthausschilder nennt, während er einen Weg beschreibt.

[24] Vgl. dazu ausführlich Jones, Malcolm. „The English Print c. 1550 – c. 1650“. *A Companion to English Renaissance Literature and Culture*. Hg. v. Michael Hattaway. Oxford 2000, S. 352-367.

Kloster Garten wirdt verricht Solch disciplin wie man hie sicht".[25] Obgleich es nicht das Druckerzeichen von Stent trägt, ist ein weiteres Einzelstück aus der Sammlung der Bodleian Library sicherlich mit dem deutschen Blatt eng verwandt (Abb. 15). Was zunächst nicht mehr als nur eine vage Anschuldigung gewesen sein mag, erhält einige Klarheit durch den berüchtigten Skandal des Bruders Cornelis von Dort, und ein noch unikes Blatt trägt das Druckerzeichen „Compt: Holland Excudit", dessen Aktivität für den Zeitraum von 1618 bis 1623 belegt ist, und schildert zwei nackte weibliche Büßer mit Gerten in der Hand, während ein sitzender Beichtvater einer dritten, bekleideten Frau, die vor ihm hockt, ihre Buße auferlegt. Die traurige Berühmtheit des besagten Cornelis hatte bereits früher Anlass zu Bildern in Nordeuropa gegeben, aber vermutlich erklärt die wichtige Synode in Dort (1619) das vorliegende Flugblatt von Compton Holland.

In seiner „Histriomastix" (1633) sprach sich William Prynne vehement gegen solche obszönen Bilder und eine ganze Reihe anderer Dinge, die er für böse hielt, aus, darunter schmutzige Lieder, Feuerwerke, verschwenderische Weihnachtsfeierlichkeiten, lange Haare und nicht zuletzt auch Gelächter, da für den Puritaner keine Form von Gelächter unschuldig ist.[26]

In der Eröffnungsszene des fünften Akts von Ben Jonsons Stück „The Alchemist" versucht Lovewit die Anwesenheit von so vielen Leuten im Haus des Alchemisten wie folgt zu erklären „[...] Sure he has got / Some bawdy pictures to call all this ging: / The Friar and the Nun [...]".[27] Genau genommen ist viel zu wenig bekannt über die visuelle Erotik im frühneuzeitlichen England, aber vor dem Hintergrund der fortdauernden protestantisch-katholischen Polemik ist es vielleicht bedeutsam, wenn ihm bei der Erwähnung von obszönen Bildern sofort „The Friar and the Nun" einfällt – möglicherweise eben das Blatt, das Peter Stent fünfzig Jahre später immer noch verkaufte.

Die Protestanten betrachteten den Beichtstuhl wie auch die Bettelorden nach wie vor mit dem größten Misstrauen. In einem eindrucksvollen Stich aus den 1690er Jahren, überschrieben mit „Converte Angliam", nimmt ein Wolfspriester die Beichte einer schönen jungen Dame ab, die wahrscheinlich die Unruhe protestantischer Kreise über den neu angekommenen katholischen Hausprediger der Königin Henrietta Maria, Father Peters, reflektiert.

Ähnlich tief sitzend war der Verdacht gegen die Wanderprediger, und das Motiv des Fuchses, der einer Herde predigt, die er zuvor noch fressen wollte – der Pastor als Raubtier –, war ein beliebtes und weit verbreitetes protestantisches Thema. Eines der Laster, das den Bettelmönchen am häufigsten unterstellt

---

[25] Abgedruckt in Harms (Anm. 10), Bd. IV, Abb. 674.

[26] Zit. n. Thompson, Roger. *Unfit for modest ears.* London 1979, S. 176 f.

[27] Jonson, Ben. *The Alchemist.* Akt 5, Szene 1. Hg. v. Douglas Brown. London 1966, S. 20 ff.

Abb. 15: Mönch züchtigt Nonne vor männlichem Zuschauer, erstes Drittel 17. Jh.

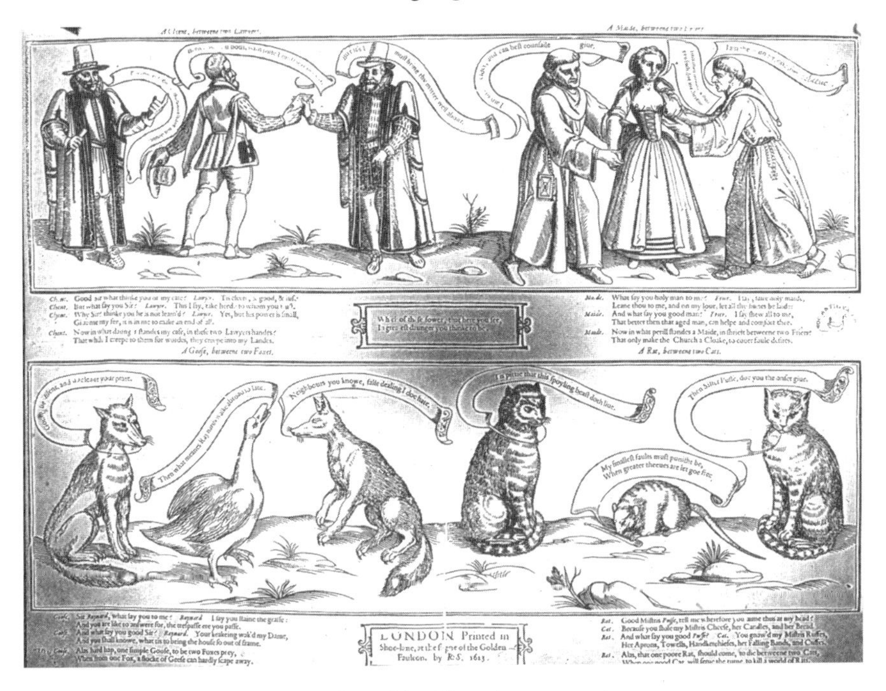

Abb. 16: Which of the ffoure in greatest danger...
Holzschnittblatt von 1623

wurde, war, dass sie Annäherungsversuche gegenüber weiblichen Laien unternähmen. Ein Blatt, für das der Verleger Leach im Jahr 1656 rückwirkend ein Druckprivileg erhielt, hieß „The Shepherd in distresse" (Der Hirte in Not).[28] Obgleich kein überliefertes Exemplar davon bekannt ist, gehört es zu den verlorenen Blättern, über deren Aussehen wir heute immer noch Gewissheit haben, da Thomas Trevilian diese Komposition dankenswerterweise in seiner Handschrift von 1616 kopiert hatte.[29] Sie schildert das Dilemma des titelgebenden Hirten, der entscheiden muss, ob er seine Herde dem raubenden Wolf überlassen soll, um seine Frau vor dem liebestollen Bettelmönch zu retten, der ihr den Hof macht, oder ob er seine Herde vor dem Wolf retten und sich mit seiner Demütigung und Schande abfinden soll.

Ein anderes Blatt, für das Leach 1656 ebenfalls ein Druckprivileg bekam, hat den Titel „Which of the ffoure in greatest danger" (Welcher der Vier ist in größter Gefahr).[30] Es lässt sich identifizieren als ein mit Holzschnitten illustriertes Blatt (Abb. 16), das zuerst 1623 herausgegeben worden war. Es stellt vier Begegnungen zwischen Tieren und Menschen einer buchstäblich oder metaphorisch räuberischen Art dar, so z. B. die Gans zwischen zwei Füchsen und die „maide betweene two friers". Kürzlich stieß ich durch Zufall auf dasselbe ‚Rätsel' im Stammbuch des Georg Bernhard, gemalt im Jahr 1574. Allerdings finden sich hier, unter anderen historischen Umständen, bezeichnende Unterschiede, die zeigen, dass es in jener Zeit nicht die Bettelmönche, sondern vielmehr die Anwälte waren, welche die Zielscheibe satirischen Humors bildeten (Abb. 17).

Politische Satiren

Visueller politischer Humor, der Vorläufer der modernen politischen Karikatur, lässt sich am besten nach dem Gegenstandsbereich der Innen- und Außenpolitik einteilen. Unter der massenhaften Produktion von oft illustrierten Flugschriften, welche die Polemik des englischen Bürgerkriegs verbreiteten, gibt es eher wenige Bildwerke, die aus heutiger Sicht als komisch gelten würden – eine Ausnahme ist das „Picture of an English Persecutor or a Foole-Ridden Anti-Presbeterian Sectary" (Das Bild eines englischen Verfolgers oder ein vom Nar-

---

[28] „Engraved works recorded in the *Stationers' Registers*, 1562-1656: a listing and commentary". *Journal of the Walpole Society* 64 (2002), S. 1-68, mit 49 Abb., hier Nr. 289.

[29] Vgl. Barker, Nicolas. *The Great Book of Thomas Trevilian. A facsimile from the manuscript in the Wormsley Library* [for the Roxburghe Club]. London 2000, S. 424 f.

[30] Frühere Fundstellen, die nur den Text des Rätsels enthalten, bietet eine auf 1581 datierbare handschriftliche Notiz in einem schottischen Unterschriftenregister. Zit. n. Sanderson, Margaret H. B. *Mary Stewart's People: Life in Mary Stewart's Scotland*. Edinburgh 1987, S. 89; und in dem berühmten, ebenfalls schottischen Bannatyne Manuskript (1568).

Abb. 17: Gemalte Miniatur aus dem *Stammbuch* des Georg Bernhard, 1574

ren gerittener antipresbyterianischer Sektierer), in dem der Narr einen Royalisten mit Eselsohren reitet.

Der um 1659 entstandene Druck „The Committee Man“ (Das Ausschussmitglied), etwa zwölf Jahre zuvor bereits gedruckt als „Fanatick Madge“ (*Madge* = Kosename der Eule), ist ebenfalls ein satirisches Blatt. Es zeigt eine große Eule mit Brille, die bei Kerzenlicht liest. Das Interessante an diesem Blatt ist, dass es einen niederländischen Stich von Cornelis Bloemart nach einem verlorenen Gemälde von seinem Bruder Hendrick nachahmt, das sinngemäß auf Niederländisch unterschrieben ist mit „Was nützen Kerze und Brille, wenn die Eule nicht sehen will?“

Im Juni desselben Jahres, in den letzten Monaten der englischen Republik (1649-1660), wurde ein satirisches Blatt von Cromwell Junior als Eule zu Pferd, „cried by the women of the street“ publiziert, und man behauptet, dass seine Veröffentlichung Richard Cromwell zwang, sich in seine Kammer zurückzuziehen – ein interessantes Zeugnis für die Wirkungen solcher visuellen Satiren.[31]

Aber auch die internationale Politik war ein Thema des Humors. Im Jahr 1609 gravierte Thomas Cockson einen Stich mit dem Titel „The Revells of Christendom“ (Das Gelage der Christenheit), der die englische Meinung zum Abkommen zwischen Spanien und den Vereinten Niederlanden über den zwölfjährigen Waffenstillstand zeigt (das gleiche Blatt wurde übrigens auch noch einmal im Jahr 1627 für die umgekehrte politische Situation kopiert). Der Stich zeigt protestantische Monarchen, die mit dem Papst und der katholischen Geistlichkeit Karten spielen. Auch hier diente ein deutsches Blatt als Vorlage, das allerdings den despektierlich pinkelnden Hund nicht hat.[32] Den Zusammenbruch jener Übereinkunft behandelt fernerhin ein Stich mit dem Titel „Treves endt. The funerall of the Netherlands peace. Anno 1621“ (Ende des Treves. Die Beerdigung des niederländischen Waffenstillstandes), der einen parodistischen Leichenzug darstellt. Wie auch bei dem deutschen Gegenstück „Ende des Treves“ handelt es sich dabei um eine Kopie einer ursprünglich flämischen Radierung, „Testament van't Bestand, Treves Endt“, von Claes Jansz Visscher, die im selben Jahr mit englischen Unterschriftversen in Hochdruck in den Niederlanden herausgegeben wurde.

Als John Harington im Jahr 1596 sein außerordentliches Buch über die Spültoilette, betitelt „The Metamorphosis of Ajax“ [Ajax = *a jakes*, d. h. eine Toilette], verfasste, rief er sich eine berühmte politische Karikatur ins Gedächtnis, die er als "The Flanders cow" bezeichnete.[33] Dieses Bild hatte dreizehn Jahre zuvor

---

[31] Eine vorzügliche Farbreproduktion ist leicht zugänglich in O'Connell (Anm. 12), Farbtafel III.

[32] Harms (Anm. 10), Bd. II, S. 64.

[33] Vgl. Jones, Malcolm. „The Dutch Cow“; Anhang zu Bath, Michael. „Dirtie devises: Thomas Combe and the Metamorphosis of Ajax“. *Emblematic Perceptions: Festschrift for William S. Heckscher*. Hg. v. Peter H. Daly u. Daniel S. Russell. Baden-Baden 1997, S. 23-32.

europaweite Popularität genossen. Es zeigt eine große Kuh, welche die Niederlande symbolisiert, sowie die verschiedenen Vertreter anderer Länder, die sie füttern, reiten, melken und sich um sie streiten, Monsieur d'Allanson eingeschlossen, der um die Hand der Königin Elisabeth warb, „who... would have pulled her back by the taile, and she filed [= defiled] his fingers". Zwei zeitgenössische Gemälde von dieser Szene haben sich erhalten, das eine davon mit zugehörigen englischen Versen, die mit „Not longe time since I sawe a cowe / Did Flauvnders represente" beginnen und mit „The cow did shyt in Monsievrs hand / While he did hold her tayle" enden. Am 2. März 1583 sandte der spanische Botschafter seinem Regenten von London aus eine flämische Kopie des Gemäldes und bemerkte, dass die Kuh von Elisabeth gefütterte werde, von Wilhelm von Oranien gemolken und von seinem König Philipp II. geritten, während Alençon, wie er euphemistisch sagt, „den Schwanz des Tieres hält". Mit leichten Varianten im Personal wurde das Bild, wahrscheinlich in Köln, im Jahr 1588 auch als gravierter Stich herausgegeben. Nunmehr wurde die Kuh vom Grafen von Leicester gemolken, der im Dezember 1587 gezwungen war, seinen unglückseligen Feldzug in den Niederlanden aufzugeben. Diese Kuh war ein Motiv, dessen Popularität unter Satirikern weiterhin fortbestand. Es ist abermals in der Epoche, die uns hier interessiert, und zwar im Jahr 1666, als gravierter Stich von Gaywood nach einer Zeichnung von Francis Barlow mit zwei verschiedenen Titeln herausgegeben worden: „Hollands ingratitude" (Die Undankbarkeit Hollands) und „Hollands representation" (Die Darstellung Hollands).[34]

Es ist eine traurige Tatsache, aber man scheint stets großes Vergnügen an Witzen über Ausländer gefunden zu haben. Keith Thomas bemerkt, dass in den englischen Schwankbüchern der Charakter der Ausländer „had already assumed familiar stereotypes: the French were lascivious, the Spaniards proud, the Italians revengeful, the Dutch mean and the Germans drunk".[35] Irgendwann in den 1620er Jahren gravierte Robert Vaughan eine Blattserie mit dem Titel „The Twelve Months... in habits of several nations" (Die zwölf Monate in den Trachten der verschiedenen Länder), welche Paare aus den verschiedenen Ländern völkertafelartig über teils unverblümten Versen abbildet. Die Bilder selbst sind keine Karikaturen, sondern scheinbar getreue Darstellungen der verschiedenen Landestrachten, und allein die Bildunterschriften fordern den Betrachter zum Schmunzeln auf. Die gängigen Stereotypen greifen auch hier: „Septembers temperate season heere is showne / By the well temper'd English Nation", während die Franzosen „who love to wench" den März darstellen und are given to „Bulling, Hornes, and Cuckoldry", und die Spanier verkörpern den Juni (mit dem Tierkreiszeichen des Krebses), deren „canker God graunt that we may well...

[34] Das einzige Exemplar des letzteren ist erhalten im Public Record Office, SP. 29/187 pt. 2/186.

[35] Thomas (Anm. 1), S. 77.

misse". Zuletzt geht es um die Deutschen (Abb. 18). Eine Frau hält eine Traubenrispe in der Hand, während die zugehörige Unterschrift mit „Why should the swilling Germans descry Octobers month…" beginnt, und mit „Because the drinking harvest now's brought home" endet. Derselbe Ruf der Trunkenheit unter den Deutschen wurde bereits etwa ein Jahrzehnt früher im Titelkupfer zu den Reiseerinnerungen von Thomas Coryate mit dem Titel „Coryates Crudities" (1611) dargestellt. Dort sieht man eine Germania, die sich über der Porträtbüste des Autors erbricht.[36]

Demgegenüber ist „The Dutch-mens Pedigree, or a Relation Shewing how they were first Bred, and descended from a Horse-Tvrd, which was enclosed in a Butter-Box" (Der Stammbaum der Niederländer, oder ein Bericht, wie sie zuerst hervorgebracht wurden und von einem Pferdeapfel abstammten, der in einem Butterkästchen eingeschlossen war) ein klassisches Stück bildlicher und textueller Verleumdung, welches etwa um 1650 entstand und eine Generation später auf den einzigen Konkurrenten Englands in der Vorherrschaft über die Seewege abzielte.[37]

Gesellschaftskritik

Viele humoristische Blätter können allgemein unter der Rubrik der Gesellschaftskritik betrachtet werden, wobei unklar ist, wie viele davon wirklich zum Lachen waren. Für die vielfältigen Übel, mit denen die Gesellschaft damals wie heute zu kämpfen hat und die Gegenstand bildlich-satirischer Angriffe waren, kann ich im gegebenen Rahmen nur einige Beispiele anführen.

Zunächst also zur allgemeinen Satire. Das erste Blatt ist gar nicht englischen Ursprungs, aber es ist bekannt, dass es – wie viele andere kontinentaleuropäische Drucke auch – im England Jakobs I. verbreitet war, denn Robert Burton bietet in seinem gelehrten Werk „The Anatomy of Melancholy" (1621) eindeutige, detaillierte Verweise darauf: „[…] all the world is mad… (which Epicthonius Cosmopolites expressed not many years since in a map) made like a fool's head (with that motto, ‚Caput helleboro dignum') …"[38] Der genannte Stich, der etwa um 1590 in Antwerpen herausgebracht wurde, zeigt eine Weltkarte mit einer Narrenkappe.

[36] Abgedruckt in Stanzel, Franz K. *Europäischer Völkerspiegel. Imagologisch-ethnographische Studien zu den Völkertafeln des frühen 18. Jahrhunderts*. Heidelberg 1999.

[37] Vgl. neuerdings das bedeutende Buch von Meyer, Silke. *Die Ikonographie der Nation*. Münster 2003, hier bes. S. 115 ff. u. Abb. 25.

[38] Jackson, Holbrook (Hg.). *The Anatomy of Melancholy*. London 1932, „Democritus Junior to the Reader", S. 39. Der besagte Druck ist abgebildet in Jones (Anm. 24), Abb. 11.

Abb. 18: Deutsches Paar illustriert den Monat Oktober, 1620er Jahre, Kupferstich von Robert Vaughan

In einer ähnlich universell angelegten Satire mit dem Titel „All doe ride the asse“ (Alle reiten den Esel, Abb. 19), gestochen von Renold Elstrack und im Jahr 1607 in London gedruckt, werden alle Stände der elisabethanischen Gesellschaft in ihrem Eifer, auf den Esel zu steigen, selbst als eselhaft verlacht. Elstrack, geboren in London im Jahr 1570, war ein hugenottischer Flüchtling der ersten Generation und stand zweifellos in Kontakt mit anderen nordeuropäischen Künstlern. Auf jeden Fall basierte sein Stich mit Sicherheit auf einem deutschen Holzschnitt (Abb. 20) aus dem frühen 16. Jahrhundert.[39] Wenn das Mitte des 17. Jahrhunderts entstandene Blatt mit dem Titel „The Commonweal's Canker Worms“ (Die Krebswürmer des Commonwealth) als humoristisch gilt, so verkörpert es eine grauenhafte Art von Humor.[40] Jede Figur erweist den vorangehenden Figuren einen meist negativen Dienst, und der Teufel enthüllt, dass sie letztlich alle seine Handlanger sind, so dass er die Kette, die sie verbindet, benutzen wird, um sie in die Hölle zu ziehen.

Um auf besondere Sünden zu sprechen zu kommen, soll es nun um drei Blätter gehen, die das Glücksspiel verspotten. Das erste dieser Blätter, herausgegeben 1646, ist eine seltene Tiersatire und sieht aus, als sei es ein genuines Volksblatt. Es zeigt eine Katze und einen Affen beim Kartenspielen. Darunter befindet sich ein Text, der mit den Worten „Apes and Catts to play at Cards are fitt / Men & women ought to haue more witt“ schließt. Dieser Ratschlag wurde freilich in einem weiteren, ungefähr zeitgenössischen Druck vollkommen ignoriert. Hier sieht man vielmehr, wie der Spieß gegenüber dem Anwalt umgedreht wird, der all sein Geld aus seinem Geldbeutel schütten muss, weil der Edelmann alles gewonnen hat. Er mag wohl ausrufen: „Let him laugh that wins!“

Ich hatte das Glück, das dritte dieser Bilder (Abb. 21) zwischen den Douce-Drucken in der Bodleian Library wiederzuentdecken, nachdem es für einige Jahrzehnte als verloren galt.[41] Es ist von dem Kupferstecher John Droeshout signiert, der um 1652 starb, und zeigt einen jungen Mann, der von einem anderen Spieler und dessen Komplizin betrogen wurde. Während sie vorgibt, dem Jüngling zu schmeicheln, hält sie tatsächlich hinter seinem Kopf einen Spiegel („a deceuing Glasse“) hoch, so dass ihr Komplize dessen Karten sehen kann. Wenn dies Humor sein soll, so verspottet er bitter die Torheit der Jugend. Entsprechend liest man in der Unterschrift die mitleidslosen Worte „such youths deserue to lose, that take delight in such!“ Der große Sammler Francis Douce besaß erfreulicherweise auch das französische Vorbild für diesen Stich, das mit dem Monogramm ML signiert ist, das vermutlich für Michel Lasne steht.

---

[39] Vgl. Jones, Malcolm. „Seventeenth-century English broadside prints – 1“. *Print Quarterly* 18 (2001), S. 149-163, hier S. 149-152.

[40] Abgedruckt in Globe (Anm. 5), Abb. 215.

[41] Vgl. Hind, Arthur M. *Engraving in England in the sixteenth and seventeenth centuries Part II. The Reign of James I.* Cambridge 1955, S. 350, „not at present identified“.

Abb. 19: All doe ride the asse, 1607,
Kupferstich von Renold Elstrack

Abb. 20: Deutscher Holzschnitt, frühes 16. Jh.,
Vorlage von Abb. 19

Abb. 21: Betrug beim Kartenspiel, ca. 1640er Jahre,
Kupferstich von John Droeshout

Abb. 22: The Hunting after Money, zweites Viertel des 17. Jh.s,
Kupferstich von Thomas Cross

Wenn das Glücksspiel eine unzuverlässige Weise ist, Geld zu verdienen, so ist die Jagd nach dem schnellen Geld nach wie vor ein aktuelles Thema, wenngleich sie wohl kaum jemals auf so direkte Weise versinnbildlicht wurde, wie in einem Stich von Thomas Cross (Abb. 22), der um 1650 angefertigt wurde. Er bildet eine geflügelte Münze ab, die vor Jägern flieht, welche beschriftet sind mit „Frugallity", „Flattery", „Prodigallity" und „Covetousnes" sowie vor ihren Hunden, die als „Dilligence", „Industry" und „Labour", „Rapin" und „Hazard", „Deceit" und „Usury" ausgewiesen sind. Es handelt sich jedoch auch hierbei nicht um einen originellen Entwurf, sondern vielmehr um die Kopie eines Stichs von Goltzius (gest. 1617).

Ebenfalls im Zusammenhang mit Geld, wenngleich nur indirekt, steht die Bürgschaft für die Schulden eines anderen. Das Motiv des Bürgschaftshorns stellt über die gesamte Epoche hinweg ein beliebtes Emblem dar, und zwar in der Weise, dass der humoristische Effekt auf der Schadenfreude über die Niederlage eines anderen gründet. In der englischen Kunst taucht der Gegenstand erstmals auf einem Tafelgemälde der Mitte des 16. Jahrhunderts auf. Das erste bedeutsame literarische Zeugnis dafür findet sich allerdings erst in der Anfangsszene des Dramas „Eastward Ho" (1605): „I had the horne of suretiship euer before my eies. You all know the deuise of the Horne, where the young fellow slippes in at the Butte end, and comes squesd out at the Buckall."[42]

‚You all know the device!' – Könnte es ein beredteres Zeugnis geben für die Kurzlebigkeit von populären Sinnbildern? In der nächsten Abbildung (Abb. 23) kann man das Motiv als illustrierenden Holzschnitt zu einer Flugblattballade mit dem Titel „The Extravagant Youth or an Emblem of Prodigality" (Der maßlose Jüngling oder ein Sinnbild der Verschwendung). Das Blatt erschien im Jahr 1684 als Kopie eines anonymen niederländischen Stiches aus dem späten 16. Jahrhundert. Das Hornmotiv war ein solcher Gemeinplatz geworden, dass es sogar als eine der Stufen in „The Prodigall Sifted" (Der gesiebte verlorene Sohn) erschien. Dieser Stich wurde zunächst 1677 von Walton in einer Variante herausgegeben, in der das Bürgschaftshorn in einer kleinen Szene in der linken unteren Ecke vorkommt. Allerdings ist das Sieben eines jungen Mannes durch seine Eltern zur Reinigung von seinen Lastern bereits an sich ein unterhaltsames und beliebtes Motiv, das weit bis ins 18. Jahrhundert fortgeschrieben wurde.

Eine um 1690 entstandene Holzschnittversion illustriert eine weitere Flugblattballade, die überschrieben ist mit „A Looking-Glass for Lascivious Young Men: or, the Prodigal Son Sifted" (Ein Spiegel für lüsterne junge Männer: oder der gesiebte verlorene Sohn). Auch hier scheint es wieder wahrscheinlich, dass

[42] Vgl. Jones, Malcolm. „The Horn of Suretyship". *Print Quarterly* 16 (1999), S. 219-228. Das letzte Wort wurde unsinnigerweise in der New Mermaid Ausgabe modernisiert zu ‚buckle', wenngleich natürlich ‚buccal' – also ‚Mundstück' – gemeint ist!

The Extravagant YOUTH,

OR,

An Emblem of PRODIGALITY:

Tho' he was stout, he can't get out,
in Trouble he'l remain.

Young-men be wise, your freedom prize,
Bad company refrain.

To the Tune of, King James's Jigg: Or, The Country Farmer.

Come listen a while and I'll relate,
My sad and deep grave dismal state.
For now I am in a most woful case,
By running this wild and extravagant race:
When Silks and Sattins did me adorn,
I said that I was most nobly born,
Good Counsel I slighted and held it in scorn,
But now here behold how I stick in the horn.

I gave my self over to every Vice;
In courting and sporting with Cards and Dice
I thought in my heart it would never be day,
While I was attired in rich array:
With boon Companions I did trade,
They counted me a Jocular blade,
But now all my Glory is clearly decay'd,
And into the Horn my self have betray'd.

I once kept my Gelding abroad to ride,
My hat and my feather, and sword by my side,
As long as my pocket was lined with Gold,
In pleasure I swam and abroad I could:
But now no longer can I reign,
In sorrowful note I here do complain,
And stick in the Horn where I still must remain,
And cannot get out if I've never so fain.

My Father he went in a thread-bare Coat,
And on his old Angels was wont to dote,
Which he had obtain'd by Usury,
And now I have spent it as merrily:
I called for Wine like a Hector stout,
My Golden Guinnies did flye about,
I'de revel and rant and keep a fine rout,
But now I am in where I cannot get out.

I never would take any thought or care,
I said that I was my old Fathers Heir,
My Festival Fellows was Roisterous Boys,
We liv'd in delights with a thousand joys:
While we in splendor did abound,
Methoughts the world went merrily round,
But since friends & fortune together hath frown'd
I stick in the Horn where I still may be found.

My Father gave me all his free-hold land,
And by an ill Courtesie he would stand,
O then thought I thy Silver shan't rust,
I'le make it to flye like the Summers dust,
Then did I keep my prancing Nags,
Till I had emptied his Golden Bags,
My Silks flourisht like to a Navy of Flags,
But now they are worn and torn to Rags.

I mortgag'd and sold and I spent so fast,
The Miser my Father was vext at last,
To think that I squander'd away such sums,
He scratcht his ears and he hawed his thumbs:
His whole estate was quite decayd,
By those vile projects which I have play'd,
Thus I have quite ruin'd the Usurers trade,
And I in the Horn am a sorrowful blade.

Now here an Example I must remain,
My freedom I never expect again,
Young Gallants be warned such ruine shun,
Which has both my Father and I undone,
All comforts now from us are flown,
My father in Bedlam makes his moan,
And I in the Counter a Prisoner thrown,
This horn is a Figure by which it is known.

FINIS.

This may be Printed R. P.

Printed for J. Deacon, in Guiltspur-street.

Abb. 23: The Extravagant Youth or An Emblem of Prodigality, Holzschnittblatt von 1684

Gallants when you this peece have rightly Scand
Then know it is the Mapp of Lubberland
Or th Ile of Lasye name it which you please
Where none doe labour all doe Live at ease.

Capons Piggs Geese. come ready rosted there
Lye all alonge you cannot want good cheare
And for your entrance that askes no great Studdy
Tis only wall aboute with a hasty Pudding

If you love rest there is your only keeping
Where they have six pence every day for Sleeping
This Ile is in the Clime call any Where
As easye to be found as Cuckoldshaven.

Abb. 24: The Mapp of Lubberland or the Ile of Lasye, vor 1654

die Engländer mit diesem Motiv dank kontinentaler Drucke vertraut waren. Das früheste mir bekannte Beispiel stammt aus dem Emblembuch „Houwelyck" von Jacob Cats, das 1628 in Den Haag veröffentlicht wurde.

Ein weiteres beliebtes humoristisches Motiv im Korpus der englischen Drucke, das nahezu sicher aus den Niederlanden herrührt, ist der Streit zwischen Karneval und Fasten. Eine Londoner Flugschrift aus dem Jahre 1636 zeigt die beiden als Personifikationen mit begleitenden Versen des sog. Wasserdichters John Taylor. Ebenfalls niederländischen Ursprungs – denn es handelt sich um einen klaren Fall einer umgekehrten Kopie von Pieter Baltens „Luilekkerland" aus den 1560er Jahren – ist ein Druck mit dem Titel „The Mapp of Lubberland or the Ile of Lasye" (Die Karte des Schlaraffenlandes oder die Insel der Faulheit), der vor 1653 von Peter Stent veröffentlicht wurde (Abb. 24).[43] Man könnte Lubberland, das englische Schlaraffenland, für eine paradiesische Version des beliebten Motivkomplexes der verkehrten Welt halten. Diese buchstäblichen Umkehrungen sehen sicher komisch aus, obgleich die surreale Machart einiger Motive dazu führte, dass der Humor manchmal eine nachgerade alptraumhafte Qualität annimmt.

Vor nur drei Jahren wurde dieser einzigartige, aber leider etwas beschädigte Druck aus dem späten 16. Jahrhundert (in einem um 1670 entstandenen Nachdruck) mit dem Titel „A Pleasant History of the World Turned Upside Down" (Eine angenehme Darstellung der verkehrten Welt) im Zuge einer Auktion im Deckel eines Holzkästchens wiederentdeckt (Abb. 25).[44] Es handelt sich dabei möglicherweise um dasselbe Blatt, das unter dem Titel „A history of the world turn'd upside downe" im Jahr 1656 verzeichnet wurde. Einige der Überschriften von diesem Blatt werden genügen, um den Charakter der vielen kleinen Szenen wiederzugeben: „the hog sindgest the botcher", „Horses ride on their masters backs", „Ships and galleies flote on hill tops", „wiues go to warre and husbands sit in the fire", „The seruant calleth his master to reckoning", „The child rocketh his fathers [sic] in the cradel", „The countree man sits on a horse and the king folowes him", „Beastes off chace poursue the greihounds", „Fishes come out off the aire to angle for fowles in the water", „stones do swim". Beiläufig erwähnt der elisabethanische Schriftsteller Thomas Nashe, dass „euery Ale house vaunt[eth] the table of the world upside downe", ein wichtiger Hinweis darauf, dass solche illustrierten Flugblätter genauso wie die allgegenwärtigen Balladen an den Wänden von Wirtshäusern zu sehen waren.

---

43 Abgedruckt in O'Connell (Anm. 12), Abb. 4.54.

44 Jones (Anm. 39), bes. S. 158-160.

Abb. 25: A Pleasant History of the World Turned upside down, Holzschnittblatt, spätes 16. Jh., diese Ausgabe von ca. 1670

Spiel mit dem Betrachter

Nun kommen wir zu einer Gruppe von Flugblättern, die einen eher unschuldigen Humor verbreiteten, d. h., sie besaßen keine satirischen Untertöne. Ihre Absicht bestand in der reinen Unterhaltung; sie wollten Gelächter erregen, aber ausnahmsweise nicht auf Kosten anderer, sondern um sich selbst und die eigene Torheit auf den Arm zu nehmen.

In Shakespeares „Twelfth Night“ (1601) spielt Sir Toby Belch auf „the picture of We Three“ an. Dabei handelt es sich um eine Komposition, die in mehreren europäischen Druckversionen überliefert ist. Sie zeigt zwei Narren. Das früheste noch vorhandene englische Beispiel für dieses Motiv ist ein Gemälde das den Titel „Wee Three Logerh[ea]ds“ (Wir drei Dummköpfe) trägt (Abb. 26). Es stellt zwei Narren mit den üblichen Eselskappen dar. Wenn der Betrachter sich die unvermeidliche Frage stellt, warum das Bild so heißt, obwohl nur zwei Narren zu sehen sind, machen wir uns mit eben dieser Frage zum fehlenden dritten Narren. Es ist ein bildlicher Streich auf unsere Kosten, der wie alle guten Witze in zahlreichen Varianten existiert.

Das Register der Londoner Buchhändlergilde dokumentiert die Erteilung einer Genehmigung für „a pamp[h]lett called wee be seauen &c by John Taylor“ – ein weiteres europaweit verbreitetes Motiv, das mit derselben Strategie arbeitet.[45] Indem er fragt, warum die abgebildete Gruppe nur aus sechs närrischen Tieren und Menschen besteht, macht sich der Betrachter selbst zum siebten Narren. Es existiert in identischen deutschen und französischen Versionen und wurde im frühen 17. Jahrhundert auf die bemalte Decke des Château d'Oiron übertragen.

Eine andere Art des bildhaften Streichs wird repräsentiert durch die ‚anthropomorphe Landschaft‘, in der ein liegender Mensch vom Künstler neu interpretiert wurde. Ein besonders schönes Beispiel dafür bietet ein Stich nach Merian, der später „Puzzle-Brain Mountain“ (Der Berg, der den Verstand verblüfft) genannt und um 1650 von Peter Stent verkauft wurde. Zu derselben Art bildlicher Rätsel gehört auch ein neu entdecktes Blatt aus der Mitte des 17. Jahrhunderts (Abb. 27) mit vier ovalen Abbildungen. Nur drei der wohlbekannten Motive sind genau genommen in dieser rätselhaften Weise gehalten: die drei verbundenen Putti, der in Archimboldoscher Manier aus Nahrungsmitteln gebildete Kopf sowie der umkehrbare Kopf des Narren und des Kardinals (nicht, wie die Überschrift nahe legt, des Papstes, wenngleich diese Variante ebenfalls existiert). Solche Vexierbilder waren ein äußerst beliebtes antikatholisches Kampfmittel seit Beginn der Reformation. Das vierte Motiv hingegen stellt eine Katze und eine Eule dar, die zum Tanz bereit sind. Im weiteren Verlauf der Recherche er-

---

[45] Jones (Anm. 24), Nr. 208.

Abb. 26: Wee Three Logerh[ea]ds, Ölgemälde, Mitte des 17. Jh.s

Abb. 27. Vier gestochene ovale Entwürfe zum Aufkleben auf Pillendose, Mitte des 17. Jh.s

gab sich, dass es sich bei den vier Motiven um Verzierungen einer Pillenschachtel handelt.

In einem anderen Drama („The Tempest", 3. Akt, zweites Bild) spielt Shakespeare auf „the picture of Nobody" an, das während des ersten Jahrzehnts des 17. Jahrhunderts eindeutig weite Verbreitung in England fand. Dieses Wort- und Bilderspiel ist nur im Englischen als Verkörperung von *nobody* (‚niemand') im Sinne von *no body* (kein Körper) möglich, in diesem Falle als bloßer Kopf auf zwei Beinen. Dieses Motiv findet man auch auf dem berühmten Handelszeichen von John Trundle, der sich auf ein populäres Marktsegment spezialisiert zu haben scheint. Aus diesem Grund ist es auch nicht verwunderlich, dass am 8. Januar 1606 „The picture of No bodye" unter seinem Namen im Register der Londoner Buchhändlergilde eingetragen ist. Dieses Bild hat sicher sehr viel Ähnlichkeit mit den Holzschnitten, die auch als Modell für ein schönes Tabakglas in Gestalt von *nobody* (mit abnehmbarem Kopf) diente.

Am 12. März desselben Jahres wurde unter Trundle ein Schauspiel mit dem Titel „No bodie and somme bodie" eingetragen. Eines der vierzig ‚portraitures or pictures cut in wood', die am 12. März 1656 unter Francis Leach eingetragen wurden, hieß „Somebody. No body" (Jemand. Niemand). Obwohl das Blatt von Leach meines Wissens nicht mehr existiert, ist es wahrscheinlich, dass es einem zeitgenössischen Stich ähnelte, der vermutlich um 1650 herausgegeben wurde und sich heute in der Library of Congress befindet.[46]

Oben wurde bereits ein Blatt erwähnt, das tierische Spieler darstellt und das Glücksspiel um Geld kritisiert. Vielleicht ist jedes Blatt mit solchen Protagonisten für humoristisch zu halten, denn ist es nicht bereits in sich unterhaltsam, Tiere, die sich wie Menschen verhalten, zu beobachten? Ausgehend von einem solchen Verständnis humoristischer Stiche soll dieser Überblick mit der bloßen Erwähnung zweier populärer und weit verbreiteter Motive beschlossen werden. Eines dieser beliebten paneuropäischen Motive war das „Cats' castle besieged and stormed by the rats" (Das von Ratten belagerte und erstürmte Katzenschloss). Das früheste englische Beispiel wurde um die Mitte des 17. Jahrhunderts von Peter Stent herausgegeben.[47] Obwohl es Grund zur Annahme gibt, dass dieses Thema bisweilen für politisch gehalten wurde, scheint es für die überwiegende Zahl der Betrachter zur bloßen Unterhaltung gedient zu haben.

Ähnlich gemeineuropäisch war trotz des Fehlens eines literarischen Belegs die Szene des Krämers, der von Affen bestohlen wurde. Der englische Stich ist die Kopie eines niederländischen Vorbilds. Die abgebildete Szene sollte sicher-

---

46 Abbildungen verschiedener Versionen der No-Body-Figur finden sich bei Calmann, Gerta. „The Picture of Nobody: an iconographical study". *Journal of the Warburg and Courtauld Institutes* 23 (1960), S. 60-104.

47 Abgedruckt in einer Ausgabe seines Nachfolgers John Overton in O'Connell (Anm. 12), Abb. 3.7.

lich humoristisch sein, was deutlich wird, wenn man die Einzelheiten betrachtet, wie etwa den Affen, der in den Hut des Krämers uriniert.

Die Wiederentdeckung der englischen Flugblätter der frühen Neuzeit trägt neuerdings dazu bei, unsere Kenntnis der englischen Kunst, aber auch der damaligen englischen Kultur, stückweise zu ergänzen. Sowohl der Inhalt dieser bis vor kurzem vergessenen Blätter als auch ihre Herkunft sind von Interesse. Verfolgt man ihre Ursprünge, so zeigt sich deutlich, dass England keineswegs eine kulturelle Insel war, wie man das in früheren Zeiten besonders in Bezug auf die bildenden Künste annahm.

Die hier vorgestellte Auswahl an humoristischen Blättern konnte zeigen, in welchem Maße diese Blätter nordeuropäischen Vorbildern aus den Niederlanden, Frankreich, aber auch – vielleicht etwas überraschend – aus Deutschland verpflichtet sind. Dass man im England des frühen 17. Jahrhunderts mit kontinentalen Flugblättern und Stichen aller Art durchaus vertraut war, wird nicht zuletzt durch die umfangreichen Handschriften des herausragenden Kopisten Thomas Trevilian bestätigt, die unlängst in einem schönen Teilfaksimile herausgegeben worden sind.[48] In Bezug auf die ‚Lachgemeinschaft' muss gefolgert werden, dass die Engländer der frühen Neuzeit sich über eine ganze Reihe nahe liegender Gegenstände belustigten – genau wie ihre europäischen Zeit- oder vielleicht genauer gesagt Glaubensgenossen.

48 Barker (Anm. 29).

HELGA KOTTHOFF

Konversationelle Karikaturen

Über Selbst- und Fremdstilisierungen in Alltagsgesprächen

Einleitung

Mein gesprächsanalytischer Beitrag zu diesem Buch beschäftigt sich mit scherzhaften, narrativen Darbietungen während der gemeinsamen Abendessen unter guten Bekannten, die sich alle einem progressiven akademischen Milieu zurechnen. Ich möchte zeigen, wie sich *in situ* eine Lachgemeinschaft (re)kreiert und wie diese konversationell gemeinsame Normen und ähnliche Selbst- und Fremdstilisierungen aushandelt. Die Gruppenmitglieder erzählen manchmal Begebenheiten aus ihrem Alltag, in denen sie auf forsche Art konservative Menschen damit konfrontierten, dass deren Normalitätsannahmen heute nicht mehr gelten, z. B. bezüglich dessen, wie Männer und Frauen sich verhalten. Ich betrachte im Folgenden diese Erzählungen vom Aufeinanderprallen neuer und alter Genderfolien in einer detaillierten, konversationsanalytischen Manier.

Die Erzählungen entfalten sich dialogisch in der realen Zeitfolge. Anders als bei schriftlichen Texten muss in der Analyse mündlicher Texte ihre Prozessualität erfasst werden. Auch Komik unterliegt dieser Sukzessivität. Emanuel Schegloff schreibt über die empirische Analyse von natürlichen Gesprächsdaten: „Good analysis retains a sense of the actual as an achievement from among possibilities: it retains a lively sense of the contingency of real things."[1]

Das methodische Vorgehen soll die Rekonstruktion einer situativ hervorgebrachten Lachgemeinschaft ermöglichen. Es wird zu zeigen sein, dass in der Gruppe nicht einfach Konservative verlacht werden, sondern dass zunächst einmal Karikaturen derselben konversationell erzeugt werden. Die Mitglieder der Gruppe stilisieren sich selbst in auffälliger Übereinstimmung als forsche und unerschrockene Typen und die ‚Anderen' als erschrockene oder gar verachtenswerte Hinterwäldler/innen. Unter anderem finden sich in Formen der Redewie-

---

[1] Schegloff, Emanuel A. „Discourse as an Interactional Achievement. Some Uses of ‚uh huh' and Other Things that Come Between Sentences". *Analyzing Discourse: Text and Talk.* Hg. v. Deborah Tannen. Washington, D.C. 1982, S. 71-93, hier S. 89.

dergabe auffällige Typisierungen und Stilisierungen des Selbst und der Anderen. Die Gruppenmitglieder „put on a voice“[2]. Scherzrede geht immer mit einer Zunahme an *performance* einher, so auch hier. Ethnomethodologisch formuliert können wir in diesen Erzählungen, die sich um Konfrontationen mit ‚Normalos' drehen „doing being progressive“ verfolgen.

Aber auch die Selbststilisierung ist humoristisch gebrochen. Humor hat nicht nur hier den Vorteil, dass man nicht explizit moralisieren muss (was ja verpönt ist), sich aber trotzdem eine Übereinstimmung in Haltungen spiegeln kann. Soziale Gruppen handeln miteinander eine geteilte Haltung zur Welt aus, und dabei spielt Humor eine Rolle.

Zur Konstitution einer Lachgemeinschaft

Lachgemeinschaften sind soziale Gebilde von unterschiedlicher Größe, Struktur und Stabilität. Wir alle gehören unterschiedlichen Lachgemeinschaften an, die hauptsächlich in lebenspraktischen Zusammenhängen aufkommen, in denen 1. gemeinsame Wissenshintergründe entstehen, 2. geteilte Relevanzen, 3. Interesse an einer intersubjektiv ausgehandelten Moral, 4. ähnliche kommunikative Praktiken und Interpretationen und 5. die Fähigkeit, ein Thema von seiner leichten Seite zu nehmen.

Ad 1. Humoristische Aktivitäten sind oft für Außenstehende nicht nachvollziehbar, weil sie mit Anspielungen arbeiten, die unmittelbar verstanden werden müssen, um witzig zu wirken. Dementsprechend bieten Familien, Cliquen, Arbeitskollegen und -kolleginnen, Parteimitglieder, Besucher und Besucherinnen von Senioren-, Jugend- und anderen Zentren oft den Forschungsgegenstand, wenn es um Scherzaktivitäten geht.[3] Scherzen und Lachen, diese gemeinschaftskonstituierenden Aktivitäten par excellence, kann man am besten dort untersuchen, wo Forschende auch Zugänge zu den Wissenshintergründen der Beforschten herstellen können (z. B. mittels ethnographischer Methoden). Aber es gibt neben gruppenkulturellem Amüsement auch transkulturelle, internationale Lachgemeinschaften, wie sie beispielsweise Charly Chaplin herstellen konnte, der in seinen Filmen menschliche Basiserfahrungen verarbeitete.

---

[2] Vgl. Rampton, Ben. *Styling the other.* Thematic issue of *Journal of Sociolinguistics* 3 (1985) H. 4, S. 421-428, hier S. 421.

[3] Z. B. Streeck, Jürgen. „Seniorinnengelächter“. *Das Gelächter der Geschlechter.* Hg. v. Helga Kotthoff. 2. Aufl. Konstanz 1996, S. 61-83; Schütte, Wilfried. *Scherzkommunikation unter Orchestermusikern.* Tübingen 1991; Kotthoff, Helga. *Spass Verstehen. Zur Pragmatik von konversationellem Humor.* Tübingen 1998; Deppermann, Arnulf u. Axel Schmidt. „Hauptsache Spaß – zur Eigenart der Unterhaltungskultur Jugendlicher“. *Der Deutschunterricht* 6 (2001), S. 27-38; Branner, Rebecca. *Scherzkommunikation unter Mädchen.* Frankfurt a. M. 2003.

Ad 2. Dass thematische Relevanz einen Faktor in der Konstitution einer Lachgemeinschaft ausmacht, zeigt sich sogar an Witzkulturen, wobei der Witz zum einen das unpersönlichste Genre der Scherzrede darstellt und zum anderen in der Humorforschung völlig überschätzt wurde.[4] Witze über Priester, Mönche, Nonnen, Himmel und Hölle werden hauptsächlich in kirchennahen Kreisen verbreitet, Therapeuten- und Therapiewitze in der Psychotherapie nahe stehenden Zirkeln, Aidswitze kursieren auch oder sogar vornehmlich unter Aidskranken. Witze goutieren zu können, setzt neben der allgemeinen Freude an der Pointe auch Interesse am Thema des Witzes voraus. Daher kommt es, dass Grundgerüste von Witzen personell immer wieder aktualisiert werden (z. B. lautet ein Witzauftakt heute: „Bush, Schröder und Blair sitzen im Flugzeug..." vor ein paar Jahren ließ man im gleichen Witz „Clinton, Kohl und Thatcher..." handeln). Ob der Erzähler Mitglied der *ingroup* ist oder nicht, beeinflusst ebenfalls die Rezeption. Ein und derselbe Witz wird anders rezipiert, je nachdem, wer ihn wo zum Besten gibt. Erzählt ihn ein Außenstehender, kann er als Diskriminierung gehört werden, erzählt ihn ein Gruppenmitglied, kann er als eine Art Selbstironie wahrgenommen werden, als ein selbstbewusstes Zeichen dafür, dass man sich die Perspektive der Komik auf eigene Belange erlauben kann. Vom jüdischen Humor bis zur heutigen Ethno-Comedy spielt die Verhandlung von Zugehörigkeit im Humor eine Rolle.[5]

Ad 3. Im Humor wird etwas im positiven oder negativen Sinne als belachenswert definiert (nicht notwendigerweise als verlachenswert). Schon Bergson (1900) hielt jeden Humoristen für einen versteckten Moralisten. Normalität und die Verletzung derselben spielen im Scherz oft eine Rolle. Der Wertekontrast des Komischen beschränkt sich nicht auf den kognitiven Bereich, sondern betrifft auch den emotionalen. In der Scherzkommunikation können Menschen implizit ihre moralischen und emotionalen Standards abgleichen.

Ad 4. Humor wird in Formaten kommuniziert. Formate wie Frotzeln und Necken, sich Mokieren, spaßiges Lästern und Spotten, witzige Bemerkungen, Situationsparodien oder witzige Fiktionalisierungen sind dialogisch. Sie wollen mindestens goutiert werden, mit Lachen quittiert werden; viele laden zur interaktiven Ausgestaltung ein. Es wird für alle Beteiligten lustiger, wenn der Geneckte zurückneckt und auf die witzige Bemerkung eine noch witzigere folgt. Humoristische Interaktionsmodalitäten muss man erkennen können. Darin liegen inter(sub)kulturelle Konfliktpotentiale. Wer trockene Ironie kaum praktiziert, erkennt sie auch nicht schnell genug.

Ad 5. Zu hohe subjektive Betroffenheit ist dem Spaß abträglich. Bergson meinte, der Lachende sei kalt und er meinte damit wohl, dass er sich im Kontext

[4] Raskin z. B. präsentiert ein Buch, in dem ausschließlich Witze analysiert werden: Raskin, Victor. *Semantic Mechanisms of Humour*. Dordrecht 1985.

[5] Vgl. Kotthoff, Helga. „Overdoing Culture. Sketch-Komik, Typenstilisierung und Identitätskonstruktion bei Kaya Yanar". *Doing Culture*. Hg. v. Julia Reuter. Bielefeld 2004, S. 184-201.

des Lachens emotional distanziert. Auch in großer Bedrängnis gibt es das Bedürfnis, für ein Moment Distanz herzustellen, und dafür eignet sich der Scherz. Wenn Soziologinnen und Soziologen also feststellen, dass in Krankenhäusern viel gewitzelt wird, heißt das nicht, dass dort alle roh und gefühllos werden. Es heißt eher, dass sie als dort Arbeitende und auch als Kranke die humortypische Distanzierung zu ihren Sorgen und zur bedrückenden Atmosphäre brauchen (Coser 1959). Da Scherzen ein „playful set of mind“[6] voraussetzt, kommuniziert es auch noch die spielerische Leichtigkeit derjenigen, die wissen, dass auf die soziale Geteiltheit ihrer Perspektive Verlass ist, wenn auch nur vorübergehend.

Performative Animation des ‚Anderen': Der Millionär

In den Geschichten hört man, wie die Erzähler/innen eine indirekte Distinktion von ‚Normalos' betreiben. Diese werden mittels kindlicher oder dialektaler Redeweisen als ewig gestrig, mittels Prosodie als verbissen, erschrocken über jede Neuheit und/oder ängstlich stilisiert, ohne diese Zuschreibungen explizit zu thematisieren. In der narrativen Selbststilisierung spielt forsches Auftreten eine Rolle, angezeigt wiederum über die Stimme, die man sich in der Zitation der eigenen Worte verleiht. Die performative Animation der ‚Anderen' und des ‚Selbst' hat in der Gruppe Unterhaltungswert. In den in diesem Aufsatz präsentierten Geschichten geht es um Arrangements der Geschlechter. In der Analyse von Scherzkommunikation kann man Inszenierungen von sozialen Identitäten zeigen. Ich greife hier zurück auf einen ethnomethodologischen Ansatz, „identities in interaction“[7] zu beschreiben. Eine Identität ist in diesem Ansatz nicht etwas, das man hat, sondern etwas, das man tut, also kommunikativ hervorbringt. Im Unterschied zur Psychologie interessiert sich diese soziologische Schule nicht sehr für übergreifende, personale Identitäten, sondern für situativ geltend gemachte Identitäten.

Übertreibung in der Imitation ist z. B. ein klassisches Verfahren von Parodie und Karikatur[8], das im Alltag hochfrequent ist, z. B. in der Wiedergabe von Leuten, die wir in Erzählungen stilisieren. Wenn wir diese Leute in unseren Erzählungen sprechen lassen, dann kann das so klingen, wie im nächsten Beispiel aus dem Mund von Rudolph, der in Datum 1 die Warnungen des *Millionärs* vor seiner (Rudolphs) Eheschließung wiedergibt.

---

6 Vgl. Bateson, Gregory. „A Theory of Play and Phantasy“. *Steps to an Ecology of Mind.* San Francisco 1972, S. 177-193.

7 Vgl. Antaki, Charles u. Sue Widdicombe. „Identity as an achievement and as a tool“. *Identities in Talk.* Hg. v. dens. London 1998, S. 1-14.

8 Als Karikatur (vom ital. *caricare* „überladen“) wird gemeinhin eine Darstellung gesehen, die mittels disproportionierter Überzeichnung gleichzeitig kritisieren und belustigen will. Karikieren kann man bildlich, pantomimisch und verbal, parodieren nur pantomimisch und verbal. Bei der Parodie fällt das Element der Kritik schwächer aus.

Der *Millionär,* ein reicher Bekannter der hier zum Essen versammelten Gruppe von guten Bekannten, wird in direkter Rede karikiert, in der Rudolph seine Äußerungen im südwestdeutschen Dialekt und übertrieben eindringlich spricht; inhaltlich lässt er ihn übertriebene bis absurde Warnungen vor seiner (Rudolphs) bevorstehenden Heirat aussprechen: Rudolphs Frau kaufe sich dann von dessen Geld Schuhe für 1000 Mark. Zum Hintergrundwissen der versammelten Gruppe gehört, dass Rudolph seine Frau noch nicht lange kennt und sie keine Deutsche ist. Die Figur des *Millionärs* (schon in der Bezeichnung steckt eine karikatureske Zuspitzung) wird durch diese Verfahren implizit negativ bewertet, vor allem als geizig und ängstlich, aber auch als vorurteilsbeladen in Bezug auf Fremde und/oder Frauen. Die Gruppe bestätigt Rudolphs Bewertung und die gelungene Karikatur dieses Unsympathen durch ihr Gelächter.

Datum 1 (Gespräch 14 Episode 19)

Alle (a), David (D), Ernst (E), Inge (I), Johannes (J), Katharina (K), Maria (M), mehrere (m), Rudolph (R).

1 R: und dann hat, der der der der millionÄr hat halt
2 gemeint, eh, die frau geht mir annen gEldbeutel.
3 M: ach jA?
4 R: hehe[hehehe
5 K: [hehehe
6 M: ja
7 R: es war der hAmmer. °bisch WAHNsinnig?
< ((sehr gepresst
8 kannsch net mAche. MENschenskinder,
sehr gepresst
9 die frau DU:, ha wennsch dere langweilig isch, got die
sehr gepresst))
10 EI[kaufe, dann hot die SCHUH DU (? für tausend Mark° ?)
>
11 m: [hahahahahaha[hahaha hahahaha
12 M: [IS DAS TO:::LL hehe
13 K: das, der wär doch beinahe euer vermlEter geworden.
14 M: ja jA

Zunächst präsentiert Rudolph die Worte des *Millionärs* in einer lakonischen Zusammenfassung (*die frau geht mir annen gEldbeutel*).

In Zeile 7 beginnt die Inszenierung der direkten Rede des *Millionärs* praktisch ohne Einleitung. Eingeleitet wird das Zitat nur mit der starken Bewertung *es war der Hammer.*[9] Dann ändert Rudolph seine Stimme. Er spricht die gesamte Rede des *Millionärs* etwas leiser und vor allem sehr gepresst. Dadurch bekommt die Rede etwas Drangsalierendes und der *Millionär* wirkt unsympa-

[9] Solche Einleitungen kann man mit Haiman als „stage seperator" ansehen. Haiman, John. „Sarcasm as Theater". *Cognitive Linguistics* 1-2 (1990), S. 181-205.

thisch. Interjektionen wie *Menschenskinder* (8) und die kolloquiale Anrede *Du* tauchen auf. Dem *Millionär* werden Details in den Mund gelegt, wie dasjenige, dass die Frau sich auf Rudolphs Kosten Schuhe *für tausend Mark* kaufen werde, *wenns dere langweilig isch*. Der alemannische Dialekt fungiert hier durchaus als Indikator des Konservativen. Für Michail Bachtin sind solche Stilisierungen wichtige Instanzen seines viel zitierten Diktums: „our speech [...] is filled with others' words, varying degrees of otherness or varying degrees of ‚our-own-ness,' varying degrees of awareness and detachment."[10] Die Zuordnung von Dialekt und Standardsprache ist hier an der Authentisierung von sozialer Distinktion beteiligt.

Rudolph selbst spricht hochdeutsch. Dergleichen kontrastive Stilisierungen von sozialen Typen spielen für Wendungen ins Komische, die wir im Gespräch tagtäglich betreiben, eine wichtige Rolle.

Solche Verfahren der impliziten Typenstilisierung[11] beherrschen professionelle Komiker im Höchstmaß. Über nonverbale Verfahren (Mimik, Gestik, Körpersprache), paraverbale (Prosodie), Dialekte, Redewendungen und weitere Stilmittel (Sprechticks z. B.) evozieren Komiker wie Gerhard Polt oder Matthias Richling die Typen, die sie dem Amüsement des Publikums gekonnt darbieten. Kernelemente einer solchen Performanz gehören aber, wie wir sehen, durchaus zur Alltagskunst der Unterhaltung. Die Darbietung wird denn auch von Maria in Zeile 12 als *toll* bewertet.

Man sieht an der Rezipienz, dass die Qualität der *performance* unmittelbar wahrgenommen wurde und dass sie für das Amüsement wesentlich ist.
Auch in der nächsten Szene begegnet uns wieder eine unsachliche Personenbezeichnung. Bereits im Auftakt wird die Interaktionsmodalität des Nicht-Ernsthaften evoziert.

Dramatisierung von Zitaten: Der Vergewaltiger

Datum 2 (Gespräch 6 Episode 6)
Anni (A), Bernada (B), David (D), Johannes (J), Katharina (K), Maria (M), mehrere (m), Ulf (U)

1 M: die rezepte gibts beim vergewAltiger.
2 ihr könntet die mitbringen. (- -) °die (? ?)
3 der anni schick ich immer vom vergewaltiger diese
4 kÄsküchlirezepte.
5 A: wer is denn der vergewAltiger?
6 M: hehehehe (`hh) ja ich will jetzt nich mehr da
7 hIngange.

[10] Vgl. Bakhtin, Michail. *Speech genres and other late essays*. Austin 1986, S. 89.
[11] Vgl. Kotthoff (Anm. 3).

8 A: ach sO.
9 M: (? ?) ↑dIE dinger.
10 D: warum vergewAltiger?
11 ((Durcheinander))
12 U: aus WOHLfeilen gründen, würd ich sagen.
13 D: °ach°
14 M: des is son schmlEriger typ,
15 der da unten den laden hat.
16 J: na.
17 M: ein faschIst. irgendwie Ausländerfeindlich,
18 D: der bOcksberger, ach, dE:n kenn ich auch.
19 M: wenn du dA hingehst, un willst sEmmeli,
20 UND ↑<bei U:ns heißen die semmeln GIPfeli:>
< ((affektiert)) >
21 A: die hab ich gErn gekocht.
22 U: WA::S? bi ü::s heiße die ↑gipfeli:: (-) he[hehehehe
23 m: [hehehehe
24 D: und der hat so ne GANZ kleine, zarte frau.
25 M: ja und die schEIßt der zammen. vor allen.
26 D: vor lEUten. ja ja.
27 M: po:::
28 K: woher kennst DU denn den?

Die Figur des *Vergewaltiger*s wird ganz unvermittelt und nebenbei eingeführt. Der erste Satz richtet sich an die auswärtigen Anni und Bernada, die wissen wollten, wo es die schönen Rezepte gibt, die gerade beim Essen herumgereicht werden. Die Gruppe etwa 35jähriger Akademiker/innen befindet sich beim Essen in einer Wohngemeinschaft in einem schweizerischen Ort an der deutschen Grenze. Der Vorschlag in Zeile 2 richtet sich an Ulf und seine Mitbewohner, die noch beim *Vergewaltiger* einkaufen. Auch der folgende Satz in den Zeilen 3-4 richtet sich primär an Ulf. Er wird informiert, warum er vom *Vergewaltiger* die Rezepte mitbringen soll, die es in dessen Lebensmittelladen umsonst gibt. Die unvermittelte Einführung der ungewöhnlich bezeichneten Figur evoziert prompt eine Nachfrage von Anni. Maria beantwortet aber zuerst die nicht gestellte Frage, warum nun Ulf die Rezepte mitbringen soll. Sie selbst will nicht mehr in das Geschäft gehen. Man wird in Zeile 6 und 7 auch Zeuge dessen, dass Maria sich manchmal in der alemannischen Varietät ausdrückt. Die Spannung, was es mit dem *Vergewaltiger* auf sich haben könnte, wächst. David fragt nun auch nach den Hintergründen der krassen Bezeichnung (10). Ulf schließt sich mit einer äußerst gehobenen Formulierung der negativen Einschätzung dieser Person durch Maria an, beantwortet die Frage aber auch nicht (12). In Zeile 14/15 gibt Maria eine Art von Antwort:

14 M: des is son schmlEriger typ,
15 der da unten den laden hat.
16 J: na.
17 M: ein faschIst. irgendwie Ausländerfeindlich,

Die harte Bezeichnung und negative Charakterisierung tragen ihr von Johannes ein kritisches *na* ein. Daraufhin steigert Maria die Negativcharakterisierung noch (17). David gibt nun zu erkennen, dass er die Person identifiziert hat (*der bOcksberger*). Maria produziert eine Szene mit direkter Redewiedergabe. Sie verwendet die generalisierte Anrede *du*. Der imaginierte Sprecher, Herr Bocksberger, wird ohne Redeeinleitung (lediglich ein emphatisch gesprochenes *und*) durch die affektierte Korrektur repräsentiert:

19 M: wenn du dA hingehst, un willst sEmmeli,
20 UND ↑<bei U:ns heißen die semmeln GIPfeli:>
< ((affektiert)) >

Herr Bocksberger, Sprecher des Schweizerdeutschen, wird zunächst auf Hochdeutsch wiedergegeben; die Animatorin zeigt sich in der Wiedergabe der eigenen Rede aber schon deutlich ums Schweizerdeutsche *Semmeli* bemüht – das ist *Herrn Bocksberger* zu wenig und wird durch das in der Schweiz übliche *Gipfeli* korrigiert. Die Rede des *Faschisten* wird höher gesprochen. Hoher Ton kann in der Animation von fremder Rede Hysterie oder zumindest Aufgeregtheit ikonisieren. Seine Korrekturaktivitäten werden in der Parodie als ziemlich aggressiv hingestellt.

Anni reagiert nicht auf diese Inszenierung, sondern gibt in Zeile 21 noch einen Kommentar ab zu den Rezepten. Daraufhin hilft Ulf der Inszenierung des Herrn Bocksberger nach, indem er das Redezitat stärker dramatisiert noch einmal auf Schweizerdeutsch wiederholt:

22 U: WA::S? bi ü::s heiße die ↑gipfeli:: (-) he[hehehehe

Er längt zwei Vokale und produziert bei *Gipfeli* den typisch schweizerdeutschen Tonsprung. Er lacht daraufhin selbst, was auch responsives Gelächter von anderen Anwesenden folgen lässt. David liefert eine weitere Information zu Herrn Bocksberger (24). Maria nutzt diese zur Negativcharakterisierung (25), welche David bestätigend weiter expliziert. Die Negativcharakterisierung des *Vergewaltigers* ist in kollektiver Kooperation vonstatten gegangen. Man weiß sich einig in der Verurteilung eines unsympathischen Menschen. Maria äußert in Zeile 27 noch eine Empörungsinterjektion.

Die konversationelle Karikatur ist in Datum 2 in eine Charakterisierung eingebettet, die mit übertriebenen Kategorisierungen der Person (*Faschist*) und seiner Aktivitäten (*GANZ kleine, zarte frau zammenscheißen*) arbeitet. Die Person wird kategorisiert und beschrieben, aber vor allem in der Zitation evoziert.

Ulf optimiert Marias Zitat und schiebt damit die Performanz ins Zentrum der Wahrnehmung. Dadurch wird deutlich, dass es hier nicht nur um ein Verlachen des Ladenbesitzers geht, sondern auch zum Lachen über die Inszenierung des Ladenbesitzers eingeladen wird. Die zentrierte Performanz erzeugt eine weitere kommunikative Ebene, von Clark „layering of meaning“[12] genannt. Das Gesagte enthält Hinweise darauf, dass nicht alles für bare Münze genommen werden muss. Wahrheitswerte sind in diesem ästhetisierten Diskurs von untergeordneter Relevanz, zumindest machen sie Halt vor Details. Trotzdem sichert sich die Gruppe durch die Episode um seine *GANZ kleine, zarte frau* darin ab, dass der alte *Bocksberger* und Typen wie er abzulehnen sind.

Die Typenstilisierung changiert zwischen Fiktionalisierung und Authentisierung, wie es in der Karikatur üblich ist. In diesen ersten beiden Episoden war vor allem die Stilisierung des unsympathischen und krämerhaften ‚Anderen' auffällig. Datum 3 und Datum 4 gewähren mehr Einblick in die narrative Inszenierung des Selbst. In Datum 2 wurden wir nur Zeugen dessen, dass die Deutsche Maria sich als eine Person stilisiert, die sich (mehr schlecht als recht[13]) um das Schweizerische bemüht, eine Leistung, die *Bocksberger* aber nicht genügt.

Das forsche Selbst: Mein Mann kocht

Jürgen trägt eine Fischplatte auf, und alle reagieren begeistert. Erika macht dann ihren kochenden Mann zum Thema. Sie, Anni und Bernada ko-inszenieren zusammen einen Dialog, den sie kurz zuvor mit einer Topfverkäuferin auf der Straße angeblich so erlebt haben. Die gesamte szenische Erzählung geschieht in Ko-Konstruktion.

Datum 3 (Gespräch 7 Episode 1)
Anni (A), Bernada (B), David (D), Erika (E), Jürgen (J), Katharina (K), Ulf (U).

1 E: ich hab heut schon mit dir Angegeben. mein mann kOcht.
2 hehe[hehehe
3 B: [ja(ha) (? [?)
4 A: [mit bU(h)tter. ha[hahahahahahaha
5 m: [hahahahahahahaha
6 B: [naI:v
7 m: [hahahahahahahahahahaha
8 J: [aber gesU:nd. hehe
9 m: [hahahahahahahahahaha [hehehehehe
10 E: [ja er kocht SE::HR gesund und bewusst.
11 K: WAS?
12 B: wir wurden gefragt auf der strAße, und da hat
13 E: über unsere Essgewohnheiten. von einer schwEIzerin.
14 B: wer kOcht. dein mAnn. (-) [sagt sie.
15 E: [ich wollt n TOPF für meinen Mann.
16 B: wie Oft? jEden tag. (-) [was für töpfe hAben sie.
17 E: [↑wI:rklich? wie die mich

12 Vgl. Clark, Herbert. *Using Language*. Cambridge 1996.

13 Sie wählte ein bayrisches Lexem und kombinierte es mit dem schweizerdeutschen Diminutiv.

18 Angeguckt [hat.
19 B: [(? geschIrr?) alumInium, tEflon,
20 °wEIß ich nich. mein MANN kocht.°[na und dann hab ich gesagt,
21 A: [hehehehehe
22 B: ihr habt Alles. ver[schIEdenes.
23 A: [hehehehehehehe[hehehe
24 E: [und dann hat se noch
25 gfragt, (- -) wo[MIT er kocht.
26 B: [woMIT kocht er.
27 E: hamma gsagt, manchmal mit Ö::l, aber natürlich mit BUTTER.
28 B: und da gesagt WA:::S?
29 E: und DAS nennen Sie gesundes essen? ja SEHR.
30 m: hahahahahahahahaha
31 E: die wollte uns nämlich nur so was verkaufen, wo du gAr
32 nichts brauchst. hehehehehe
33 U: (? ?) von der schweizerischen (?megalit?)
34 ((unverständlich))
35 K: SCHMECKT doch alles überhaupt nich.
36 U: ach sO. das war sOn stand.
37 M: ja ja.

Erika thematisiert ihren kochenden Mann (Jürgen), der gerade eine Fischplatte hereinträgt. Hier beginnt das Transkript. Erika sagt, sie habe heute schon mit ihm, Jürgen, *angegeben* und zitiert sich dann in direkter Rede gleich selbst. Der Wechsel in die dritte Person im Dialog mit Jürgen verdeutlicht, dass sie jetzt über ihn redet. Sie ruft für diese Rede einen anderen Rahmen auf. *Mein Mann kocht* ist ein Zitat ihrer eigenen Worte in einem anderen Dialog, der hier eingeblendet wird. Sie lacht und kontextualisiert das Folgende als spaßige Geschichte. Bernada stimmt in Zeile 3 lachend zu. Anni präsentiert ebenfalls lachend ein weiteres Detail aus dem Selbstzitat von Erika (mit *bU(h)tter*). Wieder wurde der Rahmen gewechselt. Anni und Bernada geben sich als an der zu erzählenden Episode Beteiligte zu erkennen und rekonstruieren sie lebhaft mit. Von jetzt an muss mit ständigem Szenenwechsel gerechnet werden. Vor allem die drei zentralen Erzählerinnen agieren auf zwei Bühnen gleichzeitig. Sie sprechen im Hier und Jetzt und auf einer imaginären Bühne, auf der ein Dialog mit einer Topfverkäuferin reanimiert wird. Das Adjektiv *naiv* in Zeile 6 macht auf den ersten Blick wenig Sinn. Es kann sein, dass Bernada das Kochen *mit Butter* (4) naiv findet. Viel wahrscheinlicher ist aber, dass Bernada plötzlich als die Frau spricht, der gegenüber Erika mit ihrem Mann angegeben hat. Sie übernimmt ganz unvermittelt eine Rolle in dem Dialog, der auf der Straße stattfand. Vor allem die drei an der Episode beteiligten Frauen lachen daraufhin. Sie scheinen das „re-staging“[14], die Inszenierung von Intertextualität, zu genießen.

---

[14] Vgl. Bakhtin, Michail. *The dialogic imagination*. Hg. v. C. Emerson u. M. Holquist. Austin 1981.

Jürgen gibt in Zeile 8 lachend einen Kommentar ab, auf den auch wieder lachend reagiert wird. Obwohl nicht völlig klar ist, mit wessen Stimme Anni *mit bu(h)tter* und Bernada das Wort *naiv* gesprochen hat, ist es auf das Kochen mit Butter beziehbar; dies verteidigt Jürgen nun mit übertriebener Intonation und einem Lachen. Auch er hat eine Bühne betreten, wenngleich er nicht genau wissen kann, wo sich diese eigentlich befindet. So wird ein kleines Spiel mit stereotypen Kommentaren in Bezug auf Kochsitten inszeniert, das auch von den anderen als spaßig empfunden wird. Erika versetzt sich in Zeile 10 wieder unmittelbar in den Straßen-Dialog (*ja er kocht SE::HR gesund und bewusst*), der ansonsten noch überhaupt nicht eingeführt worden ist. (Man könnte ihren Satz in Zeile 10 auch als Information an die Anwesenden verstehen; das liegt aber kontextuell nicht nahe). Katharina bekundet in Zeile 11 Rezeptionsprobleme. Es beginnt eine höchst kollaborative Erklärung der Szenerie: Bernada beginnt, die Runde aufzuklären, danach führt Erika die Erklärung fort, dann wieder Bernada und in Zeile 15 sagt Erika, was sie in der berichteten Interaktion von der Schweizer Topfverkäuferin wollte: *n Topf für meinen Mann*. Bernada steigt wieder ganz unvermittelt mit der Stimme der animierten Schweizerin in den Dialog mit Erika ein (16). Sie spricht mit deren fremder Stimme, dann unvermittelt mit der Stimme von Erika und dann wieder mit der Stimme der Verkäuferin. Diese Stimmen sind nur dadurch unterschieden, dass intonatorisch Frage-Antwort-Muster zu erkennen sind. Das fragende *wirklich* in Zeile 17 muss ebenfalls als dem Munde der Topfverkäuferin entstammend verstanden werden. Es schließt eher an Erikas Äußerung in Zeile 15 an, als an Bernadas Dialogimitation in 16.

Verschiedene Linguistinnen und Linguisten haben darauf hingewiesen, dass zitierte Rede immer konstruierte Rede ist.[15] Die Spanne zwischen Authentisierung und Fiktionalisierung ist sehr breit.[16] Erika fügt auch noch einen Kommentar an, der das Staunen der Dame verdeutlicht. In Zeile 19 imitiert Bernada vermutlich zunächst die Fragen der Frau nach dem verwendeten Kochgeschirr, um darauf folgend sofort mit der Stimme der anwesenden Erika leiser zu antworten (*°wEIß ich nich. mein MANN kocht.°*). Ihre eigene Äußerung leitet sie als solche gekennzeichnet ein. In den Zeilen 24 und 25 verwendet Erika für die weitere Frage der Frau die indirekte Rede. Bernada wiederholt die indirekte Frage echoartig (26). Erika gibt die folgende direkte Rede mit einer Redeeinleitung im Plural wieder. Bernada führt fort mit einem Erstaunensausruf der Frau in direkter Rede (28). Wiederum knüpft Erika in Zeile 29 unmittelbar an den erstaunten

---

15 Tannen, Deborah. *Talking Voices: Repetition, Dialogue, and Imagery in Conversational Discourse*. Cambridge 1989; Günthner, Susanne. „Polyphony and the ‚layering of voices' in reported dialogue: An analysis of the use of prosodic devices in everyday reported speech". *Journal of Pragmatics* 31 (1999), S. 685-708.

16 Kotthoff, Helga. „Irony, Quotation, and Other Forms of Staged Intertextuality". *Perspective and perspectivation in discourse*. Hg. v. Carl Graumann u. Werner Kallmeyer. Amsterdam 2002, S. 201-233.

Ausruf an und führt diesen fort. Sie zitiert dann ihre eigene Antwort (*und DAS nennen Sie gesundes essen? ja SEHR*).

Diese Dialogteile sind hauptsächlich durch ihr Frage-Antwort-Format voneinander abgegrenzt. Einige lachen. Dann folgt ab Zeile 31 ein Erläuterungskommentar, der von Ulf ausgebaut wird. Katharina bekundet nun ihre Ablehnung solcher Produkte (35), wie die Frau sie verkauft. Ulf rekonstruiert weiter die Szenerie (36). Es soll noch einmal betont werden, dass die Redewiedergabe hier nicht in realistischer Weise Rede wiedergibt, sondern so gestaltet wird, dass ein witziges kleines Drama entsteht. Tannen[17] hat solche Dialoginszenierungen unter den Involviertheitsstrategien eingeordnet.

In der Geschichte wird damit gespielt, dass man die Frau mit dem kochenden Ehemann in Erstaunen versetzt hat. Katharina geht nun in Zeile 38 darauf ein, was ein möglicher Effekt davon gewesen sein könnte, die Verkäuferin hinters Licht zu führen. Auch sie spricht plötzlich lachend mit fremder Stimme in der Rolle, die Erika sich in dem Dialog mit der Topfverkäuferin zugelegt hatte (40). Bernada führt die Rede in der gleichen Rolle fort (41). Es entsteht Gelächter. Die beiden animieren die Rede einer Anwesenden, was diese nicht zu stören scheint.

Die Rollen der Protagonistinnen in dem Dialog auf der Straße werden zwar prosodisch unterschieden, verlassen sich aber auf ein kommunikatives Dialogwissen. Die Fragen der Verkäuferin sind als typische Fragen einer konservativen Frau animiert. Sie wird als erstaunt vorgeführt. Auch hier hätte es von der Dramaturgie her gepasst, die Verkäuferin im Dialekt sprechen zu lassen. Den beiden Berlinerinnen Bernada und Anni scheint dieser aber zu fremd zu sein. Die fortschrittliche Kundin antwortet ganz normal und im Gestus höchster Selbstverständlichkeit. In die direkte Redewiedergabe ist ein gespieltes soziales Typisierungsverfahren eingegliedert. Erika hat sich so inszeniert, als hätte sie einen Hausmann an ihrer Seite, was der Realität nicht entspricht. Typenhafte, direkte Redewiedergabe[18] kann auch hier wieder als wichtiges Element der Performanz von Scherzrede identifiziert werden. Für die Gruppe ist das kleine Schauspiel mit der Verkäuferin, das nun am Tisch wiederholt wird, lustig.

Erika präsentiert ihre normbrechenden Eheverhältnisse mit größter Selbstverständlichkeit. Diese Modalität der fraglosen Sicherheit[19] wird hier doppelt genutzt: gegenüber der Frau zur sozialen Selbststilisierung als ‚neue Frau' mit ‚neuem Mann'; dieser Form „mimetischer Satire"[20] wohnt schon ein Potential

---

17 Vgl. Tannen (Anm. 15).

18 Brünner, Gisela. „Redewiedergabe in Gesprächen". *Deutsche Sprache* 1 (1991), S. 1-16.

19 Dazu Kallmeyer, Werner u. Inken Keim. „Formelhaftes Sprechen in der Filsbachwelt". *Kommunikation in der Stadt. Exemplarische Analysen des Sprachverhaltens in Mannheim.* Teil 1. Hg. v. Werner Kallmeyer. Berlin/New York 1994, S. 250-318.

20 Vgl. Auerbach, Erich. *Mimesis. Dargestellte Wirklichkeit in der abendländischen Literatur.* Bern/München 1971; Schwitalla, Johannes. „Poetisches in der Alltagskommunikation". *Sprache, Onomatopöie, Rhetorik, Namen, Idiomatik, Grammatik.* FS Prof. Dr. Karl Sornig. Hg. v.

zur Auslösung eines Komikeffekts inne. Dann wird sie der Gruppe auch noch als gelungene Darbietung eines ‚Auf-die-Schippe-Nehmens' der Verkäuferin dargeboten. Die Zuhörer/innen lachen über die speziellen Stilisierungen im wiedergegebenen Dialog.

Wieder wird mit Geschlechtsnormen gespielt. Vor allem Erika, aber auch Bernada und Anni präsentieren sich hier außerdem als Menschen, die eine Alltagsszene für einen Scherz auszubeuten wissen. Sie „authentisieren sich"[21] als draufgängerisch. Sie inszenieren sich in deutlicher Distinktion von der Verkäuferin, welche die wenig geschätzte Normalität zu verkörpern hat.

Sehr ähnlichen Inhalts ist auch die Geschichte, die später von Ulf zum Besten gegeben wird. Er bestätigt indirekt die von Erika dargebotene Stilisierung der neuen Selbstverständlichkeiten.

Datum 4 (Gespräch 7 Episode 2)

1	U:	ich war AUch mal bei so ner küchenvorführung für
2		heimische küchenmaschinen,
3	K:	ja
4	U:	bei hUber auf der klosterstätte.
5	A:	(? ?)
6	U:	und dann hat die frau so frAgen gestellt, und dann
7		hab Ich gesagt, also ich find ja beim RÜHRteig,
8		hat er ja ne gewisse schwÄche.
9	D:	hahahahaha
10	U:	und die frau °ja woher wisset sie dEs?°
11		ich, ja denken sie ich mach kEIne kuchen?
12		und und dann hab ich mit der rumgefachsimpelt über
13		über rÜblitorte und was ich fürn rezept hätte.
14	E:	und da dachtense nIcht, du bist professioneller kondIt(he)or?
15	U:	nein °und dann hat se gemEInt,° °ja wIssen sie,°
16		weil am anfang ham se gelAcht, ne?
17	?:	mhm
18	U:	und ham gedacht, was will denn der DEPP da?
19	E:	hehe
20	U:	der mAnn, der ke(he)nnt sich doch überhAUpt nich aus,
21	E:	ja(haha)
22	U:	wenns um kÜchenmaschinen geht. und dann wurde mir
23		also (? verspätet zugegeben?) °ja die mÄnner heute,
24		die brauchen AUch sowas.°
25	E:	hehehehehe
26	U:	ham se sich da(ha) also(he) allgemein AUsge(he)tauscht.
27		hehe dass die zEI(he)ten sich geändert haben.
28	E:	hehehehe
29	U:	fand ich sehr schÖn Irgendwie.

Dieter Halwachs, Christine Penzinger u. Irmgard Stütz (= Grazer linguistische Monographien 11), S. 228-243.

21 Ein Begriff von Coupland, Nikolas. „Dialect stylization in radio talk". *Language in Society* 30 (2001) H. 3, S. 345-375.

Ulf erzählt, dass er an einer Vorführung von Küchenmaschinen teilgenommen hat. In den Zeilen 7 und 8 zitiert er sich mit seiner Einmischung in die Vorführung. Er hat einen Kennerkommentar von sich gegeben, noch dazu in einer ziemlich gestelzten Sprache (*gewisse Schwäche*). David lacht daraufhin. Die gestelzte Formulierung macht klar, dass auch hier ein spaßiger Rahmen inszeniert wird. Ulf bedient sich eines für ihn ungewöhnlichen Registers. Die Vorführerin wird in direkter Rede im Dialekt animiert *(°ja woher wisset sie dEs?°* - 10); danach, in Zeile 11, der Erzähler selbst in der Hochsprache. Es folgt eine metasprachliche Orientierung über den weiteren Themenverlauf des Gesprächs. Erika stellt eine Frage bezüglich seines Eindrucks auf die Küchenmaschinenverkäuferin (14), die Ulf verneint. In Zeile 15 startet Ulf eine weitere, allerdings nicht durchgehaltene Animation der Frau. Dann geht er zeitlich zurück an den Anfang des Dialogs und zitiert auch das Denken der anwesenden Frauen (18, 20, 22). Erika lacht. Abschließend werden die Frauen noch einmal zitiert als diejenigen, die ihre Lektion über den neuen Mann und die neue Zeit gelernt haben. Er spricht die Lektion leiser *(°ja die mÄnner heute, die brauchen AUch sowas.°*), damit den Eindruck evozierend, die Frauen hätten sich die neue Erkenntnis zugeraunt. Ulf fasst dann den bewusstseinserweiternden Eindruck der Frauen zusammen und gibt dem ganzen Austausch abschließend eine positive Bewertung (*sehr schön irgendwie*).

Auch Ulf hat die konservative Welt mit seiner Progressivität verblüfft. Genau wie die drei Frauen vorher, zeigt auch er in einer öffentlichen Situation ein sehr aktives Verhalten. Das passt anscheinend zur Ikonisierung von Progressivität. Er genießt es, den Damen auf die Sprünge zu helfen, zuerst als *Depp* angesehen zu werden und dann doch eine gewisse Anerkennung zu verspüren. Wie in allen bereits vorgestellten Erzählungen wird auch hier das Verlachen der Gestrigen durch die Performanz der szenischen Narration abgefedert. Die Damen stellen durchaus Übereinstimmung mit Ulf her. Nicht immer werden die ,Anderen' unsympathisch gezeichnet. Auch in Datum 5 wird ein konservativer Herr *süß* gefunden.

Der ganz Liebe und die Sozialdemokratin

Datum 5 (Gespräch 6 Episode 4)
Alle (a), Anni (A), Bernada (B), David (D), Johannes (J), Katharina (K), Maria (M), mehrere (m), Ulf (U).

7 M: ja, und die mussn Unheimlich gutes ergebnis also,
8 das ergebnis war [insgesamt
9 U: [VOLler erfolg.
10 M: ja::
11 U: und dann hättse mal ihren wErbeberater

12 wechseln sollen, der dies HÄSSliche bild
13 von ihr in umlauf gese(hehe)tzt hat.
14 A: warum hat se das genEhmigt?
15 U: ich hab die frau WIRKlich hier mal gesehen, und auch
16 auf der strAße gesehen. das muss schwierig sein, von
17 ihr SON Bild eh [zu machen.
18 M: [das is ne ganz GANZ nette frau.
19 U: des is AUCH so nett, also ihr mann ist
20 kulturamtsleiter und schreibt für die zÜrcher, eigentlich auch
21 n ganz LIEber, aber doch eher e bissle kOnservativ.
22 und dann eh ich hab dann eh ich hab dann mich nur mit
23 der frau vroner über die f a Achtzehn bomber unterhalten,
24 M: ja
25 U: und warum man die NICHT beschaffen soll,
26 J: nEIn.
27 D: mhm
28 U: un da hatter °ja.° hat gesagt, °also° des HAB ich Dir
29 doch jetzt schon sO: oft gesagt.
30 (-) <↑wir WOLLEN NICHT mehr über die
31 bomberbeschaffung reden.>
32 m: hehehehehehehehe[he
33 J: [aja:
34 M: ja ja. und zum Ulf hat sie auch gesagt beim essen, ja,
35 <ich bin ↑SCHO:N EINE sozialdemokratin. °und er immer°,
< ((Schweizer Satzmelodie)) >
36 psch::::t, psch:::::t ((legt den Finger auf den Mund))
37 a: hahahahahahahahahahaha
38 A: [haha haha
39 M: [sÜ:::ß:
< ((affektiert)) >
40 m: hahahaha [hehehehehe
41 M: [und jetzt war er wohl auch nich so GANZ
42 einverstanden, daß seine frau kandidiert,
43 hat peter dobendorfer gesagt,
44 <un gleichzeitig aber auch stolz>.
< ((acc)) >
45 er is halt so hin und herkrissen.
46 D: mhm
47 M: <°ob. des. nicht. der. Familie. vielleicht. n bißchen.
< ((staccato))
48 scha::det. °>
>
49 <aber andererseits ganz stolz auf seine frau.>
< ((acc)) >
50 D: mhm.

Es geht thematisch um Frau Vroner, die in dem schweizerischen Ort, an dem das Gespräch stattfindet, für den Stadtrat kandidiert hatte. Maria schildert sie als *ganz nette Frau* (18). Ab Zeile 19 leitet Ulf zur Erzählung einer Episode über, die er mit Herrn und Frau Vroner erlebt hat. Der Satz *des ist auch so nett* fungiert als evaluierende Einleitung. Das Adjektiv *nett* hat in informellen Kontexten auch eine Nebenbedeutung im Sinne von ‚lustig'. Dann wird der Ehemann der Frau Vroner genauer nach Beruf, Charakter und politischer Einstellung charakterisiert, wobei *lieb* und *konservativ* durch das *doch* fast in Kontrast gesetzt werden. Die folgende Schilderung des Gesprächsthemas wird mit *und dann* eingeleitet, was streng genommen zeitliche, hier aber thematische Kontinuität signalisiert. Das Gesprächsthema *F A 14-Bomber* beinhaltet eine gewisse Spannung, da es zwischen Konservativen und Progressiven zum Zeitpunkt der Aufnahme (1994) in der Schweiz sehr kontrovers diskutiert wurde. Herr Vroner hat eine konservative Einstellung, d. h., er ist für die weitere Ausstattung der Schweizer Armee mit Kampfflugzeugen. Ulf beansprucht eine längere Erzähleinheit für seine Darbietung. Mit *des is auch so nett* kündigt er einen längeren Turn an. Die Zuhörer/innen möchten jetzt wissen, was so *nett* ist.

Vor allem Zeile 25 markiert einen ganz scharfen Gegensatz zwischen Ulfs Haltung und der von Herrn Vroner. Indem Ulf seine eigene Haltung so beiläufig einfließen lässt, attribuiert er seiner Position Selbstverständlichkeit. Johannes äußert ein erstauntes *nein*, vermutlich im Nachvollzug der heiklen, konfliktträchtigen Situation. Ulf präsentiert sich selbst als forsch. Nun fährt Ulf fort, Herrn Vroner durch ein direktes Zitat zu parodieren.

28 U: un da hatter °ja.° hat gesagt, °also° des HAB ich dir
29 doch jetzt schon sO: oft gesagt.
30 (-) <↑wir WOLLEN NICHT mehr über die
31 bomberbeschaffung reden.>

Die Rede des Herrn Vroner lässt Ulf mit typischen Redeeinleitungen *ja, also* beginnen, wobei diese deutlich leiser gesprochen werden. Es folgt ein stark typisierter Elternsatz, gerichtet an seine Frau (die ähnlich denkt wie Ulf), mit der typischen Dehnung des *sO:*, welche Emphase signalisiert. Der Satz, der Herrn Vroners Ablehnung des Themas zum Ausdruck bringt, wird höher und teilweise lauter gesprochen. Die meisten in der Gruppe bzw. alle lachen. Die genaue Beteiligung ist bei Gruppengelächter schlecht zu identifizieren. Der Kulturamtsleiter wird durch die ihm in den Mund gelegten Sätze als altmodisch und onkelhaft parodiert. Er verbietet seiner Frau, die anderer Meinung ist, über die strittigen Themen weiterhin zu reden. Die ihm zugeordnete onkelhafte Redeweise ist witzig, weil sie die gängige Vorstellung von diesem formbewussten und distinguierten Kulturamtsleiter (und Herren in ähnlicher Position) bricht. Die komische Typisierung von Protagonisten durch Zitationsverfahren beschäftigt uns also auch hier. Mit Tannen gehen wir weiterhin davon aus, dass Authentizitätsansprüche nicht hoch zu veranschlagen sind und wir es mehr mit Dialogkonstruktionen zu tun haben als mit genauen Rekonstruktionen.[22]

---

[22] Tannen (Anm. 15).

In der Geschichte über das Ehepaar Vroner werden beide als sympathisch geschildert, der Mann aber als etwas verschroben; Herr Bocksberger und der ‚Millionär' hingegen waren Inkarnationen von Unsympathen. Karikaturen laden keineswegs zu völliger Ablehnung ein.

Maria baut ab Zeile 34 die Geschichte des Essens mit dem Ehepaar Vroner noch aus. Auch sie lässt Frau Vroner in direkter Rede zu Wort kommen. Der Satz *ich bin schon eine Sozialdemokratin* ist mit einer so klaren Artikulation gesprochen, wie sie typisch ist für Schweizer/innen, die Hochdeutsch sprechen (35). Maria imitiert auch die schweizerdeutsche Satzintonation mit dem starken Anstieg auf *schon* und folgendem Fall. Interessant ist die Modalpartikel *schon* auch, weil dadurch dem Satz von Frau Vroner Zugeständnisqualitäten verliehen werden. Die Selbstidentifikation der Kulturamtsleitergattin wird dadurch nicht als selbstverständlich dargeboten:

34 M: ja ja. und zum Ulf hat sie auch gesagt beim essen, ja,
35 <ich bin ↑SCHO:N EINE sozialdemokratin. °und er immer°,
< ((Schweizer Satzmelodie)) >
36 psch::::t, psch:::::t ((legt den Finger auf den Mund))

Zur Einleitung der Rede des Herrn Vroner spricht Maria leiser. Sie erfolgt unter Verwendung des All-Quantors *immer*. Sie imitiert und karikiert Herrn Vroner, der seine Frau erschrocken zum Stillschweigen veranlasst. Die Selbstidentifikation der Frau Vroner als *Sozialdemokratin* wird in altväterlicher Manier von Herrn Vroner zum Tabu erklärt. Dies ist ganz besonders unwahrscheinlich, da sie soeben für diese Partei kandidiert hat. Die Interjektionen in Zeile 36 werden von der entsprechenden kindlichen Geste des ‚Finger-auf-den-Mund-Legens' begleitet. Herr Vroner, der gesamten Gruppe bekannt als Autoritätsperson mit hohem Amt, wird von Maria in der Dialogkonstruktion zur Karikatur desselben gemacht. Maria kreiert Erschrockenheit des Herrn Vroner über das Bekenntnis seiner Frau. Er wird hingestellt, als sei Sozialdemokratie für ihn etwas ganz Ungeheuerliches. Alle lachen. Maria bewertet die Rede des Herrn Vroner als *süß*. Sie erläutert dann die widersprüchliche Haltung des Herrn Vroner zur politischen Kandidatur seiner Frau.

Ab Zeile 41 berichtet Maria ernsthaft über Herrn Vroners Haltung zur Kandidatur seiner Frau. Obwohl sie keine direkte Rede mehr verwendet, imitiert sie vor allem ab Zeile 47 noch einmal Herrn Vroners Schweizer Hochdeutsch mit langsamem Sprechtempo und deutlicher Artikulation. Durch diese Imitation wird auch die dem Herrn Vroner zugeordnete Haltung des Überlegens ikonisiert. Der die Charakterisierung abschließende Vergleichssatz ist deutlich tiefer gesprochen. Das Einerseits und Andererseits des Herrn Vroner wird auch stimmlich und prosodisch kontrastiv inszeniert.

Bei den in dieser Parodie zur Anwendung kommenden Strategien ist die Freudsche Unterscheidung eines Humors von „de re“ und „de dicto“[23] im Grunde kaum durchzuführen, da wir es hier zwar nicht mit Wortwitz zu tun haben, aber doch mit spaßigen Redeweisen. Das Witzige liegt hier hauptsächlich im Bruch zwischen der in der Redewiedergabe erzeugten Figur des Protagonisten Herr Vroner, der in der Realwelt als gebildete und kultivierte Autoritätsperson bekannt ist, und der ihm zugeordneten kindlichen Redeweise.

Zielscheibe dieser Sequenz ist auf den ersten Blick der abwesende Dr. Vroner. Wir begegnen in dieser Episode aber einer stark inszenierten sozialen Typisierung, wie sie auch in Witzen immer wieder bewerkstelligt wird. Handlungsweisen von Menschen werden so zugespitzt und karikiert, dass es nicht mehr um eine konkrete Person geht, sondern konversationell ein bekannter Sozialtypus entsteht. Über den konservativen Kulturamtsleiter wird nicht neutral berichtet, sondern er wird in einem kleinen szenischen Drama erzeugt. Sein Konservativismus wird anhand kreierter Äußerungen ins Lachhafte überzogen. Die größten Lacherfolge werden durch am stärksten typisierte Aktivitäten erzielt, hier den Elternsatz (30/31) und das suggestive *pscht* (36). Beide Wiedergaben sind fiktionalisiert, denn realistisch betrachtet wären solche Reaktionsweisen des Dr. Vroner in der erzählten Situation kaum vorstellbar. Zum einen wissen alle bei der Erzählung anwesenden Personen über die progressive Haltung der Frau Vroner sowieso Bescheid, zum anderen ist es kaum realistisch, dass ein Kulturamtsleiter sich im Kreise jüngerer Mitarbeiter/innen seiner Frau gegenüber so kindisch benimmt. Wahrheitswerte sind auch hier von einem untergeordneten Interesse. Die Hauptsache ist, dass man die Inszenierung nachvollziehen kann, vertraute Redeweisen getroffen (bzw. übertroffen) werden und die ganze Inszenierung dadurch amüsierende Qualitäten gewinnt. Die eigentliche Zielscheibe ist der Typus des gebildeten Konservativen, der in der Karikatur seiner Distinguiertheit vollständig beraubt wird. In der Koproduktion von Ulf und Maria scheint schon die geteilte Bewertung des Ehepaars Vroner auf; im Lachen der Gruppe findet sie Bestätigung.

Der thematisch ins Zentrum gestellte Dr. Vroner gehört zum beruflichen Umfeld der im Kulturamt angestellten Maria. Er gehört zum Personenkreis von Übergeordneten. Abwesende Chefs und Höhergestellte kommen als Scherzobjekte in vertrauter Runde immer in Frage. Man kann die Vertrautheit unter Freundinnen und Freunden durch gemeinsames Amüsement über Menschen, welche durch ihre Macht potentiell bedrohlich wirken können, steigern. Diesem kommt eine psychische Entlastungsfunktion zu. Für die Mehrheit der anderen Anwesenden sind Vroners einfach entfernte Bekannte. Alle wissen um die politischen Meinungsverschiedenheiten des Ehepaars. Zum Thema gehört auch der Spaß am

[23] Freud, Sigmund. *Der Witz und seine Beziehung zum Unbewußten* (1905). Frankfurt a. M. 1985.

dargebotenen Konflikt in der Paarbeziehung. Das entspricht subjektiven Wissens- und Relevanzstrukturen.

Zunächst wird über die Wahlergebnisse der Frau Vroner ernsthaft geredet, und diese wird als sympathische Person vorgestellt. Die Gruppe teilt die politischen Ansichten der Frau Vroner. Indirekt stellt man sich so selbst als sympathisch dar. Das Ehepaar Vroner wird auch zum Thema, weil sie ein Stück Schweiz repräsentieren, in der vier der Anwesenden leben. Vor allem aber ist Herr Vroner Maria übergeordnet. Witzelnde Abgrenzungen von Höhergestellten verbinden. Ulf porträtiert Marias Vorgesetzten als verschroben, aber nett, und etwas verunsichert bezüglich der Ausmaße seiner eigenen bescheidenen Toleranz. Sich selbst stellt Ulf als einen deutlich Farbe bekennenden Gesprächspartner dar. In Zeile 25 kommt nicht nur seine Haltung zum Ausdruck, sondern es wird außerdem impliziert, es bestehe Einigkeit darüber, dass die Schweizer Armee nicht weiter ausgerüstet gehört. Die Unsicherheit bezüglich der politischen Toleranz des Vorgesetzten gegenüber Andersdenkenden betrifft vor allem Maria, die sich an einem Arbeitsplatz befindet, wo die politischen Meinungen stark auseinander gehen. Indem Maria einen ihr übergeordneten, anders denkenden Herrn als *süß* stilisiert, nimmt sie ihm seine potentielle Bedrohlichkeit. Der Kulturamtsleiter wird als ältlicher, über die neumodischen Ideen seiner Frau und Mitarbeiter/innen erschrockener Hausvater inszeniert und nicht als mächtiger Konservativer. Die Gruppe kann sich einer gemeinsamen Haltung versichern, sowohl themen- und personenbezogen, als auch bezogen auf das eigene Image. Ulfs Forschheit in der Meinungskundgabe wird goutiert. Implizit bestätigt die Gruppe ihm durch ihre unterstützende Teilnahme ein Attribut, das er sich selbst in seiner narrativen Selbstpräsentation implizit zugeordnet hatte. In unserer Kultur ist explizites Selbstlob dispräferiert („Eigenlob stinkt!"). Spaßige Dialogkreationen bieten den Vorteil, dass man sich selbst als sympathisch authentisieren kann, ohne dass dies einklagbar wäre.

Schluss: Was ist hier ‚lachgemeinschaftsbildend'?

Alle hier präsentierten Geschichten drehen sich um die Geschlechterordnung. Das Thema nimmt aber insgesamt in dieser Gruppe, von der ich 20 gemeinsame Essen mitgeschnitten habe, keinen breiten Raum ein (Kotthoff 1998). Die Geschlechterordnung hat sich in den letzten Jahrzehnten auch im deutschen Sprachraum gewandelt. Nicht alle gesellschaftlichen Milieus tragen aber diese Veränderungen mit. Das akademische Milieu, aus dem die Daten stammen, spielt im Wandel der Geschlechterbeziehungen eine trendstiftende Rolle. Wenn es für einen bestimmten Bereich der Lebenswelt keine allgemein gültige Normalität mehr gibt, muss die eigene Normalität kommunikativ ausgehandelt werden. Das Lachen in Gemeinschaft kann daran beteiligt sein. Im Unterschied zu ernsthaften

Diskursen erlaubt die scherzhafte Modalität den Beteiligten, auf eine geteilte Haltung nur anzuspielen. Der Entwurf des Selbst und des Anderen bleiben implizit.

Bei genauer Betrachtung stellt sich heraus, dass in all diesen Geschichten der *performance* ein herausgehobener Stellenwert zugeschrieben wurde. Die Protagonisten der alten Welt werden nicht als solche verlacht, sondern als Karikaturen. Die Karikatur muss konversationell bewerkstelligt werden. Man ordnet ihnen Ansichten von vorgestern zu und aggressive, erstaunte oder erschrockene Redeweisen. Das Selbst hingegen bleibt cool und souverän. Zur Ikonisierung einer solchen Haltung scheint sich die Hochsprache tendentiell eher zu eignen. Sofern der alemannische Dialekt in der Redewiedergabe bemüht wird, dient er der Authentisierung des Hinterwäldlerischen. Eigene Redeweisen kommen auch mal ziemlich gestelzt daher, was durchaus auch der Selbstironisierung dient. Es kommt auf Kontrastbildung an, nicht so sehr auf Wahrheitswerte, denn die meisten Mitglieder der Gruppe sprechen ebenfalls alemannische Varietäten.

Eine *outgroup*, über die man lachen kann, ist nicht einfach vorhanden, sondern muss konversationell aufbereitet werden. Das verlangt Arbeit an der Darbietung, man muss imaginative Bühnen erzeugen und Stimmen voneinander absetzen können. Übertreibung ist ein wichtiges Karikierungsverfahren. In der älteren soziologischen Literatur über Lachgemeinschaften wird dies unzureichend berücksichtigt. Es wird nicht unterschieden zwischen Gruppen und der Stilisierung der Gruppen, sondern unterstellt, man lache direkt über die „Anderen".

Die *ingroup* versichert sich implizit geteilter Werte und entwirft in Ausrichtung aneinander ein Selbstbild, das sich in den verschiedenen Geschichten ähnelt. In den Runden unter guten Freunden agiert das Selbst auf zwei Bühnen gleichzeitig: im Hier und Jetzt und in den Geschichten. Es mokiert sich auf beiden Bühnen über seine konservative Umwelt und zeigt hier wie dort diesbezüglich ein „playful set of mind"[24]. In den eingeblendeten Ausschnitten gibt es sich konfrontativ und hält mit seinen Positionen nicht hinter dem Berg. Da es diese und auch die Neuartigkeit seiner Lebensverhältnisse ab und zu zu übertreiben weiß, wird auch die *ingroup* ein wenig auf Distanz gesetzt.

Die Transkriptionskonventionen

(-)	kurze Pause
(- -)	längere Pause (weniger als eine halbe Sekunde)
(1.0)	Pausen von einer Sekunde und länger
(?was soll das?)	unsicheres Textverständnis
(? ?)	unverständliche Stelle
..[....	
..[....	der Text in den untereinanderstehenden Klammern überlappt sich

[24] Bateson (Anm. 6).

..[[...	Mehrfachüberlappung verschiedener Sprecher/innen
=	ununterbrochenes Sprechen
hahaha	lautes Lachen
hehehe	schwaches Lachen
hohoho	dunkles Lachen, den Vokalen der Umgebung angepasst
(`h)	hörbares Ein- oder Ausatmen
(h)	integrierter Lachlaut
:	Lautlängung
?	steigende Intonation
,	kontinuierliche bis leicht steigende Intonation
.	fallende Intonation
;	leicht fallende Intonation
°blabla°	leiser gesprochen als Umgebung
°°bla°°	sehr leise
der is DOOF	Großgeschriebenes trägt den Satzakzent
COME ON	Emphaseintonation (lauter und höher)
<↑blabla>	höhere Tonlage des innerhalb der spitzen Klammern stehenden Textes
↑	hoher Ansatz bei einem einzelnen Wort Tonsprung nach oben, Tonabfall noch im Wort
↓	Tonsprung nach unten
<↓blabla>	tieferes Tonhöhenregister innerhalb der spitzen Klammern
((liest))	Kommentar zum Nonverbalen
<((rall))>	rallentando, Verlangsamung, Kommentar vor oder unter der Zeile
<((acc))>	accelerando, zunehmend schneller,
<((staccato))>	Wort für Wort
<((affektiert))>	impressionistische Kommentare unter der Zeile

VI. Anhang

Auswahlbibliographie

Althans, Birgit, Kathrin Audehm u. a. „Differenz und Alterität im Ritual". *Praktiken des Performativen*. Hg. v. Erika Fischer-Lichte u. Christoph Wulf (*Paragrana. Internationale Zeitschrift für Historische Anthropologie* 13.1). Berlin 2004, S. 187-250.

Althoff, Gerd. „Colloquium familiare – colloquium secretum – colloquium publicum. Beratung im politischen Leben des früheren Mittelalters". *Frühmittelalterliche Studien* 24 (1990), S. 145-167.

– *Verwandte, Freunde und Getreue: zum politischen Stellenwert der Gruppenbindungen im frühen Mittelalter*. Darmstadt 1990.

– „Der König weint. Rituelle Tränen in öffentlicher Kommunikation". *‚Aufführung' und ‚Schrift' in Mittelalter und Früher Neuzeit*. Hg. v. Jan-Dirk Müller. Stuttgart/Weimar 1996, S. 239-252.

– *Spielregeln der Politik im Mittelalter. Kommunikation in Frieden und Fehde*. Darmstadt 1997.

– „Ira Regis. Prolegomena to a History of Royal Anger". *Anger's Past. The Social Uses of an Emotion in the Middle Ages*. Hg. v. Barbara H. Rosenwein. Ithaca/London 1998, S. 59-74.

– *Die Macht der Rituale. Symbolik und Herrschaft im Mittelalter*. Darmstadt 2003.

Antony, Heinz. *Humor in der augusteischen Dichtung*. Hildesheim 1976.

Arend, Elisabeth. *Lachen und Komik in Giovanni Boccaccios Decameron* (= Anal. Rom. 68). Frankfurt a. M. 2004.

Assmann, Jan. „Von ritueller zu textueller Kohärenz". *Das kulturelle Gedächtnis. Schrift, Erinnerung und politische Identität in frühen Hochkulturen*. München 1999, S. 87-103.

Aubailly, Jean-Claude. *Le monologue, le dialogue et la sottie. Essai sur quelques genres dramatiques de la fin du Moyen Age et du début du XVIe siècle*. Paris 1976.

Audehm, Kathrin u. Jörg Zirfas. „Performative Gemeinschaften“. *Sozialer Sinn* 1 (2000), S. 29-50.

Bachorski, Hans-Jürgen. „Poggios Facetien und das Problem der Performativität des toten Witzes“. *Zeitschrift für Germanistik* N.F. XI (2001) H. 2, S. 318-335.

Bachorski, Hans-Jürgen, Werner Röcke u. a. „Performativität und Lachkultur in Mittelalter und Früher Neuzeit“. *Theorien des Performativen.* Hg. v. Erika Fischer-Lichte u. Christoph Wulf (*Paragrana. Internationale Zeitschrift für Historische Anthropologie* 10.1). Berlin 2001, S. 157-190.

Bachtin/Bakhtin, Michail. *The dialogic imagination.* Hg. v. C. Emerson u. M. Holquist. Austin 1981.

– *Speech genres and other late essays.* Austin 1986.

– *Rabelais und seine Welt. Volkskultur als Gegenkultur.* Aus dem Russischen v. Gabriele Leupold. Hg. und mit einem Vorwort versehen v. Renate Lachmann. Frankfurt a. M. 1987.

– *Tvorcestvo Fransua Rable i narodnaja kul'tura srednevekov'ja i Renessansa.* Moskva 1990.

Barner, Wilfried. „Überlegungen zur Funktionsgeschichte der Fazetien“. *Kleinere Erzählformen des 15. und 16. Jahrhunderts.* Hg. v. Walter Haug. Tübingen 1993, S. 287-310.

Bateson, Gregory. „A Theory of Play and Phantasy“ (1954). *Steps to an Ecology of Mind.* San Francisco 1972, S. 177-193.

Bec, Pierre. *Burlesque et obscénité chez les troubadours – Pour une approche du contre-texte médiéval.* Paris 1984.

Bédier, Joseph. *Les fabliaux. Études de littérature populaire et d'histoire littéraire du moyen âge.* 6. Aufl. Paris 1969.

Behler, Ernst. *Klassische Ironie. Romantische Ironie. Tragische Ironie. Zum Ursprung dieser Begriffe.* Darmstadt 1972.

Benthien, Claudia, Anne Fleig u. Ingrid Kasten (Hgg.). *Emotionalität. Zur Geschichte der Gefühle.* Köln 2000.

Berger, Peter L. *Erlösendes Lachen. Das Komische in der menschlichen Erfahrung.* Berlin 1997.

Bergson, Henri. *Le rire. Essais sur la signification du comique* (1900). Dt. *Das Lachen. Ein Essay über die Bedeutung des Komischen.* Zürich 1972.

Bloch, Marc. *Die Feudalgesellschaft*. Frankfurt a. M./Wien/Berlin 1982.

Bloch, R. Howard. *The Scandal of the Fabliaux*. Chicago/London 1986.

Bockmann, Jörn. *Translatio Neidhardi. Untersuchungen zur Konstitution der Figurenidentität in der Neidhart-Tradition* (= Mikrokosmos 61). Frankfurt a. M. u. a. 2002.

Bohle, Ulrike u. Ekkehard König. „Zum Begriff des Performativen in der Sprachwissenschaft". *Theorien des Performativen*. Hg. v. Erika Fischer-Lichte u. Christoph Wulf (*Paragrana. Internationale Zeitschrift für Historische Anthropologie* 10.1). Berlin 2001, S. 13-34.

Branner, Rebecca. *Scherzkommunikation unter Mädchen*. Frankfurt a. M. 2003.

Bremmer, Jan u. Herman Roodenburg (Hgg.). *A cultural history of humour*. Cambridge 1997.

Bumke, Joachim. *Höfische Kultur. Literatur und Gesellschaft im hohen Mittelalter*. 2 Bde. München 1986.

Burke, Peter. *Eleganz und Haltung*. Berlin 1998.

Butler, Judith. *Hass spricht. Zur Politik des Performativen*. Berlin 1998 (amer. Originalausg.: *Excitable Speech. A Politics of the Performative*. New York 1997).

Camille, Michael. *Image on the Edge. The Margins of Medieval Art*. London 1992.

Clark, Herbert. *Using Language*. Cambridge 1996.

Davis, Natalie Zemon. *Humanismus, Narrenherrschaft und Gewalt. Gesellschaft und Kultur im frühneuzeitlichen Frankreich*. Frankfurt a. M. 1987.

Dekker, Rudolf. *Lachen in de Gouden Eeuw. Een geschiedenis van de Nederlandse humor*. Amsterdam 1997.

Deppermann, Arnulf u. Axel Schmidt. „Hauptsache Spaß – zur Eigenart der Unterhaltungskultur Jugendlicher". *Der Deutschunterricht* 6 (2001), S. 27-38.

Devrient, Eduard. *Geschichte der deutschen Schauspielkunst*. Bd. 1. Berlin 1967.

Dietrich, Margret (Hg.). *Worüber lacht das Publikum im Theater. Spaß und Betroffenheit einst und heute*. Wien 1984.

Douglas, Mary. „The social control of cognition: some factors in joke perception". *Man* 3 (1968), S. 365-381.

Dupreel, Etienne. „Le problème sociologique du rire". *Revue philosophique de la France et de l'Étranger* 106 (1928), S. 213-260.

Elias, Norbert. *Über den Prozeß der Zivilisation. Soziogenetische und psychogenetische Untersuchungen*. 2 Bde. Frankfurt a. M. 1977.

Farrell, Thomas J. (Hg.). *Bakhtin and Medieval Voices*. Gainesville 1995.

Fietz, Lothar. „Möglichkeiten und Grenzen einer Semiotik des Lachens". *Semiotik, Rhetorik und Soziologie des Lachens. Vergleichende Studien zum Funktionswandel des Lachens vom Mittelalter zur Gegenwart*. Hg. v. Lothar Fietz, Joerg O. Fichte u. Hans-Werner Ludwig. Tübingen 1996, S. 7-20.

Fischer, Hanns (Hg.). *Die deutsche Märendichtung des 15. Jahrhunderts*. München 1966.

Fischer-Lichte, Erika. *Die Entdeckung des Zuschauers*. Tübingen 1997.

Freud, Sigmund. „Der Witz und seine Beziehung zum Unbewussten". *Gesammelte Werke 6*. Frankfurt a. M. 1999 (Originalausg. London 1940).

Fritsch-Rößler, Waltraud. „Lachen und Schlagen. Reden als Kulturtechnik in Wolframs ‚Parzival'. *Verstehen durch Vernunft*. FS Werner Hoffmann. Hg. v. Burkhardt Krause. Wien 1997, S. 75-98.

Gebauer, Günter u. Christoph Wulf. *Spiel – Ritual – Geste. Mimetisches Handeln in der sozialen Welt*. Reinbek 1998.

Glenn, Phillip. *Laughter in Interaction*. Cambridge 2003.

Goffman, Erving. *Rahmen-Analyse. Ein Versuch über die Organisation von Alltagserfahrungen*. Frankfurt a. M. 1977.

Greco-Kaufmann, Heidy. *‚Vor rechten lütten ist guot schimpfen'. Der Luzerner Marcolfus und das Schweizer Fastnachtspiel des 16. Jahrhunderts* (= Deutsche Literatur von den Anfängen bis 1700 Bd. 19). Bern 1994, S. 29-44.

Greenblatt, Stephen. *Renaissance Self-Fashioning – From More to Shakespeare*. Chicago/London 1980.

Groebner, Valentin. *Ungestalten. Die visuelle Kultur der Gewalt im Mittelalter*. München/Wien 2003.

Grubmüller, Klaus (Hg.). *Novellistik des Mittelalters. Märendichtung*. Frankfurt a. M. 1996.

Gumbrecht, Hans Ulrich. „Literarische Gegenwelten, Karnevalskultur und die Epochenschwelle vom Spätmittelalter zur Renaissance". *Literatur in der Ge-*

sellschaft des Spätmittelalters. Hg. v. Hans Ulrich Gumbrecht. Heidelberg 1980, S. 95-144.

Günthner, Susanne. „Polyphony and the ‚layering of voices' in reported dialogue: An analysis of the use of prosodic devices in everyday reported speech". *Journal of Pragmatics* 31 (1999), S. 685-708.

Gurevich, Aaron. „Bakhtin on his Theory of Carnival". *A cultural history of humour*. Hg. v. Jan Bremmer u. Herman Roodenburg. Cambridge 1997, S. 71-78.

Gutwald, Thomas. *Schwank und Artushof. Komik unter den Bedingungen höfischer Interaktion in der ‚Crône' des Heinrich von dem Türlin* (= Mikrokosmos 55). Frankfurt a. M. u. a. 2000.

Gvozdeva, Katja. „Double sots / sauts / sons / sens de Rhétorique. Rhetorik und Rebus-Spiel in den Narren-performances im spätmittelalterlichen Frankreich". *Zeitschrift für Germanistik* N.F. XI (2001) H. 2, S. 361-381.

– „Spiel und Ernst der burlesken Investitur in den *sociétés joyeuses* des Spätmittelalters und der Frühen Neuzeit". *Investitur- und Krönungsrituale. Herrschaftseinsetzungen im kulturellen Vergleich*. Hg. v. Marion Steinicke u. Stefan Weinfurter. Köln 2005 [im Druck].

Hahn, Alois. *Konstruktionen des Selbst, der Welt und der Geschichte. Aufsätze zur Kultursoziologie* (= stw 1505). Frankfurt a. M. 2002.

Haiman, John. „Sarcasm as Theater". *Cognitive Linguistics* 1-2 (1990), S. 181-205.

Harms, Wolfgang. *Deutsche illustrierte Flugblätter des 16. und 17. Jahrhunderts*. Bd. I. Tübingen 1985.

Harp, Margaret Broom. *The portrayal of community in Rabelais's Quart Livre*. New York 1997.

Heers, Jacques. *Vom Mummenschanz zum Machttheater. Europäische Festkultur im Mittelalter*. Frankfurt a. M. 1986.

Herrick, Marvin T. *Comic theory in the sixteenth century*. Urbana 1964.

Herrmann, Max. „Über die Aufgaben eines theaterwissenschaftlichen Institutes". Vortrag vom 27. Juni 1920. *Theaterwissenschaft im deutschsprachigen Raum*. Hg. v. Helmar Klier. Darmstadt 1981, S. 15-24.

Herrmann, Petra. *Karnevaleske Strukturen in der Neidhart-Tradition* (= GAG 406). Göppingen 1984.

Hobbes, Thomas. „Human Nature or the Fundamental Elements of Policy“. *The English Works of Thomas Hobbes*. Hg. v. Sir William Molesworth. Bd. 4. London 1840, S. 1-76.

Hodgkin, John E. (Hg.). *Rariora: being notes of some of the printed books, manuscripts, historical documents, medals, engravings, pottery, etc., etc., collected 1858-1900*. London 1902.

Horowitz, Jeannine u. Sophie Menache. *L'humour en chaire. Le rire dans l'Eglise médiévale*. Genf 1994.

Huber, Christoph. „Lachen im höfischen Roman. Zu einigen komplexen Episoden im literarischen Transfer“. *Kultureller Austausch und Literaturgeschichte im Mittelalter. Transferts culturels et histoire littéraire au moyen âge. Kolloquium im Deutschen Historischen Institut Paris*. Hg. v. Ingrid Kasten, Werner Paravicini u. René Perennec. Sigmaringen 1998, S. 345-358.

Huizinga, Johan. *Herbst des Mittelalters. Studien über Lebens- und Geistesformen des 14. und 15. Jahrhunderts in Frankreich und in den Niederlanden*. 11. Aufl. Stuttgart 1975.

Iser, Wolfgang. „Das Komische: ein Kipp-Phänomen“. *Das Komische*. Hg. v. Wolfgang Preisendanz u. Rainer Warning (= Poetik und Hermeneutik 7). München 1976, S. 398-402.

– *Die Artistik des Mißlingens. Ersticktes Lachen im Theater Becketts* (= Sitzungsberichte der Heidelberger Akademie der Wissenschaften. Philosophisch-Historische Klasse 1979, Abh. 3). Heidelberg 1979.

– „Akte des Fingierens oder Was ist das Fiktive im fiktionalen Text?“ *Funktionen des Fiktiven*. Hg. v. Dieter Henrich u. Wolfgang Iser. München 1983, S. 121-151.

Jacobelli, Maria Caterina. *Ostergelächter. Sexualität und Lust im Raum des Heiligen*. Regensburg 1992.

Jacobs, Jürgen. Art. „Schelmenroman“. *Reallexikon 3*. Hg. v. Jan-Dirk Müller. 2. Aufl. Berlin/New York 2003, S. 371-374.

Jauss, Hans-Robert. „Über den Grund des Vergnügens am komischen Helden“. *Das Komische*. Hg. v. Wolfgang Preisendanz u. Rainer Warning. München 1976, S. 103-132.

– *Ästhetische Erfahrung und literarische Hermeneutik*. Frankfurt a. M. 1982.

Jones, Malcolm. „The English Print c. 1550 – c. 1650“. *A Companion to English Renaissance Literature and Culture*. Hg. v. Michael Hattaway. Oxford 2000, S. 352-367.

– *The Secret Middle Ages*. Sparkford 2002.

Koopmans, Jelle. „Les éléments farcesques dans la sottie française“. *Farce and Farcical Elements*. Hg. v. Wim Hüsken u. Konrad Schoell. Amsterdam 2002, S. 121-142.

Kortüm, Hans-Henning. „Zur Typologie der Herrscheranekdote in der mittelalterlichen Geschichtsschreibung“. *Mitteilungen des Instituts für Österreichische Geschichtsforschung* 105 (1997), S. 1-29.

Kotthoff, Helga (Hg.). *Das Gelächter der Geschlechter*. Konstanz 1988.

– *Spaß verstehen. Zur Pragmatik von konversationellem Humor*. Tübingen 1998.

– „Overdoing Culture. Sketch-Komik, Typenstilisierung und Identitätskonstruktion bei Kaya Yanar“. *Doing Culture*. Hg. v. Julia Reuter. Bielefeld 2004, S. 184-201.

Kugler, Hartmut. „Grenzen des Komischen in der deutschen und französischen Novellistik des Spätmittelalters“. *Kultureller Austausch und Literaturgeschichte im Mittelalter. Transferts culturels et histoire littéraire au moyen âge. Kolloquium im Deutschen Historischen Institut Paris*. Hg. v. Ingrid Kasten, Werner Paravicini u. René Perennec. Sigmaringen 1998, S. 359-371.

Kunzle, David. *The Early Comic Strip*. Bd. 1. Berkeley 1990.

Kuras, Lotte (Hg.). *Zu gutem Gedenken: kulturhistorische Miniaturen aus Stammbüchern des Germanischen Nationalmuseums 1550-1770*. München 1987.

Ladurie, Emmanuel Leroy. *Le Carnaval de Romans, de la Chandeleur au mercredi des Cendres 1579-1580*. Paris 1979.

Lanza, Diego. *Lo stolto. Di Socrate, Eulenspiegel, Pinocchio e altri trasgressori del senso comune*. Torino 1997.

Lazard, Madeleine. *Aspects du théâtre populaire en Europe au XVIe siecle*. Paris 1989.

LeGoff, Jacques. *Das Lachen im Mittelalter*. Stuttgart 2004 (Frz. Orig. 1990).

Lever, Maurice. *Zepter und Schellenkappe. Zur Geschichte des Hofnarren*. Frankfurt a. M. 1992.

Luck, Georg. „Vir facetus. A renaissance ideal“. *Studies in Philology* 55 (1958) H. 2, S. 107-121.

Mahler, Andreas. *Moderne Satireforschung und elisabethanische Verssatire*. München 1992.

Marquard, Odo. „Exile der Heiterkeit“. *Das Komische*. Hg. v. Wolfgang Preisendanz u. Rainer Warning (= Poetik und Hermeneutik 7). München 1976, S. 133-151.

Martineau, William H. „A Model of the Social Functions of Humor“. *The Psychology of Humor. Theoretical Perspectives and Empirical Issues*. Hg. v. Jeffrey Goldstein u. Paul MacGhee. New York/London 1972, S. 101-125.

Mazouer, Charles. „Un personnage de la farce médiévale: Le Naïf“. *Revue d'histoire du théâtre* 24 (1972), S. 144-161.

– *Le théâtre français du Moyen Age*. Paris 1998.

Meier, Christian. „Homerisches Gelächter, Spaß, Brot und Spiele“. *Lachen. Über westliche Zivilisation*. Sonderheft *Merkur* 56 (2002), H. 9/10, S. 789-800.

Mellinkoff, Ruth. *Outcasts. Signs of Otherness in Northern European Art of the Late Middle Ages*. 2 Bde. Bd. 1 (= California Studies in the History of Art 32). Berkeley 1993.

Menache, Sophia u. Jeannine Horowitz. „Quand le rire devient grinçant: La satire politique aux XIIIe et XIVe siècles“. *Le Moyen Âge* 102 (1996), S. 437-473.

Mezger, Werner. *Narrenidee und Fastnachtsbrauch. Studien zum Fortleben des Mittelalters in der europäischen Festkultur*. Konstanz 1991.

Moos, Peter von. „Fehltritt, Fauxpas und andere Transgressionen im Mittelalter“. *Der Fehltritt. Vergehen und Versehen vor der Moderne*. Hg. v. dems. Köln 2001, S. 1-96.

Muchembled, Robert. *Die Erfindung des modernen Menschen. Gefühlsdifferenzierung und kollektive Verhaltensweisen im Zeitalter des Absolutismus*. Reinbek 1990.

Müller, Jan-Dirk (Hg.). *‚Aufführung' und ‚Schrift' in Mittelalter und früher Neuzeit*. Stuttgart 1996.

– „Kulturwissenschaft historisch. Zum Verhältnis von Ritual und Theater im späten Mittelalter“. *Lesbarkeit der Kultur. Literaturwissenschaften zwischen Kulturtechnik und Ethnographie*. Hg. v. Gerhard Neumann u. Sigrid Weigel. München 2000, S. 53-77.

Neumeister, Sebastian. „Die Praxis des Lachens im *Decameron*". *Semiotik, Rhetorik und Soziologie des Lachens*. Hg. v. Lothar Fietz, Jörg O. Fichte u. Hans-Werner Ludwig. Tübingen 1996, S. 65-81.

O'Connell, Sheila. *The popular print in England 1550-1850*. London 1999.

Oliensis, Ellen. *Horace and the Rhetoric of Authority*. Cambridge 1998.

Pentzell, Raymond J. „Actor, Maschera, and Role: An Approach to Irony in Performance". *Comparative Drama* 16 (1982) H. 3, S. 201-226.

Pfleiderer, Beatrix. „Anlächeln und Auslachen. Die Funktion des Lachens im kulturellen Kontext". *Lachen – Gelächter – Lächeln. Reflexionen in drei Spiegeln*. Hg. v. Dietmar Kamper u. Christoph Wulf. Frankfurt a. M. 1986, S. 338-351.

Plej, Herman. *Der Traum vom Schlaraffenland. Mittelalterliche Phantasien vom vollkommenen Leben*. Übs. v. R. Kersten. Frankfurt a. M. 2000.

– „Bedeutung und Funktion des literarischen Narren im späten Mittelalter". *Schnittpunkte. Deutsch-Niederländische Literaturbeziehungen im späten Mittelalter*. Hg. v. Annette Lehmann-Benz u. a. Münster 2003, S. 301-318.

Plessner, Helmuth. *Lachen und Weinen. Eine Untersuchung nach den Grenzen menschlichen Verhaltens*. München 1950.

Poggio Bracciolini, Gianfrancesco. *Facezie*. Hg., eingel. u. übs. v. Stefano Pittaluga. Milano 1995.

Preisendanz, Wolfgang. Art. „Komische, das/Lachen". *Historisches Wörterbuch der Philosophie*. Bd. 4. Hg. v. Joachim Ritter u. Karlfried Gründer. Darmstadt 1976, Sp. 889-894.

Radcliffe-Brown, Albert R. „On joking relationships" (1940). *The Social Anthropology of Radcliffe Brown*. Hg. v. Adam Kemper. London 1977, S. 174-188.

Radin, Paul u. C. G. Jung (Hgg.). *Der göttliche Schelm. Ein indianischer Mythen-Zyklus*. Zürich 1954 (engl.: The Trickster. New York 1956).

Rapp, Uri. *Zuschauen und Handeln. Untersuchungen über den theatersoziologischen Aspekt in der menschlichen Interaktion*. Darmstadt/Neuwied 1973.

Retemeyer, Kerstin. *Vom Turnier zur Parodie. Spätmittelalterliche Ritterspiele in Sachsen als theatrale Ereignisse* (= Berliner Theaterwissenschaft 1). Berlin 1995.

Rey-Flaud, Bernardette. *La farce ou la machine à rire. Théorie d'un genre dramatique 1450-1550*. Genève 1984.

Rey-Flaud, Henri. *Le Charivari: Les rituels fondamentaux de la sexualité*. Paris 1985.

Ribard, Jacques. „Et si les fabliaux n'étaient pas des contes à rire?“ *Le rire au moyen âge dans la littérature et dans les arts. Actes du colloque international des 17, 18 et 19 novembre 1988*. Textes recueillis par Thérèse Bouché et Hélène Charpentier. Bordeaux 1990, S. 257-267.

Ridder, Klaus. „Erlösendes Lachen. Götterkomik – Teufelskomik – Endzeitkomik“. *Ritual und Inszenierung. Geistliches und weltliches Drama des Mittelalters und der Frühen Neuzeit*. Hg. v. Hans-Joachim Ziegeler. Tübingen 2004, S. 195-206.

Ritter, Joachim. „Über das Lachen“. *Subjektivität. Sechs Aufsätze*. Frankfurt a. M. 1974, S. 62-92.

Röcke, Werner. *Die Freude am Bösen. Studien zu einer Poetik des deutschen Schwankromans im Spätmittelalter*. München 1987.

– „Das verkehrte Fest. Soziale Normen und Karneval in der Literatur des Spätmittelalters“. *Neohelicon* 17 (1990), S. 203-231.

– „Inszenierungen des Lachens in Literatur und Kultur des Mittelalters“. *Paragrana* 7 (1998) H. 1, S. 73-93.

– „Lizenzen des Witzes. Institutionen und Funktionsweisen der Fazetie im Spätmittelalter”. *Komische Gegenwelten. Lachen und Literatur in Mittelalter und Früher Neuzeit*. Hg. v. Werner Röcke u. Helga Neumann. Paderborn u. a. 1999, S. 79-101.

– „Text und Ritual. Spielformen des Performativen in der Fastnachtkultur des späten Mittelalters“. *Das Mittelalter* 5 (2000) H. 1, S. 83-100.

– „Provokation und Ritual. Das Spiel mit der Gewalt und die soziale Funktion des Seneschall Keie im arthurischen Roman“. *Der Fehltritt. Vergehen und Versehen in der Vormoderne*. Hg. v. Peter von Moos. Köln 2001, S. 343-361.

– „Die Gewalt des Narren. Rituale von Gewalt und Gewaltvermeidung in der Narrenkultur des späten Mittelalters“. *Die Kultur des Rituals. Inszenierungen – Praktiken – Symbole*. Hg. v. Christoph Wulf u. Jörg Zirfas. München 2004, S. 110-128.

Röcke, Werner u. Helga Neumann (Hgg.). *Komische Gegenwelten. Lachen und Literatur in Mittelalter und Früher Neuzeit*. Paderborn u. a. 1999.

Roselt, Jens. *Die Ironie des Theaters*. Wien 1999.

Rosenwein, Barbara H. „Worrying about Emotions in History“. *American Historical Review* 107 (2002) H. 3, S. 821-845.

Rossiaud, Jacques. „Fraternités de jeunesse et niveaux de culture dans les villes du Sud-Est à la fin du Moyen Âge“. *Cahiers d'histoire* 1-2 (1976), S. 67-102.

Roy, Bruno. *Une culture de l'équivoque*. Montréal 1992.

Rüdiger, Jan. *Aristokraten und Poeten – Die Grammatik einer Mentalität im tolosanischen Hochmittelalter*. Berlin 2003.

Sacchetti, Franco. *Il Trecentonovelle*. Hg. v. Emilio Faccioli. Torino 1970.

Saffioti, Tito. ... *E il Signor Duca ne rise di buona maniera. Vita privata di un buffone di corte nella Urbino del Cinquecento*. Milano 1997.

Sargent, Barbara Nelson. „Mediaeval *Rire*, *Ridere*: A Laughing Matter?“ *Medium Aevum* XLIII (1974) H. 2, S. 116-132.

Scharff, Thomas. „Wer waren die mittelalterlichen Inquisitoren?“ *Historische Anthropologie* 11 (2003) H. 2, S. 159-175.

– „Die Inquisitoren und die Macht der Zeichen. Symbolische Kommunikation in der Praxis der mittelalterlichen dominikanischen Inquisition“. *Praedicatores, Inquisitores. 1: The Dominicans and the Medieval Inquisition. Acts of the 1st International Seminar on the Dominicans and the Inquisition*. I frati domenicani e l'inquisizione medievale. Atti del 1° seminario sui domenicani e l'inquisizione. 23.-25.2.2002. Hg. v. Istituto Storico Domenicano. Roma 2004, S. 111-143.

Scharff, Thomas u. Thomas Behrmann (Hgg.). *Bene vivere in communitate. Beiträge zum italienischen und deutschen Mittelalter*. FS Hagen Keller. Münster u. a. 1997.

Schindler, Norbert. „Karneval, Kirche und die verkehrte Welt. Zur Funktion der Lachkultur im 16. Jahrhundert“. *Jahrbuch für Volkskunde* N.F. 7 (1984), S. 9-57.

– *Widerspenstige Leute. Studien zur Volkskultur in der frühen Neuzeit*. Frankfurt a. M. 1992.

– „Die Hüter der Unordnung. Rituale der Jugendkultur in der frühen Neuzeit“. *Geschichte der Jugend 1*. Hg. v. Giovanni Levi u. Jean-Claude Schmitt. Frankfurt a. M. 1996, S. 319-374.

Schirrmeister, Albert. *Triumph des Dichters. Gekrönte Intellektuelle im 16. Jahrhundert*. Köln/Weimar/Wien 2003.

Schmidt, Gerhard. „‚Belehrender' und ‚befreiender' Humor: Ein Versuch über die Funktionen des Komischen in der bildenden Kunst des Mittelalters". *Worüber lacht das Publikum im Theater. Spaß und Betroffenheit einst und heute*. Hg. v. Margret Dietrich. Wien 1984, S. 9-39.

Schmidt, Siegfried J. „Komik im Beschreibungsmodell kommunikativer Handlungsspiele". *Das Komische*. Hg. v. Wolfgang Preisendanz u. Rainer Warning (= Poetik und Hermeneutik 7). München 1976, S. 165-189.

Schmitz, Heinz Günther. *Physiologie des Scherzes: Bedeutung und Rechtfertigung der Ars locandi im 16. Jahrhundert*. Hildesheim 1972.

Schnusenberg, Christine. *Das Verhältnis von Kirche und Theater. Dargestellt an ausgewählten Schriften der Kirchenväter und liturgischen Texten bis auf Amalarius von Metz (a. d. 775-851)*. Bern 1981.

Schoell, Konrad. *La farce du quinzième siècle*. Tübingen 1992.

Schöpflin, Karin. *Theater im Theater. Formen und Funktionen eines dramatischen Phänomens im Wandel*. Frankfurt a. M. 1993.

Schreiner, Klaus u. Gert Schwerhoff (Hgg.). *Verletzte Ehre. Ehrkonflikte in Gesellschaften des Mittelalters und der Frühen Neuzeit*. Köln/Weimar/Wien 1995.

Schröter, Michael. „Wer lacht, kann nicht beißen. Ein unveröffentlichter ‚Essay on Laughter' von Norbert Elias". *Lachen. Über westliche Zivilisation*. Sonderheft *Merkur* 56 (2002), H. 9/10, S. 860-874.

Schultz, Alwin. *Deutsches Leben im XIV. und XV. Jahrhundert*. 2. Halbband. Prag/ Leipzig 1892.

Schütte, Wilfried. *Scherzkommunikation unter Orchestermusikern*. Tübingen 1991.

Schwind, Klaus. „‚Man lache nicht!' Goethes theatrale Spielverbote". *Internationales Archiv für Sozialgeschichte der deutschen Literatur* 21 (1996) H. 2, S. 66-112.

Stallybrass, Peter u. Allon White. *The Politics and Poetics of Transgression*. London 1986.

Stanzel, Franz K. *Europäischer Völkerspiegel. Imagologisch-ethnographische Studien zu den Völkertafeln des frühen 18. Jahrhunderts*. Heidelberg 1999.

Staubach, Nikolaus. „Die Devotio moderna als Textgemeinschaft". *Schnittpunkte. Deutsch-niederländische Literaturbeziehungen im späten Mittelalter*. Hg.

v. Angelika Lehmann-Benz, Ulrike Zellmann u. a. Münster u. a. 2003, S. 19-40.

Strohschneider, Peter. „Schwank und Schwankzyklus, Weltordnung und Erzählordnung im ‚Pfaffen vom Kalenberg' und im ‚Neithart Fuchs'". *Kleinere Erzählformen im Mittelalter: Paderborner Kolloquium 1987*. Hg. v. Klaus Grubmüller. Paderborn u. a. 1988, S. 151-172.

Thomas, Keith. „The place of laughter in Tudor and Stuart England". *Times Literary Supplement* 21 (21.1. 1977), S. 77-81.

Thompson, Alan R. *The dry mock. A Study of Irony in Drama*. ND der 1. Auflage von 1948. Philadelphia 1980.

Velten, Hans Rudolf. „Komische Körper. Zur Funktion von Hofnarren und zur Dramaturgie des Lachens im Spätmittelalter". *Zeitschrift für Germanistik* N.F. XI (2001) H. 2, S. 292-317.

– „Performativität. Ältere deutsche Literatur". *Germanistik als Kulturwissenschaft*. Hg. v. Claudia Benthien u. Hans Rudolf Velten. Reinbek 2002, S. 217-242.

– „Grotesker und komischer Körper. Für ein performatives Körperkonzept". *Der komische Körper. Szenen – Figuren – Formen*. Hg. v. Eva Erdmann. Bielefeld 2003, S. 145-153.

– „Narren im weltlichen Spiel in Deutschland und in den Niederlanden (1400-1600)". *Schnittpunkte. Deutsch-Niederländische Literaturbeziehungen im späten Mittelalter*. Hg. v. Angelika Lehmann-Benz, Ulrike Zellmann u. a. Münster u. a. 2003, S. 331-352.

Verberckmoes, Johan. *Schertsen, schimpen et schateren. Geschiedenis van het lachen in de Zuidelijka Nederlanden, zestiende en zeventtiende eeuw*. Nijmegen 1998.

Vossler, Karl. *Peire Cardinal – Ein Satiriker aus dem Zeitalter der Albigenserkriege* (= Sitzungsberichte der Königlich Bayerischen Akademie der Wissenschaften. Philosophisch-philologische und historische Klasse 1916, Abh. 6). München 1916.

Walser, Ernst. *Die Theorie des Witzes und der Novelle nach dem de sermone des Jovianus Pontanus. Ein gesellschaftliches Ideal vom Ende des XV. Jahrhunderts*. Diss. Zürich. Straßburg 1908.

Warning, Rainer. Art. „Komik/Komödie". *Das Fischer-Lexikon Literatur 2*. Hg. v. Ulfert Ricklefs. Frankfurt a. M. 1996, S. 897-936.

Weber, Max. *Wirtschaft und Gesellschaft. Grundriss der verstehenden Soziologie* (1922). Tübingen 1985.

Weinrich, Harald. „Was heißt: ‚Lachen ist gesund'?" *Das Komische*. Hg. v. Wolfgang Preisendanz u. Rainer Warning (= Poetik und Hermeneutik 7). München 1976, S. 402-408.

Welsford, Enid. *The Fool. His Social and Literary History*. London 1935.

Wittchow, Frank. „Eine Frage der Ehre. Das Problem des aggressiven Sprechakts in den Facetien Bebels, Mulings, Frischlins und Melanders". *Zeitschrift für Germanistik* N.F. XI (2001) H. 2, S. 336-360.

Wolf, Gerhard. *Von der Chronik zum Weltbuch. Sinn und Anspruch südwestdeutscher Hauschroniken am Ausgang des Mittelalters*. Berlin/New York 2002.

Wulf, Christoph u. Jörg Zierfas. „Die performative Bildung von Gemeinschaften". *Theorien des Performativen*. Hg. v. Erika Fischer-Lichte u. Christoph Wulf (*Paragrana. Internationale Zeitschrift für Historische Anthropologie* 10.1) Berlin 2001, S. 93-116.

Ziolkowski, Jan (Hg.). *Obscenity: Social Control and Artistic Creation in the European Middle Ages*. Leiden 1988.

Verzeichnis der Autorinnen und Autoren

GERD ALTHOFF, Prof. Dr.; Promotion 1974 in Münster; Habilitation 1981 in Freiburg/Br.; Professor für Mittelalterliche Geschichte in Gießen, Bonn und Münster; Schwerpunkte: Konflikt- und Friedensrituale im Spätmittelalter (Sonderforschungsbereich 496), Formen und Funktionen öffentlicher Kommunikation im Mittelalter; zuletzt erschienen: *Die Macht der Rituale* (Darmstadt 2003), *Inszenierte Herrschaft* (Darmstadt 2003).

KLAUS GRUBMÜLLER, Prof. Dr.; Professor für deutsche Sprache und Literatur des Mittelalters an der Georg-August-Universität Göttingen; Arbeitsschwerpunkte: Novellistik, Mediengeschichte, Literaturgeschichte, Lexikographie; zahlreiche Veröffentlichungen zur mittelalterlichen deutschen Literatur, zuletzt: *Automaten in Kunst und Literatur des Mittelalters und der Frühen Neuzeit* (Hg., Wiesbaden 2003).

KATJA GVOZDEVA, Dr. phil.; Romanistin; seit 2000 Wiss. Mitarbeiterin am Sonderforschungsbereich „Kulturen des Performativen"; Schwerpunkte: Lachkulturen in Spätmittelalter und Früher Neuzeit, intermediale Text-Bild-Verhältnisse, spätmittelalterliche Erzählliteratur und Geschichtsschreibung, Geschichte der literarischen Übersetzung; Habilitation zur Lachkultur der *sociétés joyeuses* im Frankreich des späten Mittelalters und der Frühen Neuzeit.

MALCOLM JONES, PhD.; Senior Lecturer in the Department of English Language & Linguistics at Sheffield University; Assistant Director of the University's National Centre for English Cultural Tradition; interests: linguistic as well as folkloric combining both spheres in *The Secret Middle Ages* (Westport 2002); currently completing a book tentatively entitled *The English Print in the Early Modern Era – An Historical Oversight.*

HILDEGARD ELISABETH KELLER, Prof. Dr.; Assistenzprofessorin für Ältere deutsche Literatur von den Anfängen bis 1700 am Deutschen Seminar der Univ. Zürich; publizierte u. a. zur mittelalterlichen Mystik: *Wort und Fleisch* (Bern 1993), *My Secret Is Mine* (Leuven 2000) und zur mittelalterlichen Theatergeschichte; leitet das SNF-Projekt „Jakob Rufs Theater- und Heilkunst. Eine medienhistorische Untersuchung der volkssprachigen Theater- und Medizingeschichte Zürichs (1500-1560)“.

JELLE KOOPMANS, Prof. Dr.; Professor für französische Literatur des Mittelalters an der Universiteit van Amsterdam; leitet die Forschergruppe „Regionale Kulturen und lokale Subkulturen: die Welt des französischen Dramas (1450-1550)“; veröffentlichte u. a.: *Le théâtre des exclus au Moyen Age: hérétiques, sorcières et marginaux* (Paris 1997); derzeit Arbeit an einer kritischen Ausgabe der 53 Farcen des verschollenen *Recueil Cohen* und einer Monographie über die Welt der Pariser Farce zwischen 1490 und 1520.

HELGA KOTTHOFF, Prof. Dr.; Professorin an der Päd. Hochschule Freiburg; Studium an den Univ. Tübingen und Konstanz; Promotion in Allg. Sprachwiss. an der Univ. Konstanz; DAAD-Lektorin in Tbilisi (Georgien); Habilitation in Angewandter und Germanistischer Linguistik an der Univ. Wien; Schwerpunkte: Gesprächsanalyse, Soziolinguistik, Ritualforschung, Gender Studies, Interkulturelle Kommunikation, linguistische Humorforschung; veröff. zuletzt: *Gender in interaction* (Hg. zus. mit B. Baron, Amsterdam 2001).

STEPHEN G. NICHOLS, Prof. Dr.; *James M. Beall* Professor of French and Humanities and Chair of the Romance Languages and Literatures Department at The Johns Hopkins University (Baltimore); he is currently completing a book: *Laughing Matters: The Enigma and Exasperation of Laughter.*

HERMAN PLEIJ, Prof. Dr.; since 1981 professor in the History of Dutch Literature at the Universiteit van Amsterdam; has a special interest in late medieval urban and popular culture; published lately *Der Traum vom Schlaraffenland* (Frankfurt a. M. 2000), *Colors demonic and divine : shades of meaning in the Middle Ages and after* (New York 2004).

WERNER RÖCKE, Prof. Dr.; Professor für Ältere deutsche Literatur an der Humboldt-Universität zu Berlin; Projektleiter in den Sonderforschungsbereichen „Kulturen des Performativen“ und „Transformationen der Antike“; zahlreiche Arbeiten zur Erzählliteratur des späten Mittelalters und zur komischen Literatur und Kultur in Spätmittelalter und früher Neuzeit; zuletzt: *Hansers Sozialgeschichte der deutschen Literatur Bd. 1* (Hg. zus. mit M. Münkler, München 2004).

JENS ROSELT, Dr. phil.; seit 2001 Hochschulassistent am Institut für Theaterwissenschaft der Freien Univ. Berlin und Geschäftsführer des Sonderforschungsbereichs „Kulturen des Performativen“; Schwerpunkte: Ästhetik des zeitgenössischen Theaters, Geschichte und Theorie der Schauspielkunst, Aufführungsanalyse; 1996 G.-Hauptmann-Förderpreis der Freien Volksbühne Berlin; 2000/2001 Hausautor am Staatstheater Stuttgart; veröffentlichte u. a.: *Die Ironie des Theaters* (Wien 1999), *Kunst der Aufführung – Aufführung der Kunst* (Hg. zus. mit E. Fischer-Lichte u. C. Risi, Berlin 2004).

THOMAS SCHARFF, Prof. Dr.; 1984-1992 Studium in Oberursel und Münster; 1992 Promotion; 2000 Habilitation; 1992-94 Mitarbeiter am Sonderforschungsbereich „Träger, Felder, Formen pragmatischer Schriftlichkeit im Mittelalter“; 1994-2003 Assistent und Oberassistent am Hist. Seminar in Münster; seit 2004 Professor für Mittelalterliche Geschichte an der TU Braunschweig; derzeitige Arbeitsschwerpunkte: Inquisition und Häresie im Mittelalter, Wahrnehmung und Darstellung des Krieges im Frühmittelalter, Rezeption des Mittelalters in der Moderne; veröffentlichte zuletzt: *Die Kämpfe der Herrscher und der Heiligen* (Darmstadt 2002).

BERNHARD TEUBER, Prof. Dr.; Studium der Romanischen u. Klassischen Philologie in München, Tours und Salamanca; 1986 Promotion; 1992 Stipendiat in Madrid; 1994 Habilitation; 1994 Gastprofessor an der Humboldt-Universität zu Berlin; 1996 Professor für Romanische Philologie in Kiel; seit 2000 Lehrstuhl für französische und spanische Literatur sowie romanisches Mittelalter in München; Monographien zur karnevalesken Literatur und zur spanischen Mystik; Mitgestaltung des „Projektforums Mittelalter“ an der Univ. München.

HANS RUDOLF VELTEN, Dr. phil.; Wiss. Mitarbeiter der Humboldt-Universität im Sonderforschungsbereich „Kulturen des Performativen“; 1990-1996 DAAD-Lektor in Pisa; 1994 Promotion an der Univ. Frankfurt; Postdoc an der Univ. Osnabrück, Gerda-Henkel-Stipendiat; Arbeitsfelder: Deutsche und europäische Literatur des Spätmittelalters und der Frühen Neuzeit, kulturwiss. Theorien und Methoden; zuletzt: *Germanistik als Kulturwissenschaft* (Hg. zus. mit C. Benthien, Reinbek 2002); derzeit Habilitation zum Verhältnis von Lachen und Körper in Mittelalter und Früher Neuzeit.

FRANK WITTCHOW, Dr. phil.; 1995-1998 Wiss. Mitarbeiter am Institut für Klassische Philologie (Humboldt-Universität zu Berlin), 1999-2001 Wiss. Mitarbeiter am Sonderforschungsbereich „Kulturen des Performativen“; seit 2001 Wiss. Assistent am Institut für Klassische Philologie der Humboldt-Universität; Schwerpunkte: Römische Geschichtsschreibung, Augusteische Dichtung, Humanistische Facetienliteratur, literaturtheoretische und kulturwiss. Methoden und Fragestellungen; Veröffentlichungen u. a.: *Exemplarisches Erzählen bei Ammianus Marcellinus* (München 2001).

GERHARD WOLF, Prof. Dr.; Professor für Ältere deutsche Philologie an der Universität Bayreuth; Dissertation über den sog. *Seifried-Helbling*; Habilitation über südwestdeutsche Hauschroniken des 16. Jahrhunderts; Veröffentlichungen insbesondere über höfische Epik und Minnesang, Kulturgeschichte des Mittelalters, Geistliches Spiel und Reiseberichte der Frühen Neuzeit; gegenwärtige Forschungsschwerpunkte: Das Verhältnis von Natur und Kultur, Transformationen von Religion und Mythos in der höfischen Literatur, Hermeneutik der Fremde und historische Anthropologie.

Abbildungsverzeichnis

Hildegard Elisabeth Keller: Lachen und Lachresistenz

Abb. 1: Millstätter Genesis, GV 6/19, fol. 23^{r}, Bildleiste 1. Kärntner Landesarchiv, Klagenfurt.

Abb. 2: Millstätter Genesis, GV 6/19, fol. 23^{r}, Bildleiste 2. Kärntner Landesarchiv, Klagenfurt.

Abb. 3: Eike von Repgow: *Sachsenspiegel*, Wolfenbüttel, HAB, fol. 85^{r}, Bildleiste 1. Reproduziert nach: Ruth Schmidt-Wiegand (Hg.). Die Wolfenbütteler Bilderhandschrift des Sachsenspiegels. Faksimile-Band. Berlin 1993.

Abb. 4: *Biblia pauperum*. Codex Vindobonensis 1198, fol. 6^{v}, erste Bildgruppe. Reproduziert nach: *Die Wiener Biblia pauperum. Codex Vindobonensis 1198*. Teil II: Faksimile der Handschrift. Graz/Wien/Köln 1962.

Abb. 5: *Biblia pauperum*. Codex Vindobonensis 1198, fol. 6^{v}, erste Bildgruppe, Detail. Reproduziert nach: *Die Wiener Biblia pauperum. Codex Vindobonensis 1198*. Teil II: Faksimile der Handschrift. Graz/Wien/Köln 1962.

Werner Röcke: Die getäuschten Blinden

Abb. 1: Jan Verbeeck: Blinde, die das Schwein schlagen, Mechelen, 2. Hälfte des 16. bis Anfang des 17. Jh.s (Feder in Braun), Paris, École de Beaux Arts. Reproduziert nach: Jos Koldewij, Paul Vandenbroeck u. a. Hieronymus Bosch. Das Gesamtwerk. Exhibition Hieronymus Bosch. Rotterdam 2001. Stuttgart 2001.

Abb. 2: Unbekannte Brüsseler Werkstatt: Ein Heiliger verlässt die Stadt, 1550-1570 (Tapisserie, Gold, Silber, Seide, Wolle, 300 x 369 cm), Madrid, Patrimonio Nacional, Palacio Real. Reproduziert nach: Jos Koldewij, Paul Vandenbroeck u. a. Hieronymus Bosch. Das Gesamtwerk. Exhibition Hieronymus Bosch. Rotterdam 2001. Stuttgart 2001.

Abb. 3: Buchillustration zum frz. Alexanderroman, 14. Jh. Reproduziert nach: The Romance of Alexander. A collotype facsimile of Ms. Bodley 264. With an introduction by M. R. James. Oxford 1933, fol. 74^{v}.

Abb. 4: Holzschnitt zur 71. Historie in: *Ein kurtzweilig lesen von Dil Ulenspiegel*. Straßburg: Johannes Grüninger 1519. Reproduziert nach der Faksimileausgabe von Anneliese Schmitt. Leipzig 1979.

Hans Rudolf Velten: Text und Lachgemeinschaft

Abb. 1: Neitharts Frau und der Herzog schreien sich an, Holzschnitt aus *Neithart Fuchs*, Druck Z1, Nürnberg 1537. Reproduziert nach: Felix Bobertag (Hg.). Narrenbuch. Berlin 1884, S. 227.

Abb. 2: Der Kalenberger führt die nackten Bauern vor den Hofstaat. Holzschnitt aus *Des Pfaffen geschicht und histori vom Kalenberg*. Druck B. Nürnberg: Wagner 1490. Reproduziert nach: Felix Bobertag (Hg.). Narrenbuch. Berlin 1884, S. 55.

Katja Gvozdeva: Narrenabtei

Abb. 1: Karneval in Pésenas. Foto Claude Gaignebet, 1986.

Malcolm Jones: No laughing matter?

Abb. 1: The Contented Cuckold, ca. 1650, diese Ausgabe nach 1665. London: The British Museum, Department of Prints and Drawings.

Abb. 2: Hahnrei-Szene einer Folge von 12 Drucken, Erstausgabe 1628, diese Ausgabe ca. 1672. Washington: The Folger Shakespeare Library.

Abb. 3: Gemalte Miniatur aus dem *Stammbuch* von Paul Jenisch, frühes 17. Jh. Stuttgart: Württembergische Landesbibliothek.

Abb. 4: Die Frau trägt Hosen, während der Mann spinnt, Szene einer Folge von 12 Drucken von 1628, diese Ausgabe ca. 1672. Washington: The Folger Shakespeare Library.

Personen- und Sachregister